Egon Friedell

Vom Schaltwerk der Gedanken

Ausgewählte Essays
zu Geschichte, Politik,
Philosophie, Religion,
Theater und Literatur

Herausgegeben von
Daniel Keel und
Daniel Kampa

Diogenes

Ausführlicher Nachweis am Schluß des Bandes
Schuberillustration nach einem Plakat
von Gustav Klimt

Inhalt

Rechtfertigung

E s gibt nichts, das nur poetisch wäre: Alles, auch das Höchste, wurzelt in der bescheidenen, profanen Realität. Und es gibt nichts, das nur prosaisch wäre: Auch das Alltäglichste kann zum Heiligsten und Tragischsten werden, wenn man den richtigen Aspekt einnimmt. Und damit hängt eine Synthese zusammen: die Synthese von Humor und Ernst. Es ist dies im Grunde die Stellung, die jeder Denker zu den Dingen der Welt einnimmt. Der Philosoph weiß, daß nichts ganz wichtig und ganz ernsthaft ist: Daher kann er sich über alles hinwegsetzen und über alles lachen. Aber ebensogut weiß er, daß nichts ganz unwichtig und ganz lächerlich ist: Daher nimmt er wieder eigentlich alles ernst und setzt sich über nichts hinweg. Für ihn gibt es keine Quantités négligeables. Wir könnten dies die Denkersynthese nennen.

Eine weitere Synthese ist die Dichtersynthese. Denn dies ist in der Tat die Art, wie jeder Dichter, bewußt oder unbewußt, das Leben kommentiert. Der Dichter ist klüger, wissender, einsichtiger als die übrigen; und darum muß er in weit höherem Maße reines Vernunftorgan, unerbittlicher Logiker, kalter, klarer Rationalist sein. Er findet dort, wo andere die unentwirrbare Verwicklung sehen, die einfache Lösung. Aber andererseits erblickt er sofort hinter jeder Lösung die neue Verwicklung. Er versteht das Leben besser als alle anderen, aber ebendarum versteht er auch, daß das Leben im letzten Sinne unverständlich und unauflösbar ist.

Eine Synthese ferner können wir als die Künstlersynthese bezeichnen. Jeder Künstler ist ein höchst ausgeprägtes Ich, eine singuläre Apperzeptionsform: Er sieht die Dinge so, wie sie niemand sieht. Aber diese seine Gesichte sind keine Halluzinationen und Sinnestäuschungen, sondern bisher unentdeckte Wirklichkeiten. Seine Beobachtungen sind subjektive Wahrheiten: subjektiv, weil sie von einem vereinzelten Individuum ausgehen, und Wahrheiten, weil sie sich auf Realitäten beziehen. Es ist dies ein Versuch, Kunst und Wissenschaft zu versöhnen. Kunst ist »Ich«, Wissenschaft ist »Sehen«. Seine Psychologie ist denn auch nichts anderes als der Versuch, die experimentalwissenschaftlichen Prinzipien auf die künstlerische Seelenschilderung anzuwenden. Seine Methode ist eine Art Chemie der Seele. Er prüft die seelischen Erscheinungen an gewissen Reagenzien und versucht so schrittweise zu der Erkenntnis dieser Phänomene zu gelangen. Daher erstrebt er ja auch die Vereinigung von Arzt und Dichter. Und in der Tat: Hier besteht kein wesentlicher Unterschied. Jeder Dichter ist eine Art Seelenarzt, und jeder Arzt muß eine Art Dichter sein, sonst kann er nicht in fremden Organismen lesen.

Alles dies jedoch ist nicht vollendet und erfüllt, nur begonnen und angebahnt. Der Dichter ist ein bloßer Avantageur, der Vollbringer eines kleinen und gewagten Vorstoßes, ein exaltierter und unbesonnener Pionier, dessen Mission die Pioniersmission ist: verschlungen zu werden von der nachdrängenden Bewegung, der er ohne genügende Mittel, mit nichts gerüstet als mit einem vagen Glauben an

kommende Möglichkeiten, vorausgeeilt ist, voraus: auf Wegen, die er selbst nicht kennt. Denn alle Dichter sind solche
vereinzelte Emissäre in fremde und unsichere Gebiete. Sie
haben das schwierigste und gefährlichste Geschäft übernommen, das es gibt: die Aufklärung.

Man soll nur reden, wo man nicht schweigen darf, nur von
dem reden, was man überwunden hat – alles andere ist Geschwätz, »Literatur«, Mangel an Zucht. Meine Schriften reden nur von meinen Überwindungen. Es bedurfte immer
erst der Zeit, der Genesung, der Ferne, der Distanz, bis die
Lust bei mir sich regte, etwas Erlebtes und Überlebtes,
irgendein eigenes Faktum oder Fatum nachträglich für die
Erkenntnis abzuhäuten, auszubeuten, bloßzulegen, »darzustellen« (oder wie man es heißen will). Insofern sind alle
meine Schriften zurückzudatieren – sie reden immer von
einem »Hinter mir«. *Ecce Poeta* zum Beispiel, ein Buch,
welches den stärksten Anschein der »Aktualität« an sich
trägt, war im Hintergrund eine Huldigung und Dankbar-
keit gegen ein Stück Vergangenheit von mir, gegen Peter
Altenberg, und tatsächlich eine Loslösung, ein Abschied-
nehmen. Solange man noch liebt, malt man gewiß keine solchen Bilder; man »betrachtet« noch nicht, man stellt sich
nicht dergestalt in die Ferne, wie es der Betrachtende tun
muß. »Zum Betrachten gehört schon eine geheimnisvolle
Gegnerschaft, die des Entgegenschauens« – heißt es in dem
genannten Buche selbst, mit einer verräterischen und
schwermütigen Wendung, welche vielleicht nur für wenige
Ohren vernehmbar war. Ins Große gerechnet, nahm ich
einen ganz und gar noch unfestgestellten Typus beim

Schopf, so wie man eine Gelegenheit beim Schopf nimmt, um ein paar Formeln, Zeichen, Sprachmittel mehr in der Hand zu haben. Dergestalt hat sich Plato des Sokrates bedient. Wie ich den Philosophen verstehe, als einen furchtbaren Explosivstoff, vor dem alles in Gefahr ist, wie ich meinen Begriff »Philosoph« meilenweit abtrenne von einem Begriff, der sogar noch einen Kant in sich schließt, nicht zu reden von den akademischen »Wiederkäuern« und anderen Professoren der Philosophie: Darüber gibt dieses Buch eine vollständige Belehrung. Zugegeben selbst, daß hier im Grunde nicht Peter Altenberg, sondern sein Gegensatz Egon Friedell zu Worte kommt.

Es ist mir oft und immer mit großem Befremden ausgedrückt worden, daß meine Schriften allesamt Schlingen und Netze enthielten und eine beinahe beständige unvermerkte Aufforderung zur Umkehrung gewohnter Wertschätzungen und geschätzter Gewohnheiten. Man hat meine Schriften eine Schule des Verdachtes genannt, glücklicherweise auch des Mutes, ja der Verwegenheit; und wer etwas von den Folgen errät, die in jedem tiefen Verdachte liegen, von den Frösten und Ängsten der Vereinsamung, der wird auch verstehen, wie oft ich zur Erholung von mir irgendwo unterzutreten suchte – in irgendeiner Verehrung oder Feindschaft oder Wissenschaftlichkeit oder Leichtfertigkeit oder Dummheit; auch warum ich, wo ich nicht fand, was ich brauchte, es mir künstlich erzwingen, zurechtfälschen, zurechtdichten mußte. Vielleicht, daß man mir in diesem Betrachten mancherlei »Kunst«, mancherlei feinere Falschmünzerei vorrücken könnte. Indes: Jenes verborgene und herrische Etwas, für das wir lange keinen Namen haben, bis es sich endlich als unsere Aufgabe erweist – dieser Tyrann in uns nimmt eine schreckliche Wiedervergeltung für jeden Versuch, den wir machen, ihr auszuweichen oder zu entschlüpfen, für jede vorzeitige Beschreibung, für jede Gleichsetzung mit solchen, zu denen wir nicht gehören, für jede noch so achtbare Tätigkeit, falls sie uns von unserer Hauptsache ablenkt, ja für jede Tugend sogar, welche uns gegen die Härte der eigensten Verantwortlichkeit schützen möchte. Krankheit ist jedesmal die Antwort, wenn wir anfangen, es uns irgendworin leichter zu machen. Sonderbar und furchtbar zugleich! Unsere Erleichterungen sind es, die wir am härtesten büßen müssen! Und wollen wir hinterdrein zur Gesundheit zurückkehren, so bleibt uns keine Wahl: Wir müssen uns schwerer belasten, als wir je vorher belastet waren...

Das Buch gehört den wenigsten. Vielleicht lebt selbst noch keiner von ihnen. Wie müßte ich mich mit denen verwechseln, für die heute schon Ohren wachsen? Erst das Übermorgen gehört mir.

Die Bedingung, unter der man mich versteht, und dann mit Notwendigkeit versteht – ich kenne sie nur zu genau. Man muß rechtschaffen sein in geistigen Dingen bis zur Härte, um auch nur meinen Ernst, meine Leidenschaft auszuhalten. Das allein sind meine Leser, meine rechten Leser, meine vorherbestimmten Leser, was liegt am Rest? Der Rest ist bloß die Menschheit.

I.

Abschaffung des Genies

Vorurteile

Unser Leben zerfällt nämlich in zwei Hälften, und jede dieser Lebenshälften hat eine besondere Aufgabe. In der ersten Lebenshälfte werden uns von allerlei fremden Menschen eine Menge von Ansichten, Urteilen und Meinungen mitgeteilt, und wir haben die Aufgabe, diese Ansichten auswendig zu lernen; in unserer zweiten Lebenshälfte haben wir die Aufgabe, diese Ansichten teils zu vergessen, teils durch ihr Gegenteil zu ersetzen.

Der zweite Teil des Pensums ist natürlich viel schwieriger. Einem Urteil zustimmen und sich dabei denken: »Der andere wird's schon wissen«: – das ist leicht. Aber sich gegen eine allgemein verbreitete Ansicht stemmen und sagen: »Wieso? Ich halte es für Quatsch. Ich kann in meiner gesamten bisherigen Lebenserfahrung nichts finden, was diesen Grundsatz bestätigt«: – das ist nicht ebensoleicht und endet meist mit irgendeiner Entlassung.

In der Tat kommen die wenigsten Menschen so weit, um auch nur zu ahnen, daß das, was sie von ihren Lehrern und Erziehern übernommen haben, ihnen gar nicht gehört. Wenn ein Gegenstand eine gewisse Zeit lang in meinem Besitz ist und niemand dieses Besitzrecht bestreitet, so geht dieser Gegenstand schließlich auch juristisch in mein Eigentum über. So ist es mit den Meinungen, die wir aus der Schule mitnehmen: Niemand bestreitet, daß wir ein Recht auf sie haben, und so behalten wir sie denn, um so mehr als sie sich als sehr bequeme und nützliche Gebrauchsgegenstände erweisen.

Zum Beispiel: unsere Klassiker. Wir haben sie auf der Schule gelesen, und nun sagen wir unser ganzes Leben lang: Wir kennen die Klassiker. Aber wir haben die interessantesten und persönlichsten Werke der Klassiker gar nicht, und die übrigen unter falschen Gesichtspunkten gelesen. Trotzdem sagen wir unser ganzes Leben lang, wenn das Thema auf Goethe oder Schiller kommt, mit Eifer und Überzeugung: »Ja, unsere Klassiker! Das waren noch Kerle!«, und denken uns darüber dasselbe wie die übrigen Menschen, nämlich nichts.

Eine zweite Sache, die lediglich auf Überlieferung und Anpassung beruht, ist die allgemein verbreitete Reisewut. Alle Welt reist oder will doch wenigstens reisen; warum sollten nicht auch wir es tun? Und wir bringen uns in eine künstliche Begeisterung für fremde Völker und Länder. Nun, es ist ja gewiß nicht daran zu zweifeln, daß für manche Menschen das Reisen einen großen Nutzen hat, ja daß es sogar ihr eigentliches Lebenselement ist: Menschen, deren geistiger und physischer Organismus für das Reisen geschaffen ist, wie es ja auch Zugvögel gibt, denen die Winterreise nach dem Süden ein großes Vergnügen bereitet. Das ist aber doch wohl nur die Minorität. Im allgemeinen wird man der Ansicht zuneigen müssen: Der Hauptinhalt des Reisens ist Ruß, Staub, Wanzen, freche Kellner, grobe Mitpassagiere, unverschämte Hotelrechnungen und Magenkatarrh. Nachdem eine Reihe edler und heldenhafter Pioniere die Strapazen des Reisens für uns übernommen und ihre Beobachtungen und Erfahrungen in vortrefflichen Bildern und Beschreibungen niedergelegt haben, wäre es eine sinnlose Kraftvergeudung, wenn wir alle diese Strapazen wiederholen wollten, da wir doch die Sachen jetzt ohne alle Anstrengung und ohne jeden Ärger genießen können. Wenn ich zu Hause bleibe, so habe ich drei Dinge, die mir keine Reise bieten kann: vollständige Ruhe und Ungestörtheit, meinen Lehnstuhl, der sich meinen Formen bereits liebevoll angepaßt hat, und meine Phantasie. Meine Phantasie habe ich nämlich auf Reisen gewiß nicht; denn das Auge wird so stark beschäftigt und mit äußeren Eindrücken überladen, daß das innere Gesicht gar nichts zu tun bekommt. Die meisten Menschen reisen, weil es so Mode ist und weil sie ein neues ergiebiges Gesprächsthema haben wollen; denn aus sich selber können sie keines holen. Auch hat man ihnen immer gesagt: Reisen bildet, Reisen erweitert den Gesichtskreis, und wenn es so viele Menschen sagen, so wird es wohl auch wahr sein. Dann aber müßten jene reichen Leute, die niemals zu Hause sind, sondern immer nur dort, wo die »Saison« ist, die gebildetsten Menschen sein. Aber gerade diese sind die ungebildetsten. Andererseits hat man noch selten beobachtet, daß die Bildung eines wirklich bildungsfähigen Menschen unter dem Mangel an Reiseeindrücken gelitten hätte. Kant, der nie über den Umkreis seiner Vaterstadt hinausgekommen war, wußte nicht nur mehr von der Welt und ihren Bedingungen als alle Weltumsegler, er las auch Kollegien über Geographie, die den größten Zulauf hatten. Als er einmal das Straßenbild Londons entwarf, gab er eine so genaue und anschauliche Schilderung der Westminsterbrücke, daß ihn nach dem Kolleg ein Engländer fragte, wie viele Jahre er in London gelebt habe. Und in der Tat: Wir tragen alle Landschaftsbilder der Welt in uns. Wir kennen Bombay, Johannesburg, San Francisco. Wollte man die Sache ein wenig mystisch erklären, so könnte man sagen: Irgendeiner unserer Vorfahren hat einmal die Welt gesehen, und seine Eindrucksfülle hat sich auf uns vererbt. Aber wir brauchen gar nicht so weit zu gehen. Wir sehen im Laufe unseres Lebens Tausende von Bildern und lesen Hunderte von Reisebeschreibungen. Das übrige tut die Phantasie. Ja, unsere Phantasie leistet sogar viel mehr, als unser Auge leisten könnte. Ich ließ mich einmal dazu überreden, eine Reise nach Kairo zu machen. Diese Reise hat mich nicht nur vierzehn Tage der Bequemlichkeit und Zufriedenheit, sondern auch meine Illusionen von der Schönheit des Orients gekostet. Daß ich während der ganzen Reise nicht eine einzige ruhige oder vernünftige Stunde hatte, würde ich noch hingenommen haben; daß man mir aber dieses Ägypten vorführte, traf mich sehr schmerzlich. Ich hatte Afrika bisher nur aus Märchen und farbigen Naturschilderungen, aus schönen Bilderbüchern und aus der Oper kennengelernt. Ich hatte die *Afrikanerin* in Dresden und Wien in wundervoller Ausstattung gesehen und war nun sehr deprimiert, als ich bemerken mußte, daß das wirkliche Afrika das nicht bieten konnte: Es war Afrika in der Ausstattung des kleinen Provinztheaters. Mit den Palmen war gräßlich geknickert worden. Die Kamele waren abgearbeitet und schäbig. Und die Kostüme! Sie waren offenbar aus der letzten Leihanstalt bezogen und außerdem gänzlich stillos. Zu einem einzigen Elefanten hatte sich die Regie aufgeschwungen, und der war ein Geschenk der Menagerie Schönbrunn. Der Gorilla

der Stadt aber war drei Wochen vor meiner Ankunft gestorben ... Die Haupt- und Grundimpression, die ich von
dem Lande empfing, war: heißer Schmutz. Nun, ich tröstete
mich damit, daß ich ja noch von Asien und Amerika die
abenteuerlichsten Vorstellungen hatte, und war froh, mit einem so geringen Lehrgeld davongekommen zu sein. Trotzdem versuchte ein Mensch mir auseinanderzusetzen, wer in
Kairo sei, der müsse sich unbedingt auch Palästina ansehen;
es sei eine Sünde, die Gelegenheit nicht zu benützen. Aber
er kam niemals nach Palästina, denn ich drehte ihm sofort
die Gurgel um.

Eine dritte Irransicht, die sich nur auf das gedankenlose
Annehmen fremder Meinungen stützt, ist die Idee: Der
Mensch muß Zeitung lesen. Ich habe einen Freund, der niemals eine Zeitung ansieht, und er behauptet, diesem Umstand verdanke er seine Bildung. In der Tat hat er über sehr
viele Dinge viel unbefangenere und treffendere Ansichten
als die meisten übrigen Menschen, weil er seine Urteile immer aus seiner eigenen Anschauung und Erfahrung holt.
Und der Verlust, den er hat, ist sehr gering. Um die Neuigkeiten zu erfahren, die wirklich wichtig sind, dazu brauchen wir nicht Zeitungen zu lesen; denn wir erfahren diese
Dinge ebenso rasch auf anderem Wege: durch unsere
Freunde und Bekannten, durch jeden Menschen, der uns auf
der Straße anredet, und vor allem durch unsern Raseur. Dagegen raubt uns das Lesen der Zeitung mindestens dreißig Minuten der behaglichen Frühstückszeit, füllt unser so
schön ausgeruhtes Gehirn, das bereit ist, eine Menge der
tiefsten Eindrücke zu verarbeiten, mit überflüssigen Daten
und trübt uns von vornherein durch allerlei persönliche Zu-

taten unser Urteil über die Dinge. Die gräßlichen Gerüchte z.B., die über Nietzsches Übermenschen umgehen, sind zum größten Teile auf Zeitungslektüre zurückzuführen. Man kann die sämtlichen fünfzehn Bände, die Nietzsche geschrieben hat, durch und durch schütteln, und nicht ein einziger von diesen Sätzen, die ihm allgemein zugeschrieben werden, wird herausfallen. Aber wenn jemand in einer Gesellschaft schüchtern äußert: »Ich bin ein großer Verehrer Nietzsches«, so findet sich immer mindestens ein Mensch, der antwortet: »So, so. Dann wären Sie also jederzeit bereit, Ihren Vater zu ermorden?« Dies kommt daher, daß man Nietzsche nicht aus seinen Werken, sondern aus unverständigen Zeitungsartikeln kennengelernt hat. Ist man aber einmal von den falschen Ansichten infiziert, so nützt es oft nichts mehr, das Original zu lesen: Denn wie der erste Eindruck, den ein Mensch macht, oft das Urteil über ihn für immer bestimmt, so wird man auch diese fixe Idee so leicht nicht wieder los. Ich mache es daher seit einiger Zeit wie mein Freund und lese keine Zeitungsartikel mehr, meine eigenen natürlich ausgenommen.

Das alles wäre aber noch gar nichts. Das schlimmste Vorurteil, das wir aus unserer Jugendzeit mitnehmen, ist die Idee vom Ernst des Lebens. Daran ist nur die Schule schuld. Die Kinder haben nämlich den ganz richtigen Instinkt: Sie wissen, daß das Leben nicht ernst ist, und behandeln es als ein Spiel und einen lustigen Zeitvertreib. Aber dann kommt der Lehrer und sagt: »Ihr müßt ernst sein. Das Leben ist es auch.« Lehrer sind Spielverderber. Anderseits heißt es aber immer: Nimm Dir die Natur zum Vorbild Deiner Lebensführung! Nun, in der Natur wird nichts als Unsinn getrieben. Die Schmetterlinge tanzen, die Käfer musizieren, der Pfau schlägt sein Rad, der Hahn benimmt sich gräßlich albern, und unser nächster Verwandter, der Affe, hat nichts als Schabernack im Kopf. Selbst wo der Ernst der unerbittlichen Notwendigkeit, in Gestalt der Nahrungssorgen, an die Tiere herantritt, scheinen sie noch zu spielen. Die Katze spielt mit der Maus, bevor sie sie frißt: Ihr Spieltrieb ist stärker als ihr Hunger. Der Fortpflanzungstrieb, nächst dem Hunger die ernsteste Macht in unserem Leben, kleidet sich bei Mensch und Tier in die Form eines Spiels, der sogenannten Liebe. Und ich habe auch die niedrigeren Lebewesen, die Pflanzen z. B., sehr im Verdacht, daß es ihnen gar nicht darauf ankommt, etwas zu »leisten«: Ich glaube, daß einem Apfelbaum seine Äpfel ziemlich unwichtig sind und daß er seinen Hauptspaß im Blühen und Duften und derlei zwecklosem Unsinn findet.

Im Grunde ist es unter den Menschen auch nicht anders. Alles wirklich Wertvolle ist aus einer Spielerei hervorgegangen. Ich glaube nicht, daß Shakespeare ein sogenannter »ernster Mensch« war. Jedenfalls sind seine Narren immer die gescheitesten Personen in seinen Stücken, während der bleierne Ernst eines Lear oder Othello mit dem Leben nicht fertig wird und lauter Mißgriffe begeht. Ich glaube auch, daß die große Anziehung, die die Frauen auf uns ausüben, darauf beruht, daß sie so gar nicht ernst sind. Die Idee der Dampfmaschine entstand in einem Kinde, das mit einem Teekessel spielte. Das naturwissenschaftliche Experiment war anfangs eine Spielerei. Ja, man kann so weit gehen, zu sagen: Ein Mensch, der nicht weiß, daß er ein Narr ist, ist nicht nur kein Künstler, sondern versteht überhaupt nichts vom Leben. Daß es ernst ist, soll nicht in Abrede gestellt werden. Aber daß wir es ernst nehmen sollen, darauf scheint die Absicht der Natur nicht gezielt zu haben. Überall bemerken wir, daß sie bestrebt ist, die finstere Notwendigkeit ihrer Gesetze zu verhüllen. Es ist daher eine Anmaßung, vom Ernst des Lebens zu reden. Ihn könnte nur ein Mensch erfassen, der bis zum Kern des Daseins vorgedrungen wäre. Uns aber bietet sich immer nur die Oberfläche dar, das Spiel des Lebens...

Man kann sich nun denken, wie erfreut ich war, als mir vor vier Jahren der Antrag gestellt wurde, an dem Gymnasium einer kleinen süddeutschen Stadt ein paar Aushilfsstunden in Tertia und Sekunda zu geben. Ich begann mit der Anwendung meiner Methode und suchte eine Menge Vorurteile aus den Köpfen meiner Schüler zu verbannen, vor allem natürlich das Hauptvorurteil vom Ernst des Lebens. Aber der Erfolg war nicht so glänzend, wie ich gedacht hatte. Am besten ging die Sache noch bei den dummen Schülern: Die kapierten mich nicht. Aber die intelligenteren Jungen gingen ganz entschieden in ihren Leistungen zurück. Eines Tages rief mich der Rektor auf sein Zimmer und teilte mir in sehr ernstem Tone mit: Die Art, wie ich mit den Jungen verkehre, sei doch wohl nicht die richtige, um mich in Respekt zu setzen; zumal bei einem Lehrer, der ohnehin die Würde der Jahre entbehre, sei sie ganz verkehrt. Hätte der Rektor mir das vierzehn Tage früher mitgeteilt, so hätte ich eine kolossale Gegenrede gehalten; nun aber hatte ich längst eingesehen, daß er recht hatte. Der Mensch kommt nämlich mit sehr richtigen Ideen auf die Welt und will, wie alle übrigen Lebewesen, zunächst einmal à tout prix spielen. Diese

24

unmoralischen Grundsätze würden ihm auch gar nicht schaden, und er würde sich naturgemäß zu einem sehr vernünftigen, lebensfähigen Geschöpf entwickeln, wie jeder Baum
und jedes Tier, wenn er nicht daneben gewisse intellektuelle
Gaben mitbekommen hätte, die dem Baum und dem Tier
fehlen und die geeignet sind, seine Richtung ungünstig zu
beeinflussen. Hier greift nun der Erzieher ein. Er dämmt die
gefährliche Kraft des selbsttätigen Denkens möglichst zurück und übt so lange auf sie einen Zwang aus, bis sie vollständig reif geworden ist und sich selber ihren Manometer
schafft. Alle Anschauungen, die der Lehrer vertritt, zielen
auf diesen einen Zweck ab. Der Mensch soll nicht zu früh
erfahren, daß er ein selbständiges, selbstdenkendes Wesen
ist. Ich änderte daher meine Taktik: Wenn ein Junge seinen
Ovid nicht ordentlich präpariert hatte, so machte ich ein
gräßlich finsteres Gesicht und tat so, als ob er im Begriffe
sei, sein Lebensglück zu vernichten; wenn einer die hypo-
thetischen Fälle nicht hersagen konnte, so fragte ich ihn:
»Wie wollen Sie später einmal ins Leben hinaustreten?«, und
als gar einmal einer die verschiedenen Amenhoteps verwechselte, nannte ich ihn eine »katilinarische Existenz«, obgleich das gar nicht in die ägyptische Geschichte hineinpaßt.

Ich habe aber nicht aufgehört, den Erwachsenen meine
Theorie zu unterbreiten. Ich sagte ihnen: Der »Ernst des
Lebens« hat seine Berechtigung als pädagogische Maßregel,
als regulatives Prinzip der Erziehung und des Unterrichts.
Aber außerhalb der Schule ist er Sache des lieben Gotts und
nicht der Menschen ... Vorläufig habe ich jedoch nur erreicht, daß die Menschen sich damit begnügen, meine Polemik gegen den Ernst des Lebens nicht ernst zu nehmen.

Die Gymnasialreform

Um die Mitte der achtziger Jahre erhob sich in Deutschland, als eine unmittelbare Folge der übermäßigen wirtschaftlichen Expansion, der allgemeinen geistigen Verflachung und des zunehmenden nationalen Größenwahns, der offizielle Kampf gegen das humanistische Gymnasium. Die Angriffe kamen hauptsächlich von zwei Seiten: von den vorwiegend industriell und technisch interessierten Kreisen der höheren Bourgeoisie und von der extrem nationalistisch gerichteten preußischen Hofpartei. Die ersteren erhoben die jedermann bekannten Einwände von der praktischen Nutzlosigkeit der toten Sprachen (wobei sie naiv voraussetzten, daß man eine Sprache lediglich deshalb studiere, um sie sprechen zu können) und plädierten für die Verdrängung der klassischen Bildung durch eine sogenannte »realistische«, das heißt technologische; die letztere wies darauf hin, daß die vorwiegende Beschäftigung mit dem Altertum dem Patriotismus nachteilig sei, und forderte einen Unterricht auf »nationaler« Grundlage, das heißt, etwa auf der der Kadettenschulen. Wohin man mit Nationalismus und Technik gelangt, das dürfte der Weltkrieg wohl zur Genüge dargetan haben; anderseits läßt es sich nicht leugnen, daß der Lehrbetrieb in den Gymnasien trotz aller Reformversuche immer noch ein mehr oder weniger mittelalterlich-formalistischer ist und eine wirklich harmonische Bildung, die alle Gebiete des Menschlichen gleichmäßig umfaßt, nicht vermittelt; eine solche Bildung allein aber hätte ein Recht darauf, klassisch genannt zu werden. Da wir nun einmal im Zeitalter des Umsturzes leben, so beantrage ich die Revolutionierung des Gymnasialunterrichts auf folgender Grundlage.

Das Gymnasium besteht aus einem Unterbau, einem Mittelbau und einem Oberbau, jeder zu drei Klassen. Der Unterbau ist für sämtliche Arten von Mittelschulen gemeinsam. Der Unterricht umfaßt die Grunddaten der Geschichte und Erdkunde sowie der Mathematik und Naturkunde, gründliche Übung im mündlichen und schriftlichen Gebrauch der deutschen Sprache, lateinische Elementargrammatik, verbunden mit der Lektüre eines leichten römischen Prosaikers, am besten Julius Cäsars, dieses Musters an Einfachheit, Klarheit und Prägnanz: schließlich von der dritten Klasse an: Französisch, jedoch im Gegensatz zum Lateinunterricht nicht theoretisch, sondern rein praktisch betrieben, mit sofort einsetzender Konversation und an der Hand eines fortlaufenden französischen Prosatextes, etwa in der Art der Methode Toussaint-Langenscheidt. Ein wenn auch nur elementarer Unterricht im Lateinischen scheint mir für jedermann nützlich und notwendig, und zwar erstens wegen der unübertrefflichen Schulung im knappen, schnellen und deutlichen Denken, die er vermittelt, zweitens wegen der ungemeinen Erleichterung, die er für das spätere Studium jeder anderen Sprache bietet, und drittens wegen der Fülle der Vokabeln, die er für sämtliche modernen Fachsprachen bereitstellt und die der Ingenieur, Chemiker, Techniker oder sonstige »Realist« ebensowenig entbehren kann wie jeder andere geistige Arbeiter.

Nach Absolvierung des Unterbaues steht es dem Schüler frei, sich für die Realschule oder das Gymnasium zu entscheiden; die erstere beginnt in der vierten Klasse mit dem Englischen, das letztere mit dem Griechischen. Das allgemeine Lehrziel der gymnasialen Mittelstufe ist: Erwerbung jener positiven Kenntnisse, die einerseits als Grundlage für den Betrieb jedes Fachstudiums wünschenswert sind und anderseits die Möglichkeit geben, auf der Oberstufe einen freien, von wissenschaftlichem und künstlerischem Geiste getragenen Unterricht pflegen zu können, der, ohne die Schüler mit dem äußeren Mechanismus der Daten, Jahreszahlen, Formeln und dergleichen noch weiter belästigen zu müssen, auf das Innere und Wesentliche der einzelnen Disziplinen eingehen kann.

Absolventen der Mittelstufe haben den Zutritt zu einer größeren Anzahl höherer Berufe, eventuell nach Besuch bestimmter dazwischengelegter zwei- bis dreiklassiger Fachschulen, die in ihrem Lehrplan möglichst spezialisiert werden sollen. Außerdem findet eine Intelligenzprüfung statt, und zwar vor einer gemischten Kommission, die zur einen Hälfte aus besonders bewährten Schulmännern besteht, zur anderen Hälfte aus urteilsfähigen und geistig geschulten Personen, die jedoch außerhalb der Schule stehen: Künstlern, Schriftstellern, Gelehrten usw. Was sie festzustellen hat, sagt ihr Name. Nur wer diese Prüfung besteht, hat Zutritt zur Oberstufe.

Im Näheren gestaltet sich der Lehrplan auf der Oberstufe folgendermaßen: 1. Religionslehre: Diese wird, nachdem sie auf der Unterstufe und Mittelstufe obligat war, fakultativ, dagegen wird für sämtliche Schüler obligat: Allgemeine Re-

28

ligionswissenschaft. Hauptgegenstände: Religionsphiloso-
phie, Geschichte der Weltreligionen, Kirchengeschichte (mit
dem Wesentlichsten aus der Dogmengeschichte), vergleichende Konfessionskunde (Symbolik), Lektüre ausgewähl-
ter Kapitel aus der Bibel und anderen wichtigen Urkunden.
2. Deutsch: Allgemeines Lehrziel: Die Fähigkeit, in deutscher Sprache seine Eindrücke auszudrücken. Geschichte
der Literatur mit Probestücken, wobei die Darstellung anfangs möglichst übersichtlich und erst mit fortschreitender
Annäherung an die Gegenwart eingehender zu gestalten ist.
So ist zum Beispiel eine ausführliche Würdigung der Bedeutung, die Opitz für die deutsche Literatur besitzt, nicht unerläßlich. Daß jedermann wisse, wie die zweite Frau Hans
Sachsens hieß, ist ebenfalls nicht notwendig (eine Prü-
fungsfrage, die im vorigen Sommer an einer hiesigen Fach-
schule für Maschinentechnik gestellt wurde; der Professor
hieß allerdings Kohl). Im Unterricht sollte gelesen und erklärt werden: eine Auswahl aus den Gedichten Walthers von
der Vogelweide, den Kirchenliedern Luthers, den Prosaschriften Lessings; *Werther, Götz* und *Urfaust, Räuber,
Fiesko* und *Kabale;* von Lyrikern: Goethe, Novalis und Li-
liencron; von neueren Dramen etwa: *Käthchen von Heilbronn, Traum ein Leben* und *Hannele,* dazu mindestens
ein größerer deutscher Roman (von Jean Paul, Gottfried
Keller oder Heinrich Mann); von ausländischen Dichtern:
Dante, Shakespeare und Ibsen. Alles übrige ist nicht so
wichtig und kann der Privatlektüre überlassen werden, wobei auf den persönlichen Geschmack des Schülers weitge-
hende Rücksicht zu nehmen ist. Auszuschließen sind die
bisher so eifrig gepflegten Dichtungen der Befreiungskriege,

weil sie nicht nur künstlerisch vollkommen wertlos sind, sondern auch geistig verdummend und ethisch vertierend wirken. 3. Alte Sprachen: Allgemeines Lehrziel: Einblick in den Geist und das Wesen der griechisch-römischen Kultur. Lektüre: im Lateinischen die Historiker, vor allem Sallust, dessen im besten Sinne römische Freiheit, Feinheit und Sicherheit unübertrefflich ist, Cicero mit Maß, keinesfalls der lästige Schwätzer Virgil, die Dichter überhaupt weniger dringend. Im Griechischen: die Historiker und Redner, Homer und Plato. Von derzeit wenig oder gar nicht berücksichtigten Autoren wären zu empfehlen: Plutarch, einer der amüsantesten und lehrreichsten Schriftsteller der Weltliteratur; etwas von Euripides oder Aristophanes; Epiktet; Anthologie aus den griechischen Lyrikern. Gute Übersetzungen und Kommentare (sogenannte »Eselsbrücken«) sollten gestattet sein. Dieser ketzerische Vorschlag ist nicht von mir, sondern wurde schon vor zwei Jahrzehnten von Friedrich Paulsen gemacht und von einem der ersten deutschen Schulmänner, Paul Güstfeld, unterstützt. Philologisches nur, soweit es zum sicheren Verständnis des Textes notwendig ist; selbständige grammatische Übungen finden überhaupt nicht statt. Dagegen möglichst starke Heranziehung der Sitten- und Kunstgeschichte. 4. Französisch: Allgemeines Lehrziel: einige Sicherheit im mündlichen Gebrauch der Sprache. Zur Lektüre empfohlen: Molière, Pascal, Montaigne, Hugo, Balzac, Stendhal, Taine, Flaubert. 5. Mathematik: Allgemeines Lehrziel: Einführung in die mathematischen Denkmethoden. Der Unterricht beschränkt sich auf die Wiederholung des Lehrstoffes der Mittelstufe (Arithmetik und Algebra, Planimetrie und Stereometrie, etwas ebene Trigonometrie).

Der Unterricht in der Logik ist hieher zu verlegen; denn die Mathematik ist die einzige Wissenschaft, die angewandte reine Logik ist. Dazu ist allerdings erforderlich, daß die Lehrer der Mathematik philosophisch durchgebildete und in größeren Gedankenperspektiven heimische Köpfe sind, nicht bloße wandelnde Rechenmaschinen und Logarithmentafeln. 6. Eine vollständige Umgestaltung erfährt der Geschichtsunterricht. Er tritt gewissermaßen in das Zentrum des ganzen Lehrsystems, indem die übrigen Disziplinen sich um ihn als Hilfswissenschaften gruppieren und stetig auf ihn zu beziehen sind. Die bisher fast ausschließlich gelehrte sogenannte »politische Geschichte« tritt in den Hintergrund. Aus ihr ist sehr wenig zu lernen, nämlich nichts anderes als die eintönige Tatsache, daß der Mensch zur einen Hälfte eine Bestie ist, gierig, roh, verschlagen und überall gleich. An die Stelle der stumpfen und tauben Registrierung von Schlachten und diplomatischen Lügen hat eine Art geistiger Kostümgeschichte zu treten, eine Geschichte der Ideen, die die innere unsichtbare Seele der einzelnen Zeitalter waren, sie trugen und bewegten und ihnen den äußeren Körper bauten, der dann in Kunst und Religion, in Wissenschaft und Philosophie, in Wirtschaft und Recht und im ganzen Mienenspiel des täglichen Lebens in die Erscheinung trat. 7. Ebenso radikal ist der Unterricht in den Naturwissenschaften zu reformieren. Hier ist ein möglichst lückenloses Weltbild zu gewinnen, ein Einblick in den Bau und die Gesetzmäßigkeit des Weltalls, in die Zusammensetzung und Entstehungsgeschichte der Erde, in die Physiologie und Anatomie der Pflanzen und Tiere und in die wichtigsten Tatsachen der Physik und Chemie, wobei dem Unterricht ein historischer und philosophischer Charakter gewahrt werden soll in dem Sinne, daß die Darlegung der Entwicklungsgeschichte und die Erklärung der Grundbegriffe die Hauptsache bilden. Die Lehre vom Menschen bleibt einem besonders ausführlichen Kursus vorbehalten, der auch die Pathologie und Hygiene zu berücksichtigen hat. Auch sollen einige klassische Werke gelesen werden (etwa Stücke aus Humboldts *Kosmos,* vor allem die Vorträge von Helmholtz). 8. Schließlich werden dem Schüler noch zur Wahl gestellt: entweder Englisch oder höhere Mathematik (analytische Geometrie, sphärische Trigonometrie mit Astronomie, Anfangsgründe der Infinitesimalrechnung). 9. Als völlig neues Fach erscheint im Lehrplan der Unterricht in der Philosophie, der an Stelle der bisher gelehrten gänzlich nutzlosen Herbartschen Psychologie die Geschichte der bedeutendsten Denker und ihrer Systeme zum Gegenstand hat. Die Lektüre nicht allzu schwieriger Werke (etwa Descartes oder Locke, die kleineren Schriften Kants und Schopenhauers und ähnliches) hat sich anzuschließen. Daneben schriftliche und mündliche Erörterungen.

Es wird nun gewiß manchen geben, dem diese Gymnasialreform bei weitem nicht radikal genug erscheint. Aber ich glaube nicht, daß es gut wäre, noch weiter zu gehen und mit dem Grundsystem zu brechen. Jenen, die die ganze Institution des Gymnasiums am liebsten abgeschafft sehen möchten, kann man nur erwidern: Was das Gymnasium wert ist, sieht man weniger an denen, die es besucht haben, als an denen, die es nicht besucht haben.

Der Zweck des Lebens

Vor ein paar Monaten hatte ich wieder einmal das lebhafte Vergnügen, mit Professor Franz Strunz zu sprechen. Als er meiner ansichtig wurde, schoß er auf mich zu und sagte ohne jede weitere Einleitung in seinem atemberaubenden Tempo (Kainz konnte ebenso geschwind sprechen, aber nur, wenn er nach der Vorstellung noch den Berliner Schnellzug erreichen wollte): »Haben Sie schon Johannes Müller gehört? Nein? Dann müssen Sie ihn unbedingt hören, unbedingt! Man muß ihn gehört haben. Warum, das läßt sich nicht so schnell sagen. Wenn Sie ihn gehört haben, werden Sie wissen, warum.« Er erzählte mir sodann noch rasch, daß Johannes Müller Leiter eines Seelensanatoriums sei und daß er so etwas wie eine neue Religion, eine neue Ethik begründet habe, aber bei dem Worte Religion war er auch schon augenblicklich irgendwo anders, und mit einem Satze befanden wir uns mitten in der Christologie. Nun entwickelte er mir mit ungeheurer Schnelligkeit seine Auffassung vom Leben Jesu, schilderte sämtliche andern Standpunkte, beleuchtete die Grundsätze der liberalen Theologie, der Marburger Schule, der Heidelberger Schule, der Leipziger Schule, brachte eine ungeheure Menge von Belegen, Daten und Zitaten aus den Apokryphen, den Häresiographen, den Doketikern, den Alexandrinern, den Linkshegelianern und zwanzig andern bei, und als er mich nach einer Viertelstunde entließ, war ich im Besitz eines vollständigen kleinen Kompendiums der Evangelienkritik. Aber was an Johannes Müller eigentlich sei, hatte er, der alles weiß, mir auch nicht sagen können. Und ich erinnerte mich, daß vor Jahren einmal Hermann Bahr sich in einem Feuilleton ganz ähnlich geäußert hatte: Johannes Müllers Wirkung sei undefinierbar.

Nun ging ich also folgsam zu Müllers erstem Vortrag, der den Titel führte: *Der Zweck des Lebens,* zweifellos ein für die Menschen nicht ganz unwichtiges Thema. Malheureuserweise hatte ich mir aber von ihm nach den Andeutungen, die mir gegeben worden waren, ein ganz bestimmtes Bild gemacht. Ich dachte mir nämlich: Ein Mensch, der eine neue Ethik, ja sogar eine neue Religion verkündet, muß irgendwie in seiner äußern Erscheinung etwas Transzendentes, Sublimiertes, Entrücktes an sich haben. Auf das Podium trat jedoch ein mittelgroßer untersetzter Mann mit kurzem Hals, buschigem Schnurrbart, blühender Gesichtsfarbe, das Urbild eines kerngesunden deutschen Kleinstädters. Ich konnte während des ganzen Vortrages die Vorstellung nicht loswerden: Dieser Mann würde einen prachtvollen Chef für eine große altrenommierte Nürnberger Spielwarenfabrik abgeben. Auch die Art, wie Johannes Müller mit dem Publikum verkehrt, stört dieses Bild durchaus nicht. Seine Redeweise ist klar, bestimmt, freundlich, ruhig und doch von starker innerer Anteilnahme getragen, er sagt alles in der verständlichsten Form und außerdem zwei- bis dreimal, er ruht nicht eher, als bis das, was er sagen will, restlos und eindeutig herausgekommen ist, er schweift nicht ab, spricht stets »zur Sache«, ist von dem ehrlichsten und ernstesten

Wunsche erfüllt, dem Guten zu dienen: Kurz, aus solchen Persönlichkeiten müßte ein idealer deutscher Stadtrat zusammengesetzt sein. Und so verhält es sich auch mit den leitenden Hauptideen: Was Johannes Müller vorbrachte, waren im Grunde genommen die Feiertagsgedanken des deutschen Bürgers.

Was ist der Zweck des Lebens? Johannes Müller ist um die Antwort nicht einen Augenblick verlegen, und schon das ist ein wenig bedenklich. Er sagt: Der Zweck des Lebens ist dienen, sich hingeben, sich für die Allgemeinheit opfern. Ich muß gestehen: Wenn der Johannes Müller, den ich mir nun einmal infolge meiner pathologischen fixen Idee vorgestellt hatte, so gesprochen hätte, so hätte ich ihm, höchstwahrscheinlich, recht geben müssen. Wenn dieser Johannes Müller – dessen Bild sich mir nun einmal so fest in den Kopf gesetzt hat, daß ich überzeugt bin: er muß dennoch irgendwo wirklich existieren – sein müdes blasses Haupt in die schmale weiße Hand gestützt und, mit seinen traurigen braunen Augen irgendwohin, ganz irgendwo andershin blickend, mit sanfter klarer Stimme gesagt hätte: »Ja, meine verehrten Anwesenden, glauben Sie mir: der Sinn des Lebens ist das Opfer« –, dann hätte nicht bloß ich, dann hätte jedermann, zumindest in diesem Augenblick, sich dasselbe sagen müssen. Aber nun sehen wir einmal zu. Für diesen Mann wäre das, was er »Opfer« nennt, ja gar kein Opfer gewesen! Es wäre eben der »Sinn seines Lebens« gewesen! Es wäre seine tiefinnerste, von Gott gewollte, von ihm selbst inbrünstig geglaubte Bestimmung gewesen, sich hinzugeben, zu schenken, zu dienen, seine Kräfte ununterbrochen und freudig hinströmen zu lassen für – nun, ganz einerlei, wofür! Für irgend etwas »andres«, für die »Menschheit«, für den »Fortschritt«, für die »Zukunft seiner Rasse«, aber vielleicht auch nur für eine Suppen- und Tee-Anstalt, für ein Tulpenbeet oder einen zärtlich geliebten Kanarienvogel. Aber hätte man bei diesem Mann von Opfern sprechen können? Er hätte eben den Zweck seines Lebens erfüllt. Und wäre es nicht die höchste Gottlosigkeit und Dummheit, dies ein Opfer zu nennen? Ist denn »seine Bestimmung zu erfüllen« nicht ein Glück, ja gradezu die einzig mögliche Definition menschlichen Glücks?

Nun ruft aber ein freundlich-energischer Klassenlehrer zu einem ganzen großen Auditorium, in dem sich alle möglichen Arten und Kreuzungen der Spezies Mensch befinden: »Bringet Opfer, dies ist euer Zweck!« Das heißt doch, wenn es in dieser Allgemeinheit ausgesprochen wird, ganz einfach: »Entäußert euch eurer Bestimmung! Seid nicht die, die ihr seid! Tut womöglich immer das, was ihr nicht mögt! Folgt niemals eurem Naturtrieb, sondern einem fremden Gebot, das von außen an euch herangetragen wird!« Das ganze Leben ist ein Dienen, zweifellos. Aber wem sollen wir dienen? Ich denke, darauf gibt es nur eine einzige Antwort: Uns selbst, dem Lebens- und Gestaltungsgesetz, das Gott in unsre eigne Seele gelegt hat! Wenn eine gute Hausfrau ihr ganzes Dasein dem Wohlbefinden ihres Gatten und ihrer Kinder widmet, die anstrengendsten Arbeiten für diesen Zweck verrichtet, wem dient sie da? Doch natürlich sich selbst! Denn dies ist nun einmal die Sache, die der Schöpfer mit ihr vorhatte. Und sie ist auch vollkommen glücklich, und nur glücklich, wenn man sie kochen, waschen, pflegen läßt. Wollte man ihr sagen, daß ihr Leben eine Kette von

Opfern sei, so würde sie kein Wort verstehen. Nun gibt es aber doch auch Frauen, die nicht für diese Dinge geeignet sind. Wie steht es mit diesen? Nun, die bringen allerdings täglich und stündlich Opfer und sind ebendeshalb ganz miserable Hausfrauen und Mütter. Und ich sage: Ihre Tätigkeit ist eine tief unsittliche. Sie beruht auf unsittlichen Forderungen, und sie besteht in unsittlichen Leistungen, und deshalb liegt der Fluch der Unbrauchbarkeit auf ihr.

Oder ein andres Beispiel, das Johannes Müller selbst angeführt hat. Er sagte: »Was tun denn alle die Erfinder, die Gelehrten? Opfern diese sich nicht fortwährend für den Fortschritt der Menschheit?« Ich sage: Ein Erfinder oder Gelehrter, für den seine wissenschaftliche Arbeit ein Opfer bedeutet, ist ein schlechter, ein völlig wertloser Arbeiter und wird sicherlich niemals etwas lehren oder erfinden! Wenn man einem Kant, Gauß oder Newton die Wahl gestellt hätte zwischen seinem eintönigen, arbeitsvollen Gelehrtendasein und einem Leben in Glanz, Reichtum und Nichtstun, was hätte er wohl gewählt? Sicher nicht das Opfer eines müßigen Lebens!

Und so, glaube ich, gelangen wir zu dem Schluß: Das freiwillige Opfer ist keines, und das unfreiwillige ist eine Unsittlichkeit. Die Gesellschaft erfordert allerlei unangenehme und beschwerliche Arbeiten, die einmal getan werden müssen. Tausende tun sie freudig. Tausende arbeiten in Fabriken, in Laboratorien, in Kontoren tagaus tagein und sind dabei glücklich. Erst die Vorstellung, daß sich unter diesen Tausenden auch eine Anzahl von solchen befinden, die es ungern tun, schafft die »soziale Frage«. Der Gedanke, daß es Personen gibt, die gegen ihren Wunsch täglich viele

Stunden hobeln oder kutschieren oder kopfrechnen müssen, ist unerträglich, denn dies ist ja eine der raffiniertesten und schrecklichsten Formen der Zwangsarbeit. Aber vielleicht würde der, welcher so furchtbar unter der Last des Kopf- rechnens leidet, riesig gerne hobeln, und umgekehrt. Es kommt also nur auf die richtige Verteilung an. Die Gesell- schaft braucht keine Opfer, denn es gibt keine noch so un- scheinbare und widerwärtige Beschäftigung, die nicht ihre Liebhaber hätte.

Opfer von seinen Mitmenschen zu verlangen, macht we- nig glücklich, das prägt man uns ja schon in der Schule ein. Aber es macht unsre Mitmenschen auch wenig glücklich, wenn wir ihnen Opfer bringen. Der Apparat, der dabei auf- gewendet werden muß, lohnt selten den Effekt. Nehmen wir nur die allerkleinsten Gefälligkeiten des täglichen Da- seins. Wie glücklich könnten wir leben, wenn sich nicht so viele Menschen bemüßigt fänden, uns in den Rock zu hel- fen, Feuer anzubieten, Gegenstände vom Boden zu heben. Welche lästigen Szenen ergeben sich bereits beim Eintritt in einen Salon, wenn die Hausfrau gar zu opferwillig ist, und welche schreckliche Tortur ist das Nötigen beim Essen! Wie angenehm hingegen wäre das Gesellschaftsleben, wenn jedermann sich selbst überlassen bliebe und keiner dem an- dern Gefälligkeiten darbrächte! Und wenn man als Außen- stehender den Verkehr zwischen zwei Liebenden betrach- tet, so erscheint es einem vollkommen unbegreiflich, wie diese beiden Menschen ein solches Leben länger als einen Tag aushalten können, was natürlich nicht hindert, daß man sich im gegebenen Fall genau so töricht benimmt. Wie er- schweren sich doch solche Menschen durch fortwährende gegenseitige »Liebesdienste« das Dasein! Und welche Respektlosigkeit liegt in den meisten sogenannten Opfern! Jedes Opfer ist ein Sichherandrängen, ein Sichintimmachen. Zudem hat es fast immer etwas Verletzendes. Ein Mensch von Zartgefühl will gar kein Opfer. Kurz, wenn man die Sache weiterverfolgt, so kommt sehr oft heraus: Das Opfer ist der »Andre«, und es wäre für Mark Twain eine sehr schöne Aufgabe gewesen, zu schildern, wie ein Mensch vor lauter Opfern, die ihm gebracht werden, nicht dazu kommt, sein eignes Leben zu führen.

Der Zweck des Lebens kann doch niemals die Aufhebung des Lebens sein, und das ist im letzten Sinne jedes unfreiwillige Opfer. Blicken wir einmal auf alle die großen Männer, die Wohltäter der Menschheit: Haben sie etwa den Sinn ihres Lebens in der Selbstentäußerung, im Leiden und Arbeiten für andre erblickt? Keineswegs. Sie sahen ihre höchste und heiligste Mission darin, für sich zu leben und zu leiden, das Gesetz ihrer Seele zu ergründen, den göttlichen Plan ihres Daseins zu erfüllen. War etwa das Leben Goethes, Beethovens, Bismarcks oder Schopenhauers eine ununterbrochene Kette von Opfern? Wenn diese Männer sich immer mit dem Wohl der andern beschäftigt hätten, wären sie niemals zu sich selbst gekommen, wären sie niemals groß geworden. Leider Gottes kümmern sich die meisten Menschen viel zu wenig um ihr »liebes Ich«; deshalb sind sie ja solche Dummköpfe. Was unterscheidet denn den tiefen Denker vom gedankenlosen Durchschnittsmenschen? Daß er Tag und Nacht über sich nachdenkt, sich »mit sich selbst beschäftigt«. Und das religiöse Genie? Es grübelt ununterbrochen über sich, über seine Stellung zu Gott und dem Weltall: Nur von diesem Punkt aus vermag es dann auch das Schicksal der andern mitfühlend zu begreifen. Jesus und Buddha begaben sich in die Wüste und beschäftigten sich dort ausschließlich mit sich selbst. Es liegt in diesem Entschluß, mit sich selbst in Verkehr zu treten, ein ungeheurer Heroismus, denn es ist gar nicht so ungefährlich, dieses Geschäft der Autovivisektion. Und warum hat Jesus sich für die Menschheit geopfert? Weil es seine persönliche, individuelle, gottgewollte Bestimmung war, nicht die aller Menschen. Hat er etwa seinen Jüngern gepredigt: Lasset euch kreuzigen? Durchaus nicht. Nicht jeder hat das Recht, sich kreuzigen zu lassen. Er lehrte sie: Tue jeder das Seine. Erfülle jeder seine Bestimmung, das, was Gott mit ihm vorhatte, genau das und nur das. Sehe jeder erst, wozu er selber da ist, bevor er sich zudringlich um das Wohl andrer kümmert.

Ich sagte: Das unfreiwillige Opfer ist etwas Unmenschliches, Unsittliches und Häßliches. Jawohl, denn es gibt nur eine Art von Häßlichkeit und Unmoral: was andres sein wollen, als man ist. Unorganischer Altruismus ist wie ein Klumpfuß oder ein Buckel. Unorganischer Altruismus ist eine Lüge: Wie kann aus einer Lüge etwas Gutes kommen? Hingegen: Solange ein Mensch sich selbst darstellt, kann er niemals unsittlich, flach oder häßlich sein. Daher ist es vielleicht das Höchste, was man von einem Menschen sagen kann, wenn man findet, er wirke wie eine Pflanze oder ein Tier auf uns. Die Gans ist dumm, der Hahn ist affektiert, der Affe ist albern, das Känguruh ist einfach unmöglich. Trotzdem wirken diese Tiere weder unangenehm noch banal. Die Dummheit einer Gans geht niemand auf die Nerven, wir finden dieses Tier sogar höchst anziehend und amüsant. Stundenlang kann man einem Hahn zusehen, wie eingebildet, ichbesessen, wichtigtuerisch er vor seinen Hennen sich dickmacht. Aber vor einem Menschen mit einem solchen Benehmen würden wir sofort davonlaufen. Und doch auch wieder nicht davonlaufen: wenn es nämlich seine innerste Natur wäre, sich so zu betragen. Der Falstaff ist der Liebling der ganzen Welt, und doch ist er nichts als ein dickes Weinfaß voll abscheulicher Eigenschaften. Aber das Genie Shakespeare hat ihm Natürlichkeit geschenkt und hat dadurch ihn selbst zum Genie gemacht. Kunst und Religion vereinigen sich in dem Bestreben, ihre Helden zu Genies der Natürlichkeit zu machen. Und die Helden der Tat haben auch keiner andern Eigenschaft ihre Macht über die Menschen verdankt. Dies war das gemeinsame Zwingende an ihnen allen: an Jesus und Goethe, an Siegfried und dem heiligen Franz. Was sie taten, war gut, denn es gehört zu ihnen.

Johannes Müller ist ein Gegner des Individualismus, er will, daß alle Menschen im großen Allgemeinen aufgehen, einem einzigen gemeinsamen, für alle gleichen Zweck dienen: dem sozialen Opfer. Aber es trifft sich für seine Theorie höchst unglücklich, daß der liebe Gott nun einmal ein extremer Individualist ist. Nicht zwei Amöben oder zwei Schachtelhalme hat er ganz gleich geschaffen und jedem Menschen hat er eine Seele geschenkt, einmalig, einzigartig, keiner zweiten vergleichbar, nie vorher dagewesen, nie so wiederkehrend, ein kleiner Lichtstreifen zwischen zwei Unendlichkeiten – eine Seele: Denken wir doch einmal darüber nach, was das heißt, denken wir ununterbrochen darüber nach, nicht über den unfruchtbaren, leeren Begriff der Seele, sondern über diese bestimmte Seele, die in jedem von uns lebt, versuchen wir ihr Gesetz zu erkennen und leben wir nach diesem Gesetz! Das ist der Zweck des Lebens für jeden einzelnen von uns. Was aber der große allgemeine Zweck des Gesamtlebens ist, das werden wir niemals erfahren, und es ist schließlich auch gar nicht notwendig, daß wir es erfahren.

Praktische Lebenskunst

Da ich nicht annehmen kann, daß meine Privatmarotten für die Öffentlichkeit hinlänglich interessant sind, so möchte ich nur einige allgemeine Lebensregeln mitteilen, die sich mir im Laufe der Jahre bewährt haben und von denen ich glaube, daß sie auch anderen nicht schaden dürften.

1. Mache Dir im vornhinein eine genaue Zeiteinteilung, womöglich für die ganze Woche, jedenfalls aber immer für den nächsten Tag, und halte sie genau ein. Es kommt dabei gar nicht darauf an, daß Du eine besonders große Anzahl von Stunden der Arbeit reservierst, sondern nur darauf, daß Du in der Zeit, die Du der Arbeit bestimmt hast, auch wirklich arbeitest. Du kannst ruhig in Deine Tabelle setzen: von 4 bis 6 Uhr nachmittags rauchen und in die Luft starren; Du kannst überhaupt alles Denkbare hineinsetzen, wenn es Dir angenehm oder ersprießlich erscheint: Die Hauptsache ist, daß Du es einhältst.

2. Lasse nie einen unangemeldeten Besuch zu Dir: Ein unerwarteter, der zehn Minuten bleibt, irritiert Dich für den ganzen Tag; ein vorgesehener, den Du mit zwei Stunden eingestellt hast, fügt sich reibungslos in Dein Tagewerk.

3. Besuche so selten wie möglich ein Kaffeehaus. Selbst sogenannte »überbürdete« Menschen trifft man sehr oft im Kaffeehaus, das ihnen die Zeit stiehlt, ohne ihnen dafür eine

wirkliche Rekreation zu bieten. Würden sie diese Zeit mit wahrer Erholung (zum Beispiel: träumend in der Sonne liegen) oder Aufarbeitung ihrer Arbeitsrückstände ausfüllen, so wären sie weder übermüdet noch überbürdet.

4. Schlafe mindestens acht Stunden; es gibt aber auch Menschen, die zehn Stunden brauchen. Es ist eine ganz falsche Rechnung, wenn man glaubt, durch Früheraufstehen Zeit zu gewinnen. Um das, was man dem Schlaf entzogen hat, wird die Arbeit nicht nur langsamer, sondern auch lustloser, also in doppelter Hinsicht entwertet.

5. Emanzipiere Dich vom Mittagessen: Es kostet Dich mitten im Tage mindestens zwei Stunden Verdauung und dadurch verursachte Gehirnlähmung. Nimm einige Schnitten Weißbrot und dazu abwechselnd einen Teller Fleischbrühe oder ein Trinkei oder ein Glas Yoghurt oder eine Tasse Milchkaffee oder eine Portion gekochte Pflaumen (aber nicht alles auf einmal). Anfangs wirst Du etwas Hungergefühl empfinden, in zwei Wochen wirst Du daran gewöhnt sein.

6. Verbringe Dein Leben teils (möglichst rasch) gehend, teils ausgestreckt liegend, aber sitzend oder stehend nur in jener Zeit, wo Du durch äußere Umstände dazu gezwungen bist. Besonders das Sitzen ist ein ungesunder und unnatürlicher Unfug, der uns nur nicht zum Bewußtsein kommt, weil wir in ihm von Jugend auf erzogen sind. Das Sitzen ist eine der vielen infamen und menschenfeindlichen Erfindungen der Neuzeit. Die Orientalen verbringen seit Jahrtausenden ihr Dasein im liegenden Zustand; die Griechen und Römer lagen, wie jedermann weiß, sogar beim Essen. Kein Tier sitzt von Natur, Hund und Katze tun es hier und da,

weil sie schon so lange in der korrumpierenden Gesellschaft des Menschen leben; Kuh, Pferd oder Löwe tun es nie, außer im Zirkus. Liegender Zustand erzeugt in uns Milde, Objektivität, Gleichgewicht, Überlegenheit; Sitzen erzeugt Nervosität, Geldgier, Malice, Unzufriedenheit.

7. Was schließlich den Alkohol anlangt, so glaube ich, daß er bei allen Tätigkeiten, die exaktes strenges Denken erfordern, absolut von Übel ist. Rechnungsmethode, scharfe logische Operationen, Gruppierung von Analogien, Überblicken langer Tatsachenreihen: Dies und dergleichen ist mit Alkoholgenuß natürlich unvereinbar. Aber wenn es sich um blitzartiges Erfassen weit auseinanderliegender Zusammenhänge, um kühne, ja absurde Assoziationen, um neuartige Kombinationen handelt, kann er oft von Nutzen sein. Die Vorstellungen, die in unserem nüchternen geordneten Denken unzertrennbar miteinander verknüpft sind, lösen sich plötzlich auseinander, wenn die normalen Hemmungen der Logik und das Kausalitätsgefühl fortfallen, und neue Verbindungen sind möglich. Und im übrigen glaube ich, daß die Menschheit den Alkohol so lange brauchen wird, als sie genötigt sein wird, sich über ihre eigene Unzulänglichkeit hinwegzutäuschen; also vermutlich noch ziemlich lange.

Takt

Die Lösung der Frage ist, glaube ich, wieder einmal sehr einfach. Sie besteht in einer primitiven Gleichung: Takt ist Intelligenz. Alles Gute beruht nämlich auf Intelligenz. Man fasse das um Gottes willen nicht als ein Bekenntnis zum Rationalismus auf. Die echte Intelligenz, die große, gütige, schöpferische Intelligenz ist etwas vollkommen Mystisches und Unerklärliches, aus den dunkelsten Tiefen des Willens und Instinkts Strömendes. Sie ist etwas schlechtweg Magisches. Dies zeigt sich schon bei den höher organisierten Tieren. Der Ameisenstaat ist ein Werk der vollendetsten Staatsklugheit, ein politisches Wundergebilde, auf das wir Menschen nur mit Neid blicken können. Kein noch so geschickter und kenntnisreicher Ingenieur kann ohne rechnerische Hilfsmittel, einfach aus dem Kopf, etwas zustande bringen, was den Biberbauten gleicht. Jede Biene macht ein tadelloses Sechseck, wann und wo es grade nötig ist, und welcher Mensch kann das mit der freien Hand? Woher kommen diese merkwürdigen Leistungen? Man muß doch wohl sagen: aus der Intelligenz. Aber woher kommt diese Intelligenz? Das weiß niemand.

Ganz ähnlich verhält es sich beim begabten Menschen. Napoleon machte alles mit seinem Verstand: seine Schlachtenpläne, seine diplomatischen Schachzüge, seine staatlichen Organisationen. Aber woher steigt ihm dieser dämonische, umwälzende, alles Wirkliche und Gedachte restlos resorbierende Riesenverstand? Das hätte er selber wohl zu-allerletzt zu sagen gewußt. Diese Einfälle, die plötzlich alles hell und neu machen, kommen wie ein Gewitter, eine Katastrophe, ein Erdbeben. Ibsen ersinnt allerlei Figuren, erleuchtet ihr inneres Seelengehäuse und schiebt sie so lange gegeneinander hin und her, bis diese bestimmte moralische Erkenntnis herauskommt, die er aufzeigen wollte. Das ist, wenn man will, ein Werk der puren Intelligenz. Kant fragt sich kühl rechnerisch wie ein Kalkulator: Was ist das eigentlich, unsre »Erfahrung«? Und er bohrt und gräbt so lange, bis die letzten Strukturgeheimnisse unsrer Verstandesverfassung nackt vor seinen Augen liegen. Ein kalter Vivisektor des Geistes ganz einfach. Aber das Resultat ist eine gigantische, schreckenerregende Revolution. Die Welt wankt. Kein Fieber kann verheerender wirken als die Lektüre dieser nüchternen Paragraphen.

Auch alle Sittlichkeit, überhaupt alle Humanität, beruht auf einfacher Anwendung klaren Verstandes. Denn was ist denn diese vielgepriesene und heißersehnte Humanität? Nichts anderes als Wissen um sich selbst. Aus dieser einen Wurzel folgt dann alles andre: Ein Mensch, der weiß, kann niemals »unsittlich«, »böse«, »unmoralisch« sein. Es besteht ein ganz bestimmtes Wechselverhältnis zwischen Güte und Intelligenz. Dies zeigt sich wiederum schon im Tierreich. Die intelligentesten Tiere: Elefanten und Hunde, sind auch die gutmütigsten, und die Bosheit der Affen ist mehr sprichwörtlich als wahr, denn sie ist nichts andres als Spieltrieb und Humor, eine Eigenschaft, die stets Güte voraussetzt. Andrerseits ist die sprichwörtliche Doppeleigen-

schaft »dumm und gutmütig« im Leben sehr selten anzu-
treffen. Ausgesprochen dumme Menschen sind niemals
wirklich gutmütig. Wie wäre das auch möglich? Sie sehen
viel zu wenig Beziehungen, als daß sie liebevoll und gütig
sein könnten, sie sind zu blind und beschränkt, um das
Recht im Unrecht zu erkennen und daher andern Menschen
Geltung einzuräumen. Auch sind sie viel zu sehr damit beschäftigt, ihre eigene Dummheit möglichst ungefährdet
durchs Leben zu lotsen, als daß sie die Zeit fänden, sich um
andre zu bekümmern.

Also Verstand muß man haben, sozusagen: »organischen«
Verstand, der alle unsre Lebensbetätigungen durchdringt
und ernährt wie das Blut unsern Körper. Verstand, um sich
in die Seele der Menschen und Dinge versetzen zu können,
mit denen man zu tun hat. Ein guter Tulpenzüchter braucht
Verstand, um die Seele der Tulpe zu erkennen, um auf ihre
Wachstumsbedingungen, ihre Liebhabereien und Eigenheiten richtig eingehen zu können, ein guter Tischler braucht
ganz denselben Verstand, um die Seele des Materials zu erfassen, das er zu bearbeiten hat; und wenn wir diesen Verstand auf die Menschen anwenden, mit denen wir verkeh-
ren, wenn wir ihren Idiosynkrasien und Besonderheiten,
ihren Wünschen und Befürchtungen verständnisvoll entge-
genkommen wie ein kluger Arzt oder Lehrer, ja, wenn man
will, sogar wie eine Art Irrenwärter: dann haben wir Takt.

Nun kommen wir aber zu einer zweiten, weitaus wichti-
geren Feststellung. Alles, was unsre Entwicklung, im großen wie im kleinen, irgendwie vorwärts treibt, beruht immer auf irgendeiner groben Taktlosigkeit. Taktlosigkeit ist
das schöpferische Prinzip in der Geschichte der Mensch-

heit. Taktlos ist an sich schon jede neue Erkenntnis. Die Menschen sind zufrieden, heiter und glücklich mit ihrem Besitzstand wohlerprobter, festgesicherter Wahrheiten. Da kommt plötzlich einer und wirft diese Wahrheiten um. Man pflegt solche Personen nach ihrem Tode Genies zu nennen. Ihre Mission ist: Unruhe und Mißtrauen zu verbreiten. Sie machen das Leben, das man eben noch mittels Tabellen und Systemen eingefangen zu haben glaubte, neuerdings zu einer aufreizenden, unentwirrbaren, verhängnisvollen Angelegenheit. Ihre scharfen Fragen dringen durch die Lücken und Risse der geistigen Schicht, auf der wir so behaglich wohnen, lockern sie auf, verwittern sie, spalten sie auseinander. Sie machen sich damit natürlich sehr unbeliebt. Sie wollen »neue Zeiten heraufführen«, aber jede frühere Zeit heißt die gute alte Zeit, und mit Recht; denn das Seelenleben war damals noch einfacher, ruhiger und leichter.

Jeder schöpferische Mensch zeichnet sich vor allem dadurch aus, daß er keinerlei Rücksichten nimmt. Er spricht unbekümmert alle Beobachtungen und Entdeckungen aus, die er gemacht hat, ohne ängstlich zu erwägen, ob dies andern und ihm selber peinlich und unangenehm sein könnte. Er decouvriert. Ohne Schamgefühl. Nach rechts und links. Nach allen Seiten. Sich, die Mitmenschen, alle toten und lebendigen Dinge, mit denen er zusammentrifft. Er erörtert Fragen, über die die Menschen niemals zu sprechen pflegen, wie wenn sie einen geheimen Kontrakt geschlossen hätten, diese Dinge ein für allemal nicht zu berühren. Er aber bricht diesen Kontrakt, belästigt jedermann und führt lärmende, exaltierte Reden, die niemand von ihm verlangt hat. Das ist taktlos.

Die ersten impressionistischen Bilder, zum Beispiel, waren ungeheure Taktlosigkeiten. Die Menschen haben es auch sogleich empfunden. Sie prallten entsetzt und erbittert zurück, sie riefen nach der Polizei, sie drohten mit Stöcken und Regenschirmen. Was erboste sie so? Die Sujets können es nicht gewesen sein, die waren so harmlos wie nur irgend möglich: eine Baumgruppe, eine Mandolinenspielerin, ein Bund Spargel und dergleichen. Es war die ungeheure Frechheit, anders zu sehen: wirre Farbenflecke auf die Leinwand zu schleudern, wo man schöne saubere Konturen erwartet hatte, und aus der Palette grade jene Farben zu wählen, die das Auge reizten oder ermüdeten. Und darum sollte man immer aufhorchen, wenn in der Kunst irgendeine empörende Taktlosigkeit begangen wird. Es kann ja natürlich auch eine bloße Ungezogenheit sein, aber man ist verpflichtet, der Sache nachzugehen. Man darf sich nicht durch Schwindler und Narren den Blick verwirren lassen. Es könnte eine neue Kunstrichtung – zum Beispiel: der Expressionismus – lauter Betrüger und Impotente zu Vertretern haben und dabei doch einen neuen Abschnitt in der Entwicklung des menschlichen Sehens bedeuten. Es ist ganz so wie in der Schule. Die Schüler, mit denen der Lehrer unzufrieden ist, sind zu neun Zehnteln wirkliche Taugenichtse und Dummköpfe, aber das Talent der Klasse befindet sich bestimmt unter diesen und niemals unter den Braven. Die Braven sind einmal auf jeden Fall nichts wert.

Um sich die prinzipielle Taktlosigkeit aller Kunst klarzumachen, erwäge man einmal, ob es irgendeine bedeutende Dichtung gibt, in der nicht eine Unmenge von »Unerquicklichkeiten« vorkommen. Der eine Shakespeare ist

ein unerschöpfliches Arsenal von Bemerkungen und Beobachtungen, die, in der guten Gesellschaft zur Sprache gebracht, den Sprecher sofort für immer unmöglich machen
würden. Hamlet und Tasso, die Genies, benehmen sich fast
ununterbrochen taktlos, während ihre Gegenspieler Polo-
nius und Antonio durchaus taktvolle Menschen sind. Die
Wahrheitsfanatiker bei Ibsen: Brand, Stockmann, Gregers
Werle sind als außerordentlich taktlose Persönlichkeiten
gekennzeichnet, in der vollen Absicht, die Taktlosigkeit
darzutun, die in jeder Wahrheit liegt. Wehe also dem takt-
vollen Dichter, Denker, Glaubenslehrer! Er hat mit der
Wirklichkeit nichts zu schaffen. Er hat uns nichts zu sagen.
Er wird uns niemals in irgend etwas weiterbringen. Er ist
ein lebendig Toter.

Wollten wir also das Gesagte zum Schluß in einer kleinen, verständlichen, überallhin leicht mitzunehmenden Mo-
ralsentenz zusammenfassen, so würde diese lauten: Mensch,
sei taktvoll in allen unwesentlichen Dingen des kleinen
Lebens und der Stunde, und sei ungeheuer taktlos in allen
Dingen, die dir wirklich wichtig sind!

Vom Schaltwerk der Gedanken

Wenn ein Naturforscher etwas von einem Künstler an sich hat, dann entsteht eine ungemein reizvolle Mischung, oder vielmehr: Es entsteht dann jene Mischung, aus der einzig und allein ein lesbarer und fruchtbarer Schriftsteller hervorgehen kann: die Mischung aus Romantik und Sachlichkeit. Hat ein Autor nur die eine dieser beiden Hälften, so wird er entweder ein hoffnungsloser Dilettant oder ein in seiner Einseitigkeit unerreichtes großes Genie sein. Schiller, zum Beispiel, obgleich von Haus aus Mediziner, war ein solcher genialer Nurromantiker, während sein philosophischer Lehrmeister Kant ein Genie der reinen, kalten, unkünstlerischen Sachlichkeit war. Aber selbst unter den Genies sind solche Extreme die Ausnahme. Sogar die Häupter der romantischen Schule hatten alle sehr viel vom Naturforscher, vom Experimentator, vom kühl sezierenden Philologen an sich. Begibt man sich aber in die mittlere Sphäre der Menschheit, so erkennt man, daß Produktivität überhaupt nur unter der Voraussetzung dieser Mischung möglich ist. Sonst entsteht, wie gesagt, unausbleiblich der Dilettantismus. Es entsteht entweder der seichte, pathetische Schwätzer und ranzige Gefühlsmensch oder der reine Gelehrte, der nämlich ebenfalls ein Dilettant ist. Man lese zu diesem Zweck das Buch irgendeines Durchschnittshistorikers – ob er nun Literaturgeschichte, Kunstgeschichte,

Kirchengeschichte oder politische Geschichte zum Spezial-
fach hat – und man wird, wenn man einmal den Respekt vor
Zettelkästen überwunden hat, mit Erstaunen bemerken,
daß die Urteilskraft, das geistige Anpassungsvermögen, die
Kombinationsgabe und die stilistische Gewandtheit des Autors durchaus unter dem Niveau eines talentierten Abitu-
rienten stehen.

Carl Ludwig Schleich ist von Beruf Arzt, Physiologe, aber
ein Physiologe mit einem Dichterauge. Er verfügt über das
ganze Rüstzeug der modernen Naturwissenschaft: der
Chirurgie, der Psychopathologie, der experimentellen Biologie und so weiter, und steht trotzdem – oder vielleicht
grade deshalb – auf einem extrem idealistischen Standpunkt. Für ihn ist die ganze Natur die kontinuierliche Of-
fenbarung eines einzigen großen Wunders: »Wie? Ist das
Wunder eines durch Reibung entflammten Streichholzes
letzten Endes weniger groß als die Entstehung eines neuen
Wesens durch Kontakt von zwei ganz und gar verschiedenen Zellen, oder das Aufflammen eines dritten, eines Gedankens, durch das Ineinandertauchen zweier rhythmischer
Wogen, der meines tastenden Fingers und der weichen
Schönheit eines Blütenkelches? Was geht hier vor? Eine
Zeugung, eine größere oder kleinere seelische Brandstif-
tung, ein Anstoß, der Lawinen auslösen kann auf den Berg-
kuppen meiner Ideen, wie auf den Gletschern eines Vogels
Tritt im Schnee! Der Fehler, der unsrer Ansicht nach bei
dieser Fragestellung stets gemacht wird, ist der, daß man
immer auf der Suche ist nach neuen, geheimnisvollen Kräften, wie ja denn auch die besondere Lebenskraft als Mög-

lichkeit immer wieder von neuem auftaucht, statt ein für alle
Mal sich klarzumachen, daß es nur Eine Kraft geben kann,
Ein ewig unerforschliches, Ein letztes Geheimnis Gottes,
dessen Großsiegelbewahrer er selber ist ... Wer weiß, was
die Flamme ist, wer weiß, was Gärung, Phosphoreszenz,
Schwerkraft, Anziehung, Elektrizität? Und wir vom Licht
des in uns selbst jeden Augenblick erzeugten Himmelstri-
ches der empfindenden Ideen Geblendeten wollen fragen:
Was ist der Gedanke? Genug, daß er da ist; genug, daß wir
tausendfach untersuchen können, wie die Beziehungen seines Eintritts, seines Aufleuchtens, seiner Geburt waren;
genug, daß wir gewisse Erscheinungen kennen, die diesen
flüchtigen Euphorion der Kontakte immer wieder erzeugen, ja, ihn zwingen können zu erscheinen, vernüchtern wir
uns diese Welt der Wunder doch nicht, indem wir, plap-
pernden Kindern gleich, immer wieder fragen: Wie sieht
der liebe Gott aus, was ist ein Gedanke, eine Seele?« Hier
werden wir unwillkürlich an Novalis erinnert, der in seinem nachgelassenen System des »magischen Idealismus«
ähnliche Gedanken vertreten hat. Es ist evident, daß gerade
die besten Köpfe unsrer Zeit sich wieder einem derartigen
Mystizismus nähern und nähern müssen. Daß solche Anschauungen immer noch auf Bedenken stoßen, daran ist die
falsche Mystik schuld. Die echte Mystik ist nicht der Gegensatz der Logik, sie ist sogar der Triumph der Logik;
denn sie ist nichts als eine Art höherer Logik, in der die nie-
dere enthalten ist. Wie sich die Infinitesimalrechnung zur
niedern, gewöhnlichen Mathematik des Tages verhält, so
verhält sich die Mystik zur niedern, gewöhnlichen Logik
des Tages. Grade je weiter man in der gründlichen und

streng wissenschaftlichen Erkenntnis der Natur fortschritt, desto mehr mußte man sich wieder dem Idealismus nähern. Denn die Natur »erklären«, heißt: sie »wunderbar« finden. Die Zeiten der Wunder und des Mystizismus sind nicht vorbei, sie heben erst an. Was Novalis unter Mystizismus verstand, das erhellt ein schöner Ausspruch aus seinen Fragmenten: »Alles Auserwählte bezieht sich auf Mystizismus. Wenn alle Menschen ein paar Liebende wären, so fiele der Unterschied zwischen Mystizismus und Nichtmystizismus weg.«

Von solchen Grundgedanken aus betrachtet nun Schleich in seiner neuen Essaysammlung (*Vom Schaltwerk der Gedanken* [...]) eine Fülle von Erscheinungen des geistigen und physischen Lebens. Er erkennt in der Hysterie eine metaphysische Tatsache, in der sich wieder einmal öfter die Allmacht der Idee über den Körper offenbart; er vergleicht die geistigen Übungen des Ignatius von Loyola mit den militärischen Übungen des preußischen Drills und erblickt in beiden die Manifestation der wunderbaren Fähigkeit, durch den Willen und die Selbstzucht über sämtliche, selbst die autonomischen Bewegungen des Organismus Herr zu werden; er untersucht das Wesen des Genies und findet auch hier jene eine, unteilbare magische Kraft wieder, die die ganze Welt durchdringt und zusammenhält. Dies alles – und das macht eben den Hauptwert des Buches aus – wird aber nicht im Gewande philosophischer Spekulation oder dialektischer Begriffskrämerei vorgebracht, sondern als Resultat tiefer, gründlicher Beobachtungen auf dem Gebiete der Gehirn- und Nervenanatomie. Hier ist nicht die großspre-

cherische parvenühafte Halbwissenschaftlichkeit der Moni-
sten am Werke, die Volksschullehrern und Bankbeamten
mit ein paar chemischen Formeln und lateinischen Kno-
chennamen imponiert, sondern die Bescheidenheit und geistige Demut des echten Gelehrten, der in jeder Erkenntnis
nur ein neues Problem erblickt. Schleich hat eine Masse
überraschender Funde auf allen möglichen Gebieten zutage
gefördert; die Psychologie des Traums, des Krieges, des Ge-
dächtnisses, des Schmerzes, des Lachens: Diese und viele
andre Dinge gelangen bei ihm in ein ganz neues Licht; aber
er spricht diese Entdeckungen wie Selbstverständlichkeiten
aus. Und vor allem ist er ein begeisterter Lobpreiser des
Sympathikus, dieses verkanntesten und wichtigsten unter
allen Nerven des menschlichen Organismus, gegen den
Homer gerechter war als wir, indem er ihn als den Sitz des
Gemüts bezeichnete. »Wahrlich, unsre Urgefühle, unser eigentlich letzter Wille, unser Charakter steckt in der Stamm-
anlage unsres Sympathikus und nicht im Gehirn, das nur
sein Diener ist. Ein Genie der Ganglien, ohne die Regula-
tion des urgesunden, altväterlich behäbigen Sympathikus ist
ein irrlichterndes, glänzendes, aber gefährliches Phänomen.
Wie sicher gefügt wohl Goethes Sonnengeflecht unter dem
Zwerchfell geruht haben mag!« Endlich einmal ein Fachmann, der diesem wahren Seelenorgan seinen verdienten
Platz einräumt, diesem Organ, von dessen Höherentwicklung wahrscheinlich unsre ganze Zukunft abhängt und in
dem heute schon unsre stärksten und zugleich subtilsten
Empfindungen lokalisiert sind. Eigentlich muß man ja immer schon eine dunkle Ahnung von diesem Sachverhalt gehabt haben, sonst hätte man nicht gerade diesen Teil unsres

Nervensystems den »sympathischen« genannt. Wo ist der Sitz der Seele, den die Philosophen und Ärzte seit so vielen Jahrhunderten suchen? Im Gehirn? Keine Spur: Das ist ein kaltes, temperamentloses Administrationsorgan. Im Herzen? Keine Spur: Das ist unser allerseelenlosestes Organ, ein bloßes Pumpwerk, das ausschließlich mechanischen Zwecken dient. Nein: im Sonnengeflecht! Jeder Verliebte muß das schon empfunden haben. Was »krampft sich zusammen«, wenn ihn die Eifersucht packt? Das Zwerchfell! Wo »klopft es«, wenn er die Geliebte erblickt? In der Magengrube! Und woher kommt die berühmte »satanische Lache«, die die verlassene Braut im Trauerspiel anschlägt? Warum lacht diese Person? Ist es denn gar so komisch, daß der Mann, der ihr alles ist, sie in gemeiner Weise hintergangen hat? Sie lacht, weil ihr Zwerchfell erschüttert ist. Und woher kommt das sogenannte »nervöse Sodbrennen«? Aber wir wollen dieses Thema nicht weiter ausführen, sonst verliert die *Schaubühne* zu viele Abonnenten.

Abschaffung des Genies

Seit einigen Jahren macht sich, neu und »naturwissen-schaftlich« appretiert, eine geschichtsphilosophische Theorie breit, von der wir schon geglaubt hatten, sie sei gemeinsam mit andern »geistigen Errungenschaften« des xix. Jahrhunderts endgültig in den Müllkasten geworfen worden. Es ist jene Weltanschauung, die alles historische Geschehen auf »Ideenbewegung«, auf »Massenbewegung« zurückführt. Nicht die Persönlichkeit, der große Einzelne, der denkende, handelnde und leidende Held macht die Geschichte, sondern die »Idee«, das dumpfe Unterbewußtsein des Vielzuvielen; alles andere ist »Mythologie«. Jedoch diese Auffassung ist, das machen ihre Vertreter sich nur nicht genügend klar, ebenfalls Mythologie, und zwar die ödeste, armseligste, anämischeste Art Mythologie: nämlich Begriffsmythologie. Der »finsterste« Aberglaube hat mehr Lebenskraft als diese Schreibstubenweisheit. Darin liegt vor allem die Gefahr dieser ganzen Theorie: Sie hat den Zweck, unser ganzes Leben, Denken und Fühlen zu sterilisieren.

Sie ist, das wird man ihr nicht absprechen können, von einer außerordentlichen, einer furchtbaren und vernichten-den Konsequenz. Sie ist von einer solchen Konsequenz, daß wir, wenn wir ihr Schritt für Schritt nachgeben, schließlich vor einem ungeheuern grauen und leeren Abgrund stehen. Sie muß, folgerichtig entwickelt, zur Gottleugnung führen;

und sie führt auch dazu. In einer Welt, in der alles durch Klassenbewegungen, durch ökonomische, wirtschaftliche Motive bewirkt wird, ist für einen Gott kein Platz. Denn der monistische pantheistische Gott, der hier etwa eingeführt wird, ist ja wiederum nichts als der »Geist« dieser Masse, etwa auf dem Niveau der »Zönobialseele« eines Pflanzenstocks, ein stupider Gemeinschaftsinstinkt. Es ist nur zu begreiflich, daß diese kollektivistische Auffassung sogar zur Leugnung der Existenz Jesu geführt hat. Erst leugnet man die Bedeutung der Seele im Menschen, die Individualität, dann die großen Männer und folgerichtig schließlich den Größten von allen, Jesus von Nazareth. Der umgekehrte Weg – und es ist der Weg der Zukunft – wird wieder zu Jesus zurückführen. Wir werden zunächst wieder glauben lernen, daß in jedem, auch dem Geringsten von uns, eine göttliche Seele lebt, einmalig, einzigartig, keiner zweiten vergleichbar, nie vorher dagewesen, niemals so wiederkehrend – dieser Glaube trägt jeden anderen im Keim in sich. Eben darum lehrte ja auch Jesus als erstes die Seele. Ohne Gott keine Seele, aber ohne Seele auch kein Gott! Eine Kollektivseele (die nämlich gar keine Seele ist) kann nicht an Gott glauben, kann überhaupt an gar nichts glauben als an stumpfsinnige tote Massenmechanik. Eine solche Seele, die nichts ist als das Resultat gemeinsamen Ineinanderarbeitens von Massenteilchen hat nämlich auch jede richtig gebaute Maschine! Die Maschine glaubt nicht an Übermaschinen, glaubt nicht, daß eine höhere, überlegene Kraft sie geschaffen hat, glaubt nicht an »Geist« und »Persönlichkeit«, sondern nur an sich selbst, an Schrauben, Räder, Transmissionsriemen, an Öl und Dampf. In dem Au-

genblick aber, als wir glauben, daß wir selbst eine Seele haben, glauben wir auch notwendigerweise an einen Schöpfer
dieser Seele, glauben wir an höhere Seelen, die diesem
Schöpfer noch näher verwandt sind als wir, glauben wir an
große Männer. Und wenn unter diesen sich einer befindet,
der alle so sehr überragt, daß er dem Schöpfer mehr zu gleichen scheint als den Geschöpfen, dann ist es ganz logisch
und natürlich, wenn wir ihn Gott nennen.

Im Altertum pflegte man bekanntlich hervorragende
Herrscher nach ihrem Tode und bisweilen sogar noch zu
ihren Lebzeiten zu vergöttern. Die Anhänger der Theorie
von der »Massenbewegung« nennen dies natürlich wür-
delosen Byzantinismus und geistigen Verfall. Aber dies ist
durchaus nicht Verfall. Wenn zum Beispiel ein Mensch von
einer dämonischen hellseherischen Energie und einem stau-
nenerregenden Impetus in die Welt tritt, alle Kräfte des geistig in sich zerfallenen, durch albernen Partikularismus,
aufgeblasene Rechthaberei und politische Kurzsichtigkeit
zerbröckelten Hellas mit einem einzigen Griff zusammenfaßt und mit dieser Handvoll Menschen das ungeheure
Weltreich Persien, das Urland menschlicher Weisheit Ägypten und das geheimnisvolle Indien, von dem man bisher
kaum wußte, ob es existiert, unter sein Zepter drückt und,
was mehr ist, diese ganze Welt organisiert, mit westlicher
Kultur durchdringt und wahrhaft beherrscht – ja was bleibt
denn dann der verblüfften Menschheit, wenn sie noch ihre
fünf gesunden Sinne beisammen hat, anderes übrig, als diesen Mann für einen Gott zu erklären? Und was war Alexander, der doch nur die physische Welt des Altertums eroberte und erneuerte, gegen Jesus, der die ganze geistige

Welt der damaligen Zeit völlig verwandelte, der unermeß-
liche neue Länder und Reiche der Seele entdeckte und in Besitz nahm?

Diesen Glauben, dieses Wissen, daß Weisheit, unge-
wöhnliche Kraft von Gott ist, hat unsere moderne »Erkenntnis« ausgeräuchert mittels Dampfmaschinen, Elek-
tromotoren und Schnellpressen. Und mit einer gewissen
Berechtigung glaubt man heute nicht mehr an göttliche Erscheinungen, denn in unserer Zeit sind sie tatsächlich ganz
und gar unmöglich geworden. Aber daß sie zu allen Zeiten
unmöglich waren, ist ein ebenso falscher wie anmaßender
Schluß. Und auch Jason hat gelebt in irgendeinem kühnen
Seefahrer und Siegfried in einem reinen Helden und Romulus, wenn auch die Geschichtsforschung nachgewiesen hat,
daß sein Name nicht stimmt. Aber die Tatsache Romulus ist
auf die sicherste Weise bezeugt, die der Historiker sich
wünschen kann: durch die ewige Stadt Rom.

Das unbedeutendste historische Ereignis hat immer eine
Person zur Ursache: Jeder Streik hat seinen Führer, jeder
Straßenputsch seine Agitatoren, und eine Religion, die Zusammenfassung der höchsten und tiefsten, innerlichsten
und eruptivsten Kräfte der Menschheit, sollte keinen Stifter
haben? Das Volk hat auch immer den gesunden Instinkt
besessen, alles auf Persönlichkeiten zurückzuführen. Man
kann ihm hundertmal vorreden, die deutsche Einheit oder
die Reformation sei eine notwendige Folge von politischer
Konstellation, von Zeitideen gewesen, es wird doch immer
sagen: Nein, die deutsche Einheit hat Bismarck geschaffen!
Und die Reformation ist eine Tat Luthers! Das Volk glaubt
gar nicht an sich selber, es glaubt an die großen Männer.

»Ideen«, große geistige Strömungen, Dominanten der geschichtlichen Entwicklung sind wohl immer das, was den Fortgang und den Wandel des historischen Verlaufes bedingt, aber diese Ideen knüpfen sich, das können wir überall, so weit unsere Erfahrung reicht, bestätigt finden, stets an große Persönlichkeiten. Die Weltgeschichte wird von einzelnen prominenten Menschen gemacht, von Menschen, in denen der »Geist der Zeit« so konzentriert verkörpert ist, daß er nun für jedermann sichtbar und wirksam wird. Die Geschichte macht sich nicht selber; auf diese Absurdität von Tautologie würde es herauskommen, wenn man annehmen wollte, das dumpfe unterirdische Kollektivbewußtsein sei das Schöpferische in der Geschichte. Die »Idee« ist immer das Primäre, gewiß, aber Leben und Realität gewinnt sie immer nur in bestimmten Individuen. Was den vielen Glaubensformen zur Zeit Christi fehlte, war das große Individuum. Mithras, Adonis, Dionysos und wie sie alle hießen, das waren leere Begriffe oder wüste Phantasien. Die Tatsache Jesus Christus war ein fester Kristallisationspunkt, um den sich alle menschliche Sehnsucht, Furcht und Hoffnung, das ganze Wissen und Wollen der Zeit ansetzen konnte. Auch Luther hat die Reformation nicht erfunden, etwa wie Auer das Auer-Licht oder wie Mannlicher das Mannlicher-Gewehr, aber er war so erfüllt von dem neuen Licht seiner Zeit wie wenige, und dadurch hat er es erst sichtbar gemacht für alle Welt. Das Christentum ohne Christus wäre ebenso spurlos verschwunden wie alle anderen Religionen jener Zeit. Nur dadurch hat es sich siegreich behauptet, daß es von einer realen historischen Persönlichkeit getragen war. In jener Zeit der Theokratie, wo man alle

Religionselemente, ägyptische, griechische, jüdische, persische, indische, bunt durcheinander glaubte und zu einem großen Pantheon zu vereinigen strebte, wäre es ein Baustein unter zwanzig anderen geworden. Aber was vermochten die tiefsinnigsten, farbenreichsten, einleuchtendsten Gedanken und Bilder gegen die wenigen einfachen Weisheiten, die ein lebender Mensch wirklich gesprochen und gelebt hatte, gegen das eine große Bild des lebendigen Jesus?

Dichtung, Philosophie und Skulptur der Griechen hatten die herrlichsten Kunstwerke geschaffen und eine Religion der Schönheit hervorgezaubert, wie sie niemals vorher erblickt worden war und vermutlich nie wieder erblickt werden wird, aber was sind alle Kunstwerke gegen einen wirklichen Menschen, der ein Kunstwerk Gottes ist? Sie verblassen sogleich vor ihm zu armseligen Phantomen; da liegen sie nun als tote traurige Ruinen von Wünschen und Gedanken, als bloße Steinblöcke und Papierrollen, die sie sind! Als kindische und fruchtlose Versuche, etwas zu schaffen, während doch nur einer etwas zu schaffen vermag, so oft er will und so oft es ihm gut und notwendig erscheint für die Erleuchtung der Welt.

Die Ansicht, daß dieses große Nichts, das wir Menschheit nennen, den Lauf der Erde bestimmt, ist roheste, stupideste Selbstvergötterung, es ist eine Weltanschauung, gerade gut genug für einen Wirtschaftsbund, ein Bankkonsortium oder einen Kegelklub.

Zwei, die sich geärgert haben

Unter den obligaten Schimpfbriefen, die ich auch diesmal wieder anläßlich meiner kleinen Betrachtung
über Raffael erhalten habe, befinden sich zwei, die in einem
polaren Widerspruch zueinander stehen. Der Verfasser des
einen, der mich mit lärmenden und falsch gebrauchten Worten fragt, wie ich mich denn erfrechen könne, einen Künstler anzuzweifeln, über den ein so allgemeiner Konsensus
herrscht, scheint ein Alldeutscher zu sein: Er ist nämlich
grob und kann nicht Deutsch. Der andere scheint das ebenso scharfsinnige wie kurzsichtige Buch von Edgar Zilsel *Die
Geniereligion* gelesen zu haben, denn er fragt mich sehr
mitleidig und spöttisch, mit welchem Recht ich denn Raffael, mit welchem Recht ich überhaupt irgend jemanden ein
Genie zu nennen wage?

Die eine Frage scheint die andere aufzuheben, und doch
hängen sie genau zusammen: Die zweite beantwortet sich
nämlich durch die erste. Weil über Raffael ein gewisser
Konsensus herrscht, ebendarum nenne ich ihn ein Genie.
Die Menschen, denen wir diesen Ehrentitel zu geben pflegen, waren bis zu einem bestimmten Zeitpunkt ganz dasselbe wie alle anderen: Individuen, Einzelmenschen, Zellen
im großen Organismus der Menschheit, Einheiten in der
Millionensumme; und plötzlich sind sie eine ganze Gattung
geworden, eine platonische Idee, ein neuer Begriff, eine

neue Naturkraft, eine neue Vokabel im Wörterbuch der Menschheit, ein neu entdecktes Element. Gestern noch gab es kein Aluminium, wußte niemand, was Aluminium sei, heute weiß es jeder, muß es jeder wissen, jeder muß von nun an mit diesem neuen Wort oder Zeichen namens Al rechnen, nichts ist so wirklich wie diese zwei Buchstaben Al. Durch einen ganz ähnlichen Prozeß wird ein Mensch in den Augen der anderen zum Genie. Ein Individuum ist über Nacht ein Begriff geworden! Das ist ein ebenso großes Mysterium wie die Menschwerdung oder irgendein anderes Schöpfungswunder der Natur. Der grobe Intellekt des Durchschnittsmenschen mag noch so wenig von Begriffen wie Sokrates, Shakespeare oder Cäsar wissen, er mag von ihnen eine noch so einseitige oder falsche Vorstellung besitzen: Etwas weiß er doch von ihnen, irgendein Bild von ihnen trägt er in seinem Herzen, sie befinden sich im Schatz seiner Assoziationen so gut wie die Kennworte für seine täglichen Gebrauchsgegenstände. Weiß er denn von den anderen Dingen mehr? Er hat von den Begriffen Zucker oder Licht eine ebenso genaue und richtige Kenntnis wie von den Begriffen Dante und Kant. Aber er gebraucht sie alle miteinander ungenau, falsch, und dennoch sind sie für ihn Mittel, sich in der Welt zurechtzufinden und ein wenig klüger zu werden. In dem Augenblick, wo eine Naturkraft ans Licht getreten, vom Bewußtsein des Menschen erkannt worden ist, findet sich auch ein Wort für sie, meistens ein unzutreffendes, zufälliges, aber es handelt sich ja nicht um Worte. Man versuche, aus dem Denkvermögen auch des einfachsten Menschen die Begriffe Elektrizität oder Goethe zu streichen. Beides ist gleich unmöglich, er wird mit diesen

Worten beinahe geboren, sie drängen sich ihm unwillkürlich auf die Lippen, sie sind da, weil die realen, wahrhaften Dinge, die ihnen entsprechen, da sind. Wenn er diese Begriffe nicht hätte, so wäre er eines Teils der Verständigungsmöglichkeiten mit seinen Mitmenschen beraubt. Er wäre ein partieller Taubstummer. Man kann daher recht wohl die Definition wagen: Groß ist ein Mensch in dem Augenblick, wo er ein Begriff geworden ist.

Aber: – Die Sache hat ihre Kehrseite. Begriffe, sagte Hobbes, sind Rechenpfennige. Er meinte damit, daß sie nur eine Art Auskunftsmittel seien, Zeichen und Marken, Symbole. Aber man könnte das Bild noch erweitern und sagen: Sie sind auch nicht viel mehr wert als Rechenpfennige. Sie sind armselige, dünne, dürftige Dutzendware, gerade gut genug, um törichten Kindern oder leichtfertigen Spielern zu dienen. Denn ein Begriff ist, das lernt man schon in der Schule, immer sehr viel weniger als eine Wirklichkeit. Es ist ja gerade sein Wesen, daß er dies ist. Er entsteht dadurch, daß man einer konkreten Sache möglichst viel Realität wegnimmt, je mehr, desto besser. »Je höher man in der Abstraktion aufsteigt, desto mehr läßt man fallen, also desto weniger denkt man nach«, sagt Schopenhauer.

So entsteht ein sonderbarer und fast tragischer Konflikt. In instinktivem Dankbarkeitsbedürfnis will die Menschheit die großen Männer über alle ihre Brüder erhöhen, indem sie aus ihnen Begriffe macht. Aber sie kann dies nur dadurch erreichen, daß sie ihnen unendlich viel nimmt, sie unendlich viel leerer, ärmer, ausdrucksloser und gewissermaßen gedankenloser macht, als sie sind. Zweifellos muß eine große Kraft vorhergegangen sein, um diesen seltsamen Übergang vom Individuum zum Begriff, wie er sich auch bei Raffael vollzogen hat, überhaupt hervorzubringen: Wer das vermocht hat, den nennen wir eben, und mit vollem Recht, ein Genie. Aber, und hiemit kommen wir zur Beantwortung der ersten Frage, nur jene Verflüchtigung zur bloßen Idee ist es, die den allgemeinen Konsensus ermöglicht. Über einen bestimmten Tisch wird nie vollkommene Geschmackseinigkeit herrschen. Über den Begriff des Tisches können nur Geistesgestörte miteinander streiten.

Begibt man sich nun von der allgemeinen Idee »Raffael« zu der wirklichen, greifbaren Einzelperson, so hört auch sofort dieser Konsensus auf. Und so hat es denn auch, hier muß ich den verehrten Herrn Alldeutschen aus einer Illusion reißen, über Raffael niemals einen anderen Konsensus gegeben als den der Masse der Halbgebildeten, die überhaupt zur Kunst und zum Leben kein Verhältnis hat, für die der große Mann nichts ist als eine tote Chiffre und nichtssagende Firmatafel, die Goethe einen Olympier, Schiller einen Feuergeist, Kant den Alleszermalmer und Maximilian den letzten Ritter nennt. [...]

Die entdeckte Frau

Im Laufe dieses Krieges haben wir die Frau sozusagen wieder einmal neu entdeckt. Es hat sich herausgestellt, daß sie für viele Tätigkeiten ebenso befähigt ist wie der Mann, ja sogar befähigter. Das kommt daher, daß sie von Natur klüger ist. Ich beabsichtige jedoch, den Frauen damit nur ein sehr zweifelhaftes Kompliment zu machen. Sie sind klüger und fügen wir noch hinzu: verläßlicher, ordnungsliebender, anpassungsfähiger, geschickter. Aber der Grund von alledem ist ihre Nüchternheit, ihre Unoriginalität, ihr Mangel an Persönlichkeit, kurz ihre Phantasielosigkeit.

Verstand ist nämlich eine sehr subalterne Eigenschaft. Die Mongolen zum Beispiel besitzen eine ungeheure praktische Klugheit. In den Jahrtausende alten Spruchsammlungen Lao-tses und Konfutses ist ein Schatz erstaunlichster Menschenkenntnis und Lebensweisheit aufgestapelt, von dem wir heute noch profitieren können. Sie hatten ja auch schon lange vor uns das Porzellan, das Papier, die Buchdruckerpresse, das Schießpulver erfunden. Aber ich bin niemals der Ansicht gewesen, daß der Mann, der das Schießpulver erfand, den Gipfelpunkt menschlicher Gescheitheit darstellte. Es ist eine Gescheitheit zweiten Ranges, die Gescheitheit eines Fuchses, Raben oder Bibers, eines Uhrmachers, Küchenchefs oder Apothekers. Von den Männern, die ich für wirklich gescheit halte, zum Beispiel Dante, Pascal, Shakespeare, Carlyle, Dostojewski, Nietzsche, könnte ich mir absolut nicht vorstellen, daß sie das Schießpulver erfunden hätten.

Ist es nicht überhaupt sehr merkwürdig zu beobachten, daß Kultur und Verstand sich umgekehrt proportional verhalten? Die Klugheit und geistige Aufnahmefähigkeit der Japaner hat ja erst in jüngster Zeit wieder alle Welt in Erstaunen versetzt. Die Vernünftigkeit des Bienenstaates hat noch kein menschliches Staatswesen erreicht. Mädchen lernen erfahrungsgemäß viel rascher und leichter als Knaben. Die Römer hatten zweifellos viel mehr Verstand als die Griechen, und der jüdische Verstand ist ja sprichwörtlich. Gleichviel: Sind die Japaner, die Römer, die Frauen, die Juden, die Bienen jemals kulturschöpferisch gewesen? Dies waren immer Völker und einzelne, die für dumm galten: die Griechen, die schon jener Ägypter bei Plutarch »ewige Kinder« nannte; die Deutschen, die sprichwörtlichen Dummköpfe unter den Nationen; die »rückständigen« Russen; der »Dichter«, der immer von seinen Mitlebenden für einen Hanswurst gehalten wird. Und was dachten die Zeitgenossen von jenem Mann, nach dem unsere Zeitrechnung benannt wird? Hielten sie ihn für einen überlegenen Geist? Nein, sie hielten ihn für einen Träumer und Narren!

Der Franzose nennt den Deutschen Barbar, Boche, Hunne und dergleichen; dies alles sind aber nur ungenaue und unvollständige Umschreibungen für die eine alle Jahrhunderte hindurch gleichgebliebene Empfindung, daß er ihn für dumm hält. Vermutlich haben die Japaner und Chinesen wiederum allen Weißen gegenüber dieses Gefühl, daß sie es mit großen dicken Tölpeln zu tun haben. Ein ähnliches Verhältnis besteht auch zwischen den einzelnen historischen Zeitaltern. Wir halten das Mittelalter für finster und beschränkt, aber dieses dumme Mittelalter schuf die Gotik, die Mystik, die Erotik, und wir schufen bloß Telephone, Rotationspressen und Aeroplane. Wir haben in den letzten fünfzig Jahren zweifellos die gescheitesten und praktischsten Sachen zustande gebracht, die der Menschheit bisher gelungen sind, aber vorwärtsgebracht haben wir die Menschheit aus eben diesem Grunde ganz und gar nicht! Selbst der Deutsche fängt jetzt schon an, gescheit zu werden. Geht es so weiter, so mongolisieren und ägyptisieren wir uns unausbleiblich, und das Heil der Welt ruht dann bei den dummen Slawen.

Was nun die weibliche Anpassungsfähigkeit anlangt, jene Gabe, alles zu sein, sich in alles verwandeln zu können, so besitzt sie unter den Männern nur das Genie. Das Weib hat schlechtweg Talent zu allem oder genauer gesagt: zu allem, wozu der Mann Talent hat, den es liebt. Frauen von Gelehrten werden plötzlich gebildet, Frauen von bedeutenden Männern plötzlich geistreich, auch wenn sie vorher ganz dumm und unwissend waren. Daher kann auch die Frau als Schauspielerin jede Rolle darstellen, die ihrem Temperament und ihren Mitteln liegt, einerlei ob sie diese Rolle versteht oder nicht. Auch die ungeistige Frau vermag auf der Bühne Geistigkeit vorzutäuschen. In diesem Zusammenhange erklärt es sich auch, warum das Weib stets asozial ist: Es repräsentiert nämlich alle Stände, hat alle Gesellschaftsklassen latent in sich und wurzelt infolgedessen in keiner. Auch die weibliche Verlogenheit ist von der männlichen ganz verschieden: Sie ist viel mehr der Schauspielerei als dem Betrug verwandt.

Diese allseitige Akkomodationsgabe ist, wie gesagt, sonst nur noch dem Genie verliehen. Das Genie hat daher niemals Charakter. (Gemeint ist natürlich nicht der moralische Charakter, denn davon besitzt das Genie am meisten unter allen Menschen, sondern der künstlerische Charakter.) Charakter, Linie, ausgeprägte Physiognomie, einheitliche Struktur ist Sache des Talents. Wie viele Gesichter haben zum Beispiel Männer wie Goethe, Tizian, Nietzsche, Julius Cäsar im Laufe ihres Lebens gehabt! Und doch waren diese Gesichter alle echt, alle gleich charakteristisch und symptomatisch. Das eigentliche Wesen, die »Persönlichkeit« des Genies, besteht aber gleichwohl niemals in dem, was es zu irgendeinem Zeitpunkt ist, schafft, darstellt, sondern eben einzig und allein in jener mysteriösen Fähigkeit, alles sein zu können, was es sein will. Aber hierin liegt auch die Begrenzung der von Natur aus unbegrenzten Veranlagung des Genies und zugleich sein tiefgreifender Unterschied vom Weibe: Denn das Genie will eben nicht alles und jedes sein, sondern trifft eine instinktive Auswahl. Wozu das Genie nicht von einem aus unbekannten Tiefen kommenden Willen getrieben wird, dazu ist es vollkommen unfähig, während das Talent, ja selbst der Durchschnittsmensch sich zu vielerlei zwingen kann. So ist auch den akkomodationsfähigsten Organismen dieses Planeten, dem Genius und dem Weibe, eine Schranke gesetzt; beim ersteren wird sie mit allerlei unzutreffenden Schlüsselworten »die innere Stimme«, »der Dämon« und dergleichen genannt, beim letzteren heißt sie mit einem gemeinverständlicheren Worte

»der Mann«. In der Begrenzung des Genius herrscht jedoch tiefste innere Notwendigkeit, in der Begrenzung des Weibes blinder Zufall.

Es wird sich vielleicht mit der Zeit eine Zweiteilung herausbilden: in spezifische Frauenberufe, bei denen Verstand und Versatilität die ausschlaggebenden Fähigkeiten sind, und in spezifische Männerberufe, deren Inhalt, kurz gesagt, der schöpferische Nonsens ist. Es wird immer die höchste Aufgabe des Mannes bleiben, das Recht der Menschheit auf Unsinn zu verteidigen. Denn darin besteht ja eben das schöne Privileg des Menschen vor den Tieren, daß er keine exakten Anpassungen vornimmt, sondern individuelle, ungenaue, unlogische, ja vielfach falsche, mit einem Wort: daß er denkt. Ohne dieses Vorrecht der Unvollkommenheit gäbe es keine Kunst, keine Wissenschaft, keine Philosophie, keine Erotik: Denn alles das sind bloße lebensteigernde und lebenverklärende Irrtümer.

Das Recht auf Unsinn, wir können auch ebensogut sagen: das Recht auf Fortschritt. Aller Fortschritt nämlich zersetzt, trennt, löst auf, zersplittert kompakte Soliditäten, zerreißt althergebrachte Zusammenhänge, zerstört, sprengt in die Luft. Aller Fortschritt hat das Thema, das Dasein zu irrationalisieren, es widerspruchsvoller und fragwürdiger, tiefer und bodenloser zu machen. Kultur ist Reichtum an Problemen, und wir finden ein Zeitalter um so aufgeklärter, je mehr Rätsel es entdeckt hat.

Über Dilettantismus

In dem Augenblick, wo eine Sache anfängt, ein Beruf zu werden, und somit aufhört, etwas allgemein Menschliches zu sein, verliert sie zumeist ihre beste Kraft und ihren geheimnisvollen Reiz. Wir haben das nacheinander schon mit mehreren Berufen erlebt. Im Altertum war der Politiker Amateur, nämlich jeder Mensch war eben Politiker, es bedurfte dazu keines besonderen Befähigungsnachweises und keiner speziellen Vorbildung. Infolgedessen gab es im Altertum ein wirklich politisches Leben. Die Politiker zerfielen in Begabte und Unbegabte, aber keineswegs in Berufene und Unberufene. Man denkt mit modernem Entsetzen an die Mißstände in Griechenland und Italien, an die athenische Demokratie und die römische Plebs – nun ja: Aber wenn sich die Menschen wirklich für staatliche und militärische Dinge interessieren sollen, dann müssen sie auch in alles dreinreden dürfen. Heute interessieren sich für Politik nur einige Fachmenschen, die auf diese Dinge ihr ganzes Leben gedrillt werden, und einige beschränkte Provinzler und Kleinbürger, die sich kein besseres Biergespräch wissen. Der Gebildete liest in der Zeitung nach, was passiert ist, und wirft sie weg. Das ist heute unsere Stellung zur Politik. »Deutsches Reich«, »Großbritannien«, »Vereinigte Staaten« sind staatsrechtliche Begriffe und sonst nichts; aber »Rom« und »Athen« waren lebendige politische Realitäten.

Eine ähnliche Entwicklung hat auch unser religiöses Gefühl genommen. Heute ist Religiosität eine Spezialität bestimmter Menschen, die zehn Semester Theologie studiert haben. Im Mittelalter und in der frühen Neuzeit war der religiöse Mensch ebenso Amateur, wie es der politische Mensch im Altertum war.

Es mußte niemand nachweisen, ob er auch die nötigen Schulen oder Weihen habe, um in diesen Dingen mitsprechen zu dürfen. Daher waren religiöse Bewegungen und Neuschöpfungen, Wiedergeburten des Glaubens nichts Seltenes. Die Religiosität konnte sich aus sich selber heraus reorganisieren, wenn sie zu zerfallen drohte. Das war nur dadurch möglich, daß jeder Außenseiter mittun durfte. Denn die neuen Gedanken kommen fast immer nur von den Außenseitern. Der Fachmann, auch der geistig überlegenste, steht immer zu sehr in seinem Berufskreise, er ist daher fast nie in der Lage, eine wirkliche Revolution hervorzurufen: Er kennt die Tradition zu genau und hat, ob er will oder nicht, zu viel Respekt vor ihr. Auch weiß er zu viel Einzelheiten, um die Dinge noch einfach genug zu sehen, und gerade damit fehlt ihm die erste Bedingung jeder wirksamen Neuentdeckung: Denn wertvoll und fruchtbar sind immer nur die einfachen Gedanken.

Die Beispiele ließen sich noch beliebig vermehren. Erinnern wir uns an das Kunstleben der Renaissance. Jeder durfte malen, dichten und musizieren, natürlich auf die Gefahr hin, sich gehörig zu blamieren; aber Empfehlungen einflußreicher Kritiker und Atteste von Universitätsprofessoren brauchte man damals noch nicht, um überhaupt vor die Öffentlichkeit treten zu können. Ferner war damals der

Straßenkampf, das Überfallen von Menschen und ähnliche
Gewaltakte auch noch nicht die Spezialität einiger vom
Staat dazu sorgfältig vorbereiteter und approbierter Berufs-
menschen. Jeder nur einigermaßen zur guten Gesellschaft
gehörige Mensch konnte vortrefflich schießen, stechen und
totschlagen. Es ist ja natürlich sehr zu begrüßen, daß diese
Dinge heutzutage in geordnete Bahnen gelenkt sind, aber
das eine läßt sich nicht ableugnen, daß die Menschen damals
auf diesem Gebiete unvergleichlich talentierter waren und
weit Vorzüglicheres leisteten als heutzutage.

Mit einem Wort: Die menschlichen Betätigungen haben
nur so lange eine wirkliche Lebenskraft, als sie von Dilettanten ausgeübt werden. Es ist im Grunde daran gar nichts
Unnatürliches; paradox ist das Gegenteil, und zwar aus
zwei Gründen. Erstens, weil beim Dilettanten, beim Amateur das, was er gerade betreibt, nichts von ihm Losgelö-
stes ist, sondern sich mit seinem ganzen Menschen deckt.
Er ist nicht gewissermaßen in zwei Hälften gespalten: Die
Vormittags- und Nachmittagshälfte schreibt mit großer
Emsigkeit, Sachkenntnis und Sorgfalt eine Geschichte des
spanischen Erbfolgekrieges, ist unter diplomatischen Finessen, Generalstabskarten, Kanonaden, brennenden Kastellen
und eleganten Kurtisanen zu Hause, und die Abend- und
Nachthälfte sitzt im Wirtshaus und spielt Skat. Das sind
keine lebendigen Identitäten. Aber die Memoiren und Ge-
schichtsbücher aus früheren Zeiten waren das. Und so ist es
mit allen Dingen, die berufsmäßig betrieben werden. Man
kann im Gegenteil sagen: Sie alle haben etwas Dilettantisches; irgendeine Einseitigkeit, Beschränktheit, Subjektivität, einen zu engen Gesichtswinkel. Nur beim Dilettanten

decken sich Mensch und Beruf; und darum strömt bei ihm der ganze Mensch in seine Tätigkeit und sättigt sie mit seinem ganzen Wesen, und dann entstehen jene wirklich mit Blut gefüllten, reichen Schöpfungen, die voll von sachlichen Fehlern und Ungeschicklichkeiten sind, die aber kein gelernter Fachmann jemals zustande bringt.

Der zweite Grund dafür, daß nur Dilettantismus fruchtbar ist, liegt darin, daß der Dilettant von seinen Fähigkeiten und sogar von seiner ganzen Tätigkeit so gut wie nichts weiß. Er schafft vollkommen unbewußt, ganz von selber, wie ein Baum, der Früchte abwirft. Es kommt ihm niemals in den Sinn, nach seinem »Können« zu fragen. Können: Diesen Begriff kennt er gar nicht. Er wird auch niemals gewahr, daß er »arbeitet«. Für ihn ist das keine Arbeit; er könnte ebensogut Essen und Trinken als mechanische Arbeitsleistung werten. Nun sind aber gerade die Tätigkeiten, von deren Wesen und Bedeutung man nichts weiß, die allerwertvollsten, eigentlich die einzig wertvollen. Der Mensch, und zumal der Künstler, gleicht einem Schlafwandler: Er setzt mit größter Sicherheit seinen Fuß über Abgründe, klettert äußerst gewandt über Dächer und Türme, aber wenn man ihn anruft und ihm expliziert, was er da mit größter Geschicklichkeit vollbringt, so fällt er sofort herunter.

Die ganze Geschichte der Wissenschaften ist ein fortlaufendes Beispiel für den Wert des Dilettantismus. Das Gesetz von der Erhaltung der Energie verdanken wir einem Bierbrauer namens Joule. Auf welche Weise die Dampfmaschine erfunden wurde, weiß jedes Kind, wie man zugeben wird, auf einem nicht sehr wissenschaftlichen Wege. Fraunhofer war Glasschleifer, Faraday Buchbinder. Goethe

76

entdeckte den Zwischenkieferknochen, Pfarrer Mendel sein grundlegendes Bastardierungsgesetz. Der Herzog von Meiningen, ein in den Künsten dilettierender Fürst, ist der Schöpfer eines neuen Theaterstils, und Prießnitz, ein in den Wissenschaften dilettierender Bauer, der Schöpfer einer neuen Therapie. Dies sind bloß Beispiele aus dem neunzehnten Jahrhundert und gewiß nur ein kleiner Bruchteil.

Wir kommen heutzutage mit Gehirnen zur Welt, die gleichsam schon gefächert sind. Wir vermögen uns nicht vorzustellen, daß ein Mensch mehr als eine Sache kann. Wir kleben jedem eine bestimmte Etikette auf und sind erstaunt, mißtrauisch, beleidigt, wenn er sich nicht an diese Etikette hält. Wir bemerken jedoch in wirklich kultivierten Zeiten bei sämtlichen begabten Menschen die größte Vielseitigkeit. Sie beschäftigten sich mit allem und konnten auch alles. In Griechenland war ein Mensch, der für hervorragend gelten wollte, genötigt, in nahezu allem hervorzustechen: als Musiker und Rhetor ebensogut wie als Feldherr und Ringkämpfer. Der Spezialist wurde von den Hellenen geradezu verachtet: Er galt als »Banause«. Und vollends in der Renaissance war Begabung, virtù, einfach dasselbe wie Vielseitigkeit. Ein begabter Mensch war damals ein Mensch, der so ziemlich alle Gebiete beherrschte, auf denen sich Begabung zeigen läßt. Nur in entarteten Kulturen taucht der Spezialist auf.

Und schließlich muß man sich klarmachen, daß »Dilettantismus« nahezu immer die Form ist, in der sich das Neue äußert. Als die naturalistische Schule in der Schauspielkunst aufkam, wurden ihre Hauptvertreter Rittner, Sauer, Reicher, die Lehmann sofort als Dilettanten verschrien. Man behauptete, sie hätten keine Ahnung vom Theaterspielen, sie könnten weder eine Rede gliedern noch ihren Körper ebenmäßig bewegen. Von Richard Wagner erklärte man ebenfalls, er sei ein vollkommener Laie in der Musik, er wisse nicht einmal, wie man eine Fuge schreibt. Ebenso erging es Monet und den übrigen Impressionisten: Man sagte, sie verstünden nicht zu zeichnen; und von Nietzsche behaupteten sämtliche Philosophieprofessoren, er sei unfähig, systematisch zu denken. Nun lag aber die Sache sehr einfach: Nietzsche wollte gar nicht systematisch denken, denn er fand, das sei nur eine Eselsbrücke für Menschen, die nicht zu Ende denken könnten; Richard Wagner wollte gar nicht kontrapunktieren, weil er die bisherige Harmonielehre für einen Unsinn hielt, die naturalistischen Schauspieler hatten mit vollem Bewußtsein auf schönes Sprechen und abgerundete Bewegungen verzichtet, und die Impressionisten verachteten die Kunst des Zeichnens, weil sie beobachtet hatten, daß die Kontur etwas ist, das in der Wirklichkeit nirgends vorkommt. Und so käme man denn zu dem Resultat: Ein Dilettant ist sehr oft nichts anderes als ein Mensch, der eine neue Technik hat.

II.

Zur Psychopathologie des Schauspielers

Warum ich nicht Theaterdirektor geworden bin

Ich gehöre zu den nicht gar so zahlreichen Subjekten, die nahezu sämtliche Berufe, die es beim Theater gibt, bereits ausgeübt haben. Ich bin – um mit der, wie ich selbst zugeben muß, unwichtigsten Funktion des Theaters zu beginnen – Dramatiker, Verfasser einer richtiggehenden Tragödie, die vom Burgtheater angenommen ist; da hierüber ein sorgfältig ausgearbeiteter, genau stipulierter Vertrag mit Termin, Konventionalstrafe und allen möglichen Schikanen vorliegt, so wird sie allerdings wohl niemals zur Aufführung kommen. Ich war jahrelang Schauspieler, und zwar nicht bloß an einer Reihe von Wiener Bühnen, sondern auch an einem wirklichen Theater, nämlich bei Max Reinhardt, und wenn ich alle die Rollen, die ich schon gespielt habe, zusammenzählen wollte – wozu ich aber durch keine Macht der Welt zu bringen bin –, so würde sicher weit mehr als ein Schock herauskommen. Wie ich Regisseur war, das habe ich in den Kabaretts schon so oft erzählt, daß ich damit niemanden mehr behelligen will, ferner war ich Theaterkritiker und bin es sogar leider noch, ich war auf verschiedenen Sommertourneen Beleuchter und Vorhangzieher, ja ich war auch sogar schon Theaterpublikum, kurz, ich habe den Unfug gründlich und von allen Seiten mitgemacht; im Theater, fürs Theater, übers Theater, was man will. Nur an einem einzigen Unfug habe ich mich noch nicht beteiligt, dem gröbsten: Theaterdirektor war ich noch nie. Ich hätte es ja – es bleibt hoffentlich unter uns – schon ein paarmal werden können: Man hat mich bei mehreren der letzten Direktionskrisen gefragt, wie denn ich mich zu der eventuellen Konstellation der möglicherweise ins Kalkül kommenden Frage einer Direktionsübernahme stellen würde; natürlich nur so ganz unter der Hand, denn direkt ins Gesicht wagt man ja einem unbescholtenen Menschen so etwas nicht zuzumuten. Ich muß gestehen: Ich habe anfangs ein wenig geschwankt, aber dann habe ich einen Zettel genommen und darauf sauber aufgeschrieben, was für und was gegen eine solche Position spricht; bekanntlich pflegte ja auch Kollege Schopenhauer sich eine solche Liste anzulegen, wenn er mit einem wichtigen Entschluß kämpfte. Und da befand sich auf der linken, der Proseite, eigentlich nur ein einziges, allerdings sehr gewichtiges Argument: Es werden eine Menge Menschen zerspringen. Dem stand aber auf der Kontraseite eine endlose Serie von Einwänden gegenüber. Nehmen wir an, ich wäre vor zwei oder fünf Jahren oder irgendwann Leiter einer Wiener Bühne geworden – heute wäre ich es auf keinen Fall mehr, denn ich wäre sicher noch schneller hinausgeflogen als die übrigen Direktoren –, was wäre eingetreten? Nun, zunächst einmal hätte ich mich mit der ganzen Welt verfeindet. Erstens mit sämtlichen Kritikern, weil ich ihre Theaterstücke abgelehnt hätte – denn Kritiker schreiben fast immer schlechte Theaterstücke –; zweitens mit allen übrigen Dramatikern, denn auch diese hätte ich ja nur zu einem kleinen Bruchteil spielen können, und die wenigen, die ich gespielt hätte, hätten behauptet, ich hätte sie in

Grund und Boden gespielt; drittens mit sämtlichen Schauspielern: mit den bei mir engagierten, weil ich sie ungenügend beschäftigt hätte – und jeder Schauspieler findet sich
ungenügend beschäftigt, weil man ihn doch beim besten
Willen nicht an allen Abenden gleichzeitig alle Rollen spielen lassen kann –, mit den bei mir nicht engagierten, weil
ich sie nicht sofort mit einer Riesengage für mein Unternehmen gewonnen hätte; und schließlich mit dem gesamten
Rest der Wiener Bevölkerung, weil es ja in dieser schönen
Stadt überhaupt keinen Menschen gibt, der nicht entweder
ein Stück in der Lade liegen hat oder sich für einen heimlichen Kainz oder Girardi hält. Außerdem aber hätte ich
mich überhaupt unmöglich gemacht, denn ich hätte das
Theater schlecht geleitet. Oder kann mir vielleicht irgend
jemand sagen, wie ich es hätte anstellen sollen, es gut zu
leiten? Ist irgendein Programm erfindlich, das Aussicht gehabt hätte, den Beifall der Presse, des Publikums, der Mitglieder zu finden? Hätte ich sogenannte Dichter gespielt, so
hätte es geheißen, ich mache müßige literarische Experimente, ich sei ein Snob, aber kein praktischer Theatermann;
hätte ich Kassenstücke, also Mist, gespielt, so hätte ich mich
damit natürlich auch nicht in der Achtung der Menschen
befestigt; hätte ich einige prominente Schauspieler engagiert, so hätte man geschrien, bei mir herrsche eine unkünstlerische Starwirtschaft; hätte ich versucht, ein Ensemble zu schaffen, so hätte man mir vorgehalten, ich sei ein
Unterdrücker der machtvollen künstlerischen Individualität. Hätte ich expressionistisch inszeniert, so hätte ich
mich als Narr und Schwindler dekouvriert; hätte ich normal
inszeniert, so wäre ich als reaktionärer Schwachkopf da-

gestanden; hätte ich das Bühnenbild zurücktreten lassen, so hätte man gesagt, mein Theater sei eine dürftige Schmiere; hätte ich viel auf Ausstattung verwendet, so hätte man es einen Zirkus genannt. Kurz, die von mir seit Jahren mit dem größten Aufwand an Umsicht und Geschicklichkeit verheimlichte Tatsache, daß ich vollkommen unfähig bin, wäre binnen wenigen Monaten unwiderruflich ans Tageslicht gekommen; mein ganzes mühsames Lebenswerk wäre mit einem Schlage vernichtet gewesen, ganz abgesehen davon, daß noch allerhand andere diffamierende Details aus meinem Privatleben von meinen zahllosen Feinden aus dem Dunkel gezerrt worden wären, zum Beispiel, daß mein älterer Bruder Operetten schreibt, und dergleichen mehr. So aber: Wie schön ist das Leben! Immer wird es einige edle gütige Optimisten geben, die von Zeit zu Zeit sagen: »Warum dieser Friedell nie eine Theaterdirektion bekommt! Der hätte doch wahrhaftig das Zeug dazu, eine Art moderner Laube! Aber natürlich: Da ruft man alle möglichen ahnungslosen Idioten herbei, und nur an den, der es wirklich könnte, denkt niemand! Das ist echt österreichisch.« Und das ist sogar ein Verhältnis, das sich von Jahr zu Jahr verbessert. Denn immer mehr Menschen blamieren sich als Theaterdirektoren, immer kleiner wird der Kreis derer, die es noch nicht waren, immer höher schwillt das Unrecht, daß man mich übergeht. Und diesen, wie jedermann zugeben wird, für mich durchaus angenehmen und schmeichelhaften Zustand wünsche ich bis zu meinem Tode zu erhalten.

Außerdem habe ich schon so viele Pleiten persönlich mitgemacht, daß ich einigen Grund habe, gegen die Aussichten, die ein Direktor hat, mißtrauisch zu sein. Ohne ruhmredig zu sein, kann ich behaupten, daß ich in diesem Punkt ein erstklassiger Fachmann bin. Bisher habe ich sechzehn Pleiten erlebt, teils als leidender, teils als verursachender Faktor. Ja es wird sogar vom Bühnenvölkchen, das bekanntlich ein wenig abergläubisch ist, behauptet, daß ein Unternehmen, mit dem ich in irgendeiner Beziehung stehe, allein schon infolge dieser magischen Berührung unter allen Umständen dem Untergang geweiht sei: Man schreibt mir also eine Art malocchio zu. Ich selbst habe darüber kein Urteil: Denn was wissen wir Menschen von den in uns schlummernden geheimnisvollen Fernkräften, aber jedenfalls hat die bisherige Empirie dieses Gerücht noch nicht widerlegt. Infolgedessen tragen die Unternehmer seit einiger Zeit Bedenken, mich zu engagieren; sie haben sich selbständig gemacht und machen jetzt schon ohne mich Pleite. Ein Etablissement hat sogar die Kühnheit gehabt, vor mir Pleite zu machen, es hatte mich nämlich für den zweiten Monat engagiert und ging schon im ersten Monat ein, und zwar mit Karl Forest, der überhaupt, ich muß es neidlos anerkennen, in diesem Punkt sehr tüchtig ist und vermutlich der einzige, der mich, wenn ich einmal die Augen schließen sollte, wird ersetzen können.

Die Gründe, warum ein Theater Pleite macht, sind Legion; warum aber ein Theater geht, das habe ich noch nicht herausbringen können. Einer der Hauptgründe für Pleite ist die bereits seit Jahrtausenden einwandfrei festgestellte meteorologische Tatsache, daß es im Sommer heiß ist. Daß dieses so einfache wissenschaftliche Faktum noch nicht bis zur Kenntnis der Theaterleiter gedrungen ist, beweist, neben vielen anderen Beweisen, wie ungebildet dieser Stand ist. So

erschien zum Beispiel vor einigen Jahren bei mir ein be-
kannter Wiener Schriftsteller und erklärte, er wolle in den
Monaten Juli und August eine ›Bunte Bühne‹ aufmachen,
für die er mich unbedingt engagieren müsse. Es werde ein
Bombengeschäft werden, denn infolge der ungünstigen Rei-
severhältnisse könne kein Mensch aufs Land gehen, alle
würden daher in die Bunte Bühne gehen. Ich erwiderte ihm:
Die erstere Beobachtung ist richtig; aber Sie vergessen eines:
Die Menschen könnten auf den Gedanken kommen, sich in
den Zwischenräumen aufzuhalten, die sich zwischen Bunter
Bühne und Landaufenthalt befinden. Aber er ließ sich nicht
raten, und ich machte mit ihm meine vierzehnte Pleite.
Einer wäre mir übrigens fast ausgekommen. Es war der Besitzer eines sehr gut gehenden Kabaretts, und er erklärte:
»Ich engagiere Sie unbedenklich! Mein Geschäft ist unver-
wüstlich.« Tatsächlich ging das Unternehmen nach wie vor
ausgezeichnet, und jeden Abend nach meinem Vortrag erschien dieser freche Mensch mit höhnischer Grimasse und
sagte: »Bitte! Bereits auf drei Tage ausverkauft.« In der
Mitte des Monats jedoch starb nach achtundsechzigjähriger
Regierung Kaiser Franz Josef I., das Lokal mußte sperren
und wurde meine elfte Pleite. Da wir gerade bei der Politik
sind, so möchte ich auch nicht unerwähnt lassen, daß die
glorreiche österreichische Revolution auf meine unmittelbare Intervention zurückzuführen ist. Im Herbst 1918 war
nämlich Hermann Bahr vorübergehend der Leiter des
Burgtheaters. Eines Tages bat er mich zu sich und eröffnete
mir, daß er die Absicht habe, ein intimes kleines Neben-
theater (offenbar in der Art des späteren Schloßtheaters)
einzurichten; für dieses Theater wolle er mich engagieren.

Ich sagte: »Ja, ja, sehr schön, sehr ehrend; aber als korrekter Mensch fühle ich mich verpflichtet, Sie aufmerksam zu machen: Wo ich bin, ist Pleite.« Hermann Bahr erwiderte überlegen lächelnd: »Das ist mir natürlich bekannt; aber mit dem Hofburgtheater werden Sie nicht fertig werden.« Es waren jedoch kaum vierzehn Tage vergangen, da machten die Habsburger Pleite und mußten nach mehr als sechshundertjähriger Tätigkeit ihre Direktion niederlegen.

Was übrigens speziell die Burgtheaterdirektion anlangt, so darf ich eine wichtige medizinische Entdeckung nicht unerwähnt lassen, die ich vor einiger Zeit gemacht habe. Diese Direktion ist nämlich eine tödliche Erkrankung. Alle im letzten Menschenalter zur Beobachtung gelangten Fälle endeten letal, wenn nicht rechtzeitig etwas dagegen geschah. Förster und Berger starben sozusagen im Direktionssessel; Burckhard und Schlenther, zwei Naturen von außerordentlicher Lebenskraft, der eine der Typus des zähen Ostelbiers, der andere der Prototyp des nicht umzubringenden Bajuwaren, starben nicht lange nach ihrem Abgang; einige retteten sich durch schleunige Flucht aus diesem mörderischen Klima; Hermann Bahr, dessen Gesundheit ohnehin schwankend war, war weise wie immer und machte schon nach wenigen Wochen Schluß; von der Lebensrettung Albert Heines darf ich, ohne unbescheiden zu sein, behaupten, daß die Menschheit sie mir schuldet, da ich ihm in einer langen Heurigensitzung dieses eben damals von mir entdeckte biologische Phänomen genau auseinandersetzte; Hofrat Millenkovich verdankt sein Dasein nur einem rechtzeitig vorgenommenen operativen Eingriff der Intendanz; Hofrat Thimig zählt nicht: Der ist als Eingeborner gegen den Burgtheaterbazillus immun wie der Neger gegen die Tsetsefliege; und was Wildgans anlangt, so kränkelt dieser bisher kerngesunde Mann bereits sichtlich, und ich kann ihm nur raten, die Sache nicht auf die Spitze zu treiben, wenn er den zweifelhaften Genuß, weiter Direktor zu sein, nicht mit seinem jungen, hoffnungsvollen Leben bezahlen will.

Wie ich interner Kritiker war

V on allen Theaterberufen ist der des Kritikers vielleicht
der schrecklichste. Vor einiger Zeit schrieb mir der
Chefredakteur der Berliner *b.z. am Mittag:* »Denken Sie
eigentlich noch hie und da daran, daß wir Sie als Wiener
Theaterkorrespondent engagiert haben?« Ich antwortete
ihm: »Selbstverständlich denke ich daran, sogar täglich und
stündlich, und weil mir vor diesem Gedanken ununterbrochen so furchtbar graust, ebendarum schicke ich Ihnen ja
keine Berichte.« Vor ungefähr drei Jahren genoß ich sogar
das Glück, als sogenannter interner Kritiker dem Redak-
tionsstab einer neugegründeten Wiener Tageszeitung anzugehören. Ich wollte zunächst ablehnen, weil ich nämlich in
Erfahrung gebracht hatte, daß ein Burgschauspieler, mit
dem ich seit Jahren befreundet bin, in der nächsten Saison
eine große Shakespeare-Rolle kreieren werde, und dann
sagte ich mir überhaupt: Es ist dir bis jetzt unter ungeheuren Opfern an Intelligenz und Charakter gelungen, dich so
ziemlich mit allen Leuten gutzustellen, kaum bist du aber
Kritiker, so ändert sich das sofort; denn schimpfst du auf
einen Dichter oder sonstigen Zeitgenossen, so hast du ihn
zum Feind; lobst du ihn aber, so hast du alle seine Kollegen
zu Feinden. Der liebenswürdige Herausgeber beruhigte
mich aber, indem er sagte: »Mit Ihrer Feder dürfen Sie sich
erlauben, was Sie wollen, denn Sie nimmt ja kein Mensch

ernst. Im übrigen erwarte ich von Ihnen, daß Sie die Wiener Tageskritik auf ein ganz neues Niveau heben werden.« Nun, darin sollte er sich nicht getäuscht haben: Das Niveau meiner Referate war wirklich neu. Nachdenklich angelegt, wie ich nun einmal bin, hatte ich bereits lange Jahre über die Stellung des Theaterkritikers im Weltall gegrübelt und war zu dem Resultat gekommen, daß die geistige und sittliche Reformierung dieses Berufes nur von dem Prinzip strengster Aufrichtigkeit und rücksichtslosester Wahrheitsliebe ihren Ausgang nehmen könne. Ohne nach rechts und links zu blicken und mich jemals durch irgendwelche Kameraderien und Protektionssachen beirren zu lassen, fußte ich in meinem Urteil immer nur auf der klaren Realität der Tatsachen. Ich schrieb zum Beispiel: »Dieses Stück ist ein wahres Kleinod, denn ich war beim Verfasser schon viermal zum Essen eingeladen« oder »Diese Schauspielerin ist ein Phänomen, denn sie ist die Cousine eines Redaktionskollegen«. Aber mit diesem Wahrheitsfanatismus erntete ich ebensowenig Dank wie Brand und Gregers Werle. So nahm es mir zum Beispiel ein Wiener Dichter furchtbar übel, daß ich bei einem derartigen Anlaß geschrieben hatte: »Seine Dichtung ist ein Gipfelpunkt europäischer Theaterkunst; aber ich muß trotzdem sagen: Noch lieber wäre es mir gewesen, wenn ich bei Maeterlinck Grammelpogatschen bekommen hätte.« Er stellte mich empört zur Rede und sagte: »Ich möchte wirklich wissen, was Sie zu diesem rüden Ausfall veranlaßt hat. Von dem Niveau Ihrer Kritik will ich gar nicht reden; aber Verleumdungen verbitte ich mir. Ich führe eine erstklassige Küche: Wann haben Sie je bei mir Grammelpogatschen bekommen?« Ich erwiderte: »Nun, das war so eine kleine poetische Lizenz. Übrigens habe ich mich da vielleicht wirklich ein wenig vergaloppiert, aber ich werde Sie rehabilitieren. Sie wissen ja, daß die *b.z. am Mittag* meine Kritiken nachdruckt: Ich werde sofort telegraphieren, daß dort ›Mohnnudeln‹ genannt werden.« Es passierten mir aber auch sonst allerhand Entgleisungen. Da lebt zum Beispiel in Wien ein Mensch namens Lunzer, der jahrelang Schauspieler war. Jetzt hat er sich geläutert und spielt nicht mehr Theater, sondern schreibt mit meinem älteren Bruder Operetten. Der gab einmal in einem Detektivstück eine Episode, die nur im ersten Akt auftritt, einen Arzt. Ich schrieb infolgedessen: »Gestern abend habe ich gesehen, wie vorsichtig man mit Superlativen sein soll. Ich habe immer geglaubt, Herr Lunzer sei der schlechteste Schauspieler der Welt; aber der Mensch, der im vierten Akt den schurkischen Kammerdiener gibt, ist noch unvergleichlich schlechter.« Am nächsten Tag sagte der Herausgeber zu mir: »Da haben Sie das Blatt wieder einmal schön blamiert, der im vierten Akt war doch auch der Lunzer!« [...]

Von da an ging meine Kritikerlaufbahn steil abwärts. Zunächst kam die Sache mit Karl Forest. Es war nämlich gerade wieder eine Teuerungsbewegung unter den Kohlenhändlern ausgebrochen, und ich klagte Forest, daß man sich ja unter diesen Verhältnissen gar nicht mehr richtig werde erwärmen können. Darauf sagte Forest: »Ja wenn du aber auch so dumm bist, mit Kohle zu heizen! Ein vernünftiger Mensch heizt doch heutzutage nur noch mit Alkohol. Das ist nicht nur viel schmackhafter, sondern auch viel billiger!« Ich erwiderte: »Das erstere leuchtet mir vollkommen ein, aber beim letzteren käme es auf eine Probe an.« »Die kön-

nen wir ja gleich machen«, sagte Forest, »gehen wir zu Stie-
bitz, prüfen wir den dortigen Slivowitz, und wenn ich finde,
daß ich genug von den darin enthaltenen Kalorienmengen
abbekommen habe, so werde ich es dir sagen, und du wirst
mir recht geben müssen.«

Die Sache verlief aber nicht vollständig programmgemäß:
Er bekam zwar genug, konnte es aber nicht mehr sagen. Auf
dem Heimweg wären wir noch beinahe wegen Wachebelei-
digung arretiert worden: Ein Schutzorgan sagte nämlich zu
uns: »Legitimieren Sie sich!«, und wir erwiderten ihm etwas
Ähnliches. Am nächsten Tag sagte der Nachtredakteur zu
mir: »Sagen Sie, warum fehlten in Ihrem gestrigen Nacht-
referat in allen Sätzen die Prädikate? Verfolgten Sie damit
eine bestimmte stilistische Absicht?« »Ja«, sagte ich, »es war
ein Versuch, die Dinge etwas gedrängter und chiffrierter
beim Namen zu nennen, expressionistisch sozusagen; aber
ich bin von dieser Schreibweise inzwischen wieder abgekommen.«

Kurz: An jedem meiner Beiträge hatte man irgend etwas
auszusetzen. Eines Tages aber bekam ich sogar einen re-
kommandierten Brief, in welchem stand: »Verehrter Herr
Doktor! Sie sandten uns gestern einen sehr interessanten
Aufsatz über *Macbeth,* den wir aber bereits im *Prager Tag-
blatt,* in den *Frankfurter Nachrichten* und in der *Düssel-
dorfer Lokalzeitung* gelesen haben. Wir machen Sie höf-
lichst darauf aufmerksam, daß man mit einem Gesäß nicht
auf mehreren Hochzeiten tanzen kann.« Es blieb mir nichts
anderes übrig, als eine Postkarte zu nehmen und darauf zu
antworten: »Sehr geehrte Redaktion! Sie unterschätzen
mein Gesäß.«

Schließlich fanden alle diese Konflikte eine Lösung darin, daß das Blatt Pleite machte. Übrigens eine meiner schönsten Pleiteleistungen: eine Tageszeitung, die in vier Monaten eingeht; das ist vielleicht ein in der Geschichte des Gazettenwesens einzig dastehender Fall. [...]

Zur Psychopathologie des Schauspielers

Die Aufgabe, jene sonderbare Form des Irrsinns, die man Theaterspielen nennt, von oben herab zu psychologisieren und eine Art experimentelle Pathologie der Schauspielkunst zu liefern, stößt auf große Schwierigkeiten, und ich muß schon jetzt um Entschuldigung bitten, wenn ich bei ihrer auch noch so skizzenhaften Durchführung sehr enttäuschen sollte. Man kann natürlich die schönsten theoretischen Erörterungen anstellen, und sie sind ja auch schon oft angestellt worden; aber sie sind alle miteinander völlig wertlos, weil sie eben recht theoretisch sind. Stammen sie von Nichtschauspielern, also zum Beispiel Literaten, Dichtern, Gelehrten und so weiter, so sind sie gänzlich unmaßgebend, denn kein Mensch, und wenn er das größte Genie der psychologischen Einfühlung wäre, ist imstande, sich in jene merkwürdige Psychose des Theaterspielens zu versetzen, ohne sie persönlich erlebt zu haben. Was aber die Schauspieler selbst anlangt, so sind sie, falls man sie vor die Aufgabe stellt, von den seelischen Grundlagen ihrer Tätigkeit Rechenschaft zu geben, entweder vollkommen außerstande, das Geringste darüber auszusagen, oder aber sie bringen, bewußt oder unbewußt, faustdicke, parfümierte Lügen vor, das heißt, sie spielen eben weiter Theater. Der Grund, warum man über das Theaterspielen nicht philosophieren kann, ist ganz klar. Über eine Sache philosophieren heißt: diese Sache zugleich erleben und betrachten, zugleich draußen und drinnen stehen: Steht man bloß draußen, so fehlt die empirische Grundlage, ohne die alle Philosophie leeres Geschwätz ist; steht man bloß drinnen, so fehlt die geistige Vogelschau, ohne die alle Philosophie blindes Herumtappen ist. Beim Theaterspielen kann man aber nur drinnen stehen oder vielmehr: Wenn man imstande ist, sich während dieser Tätigkeit zugleich über sie Rechenschaft zu geben, so ist man kein Schauspieler, sondern ein Dilettant. Ich bitte mich nicht mißzuverstehen. Selbstverständlich kann (und muß sogar) der Schauspieler ein sogenannter denkender Künstler sein: Er muß genau wissen, was er tut; aber nur in den Einzelheiten. Über die allgemein menschlichen und seelischen Grundlagen seines Berufes darf er aber nicht nachdenken, sonst geht es ihm wie dem Nachtwandler, der, sowie er zum Bewußtsein seines Zustandes gebracht wird, sofort vom Dach stürzt und sich das Genick bricht. Auch diese Feststellung könnte übrigens noch mißverstanden werden. Ich meine nämlich: Ein Schauspieler kann sehr gut außerhalb der Bühne ein geistig überlegener und sogar ethisch orientierter Mensch sein; aber wenn er auf der Probe oder gar vor dem Publikum steht, muß er alles sofort vergessen; und er vergißt es auch ausnahmslos.

Mein Freund und Kollaborator Alfred Polgar hat einmal in jener milden und wohlmeinenden Art, die er besonders gern gegen ihm Nahestehende zur Schau zu tragen pflegt, zu meinem Lobe hervorgehoben, ich sei ein schauspielerischer Dilettant; ein Dilettant unterscheide sich nämlich von den Berufsschauspielern sehr vorteilhaft dadurch, daß er sich seiner Unfähigkeit schäme, während diese sich etwas darauf einbilden. Ich glaube aber: Da hat der gute Alfred, der überhaupt an dem Fehler leidet, seine Mitmenschen zu überschätzen, mir zu viel Ehre erwiesen; ich bin nämlich gar kein Dilettant, sondern in dem Augenblick, wo ich mit der Bühne zu tun kriege, bin ich ein ebenso großer, ja vielleicht ein noch größerer Idiot als alle anderen und mit sämtlichen sittlichen Defekten behaftet, die der Bazillus der Bühnenatmosphäre unvermeidlich erzeugt. »Erkenntnis« vermag dagegen gar nichts. Wenn ein Arzt zuckerkrank ist, so hat er vor der gedankenlosen Menge der medizinisch ungebildeten Zuckerkranken das voraus, daß er eine Blutanalyse von sich machen und den Zuckergehalt genau konstatieren kann, aber dieser Zuckergehalt wird nicht um ein einziges Prozent geringer dadurch, daß der Kranke Medizin studiert hat. Ja es ist sogar zu beobachten, daß die Ärzte meistens hypochondrischer sind und sich kränker zu fühlen pflegen als die von der Theorie unberührten Laien. Und so glaube ich denn auch, daß ich in meiner Eigenschaft als Schauspieler jene Form von moral insanity sogar noch um eine Nuance ausdrucksvoller verkörpert habe als die anderen. Wenn ich daher eine Art psychologischer Autovivisektion versuche, so tue ich das ganz außerberuflich, und es darf nicht die ungerechte Annahme erwecken, ich sei als Schauspieler gescheiter oder sittlich höherstehend als irgendein anderer Kollege.

Beim Schauspielerberuf tritt uns gleich auf den ersten Blick eine ungeheuerliche Paradoxie entgegen: Er ist der wertloseste und zugleich der am heißesten umworbene von allen Theaterberufen. Die Theaterleidenschaft aller Klassen, aller Lebensalter, aller Stände hat die Unüberwindlichkeit und wilde Energie einer Naturkraft. In jeder neuen Generation schlägt sie immer wieder ihre Wurzeln. Besonders in Wien und Österreich ist der Theaterirrsinn ja geradezu eine Volksepidemie. Wenn man hierzulande mit einer jungen Dame spricht, einerlei, ob sie Millionärstochter, Probiermamsell oder Doktorin der Philosophie ist: immer wird zum Schluß herauskommen, daß sie »eigentlich« zum Theater will. Denn sie hat eine so gute Aussprache. Aber auch im späteren Alter streben die Menschen immer noch nach dem Theater. Alle, die Aristokraten, die Beamten, die Gelehrten, die Politiker, die Industriellen, wollen irgendeine Beziehung zum Theater. Sie suchen leidenschaftlich die Bekanntschaft mit irgendeinem Schauspieler oder einer Sängerin, sie arrangieren unter großen Geldopfern Wohltätigkeitsvorstellungen, weil das sie in Berührung mit den Bühnenleuten bringt, sie werden Theateraktionäre und verzichten gern auf ihre Dividende, wenn sie dafür unbeanstandet hinter die Kulissen gehen dürfen. Das Höchste aber für den Wiener sind Freikarten. Fühlt er sich nämlich im Besitz eines Billetts, auf dem das märchenhafte Wort »frei« aufgedruckt ist, so hat er die Idee, daß er gewissermaßen »dazugehört«. Nichts ist ihm verhaßter, als der fremde zahlende Besucher zu sein, mit dem die Kunst ihr kaltes Geschäft macht. Ich glaube, die Wiener Theater, die ja jetzt fast alle mit Riesenschritten der Pleite entgegengehen, könnten sich ganz leicht sanieren: wenn sie sich entschließen wollten, von jetzt an um das Doppelte des Preises Freikarten zu verkaufen.

Es ist nun doch wohl nicht genügend, wenn man das Ganze einfach damit abtut, daß man es für ein Produkt des österreichischen Schwachsinns erklärt. Denn erstens hat man dazu wahrhaftig nicht nötig, sich auf das abliegende und relativ irrelevante Theatergebiet zu begeben, und zweitens muß man sich doch sagen: Hinter einer Leidenschaft, die sich so elementar geltend macht, muß irgendeine psychische Tatsache stehen, irgendein Instinkt, ein organischer Wille und Trieb.

Zuerst springt ja freilich nur das Absurde der Sache in die Augen. Denn was ist denn am Schauspieler so Außergewöhnliches und Faszinierendes, das ihn an Suggestionskraft alle anderen Künstler übertreffen ließe? Ja ist denn an der Schauspielkunst, auch nur als bloßer Beruf genommen, irgend etwas besonders Beachtenswertes und Verehrungswürdiges? Ein Beruf kann in dreierlei Rücksicht Anerkennung beanspruchen: physisch, intellektuell und ethisch. Am Arbeiter, am Kaufmann, am Ingenieur imponieren vorwiegend gewisse physiologische Qualitäten: Fleiß, Zähigkeit, technische Geschicklichkeit; an Berufen wie dem des Lehrers, des Richters, des Geistlichen überrascht uns die Selbstzucht, die Selbstentäußerung, die Fähigkeit, für andere zu leben; beim Gelehrten und Künstler bewundert man die Universalität, die Bildung, die Geistigkeit des Berufs. Aber der Schauspieler zählt als Arbeitskraft überhaupt nicht – denn das bißchen Rollenlernen und Herumschreien auf den Proben ist doch keine Arbeitsleistung –, und von Selbstverleugnung ist bei ihm ebensowenig die Rede wie von Geistigkeit und Bildung; ich spreche natürlich nur vom breiten Querschnitt, der allein für eine generelle Beurteilung maßgebend ist. Und in sonderbarstem Widerspruch zu dieser beruflichen Minderwertigkeit ist der Schauspieler so ziem-

lich die einseitigste und beschränkteste Varietät von Berufs-
mensch, die es gibt. Jeder andere ist einmal am Tage schließlich doch kein Fachsimpel mehr; wenn ein Advokat vier
Stunden von seinen Prozessen gesprochen hat, spricht er
schließlich dann doch von Teesorten oder von der Jagd oder
von einer anderen Sache, die ihn interessiert. Aber der richtige Normalschauspieler wird nie von etwas anderem reden als vom Theater, weil er von etwas anderem nicht das
Geringste versteht (und vom Theater, unter uns gesagt, übrigens auch nichts). Und trotz alledem wird keine künstlerische oder soziale Tätigkeit so gefeiert wie die des Schauspielers. Es ist ja wahr: Dem Mimen flicht die Nachwelt
keine Kränze; aber dafür flicht die Mitwelt niemandem so
viele wie ihm. Ich glaube, wenn man die Lorbeeren zusammenzählen wollte, die Ibsen im Laufe seines Lebens über-
reicht wurden, und diejenigen, die Hansi Niese bis jetzt
bekommen hat, so würde sich ein bedeutender Überschuß
zugunsten der letzteren ergeben.

Was treibt die Menschen so konvulsivisch zum Theater?
Nun – um mit einem der unwichtigeren Gründe zu beginnen – zum Teil wohl der schon angedeutete Sachverhalt: die
sofortige Liquidation des Erfolges. Der Schauspieler ist der
einzige Künstler, der für seine Leistung sogleich die Quit-
tung in Form klingenden Applauses ausgestellt bekommt;
jeder andere muß Monate, Jahre und oft Jahrzehnte auf den
äußeren Erfolg warten; und selbst wenn sich der seltene Fall
ereignet, daß die Anerkennung der Leistung auf dem Fuße
folgt, so hat sie doch niemals die Unmittelbarkeit wie beim
Schauspieler; denn wenn zum Beispiel ein Maler das Lob

für sein Bild ebenso direkt einheimsen wollte wie der Mime, so müßte er in die Gemäldeausstellung gehen, sich neben sein Werk stellen und horchen, was doch höchst lächerlich wäre. Der Schauspieler stellt sich aber tatsächlich neben seine Leistung und sackt eigenhändig die Zustimmung ein. Der menschlichen Eitelkeit wird also bei keiner Tätigkeit eine so reichliche Speise geboten wie beim Theaterspielen, und wenn man bedenkt, daß ein wilder Heißhunger nach Eitelkeitsbefriedigung den prädominierenden Beweggrund für einen Großteil aller menschlichen Unternehmungen bildet, so wird man nicht mehr darüber erstaunt sein, daß die meisten Menschen, vor die Wahl gestellt, einen Faust schreiben oder spielen zu dürfen, sich für das letztere entscheiden würden.

Und doch dürfte dies nur ein untergeordnetes Motiv für die Attraktion des Theaters sein. Der eigentliche Grund scheint mir in etwas Tieferem zu liegen. Das Theater ist nämlich der einzige Ort, wo die Menschen den stets latent in ihnen lebenden Traum von der Schönheit des Daseins zur Erfüllung bringen können. Im gewöhnlichen Leben klappen die Sachen fast nie, widrige Realität drängt sich ein: Das Theater aber ist der Schauplatz der gelöschten Tücke des Objekts. Störungen von außen, Hemmungen von innen lassen im Alltag nur höchst selten jene künstlich gereinigte Form des Erlebnisses zu, die gerade das Wesen des Theaters ausmacht. Hier findet sich das, was jeder, auch der scheinbar gemeinste Mensch, im Grunde immer ersehnt: Schöne Empfindungen, die er sonst nur in besonders gesteigerten Momenten alle paar Jahre einmal hat, warten hier auf ihn täglich, er braucht nur hineinzukriechen; schöne Gebärden, die ihm aus dem Stegreif nur selten gelingen, kann er hier so lange für sich einüben, bis sie vor anderen den richtigen Wurf und Stil haben; schöne Sitten, schöne Gedanken, schöne abenteuerliche Seelengewänder: Alle diese Dinge, auf die man im Leben so selten trifft, werden ihm hier gleichsam ins Haus geliefert, Hunderte von Händen und Hirnen arbeiten fieberhaft daran, damit ihn, den Schauspieler, reinste und strahlendste Poesie umfließe. Und dazu kommt noch ein eigenartiger Zauber der Distanz: Im Theater gelangen die Menschen durch die merkwürdige Einrichtung der Rampe und Soffitte in eine isolierende Belichtung, die keineswegs etwas bloß Äußerliches ist; sie werden durch sie zu etwas Fernem, Fremden, Traumartigen und Unwirklichen hypostasiert. Im Theater ist jeder ein Held, weil er entrückt ist, das Theater bringt nämlich das Kunststück zuwege, schon der Gegenwart jenen romantischen Glanz zu verleihen, den für uns sonst nur die Vergangenheit besitzt. Die Gegenwart ist fast immer unpoetisch. Das Leben, das ich mit meinen Mitmenschen lebe, wird gleichsam in lauter kleine Molekularbewegungen zerlegt, und darüber kann ich zu keiner poetischen Gesamtempfindung kommen. Hingegen denken wir an vergangene Erlebnisse, auch wenn sie peinlich waren, immer mit einem gewissen Neid und finden, das Leben sei damals schöner gewesen. Und deshalb erscheint uns alles Historische als etwas schon von Natur aus Gesteigertes, Verklärtes: Wenn ich Friedrich Barbarossa oder Cola Rienzi sage, entsteht in jedem sofort eine romantische Empfindung. Im Theater nun aber wirken schon die lebenden Menschen wie ein Stück Historie; infolge eben jenes bildhaften, irrealen Eindrucks, den sie erwecken. Und

dazu kommt noch, wie bereits erwähnt, daß alles präpariert, hergerichtet, sorgfältig gestellt vor den Zuschauer
tritt. Es wird eben so lange herumprobiert, geübt und studiert, bis aus dem gewöhnlichen Durchschnittsmenschen
ein Lord Byron und aus der trivialsten Gans eine Märchen-
prinzessin geworden ist.

Und nun ist es höchst seltsam, daß gerade die Existenz
des Schauspielers, die sich für den außenstehenden Betrachter als ein Leben in höchster Schönheit darstellt, außerhalb der abendlichen Theatervorstellung ein Dasein in
äußerster Häßlichkeit ist. Wenn so viele Menschen den heißen Wunsch haben, zum Theater gehen zu dürfen, so machen sie es darin wie der Knabe, der sich wünscht, Matrose
zu werden. Er sieht nur die Romantik des Berufes: den
blauen Himmel, das strahlende Meer, spannende Seeaben-
teuer, exotische Menschen und Länder. Aber in Wirklichkeit muß er den ganzen Tag auf einem scheußlichen nassen
Seil herumklettern und wird dafür noch angeschrien. Ebenso besteht der eigentliche Beruf des Schauspielers in lauter
Unannehmlichkeiten: Staub, Warten, Kälte, Herumstehen,
Hin- und Hergestoßenwerden, ein Leben in fortwährender
Abhängigkeit von der rohesten Mechanik der Zufälle und
Äußerlichkeiten. Es besteht eine sehr bedeutsame Parallele
zwischen Theater und Militär, die, soviel ich weiß, bisher
noch nie hervorgehoben worden ist; sie erstreckt sich auf
eine ganze Anzahl von Übereinstimmungen. Zunächst die
große Rolle, die Exaktheit und Pünktlichkeit in beiden Berufen spielen, und die eminenten Gleichgewichtsstörungen,
die das Außerachtlassen auch der kleinsten Pflichten mit
sich bringen kann. Hiemit im Zusammenhang steht die

strenge und pedantische Disziplin, die in beiden Fällen geübt wird, und die Grobheit der Vorgesetzten, die sowohl beim Militär wie beim Theater um so ordinärer und ungebildeter zu sein pflegen, je höher ihr Rang ist. Beiden Milieus ist ferner gemeinsam die vollendete Rücksichtslosigkeit, mit der die Zeit und die Arbeitskraft des »Menschenmaterials« behandelt wird: das stundenlange, unnütze Herumlungernlassen, das Bestellen zu früheren Zeitpunkten, als notwendig wäre, das Ansetzen von Proben und Exerzierübungen, die nachher wieder abgesagt werden, überhaupt die Beschlagnahme des ganzen Menschen und seiner Lebensenergien zu, wie sich sehr oft später herausstellt, überflüssigen Zwecken. Im Kontrast dazu ein großer Glanz des äußeren Apparats: Musik, zahlreiche Dienerschaft, glänzende Kostüme und als Folge davon Glück bei Frauen. Dabei fortwährendes Gerenne und Geschrei, fieberhafte Aufregung bei den Manövern und Proben, die beide die Eigenschaft haben, daß es im Ernstfall, nämlich im Krieg und bei der Première, ganz anders ausgeht. Und schließlich noch dies, daß beide Berufe, trotz des großen Lärms, den sie verüben, und trotz der eminenten Wichtigkeit, die sich ihre Träger beilegen, im Rahmen einer wirklich gesitteten Kultur vollkommen deplaciert wären.

Was die geradezu unvermeidliche Grobheit des Theaterverkehrs anlangt, so habe ich diese Auffassung auch schon einmal vor Gericht dargelegt und damit großes Befremden erregt. Ich war damals Zeuge in einem Prozeß, in dem eine Schauspielerin ihren Direktor wegen Ehrenbeleidigung verklagt hatte, weil er ihr zugerufen hatte: »Pfui Teufel, was sind Sie für ein Charakter!« Ich erklärte, im Rahmen einer

Theaterprobe sei dies keine Ehrenbeleidigung; einer Dame gegenüber sei diese Bemerkung natürlich höchst verwerflich, aber auf dem Theater gebe es keine Damen, sowenig wie Gentlemen auf dem Kasernenhof, wo der Leutnant den Oberst, der ihm »Sie Trottel!« zuruft, auch nicht zum Duell fordern könne, wozu er doch zweifellos berechtigt wäre, wenn ihm dieselbe Sache im Kasino zustieße. Tatsächlich wurde denn auch der Direktor in erster Instanz freigesprochen, das Landesgericht hob aber das Urteil auf, mit der Begründung, von dem Hauptentlastungszeugen Herrn Friedell wisse man, daß er ein frivoler Mensch sei, der als juristische Person überhaupt nicht ernstgenommen werden könne. Ich habe mir diesen Gerichtsbescheid aufgehoben, man kann nie wissen, wozu man so etwas noch brauchen kann.

Der Schauspielerberuf ist seelisch einer der häßlichsten, denn nirgends – die Kreise der Universitätsprofessoren vielleicht ausgenommen – wird so viel Neid, Mißgunst, Heuchelei und Perfidie produziert. Und doch ist alles dies notwendig. Hierüber machte Goethe einmal eine vorzügliche Anmerkung in *Wilhelm Meisters theatralischer Sendung:* »Ich behaupte, daß, je mehr das Theater gereinigt wird, es zwar verständigen und geschmackvollen Leuten angenehmer werden muß, allein von seiner ursprünglichen Wirkung und Bestimmung immer mehr verliert. Es scheint mir, wenn ich ein Gleichnis brauchen darf, wie ein Teich zu sein, der nicht allein klares Wasser, sondern auch eine gewisse Portion von Schlamm, Seegras und Insekten enthalten muß, wenn Fische und Wasservögel sich darin wohlbefinden sollen.«

Ja diese organische Verkommenheit des Theatermilieus hat sogar wahrscheinlich einen hohen moralischen Wert. In fast allen Menschen nämlich lebt ein ziemlich bedeutender Fonds von Unanständigkeit. Indem nun der Schauspieler alles, was an Eitelkeit, Dummheit, Lüge, Bosheit, Brutalität, Ichbesessenheit und Niedertracht in ihm angesammelt ist, beruflich aufbraucht, befreit er sich in seiner Privatexistenz davon, gleichsam wie alle bösen und giftigen Säfte des Körpers in einem Ekzem zusammenschießen und dort, von einem Isoliergewebe umgeben, den übrigen Organismus rein erhalten. Und so ist es denn vielleicht gerade dem Schauspieler eher als anderen Leuten möglich, im Zivil ein anständiger Mensch zu sein.

Ich behaupte also, daß das Theaterspielen nicht so sehr eine Kunst als eine Krankheit ist, indem es weniger auf der Hypertrophie einer bestimmten Begabung als auf dem Mangel an gewissen intellektuellen und moralischen Hemmungen beruht. Karl Kraus hat einmal das ausgezeichnete Schlagwort vom »Defektschauspieler« geprägt, im Grunde ist aber Schauspielerei überhaupt identisch mit Defekt. Man hat ja auch die moralische Minderwertigkeit des Theaterberufes schon öfters dadurch betont, daß man erklärte, er sei eine Art Prostitution. Aber gerade hier kommen wir wieder zu einem der Gründe, warum alles sich so unwiderstehlich vom Theater angezogen fühlt. Die »Prostitution« ist nämlich ein ungeheurer Reiz. Der Mensch hat einen tiefen Hang, sich zu prostituieren, aufzudecken, nackt zu zeigen – nur kann er ihn nirgends befriedigen. Dies war schon die Wurzel des uralten Dionysos-Kults, wo die Männer und Frauen sich im Rausche die Kleider vom Leibe rissen und einander wild durcheinander begatteten, was aber die Griechen, die keine solchen Philister waren wie wir, nicht als schamlose Orgie, sondern als »heilige Raserei« bezeichneten. Übertragen wir das ins Psychologische, so stoßen wir auf den merkwürdig suggestiven Haut-goût, den aller Zynismus an sich hat. Im Grunde verbirgt sich auch hinter diesem Trieb der Wille zur Macht. Der Mensch weiß, daß er nur wirkt, interessiert, Macht über Menschen gewinnt, wenn er er selber ist: Als er selber ist jeder Mensch interessant. Aber im gewöhnlichen Leben besteht gerade die Aufgabe, die die Gesellschaft ihm stellt, darin, möglichst geschickt nicht er selber zu sein, sondern immer Masken, Hüllen, Draperien, Schleier zu tragen. Immer ist der Vorhang unten, nur einmal ist er oben – eben im Theater. Gerade dort also, wo sich nach der landläufigen Meinung der Herrschaftsbereich der Verstellung, des Kostüms, befindet, springt der Mensch wahrer, nackter, ungeschminkter hervor als sonst irgendwo.

Woher kommt das? Man hört oft die Bemerkung, daß niemand sich selbst zu spielen vermag, das heißt: den Menschen, der sich mit seiner Alltagserscheinung deckt. Das ist eine alte Theatererfahrung, die kaum irgendeine Ausnahme aufweist. Genauer gesagt ist die Wahrheit die, daß jeder Schauspieler am besten sein Komplement darstellt, seine seelische Ergänzung. Der tiefmelancholische Hypochonder Raimund war ein hinreißender Komiker, der seelensgute Lewinsky ein klassischer Jago und Franz Moor. Wäre er wirklich ein Schurke gewesen, so hätte er niemals Schurken gestalten können, die Phantasie hätte ihm dazu gefehlt. Das, was gestaltet wird, ist nämlich immer das Ideal; irgendein

Ideal, ein wahres oder ein eingebildetes, darzustellen, ist das Ziel aller Kunst. Man könnte mit nur geringer Übertreibung den Satz aufstellen: Nur was einer nicht ist, vermag er in eine künstlerische Form zu bringen. Die saftigsten und innigsten Naturschilderungen stammen nicht von Bauern oder Rittergutsbesitzern, sondern von Städtern und Kaffeehausmenschen, und die Dichter der leidenschaftlichsten und empfundensten Liebeslyrik sind niemals Don Juans gewesen. Nietzsche, der sein ganzes Leben lang krank war, hat eine Philosophie geschaffen, die ein Hohelied auf die kraftvolle Vitalität ist, während Maeterlinck, der Schöpfer der fragilsten, anämischesten Gestalten, die die moderne Literatur besitzt, ein kerngesunder Vlame ist, dessen zufriedenes Bulldoggengesicht eher auf einen Herrenreiter schließen ließe. Was wir sind, interessiert uns nicht, ja wir bemerken es zumeist gar nicht, weil wir keine Distanz dazu nehmen können. Im letzten Kapitel von *Plisch und Plum* erscheint ein Mister namens Pief, der ununterbrochen durch sein Fernglas blickt und diese seltsame Handlungsweise mit folgendem Monolog begründet: »Warum soll ich nicht im Gehen«, spricht er, »in die Ferne sehen? Schön ist es auch anderswo und hier bin ich sowieso.« In diesem Satz steckt, wie in den meisten Äußerungen Wilhelm Buschs, eine tiefe Philosophie. Das Schöne ist immer das »Anderswo«, das »Hier« lockt niemals, weil wir da eben »sowieso« sind. Nur jenes zweite Ich, das wir nicht sind, jenes traumhafte zweite Gesicht, das uns in gesteigerten Zuständen der Selbstentrückung erscheint, löst unsere Kräfte, befruchtet unsere Phantasie, reizt unsere Unruhe. Ja man kann sogar noch weiter gehen und sagen: Dieser »Andere«, dieses »Anderswo« ist viel mehr unser ureigenstes Selbst als jener philiströse Herr oder jene satte Dame, die ihren toten Leib durch die Straßen und Zimmer spazierenführen. Dieser unser dämonischer Doppelgänger, unsere Komplementseele, die legitime und wahrhaft herrschberechtigte Schwester unserer Alltagsseele, bricht hervor, wenn der Mensch sich auf die ebenso reizvollen wie gefährlichen Pfade der Kunst begibt, und am stärksten im Schauspieler, der nie etwas anderes zu gestalten vermag als jenen unheimlichen »Anderen«. Dies ist der wahre Sinn jener »Prostitution«, die das Wesen der Schauspielkunst ausmacht: Das Geheimste kommt nach oben, es muß heraus, ob der Träger des Geheimnisses will oder nicht. Josef Kainz sagte einmal zu mir: »Im Leben können sich die Leut natürlich sehr leicht verstellen; aber wie einer einmal zum Theaterspielen anfangt, kommt alles auf, sogar wie er zu die Weiber is und wieviel Schulden er hat.« Und nun sehen wir, daß das Theater ganz gewiß nicht ohne Ursache, sondern aus einem fast metaphysischen Grund heraus die Menschen in seinen finsteren gefräßigen Rachen strudelt, daß es doch etwas mehr ist, als die meisten glauben, keine bloße bunte Oberfläche, kein bloßes Theater, sondern etwas Entzauberndes und Erlösendes, etwas schlechthin Magisches in unserem Leben, das an unsere tiefsten Mysterien zu rühren vermag. Und daß die Schauspielkunst, obgleich die untergeordnetste von allen Künsten, doch wiederum diejenige ist, in der der Wille der Kunst am reinsten zur Auswirkung gelangt. Denn was ist alle Kunst? Sie gestaltet unsere Sehnsucht.

Das Publikum

Was ist denn das überhaupt, das Publikum? Hierüber hat Chamfort einmal eine ebenso konzise wie unzweideutige Auskunft gegeben. Als er eines Tages ein Buch lobte und man ihm die gegenteilige Meinung des Publikums entgegenhielt, rief er entrüstet aus: »Das Publikum! Das Publikum! Wieviel Dummköpfe müssen denn zusammenkommen, damit ein Publikum entsteht?« Ich kann mich nun dieser Ansicht nicht vollkommen anschließen. Ich bitte meine geneigten Leser, das nicht als eine captatio benevolentiae aufzufassen; aber ich halte Sie nämlich für gar nicht dumm, ich halte Sie sogar für sehr gescheit. Natürlich nicht als einzelne, sondern als Ganzes. Wenn nämlich eine bestimmte Anzahl von Menschen, und je mehr, desto besser, sich vereinigen, um sich von irgendeinem Erlebnis gemeinsam ergreifen zu lassen, so hören sie plötzlich auf, Privatmenschen, also Idioten, zu sein (die griechische Übersetzung für Privatmann heißt bekanntlich Idiotes), und aus ihnen tritt siegreich der Wille der Gattung hervor, jene fortschrittlichste, instinktsichere und unendlich weise Kraft, die unseren Planeten regiert. Fragt man einen sogenannten Fachmenschen, so wird man allerdings in den meisten Fällen die gegenteilige Ansicht zu hören bekommen. Durch die Jahrhunderte klingt die Klage der Verleger, Zeitungsherausgeber, Konzertagenten, Theaterdirektoren: Man dürfe dem

Publikum nun einmal nichts Neues, nichts Tiefes, nichts Ernstes vorsetzen, sein Geschmack sei immer nur auf platte Unterhaltung, auf Kitsch und Konvention gerichtet. Das ist aber ganz einfach eine Umkehrung des wahren Sachverhalts. Die rückständigen, ordinären und oberflächlichen Elemente sind die Fachleute. Vor allem sind sie entsetzlich feig. Und außerdem blitzdumm: Sonst hätten sie schon längst herausbekommen, daß jenes Gespenst »Publikum«, auf das sie mit permanentem Schrecken blicken, eben ein Gespenst ist, nämlich gar nicht existiert. Es verhält sich damit wie mit jener Kafferngottheit, die in einer großen unzugänglichen Felsenhöhle lebte und von den Kaffern regelmäßig eine große Menge Nahrung und Kostbarkeiten zum Opfer erhielt. Eines Tages jedoch erschien ein frecher, aber ziemlich gescheiter Missionar und erbrach zum Entsetzen aller Kaffern die Höhle. Und es zeigte sich, daß die Höhle leer war. Das Publikum, als eine greifbar umrissene seelische Erscheinung mit deutlich durchgearbeitetem Weltbild, klarer ethischer Dominante, scharf bestimmbarem Gesichtskreis ist gar nicht der Wirklichkeit entnommen, sondern existiert nur in den Gehirnen verängstigter Zeitungsschreiber und Theaterleute. Das Publikum ist nichts anderes als ein großes Aufnahmebecken, in das man alles hineingießen kann, ein Riesenmaul, das alles in sich hineinfrißt und zermalmt, was man ihm vorsetzt. Daß es aber lieber Gutes frißt als Schlechtes, scheint mir völlig außer Frage. Das zeigt sich sofort ganz unzweideutig, wenn wir den Blick vom Tag und von der Stunde nur um einige Jahrzehnte zurückschweifen lassen. Woher kommt es zum Beispiel, daß von dem Modedichter Vulpius, dessen *Rinaldo Rinaldini* seinerzeit verschlungen wurde, heute nur noch ein paar Seminaristen etwas wissen, während sein Schwager Goethe, der Verfasser des damals ebenfalls gierig gelesenen Saisonschlagers *Werther,* heute noch allgemeine Anerkennung genießt? Als die naturalistische Bewegung in Deutschland einsetzte, da sprach man von Sudermann und Hauptmann wie von zwei Dioskuren, ja viele stellten sogar Sudermann höher, und die *Ehre* ist in der Tat nicht nur öfter gespielt worden als *Hannele,* sondern hat auch zunächst intensiver gewirkt. Oder, um die Gegenwart ins Auge zu fassen: Glaubt man wirklich, daß in fünfzig Jahren jemand von Schönherr oder Hans Müller auch nur den Namen wissen wird, ja, daß die Millionen von Menschen, die heute vor deren Stücken sitzen, nicht schon in diesem Augenblick, mitten im Applaus das ganz deutliche Gefühl haben, daß es sich um Tageswerke handelt? Und umgekehrt: Gibt es auch nur eine einzige Zelebrität, die mehr als hundert Jahre alt ist und es nicht verdiente, eine Zelebrität zu sein? Sind Homer und Dante denn nicht wirklich die größten Epiker, Plato und Kant die größten Philosophen? Und wenn man alle Theatervorstellungen der letzten hundert Jahre durchgehen wollte, so würde als meistgespielter Dramatiker ganz bestimmt Shakespeare herauskommen. Wer hat also diesen Männern den ihnen gebührenden Platz mit so untrüglich sicherem Urteil angewiesen? Vielleicht die Literaturprofessoren? Die nehmen ein Genie doch erst ernst, wenn schon der letzte Postbeamte es verdaut hat. Nein, niemand anderer als das Publikum trifft diese kunstsinnigen und verständnisvollen Entscheidungen; man muß ihm nur ein bißchen Zeit lassen. Wird ihm von der Gemeinheit oder dem Dilettantismus der sogenannten kompetenten Faktoren minderwertige Nahrung geboten, so akzeptiert es auch diese, aber nur weil es keine bessere bekommt; und früher oder später wird sein Instinkt es, trotz aller Hemmungen, die ihm von den leitenden Kreisen bereitet werden, doch an die richtige Quelle führen. Daher kann man auch bei allen Genies einen unerschütterlichen Glauben nicht nur an ihr Werk, sondern auch an ihren Erfolg beobachten. Schopenhauer hat vierzig Jahre auf den Ruhm warten müssen, aber nicht eine einzige Zeile, weder in seinen Schriften noch in seinen Briefen, weist darauf hin, daß er auch nur einen Augenblick lang an dem Sieg seiner Philosophie irre geworden ist. Nietzsche, der während der ganzen Zeit seiner Produktivität eine Obskurität war, redet dennoch stets von sich in einem Ton, als ob bereits alle Welt wüßte, wer er sei. Stendhal sagte: »Im Jahre 1900 wird mich alle Welt plötzlich zu lesen beginnen«, und er hat es fast auf das Jahr erraten. Auf die Dauer gibt es kein verkanntes Genie.

Es gibt Protisten, die sich zu Zellvereinen oder Zellkolonien zusammentun: Diese Tierchen besitzen dann zwei Seelen, nämlich eine Individualseele und eine sogenannte Zönobialseele, die sich als Gemeingefühl des ganzen Zellenstockes äußert. Ähnlich geht es dem Menschen als Publikum. Zu seiner Individualseele bekommt er plötzlich eine zweite hinzu: die Publikumsseele. Ich möchte daher Chamforts Frage so beantworten: Ich weiß nicht, wie viele Dummköpfe zusammenkommen müssen, damit ein Publikum entsteht, aber ich glaube: Wenn genug von ihnen beisammen sind, so entsteht etwas, das viel gescheiter ist als sie. Es kommt nun im einzelnen ganz darauf an, ob einer genug

Enthusiasmus und Hingebung besitzt, um ganz in der überlegenen Kollektivseele des Zellenstockes aufzugehen, oder
ob er dünkelhaft an seiner Individualseele festhält, die gar
nichts versteht. Und ich glaube, daß der erstere Fall der
weitaus häufigere ist. Ich horche daher im Theater immer
auf die Bemerkungen, die das Publikum macht, und habe da
sehr oft treffende Urteile gehört, die nur selten einem zünftigen Kritiker einfallen. Hierunter möchte ich nicht jenen
Ausspruch eines Generals rechnen, der in der *Frau vom
Meere* zu seiner Gattin äußerte: »Das ist nichts für Erwachsene«; aber es war schließlich ein General. Wohl aber, was
eine Probiermamsell in *Gyges und sein Ring* zu ihrer Kol-
legin sagte: »Die Rhodope wird halt einen Schönheitsfehler
gehabt haben.« Ich finde, daß man die schiefe Psychologie
und den konstruierten Konflikt dieses Hebbel-Dramas gar
nicht schlagender charakterisieren kann.

Die Theaterdirektoren schlagen immer ein schreckliches
Lamento an, wenn sie auf das Unterhaltungsbedürfnis des
Publikums zu sprechen kommen. Aber dieses Bedürfnis ist
ein sehr gesundes und berechtigtes. Gute Theaterdichtun-
gen sind nämlich immer unterhaltlich. Sehr treffend sagt
Otto Ludwig in seinen *Shakespeare-Studien:* »Wenn wir
Shakespeares Gestalten sich vor uns ausleben sehen, so wird
der nicht am wenigsten bezeichnende Ausdruck für die Art
ihrer Wirkung der sein, der sie als ›amüsant‹ bezeichnet. Sie
sind alle gute Gesellschafter, in deren Gegenwart Langeweile nicht aufkommen kann.« Und sind *Götz,* die *Räuber*
und die *Wildente* nicht ebenfalls amüsant? Und was die
Dialoge des Plato anbelangt, so könnten sie noch heute in
jedem literarischen Kabarett aufgeführt werden. Wenn aber

das Publikum in Dichtungen wie *Iphigenie* und die *Braut von Messina* nicht hineingeht, so hat es ganz recht; es sind eben schlechte, nämlich fade Theaterstücke. Schon Voltaire hat gesagt: »Die einzige schlechte Dichtungsgattung ist die langweilige.«

Trotzdem wäre es sehr falsch, zu glauben, daß das Publikum bloß Unterhaltung haben will. Es will, allerdings mehr im Unterbewußtsein, noch etwas anderes.

Angsttraum des Germanisten

An der letzten Neuinszenierung des *Tell* im Burgtheater, die einen gemäßigt expressionistischen, sozusagen einen rechtskubistischen Weg beschritten hat, fiel mir auf, mit welcher geflissentlichen Hast und gewissermaßen betonten Gleichgültigkeit die Schauspieler über Zitate wegsprechen. Es klingt etwa so, wie wenn Tell zu seinen Mitunterrednern sagen wollte: »Der Starke, aber wozu es betonen, das wißt Ihr ja schon aus der Schule, also der Starke ist bekanntlich am mächtigsten allein.« Es ist dies ja allerdings wahrscheinlich der einzige Weg, um diese Stellen herumzukommen, denn sie sind heute bereits schlechterdings unmöglich. Sie wirken wie ein Kupferstich, den schon so viele Finger angefaßt haben, daß er bereits ganz verwischt und undeutlich geworden ist und nur noch ein paar trübe Flecke zu sehen sind. Man hört sie nicht mehr. Man hat vielmehr den Eindruck: Warum sagt Tell als Monolog gerade dieses Gedicht auf, warum nicht zur Abwechslung den ebensoschönen *Taucher*? Das sind die Nachteile, wenn man eine klassische Figur ist.

Die Vorstellung, daß der *Tell* einmal noch nicht ganz druckfertig, sondern erst bei der Stenotypistin zum Abschreiben war, hat etwas Gespenstisches. Es ist gruselig, sich vorzustellen, daß Schiller noch im letzten Moment hätte einige Zitate ändern und zum Beispiel schreiben kön nen: »Der Kräft'ge herrscht nur, wenn er einsam ist«, oder: »Die liebe Heimat schreib' ins Herz Dir ein, in sie senk' alle Fasern Deines Wesens, sie ist das Erdreich, das den Saft Dir beut.«

Das wird uns gleich weniger befremdend klingen, wenn wir erstens bedenken, daß Schiller ja einen Teil seiner Sentenzen aus früheren Tell-Dichtungen entnommen hat, wo sie inhaltlich gleich, aber formell ein wenig anders gelautet haben, und daß er sie ja geradesogut hätte wörtlich benutzen können, in welchem Falle wir sofort andere geflügelte Worte besäßen, also zum Beispiel statt des allen Oberlehrern so teuern »Wär' ich besonnen, hieß ich nicht der Tell« die Vorlage aus dem Urner Spiel: »Wär' ich vernünftig, witzig und schnell, so wär' ich nicht genannt der Tell«, die sich sogar reimt. Zweitens möge man sich daran erinnern, daß Schiller – darin eben ein echter Theatraliker, dem es weniger auf Psychologie und Logik als auf starke Effekte, Stimmungen und Bilder ankam – es überhaupt mit dem Schicksal seiner Figuren niemals sehr genau nahm, sondern sich ohne große Skrupel oft noch mitten in der Arbeit, ja einigemal sogar nach der definitiven Beendigung des ganzen Werkes aus mehr oder weniger äußerlichen Gründen zu sehr einschneidenden Änderungen der Fabel und Handlung entschlossen hat. So endet zum Beispiel Franz Moor in der Mannheimer Theaterbearbeitung nicht durch Selbstmord, sondern wird von Schweizer (der infolgedessen ebenfalls am Leben bleibt) und den übrigen Räubern vor Karl Moor geschleppt, der in einer, theatralisch genommen, sehr effektvollen, vom psychologischen Gesichtspunkt aus etwas kindischen Szene über ihn zu Gericht sitzt. Was den *Tell* anlangt, so schreibt Schiller noch im letzten Moment, als schon die Rollen ausgeteilt werden sollen, am 28. Februar 1804 an Goethe: »Ich habe drei neue Weiber darin kreiert, um die drei noch übrigen Schauspielerinnen mit Anteil in das Stück hineinzuziehen, weil sie nicht gern Statisten machen.« Und Goethe erzählt Eckermann am 18. Januar 1825, Schiller habe ursprünglich in der Apfelschußszene Geßler ganz einfach einen Apfel vom Baum brechen und vom Kopf des Knaben schießen lassen. »Dies war nun ganz gegen meine Natur, und ich überredete ihn, diese Grausamkeit doch wenigstens dadurch zu motivieren, daß er Tells Knaben mit der Geschicklichkeit seines Vaters gegen den Landvogt großtun lasse, indem er sagt, daß er wohl auf hundert Schritt einen Apfel vom Baum schieße.« Das Tollste dieser Art ist aber doch der veränderte Schluß, den Schiller dem *Fiesko* auf Anraten des Freiherrn von Dalberg bei der Uraufführung gegeben hat. In dieser Bearbeitung fängt Fiesko den Streich Verrinas auf, und die Menge dringt mit dem Ruf »Fürstenmord« erbittert auf den Attentäter ein, der sich voll Befremden zu fragen beginnt, ob dieses Volk, das selbst den Arm seines Retters aufhält, denn überhaupt befreit sein wolle. Fiesko aber bedeutet ihnen, zurückzuweichen, und spricht: »Ein Diadem erkämpfen, ist groß – es wegwerfen, göttlich. Seid frei, Genueser! (Er zerbricht das Zepter und wirft die Stücke unter das Volk.) Und die monarchische Gewalt vergehe mit ihren Zeichen.« Zu Verrina aber sagt er: »Genuas Freiheit war in diesem Busen entschieden, ehe Verrina noch dafür zitterte – aber Fiesko selbst mußte der Schöpfer sein. (Verrinas Hand ergreifend, mit Wärme und Zärtlichkeit.) Und jetzt doch mein Freund wieder, Ver-

rina?« Verrina (begeistert in seine Arme stürzend): »Ewig!«
Fiesko (mit großer Rührung, einen Blick auf das Volk ge-
worfen, das mit allen Zeichen der Freude noch auf den
Knien liegt): »Himmlischer Anblick – belohnender als alle
Kronen der Welt. (Gegen das Volk eilend.) Steht auf, Ge-
nueser! Den Monarchen hab' ich Euch geschenkt, umarmet
Euren glücklichsten Bürger.« (Der Vorhang fällt.)

Schade, daß Schiller von dieser Fassung später wieder abgekommen ist: Sie hätte eine ganze Reihe wunderschöner
neuer Aufsatzthemen ergeben. Zum Beispiel: »Schuld und
tätige Reue Fieskos in Schillers gleichnamigem Drama«
oder »Der versöhnende Grundgedanke in Schillers *Fiesko*-
Dichtung, aufgezeigt am Gang und Ausgang der Handlung« oder »Wie wird in Schillers Meisterdrama die Um-
kehr des Helden Fiesko begründet und vorbereitet? Einleitung: Schiller, der Dichter des deutschen Volkes, Haupt-
teil: I. Fieskos Versuchung in den ersten drei Akten. II. Seine
Krisis im vierten Akt. III. Der Weg zum Siege über sich
selbst, vom Dichter mit zwingender Notwendigkeit motiviert a) durch Fieskos äußere Handlungsweise, b) durch
seinen inneren Entwicklungsgang. Schluß: Die dramatische
Literatur, zumal die deutsche, ein Spiegel der Menschheit.«

Unter dem Eindruck dieser und ähnlicher Vorstellungen
habe ich gestern nacht einen schrecklichen Traum gehabt,
der ungefähr folgenden Inhalt hatte.

Eckermann berichtet vom 26. Oktober 1827: »Wir kamen, bei Gelegenheit der Neustudierung am hiesigen Theater, auf *Tell* zu reden. Ich rühmte die immer noch zunehmende Wirkung dieses Schauspiels, und Goethe sagte: Ja, es

ist ein vortreffliches Werk, aber es ist dazu erst langsam geworden. Die guten Leutchen glauben nämlich immer, es sei, bei großen Produkten der Poesie, alles von vornherein so bestimmt und abgeteilt gewesen wie in einem Kalender oder Schießreglement, und das Werk fertig gegossen wie Pallas aus dem Haupte des Kroniden gestiegen. Aber so verhält es sich mitnichten! Was ist da alles gebosselt, poliert, gerückt und gestutzt worden, davon die unbefangen genießenden Nachfahren sicher vermuten, es sei schon immer am ersten Tage dagewesen! Ich will Ihnen, fügte er, mein Erstaunen gewahrend, mit einem schalkigen Lächeln hinzu, ein großes Geheimnis verraten. Der herrliche Monolog des Tell, der den Beschluß des vierten Aktes bildet, war anfänglich von Schillern gar nicht so geplant gewesen und ist erst auf meinen emsigen Zuspruch hin so gestaltet worden. Hören Sie, mein Bester, und erschrecken Sie: In der ursprünglichen Konzeption war vorgesehen, daß Tell den Geßler kurzerhand über den Haufen schießt und sein Recht hierauf denn auch im Selbstgespräch vorher genau begründet, ja es sollte sogar im fünften Akt eine Szene mit Parricida folgen, die nochmals den Gegensatz zwischen Verwandtenmord aus Ehrliebe und Tyrannenmord aus Freiheitsliebe leibhaftig illustriert hätte. Jedoch der Tyrannenmord gehört zum Vorstellungsleben der Alten und ist denn auch dort, in soviel einfacheren und zugleich rascheren Zuständen, als Ideal begreiflich und am Platz, für unser Gefühl hingegen ist ein blutbefleckter Held ohne Sühne allemal eine widrige Vorstellung. Daher mußte Tell entweder von seiner Tat abstehen oder dem Ganzen der Charakter der Tragödie nachträglich aufgedrückt werden, was immer etwas Mißliches an sich hat. Möchten Sie aber nun wohl glauben, daß ich dennoch, trotz dieser sonnenklaren, reiflich gefaßten Gründe, mit Schillern meine liebe Not hatte, ihn von dem einmal gesetzten Plan abzubringen? Aber so war nun einmal der große Mann! Bei ihm konnte es nie genug kräftig und sinnlich zugehen. Wir hätten übrigens auch so ein recht artiges Stück, aber eines, das den Hörer in moralischem Zwiespalt entläßt. Das Publikum, fuhr Goethe nach einer kleinen Pause fort, merkt eben nie etwas von den Bergen von Arbeit und Schwierigkeit, die vor jedem Kunstwerk getürmt sind. Aber das ist recht! Denn sähe es den vielen Schweiß, er würde ihm die reine Freude des Anschauens verkümmern. Aber darum ist er doch geflossen, alle Tage, und ohne ihn ist, einige seltene beglückte Stunden ausgenommen, nie was Tüchtiges zutage gefördert worden, und das ist auch recht.«

Am 29. Dezember 1803 schreibt Schiller an Körner: »Ich bin doch recht froh, daß ich's nun so gemacht habe, aber es war eine rechte Last. Um den Parricida ist mir leid, da, auch abgesehen von dem moralischen Effekt der Szene, von dieser Figur ein gewisses Grauen ausgegangen wäre, das gegen den heiteren Abschluß einen wirksamen Kontrast der Tinten ergeben hätte. Einige schlagende Sentenzen, die nun fortgefallen sind, lassen sich gut im *Warbeck* unterbringen, der jetzt, nun der *Tell* nahezu vollendet ist, wiederum in mir zu rumoren anfängt. Daß ich drei Verszeilen aus Zwing-Uri herübergenommen habe, wirst Du wohl sehen, und dort wird ihr Mangel wenig Schaden tun. Der neue Schluß des Monologs dünkt Goethen trefflich. Auch den Anfang hab' ich auf Deinen Rat in der Diktion ohnmerklich abgeändert.

Dafür, daß Geßler im vierten Akt um seine Rede kommt, wird er reichlich entschädigt durch die große Wahnsinnsszene, die sicher guten Sukzeß tun wird. Lieb ist mir's auch wegen Iffland, der nun einen wesentlich dankbareren Part hat und so für die Annahme günstiger präokkupiert ist, auch nehm' ich vielen Theaterleitern, nun Geßler nicht mehr unbedingt zu Pferd kommen muß, eine billige Ausflucht. Hier hast Du den umgeschmolzenen Teil (das Dir Bekannte hab' ich fortgelassen). Gib das Manuskript ja nicht aus der Hand.

Durch diesen engen Bergpaß muß er reiten,
Es zieht kein andrer Pfad nach Osten,
Hier führ' ich's aus.
Nur einmal treffen Ort und Stunde so zusammen.
Dort jener dichte Busch voll breiter Zweige
Entzieht mich seinem Blick.
Dies sei mein Auslug. Dort schwirr' ab, mein Pfeil!
Des Passes Enge läßt mich leicht entweichen.
    (Mit einer schrecklichen Gebärde zum Himmel
    weisend.)
Bring' Dein Geschäft mit jenem dort in Ordnung,
Dein Tag neigt sich zur Nacht und spärlich rinnen
Nur wen'ge Körner Dir noch in der Lebensuhr.
Hat meine Hand vorm Haupt des Sohnes nicht gezittert,
Wird sie auch vor der Brust des Wütrichs nicht erbeben.
    (Er setzt sich und versinkt in tiefes Sinnen.)
Doch wie? Was faßt mich an? Was fährt, gleich
                        Gletscherwind
Durchs Dach des Sennen, plötzlich kältend mir

Durch meine Seele? Ist mir's nicht,
Da ich der zarten, unschuldsvollen Kindlein denke,
Als ob sie ihre sanften, nassen Blicke
In stummem und ach! so beredtem Vorwurf
Zu mildem Fleh'n an mir emporgeheftet hielten,
Wie wenn im letzten Augenblicke noch
Sie meines Pfeiles Lauf, den nie zu widerrufenden
Zu hemmen strebten? – Rache! Was ist Rache?
Sie ist des größern, der dort oben thront.
Der alle Haare zählt auf unsern Häuptern,
Er mag sie fallen lassen, wenn's ihm Rechtens dünkt.
Ihm ziemt's, die Stunde zu bestimmen, doch nicht uns.
Rache trägt keine Frucht! Sich selbst ist sie
Die fürchterliche Nahrung, ihr Genuß
Ist Mord, und ihre Sättigung ist Grausen.
Schlaf', Pfeil, im Köcher! Aufgespart nur, nicht entzogen
Bleibt jener Bösewicht dem Richterspruch,
Der aller Untat wie ein Schatten folgt.
Sei's auch ein langer Schatten, dennoch folgt er Dir
So sicher, wie die Sonne scheint; nicht meines Amtes ist's,
Fürwitzig ihn zu kürzen.
       (Geßler und Rudolf der Harras erscheinen auf der
       Höhe des Weges.)
Landvogt, Dein Weg bleib' ungekreuzt! Schlaf ruhig,
Wenn Du es kannst!
       (Er nimmt den Pfeil und betrachtet ihn lange und
       mit tiefer Bewegung.)
Plan und Tat! Welch eine dünne Scheide trennt Euch!
Und dennoch: Zwischen Euch liegt alles, was dem
                            schwachen Menschen

Die Hölle, was ihm die höchste Himmelsseligkeit
entbeut.
Geplant führt jede Handlung jedes Erdenkindes
Ein einmaliges eignes Sonderdasein,
Trägt sie allein die Seelenfarbe dessen,
Dem sie im Busen still herangereift.
Getan zeigt sie die unverrückbar ew'ge Einform,
Die sie zu Schwestern aller andern macht.
Plan ist der weise Vater, Tat die feile Tochter,
Die sich der Welt hingibt: ein fahler Bastard.
Nur wenn Du denkst, schaffst Du Dein freies Reich,
Im Handeln machst Du Dich der Menge gleich.
   (Er schlägt sich nachdenklich in die Büsche.)
Frießhardt und der Geharnischte (eilfertig von rechts):
Der Landvogt kommt! Platz! Macht die Gasse frei!
   (Indes man Geßler und Rudolf der Harras mit
   reichem Gefolge zu Pferd den Hohlweg passieren
   sieht und eine ferne sanfte Schalmei den Beschluß
   macht, fällt der Vorhang.)«

Der französische Schwank

In den Kammerspielen wird jetzt ein französischer Schwank aufgeführt: *Haben Sie nichts zu verzollen?* von Hennequin und Veber, in dem auch ich mitspiele. Bekanntlich bestehen Theaterproben darin, daß man vier Fünftel der Zeit müßig herumsteht und während des restlichen Fünftels mit dem Regisseur streitet. Ich war nun während dieser höchst unerwünschten Mußestunden förmlich gezwungen, den Schwank in seinen sämtlichen Einzelheiten genau kennenzulernen, und dabei habe ich versucht, mir klarzumachen, worauf denn dieser im Deutschen unnachahmliche Erfolg der französischen Possen zurückzuführen ist: Man soll sich bemühen, aus allem etwas zu lernen, selbst aus einer Theaterprobe.

Wir haben hierzulande nichts, was dem französischen Schwank entspricht. Unser komisches Drama weist dreierlei Spielarten auf. Erstens die Kopien nach französischem Muster, also Champagner, der erst in Deutschland auf Flaschen gefüllt wurde: Mit diesen wollen wir uns gar nicht erst beschäftigen. Auf ihnen liegt der Fluch, der jedes gestohlene Gut zu einem freudlosen Besitz macht, sei es nun geistiger oder materieller Natur. Sie erfüllen den Dieb mit einer Unsicherheit und Befangenheit, die man ihm auf hundert Schritt anmerkt. (Ich möchte überhaupt bei dieser Gelegenheit bemerken, daß das Geschrei gegen Plagiatoren eines der überflüssigsten Geschäfte der Welt ist. Jedes Plagiat richtet sich selbst. Eine Idee, die nicht dir, sondern einem andern gehört, kannst du auch nicht handhaben, sie wird dich abwerfen wie das Pferd den fremden Reiter, sie ist wie eine Schmuckkassette, deren Vexierschloß du nicht kennst. Man lasse daher die Leute an geistigem Eigentum nur ruhig zusammenstehlen, was sie erwischen können, denn niemand anderer wird Schaden davon haben als sie selbst, die ihre schöne Zeit an etwas völlig Hoffnungsloses vergeuden.)

Zweitens gibt es bei uns eine Art von Theaterstücken, die ich – natürlich ohne beleidigenden Sinn – als Bubenstücke bezeichnen möchte. Sie bestehen lediglich aus mehr oder minder geistreichen Aperçus, Witzen, Glossen und Aphorismen, mehr oder minder originellen Anekdoten, aus nichts als Glanzlichtern und apart Gesprochenem, aus lauter Dialogstellen, aber niemals aus einem Dialog, geschweige denn aus einer Handlung. Es sind übermütige Launen, tolle Einfälle, kurz Bubenstreiche. Der Typus dieses Genres sind heutzutage die Komödien von Sternheim. Meistens aber werden solche Stücke von zwei Personen verfaßt.

Drittens haben wir noch die paar großen deutschen Lustspiele, die jeder kennt und lobt: *Minna von Barnhelm, Der zerbrochene Krug,* wenn man will, kann man auch die *Meistersinger* dazu zählen, obzwar es mit Humor unter Musikbegleitung eine eigentümliche Sache ist, und ich möchte unter allen Umständen *Lumpazivagabundus* und *Zu ebener Erd' und im ersten Stock* hierherrechnen, aber das werden die Literaturprofessoren nicht gestatten. Indes: Wenn man von Nestroy absieht, sind diese sogenannten klassischen

Lustspiele eigentlich wirklich etwas zum Lachen? Zumindest bei *Minna von Barnhelm* möchte ich diese Frage aufs allerbestimmteste verneinen. Ich halte – wenn ich schon dabei bin, die Professoren zu ärgern, warum nicht gleich ordentlich? –, also ich halte überhaupt Lessing für keinen großen Dramatiker. Ich glaube nämlich: Er war zum Stückeschreiben zu gescheit. Er hätte auch niemals ein Drama geschrieben, wenn es zu jener Zeit ein anderer besser gekonnt hätte. Aber da es ihm darum zu tun war, auch praktisch zu zeigen, wie er es meinte, war er genötigt, eine Reihe von Paradigmen zu schaffen, die genau so viel und genau so wenig wert waren wie alle Musterleistungen, das heißt didaktisch sehr viel und künstlerisch sehr wenig. Er war der geniale Regisseur der deutschen Poesie und wollte niemals ihr genialer Schauspieler sein. Aber auch im Theater bleibt bisweilen dem Regisseur nichts anderes übrig, als auf die Bühne zu springen und die Sache einmal selber vorzuspielen; aber nicht als der beste Schauspieler, sondern als der gescheiteste Kopf des Ensembles.

Was aber die übrigen werten Deutschen anlangt, so verhalten sie sich bei der Abfassung eines Lustspiels wirklich wie der Deutsche in jener Scherzfrage, welche lautet: Wie werden sich die verschiedenen Nationen benehmen, wenn sie über das Wesen des Kamels Auskunft geben sollen? Antwort: Der Engländer wird eine Weltreise antreten, ein Kamel schießen und nach Hause bringen. Der Franzose wird sich in den Pariser jardin des plantes begeben, und wenn er dort kein Kamel vorfindet, so wird er stark zu der Ansicht neigen, daß es überhaupt keine Kamele gibt. Der Deutsche jedoch wird sich auf seine Studierstube zurückziehen und dort den Begriff des Kamels aus der Tiefe seines Gemüts konstruieren.

Der Deutsche also konstruiert ein Lustspiel aus den Tiefen seines Gemüts, der Franzose hingegen konstruiert es aus den Gegebenheiten des Theaters. Und er konstruiert es mit ebenso großer Genauigkeit wie Leichtigkeit. Diese Schwerelosigkeit, dieses Schwebende und Improvisierte gibt noch der dümmsten französischen Posse einen unnachahmlichen Reiz. Der Franzose nennt daher auch dieses Genre »pochade«, was in der Malerei soviel bedeutet wie: flüchtig hingeworfene Skizze. Woher kommt nun diese Leichtigkeit? Aus dem Handgelenk? Ja; aber wie bei einem Klaviervirtuosen, dessen leichtes Handgelenk die Frucht angestrengtester und beharrlicher Bemühungen und Übungen ist. Es handelt sich also um eine scheinbare, dem Schicksal durch Fleiß und Klugheit abgetrotzte, eine wohl vorbereitete, ausprobierte und ausgedachte, mit einem Wort: um eine artistische Leichtigkeit. Sie beruht auf der präzisesten und subtilsten Handhabung der Gesetze der Possenkomik.

Das erste dieser Gesetze ist allbekannt. Es lautet: Das Publikum einweihen, mit ihm unter einer Decke spielen, es zum geheimen Bundesgenossen gegen die agierenden Figuren machen. Also auf der einen Seite: der Autor und das Publikum, durch ihre gemeinsame unterirdische Mitwisserschaft bereits dick miteinander befreundet; auf der anderen Seite: die zappelnde Welt geängstigter und gehetzter, gefoppter und blamierter Gliederpuppen. Aus diesem Gesetz ergibt sich das zweite, das mit ihm fast identisch ist: Vorbereiten. Jede komische Situation muß von langer Hand her aufs vorsichtigste und umsichtigste in das System von Bewegungen und Gegenbewegungen, aus dem die Komödie besteht, verzahnt und eingebaut sein. Anderseits darf aber auch nichts Überflüssiges vorkommen, alles, was da ist, muß den Zweck haben, irgendeinen komischen Moment so lange von allen Seiten einzukreisen, bis er nicht mehr entwischen kann. Dieser letztere Punkt wird von Menschen, die das Metier nicht vollständig beherrschen, öfter vernachlässigt als der erstere. Er ist aber ebenso wichtig. Das Publikum fragt sich nämlich bei jedem neuauftauchenden Detail sofort instinktiv: Was bezweckt es? Ein Theatermann erzählte mir einmal eine Geschichte, die hierfür charakteristisch ist. Bei der Premiere eines Lustspiels bemerkte der Theatermeister im letzten Moment, daß er vergessen hatte, eine schöne Stutzuhr aufzustellen, die lediglich zur Vervollkommnung des Bühnenbilds bestimmt war. Rasch holte er das Versäumte nach, aber schon ging der Vorhang in die Höhe. Das Stück begann also für das Publikum damit, daß ein Mensch eine große Stutzuhr in eine Ecke des Zimmers stellte und schnell davonlief. Infolgedessen fiel das Stück durch. Denn das Publikum wartete nun fortwährend auf die Aufrollung des Tricks mit der Stutzuhr. Aber nichts dergleichen kam, die Aufmerksamkeit wurde infolgedessen zerteilt, abgelenkt, verwirrt, und das verträgt kein Publikum.

Dies führt nun zum dritten Gesetz: Es muß ein Trick dasein, und dieser muß so lange gefletchert werden, bis er vollständig jeden Geschmack verloren hat. Genau in diesem Moment muß das Stück aussein. Nicht später; aber auch nicht früher: Es muß ganz und gar exploitiert sein, nach allen Windrichtungen, bis auf die letzte Möglichkeit, sonst fühlt sich das Publikum geprellt. Es kommt also, wie man sieht, nicht so sehr auf den Trick selbst an, als auf die Art, wie er methodisch behandelt wird.

Wie man bemerken wird, hat dieses ganze Verfahren etwas stark Mechanisches. Aber gerade dies entspricht dem wichtigsten, dem Haupt- und Grundgesetz der französischen Posse. Schon der Dialog wird fast durchweg in kurzen Sätzen und Gegensätzen, in einem unerbittlichen staccato, einer scharfen, gehackten Klöppelmanier geführt. Diese überaus wirksamen Rededuelle finden sich, wie jeder weiß, schon sehr häufig bei Molière, aber sie haben eine noch viel ältere Tradition hinter sich: Sie gehen bis auf das griechische Drama zurück, wo sie mit dem lästigen Fachausdruck »Stichomythie« bezeichnet werden. Diese ganze Art erinnert an die allbekannten zwei Blechwursteln, die an einer Pumpe ziehen; drückt man den einen hinunter, geht der andere hoch und umgekehrt. Die außerordentliche Exaktheit der französischen Syntax bietet hier noch besondere Vorteile. Und ganz ebenso gehorcht die Handlung einer höchst mechanischen Kausalität, die phantastisch und unwahrscheinlich wirkt, gerade weil sie so prompt und exakt funktioniert, wie es die des Lebens nie tut: eine arithmetische, eine abgekartete, eine Schachkausalität. Kurz: Die gallische Posse ist nicht etwa der Gipfelpunkt des Unsinns und der Irrationalität, sondern im Gegenteil der Triumph des lateinischen Rationalismus.

Man könnte nun zunächst bei oberflächlicher Betrachtung glauben, dieses durchaus Ausgerechnete und Vorherbestimmte der französischen Technik müsse den komischen Eindruck abschwächen; in Wirklichkeit aber verstärkt es ihn, ja bedingt es ihn. Je mechanischer die Lustspielgesetze

gehandhabt werden, je marionettenmäßiger mit den Figuren umgesprungen wird, je mathematischer sich die Sze-
nenfolgen abwickeln, wie die Kolonnen einer Gleichung
oder Addition, desto komischer wirkt das Ganze. Das Komische beruht hier, wie stets, auf einem Widerspruch, einer
Paradoxie: Weil nämlich das Leben als etwas Organisches
das absolute Gegenteil alles Mechanischen ist, eben darum
wirkt mechanisiertes Leben oder Leben, das so behandelt
wird, als ob es ein Mechanismus wäre, unfehlbar komisch.
Dies ist, nebenbei gesagt, auch die stärkste Widerlegung
der sogenannten mechanistischen Theorie des Lebens. Unser Lachen, das aus den Tiefen unseres Unterbewußtseins,
aus dem Zwerchfell, dem sympathischen Nervensystem, aus
unserem geheimnisvollen, aber untrüglich sicheren Gat-
tungswissen kommt, widerlegt diese Theorie. Wäre der
Mensch wirklich ein homme machine, so würden wir über
die Possentechnik nicht lachen.

Aber weil es sich in diesem Falle nur um ein atavistisches,
ein vegetatives und animalisches, ein peripherisches Lachen
handelt, eben darum verweigern wir ihm auch nachträglich
unsere zerebrale Anerkennung und Legitimierung. Außerdem haben wir das unangenehme Gefühl, den kalten Kunst-
stücken irgendeines Taschenspielers, Scharlatans oder Va-
riétéillusionisten aufgesessen zu sein. Und deshalb kann
man beobachten, daß bei allen diesen französischen Schwän-
ken sehr viel gelacht und sehr wenig geklatscht wird; sondern das Publikum entfernt sich ein wenig beschämt und
verstimmt. Dies ist sozusagen die Nemesis der gallischen
Possenmathematik. Aber dem Kassier, der ja selber nur ein
kalter Rationalist ist, dürfte das ziemlich gleichgültig sein.

Herbstmanöver

von Kalman, zum größten Teil in der Besetzung der Première, aus der schönen Zeit, wo wir noch Lodomerien, das
Zipser Komitat und den Sandschak Novibazar besaßen.
Aber der fesche Storm, die Gobelins und die herzige Kar-
tousch sind uns ja geblieben. Neu ist Kammersänger Tauber
als Dirigent und Fritz Grünbaum als Wallerstein. Die Attraktion des ersteren beruht darauf, daß der Wiener bekanntlich leidenschaftlich gern sieht, wie ein Mensch, der
irgend etwas kann, etwas anderes macht, was er nicht kann,
also zum Beispiel: die Niese den Faust oder Pallenberg ein
Hindernisrennen. Herr Tauber macht also einen Kapellmeister nach, aber er übernimmt sich in dieser Rolle, indem
er die geringfügigsten musikalischen Anlässe zu einem wie-
nerischen Wursteltheater benützt, wie es noch nie ein Dirigent aufgeführt hat. Aber das brillant geschulte Orchester
des Bürgertheaters ließ sich durch kein aufgeregtes Wetzen
und Wippen, unmotiviertes Indieluftstechen und japani-
sches Gliederverrenken seines Befehlshabers aus dem Takt
bringen. Herr Grünbaum bringt das Kunststück zuwege,
sich selbst zu spielen, was bekanntlich nur einem Dilettanten gelingt, während der Künstler immer nur sein Negativ-
bild, seine seelische Ergänzung zu gestalten vermag, weil die
Wurzel aller Kunst die Sehnsucht ist (über welches Thema
ich mich hier nicht verbreiten werde, weil ich darüber im

vorigen Winter einen ganzen Vortrag gehalten habe). Aber wenn man auch nicht recht weiß, ob der Grünbaum den Wallerstein oder der Wallerstein den Grünbaum spielt, so muß man jedenfalls sagen, daß dieser Wallerstein-Grünbaum eine grundgescheite, unaufdringlich lustige, rührend liebenswürdige Erscheinung und vor allem ein wirklicher Mensch ist, den man nicht ohne Schmerz in diesen Niederungen erblickt.

Man könnte nun zwar diesen charmanten Abend mit seinen zahllosen Blumenspenden, Empfängen, Abgängen, minutenlangem Gelächter und nicht enden wollendem Applaus auch von einer anderen Seite ansehen, indem man zum Beispiel darüber befremdet wäre, daß heute, nachdem ein großer Teil der Bevölkerung Europas vier Jahre lang das Leben von Bagnosträflingen geführt hat, etwa ein Zehntel davon elendiglich verreckt ist, ein paar weitere Zehntel verkrüppelt und zerfetzt und fast alle Beteiligten und Unbeteiligten verschweint und verpowert worden sind, nicht – womöglich täglich – die *Letzten Tage der Menschheit* gespielt werden, damit die warnende Erinnerung an diesen schamlosen Mißbrauch gottgeschaffener Seelen zwar nicht in die nichtvorhandenen Gehirne, aber doch in die Nerven der Hinterbliebenen gehämmert werde; sondern daß vielmehr alles beim alten geblieben ist, und eine solche dudelnde, hüpfende und kalauernde Propaganda für kommende Bestialitäten, die mit der wirklichen Operette des Militarismus bloß die tierische Stupidität und freche Verlogenheit, aber nicht den Mord und das Grauen teilt, bejubelt und sicher monatelang zum allgemeinen Ergötzen wiederholt wird. Aber wer wird denn so ein öder Spielverderber sein?

Prolog vor dem Film

Ich muß um Entschuldigung bitten, wenn ich in drei Dimensionen vor Ihnen erscheine, denn die dritte Dimension scheint ja jetzt langsam im Theater aus der Mode zu kommen. Und da, wie schon Oscar Wilde nachgewiesen hat, nicht die Kunst das Leben nachahmt, sondern umgekehrt das Leben sich nach der Kunst richtet, so werden wir vielleicht auch im Leben allmählich die dritte Dimension verlieren. Nun, wie dem auch sei, vorläufig haben wir sie noch und vielleicht mehr. Jedenfalls wird wohl niemand unter Ihnen leugnen wollen, daß ich drei Dimensionen besitze.

Ich soll nun so etwas wie eine einführende Conférence sprechen. Das ist jetzt in Berlin so üblich: Immer wenn ein neues Kino eröffnet wird, so holen sie sich einen Literaten, um zu beweisen, daß das Kino mit der Bildung zu tun hat. Das ist natürlich eine sehr undankbare Aufgabe, und ich glaube, Sie werden mir nicht widersprechen, wenn ich die Definition aufstelle: Eine Conférence ist eine Sache, bei der jeder froh ist, wenn sie aus ist.

Ich soll natürlich für das Kino sprechen. Das ist nun wieder nicht schwierig; denn für das Kino sprechen ja die Tatsachen. Es ist, das wird jedermann zugeben, aus der Physiognomie unseres heutigen Daseins gar nicht mehr wegzudenken. Ebensowenig wie jene anderen verrufenen neuen Dinge, die unserm modernen öffentlichen Leben seine spezifische Signatur geben: die Eisenbahn, der Fernsprecher, der Autobus, das Grammophon, die Untergrundbahn. Ich weiß, es gibt eine ganze Gruppe von Menschen, die in allen diesen Dingen ebenso viele Mittel sehen, um alle Kultur und Geistigkeit aus unserem Dasein zu entfernen, und die infolgedessen unsere ganze Gegenwart in Bausch und Bogen verdammen. Aber was soll uns dieses Lamento? Ein tüchtiger Mensch wird mit seiner Zeit niemals unzufrieden sein, sie ist sein Medium, genau jenes Medium, dem er mit seinen sämtlichen Organen angepaßt ist und in dem er zu wirken und zu leben hat. Dies ist seine Aufgabe, diese Aufgabe hat er zu lösen, eine andere kann er sich nicht aussuchen. Er finde sich mit der Tatsache ab, oder noch besser, er denke gar nicht darüber nach. Es ist eigentlich eine Ungezogenheit, über sein Zeitalter zu schimpfen, und es ist eine Dummheit, denn die Sache läßt sich ja doch nicht ändern: Dies sind nun einmal die treibenden Kräfte unserer Zeit. Der Dichter, der versunkenen Kulturen nachträumt, wird niemals viel wert sein. Homer, Dante, Shakespeare, Ibsen schilderten die unmittelbarste Gegenwart, eben darum waren sie Dichter. Und auch wir schätzen sie heute nur noch darum, weil sie resolut in ihrer Zeit lebten und diese für das Beste hielten, was es gab, schon aus dem Grunde, weil sie das einzige war, was es gab. Bestrebungen dagegen, wie sie dem französischen Klassizismus oder der deutschen Aufklärung zugrunde lagen, haben immer etwas Lächerliches. Diese Menschen waren im übelsten Sinn Dilettanten, sie glaubten, man könne sich plötzlich vornehmen, so zu denken und zu leben wie tote Griechen, noch dazu wie tote Griechen, die auch bei ihren Lebzeiten ganz anders ausgesehen haben. Denn inzwischen hat sich ja die bedauerliche Sache herausgestellt, daß die alten Griechen gar nicht antik waren. Es ist nichts als Zeitverschwendung, wenn man historischen Phantomen wie »Athen«, »Florenz« oder »Weimar« nachtrauert. Diese Kulturen waren, wie gesagt, eben darum groß, weil sie aus der aktuellen Gegenwart des Tages entstanden waren. Heute sind sie tot und nur noch für Aufsatzthemen zu brauchen.

Berlin zum Beispiel verdient gerade darum die höchste Anerkennung, weil es seine Aufgabe als deutsche Reichshauptstadt so richtig erfaßt hat: die Aufgabe, ein Zentrum der modernen Zivilisation zu sein. Berlin ist eine wundervolle moderne Maschinenhalle, ein riesiger Elektromotor, der mit unglaublicher Präzision, Energie und Geschwindigkeit eine Fülle von mechanischen Arbeitsleistungen vollbringt. Es ist wahr, diese Maschine hat vorläufig noch keine Seele. Berlin hat vielleicht selber nur das Leben eines Kinematographentheaters, eines virtuos konstruierten »homme machine«. Aber das genügt fürs erste. Berlin befindet sich in den Flegeljahren einer kommenden Kultur, die wir noch nicht kennen und die sich erst herausarbeiten muß. Und die Berliner Geschmacklosigkeiten sind doch wenigstens moderne Geschmacklosigkeiten, und die sind immer noch besser als die geschmackvollste Unmodernität, weil in ihnen Entwicklungsmöglichkeiten stecken.

Solche Entwicklungsmöglichkeiten stecken, glaube ich, auch in dem verrufenen Kino. Es ist, wenn man etwas näher zusieht, ein sehr prägnanter und charakteristischer Ausdruck unserer Zeit. Zunächst: Es ist kurz, rapid, gleichsam chiffriert, und es hält sich bei nichts auf. Es hat etwas Knappes, Präzises, Militärisches. Das paßt sehr gut zu unserem Zeitalter, das ein Zeitalter der Extrakte ist. [...]

Sodann, was mit dem eben Gesagten zusammenhängt: Das Kino hat etwas Skizzenhaftes, Abruptes, Lückenhaftes, Fragmentarisches. Das ist im Sinne des modernen Geschmacks ein eminenter künstlerischer Vorteil. Die Erkenntnis der Schönheit des Fragmentes beginnt sich allmählich in allen Künsten Bahn zu brechen, schließlich ist ja alle Kunst nichts anderes als ein geschicktes und bisweilen geniales Auslassen und Zwischengliedern. Ein Künstler, der gar nichts ausläßt oder verschweigt, wäre die langweiligste Sache von der Welt, ja, er wäre eigentlich überhaupt gar kein Künstler. »Le secret d'ennuyer est celui de tout dire«, sagte schon Voltaire.

Und bedenken Sie doch, welche Möglichkeiten sich für einen ingeniösen und temperamentvollen Dramatiker im Kino eröffnen würden, der es verstände, die unbelebte Umgebung des Menschen, also das, was man bisher ziemlich abfällig Dekoration genannt hat, entsprechend auszunutzen. Ich meine nicht bloß in dem äußerlichen Sinne, daß im Kino weniger technische Hindernisse bestehen als im Theater und daß der Kinodichter eigentlich die ganze Erdoberfläche als Bühne zur Verfügung hat, sondern noch in dem anderen Sinne, daß ein solcher Dramatiker es verstehen müßte, die stumme Außenwelt als einen wirksamen Faktor in die Handlung einzuführen und in die Schicksale der Menschen als handelnde Person mit eingreifen zu lassen, nicht als bloße Ausstattungsangelegenheit, die man auch ebensogut weglassen kann, sondern als das Gegenteil von Staffage, so zwar, daß man eher den Eindruck hätte, daß die

Menschen die Staffage, die Dekoration sind. Ansätze dazu sind schon vorhanden. Denken Sie an Richard Wagner oder an Maeterlinck; die Hauptfigur im *Tod des Tintagiles* ist ja eigentlich eine Tür. Auch bei Zola läßt sich der Versuch beobachten, tote Dinge gewissermaßen zu Romanhelden zu machen, das zeigen schon die Titel einiger seiner Werke.

Dies führt uns nun zu dem Haupteinwand, der gewöhnlich gegen das Kino erhoben wird: daß ihm nämlich die Worte fehlen und daß es daher nur ganz grobe und primitive Dinge zu schildern vermag. Aber ich glaube, wir werden heutzutage nicht mehr so geneigt sein, dem Wort eine so absolute Hegemonie einzuräumen. Man darf vielleicht eher sagen, daß Worte für uns heutzutage schon etwas Überdeutliches und dabei etwas merkwürdig Undifferenziertes haben. Das Wort verliert allmählich ein wenig an Kredit. Es vollzieht sich so etwas wie eine Art Rückbildung der Lautsprache. In dem Maße, als die Menschheit zunehmend denkfähiger und vergeistigter wird, wird alles immer mehr ins Innere verlegt. Wir reden weniger, aber nicht, weil wir die Fähigkeit, gut zu reden, eingebüßt haben, sondern weil wir weniger Reden nötig haben. Wir leben geräuschloser. Es ist wie beim Homerischen Zeus: Er bewegt die Augenlider, und es erbebt der ganze Olymp. So auch der heutige Mensch: Ein Zucken der Wimpern, ein Senken der Lider, und es bewegt sich eine ganze Welt. Auch hierfür sind schon Anfänge vorhanden. Erinnern Sie sich an Ibsens unterirdischen Dialog oder an Maeterlincks Technik des Schweigens. Die Menschen in diesen Stücken werden vom Leben gewissermaßen nur beschattet, und bei jedem dieser beiden Dichter geschieht das auf eine andere Weise. Ibsen zeigt den Schatten, den die Vergangenheit über die Menschen breitet, Maeterlinck zeigt die Schatten, die Kommendes über die Seelen wirft. Aber weder jenes Vergangene noch dieses Kommende betritt jemals die Bühne.

So könnten wir uns denn auch ganz gut vorstellen, daß Wallenstein, von einem modernen Dichter gestaltet, seinen ganzen großen Monolog schweigend spricht. Es würde genügen, wenn er etwa nur in tiefes Nachdenken versunken langsam über die Bühne ginge. Er braucht keine Jamben zu reden, die Jamben stören uns, wir wissen Bescheid. Die schönsten und tiefsten Verse können nicht annähernd das ausdrücken, was der einfachste Galeriebesucher stumm und unartikuliert empfindet.

Der menschliche Blick, die menschliche Gebärde, die ganze Körperhaltung eines Menschen vermag heutzutage bisweilen schon mehr zu sagen als die menschliche Sprache. Man darf Schweigen nicht mit Stummheit verwechseln. Das Schweigen ist nicht stumm, es ist nur eine andere und vielleicht energischere Mitteilungsform. Das zeigt sich doch schon im gewöhnlichen Leben jeden Tag. Ein Mensch, der uns auf der Straße mit den Worten begrüßt: »O, ich habe die Ehre, Ihnen ganz ergebenst guten Abend zu wünschen!« wird in uns nicht den Eindruck erwecken, daß er eine besonders große Verehrung für uns empfindet. In diesem Fall wird er sich darauf beschränken, schweigend den Hut zu ziehen. Und wenn Sie, was ich von Ihnen allen hoffen will, schon einmal richtig verliebt waren, so werden Sie sich wohl auch mehr durch Blicke als durch Worte verständigt haben.

Dadurch, daß den Sinnen weniger gegeben wird, wird

der Einbildungskraft mehr gegeben. Die Phantasien des nüchternsten beschränktesten Zuschauers sind immer noch hundertmal packender und geheimnisvoller als sämtliche gedruckten Bücher der Welt. Der echte Dichter läßt auch der Phantasie den größten Spielraum. Die bedeutendsten Dichtungen der Weltliteratur sind auch die vieldeutigsten. In jedem Leser erwächst ihnen ein neuer Versteher. Hundert Deutungen sind möglich, und alle sind richtig. Der echte Dichter sieht seinen höchsten Ehrgeiz nicht darin, selber zu dichten, sondern darin, möglichst viele andere zum Dichten zu bringen. Denn er weiß: Der wahre Dichter jedes Kunstwerks kann immer nur das Publikum selber sein.

Nun, das sind natürlich alles schreckliche Übertreibungen. Aber warum soll man nicht übertreiben? Ich glaube, man sollte allen Dingen gegenüber eine solche übertrieben wohlwollende Haltung einnehmen, das wäre vielleicht für uns sowohl wie für die Dinge das Allervorteilhafteste. Schließlich ist jedes Ding ein Symbol, das über sich hinausweist in unberechenbare Möglichkeiten.

Damit aber nur ja zwischen uns keine Meinungsverschiedenheit zurückbleibt, so möchte ich zum Schluß noch betonen: Ich bin nicht einmal gegen die jetzige, zweifellos unkünstlerische Form des Kinos, denn es erfüllt denselben Zweck wie unsere Durchschnittstheater, also jene Theater, in die das Publikum hineingeht, nur daß es diesen Zweck viel vollkommener und idealer erfüllt. Denn was will das Publikum von einem Theaterstück? Ein Theaterstück ist ein handlicher Gebrauchsgegenstand, der den Menschen dazu dient, sich einige Stunden lang auf eine bestimmte Weise zu erholen. Lyrik oder Philosophie sind für die wenigsten Menschen unentrinnbare Notwendigkeiten. Aber das Theater ist für den modernen Großstädter ein Bedürfnis genauso wie schwarzer Kaffee oder Zigarren. Die Kunst ist ein Luxusartikel, das Theater ist eine Utilität. Ein Theater ist ein Automat, in den man oben Geld hineinwirft, damit unten falsche Rührung, falsche Lustigkeit und falscher Schauder herauskommen. Ein honetter Theaterunternehmer wird daher seinem Publikum nicht Kunst bieten. Wenn er ihm Kunst bietet, so ist das direkter Betrug.

Ob also das Kino gut oder schlecht ist, es ist auf alle Fälle einem Schauspielhaus hundertmal vorzuziehen, und ich muß an dieser Ansicht unerbittlich festhalten. Es sei denn, daß eines der vielen neuen Schauspielhäuser, die uns die nächste Berliner Saison sicher wieder bringen wird, an mich die ehrende Aufforderung richten sollte, zur Eröffnung einen einleitenden Vortrag zu sprechen.

William Shakespeare

Das neue Organon, die wahre Enzyklopädie, Instauratio Magna Englands des sechzehnten Jahrhunderts war ein Mann, an dem den Mitlebenden nur denkwürdig erschienen ist, daß er einmal wegen Wilderns in Untersuchung war, eines der vielen Londoner Theater mit ziemlich gutem Geschäftserfolg leitete und in seiner Vaterstadt als leidlich begüterter Bodenspekulant starb. Bacon hat ihn in seinen Schriften nicht ein einziges Mal erwähnt, nicht einmal dort, wo er von der dramatischen Poesie redet, die er überhaupt sehr gering einschätzte: Was konnte denn auch ein so seriöser Gelehrter und vornehmer Lord, was konnte ein Zeitalter, angefüllt mit Armadasiegen, Kolonialpolitik und wissenschaftlichen Fortschritten, an derlei Komödiantenplunder Bemerkenswertes finden? Aber so machen es die Menschen immer. Sie wollen ihr Leben erhöht sehen, den Sinn der Stunde erklärt wissen, Schönheit erblicken. Sie spähen ängstlich und angestrengt, ob sich nicht am Horizont ein neues Licht zeigt. Es zeigt sich nicht. Denn am Horizont ist es nicht zu finden. Sondern es müßte mitten unter ihnen, neben ihnen, in ihnen selbst aufleuchten. Da aber suchen sie es niemals. Ein Dichter, denken sie, muß aufsteigen wie eine ferne blendende Prachtsonne, in blutigroten pompösen Farben. Es gibt aber keine »pompösen Dichter«. Die echten Dichter gehen immer inkognito umher wie die Könige in den Anekdoten. Sie sprechen mit dem Volk, das

Volk antwortet ihnen kaum und sieht an ihnen vorbei. Später kommt dann einer und erklärt den Leuten, wer das eigentlich gewesen sei. Aber inzwischen hat sich der verkleidete König längst davongemacht. Zweihundert Jahre nach Shakespeares Tode kamen einige Menschen und sagten: »Ja wißt ihr denn, wer dieser kleine Schauspieler und Schmierendirektor war? Es war William Shakespeare!« Da waren alle sehr erstaunt, aber Shakespeare hatte sich längst davongemacht.

Shakespeare hat inmitten einer Zeit des Jubels, der Weltwenden und des Glanzes ein stilles, einfaches und fast banales Leben geführt. Er begann als Inspizient und »Hausdichter«, hielt täglich seine Proben, überarbeitete Dramen, schrieb selbst ein paar eigene, grübelte über Kostümrechnungen, Kassenrapporten und Grundbüchern und erreichte erst wenige Jahre vor seinem Tode das höchste Ziel, das er seinem Leben gesetzt hatte: ein sorgenloses Dorfdasein in Stratford, ohne Schminke und ohne Manuskripte. Der Poeta laureatus des Zeitalters war Ben Jonson, ein Mann von stupender Gelehrsamkeit, die er ungemein geschickt in seine Dramen verflocht, ein geschmackvoller Mosaikmaler und scharf gliedernder Logiker, der, weil er sich an der leeren Typenkunst der römischen Dichter fleißig geschult hatte, für einen Klassiker galt und sich selber für einen Hohepriester der Kunst hielt. Es ist, so sonderbar es uns heute klingen mag, mehr als wahrscheinlich, daß die Zeitgenossen in ihm den Vertreter der hohen Richtung, den Dichter für die Unsterblichkeit erblickten und in Shakespeare den unterhaltenden und packenden Tagesschriftsteller, den Mann für die Galerie.

Die geringe oder falsche Schätzung, die Shakespeare zu seinen Lebzeiten erfahren hat, ist manchen so paradox erschienen, daß sie auf das Auskunftsmittel verfielen, seine Existenz überhaupt zu leugnen. Das ist allerdings eine sonderbare Art, den Widerspruch zu lösen. Denn wenn es schon schwer vorstellbar ist, daß diese beispiellose Schöpferkraft im Dunkel gelebt hat, so ist es völlig unvorstellbar, daß sie überhaupt nicht gelebt haben soll. Diesen Zweiflern muß man erwidern: Wer hätte denn diese sechsunddreißig Dramen, deren Gewalt und Fülle bis heute noch niemand erreicht hat, schreiben sollen, wenn nicht Shakespeare? Vielleicht hieß er nicht Shakespeare: Was kümmert uns seine Adresse! Aber vorhanden muß er doch gewesen sein. Shakespeare ist auf uns gekommen in der untrüglichsten und sichersten Form, in der der Genius sein Leben bezeugen kann: durch seine Geisteswerke. Seine Dramen sind der evidenteste Beleg für seine Existenz. So viele haben ihre Meldezettel, Geburtsatteste und Totenscheine und sind nicht gewesen, haben niemals gelebt vor dem Antlitz der Geschichte. Shakespeare ist von keinem Seelsorger, Magistratsbeamten und Bezirksarzt bescheinigt und lebt.

Und doch würden wir viel darum geben, noch heute ein wenig in der Seele dieses *myriad minded man,* wie ihn Coleridge so schön nennt, ein wenig lesen zu dürfen. Aber seine Seele schweigt in seinen Werken: Sie hat sich verflüchtigt in den tausendköpfigen farbensprühenden Zug seiner Gestalten. Viele halten den *Macbeth* für die stärkste dramatische Blase, die dieser Planet bisher ausgeworfen hat, und doch wissen wir bis zum heutigen Tage noch nicht, was Shakespeare damit beabsichtigt hat: Wollte er ein Zugstück schreiben, dessen gedrängten Schreckwirkungen das Publikum willenlos erliegen müsse, oder in einem Helden, der ganz Tat ist, ein Gegenstück zum Hamlet schaffen oder einen der schottischen Stoffe, die durch die Thronbesteigung Jakobs aktuell geworden waren, neu und effektvoll appretieren oder die letzten Weisheiten über Weltlauf und Schicksal verkünden, die sich ihm auf dem Scheitel seiner Erdenbahn enthüllt hatten? Alle diese Fragen sind ebenso viele Philistrositäten. Was bei Shakespeare zurückbleibt, selbst bei seinen primitivsten Gelegenheitslustspielen, ist immer eine große Irrationalität. Die geheimnisvolle dreifache Erscheinungsform des Genies, von der wir in der Einleitung sprachen, zeigt sich an Shakespeare in besonders suggestiver Weise. Er ist der kompletteste und intensivste Ausdruck seiner Zeit; er hat seine Zeit, obgleich sie die Quelle dieser Kraftwirkungen übersah, aufs gebieterischste und nachhaltigste influenziert; aber am stärksten ist doch der Eindruck, daß er selbst hinter allen diesen Wechselbeziehungen als unergründliche einmalige Absurdität thront. Wollte man den Versuch wagen, das Wesen dieses unfaßbaren Menschen in einem einzigen Wort auszudrücken, so könnte man vielleicht sagen: Er war der vollkommenste Schauspieler, der je gelebt hat. Er war der leidenschaftlichste und objektivste, hingegebenste und souveränste Charakterdarsteller der menschlichen Natur, aller ihrer Höhen und Niederungen, Flachheiten und Abgründe, Zartheiten und Bestialitäten, Träume, Taten und Widersprüche. Er ist der roheste Schlächter und der femininste Gefühlsmensch, der feinste Artist und der geschmackloseste Barbar, der, gleich den Edelleuten seiner Zeit, mit einer Überfülle von

Juwelen prunkt, er schreckt vor nichts zurück und bevorzugt nichts; denn alles ist ja nur eine Rolle, die möglichst glaubhaft und möglichst einprägsam vorgetäuscht werden will. Deshalb ist er auch völlig skrupellos in der Verwendung fremden Eigentums, den Begriff Plagiat kennt er nicht, er nimmt die Texte, wo er sie findet, in dem Vertrauen, daß dadurch, daß er sie aufsagt, etwas Besseres herauskommen wird, als diese Texte jemals waren. Er selbst aber erscheint nie, und wenn er eines Tages das ganze Repertoire der Menschheit heruntergespielt haben wird, dann wird er seine glitzernde Puppenbühne schließen, ins Dunkel der Nacht hinaustreten und den Blicken der Zuschauer für immer entschwinden.

Dieses Bühnengenie mußte seine Phantasiewelt, die alles enthielt, was es gibt, und daneben noch so ziemlich alles, was es nicht gibt, in einer bretternen Matrosenschenke realisieren, und, was noch merkwürdiger ist, dieser erotischste aller Dramatiker hatte ein Theater ohne Weiber. Aber das Allersonderbarste ist doch, daß in seinen Dramen, die sich ohne jede Szenerie behelfen mußten, die stumme Außenwelt auf Schritt und Tritt als ein wirksamer Faktor in die Entwicklung eingreift und die Schicksale der Menschen fast wie eine handelnde Person bestimmt. Die Lokalität ist bei Shakespeare stets so stark mitgemalt und so organisch mit den Vorgängen verknüpft wie bei keinem einzigen der modernen Dramatiker, denen alle Mittel der Illusion zu Gebote standen. Zum Beispiel die erste Szene im *Hamlet:* Hier ist die Umwelt geradezu ein Stück der Exposition. Man fühlt es: Wer diesen Schauplatz betritt, muß Hamlets Vater erblicken, aus dem Grauen und Dunkel wächst das Gespenst förmlich hervor. Oder die Nacht im *Macbeth:* Sie ist sozusagen der Hauptintrigant. Oder man denke an die sturmumbrauste Heide im *Lear,* an die aus Blumenduft, Mondschein und Nachtigallenschlag gewobene Atmosphäre in *Romeo und Julia,* an die magische Waldwelt im *Sommernachtstraum.* In eigentümlich pantheistischer Weise spielt die Natur überall mit, läßt geheimnisvoll aus ihrem Schoße Gefühle und Taten heraufsteigen.

Damit hängt es zusammen, daß Shakespeare einer der größten Dichter des Unbewußten geworden ist, der dumpfen und dunklen Triebe, die die wahren Motoren unserer Handlungen sind und sich doch unserer Lenkung fast gänzlich entziehen. Daher kommt auch die elementare Wirkung seiner Dramen, die den Charakter von Urgeschehnissen, von Naturereignissen an sich tragen, daher sein unnachahmlicher Realismus, der nicht aus den Oberflächen, sondern aus den Tiefen kommt. Daher auch seine Undeutbarkeit, die er mit dem Leben selbst teilt. Wir haben an anderer Stelle darauf hingewiesen, daß der Montaignemensch, indem er tiefer als bisher in die schwarzen Schachte der menschlichen Seele hinabgrub, notwendig zum Agnostizismus gelangen mußte: Ein ähnliches Weltgefühl macht auch Shakespeares Dramen so chaotisch. Dies erstreckt sich auch auf die äußere Form: Shakespeare ist der Dramatiker der bunten Szenenfolge, der aufgelösten Architektur; gerade dies aber macht sein Theater unsterblich. Denn das »starre System« des Klassizismus kann nur so lange leben, als die Leidenschaft für rationalistische Gliederung den Kunstsinn beherrscht, Shakespeares Bühnenform aber hat allen Zeiten etwas zu sagen, und nicht bloß allen Zeiten, sondern auch allen Ständen, Altersklassen und Bildungsgraden: Sie verhält sich zum klassischen Drama ähnlich wie die Kolportagegeschichte zum Kunstroman, die ebenfalls unsterblich ist, wenn sie auch zu allen Zeiten totgesagt wurde. Devrient nennt in seiner *Geschichte der deutschen Schauspielkunst* Shakespeares Dramen »die höchste Verherrlichung des mittelalterlichen Dramas«. Und so verhält es sich in der Tat. Dieses mittelalterliche Drama war bei aller Unbeholfenheit der Technik und Dürftigkeit der Individualisierung ein Fund und Treffer, die Entdeckung der wahren, allein lebensvollen und allein lebensberechtigten Form des Dramas. Bilderflucht und Gestaltenflucht, Mystik und Supranaturalismus sind das innerste Wesen aller Theaterkunst. Es ist ja auch der letzte große Theatermagier, den die europäische Kultur hervorgebracht hat, wiederum, wenn auch auf Umwegen, zu dieser ewigen Form zurückgekehrt; denn wenn sich Ibsen auch bisweilen der klassischen Einheit des Ortes und der Zeit bedenklich zu nähern scheint, so ist das doch nur eine optische Täuschung: Daß die Kulisse stehenbleibt, ist eine belanglose Äußerlichkeit, die Handlung selbst aber in ihrer bunten Verwickeltheit und Vielfältigkeit, in ihren tausendfachen Wechselbeziehungen, die auch Vergangenheit und Zukunft fast körperlich mitspielen lassen, ist aus einem romantischen Kunstgefühl geboren, und was den Supranaturalismus anlangt, so vermögen wir heute, aus der Entfernung eines Menschenalters sehr deutlich zu erkennen, daß sich Dichtungen wie die *Gespenster* oder *Rosmersholm* nur durch ihren modernen und daher raffinierten Apparat von Zaubermärchen unterscheiden.

Shakespeares Dramen sind wirkliche Spiele: Das macht

sie so amüsant. In ihnen ist das ganze Dasein als Traum, als Maskerade oder, bitterer ausgedrückt, als Narrenhaus konzipiert. Taten sind Tollheit: Dies ist die Kernweisheit aller seiner Dichtungen, nicht bloß des *Hamlet.* Er hat einen ganzen Kosmos von Tatmenschen, eine komplette Zoologie dieser so varietätenreichen Spezies geschaffen; aber er belächelte und verachtete sie alle. Sein ganzes Leben war dem Drama, der Darstellung von Handlungen gewidmet: Abbilder menschlicher Taten zu malen, war der Sinn seiner Erdenmission; und er selbst fand alles Handeln sinnlos. Darin, daß er sich auf diese Weise über seine eigene Tätigkeit erhob, zeigt sich seine höchste Genialität. Seine ganze Weltanschauung ist in seiner Grabschrift enthalten: »*We are such stuff as dreams are made of;* wir sind aus gleichem Stoff gemacht wie Träume.« Dies scheint mir auch der Sinn des *Hamlet* zu sein: Hamlet ist ein so intensiver Phantasiemensch, daß er alles, was erst noch geschehen soll, in seinen Träumen vorwegnimmt, durchdenkt, zu Ende denkt und schließlich zerdenkt; man kann aber eine Sache nur einmal voll erleben: in der Vorstellung oder in der Realität; Hamlet hat ohne seine Schuld und vielleicht sogar gegen seinen Willen das erstere gewählt: Er träumt die Welt so stark, daß er sie nicht mehr erleben kann.

Und was war denn dieser Shakespeare selber anderes als ein luftiges Traumgebilde oder flackerndes Lichtspiel, ein zitternder Spuk und Alpdruck, der durch die Welt fuhr, unheimlich und unwirklich, alle bunten Geschehnisse der Wirklichkeit widerspiegelnd und vorüberhuschend wie eine gigantische Sinnestäuschung? Wie ein riesiges Brillantfeuerwerk ging er nieder, den Himmel mit Flammengarben der

Leidenschaft und Leuchtkugeln des Witzes färbend und eine unendliche Schleppe von prasselndem Gelächter und glitzernden Tränen hinter sich herziehend.

Wolfgang Amadeus Mozart

Mozart lebte in Wien in ebenso dürftigen Verhältnissen wie anfangs Gluck und Haydn, refüsierte aber trotzdem die Einladung Friedrich Wilhelms des Zweiten, der ihm einen hochdotierten Kapellmeisterposten in Berlin antrug. Seine Opern brachte er fast alle in Wien zur Uraufführung, obgleich sie dort infolge kleinlichster und gehässigster Intrigen nur wenige Wiederholungen erzielten: Bei der ersten Vorstellung des *Figaro* sangen die Italiener absichtlich so schlecht, daß das Werk durchfiel, während es in Prag sogleich einen stürmischen Erfolg hatte. Die Produktion Mozarts ist in ihrer Fülle und Vielseitigkeit vielleicht das erstaunlichste Phänomen der gesamten europäischen Kunstgeschichte. Er war in allem ein Meister; Haydn, mit dem ihn eine rührende Freundschaft verband, sagte von ihm: »Wenn Mozart auch nichts anderes geschrieben hätte als seine Violinquartette und sein Requiem, würde er allein dadurch schon unsterblich geworden sein.« Sein Lebenswerk umfaßt Opern und Symphonien, Sonaten und Kantaten, geistliche und Kammermusik, im ganzen über sechshundert Stücke. Und der Extensität seines Schaffens entspricht die berückende Intensität: der Reichtum der einander jagenden und kreuzenden und doch nie störenden und verwirrenden Einfälle, so abundant und bewältigt nur noch bei Shakespeare, mit dem er auch die einzigartige Mischung von Ernst und Humor gemeinsam hat. Und dies alles hat er während eines Lebens von nicht ganz sechsunddreißig Jahren in einem beängstigend atemlosen Prestissimo aus sich herausgeschleudert, das den Eindruck erweckt, als habe er vorausempfunden, daß ihm nur wenig Zeit gegeben sei: Er erinnert hierin an Schiller und Nietzsche, die ebenfalls unter einem ungeheuern Hochdruck arbeiteten. Wir müssen nämlich von der Ansicht ausgehen, daß jeder Mensch ein spezifisches inneres Tempo besitzt, das sich für einen Geist, der diese Verhältnisse vollkommen zu überblicken vermöchte, sogar wahrscheinlich in irgendeiner Gleichung ausdrücken ließe. Es gibt offenbar eruptive Naturen, die von einer so vehementen Beschleunigung erfüllt sind, daß sie in der Hälfte der normalen Zeit die ganze Strecke ihres Lebens und Schaffens zurücklegen. Es scheint fast, daß Schiller im Fragment des *Demetrius*, Nietzsche im Fragment des *Antichrist* ihre letzten Möglichkeiten erreicht hatten, gleich einer Dampfmaschine, deren Manometer auf hundert steht. Dasselbe gilt von anderen »der Menschheit zu früh Entrissenen«: von Kleist, Novalis, Raffael, Alexander dem Großen. Die Uhr ist in psychologischen Dingen ein sehr inkompetenter Zeitmesser; das wahre Maß der Zeit ist hier die Zahl der Eindrücke und Assoziationen. Die Vorstellungsmassen können auf einen Geist in einer solchen Dichte einströmen, daß er in verhältnismäßig kurzer Zeit schon ein volles Menschenschicksal erfüllt. Eine Ahnung hiervon lebte in allen jungverstorbenen Genies: Die Dramen Kleists sind wie im Fieber geschrieben, Novalis gab in tragischer Prophetie seinem Lebenswerk den Titel *Fragmente*, Raffael malte Tag und Nacht, Alexander hat mit sinnverwirrender Impetuosität in dreizehn Jahren die Kriegs- und Friedensgeschichte einer ganzen Dynastie durchrast.

Auch bei Mozart können wir uns eine Entwicklung über *Figaro, Don Juan* und *Zauberflöte* hinaus nicht mehr vorstellen, und die bisherige Musikgeschichte gestattet sogar die Vermutung, daß sie absolute Gipfelpunkte nicht nur seiner, sondern der menschlichen Tonkunst darstellen. In diesen drei Wunderwerken vermählt sich die deutsche Innerlichkeit und Unschuld mit der silbernen Heiterkeit und träumerischen Verspieltheit des Rokoko, während in dem jüngsten von ihnen auch die Aufklärung, unendlich vertieft, ihren tönenden Mund gefunden hat. Und noch in einem zweiten Genius kulminiert die Aufklärung, der im übrigen wenig Ähnlichkeit mit Mozart besitzt; sein erstes epochemachendes Werk trat in demselben Jahre ans Licht wie Mozarts erste Oper von Säkularformat: Das Jahr 1781 erblickte die erste Aufführung des *Idomeneo* und die erste Auflage der *Kritik der reinen Vernunft*.

Johann Nestroy

In den Dreißiger- bis Sechzigerjahren lebte in Wien ein Schauspieler, der durch die hinreißende Komik seiner hageren, windschiefen Figur, seiner endlosen, schlenkernden Gliedmaßen und seiner blechern schnarrenden Zungenschnelligkeit, durch seine schlagenden und geistesgegenwärtigen Extempores und seinen zähen und drolligen Kampf mit der Zensur und schließlich auch durch eine lange Reihe glücklich zusammengestellter Gelegenheitspossen große und dauernde Popularität genoß. Dies war die eine Hälfte Johann Nestroys, seine äußere Hülle, die die Welt, und zumal die wienerische, so oft und gern für den ganzen Menschen zu nehmen und ausschließlich gelten zu lassen pflegt. Daneben aber gab es noch einen zweiten Nestroy, einen sokratischen Dialektiker und kantisch analysierenden Geist von höchster Feinheit und Schärfe, eine shakespearisch ringende Seele, die mit einer wahrhaft kosmischen Phantasie die Maßstäbe aller menschlichen Dinge verzerrte und verrückte, um sie eben dadurch erst in ihren wahren Dimensionen aufleuchten zu lassen. Dieser schöpferische Ironiker in Nestroy war, seinen Zeitgenossen völlig unbekannt, zu einem posthumen Leben verurteilt, ja er führt sogar noch bis zum heutigen Tage für die meisten ein anonymes Dasein. Daß dem so ist, kommt zunächst daher, daß der souveräne und radikale Skeptiker auf dieser Welt immer einen schweren Stand hat: Die Menschen, die sich ihre handlichen, kompakten Zusammenhänge von gestern nicht auflösen lassen wollen, empfinden ihn instinktiv als ihren Feind und vergessen nur zu gern, daß die geistige Gesundheit, die Entwicklungsfähigkeit und fortschreitende Kraft jeder Epoche von der Menge geistigen Dynamits abhängt, der ihr zur Verfügung steht. Dazu kommt aber noch als besonderer Grund, daß Nestroy in einer Stadt wirkte, die von jeher eine unglaubliche Virtuosität darin besessen hat, sich ihrer Erzieher zu entledigen und jedermann, der ihr durch Wahrheitsliebe unbequem wurde, zum Jongleur und Bajazzo zu degradieren.

Und doch muß man wieder andererseits sagen, daß wohl nur in Wien ein solcher Genius entstehen konnte, dessen Grundwesen sich vielleicht am einfachsten mit einem Wort (das aber eigentlich Hermann Bahr gehört) als barock bezeichnen läßt. Wien, das in den Tagen der Barockzeit seinen kulturellen und künstlerischen Höhepunkt erklommen hat, ist im Grunde bis zum heutigen Tage in seinen eigenartigsten und sichtbarsten, seinen reichsten und feinsten Lebensäußerungen eine Barockstadt geblieben. Das Wesen der Barocke ist, kurz gesagt, die Alleinherrschaft des rechnenden, analysierenden, organisierenden Verstandes, der das aber nicht wahrhaben will und sich daher in tausend abenteuerliche Masken und künstliche Verkleidungen flüchtet; die klare, sichtende, überschauende Intelligenz, die sich, des trockenen Tones satt, einen wilden Formen- und Farbenrausch antrinkt; Rationalismus, der sich als bunteste, vielfältigste Sinnlichkeit kostümiert. Dies ist auch das Wesen Nestroys: Er ist von einer kristallenen Nüchternheit, einer brennenden Luzidität, die die Menschen und Dinge förmlich zerleuchtet, und dabei doch voll heimlicher Sehnsucht nach all den verwirrenden, narkotischen Dingen, die das Leben erst begehrenswert und interessant machen; ein starker, wissender und weltkundiger Geist und dabei doch umwittert von dem Aroma der problematischen Natur. Und darüber hinaus hat er noch den tiefsten Sinn der Barocke ausgedrückt: jene sublime und fatale Fähigkeit, ja Nötigung, mit dem ganzen Leben zu spielen und nichts ernst zu nehmen, auch nicht das eigene Ich.

Dies alles zwingt uns, in Nestroy den größten, ja den einzigen Philosophen zu erblicken, den der deutsch-österreichische Stamm hervorgebracht hat. Daß die Literaturgeschichte weit davon entfernt ist, diese Tatsache auch nur zu ahnen, kommt daher, daß sie noch immer von Professoren geschrieben wird, diese aber, infolge ihres Berufes daran gewöhnt, zwischen »Fortschritt« und »sittlichem Betragen« einen Kausalnexus herzustellen, unmöglich einen Menschen von der Biographie Nestroys in die Selekta aufrücken lassen können und überdies dem – übrigens auch in intelligenteren Kreisen als den ihrigen verbreiteten – Irrtum huldigen, daß ein Philosoph notwendig ein sogenannter »ernster Mensch« sein müsse. Man könnte aber gerade im Gegenteil sagen, daß der Philosoph erst dort anfängt, wo der Mensch damit aufhört, sich und das Leben seriös zu nehmen; und es gibt in der Tat fast keinen großen Denker, bei dem wir diese Behauptung nicht in dieser oder jener Form lesen könnten: Sie findet sich bei Heraklit und Plato, bei Kant und Schopenhauer, bei Pascal und Nietzsche, kurz: überall.

Nestroy war ein echter Philosoph auch darin, daß er kein

System besaß. Wo er irgendeine moralische Ungleichung bemerkte, da stellte er sie ans Licht und gab sie dem Spott preis. Deshalb hat er auch niemals ein politisches Programm gehabt und galt gleichermaßen den Konservativen als bedenklicher Umstürzler wie den Liberalen als finsterer Reaktionär. Von rechts und links angefeindet zu werden, ist aber immer das Los aller echten Komödientemperamente, denen es gar nicht anders möglich ist, als alle Dinge von oben zu betrachten, von einem erhöhten Standpunkt olympischer Heiterkeit, vor dem rechts und links nur zwei Hälften und meistens zwei recht lächerliche Hälften desselben menschlichen Grundwesens sind. Nestroy war zweifellos das, was Nietzsche einen »freien Geist« genannt hat: Seine außerordentliche Witterung für alles Komplizierte, Widerspruchsvolle, Vieldeutige, sich Kreuzende und Aufhebende in der menschlichen Natur, seine seltene Gabe, gerade die halben, gemischten, gebrochenen Seelenfarben auf seine Palette zu bringen, macht ihn zum unmittelbaren Erben und Fortsetzer Lawrence Sternes, Lichtenbergs und Kierkegaards und stellt seine Bühnenpsychologie neben die moderne Chromatik eines Wilde und Shaw. Und auch darin erinnert er an die beiden Iren, daß er ganz skrupellos gerade die ordinären Sorten der Bühnenliteratur: das Kolportagedrama, das Rührstück, das Familienmelodram, den Schwank und die Posse bevorzugt, aber freilich im höchsten Maße veredelt hat, indem er ihnen seinen reifen, funkelnden, facettenreichen Geist okulierte. Er nahm eben nichts ernst, auch sein eigenes Handwerk nicht: Obgleich er natürlich das Hohle und Leere aller Theatermache vollkommen durchschaute, arbeitete er doch ganz unbefangen mit den längst hergebrachten Requisiten und uralten Versatzstükken, denen die Lustspielschreiber seit Menander und Plautus Publikumsgelächter zu entlocken pflegen; auch hat er ebenso unerschrocken gestohlen wie Shakespeare, Molière oder Sheridan. Alles Technische ist bei ihm gewollt primitiv, aber dieses grobe Gerüst dient ihm ja nur dazu, um daran die gestuftesten, menschenkundigsten Bosheiten aufzuhängen. An Shaw erinnert er übrigens auch darin, daß er ein Auflöser der Romantik war, ein unerbittlicher Unterminierer alles Pathos und Zerreißer lebensverfälschender Illusionen. Sein *Lumpazivagabundus* ist die dramatische Vernichtung der romantischen *Form,* seine späteren Werke zerstören die romantischen *Inhalte:* Eine lebensgefährlichere Parodie auf den Byronismus als der *Zerrissene* ist nie geschrieben worden; und dieser Kampf gegen die Mode der Sentimentalität war ungleich schlagender als der seines berühmten Zeitgenossen Heine, der den Romantiker, der in ihm selbst steckte, niemals ganz überwunden hat. Aber es ist eine seltsame Tragikomödie im Leben Nestroys, daß seine Generation den großen Zeitkritiker und Gesellschaftssatiriker, den sie so dringend nötig hatte, in ihm nicht erkannte und sich bloß an die »Spassetteln«, den Scherz und die Ironie, aber nicht an die tiefere Bedeutung hielt. »Soziale Lustspiele sind ein wahrer Schatz für die Bühne«, sagte Laube und beklagte, daß die deutsche Produktion auf diesem Gebiete so viel ärmer sei als die französische, ohne zu bemerken, daß dicht neben ihm ein Dichter lebte, der alljährlich mit der größten Mühelosigkeit soziale Lustspiele produzierte, die die zeitgenössischen französischen an Glanz, Kraft und Natürlichkeit ebenso weit hin-

ter sich ließen wie ein echtes Gemälde einen Dreifarben-
druck oder ein lavaspeiender Berg ein Brillantfeuerwerk.

Und über das alles hinaus hat Nestroy in seinen Lust-
spielen die ganze Luft seiner Zeit eingefangen, einer Zeit,
die in ihrer eigenartigen Poesie so nie wiederkehren wird:
Und damit hat er die höchste Aufgabe des Komödien-
schreibers erfüllt. Und wenn Goethe gesagt hat, daß Voltaire Frankreich sei, so könnte man mit ebenso großer Berechtigung behaupten, daß Nestroy Wien sei, jenes ewige
Wien, wie es war, ist und sein wird: Eine ganze Landschaft
mit dem von ihr genährten, entwickelten, zur Reife und zur
Überreife gebrachten Menschenschlag ist in ihm klingend
und leuchtend geworden. Seine Werke sind eine Art Me-
moirenliteratur, im Grunde die einzige, die es gibt. Ohne
solche Glücksfälle wüßten wir nichts von vergangenen Zeiten, wir hätten bloß fremde Hieroglyphen, die uns verwirren und enttäuschen. Nestroys Komödien sind ein unver-
gängliches Stück seelische Kostümgeschichte. Er hat die
Gestalt seiner Zeit aufbewahrt, mit allen ihren Stärken und
Gebrechen, ihren Gesundheiten und Krankheiten, ihren
ernsten und lächerlichen Falten, und da steht sie nun: kon-
serviert in Spiritus, in gutem, reinem, starkem Spiritus. [...]

Jahrzehntelang hat sich der von plumpen und stumpfen
Literaturprofessoren irregeleitete Blick des Publikums nur
an die rohen Formen gehalten, die Nestroy als täuschende
Emballage benutzte, um eine ganz verbotene Ware, nämlich
Philosophie, aufs Theater zu bringen, wie ja auch einem
ungeübten Auge die Mimikry des amerikanischen Blatt-
schmetterlings nicht sichtbar ist. Aber darin, in dieser Un-
unterscheidbarkeit, beruht ja gerade der praktische Wert der

Mimikry. Nestroys Mimikry an die Lokalposse war ein Mittel im Kampf ums Dasein, durch das er erreichte, daß seine Stücke aufgeführt, beklatscht und belobt wurden. Es wäre aber an der Zeit, heute, wo es dem Theatergeschäft Nestroys nicht mehr schaden kann, endlich zu erkennen, daß man es mit einem springlebendigen Blattschmetterling zu tun hat und nicht mit einem toten Blatt.

Richard Wagner

Der mächtigste Theatrarch, zugleich der überwältigende Zusammenfasser aller Zeittendenzen war Richard Wagner. »In der Kulturgeschichte«, sagt Bulthaupt
in seiner *Dramaturgie der Oper,* »werden das Reich und
Wagner dermaleinst so unzertrennlich sein wie die Tragödien des Äschylus und Sophokles von der Blütezeit
Athens.« Sein »Gesamtkunstwerk« will durch Zusammen-
wirken aller Künste: der Poesie, Malerei, Musik, Mimik das
wahre Drama erstehen lassen, das »Musikdrama«, dessen
beste Definition er mit den Worten gegeben hat, es bestehe
aus »ersichtlich gewordenen Taten der Musik«. Dabei liegt
der Schwerpunkt in der dramatischen Aufgabe, der die musikalische untergeordnet ist: »Der Irrtum in der Oper bestand darin, daß ein Mittel des Ausdrucks (die Musik) zum
Zwecke, der Zweck des Ausdrucks (das Drama) aber zum
Mittel gemacht wurde.« Dies bedeutete ein Zurückgreifen
auf die ehrwürdigste Theatertradition: die griechische, der
ebenfalls immer ein Gesamtkunstwerk aus Bühnenbild,
Text, Gebärde, Gesang und Tanz mit allerdings weit spar-
samerer Assistenz des Orchesters als Ideal vorgeschwebt
hatte, und zugleich einen schroffen Bruch mit der landläufigen Operntradition, die fast ausschließlich tonkünstle-
rische Rücksichten gelten ließ. Wir erinnern uns, daß schon
Gluck die Emanzipation des Textes von den verkünsteln-

den und entgeistigenden Einflüssen der Musik und die Restitution des Dramas in seine alten Rechte als eine reformatorische Hauptaufgabe betrachtete, die er nur deshalb nicht gänzlich erfüllte, weil er durch die klassizistischen Vorurteile seines Zeitalters gehemmt war; auch Schiller bewegte sich in seinen späteren Dramen ganz merklich in der Richtung aufs Gesamtkunstwerk, nur hat er niemals den Komponisten gefunden, der es verstanden hätte, seine Ensembleszenen, dramatischen Höhepunkte, lyrischen Intermezzi, Aktschlüsse, die alle nach Musik schreien, kongenial zu instrumentieren. Nicht selten hat er es direkt vorgeschrieben: der Anfang des *Tell* ist eine komplette Oper, der Krönungszug in der *Jungfrau* eine Musikeinlage, und am Schluß der Rütliszene heißt es: »Das Orchester fällt mit einem prachtvollen Schwung ein.« »Ich glaubte«, sagte Gluck in der Vorrede zur *Alceste,* »daß die Musik die Poesie auf eben diese Weise unterstützen sollte, wie die lebhaften Farben und die glückliche Übereinstimmung des Lichts und Schattens, welche die Figuren ohne Abänderung der Umrisse beleben, eine wohlgeordnete Zeichnung erheben.« Man glaubt, Winckelmann reden zu hören. Wagner hat, auf diesem Wege fortschreitend, weit mehr getan: Er hat die Zeichnung nicht bloß durch Bemalung gehoben, sondern in einen kostbaren Farbenschleier gehüllt, der in allen Lichtern des Regenbogens funkelt, und die Poesie durch die Musik nicht bloß unterstützt, sondern in einen wahren Klangrausch verzaubert und damit in Sphären emporgetragen, die dem reinen Wort nicht erreichbar sind. Dieser »Tonvorhang« ist das reichste und prachtvollste Theaterrequisit, das jemals verwendet wurde. Das Leitmotiv, eine mehr als dreihundertjährige Erfindung, deren sich auch Gluck schon mit großer Kunst bediente, hat doch erst er durch üppigen Einfallsreichtum und überlegenes Raffinement der Verwendung und wohl auch Überverwendung zur höchsten Wirksamkeit gesteigert. Mit seinem untrüglichen Flair hat er sofort den eminenten Bühnenwert dieses Ausdrucksmittels erkannt (denn nichts wirkt auf dem Theater stärker als die »bedeutsame«, symbolische Erinnerung), jedoch damit auch ein historisches, dialektisches, musikfremdes Element in die Musik gebracht. Auf ihrem Höhepunkt führt diese Technik schließlich zur »unendlichen Melodie«, von der Wagner sagt: »Wie der Besucher des Waldes, wenn er sich, überwältigt durch den allgemeinen Eindruck, zu nachhaltender Sammlung niederläßt, ... immer inniger auflauscht, so vernimmt er nun immer deutlicher die unendlich mannigfaltigen im Walde wach werdenden Stimmen ... Diese Melodie wird ewig in ihm nachklingen, aber nachträllern kann er sie nicht.«

Seine Musiktheorie hat Wagner bekanntlich von Schopenhauer übernommen: Nach diesem sind die übrigen Künste die Abbilder der Ideen, der bloßen Erscheinungen des Willens, die Offenbarungen der Musik jedoch die Abbilder des Willens selbst; daher ihre Wirkungen umfassender und tiefer, verständlicher und geheimnisvoller. Diese (vollkommen berechtigte) hohe Einschätzung seiner Kunst bestach Wagner. Er übersah jedoch, daß Schopenhauer dabei niemals an die Oper gedacht hat, diese sogar ausdrücklich von der hohen Musik abgesondert, mit der Militär- und Tanzmusik auf eine Stufe gestellt und in ihrem künstlerischen Wert mit der Nützlichkeitsarchitektur verglichen hat. Mozart und Rossini, sagt er, hätten ihren Text nicht selten mit höhnender Verachtung behandelt, was echt musikalisch gewesen sei, Gluck, der die Musik ganz zum Knechte schlechter Poesie habe machen wollen, sei einen Irrweg gewandelt. Diese Anschauung floß ganz logisch aus seiner Theorie: Gerade weil die Musik den Willen unmittelbar ausdrückt, darf sie nicht dessen Erscheinung, den Intellekt, ausdrücken wollen; was sie darstellt, sind unsere Gemütsbewegungen »gewissermaßen in abstracto«, nicht »wie sie von verschiedenartigen Motiven und Umständen begleitet, in verschiedenartigen Personen gleichsam eingekleidet und kostümiert erscheinen«. »So gewiß die Musik, weit entfernt, eine bloße Nachhilfe der Poesie zu sein, eine selbständige Kunst, ja die mächtigste unter allen ist und daher ihre Zwecke ganz aus eigenen Mitteln erreicht; so gewiß bedarf sie nicht der Worte des Gesanges oder der Handlung einer Oper. Die Musik als solche kennt allein die Töne, nicht aber die Ursachen, welche diese hervorbringen. Demnach ist für sie auch die vox humana ursprünglich und wesentlich nichts anderes als ein modifizierter Ton, eben wie der eines Instruments... Die Worte sind und bleiben für die Musik eine fremde Zugabe, von untergeordnetem Werte, da die Wirkung der Töne ungleich mächtiger, unfehlbarer und schneller ist als die der Worte.« Eine Stelle in Schopenhauers Hauptwerk lautet so, als ob sie direkt gegen Wagner gerichtet wäre, obgleich dieser bei ihrer Abfassung noch ein Kind war: Sie warnt davor, daß der Text in der Oper seine untergeordnete Stellung verlasse, »um sich zur Hauptsache und die Musik zum bloßen Mittel zu machen, als welches ein großer Mißgriff und eine arge Verkehrtheit ist... Wenn die Musik zu

sehr sich den Worten anzuschließen und nach den Begebenheiten zu modeln sucht, so ist sie bemüht, eine Sprache
zu reden, welche nicht die ihrige ist.« Doch findet sich sogleich auf der nächsten Seite eine Stelle, die die »unendliche
Melodie« vorauszuahnen scheint: »Aus diesem innigen Verhältnis, welches die Musik zum wahren Wesen aller Dinge
hat, ist auch dies zu erklären, daß wenn zu irgendeiner
Szene, Handlung, Vorgang, Umgebung eine passende Musik ertönt, diese uns den geheimsten Sinn derselben auf-
zuschließen scheint und als der richtigste und deutlichste
Kommentar dazu auftritt«; und ein Satz aus der *Metaphysik der Geschlechtsliebe* klingt fast wie eine Umschreibung
der Tristanidee: »Die Gattung allein hat unendliches Leben
und ist daher unendlicher Wünsche, unendlicher Befriedigung und unendlicher Schmerzen fähig. Diese aber sind hier
in der engen Brust eines Sterblichen eingekerkert: Kein
Wunder daher, wenn eine solche bersten zu wollen scheint
und keinen Ausdruck finden kann für die sie erfüllende
Ahndung unendlicher Wonne oder unendlichen Wehs.«
Hingegen war Wagner im Irrtum, wenn er glaubte, Schopenhauers Erlösungsgedanken dramatisiert zu haben; vielmehr erscheint dieser bei ihm, so oft und machtvoll er auch
auftritt, immer pikant erotisiert, aus dem Metaphysisch-
Kosmischen ins Empirisch-Individuelle, sozusagen Private
gezogen: die »Erlösung durch das Weib« ist ein Gedanke,
den Schopenhauer, um seine Meinung befragt, unter furchtbaren Beschimpfungen zurückgewiesen hätte.

Der gedankenreiche Kulturphilosoph Houston Stewart
Chamberlain sagt in seinem dicken Wagnerbuch, einer be-
ziehungslosen, unfruchtbaren Lobhudelei, die nur geeignet

ist, von Wagner zu entfernen (dessen Kardinaldefekt ja überhaupt immer die Wagnerianer waren): »Er war niemals nur Opernkomponist, sondern er war von Hause aus Dichter, und die naive Verwunderung darüber, daß dieser Komponist ›selber seine Texte geschrieben habe‹, würde allerdings nicht minder naiv, aber logisch besser begründet sein, wenn sich die Menschen darüber verwunderten, daß dieser Dichter selber seine Musik geschrieben hat.« Die für jedermann ganz offenkundige, nur dem Wagnerianer Chamberlain verborgene Wahrheit ist, daß Wagner weder ein Musiker war, der Gedichte, noch ein Dichter, der Musik gemacht hat, sondern ein Theatraliker, der beides gemacht hat, sooft er es brauchte. Das Gesamtkunstwerk besteht ganz einfach darin, daß alle Künste dem Theater subordiniert werden, dem Willen zur zauberischen Illusion, die die Wirklichkeit bald steigert, bald auslöscht, aber immer überwältigt, zur gemalten, aber pittoresken Vedute und arrangierten, aber effektvollen Fioritur, zum Gazeschleier der Stimmung und Kolophoniumblitz der Leidenschaft, der, gerade weil er nicht echt ist, suggestiver wirkt als der natürliche. Wagner ist immer zuerst und zutiefst Regisseur. Seine Prosa ist merkwürdig unmusikalisch; wenn er nicht Theater machen darf, bewegt er sich so plump und hilflos wie eine Schildkröte, die ihr glitzerndes flottierendes Element verlassen hat; ja sogar seine Operntexte entbehren, wenn man sie losgelöst betrachtet, was man freilich nicht darf, aber die Wagnerianer tun, in einem höheren Sinne der Musikalität, indem ihre Klangwirkungen ganz äußerlich durch Reim, Rhythmus und Alliteration erzeugt und nicht selten durch befremdende Kakophonien, gequälte Wortstellungen, holprige Satzbildungen geschädigt werden. Er hat damit selbst den Beweis für die Richtigkeit der schopenhauerischen Theorie geliefert, daß die Wortsprache eine Ausdrucksform darstellt, die gerade dem echten Musiker fremd, ja feindlich ist. Wagner scheint das, zumindest in seinen späteren Werken, dunkel gefühlt zu haben, indem er der Pantomime einen sehr breiten Platz einräumte: Sein Musikdrama ist nicht bloß Gesang und Begleitung, sondern auch Bewegung und wird dadurch erst zum wahren Gesamtkunstwerk. Schritte, Gesten, Blicke sind bei ihm nicht dem Zufall oder der Willkür überlassen, sondern durch die Musik genau bestimmt. Dies erstreckt sich sogar auf die Bewegungen der stummen Natur: Der Strom im *Rheingold,* der Wald im *Siegfried* sind beseelte Wesen, deren Lebensäußerungen das Orchester aufmerksam begleitet. Hierin zeigt sich Wagner wiederum als grandioser Regisseur. Und es ist überhaupt mehr als wahrscheinlich, daß man in ihm das größte Theatergenie aller Zeiten zu erblicken hat. Dramatische Momente wie das Erscheinen Lohengrins, die Landung Tristans in Cornwall, der zweite Aktschluß der *Meistersinger* und noch viele andere bezeichnen absolute Höhepunkte der Bühnenkunst. Weisen die Gegner darauf hin, daß der Effekt dieser Szenen hauptsächlich der Musik zu danken ist, so ist ihnen zu erwidern, daß zu jedem echten Drama die Musik als integrierender Bestandteil gehört, wie zu jeder wahren Skulptur die Farbe, und daß das reine Sprechstück ein modernes Entartungsprodukt darstellt. Wagner gibt in jedem seiner Werke theatralisch das Letzte: Unbestreitbar hat im *Rienzi* die Spontinische Spektakeloper, im *Holländer* die Marschnersche Dämonenoper, im *Tristan* die Liebesoper, in den *Meistersingern* das musikalische Lustspiel, in *Lohen-grin* und *Tannhäuser* die gesamte Romantik ihre höchste Vollendung erreicht; zumal der letztere kann ohne Über-treibung als das großartigste Bühnenwerk der Weltge-schichte angesprochen werden. Ja; Wagner hat das höchste Theater gemacht, das erdenklich ist; und es läßt sich bloß noch fragen, ob das Theater das Höchste ist.

Vielleicht konnte nur in einer Welt, die ganz Kulisse und Imitation war, ein so einzigartiges Phänomen erstehen. Und auch darin ist Wagner ein prägnanter Ausdruck seiner Zeit, daß er die Verwissenschaftlichung der Kunst auf die Spitze getrieben hat. Wenn Schopenhauer gesagt hat, daß die Mu-sik, als unmittelbare Sprache des Willens, von jedermann verstanden werde, so gilt dies von der Tondichtung Wagners nicht mehr. Damit ist eine allgemeine Tendenz der moder-nen Kultur gesteigert und übersteigert worden, die mit der Renaissance eingesetzt hat. Damals kam die Kunst der »Feinheiten« auf und als ihr Korrelat der genießerische Connaisseur, der die »Voraussetzungen« besitzt. Diese Richtung auf das Fachliche ist im Laufe der Neuzeit immer exklusiver, tyrannischer, kastenstolzer geworden; schließ-lich wurde alles eine Spezialität organisierter Könner für wissende Feinschmecker: Malerei und Poesie, Naturwissen-schaft und Gottesgelehrtheit, Politik und Strategie, sogar Handel und Verbrechen. An die höchsten Finessen des ma-thematischen Kalküls und die subtilsten Kunststücke der impressionistischen Malerei gemahnend, ist Wagners Har-monik und Chromatik mit ihren überreich schattierten und verwebten Anspielungen, Rückweisen, Vorblicken die mu-sikalische Technik, die dem Zeitalter der virtuosen Ingenieurbauten, der elektrodynamischen Wundermaschinen und der diplomatischen Integralrechnung eines Bismarck entspricht. Man kann geradezu bei ihm von einer Genealogie der Leitmotive sprechen, deren vollkommene Kenntnis ein Lebensstudium ist; aber schon die bloße Beherrschung seines mythologischen Apparats ist eine ernste Aufgabe, mindestens so mühsam wie die Erfassung des darwinistischen Deszendenzsystems, von dem er beeinflußt ist.

Wollte man aber versuchen, Wagner, natürlich nur ganz summarisch, in eine der großen historischen Kunstkategorien einzureihen, so könnte man ihn vielleicht am ehesten als einen Barockkünstler bezeichnen. Er erinnert an jene Kultur nicht nur durch den Pomp und Aplomb seiner weitausholenden überberedten Gebärden und seinen mystifikatorischen Hang zum Rebus und Zwielicht, sondern auch durch seinen sensualistischen Willen zur Spiritualität, für den der Weihrauch Opiat und die Kirche Fassade ist, und seine krampfhafte, aber gleichwohl bezaubernde Künstlichkeit, am stärksten aber durch seine raffinierte Mischung aus Erotik und Askese, Liebesinbrunst und Todessehnsucht, eine schwüle Metaphysik, die in einem gewissen (freilich nur einem allerhöchsten) Sinne widerchristlich und frivol ist. Denn man wende nicht ein, daß hier die geheime Identität der beiden Kardinalmomente des irdischen Daseins, des Zeugens und Sterbens, in erhabener Weise zum Ausdruck gelangt: Sowohl Eingang wie Ausgang des Menschen sind überzeitliche Ereignisse; seine Geburt mit dem Phänomen der Fortpflanzung verknüpfen, heißt das Geheimnis des Lebens biologisch sehen, mit einem Wort: wiederum darwinistisch.

Niemand hat an Wagner die Gebrechen und Gefahren klarer erkannt als Nietzsche, aber auch niemand so tief seine einzigartige Bedeutung und Begnadung, was sowohl die Anhänger wie die Gegner Wagners zu vergessen pflegen. Er hat auch im Lob über ihn das Stärkste, Feinste und Erleuchtendste gesagt, was je über ihn gesagt worden ist. Kein Mensch hat eine intimere, man möchte sagen: familiärere Kenntnis von der Seele dieses Genies gehabt, eine Kenntnis, wie sie, im Guten und Bösen, eben nur ganz nahe Verwandte zu besitzen vermögen. Wer außer Nietzsche hatte zum Beispiel damals schon erkannt, daß Wagner in die europäische Dekadenz gehört, »als Orpheus alles heimlichen Elends größer als irgendeiner«? Und seine kulturhistorische Bedeutung läßt sich wohl nicht kürzer und schlagender formulieren als in dem Schlußsatz des Vorworts zum *Fall Wagner:* »Wagner resümiert die Modernität. Es hilft nichts, man muß erst Wagnerianer sein...« An einer anderen Stelle sagt Nietzsche, jede wahrhaft bedeutende Musik sei Schwanengesang: Dies gilt im höchsten Maße von Wagner. Das »Musikdrama« ist der hinreißende Trauermarsch, die pompöse Leichenfeier am Grabe des neunzehnten Jahrhunderts, ja der ganzen Neuzeit.

Im übrigen hat Wagner das Schicksal aller großen Theaterdichter gehabt, das regelmäßig eine Wellenbewegung aufweist. Zuerst werden sie maßlos angefeindet und für geistesgestört, sittenlos, kunstmörderisch erklärt; hierauf folgt eine enthusiastische Anerkennung, die in ihnen den Gipfel alles bisherigen Schaffens erblickt; hierauf eine Reaktion, die, ebenso ungerecht wie die vorangegangene Überschätzung, ihre Art für überholt, leer, verlogen erklärt; und hierauf kommt es sehr oft wieder zu einer Renaissance. So wurde zum Beispiel Euripides von seinen Zeitgenossen als ein Niedergangsphänomen angesehen; in der hellenistischen Zeit genoß er jedoch ein solches Ansehen, daß neben ihm überhaupt kein Dramatiker auch nur genannt werden konnte und alle Gattungen, sowohl die tragischen wie die komischen, sich ausschließlich an ihm orientierten. Dem Zeitalter des Klassizismus erschien es wiederum als Blasphemie, ihn mit Äschylus und Sophokles zusammenzustellen: Noch Mommsen schätzt ihn ziemlich niedrig ein; seit aber Dialektik, Ironie und komplexe Psychologie sich die Bühne zu erobern beginnen, ist sein Ruhm ganz offensichtlich wieder im Steigen begriffen. Shakespeare, zu seinen Lebzeiten als eminentes Theatertalent, wenn auch vielleicht nicht als großer Dichter geschätzt, verfiel während der zweiten Hälfte des siebzehnten und der ersten Hälfte des achtzehnten Jahrhunderts der tiefsten Verachtung, um seitdem gänzlich unbestritten als der größte Dramatiker der Welt zu gelten. Schiller war von etwa 1830 bis 1890 das selbstverständliche Vorbild, an dem jede deutsche Theaterdichtung von höherem Stil gemessen wurde; alle namhaften Theaterschriftsteller, die sich damals der Versform bedienten: Gutzkow und Laube, Hebbel und Ludwig, Halm und Wildenbruch kommen von ihm her. Mit dem Naturalismus aber setzte fast über Nacht eine ausschweifende Geringschätzung, ja Verhöhnung Schillers ein: Sein Name wurde beinahe zum Schimpfwort. Der Expressionismus ist aber wieder zu ihm zurückgekehrt. Von Ibsen, der ursprünglich für eine Kreuzung aus einem Schurken und einem Irren galt, hat um die Jahrhundertwende kein Voll-

sinniger geleugnet, daß er eine der gewaltigsten Erscheinungen der Weltliteratur sei, während die heutige Jugend in
ihm eine spinöse alte Tante erblickt. Die Kurve Wagners,
der sowohl mit Schiller wie mit Ibsen eine Verwandtschaft
besaß (mit dem letzteren eine mehr unterirdische), hat ihren
Höhepunkt erreicht, als Schiller noch regierte und Ibsen
erst heraufdämmerte, und stieg abwärts, als Schiller wieder
emporkam und Ibsen zu verblassen begann: Sie hat sich
also paradoxerweise gehoben, weil die Schillerwelt noch
herrschte und die Ibsenwelt noch nicht, und gesenkt, weil
Schiller wieder da war und Ibsen nicht mehr. Die Erklärung
liegt vielleicht darin, daß Schiller ein höchst pathetischer,
aber ganz unbürgerlicher Dichter, Ibsen ein ganz unpathe-
tischer, aber sehr bürgerlicher Dichter war. So mußte es geschehen, daß der pathetische Wagner im Zeichen Schillers
und vor dem Regierungsantritt des Pathoszermalmers Ibsen emporstieg, hingegen mit Ibsen, aber nicht mit Schiller
in den Sturz des bürgerlichen Weltbilds gerissen wurde, das
im Hintergrund aller seiner Dichtungen steht. Es kann aber,
wie auch bei Ibsen, keinem Zweifel unterliegen, daß er eines
Tages wieder zur Macht gelangen wird, wenn auch aus ganz
anderen Gründen und von ganz anderen seelischen Voraussetzungen her; denn die wenigen echten Theatergenies, die
die Menschheit besitzt, sind nicht umzubringen.

Henrik Ibsen

In den *Kronprätendenten* sagt der Skalde Jatgejr: »Kein Lied wird bei hellem Taglicht geboren.« Von dieser Art waren die Lieder des Skalden Henrik Ibsen: geboren im Lande der Mitternachtssonne, seltsam klar und düster, beschattet vom Gestern, erhellt vom Morgen, in doppelsinniges Zwielicht getaucht, dämmerig zwischen den Zeiten webend. So steht die Gestalt Ibsens vor dem staunenden Gedächtnis der Nachwelt: als die finstere Flamme des Nordens, der geheimnisvolle Sänger aus Thule.

Will man Ibsen katalogisieren, so muß man ihn zweifellos in die Familie der Klassiker einreihen. Unter einem Klassiker ist nicht ein Dichter zu verstehen, der in bestimmten Formen schafft, zum Beispiel in Versfüßen, oder bestimmte Stoffe bevorzugt, zum Beispiel tragische oder antike; sondern jeder Dichter, dessen Werke nicht bloß Produkte der Vitalität, des Erlebens und Erleidens, sondern auch der Rationalität, der planvollen Berechnung und edeln Besonnenheit sind, jeder Dichter, in dem Leidenschaft sich zur Wissenschaft geläutert hat, ist ein Klassiker. Solche klassische Werke sind alle uns bekannten griechischen Trauerspiele: Schöpfungen des gereiftesten Kunstverstandes, sorgsam in allen Teilen durchkomponiert und abgewogen wie ein alter Tempel oder Altarschrein, vermöge der reichsten und sichersten Kenntnis des Handwerks, des Materials, der Gesetze und Proportionen; solche Werke sind die Dramen Goethes und Schillers, Corneilles und Racines, in denen alles sich gegenseitig hebt, verdeutlicht, beschattet und beleuchtet, bis für jede Einzelheit eine vollendete Bühnenperspektive entsteht, und die Dialoge Lessings und Molières mit ihrer leichten und lichten, gegliederten und geschlossenen Architektur. Der letzte Klassiker dieser Art war Henrik Ibsen; der vollendetste, weil er der komplizierteste war. Von ihm gilt in noch höherem Maße, was Goethe von Shakespeare gesagt hat: »Seine Menschen sind wie Uhren mit Zifferblatt und Gehäuse von Kristall; sie zeigen nach ihrer Bestimmung den Lauf der Stunde an; und man kann zugleich das Räder- und Federwerk erkennen, das sie treibt.« Ja; Ibsen sah durch die Menschen hindurch, als ob sie transparent wären, erkannte das verborgene Gerüst, das unsere Welt trägt, das stille Herz, das in ihr unermüdlich schlägt; sein Auge sandte geheimnisvolle X-Strahlen durch das dunkle Erdengeschehen.

Ibsen bezeichnet den Zenit des bürgerlichen Realismus: Seine Psychologie und Technik entspricht der Theaterform, die, gleichzeitig mit der Bourgeoisie zur Herrschaft gelangt, durch den völlig verdunkelten Zuschauerraum, die scharf isolierte, grell beleuchtete Bühne, den Plafond, das »praktikable« Möbel und drei geschlossene Wände gekennzeichnet ist. An anderer Stelle wurde der technische Unterschied zwischen Goethe und Schiller dahin charakterisiert, daß dieser bühnenpsychologisch mit nur drei Wänden und gemalten Türen, jener aber mit der vollen Wirklichkeit, nämlich vier Wänden und richtigen Türen, operiert hat, wodurch aber, infolge einer Überdimensionalität, die Bühnenwirkung nicht gesteigert, sondern beeinträchtigt wurde. Genauer müßten wir jetzt noch, indem wir Ibsen auf seine dramatische Kapazität prüfen, dessen Unterschied von Schiller dahin präzisieren, daß beide eminente Theatraliker waren, aber Schiller der Theatraliker der Soffitte, der Kulisse und der ausgeschnittenen Tür, Ibsen der Bühnenmeister der festen Decke, der »gebauten« Wand und der massiven Tür, die aber doch eine gestellte Phantasietür ist. Es ist, mit einem Wort, der höchste erreichbare Theaterrealismus.

Diesem unverbrüchlichen und oft sogar ungewollten Realismus gegenüber wirken alle Diskussionen rationalistischer Psychologen höchst deplaciert, sowohl die skeptischen, die mißtrauisch untersuchen, ob auch »alles stimmt«, wie die bejahenden, die begeistert besondere »Feinheiten« konstatieren. Beide Standpunkte beruhen auf einer völligen Verkennung des poetischen Schöpfungsakts. Von den Produkten der Kunst gilt ganz ebenso wie von denen der Natur der aristotelische Satz, daß das Ganze früher da ist als die Teile. Der Grieche war aufs tiefste davon überzeugt, daß die »Idee«, die »Form«, der »Begriff« (diese drei Vorstellungen bedeuteten für ihn auf geheimnisvolle Weise dasselbe) das Primäre sei, die »Wirklichkeit«, die »Materie«, das »Einzelne« nur die Folge davon. Nicht anders verhält es sich beim Künstler: Das Erste, Ursprüngliche und Zeugende ist die »Gestalt«, aus ihr fließen mit unfehlbarer, von ihm unabhängiger Notwendigkeit alle »Züge« und »Handlungen«; sie ist ein Organismus und entwickelt sich daher nicht nach einer mechanischen Kausalität, die von außen lenkbar wäre, sondern nach der »vitalen«, die ihr Gesetz in sich selbst trägt. Infolgedessen muß alles »stimmen« und alles in gleich hohem Maße; und infolgedessen ist alle psychologische Kritik an Kunstwerken nicht etwa »respektlos«, sondern sinnlos, als ein Ausfluß völliger Ignoranz in ästhetischen Dingen. Nicht weniger banausisch aber ist das bewundernde Hinweisen auf »geniale Einzelheiten«, weil in einer echten Dichtung alle Einzelheiten genial sind und keine genialer als die andere. Alle sind genial, weil alle natürlich sind. Alle sind natürlich, weil alle göttlich sind. Lobende oder einschränkende Urteile sind hier ebenso albern wie die ergötzlichen Schöpfungskritiken der Barockdichter, die den Tieren und Pflanzen Zensuren erteilten, zum Beispiel der Raupe wegen ihrer widrigen Erscheinung ernste Mißbilligung aussprachen, hingegen ihrer Metamorphose zum hübschen Schmetterling rückhaltlose Anerkennung zollten.

Es gibt im Leben jedes Menschen zwei Zustände, in denen er ein vollendeter Dichter ist: Traum und Kindheit. Kinder haben niemals schiefe, verengte, leblose Bilder vom Dasein; das glauben bloß die Erwachsenen. Im Traum ist jedermann ein Shakespeare. Leider verlieren die meisten Menschen im wachen und erwachsenen Stadium diese ihnen offenbar angeborene und völlig organische Gestaltungskraft und werden schrecklich talentlos, indem ihr Verstand, dieser feige und impotente Besserwisser, sich überall einmischt. Nur der Künstler, das ewig träumende Kind, bewahrt sich diese Gabe. Und daher ist eine »verzeichnete Dichtung« eine ebensolche Unmöglichkeit wie ein »falscher Traum«. Hingegen sind, ganz wie bei den Erscheinungen des Lebens, Sympathie- und Antipathieurteile ohne weiteres zulässig. Auch hier können uns die Kinder als Lehrer der Ästhetik dienen. Sie hassen den Wolf und die Spinne: in der Natur, in Menschengestalt und in der Dichtung. Und ebenso ist es durchaus denkbar, daß gewisse Dichtungen als »böse« empfunden werden, indem deren Welt von uns verneint wird, womit aber keineswegs ausgedrückt werden soll, daß sie unrichtig sei. Eine Welt kann niemals unrichtig sein.

Gegen diese Theorie, daß alle Figuren und Vorgänge eines Dramas (um zunächst nur bei dieser Kunstform zu bleiben) gleich vollkommen seien, spricht jedoch dreierlei: daß es tatsächlich völlig mißlungene Theaterstücke gibt, daß auch die geglückten von sehr verschiedenem Wert sind und daß selbst die höchsten unter ihnen Nieten enthalten. Diese Einwände beantworten sich jedoch auf sehr einfache Weise. Die »mißlungenen« Theaterstücke sind nämlich überhaupt keine Dichtungen, sondern von diesen ebenso generell verschieden wie eine Gliederpuppe von einem Menschen. Es gibt sehr rohe Puppen und sehr kunstvolle; gemeinsam ist ihnen allen aber, daß sie mechanische Produkte sind. Wodurch erkennt man nun, daß sie es sind? Durch das »Gefühl«, dasselbe Gefühl, das uns noch nie eine Auslagenfigur mit einem Ladenbesucher, ein Panorama mit einer Landschaft hat verwechseln lassen und das untrüglich in jedem Menschen lebt; bloß in den sogenannten »Theaterfachleuten« sehr oft nicht: Diese haben nämlich durch das fortwährende Leben im Panoptikum die normale Unterscheidungsfähigkeit eingebüßt. Dies führt uns zu der Erklärung der »Nieten«. Sie stammen nämlich ausnahmslos nicht vom Dichter, sondern von den »Verbesserern«: den Intendanten, Dramaturgen, Regisseuren, Schauspielern, die angeblich den »Notwendigkeiten des Theaters« Rechnung tragen, in Wahrheit den Bedürfnissen ihrer eigenen Kunstfeindlichkeit und eines fiktiven, von ihnen für dumm gehaltenen Publikums. Durch die Jahrhunderte klingt die Klage der Verleger, Zeitungsherausgeber, Konzertagenten, Bühnenleiter: Man dürfe dem Publikum nun einmal nichts Neues, nichts Tiefes, nichts Ernstes vorsetzen, sein Geschmack sei immer nur auf platte Unterhaltung, auf Kitsch und Konvention gerichtet. Das ist aber ganz einfach eine Umkehrung des wahren Sachverhalts: Die rückständigen, ordinären und oberflächlichen Elemente sind die Fachleute. Das Publikum ist nichts als ein aufgesperrtes Riesenmaul, das alles in sich hineinschlingt, was man ihm vorsetzt. Daß es aber lieber Gutes verschlingt als Schlechtes, steht außer allem Zweifel. Das erweist sich sofort ganz unzweideutig, wenn man den Blick auf größere Zeiträume ausdehnt. Woher kommt es, daß von all den Moderomanen und Theaterschlagern, die seinerzeit so gierig konsumiert wurden, heute nur noch ein paar Seminaristen etwas zu erzählen wissen? Warum leben die erfolgreichen Gassenhauer und Schmachtfetzen zwar in aller Munde, aber immer nur eine Saison lang? Und umgekehrt: Gibt es eine einzige Zelebrität, die mehr als hundert Jahre alt ist und nicht verdiente, eine Zelebrität zu sein? Sind Homer und Dante denn nicht wirklich die größten Epiker, Plato und Kant die größten Philosophen? Und wenn man eine Theaterstatistik der letzten hundert Jahre aufstellen wollte, so würde sich als meistgespielter Dramatiker ganz bestimmt Shakespeare herausstellen. Wer hat also diesen Männern den ihnen gebührenden Platz mit so untrüglich sicherem Urteil angewiesen? Etwa die Literaturprofessoren? Die nehmen ein Genie doch erst ernst, wenn es schon der letzte Postbeamte verdaut hat. Niemand anders als das Publikum trifft diese kunstsinnigen und verständnisvollen Entscheidungen; man muß ihm nur ein wenig Zeit lassen. Wird ihm von der niedrigen Gesinnung der sogenannten kompetenten Faktoren minderwertige Nahrung geboten, so akzeptiert es auch diese, aber nur weil es keine bessere bekommt; und früher oder später wird es von seinem Instinkt, trotz aller Hemmungen, die ihm die leitenden Kreise bereiten, doch an die richtige Quelle geführt werden. Es gibt Protisten, die sich zu »Zellvereinen« oder »Zellkolonien« zusammentun: Diese Tierchen besitzen dann zwei Seelen, nämlich eine Individualseele und eine sogenannte Zönobialseele, die sich als Gemeingefühl des ganzen Zellenstocks äußert; ähnlich ergeht es dem Menschen als Publikum: Zu seiner Individualseele bekommt er eine zweite hinzu: die Publikumsseele, in der der weise Wille der Gattung regiert. Und wenn Chamfort die Frage gestellt hat: Wieviel Dummköpfe müssen denn zusammenkommen, damit ein Publikum entsteht?, so ließe sie sich vielleicht dahin beantworten, daß man natürlich nur von Fall zu Fall entscheiden kann, wie viele es sein müssen, daß aber jedesmal, wenn genug von ihnen beisammen sind, etwas entsteht, das viel gescheiter ist als sie.

Was nun noch die unbezweifelbare Hierarchie der dramatischen Dichtungen anlangt, so bedeutet auch sie keine Widerlegung der Ansicht, daß ihnen allen unanfechtbarer Wirklichkeitswert zukomme; denn eine Rangordnung gibt es ja auch in der Wirklichkeit und unter den lebenden Menschen. Wodurch bestimmt sich nun deren verschiedener

Wert? Ich glaube: eben durch ihren Gehalt an Realität. Wenn wir zum Beispiel Bismarck mit Bethmann-Hollweg oder Goethe mit Gottsched vergleichen, so müßten wir, wenn wir den Unterschied auf die kürzeste Formel bringen wollten, ganz einfach sagen, daß Goethe und Bismarck die realeren Persönlichkeiten waren. Deshalb hat Nietzsche Napoleon das *ens realissimum* genannt. Ganz ähnlich ergeht es uns im täglichen Leben. Gewisse Menschen erscheinen uns massiver, beglaubigter, lebender als andere, weil sie einen größeren Bruchteil der Welt spiegeln, sozusagen einen stärkeren Tonnengehalt besitzen. Aber »psychologisch richtig« sind alle.

Für die Tatsache, daß es einem echten Dichter gar nicht möglich ist, eine Figur zu verzeichnen, auch wenn er den besten Willen dazu hat, möchte ich nur ein einziges Beispiel anführen. Alfred Loth in *Vor Sonnenaufgang* ist zweifellos als eine Art Sprachrohr des Dichters gedacht, als der Held des Stücks, der recht behalten soll, mit dem sich Hauptmann geradezu identifiziert. In Wirklichkeit ist er aber ein dürrer und engherziger Prinzipienreiter, der durchaus nicht Anspruch auf unsere ungeteilte Sympathie hat. Im zweiten Akt sagt er zu Helene Krause über *Werther,* das sei ein dummes Buch, ein Buch für Schwächlinge. Als Helene ihn fragt, ob er ihr etwas Besseres empfehlen könne, erwiderte er: »Le… lesen Sie… noa!… kennen Sie den *Kampf um Rom* von Dahn? Es malt die Menschen nicht, wie sie sind, sondern wie sie einmal werden sollen. Es wirkt vorbildlich.« Und als ihn Helene daraufhin fragt, ob Zola und Ibsen große Dichter seien, antwortet er: »Es sind gar keine Dichter, sondern notwendige Übel, Fräulein. Ich bin ehrlich durstig und verlange von der Dichtkunst einen klaren, erfrischenden Trunk. Ich bin nicht krank. Was Zola und Ibsen bieten, ist Medizin.« Hier spricht plötzlich nicht mehr die Seele des Dichters, sondern ein aufgeblasener grobdrähtiger Schulmeister. Daß der *Kampf um Rom* dem *Werther* vorzuziehen sei, kann niemals Hauptmanns Ansicht gewesen sein. Was war geschehen? Die Figur hatte sich einfach selbständig gemacht.

Vergleicht man aber nun parallele Gestalten Hauptmanns und Ibsens, so bemerkt man, daß die letzteren mehr Realitätsgehalt besitzen; sie verhalten sich zu jenen wie Rundplastiken zu Reliefs. Gregers Werle und Relling stehen genau so in der *Wildente* wie Loth und Doktor Schimmelpfennig in *Vor Sonnenaufgang.* Aber Schimmelpfennig ist nur ein Profil und eine Diagnose: Wir erfahren von ihm bloß, daß er ein skeptischer Landarzt ist und daß die Familie Helenens an Trunksucht leidet. In Relling hingegen ist ein ganzes widerspruchsvolles Menschenschicksal gestaltet und zugleich eine ganze Lebensphilosophie, die denselben Titel führen könnte wie vier der nachgelassenen Abhandlungen Nietzsches: *Über Wahrheit und Lüge im außermoralischen Sinne.* Und in Gregers Werle vollzieht sich die ganze Leidensgeschichte des tragikomischen Menschheitsapostels, der, umgekehrt wie Mephisto, stets das Gute will und stets das Böse schafft. Oder man vergleiche die Behandlung des Vererbungsproblems in *Vor Sonnenaufgang* und den *Gespenstern:* Dort ist es die Angelegenheit eines ärztlichen Pareres und eines monistischen Dogmas, hier der Kreuzungspunkt aller moralischen und sozialen Fragen der Gegenwart; dort wird es auf die denkbar primitivste Weise,

hier überhaupt nicht gelöst. Das ist das Verhältnis des Ein-
maleins zur Wahrscheinlichkeitsrechnung des Infinitesi-
malkalküls.

Dies ist überhaupt das Unvergänglichste an Ibsens Dramatik, worin er nur bisweilen von Shakespeare erreicht
wird: daß es ihm gelingt, die Vieldeutigkeit und Abgrün-
digkeit des Lebens zu wiederholen. Man hat von seinen
Menschen den Eindruck, daß sie eigentlich nur bei ihm zu
Besuch sind. Sie kommen von irgendwo draußen, gehen
eine Zeitlang im Stück herum und begeben sich dann wieder nach draußen. Sie waren auf der Welt, ehe das Stück
anfing, und leben weiter, wenn das Stück aus ist. Auch hat
man die Möglichkeit, die Bekanntschaft mit ihnen durch
öfteres Beisammensein intimer zu gestalten, ganz wie das
bei wirklichen Menschen der Fall ist. Ganz auskennen wird
man sie aber niemals. So sind zum Beispiel zwei so sachliche und gründliche Kenner Ibsens wie Paul Schlenther und
Roman Woerner über die Abstammung der Hedwig Ekdal
ganz verschiedener Ansicht; jener hält es für ausgemacht,
daß sie die Tochter des alten Werle, dieser, daß Hjalmar ihr
Vater ist. Die erstere Auffassung, die sich auf die Vermutung stützt, daß die Augenkrankheit Werles auf Hedwig
vererbt sei, ist die allgemein verbreitete; für die letztere läßt
sich ihr Zeichentalent anführen und die Tatsache, daß auch
die Mutter Hjalmars augenleidend war; nach der allerneue-
sten Psychologie müßte man auch darauf hinweisen, daß
Hedwig in Hjalmar verliebt ist, also offenbar einen »Vater-
komplex« hat; aber man kann auch ebensogut annehmen,
daß sie sich in Hjalmar einen »Vaterersatz« geschaffen hat.
Derlei Kontroversen wären aber ganz nach dem Geschmack

des Dichters; denn er will ja gar keine Klarheit, sondern das Leben. Als er einmal gefragt wurde, ob Engstrand das Asyl angezündet habe, erwiderte er: »Zuzutrauen wär's dem Kerl schon!«

Es ist sogar dem Realismus Ibsens einmal das Unerhörte gelungen, glaubwürdig ein obskures Genie zu schildern. Gewöhnlich sind Tragödien, die sich um ein Manuskript drehen, der Gefahr der Lächerlichkeit ausgesetzt; und überhaupt sind Schriftsteller als dramatische Helden meist undankbare Aufgaben. Für Goethes Tasso ist es, wie schon einmal hervorgehoben wurde, ganz unwesentlich, daß er das *Befreite Jerusalem* geschrieben hat, und Laubes Schiller müssen wir die *Räuber* einfach kreditieren. In *Hedda Gabler* aber sind wir aufs tiefste überzeugt, daß wirklich ein unersetzlicher literarischer Wert verbrannt wird, während wir, um wiederum Hauptmann zum Vergleich heranzuziehen, bei der Arbeit Johannes Vockeradts durchaus nicht an eine überragende Leistung glauben. Ibsen hat aber etwas noch Größeres und Unbegreiflicheres geschaffen: die platonische Idee des Durchschnittsmenschen in Hjalmar Ekdal.

Die Natur, in gewisser Hinsicht äußerst verschwenderisch, ist doch wiederum in anderer Hinsicht ungemein sparsam. Sie streut Tausende von Formen aus, gelangt zu den bizarrsten Bildungen, kann sich gar nicht genug tun in immer neuen Abwandlungen, so daß es bisweilen scheint, als herrsche in ihr derselbe unersättliche Spieltrieb, der den Künstler zu einem so ruhelosen Wesen macht; aber sieht man näher zu, so erkennt man, daß sie bei alledem immer nur einige wenige einfache Gedanken verwirklicht. So geht zum Beispiel durch die fast unübersehbare Fülle von Gestalten, die wir unter dem Namen der Säugetiere zusammenfassen, ein einziges sehr leicht übersehbares Bildungsgesetz, sie sind alle nach demselben einförmigen Bauplan geschaffen: Immer wird der Hals aus sieben Wirbeln gebildet, ob es sich um einen Maulwurf oder eine Giraffe handelt, immer besteht das Herz aus zwei Kammern und zwei Vorkammern, beim Elefanten wie beim Eichhörnchen. Und ganz ebenso ist die Natur beim Menschen verfahren. Denn obwohl es nicht zwei menschliche Seelen gibt, die einander völlig gleichen, so kehren doch in dem ungeheuern und vielfach gestuften Geisterreich dieselben Typen immer wieder. Es gibt im Grunde nur drei: den Idealisten, den Realisten und den Skeptiker.

Die drei größten Dichter der germanischen Rasse haben diese drei Kristallisationsformen der menschlichen Seele in drei leuchtenden Gestalten verkörpert. Shakespeare schuf die Figur des Skeptikers in Hamlet, Goethe die Figur des Idealisten in Faust und Ibsen die Figur des Realisten in Hjalmar. Hamlet ist ein Aristokrat der elisabethanischen Renaissance, jene merkwürdige Kreuzung aus Bigotterie und Freidenkertum, die damals emporkam: Er glaubt zwar noch an Gespenster, aber er hat auch schon Montaigne gelesen. Indes ist er doch auch unendlich viel mehr; er ist einfach der Mensch, der zuviel weiß, um noch handeln zu können, sagen wir rundheraus: der Kulturmensch. Er könnte auch heute auf der Straße spazierengehen: in Paris, in Berlin, in London und im Garten des Epikur und in den amerikanischen Wäldern Thoreaus und zu jeder Zeit, die reif genug ist, um Menschen hervorzubringen, die der Welt des Irrsinns und Verbrechens, in der sie leben, müde und

183

überlegen ins Auge blicken. Hebbel hat die Fausttragödie das vollkommenste Gemälde des Mittelalters genannt, was zweifellos richtig ist; aber sie ist auch das vollkommenste Gemälde des achtzehnten Jahrhunderts und das vollkommenste Gemälde des neunzehnten. Faust ist Abälardus und Thomas Aquinas, aber auch Fichte und Nietzsche, sagen wir kurz: das Genie. Und sein Gegenspieler Hjalmar besitzt die überhaupt vollkommenste Ubiquität, die sich denken läßt. Er ist der Mensch, der mit der gegebenen Wirklichkeit kreuzzufrieden ist, nie verlegen um eine schmackhafte Auslegung peinlicher Sachen, Virtuose im Vorbeisehen an strapaziösen Verantwortungen und stets darauf bedacht, sich das Leben mit billiger Poesie zu verhängen wie mit einer Art lichtdämpfender Glasmalerei, mit einem Wort: der Philister. Können wir uns denken, daß er in irgendeiner Sphäre der menschlichen Kultur nicht bestanden, ja daß er nicht zu allen Zeiten den Grundstock der Menschheit gebildet hat? Er ist die fleischgewordene Gewöhnlichkeit, aber der Dichter zeigt seine Unvergänglichkeit.

Dies sind die drei Typen der Menschheit. Oder vielmehr: Es sind die drei Seelen, die in jedem Menschen wohnen, ihn aufbauen und sich in ewigem Kampf und Gleichgewicht befinden. Wer hätte nicht schon gesagt: »Aber wozu eigentlich? Wir sind ein Narrenhaus. Warum sich hineinmischen? Alles das hat ja gar keinen Sinn.« In diesem Augenblick war er Hamlet. Wer hätte nicht schon gesagt: »Alles ganz schön. Aber jetzt möchte ich ein Butterbrot und eine Flasche Bier.« In diesem Augenblick war es Hjalmar. Und wer hätte nicht trotzdem immer wieder empfunden: »Einerlei. Wir müssen weiter, hinauf! Dazu sind wir auf der Welt.« In diesem

Augenblick war er Faust. Was ist nun der wahre Sinn des Lebens: die reife Skepsis, das ewige Streben oder das Butterbrot? Der Dichter antwortet: »Wir sind Menschen. Wir müssen zweifeln. Wir müssen streben. Wir müssen Bier trinken.«

Nichts hat, merkwürdigerweise, die Norweger so erbittert wie die Tatsache, daß der größte Gestalter des scheidenden Jahrhunderts ein Norweger war: Schon sein Debüt auf dem Theater erregte die heimische Entrüstung, die sich von Drama zu Drama steigerte; der *Bund der Jugend* konnte bei der Uraufführung in Christiania kaum zu Ende gespielt werden; die Haltung, die die »kompakte Majorität« gegen die *Gespenster* einnahm, gab Ibsen die Idee zum *Volksfeind.* Der Dichter verließ das undankbare Vaterland und wurde in Rom und München Kosmopolit. Aber nun ereignete sich etwas, das man die Rache Norwegens nennen könnte. Alle modernen Dramen Ibsens spielen nämlich in Norwegen, nicht bloß äußerlich, was ganz gleichgültig wäre, sondern auch innerlich: Das Nora-, das Alving-, das Stockmann-, das Hedda-Problem ist nur in dieser Europaferne und Halbinselenge, diesen verhängten Himmelsgegenden und verlegten Meerbuchten, dieser verschnörkelten Duodez- und Winkelwelt möglich. Nicht als ob diese Konflikte: Weib und Ehe, Individuum und Masse, Genie und Welt nicht allgemein menschliche wären, aber sie würden sich in Paris in anderer Färbung und Perspektivik, unter anderen Atmosphärilien abspielen. Und daher ist paradoxerweise Sardou bei aller Oberflächlichkeit seiner Menschenbelichtung, Billigkeit seiner Philosophie, Brutalität seiner Lösungen, Rückständigkeit seiner Mechanik der europäischere Dramatiker.

Es ist sehr oft auf gewisse Zusammenhänge zwischen Ibsen und der französischen Sittenkomödie hingewiesen worden. Daran ist so viel wahr, daß Ibsen in der Tat deren Technik, als die für die bürgerliche Guckkastenbühne gegebene, unentbehrliche und einzig mögliche, übernommen und aufs höchste vergeistigt hat. Alle stehenden Figuren des Pariser Gesellschaftsdramas kommen, durch meisterhafte Charaktermasken gehoben, bei ihm wieder zum Vorschein: der Räsoneur (Lundestad, Relling, Brack, Mortensgard), der falsche Biedermann (Stensgaard, Bernick, Peter Stockmann, Werle), der *confident* (Doktor Herdal, Foldal), der edle *déraciné* (Brendel, Lövborg), die *mangeuse d'homme* (Hedda, Rita), die geläuterte Gefallene (Rebekka), die *incomprise* (Ellida, Nora), die *ingénue* (Hilde Wangel). Ferner gibt es bei ihm auch die Technik der Entlarvung: im *Bund der Jugend* und in den *Stützen der Gesellschaft* noch ganz deutlich, in *Puppenheim, Volksfeind,* den *Gespenstern* und der *Wildente* verdeckter. Ja sogar die von den Franzosen erfundene »Technik der Metapher« hat er akzeptiert, wobei man aber am deutlichsten sehen kann, um wie viele Stufen er sich über seine Vorbilder erhoben hat. Diese besteht darin, daß irgendein Gleichnis, Bild oder Aperçu in das Zentrum der Handlung und zumeist auch in den Titel gesetzt wird. Das klassische Beispiel hierfür ist *Demimonde.* Dort sagt der Räsonneur plötzlich: »Lieben Sie Pfirsiche? Also: Sie gehen zu einem Obsthändler und verlangen seine beste Sorte. Er wird Ihnen einen Korb mit wundervollen Früchten bringen, die durch Blätter getrennt sind, damit sie einander nicht durch die Berührung verderben: Sie kosten, sagen wir, zwanzig Sous das Stück. Sie blicken um sich und bemerken bestimmt in der Nähe einen zweiten Korb mit Pfirsichen, die, von den anderen kaum zu unterscheiden, bloß enger aneinandergepreßt sind. Sie erkundigen sich nach dem Preis: fünfzehn Sous. Sie fragen natürlich, warum diese Pfirsiche, ebenso schön, ebenso groß, ebenso reif, ebenso appetitreizend, weniger kosten als die anderen? Darauf wird Ihnen der Verkäufer einen ganz kleinen schwarzen Fleck zeigen, der der Grund des niedrigeren Preises ist. Sehen Sie, mein Lieber: Sie befinden sich hier in dem Korb der Pfirsiche zu fünfzehn Sous. Die Frauen, die Sie umgeben, haben alle einen kleinen Fehler in ihrer Vergangenheit, einen kleinen Fleck auf ihrem Namen; sie drängen sich aneinander, damit man es sowenig wie möglich bemerke, und obgleich sie dieselbe Herkunft, dasselbe Exterieur, dieselben Manieren und Vorurteile besitzen wie die große Gesellschaft, befinden sie sich doch nicht mehr darin und bilden das, was man die Halbwelt nennt, die weder Aristokratie noch Bourgeoisie ist, sondern wie eine schwimmende Insel im Ozean von Paris treibt.« Nach Dumasscher Technik müßte Relling etwa sagen: »Haben Sie schon einmal eine Wildente beobachtet? Nun denken Sie sich: Sie wird angeschossen. Eine Zeitlang wird sie vom blauen Himmel träumen, vom tiefen Teich und vom dichten Schilf, in dem sie sich tummelte. Aber allmählich wird sie die Freiheit vergessen und zufrieden und fett ihren dumpfen Stall in der Dachkammer für die Welt halten. *Eh bien, mon cher:* Wir befinden uns in einem Wildentenstall.«

Ist der Parallelismus zwischen der französischen und der Ibsenschen Technik nur unter sehr beträchtlichen Vorbehalten gültig, so ist die ebenfalls sehr häufig angestellte Vergleichung mit der antiken Dramenführung völlig deplaciert. Denn während die griechische Tragödie bloß zu einem längst bekannten Resultat auf kunstvolle Weise einen neuen Weg entwickelt, wird bei Ibsen dieser Weg selbst erst entschleiert; dort handelt es sich um die originelle Ableitung einer eingelebten Kultwahrheit, hier um die unantik spannende Auflösung eines Rebus. Beide Formen sind »analytisch«, aber so verschieden wie geometrische und chemische Analyse, indem dort eine gegebene rationelle Gleichung bloß anschaulich nachkonstruiert, hier ein unartikulierter Tatbestand erst beobachtet und ergründet wird; dort erfährt man die Motivation, hier die Konstitution. Die Entwicklung ist im *Ödipus* ein dialektischer, in den *Gespenstern* ein experimenteller Prozeß; es besteht ein ähnliches Verhältnis wie zwischen hesiodischer und darwinischer Kosmogonie, zwischen der Idee bei Plato, die der zeugende Urgrund, und der Idee bei Kant, die das gesuchte Endziel ist.

Um das wahre Vorbild Ibsens zu finden, braucht man weder nach Paris noch nach Athen zu gehen: Es ist die isländische und norwegische Saga seiner Heimat, die Ballade. Mit ihr hat er alle Züge gemeinsam, die für seine innere Grundform entscheidend sind: das schwüle Drängen auf die Katastrophe, die von Anfang an so gewiß ist, daß, wie man freilich erst später erkennt, das Drama mit ihr anhebt; den immer wieder, immer drohender auftauchenden Refrain; die schlagende Konzentration; das doppelte Dunkel der Änigmatik und Tragik; die latente Romantik. Wer vermöchte heute noch daran zu zweifeln, daß die Geschichte von Ellida und dem fremden Mann, von der kleinen Hilde und dem großen Solneß eine Romanze ist, daß die weißen

Rosse von Rosmersholm und die Rattenmamsell aus der Polterkammer stammen und daß die *Gespenster* ein wirkliches Gespensterstück sind? Es sind, was sie nur um so großartiger und unbegreiflicher macht, Nixen im Waschkleid, Nachtmahre im Bratenrock, Legenden im elektrischen Licht.

Ganz unvergleichlich ist hierbei die Durchdringung von Realität und Symbolität. Selbst ein so penetranter Naturalist wie Zola gelangte ganz wider Willen und gleichsam unter der Hand zu großen Personifikationen. Doch sind diese bei ihm mechanische Produkte der Summierung, ungeheure Kollektivwesen, daher bloß rationale »Wahrzeichen« oder bestenfalls kalte Allegorien. Bei Ibsen aber haben sie die volle Irrationalität, Doppelbodigkeit und Unheimlichkeit des Zaubermärchens. Sie werden, in einer aufsteigenden Reihe, immer geheimnisvoller und dabei, merkwürdigerweise, konkreter. Man braucht sie bloß zu nennen: die lecke »Indian girl« in den *Stützen;* das Puppenheim; des Kammerherrn Alving brennendes Asyl; die verseuchte Badeanstalt im *Volksfeind;* der Dachboden in der *Wildente;* Rosmersholm; das Meer in der *Meerfrau;* der Turm in *Baumeister Solneß:* lauter phantastische, alltägliche, irreale, greifbare Schreckgebilde.

Wie bei Nietzsche lassen sich auch bei Ibsen ziemlich deutlich drei Perioden unterscheiden: Die erste, 1863 bis 1873, umfaßt im wesentlichen die großen Historien und Versdichtungen, die zweite, die bis 1890 reicht, die revolutionären Gesellschaftsdramen, die letzte die mystischen Dichtungen. Von 1877 bis 1899 hat Ibsen mit großer Regelmäßigkeit alle zwei Jahre ein neues Stück erscheinen lassen, das immer in irgendeiner Weise die Fortsetzung eines vorhergehenden war. Aber alle haben im Grunde dasselbe Thema, das er in einem Brief an Brandes in die Worte zusammengefaßt hat: »Überhaupt gibt es Zeiten, wo die ganze Weltgeschichte mir wie ein einziger großer Schiffbruch erscheint – es gilt, sein Selbst zu retten.« Der Ton, der durch alle späteren Werke weiterklingt, ist schon in seinem ersten Drama *Catilina* angeschlagen, dessen Held als der Typus des nihilistischen Gesellschaftsfeinds gilt, eigentlich aber, zumindest in der Auffassung Ibsens, ein revolutionärer Neuschöpfer sein wollte. In Ibsen, dem grübelnden Kämpfer aus Nordland, ist wieder einmal der protestantische Geist des Protestes Fleisch geworden, der Geist Luthers und Huttens, Miltons und Carlyles; und der Geist der kantischen Höhenmoral, wie sie in Brand und Rosmer lebt. »Ich empfing die Gabe des Leids«, sagt Jatgejr, »und da ward ich Skalde. Es mag andere geben, die den Glauben oder die Freude brauchen – oder den Zweifel. Aber dann muß der Zweifler stark und gesund sein.« Dieser unbändige, lebensstarke Zweifel, der furchtlos mit allem ringt, auch mit sich selbst, war Ibsens Kraftborn; aus ihm schöpfte er seine dunkeln Lieder, die die Welt erleuchteten. Die bösen Geister aber, gegen die er auszog, waren die »Ideale«, auf denen sich das satte Zeitalter zur Ruhe gesetzt hatte. Mit unermüdlichem Hohn wies er auf ihre Fadenscheinigkeit, ihre Leere, ihre Verlogenheit und auf die Notwendigkeit neuer Sternbilder. Aber mit diesen neuen Idealen ist er nie recht zustande gekommen. Daher konnte auch Hermann Türck in seinem gar nicht schlechten Buch *Der geniale Mensch* ihn als Typus des Anarchisten und »Misosophen« hinstellen, freilich ohne zu bedenken, daß gerade sein ungeheures moralisches Verantwortungsgefühl ihm das Verneinen näherlegte als das Aufbauen. Doktor Allmers, der Held von *Klein Eyolf*, arbeitet an einem Buch über die menschliche Verantwortung, das nie fertig wird. An diesem Buch hat auch Ibsen sein Leben lang geschrieben; aber es ist nie komplett erschienen. Seine letzten Geheimnisse hat dieser große Zauberer ins Grab genommen. Aus Scham, wie der Skalde Jatgejr; aus Stolz, wie Ulrik Brendel, der von sich sagt: »Meine bedeutsamsten Werke, die kennt weder Mann noch Weib. Kein Mensch – außer mir. Weil sie nicht geschrieben sind. Und warum sollte ich auch meine eigenen Ideale profanieren, wenn ich sie in Reinheit und für mich allein genießen konnte?«; vielleicht auch ein bißchen aus Schadenfreude. Vor allem aber, weil er ein großer Dichter war. Denn die tiefsten Dichtungen sind nur mit dem Herzen aufgezeichnet und haben eine Scheu davor, zu Buchstaben zu gefrieren. Seine letzte geoffenbarte Weisheit verkündet der Held seiner letzten Dichtung: »Wenn wir Toten erwachen, dann sehen wir, daß wir nicht gelebt haben.« Dieses Werk nannte er selbst einen Epilog, und es erschien, wiederum ein Vorgang von hoher Symbolik, genau am Schluß des Jahrhunderts, in den letzten Dezembertagen des Jahres 1899.

Eine Art Epilog enthält aber auch schon die Schlußszene seines vorletzten Dramas. Seltsam gemahnt Borkmans Tod an das Ende Tolstois. In beiden erwacht, kurz vor ihrem Verlöschen, ein geheimnisvoller Wandertrieb: Sie verlassen das schützende Dach ihres Hauses und irren hinaus in die unwirtliche Ferne. Es ist eine Art Flucht aus der Realität.

»(Die Landschaft, mit Abhängen und Höhenzügen, verändert sich fortwährend langsam und nimmt einen immer wil-
deren Charakter an.) Ella Rentheims Stimme: Aber warum
brauchen wir denn so hoch zu steigen? Borkmans Stimme:
Wir müssen den gewundenen Pfad hinauf. (Sie sind bei
einer hochgelegenen Lichtung im Walde angelangt.) Ella:
Auf der Bank da saßen wir oft zuvor. Borkman: Es war ein
Traumland, in das wir damals hinausblickten. Ella: Das
Traumland unseres Lebens war es. Und jetzt ist das Land
mit Schnee bedeckt. Und der alte Baum ist abgestorben.
Borkman: Siehst du den Rauch, der von den großen Dampf-
schiffen aufsteigt, draußen auf dem Wasser? Ella: Nein.
Borkman: Ich sehe ihn. Sie kommen und sie gehen. Sie
knüpfen Bündnisse über die ganze Erde. Und dort unten am
Fluß – hörst du? Die Fabriken sind im Gang. Meine Fabriken! Die Räder wirbeln und die Walzen blitzen – immer im
Kreis, immer im Kreis! Siehst du die Bergketten dort – in
der Ferne? Die eine hinter der andern. Sie erheben sich. Sie
türmen sich. Dort ist mein tiefes, endloses, unerschöpfliches
Reich! Ella: Ach, John, es haucht einen aber so eisig an von
dem Reiche her! Borkman: Der Hauch wirkt auf mich wie
Lebensluft. Der Hauch weht mir entgegen wie ein Gruß
von untertänigen Geistern. Ich liebe euch, ihr lebenhei-
schenden Werte – mit all euerm glänzenden Gefolge von
Macht und Herrlichkeit! Ich liebe, liebe, liebe euch! (Schreit
auf und greift sich an die Brust.) Ah! Ella: Was war das,
John! Borkman: Es war eine Eishand, die mich ums Herz
packte. Nein, keine Eishand. Eine Erzhand war es. Frau
Borkman (kommt zwischen den Bäumen zum Vorschein):
Schläft er? Ella: Einen tiefen und langen Schlaf, glaube ich.

Frau Borkman: Ella! (gedämpft) Geschah es – freiwillig? Ella: Nein. Frau Borkman: Also nicht durch eigene Hand? Ella: Nein. Es war eine eisige Erzhand, die ihn ums Herz packte. Es war die Kälte, die ihn tötete. Frau Borkman: Die Kälte – die hatte ihn schon längst getötet. Ella: Ja – und uns zwei in Schatten verwandelt. Frau Borkman: Da hast du recht. Und so können wir zwei einander die Hände reichen, Ella. Wir Zwillingsschwestern – über ihn hinüber, den wir beide geliebt haben. Ella: Wir zwei Schatten – über ihn, den Toten. (Frau Borkman, die hinter der Bank, und Ella, die davorsteht, reichen einander die Hände.)«

Dieses Finale (das gekürzt wiedergegeben wurde, um den Leitgedanken stärker hervortreten zu lassen) bildet das vollkommene Gegenstück zum Schluß des *Faust*. Dieser klingt in den höchsten Optimismus aus, in dieselbe beglük-kende Vision menschlicher Tatkraft und Arbeit, die Ella Rentheim erschaudern macht, denn was einst Traumland war, ist nun mit Schnee bedeckt, und der Lebensbaum der Menschheit ist abgestorben. Immer im Kreis drehen sich die Räder und Walzen, immer im Kreis: zum sinnlosen Selbst-zweck geworden. Borkman liebt diese Werte einer schein-baren Macht, für ihn sind sie Lebensluft: Aber was er für Leben hält, ist der Tod. Die Eishand der Herzenskälte packt ihn, die Erzhand der Materie. Und zurück bleiben Schat-ten über einem Toten. Borkman hat in der Tat dort fort-gesetzt, wo Faust aufgehört hat. Den ganzen Planeten wollte er der menschlichen Kraft unterwerfen, der Erde ihre Schätze entreißen, das Meer, die Berge, den Himmel zur Brücke, die Nacht zum Tage, alles Land zum Fruchtgarten machen. Und das Ende war die bittere Weisheit des Herzogs in *Maß für Maß:* »Du bist der Narr des Todes nur.« Der *Faust* ist ein Kompendium der Neuzeit. *John Gabriel Borkman* ist deren Testament.

In diesem Zusammenhang erschließt sich uns die eigentlichste Bedeutung Ibsens: Er war, nächst Shakespeare, der größte Historiendichter des neueren Europa. Ganz wie dieser wird er erst zur vollen Wirkung gelangen, wenn die Kleider seiner Gestalten Kostüm geworden sind. Ihn »modernisieren« zu wollen, ist eine ebenso kunstfremde Spielerei wie der »Hamlet im Frack«. Oswald und Hjalmar können nur in Samtjoppe und flatternder Lavallièrekrawatte, Bernick und Borkman nur in altmodischem Gehrock und weißer Atlasbinde glaubhaft wirken, wie Nora nur in Cul und Ponyfrisur und Hedda in Prinzeßkleid und Chignon. Wenn diese Tracht dem Publikum einmal so fern sein wird wie die Adrienne der Lady Milford und der Haarbeutel Franz Moors, wird es erkennen, daß es sich um Ewigkeitsdichtungen handelt, obgleich oder vielmehr weil sie vom Dichter ebenso als tendenziöse Zeitdichtungen konzipiert wurden wie die *Räuber* und *Kabale.* Waren denn Shakespeares Königsdramen, Kleists *Hermannsschlacht* und *Prinz von Homburg* nicht ebenfalls tendenziös, ja geradezu parteipolitische Reißer? Wir bemerken das nur heute nicht mehr. Denn die »Ideen«, die damals die Hauptsache waren, sind verweht, die Menschen, die bloß ihre Träger waren, sind geblieben. Es wäre aber gleichwohl sehr töricht, wenn man bedauern wollte, daß diese Dichter nicht sogleich bloß »gestaltet« haben; denn gerade diese vergänglichen Ideen waren es, die dem Werk den unvergänglichen Elan, die

Kraft zur Gestalt, das »Stichwort zur Leidenschaft« verliehen. Wir empfinden vorläufig bei Ibsen nur, daß seine Probleme nicht die Probleme unserer Zeit sind; aber eines Tages wird man an ihm gerade am meisten bewundern, wie erschütternd plastisch er die Probleme seiner Zeit gestaltet hat. Und hier befindet sich auch der Schlüssel für die sonderbare Kurve der öffentlichen Anerkennung, die bei fast allen großen Dramatikern zu beobachten ist. Zunächst wirken sie als schreckenerregende Revolution, lebensgefährliches Attentat auf alles Bisherige und werden daher aufs erbittertste bekämpft; dann erkennt man in ihnen die geistigen Befreier und feiert sie überschwenglich wie Messiasse; hierauf wendet man sich, in dem Maße, als das von ihnen verfochtene neue Weltbild sich eingelebt hat, von ihnen als großen Überflüssigkeiten, Megaphonen ausgelaugter Binsenwahrheiten ab; und schließlich gelangt man zu der einzig angemessenen Würdigung: der rein menschlichen und künstlerischen. Man erkennt ihren wahren Wert darin, daß sie die stärksten, schärfsten und reinsten Spiegel ihrer Zeit waren, eine Art Riesenteleskope, durch die man in die Vergangenheit blicken kann. Und man erkennt, daß sie die größten Menschen ihrer Zeit waren. Auch die Dichter sind nichts Vollkommenes, nur flackernde, suchende Irrlichter, Zwittergeburten aus Wunsch und Irrtum. Aber daß sie, sie allein unter allen, wahr, daß sie ganz waren, kann nie vergessen werden. Es bleibt; und wird hinüberspringen von einer Milchstraße zur anderen.

Shaw als Erzieher

Shaws *Candida* hat bekanntlich einen merkwürdigen Schluß. Candida soll zwischen ihrem Gatten und dem jungen Dichter Marchbanks wählen. Und sie gibt dem Pastor Morell, dem verhätschelten, selbstsichern Liebling des Schicksales und der Frauen, den Vorzug vor dem armen, verlassenen Dichter, der noch niemals geliebt worden ist; nicht weil Morell der Stärkere, sondern weil er der Schwächere ist. Scheinbar resigniert scheidet der Dichter, und die Gatten sinken sich in die Arme. Shaw fügt jedoch hinzu: »Aber das Geheimnis im Herzen des Dichters kennen sie nicht.«

Shaw hat inzwischen vor verschiednen Personen jedesmal an einer andern Ecke den Schleier von diesem Geheimnis ein wenig gelüftet, keinmal freilich zugunsten der Ehe. So wird er auch weiterhin, wenn der Vorhang fällt, leise davongehen, mit einer Wahrheit im Herzen, die er allein kennt.

Das Publikum aber spaltet sich sofort in zwei Lager: die Snobs und die Philister. Die Snobs gebärden sich esoterisch, murmeln von allerlei Hintergründen, die sich nur dem Kenner enthüllten, und es gelingt ihnen auch meistens, den neuen Mann eine Zeitlang für weitere Kreise ungenießbar zu machen. Die Philister dagegen haben die bekannte bequeme Methode, daß sie jeden, der ihnen nicht sogleich in den Kopf geht, für einen Narren erklären und ihn links liegenlassen. So war es zum Beispiel mit Ibsen. Die einen schrien: »Magus aus dem Norden!«; jedes seiner Worte war mystisch, vieldeutig und dunkel, hinter jeder Bemerkung steckte ein andrer Sinn als der, den der unbefangene Leser erwartet hätte. Der Dichter führte gleichsam ein gespenstisches Doppelleben: Für die große Menge der Illiteraten und Böotier war er eine ganz einfache Erscheinung, aber sein Geist, sein »zweites Gesicht«, zeigte sich nur den Eingeweihten. Dagegen erhob sich nun der Chor der Leute mit »gesundem Menschenverstand«: Diese fanden, es sei ein Skandal, daß ein solcher Mensch noch frei herumlaufen dürfe. Bei Maeterlinck hat sich dann etwas ganz Ähnliches wiederholt: Seine Märchendichtungen wurden zu allegorischen Spitzfindigkeiten gestempelt, und das machte das Publikum natürlich kopfscheu; denn es konnte ihm kein Vergnügen machen, in jedem Versatzstück ein Symbol zu sehen. Und wenn einer mit Augurenmiene erklärt: »Diese Haustüre, die Sie hier auf der Bühne sehen, stellt das Leben vor«, so ist es nicht jedermanns Sache, sich darüber zu freuen.

Es scheint, als sollte es jetzt auch mit Bernard Shaw so gehen. Jedenfalls ist schon ein gefährliches Etikett für ihn gefunden: Man sagt nämlich, er sei ein Ironiker. Diese Bezeichnung ist insoweit sehr praktisch, als sie den Zwecken der Snobs und der Philister in gleicher Weise dient, denn die Snobs können sich jetzt wichtig machen und alles ironisch auslegen, und die Philister können empört sein. Für Shaw ist sie schon deshalb schädlich, weil es niemals gut ist, einem neuen Dichter in den Augen des Publikums einen solchen

Generalnenner zu geben, denn es pflegt ihn dann nur noch auf diesen einen Zug hin anzusehen und alle seine Stücke wie Vexierbilder zu behandeln, unter denen die Frage steht: Wo steckt die Ironie?

Indes: Daß einer von Shaws dichterischen Grundzügen die Ironie ist, das ist trotzdem richtig, nur ist seine Ironie nichts Einfaches, sondern eine sehr komplexe Erscheinung. Sie hat mindestens drei Wurzeln.

Die eine Wurzel ist Shaws Schamgefühl. Es ist nämlich für einen modernen Menschen recht schwer geworden, ein Dichter zu sein, und zwar aus folgendem Grund. Was unsre Zeit kennzeichnet, ist ein Zurückgehen der äußeren Ausdrucksmittel. In dem Maße, als die Menschheit denkfähiger und geistiger wird, verlegt sich alles immer mehr ins Innere. Selbst die physiologischen Veränderungen, die die starke Überraschung hervorzurufen pflegt, müssen schließlich zurücktreten, denn der sehr hochstehende Mensch hat alle möglichen Konstellationen der Ereignisse und Empfindungen schon vorweggedacht, so daß ihn nichts mehr überraschen kann, sowenig es einen Spieler überraschen darf, wenn eine seiner hundert Kombinationen wirklich eintrifft. Hingegen sind ungebildete Menschen fast in einem permanenten Zustand der Überraschung und Aufregung; ja, selbst wenn sie es nicht sind, glauben sie es anstandshalber markieren zu müssen, weil sie fürchten, es könnte ihnen als Teilnahmslosigkeit ausgelegt werden. In ganz entgegengesetzter Richtung geht die moderne Kulturbewegung; sie macht es immer mehr zu einer Sache des Anstandes, auf alle Ausdrucksbewegungen zu verzichten. Es ist sehr wahrscheinlich, daß spätere Zeiten in der ganzen äußerlichen Gebarung, die heute noch den groben Durchschnitt beherrscht und die in der Affektäußerung besteht, etwas ebenso Lächerliches und Rudimentäres sehen werden, wie uns heute schon das Benehmen wilder Völker grotesk und roh vorkommt. Und diese Entwicklung erstreckt sich ebenso auf die Wort- wie auf die Gebärdensprache. Affekte und Sentiments werden allmählich »mauvais goût«. Es gibt heute gewiß nicht weniger Herzensgüte als früher, aber sie äußert sich nicht mehr in Gefühlen. Auch die Menschen von heute sind Idealisten, aber geräuschlose Idealisten. Wir haben gar kein Bedürfnis mehr, uns nach außen zu projizieren.

Infolgedessen befindet sich heutzutage ein Dichter, wenn er zufällig das Unglück hat, ein moderner Mensch zu sein, in einem sonderbaren Konflikt. Denn die starken Affekte und Gefühle sind gewissermaßen sein Handwerkszeug; was ihn kennzeichnet, ist gerade das tiefste Bedürfnis und die vollkommenste Fähigkeit, sich nach außen zu offenbaren. Und vom Theaterdichter gilt das noch ganz besonders. Denn wie man für tausend Menschen lauter reden muß, so muß man auch für tausend Menschen lauter fühlen. Das Theater wirkt daher heute schon auf manche der Unsern als Archaismus, und hier vor allem wurzelte auch die Antipathie Nietzsches gegen Wagner.

Kann man geräuschlos, kann man als Gentleman dichten? Nein, das kann man leider nicht. In keiner Form. Der Dramatiker ist ein Volksredner, und ein solcher ist kein Gentleman. Der Romancier – nämlich der gute – ist ein Schnüffler, der die Seelenregungen und Privatangelegenheiten fremder Leute ausspioniert, und das tut kein Gentleman. Der Lyriker – nämlich der gute – ist ein Mensch, der sein Innerstes enthüllt auf den öffentlichen Präsentierteller legt, und das tut kein Gentleman.

Hieraus ergibt sich ein seltsamer Charakterzug Bernard Shaws: Er ist ein Dichter und schämt sich dessen.

Bernard Shaw hat aber noch eine zweite Eigenschaft, deren er sich nicht nur als moderner Mensch, sondern überhaupt als Mann von Geschmack schämt: Er ist ungemein geistreich.

Unter den modernen Völkergruppen scheinen nur die Germanen das Vorrecht zu besitzen, daß sie gegen alles geistreiche Wesen eine Art Mißtrauen haben, obgleich diese Geringschätzung gewiß nicht auf einen Mangel an Esprit zurückzuführen ist. Nehmen wir zum Beispiel aufs Geratewohl die drei größten deutschen Philosophen: Kant, Schopenhauer und Nietzsche, so sehen wir, daß alle drei überaus geistreiche Menschen waren, daß sie es aber zugleich verstanden haben, diese Eigenschaft mit großer Geschicklichkeit zu verbergen, jeder in seiner Art: Kant durch einen keineswegs schwerfälligen, sondern höchst kunstreich gebauten Schnecken- und Schraubenstil, Schopenhauer durch eine monumentale Grobheit und Nietzsche durch ein siedendes Temperament. Alle drei hatten nämlich genug künstlerischen Takt, um zu empfinden, daß Geistreichigkeit etwas Minderwertiges und Unfeines sei, eine Domestikentugend und Sache eines pöbelhaften Geschmackes; und zugleich erkannten sie, daß jedem Gedanken etwas Fremdes und Unorganisches beigemischt wird, wenn man ihm eine geistreiche Formulierung gibt. Denn ein roher Eichentisch drückt den Wald aus, dem er entstammt, aber ein polierter, kunstvoll eingelegter Tisch tut das nicht.

Nun ist aber Shaw voll von witzigen und geistreichen Wendungen; und so gern er sie auch verbergen möchte, sie drängen sich immer wieder hervor: Er kann kein Zimmer, kein Kostüm, keine Verwandlung angeben, ohne irgendein Bonmot und eine Seitenbemerkung anzubringen. Er greift daher, da er sein Wesen nicht zu verändern vermag, zu dem letzten Mittel: zur Selbstironie.

Das wäre die zweite Wurzel. Die dritte ist sein Naturalismus. Denn Shaw will das Leben zeigen, wie es wirklich ist, in seiner Plastik, als ein mehrflächiges Gebilde. Auch ein Zeichner bringt ja eine Sache aufs Papier, so wie sie seinem perspektivischen Sehen erscheint. Dazu muß der Zeichner die Gegenstände studieren, genau und gründlich und von allen Seiten; und ebenso studiert Shaw die Menschen, aber nicht in ihrem körperlichen Umriß, sondern in ihren Seelenvorgängen. Er ist ein Psycholog, der den stereoskopischen Blick hat. Hierdurch entsteht aber dann leicht etwas, was wie Ironie aussieht. Jede allseitige Betrachtung wirkt ironisch. Ihr Gegensatz ist die enthusiastische Betrachtung, die immer einseitig, oft gewollt einseitig ist. Größe ist schließlich auch nur ein Zug unter vielen. Wenn ich Goethe oder Bismarck von allen Seiten anschaue, so muß notwendig eine ironische Schilderung herauskommen.

Diese Kunstrichtung, die das größte Recht hätte, sich naturalistisch zu nennen, hat von Goethe ihren Anfang genommen, um in Kleist (zum Beispiel im *Prinzen von Homburg*) zum erstenmal greifbare Gestalt anzunehmen. Hier ist bei der Charakteristik der Helden und Heldinnen das Prinzip der Naturgröße durchbrochen. Und man braucht bloß an *Hedda Gabler* oder an die *Wildente* zu denken, um zu sehen, daß auch Ibsen ein Drama, das bloß tragisch wirkt, für keine richtige Tragödie gehalten hätte. Ebenso verhält es sich mit Strindberg, ja sogar mit Maeterlinck, zum Beispiel in *Princesse Maleine,* wo nach einer Nacht voll Mord und Grauen der alte König sagt: »Ich möchte gern ein bißchen Salat haben.« Der Salat gehört eben genausogut zum vollständigen Bilde des Menschen wie die großen tragischen Ereignisse.

Nach alledem könnte man aber immer noch glauben, die Ironie sei für Shaw Selbstzweck. Denn ob es sich nun um die Selbstironie des Mannes von Geschmack handelt oder um die Ironie, die sich aus jeder rein objektiven Betrachtung ergibt – immer wird das Resultat ein mehr oder minder deutlicher Skeptizismus und Nihilismus sein. Und so wäre denn Shaw im Grunde nichts andres als der glänzendste und ideenreichste Vertreter jener literarischen Dekadenzbewegung, die – vermutlich von einem Parfümfabrikanten – »fin de siècle« genannt worden ist.

So verhält es sich jedoch mit Shaw nicht. Seine ganze Ironie ist ihm nur ein Mittel, und zwar ein Erziehungsmittel. Ein Künstler wird zum Erzieher, wenn er in seinen Gestalten ein bestimmtes Ideal der Lebensführung zu lehren versucht. Indes liegt bei Shaw die Sache lange nicht so einfach wie etwa bei Tolstoi und ähnlichen. Diese machten kurzerhand die Szene zum Tribunal, sie suchten keinen Augenblick lang zu verbergen, was sie wollten und wozu sie sich berufen fühlten. Im letzten Grunde ist auch dies nur eine Sache des gerade herrschenden Geschmackes. Shaw wäre aber kein moderner Denker, wenn sich bei ihm das Problem in die einfache Gleichung »Dichter gleich Erzieher« auflösen ließe. Sondern er lehrt seine Wahrheiten auf indirektem Wege. Was er zeigen will, ist freilich immer dasselbe.

Die meisten Menschen tragen ihr ganzes Leben lang eine fremde Maske, und zwar nicht bloß vor den andern, sondern auch vor sich selbst. Eines Tages jedoch kommt die Schicksalsstunde, in der ihr wahres Wesen sich ihnen enthüllt. So ist es im *Teufelsschüler*. Da sind Richard Dudgeon, der zynische Abenteurer, und Anthrey Anderson, der sanfte und gütige Pastor. Aber es kommt ein Moment, wo es um Tod und Leben geht – da plötzlich vertauschen sich die Rollen. Und es zeigt sich: Andersons Priestertalar war bloße Draperie, Richards Teufelsfratze war bloße Schminke. Ebenso ist es in der *Candida*. Es kommt der große entscheidende Moment, da Candida wählen soll. Und es zeigt sich: Der Lebensmensch Morell ist der Schwache und Hilfsbedürftige, der Dichter Marchbanks, der mit dem realen Leben niemals fertig wird, ist der Selbstsichre und Starke. Ebenso ist es in den *Helden*. Der serbische Major Sergius Saranoff erscheint als der Typus des edlen Heldenjünglings, neben dem der trockene, prosaische Hauptmann Bluntschli verblaßt. Aber in Wahrheit ist es gerad umgekehrt: Bluntschli ist der Held, und Sergius hat vom Helden nichts als das Kostüm, die äußere Geste. Und ebenso überraschend wirkt die Erscheinung Cäsars in *Cäsar und Kleopatra*. Der große Cäsar ist der allereinfachste Mensch von allen. Das Geheimnis seiner Größe ist seine Natürlichkeit. Natürlichkeit: Das will soviel sagen wie Übereinstimmung mit den Gesetzen des eignen Organismus. Er ist nicht der Mensch, der in den einzelnen Lebenslagen das Überraschende und Exzeptionelle vollbrächte, sondern im Gegenteil: der Mensch, der in allen Lebenslagen das Selbstverständliche und Angemessene tut. Und das ist eine sehr tiefe Wahrheit. Denn ein großer Mann verhält sich zu den übrigen Menschen nicht wie der Riese zu den Zwergen, sondern wie das Normalgebilde zu den Fratzen. Das Genie ist nichts Überlebensgroßes, Hypertrophisches, sondern im Gegenteil: das einzig Proportionierte und der natürliche Kanon. Daß es höchst selten vorkommt, ist kein Einwand gegen die Richtigkeit dieser Behauptung. Denn beim Menschen ist der Normaltypus nicht die Regel, sondern die Ausnahme. Der anatomische Kanon des Menschen findet sich ja auch nur einmal unter Tausenden.

Was also Shaw zeigen will, ist etwa dies: Jedes Tier, jede Pflanze lebt naturgemäß und organisch. Eine Eidechse, eine Wasserrose, eine Koralle will von Anbeginn nichts als ihre Eidechsen-, Wasserrosen- und Korallenbestimmung erfüllen. Der Mensch will fast immer etwas andres als das, wozu die Natur ihn geschaffen hat. Er steht nie an seinem Platz und schielt immer nach andern. Die Natur hat zum Beispiel seine gesamten Organe dazu bestimmt, Geschäftsverträge abzuschließen, Bücher zu führen, Waren zu vertreiben. Aber er ist nicht zufrieden damit und schämt sich dieser prosaischen Tätigkeit, weil andre eine andre Beschäftigung haben. Ein zweiter wieder hat von Natur aus die Werkzeuge erhalten, in stiller Abgeschiedenheit zu arbeiten, Beobachtungen an Beobachtungen zu reihen, Tatsachen zu verknüpfen und vorsichtige Schlüsse zu ziehen. Aber das paßt ihm nicht, sondern er blickt neidisch und ärgerlich auf Menschen, die mitten auf der Bühne der Welt stehen, ein reiches und buntes Dasein führen und aufregende Erlebnisse haben. Nun wären aber alle Menschen gleich wertvoll, wenn sie dem Naturgesetz gehorchten. Was daher den Rangunterschied der Menschen ausmacht, ist nicht die Art ihrer Beschäftigung und der Umfang ihrer Begabung, sondern der Grad ihrer Natürlichkeit. Unverlogne Menschen sind immer groß.

Dies alles zeigt Shaw, aber er zeigt es nicht in Worten, sondern in Bildern und Gestalten. Und er zeigt es, ohne die gewichtige Pose des Moralpredigers anzunehmen. Er tut nicht ernsthaft, er donnert die Lüge nicht in den Pfuhl der Hölle hinab, sondern er zeigt, wie lächerlich jede Lüge ist. Er sagt nicht: »Jeder verlogne Mensch ist ein verwerfliches Wesen«, er sagt etwas viel Schlimmeres, nämlich: »Jeder verlogne Mensch ist eine Karikatur.« Das ist ein viel wirksameres Belehrungsmittel. Denn dort wird bloß an das menschliche Gewissen appelliert, hier aber an etwas weit Stärkeres: an die menschliche Eitelkeit.

Um jedoch das Publikum dazu zu bringen, daß es diese recht unangenehmen Sachen auch anhört, verwendet er einen pädagogischen Trick. Er tut seine moralischen Purgative in die süßschmeckende Hülle des Kolportagedramas, der Burleske oder des Rührstücks, wie ja auch die Tamarindenpastille in einem Schokoladenüberzug steckt. Aber das Publikum ist noch schlauer als Shaw. Es leckt die gute Schokolade ab und läßt die Tamarinde stehen. Weswegen Marchbanks recht hat, wenn er sagt: »Die Dichter reden immer nur mit sich selbst.«

Natürlich ist damit, daß man Shaw einen Erzieher nennt, sein dichterisches Wesen nicht umschrieben. Der Major Sergius in den *Helden* sagt einmal: »In meiner Seele gehen ein halbes Dutzend Sergiusse aus und ein.« Und ebenso gibt es ein halbes Dutzend Shaws, die in seinen Stücken fortwährend aus und ein gehen, indem sie sich bald ablösen, bald unzertrennlich vereinigen. Aber einer von diesen Shaws ist ein Erzieher.

Carl Sternheim

Seit Jahren wartet man mit unerschütterlichem Vertrauen auf das deutsche Lustspiel. Seit Jahren sagt jeder Theaterdirektor zu jedem Autor, der entweder Witz, aber keinen Humor oder keines von beiden besitzt (eine dritte Gruppe gibt es leider noch nicht): »Lassen Sie doch diese Problemstücke, für Probleme haben wir Ibsen, lassen Sie auch das Krasse, dazu ist das Kino da. Nein: Schreiben Sie endlich einmal das deutsche Lustspiel! Gerade Sie hätten das Zeug dazu.« Aber wie soll es denn aussehen, dieses deutsche Lustspiel?

Viele behaupten: etwa so wie die Stücke von Sternheim, der vor kurzem wieder mit *1913* hier zu Wort gekommen ist; und da muß ich nun (natürlich nur als meine ganz subjektive Ansicht) sagen: So stelle ich mir das deutsche Lustspiel nicht vor. Wir hören allerlei Geistreiches und Apartes, eine Menge von ausgezeichneten Bemerkungen und Beobachtungen, aber sehen tun wir gar nichts. Nicht einen Augenblick glauben wir, daß diese Menschen, die da auftreten und abgehen, schon vor dem Beginn des Stückes auf der Welt waren und daß sie auch nach dem letzten Fallen des Vorhangs noch weiter existieren werden, ja daß sie auch nur während des Stückes ein wirkliches selbständiges Dasein führen. Es sind übermütige Launen, reizende Einfälle, Bubenstreiche von Sternheim, es sind Bilderbogenfiguren, die er zu seiner und anderer Leute Belustigung bunt anmalt, wobei es ihm gar nicht darauf ankommt, einmal einem Herrn eine große Perücke und einer Dame einen blauen Schnurrbart zu machen. Selbst die Sprache führt bei ihm kein eigenes Leben, es gibt nur glänzende, scharf geschliffene Dialogstellen, aber keinen Dialog; die einzelnen Sätze stehen automatisch für sich da, es entsteht aus ihrer Vereinigung kein neuer, in sich einheitlicher, homogener Stoff. Diese ganze Art, mit dem eigenen Gebilde zu spielen und selber immer den Kopf hervorzustecken, ist durch und durch romantisch. Sternheim ist Romantiker und Impressionist, der Dichter des »deutschen Lustspiels« wird aber Rationalist und Ganzheitler sein müssen.

Es gibt nun allerdings einen dritten Fachausdruck, der heute bereits jedermann geläufig ist und den Sternheim zweifellos für sich in Anspruch nehmen dürfte. Er heißt Expressionismus. Wenn ich nun die Expressionisten recht verstehe, so meinen sie ungefähr dies. Sie nehmen die Realität nicht ernst. Sie wollen nicht nach äußeren Reizen schaffen, sondern nach inneren Ideen, die dem Geschehen übergeordnet sind, die sie den Dingen aufzuprägen versuchen. Der Expressionist glaubt nicht, daß der Mensch eine Geburt der Stunde ist, sondern ist überzeugt, daß die Stunde eine Geburt des Menschen ist. Er sieht in der Welt nicht ein riesiges Arsenal von Eindrücken, denen er seine Seele darzubieten hat, damit sie sich darin einzeichnen, sondern sein innerster Lebenswille geht in erster Linie dahin, sich auszudrücken, sich, sein einmaliges Wesen, das noch niemals vor ihm so da war. Für ihn ist die ganze Welt nichts als der gigantische Schatten, den seine Seele wirft. Dieses Weltgefühl hat keiner von den neueren Dramatikern exklusiver, bewußter und diktatorischer in Dichtung umgesetzt als Schiller, der den Vers schrieb: »Was sich nie und nirgends hat begeben, das allein ist Poesie!« Emerson leitet seinen Essay über Shakespeare mit den Worten ein: »Wenn wir darin Originalität erblicken, daß eine Spinne ihr Gewebe aus ihren eigenen Eingeweiden zieht, dann ist kein Künstler ein Original.« Nun, Schiller war aber wirklich so eine Spinne: Er zog alles aus sich selbst. In seinem Kopf waren nichts als Phantasmagorien, nichts als Visionen, er schleuderte sie hinaus, und da standen sie nun, voll und massiv, fertig und frei, so daß jeder glauben konnte, sie seien Wirklichkeiten.

Wenn aber Schiller in diesem Sinne ein Expressionist war, so ist Sternheim höchstwahrscheinlich keiner. Denn an Subjektivität mangelt es ihm wohl nicht, Phantasmagorien hat er mehr als genug in seinem Hirn, nur fehlt seinen Geschichten eine nicht unwichtige Begleiterscheinung: Sie verdichten sich nicht zu »Materialisationen«, man glaubt sie ihm nicht. Seine Stücke sind feine und originelle Erörterungen über das Leben; aber niemals das Leben selbst. Ich glaube daher, wie gesagt, daß er au fond ein Impressionist ist: der letzte, gewagteste, subtilste Ausläufer dieser geistigen Strömung, deren außerordentliche kulturhistorische Bedeutung mit ihrem heutigen langsamen Versanden ja keineswegs erschöpft ist. Er setzt in der kühnsten und abruptesten Weise Tupfen neben Tupfen, Point neben Point, Pointe neben Pointe. Er arbeitet fast wie der Schreibhebel eines Morsetasters, Punkt – Strich – Strich – Punkt: Fehlt leider nur das geistige Band (nicht immer, aber oft) oder, um im Bilde zu bleiben, das Telegraphenband, das uns eine zusammenhängende Depesche vermittelt. Und so ist denn auch seine Gedrängtheit, sein kurz angebundener Signal- und Kommandoton etwas mehr Äußerliches; man könnte sagen: Er ist in knapper Form weitschweifig, indem er immer wieder die gleichen Motive wiederholt, aber in einem Stakkato, das über diese innere Breite täuscht. So fletchert er denn auch in *1913* einen ganzen Abend lang immer dasselbe, freilich stets nur in ganz kleinen Bissen. Dieser immer wiederkehrende Refrain ist der Kampf gegen den Materialismus und Mammonismus des Deutschland der Vorkriegszeit. Eine hohe Geistigkeit, ein starker und gespannter Impetus ist dieser vieraktigen Polemik gewiß nicht abzusprechen. Aber man hat dazwischen doch den Eindruck, daß der Dichter selber von dieser Geldsatyriasis irgendwie angesteckt ist, da er fortwährend von derselben monomanischen Leidenschaft um dieses Thema herumgejagt wird. Er erinnert darin fast an jene Frauen, die zwar ihr ganzes Leben lang »anständig« sind, aber nur um den Preis, daß sie ihr ganzes Leben lang mit Entrüstung von »Unanständigkeiten« reden dürfen.

Mir scheint überhaupt, daß die ganze geistige Einstellung der Heutigen, die sich mit Vorliebe auf das Evangelium berufen, auf einem Mißverständnis beruht. Allerdings hat Jesus die Armen den Reichen vorgezogen, indem er in einem bekannten Gleichnis sagte, ein Reicher könne nicht ins Himmelreich kommen. Aber dieser Ausspruch hat durchaus keine sozialistische Pointe. Die Armen kommen eher ins Himmelreich als die Reichen, weil bei ihnen die Vorbedingungen für ein göttliches, dem Mammon abgewendetes Leben günstiger sind. Ein Reicher wird sich, ob er will oder nicht, mit seinen irdischen Gütern befassen müssen; der Arme ist in der glücklichen Lage, solche von Gott ablenkenden Dinge nicht zu besitzen. Der Sozialismus will aber, ganz im Gegenteil, die Armen allmählich in die Vorteile einsetzen, die heutzutage nur die Reichen genießen; und er will, daß jeder Mensch, ob arm oder reich, arbeite. Jesus hingegen stellt die Lilien auf dem Felde und die Sperlinge auf dem Dache als Vorbilder hin. Er weiß, daß im »Segen der Arbeit« ein geheimer Fluch verborgen ist: die Gier nach Geld, nach Macht, nach Materie. Der Sozialismus will die Armen reich machen; Jesus will ganz im Gegenteil die Reichen arm machen; der Sozialismus beneidet die Reichen, Jesus bedauert sie; der Sozialismus will, daß womöglich alle arbeiten und besitzen, Jesus sieht den idealen Gesellschaftszustand darin, daß womöglich niemand arbeitet und besitzt. Und damit berühren wir die eigentliche Stellung Jesu zur sozialen Frage: Er lehnt sie einfach ab. Für ihn sind Dinge wie Güterverteilung, Besitz, gerechte Ordnung der Erwerbsverhältnisse das, was die Stoiker ein »Adiaphoron« und die Mathematiker eine »quantité négligeable« nennen: Sie gehen ihn gar nichts an. Er erblickt seine Mission darin, die Menschen zum Göttlichen zu führen, ein sozialer Reformator hat es aber immer nur mit der Welt zu tun. Es ist daher die größte Blasphemie, die man gegen Jesus begehen kann, wenn man ihn in eine Reihe mit jenen Zwerggeistern stellt, die die Menschheit auf nationalökonomischem Wege erlösen wollten! Er ist von allen diesen nicht dem Grad, sondern der Art nach verschieden. Seine Wohltaten waren geistige, nicht materielle, und man kann ihn mit solchen Volksmännern überhaupt gar nicht vergleichen, sowenig wie etwa die Schöpfungen eines Dante oder Kant mit denen eines Marconi oder Edison. Jesus hat niemals gegen jene Mächte gekämpft, die der Gegenstand moderner Sozialpolemik sind, wie Bourgeoisie, Bureaukratismus, Kapitalismus und dergleichen, weil ihm alle diese Dinge viel zu gleichgültig waren. Er hat immer nur einen Feind erbittert bekämpft: den Teufel im Menschen, den Materialismus. Aber unsere aufgeklärte Zeit glaubt ja nicht mehr an den Teufel, weil sie ihm derart verfallen ist, daß sie ihn gar nicht mehr sieht; und der »Geist« des Materialismus herrscht heute unter den Enterbten genau so wie unter den Besitzenden. Die einen haben Geld, die anderen haben noch keines; aber um Geld dreht es sich da wie dort. Heute würde Jesus nicht mehr sagen: »Selig sind die Armen«, denn diese sind heute ebenso unselig geworden wie die Reichen – dank den sozialistischen Theorien, die die degenerierte Plattheit unserer Tage aus seinen Worten herausgelesen haben.

III.

Literaturpolizei

Der Dichter

Zu allen Zeiten hat es gewisse merkwürdige Geschöpfe gegeben, die uns wie ein Affront gegen die Naturgesetze erscheinen. Sie haben Eigenschaften, die paradox und gegen die Regel sind. Sie widerlegen durch ihre Existenz unsre peinlichsten und zugleich sichersten Erfahrungen.

Zum Beispiel: Jeder Mensch weiß ganz bestimmt, daß er auf der Welt allein ist. Wir leben alle im Exil. Die Natur ist stumm, aber die Menschen um uns sind es nicht minder. Fast niemals gelingt es, daß ein Mensch sich dem andern begreiflich macht. Wir mißverstehen uns alle. Unsre Reden sind schwerfällig, weitschweifig, gekünstelt und unzutreffend. Der Weg von Berlin nach New York ist kurz und leicht, aber der Weg von mir zu meinem Freunde, der neben mir sitzt, ist Millionen Meilen weit, und ich werde ihn nie zurücklegen. Wir haben das Grammophon erfunden, das jede Schwingung unsrer Stimme wiedergibt, aber dieser geheimnisvolle Apparat ist uns nur eine Quelle der Melancholie und Beschämung, denn wir müssen erkennen, daß wir selbst kein ebenso exaktes Instrument unsrer Seele sind, das die Schwingungen des Geistes und Gemütes genau wiederzugeben vermöchte. Wir sind niemandes Freund und niemandes Feind. Bisweilen machen wir einige krampfhafte Versuche zur Liebe oder zur Freundschaft, oder wir greifen in unsrer Ratlosigkeit zum Haß, indem wir glauben, er sei eine etwas handlichere Sache als die Liebe. Aber auch der Haß mißlingt uns. Wir bleiben allein. Und doch gibt es nichts, das unsrer Natur mehr zuwider wäre als die Einsamkeit.

Nun aber erscheinen von Zeit zu Zeit jene merkwürdigen Geschöpfe und machen sich zu unsern Wortführern und Geschäftsträgern. Sie zeigen die geheimen unsichtbaren Brücken, die nun dennoch die einzelnen Menschen untereinander verbinden, und sie errichten allgemeine geistige Verkehrsstationen, wo die ganze Menschheit zwanglos zusammenkommen kann. Sie enthüllen das große Allgemeine, das jedem von uns mit jedem andern gemeinsam ist und das uns sogar zu Kameraden der Steine, Pflanzen und Tiere macht.

Denn sie sehen feinere Abstufungen und Übergänge. Es soll Tiere geben, die noch jenseits des Spektrums Farben wahrzunehmen vermögen; ebenso sehen auch diese sonderbaren Menschen ein Ultrarot und ein Ultraviolett, das andre Augen nicht sehen können, und sie haben noch dazu die Kraft, andern diese Farben zu beschreiben. Ihr Auge ist ein kompliziertes physikalisches Laboratorium. Es ist Teleskop, Mikroskop und Röntgenapparat. Vor allem aber verrichtet es die Funktionen eines Stereoskops. Der Mensch, dieser berufsmäßige Mißversteher, sieht jedes Ding nur von einer Seite. Es ist ihm unmöglich, anzunehmen, daß ein Ding noch andre Seiten haben könne als diejenige, die seinem Blick gerade zugekehrt ist. Er weiß nicht, daß es ein Vorn und Hinten, ein Rechts und Links, ein Oben und Unten gibt. Manche sind so begabt, daß sie einmal diese und ein andres Mal jene Seite desselben Dinges wahrnehmen

können. Aber jene seltenen Geschöpfe, von denen wir sprechen, haben die Gnade, gleichzeitig alle Seiten zu sehen. Sie
wissen, daß auf dieser Kugel alles rund ist und unendlich
viele Seiten und Ecken hat. Sie sehen Körper, wo andre nur
Linien und Flächen sehen. Sie sehen alles. Gleich den En-
geln der Kabbala sind sie ganz mit Augen bedeckt. Daher
beginnen sich die Menschen zu verstehen und zu lieben,
wenn ein solcher Geist in die Welt tritt und es übernimmt,
die Beziehungen zwischen ihnen herzustellen. Dies ist
höchst paradox, denn es widerspricht der tiefsten und innerlichsten Erfahrung, die wir jemals gemacht haben: dem
Gesetz von der Undurchdringlichkeit der Geister.

Wir haben längst erkannt, daß nichts Neues gedacht und
empfunden wird. Ja, wir können uns nicht einmal denken,
daß es jemals neue Gedanken und Empfindungen gegeben
hat. Neu ist hier für uns eine ebenso unvollziehbare Vorstellung wie: Endlichkeit von Raum und Zeit.

Aber die irdischen Dinge führen ein sonderbares Doppelleben. Sie haben gleichsam einen Januskopf. Mit der
einen Hälfte ihres Doppelantlitzes blicken sie in die Welt
der landläufigen Werte und Meinungen, die Welt der Schule
und der Straße. Dieses Antlitz, das sie den meisten Menschen zukehren, trägt altersgraue, gelangweilte und alltägliche Züge. Es scheint jedem Denker zuzurufen: Wozu die
Mühe? Alle Möglichkeiten waren schon durchgedacht, ehe
deine Vorfahren zu denken anfingen, und der einzige Lohn,
den deine fieberhafte Gehirnarbeit dir bringen kann, ist die
beschämende Entdeckung, daß du ein unfreiwilliger Plagiator gewesen bist.

Aber daneben haben dieselben Dinge noch ein andres Antlitz, das dem gewöhnlichen Leben abgekehrt ist und vergeistigtere Züge trägt. Wer in diese Hälfte des Januskopfes blickt, der erkennt, daß es auch im Gedankenleben etwas wie ein zweites Gesicht gibt. Er liest dieselben uralten Hieroglyphen, er formt dieselben uralten Gedanken, aber jedes Wort, das er spricht, hat nun seine neue Tiefe. Kein Satz ist so vulgär, banal und abgebraucht, daß er nicht in einem solchen Munde zu einer neuen, überraschenden Erleuchtung würde. Ein solcher Mensch spricht unbekümmert alles aus, was er empfindet, und denkt nicht einen Augenblick darüber nach, ob es schon vor ihm gesagt wurde, ja er scheut nicht einmal vor einem wissentlichen Diebstahl zurück. Er weiß, daß er nichts Altes sagen kann, weil die ältesten Worte auf seinen Lippen neu und jung werden. Er sieht mit verjüngenden und verjüngten Blicken auf die alten Dinge, und indem er uns lehrt, ebenso zu sehen, erweckt er in uns die optische Täuschung, als sei eine neue Entdeckung gemacht.

Wahrscheinlich hat jedermann die mehr oder minder dunkle Empfindung, daß alle Dinge in solcher Weise doppelseitig sind, indem sie teils generelle Züge tragen, die alle kennen, und teils individuelle Züge, die stets nur einem einzigen bekannt sind. Vielleicht hat jeder Mensch sein eigenes, persönliches, durchaus singuläres Bild von jedem kleinsten Ding. Aber nur bei jenen seltsamen Geschöpfen, von denen wir reden, reicht diese Erkenntnis bis in die Sphäre der sichtbaren Zeichen. Wie sie es zuwege bringen, diese durchaus einzigartigen Beobachtungen ungefährdet in das abstrakteste, unpersönlichste und toteste Medium: das

Wort hinüberzuleiten, das weiß niemand und sie selbst am allerwenigsten.

Kurz: Was sie tun, ist durch und durch paradox. Sie sind irrationale Größen. Sie sind wahre Arsenale von Absonderlichkeiten. Man könnte fast sagen: Sie stehen zu allen Kräften und Erscheinungen in einem völlig widernatürlichen Verhältnis. Zum Beispiel: Sie haben eine leidenschaftliche Liebe zur Wahrheit, und zwar zur Wahrheit um ihrer selbst willen. Es gibt sehr viele Menschen, die die Wahrheit lieben und schätzen. Es ist klar, daß jeder kluge Mensch der Wahrheit unbedingt den Vorzug geben wird, denn er hat erfahren, daß sie das bequemste, billigste und sicherste Verkehrsmittel ist. Andre reden die Wahrheit aus Stolz, weil ihnen keiner wert scheint, angelogen zu werden. Wieder andre lieben die Wahrheit aus Eitelkeit: Sie haben die instinktive, dunkle Empfindung, daß jeder verlogene Mensch eine Art Karikatur ist. Viele dienen der Wahrheit aus Gehorsam gegen bestimmte religiöse oder ethische Gebote. Aber jene merkwürdigen Geschöpfe suchen die Wahrheit, weil sie sie an sich für das Höchste halten, das allem andern in der Rangordnung unbedingt vorauszugehen hat, ja das allem andern erst seinen Rang zuweist.

Aber trotz allen ihren Absurditäten erscheinen uns diese Menschen selbstverständlicher und positiver als alles andre, ja als wir selbst. Sie arbeiten mit Kräften und Tatsachen, die für die konkrete Empirie scheinbar ohne Bedeutung sind, und dennoch können wir uns gar nicht vorstellen, wie wir ohne sie auskommen könnten.

Man nennt sie Dichter.

Nach alledem könnte es nun scheinen, als ob der Dichter eine Art übermenschliches Wesen sei, eine besondere Organisationsform, eine höhere Spezies. Diese Annahme wäre aber doch nicht richtig, denn die Dichter sind, wie wir später sehen werden, nichts andres als die Spitzen einer großen Gemeinde, die über die ganze Welt verstreut ist und einen ansehnlichen Bruchteil der gesamten Menschheit ausmacht.

Wir müssen dabei von der Überzeugung ausgehen, daß es gute und böse Menschen gibt und daß beide dies von Natur aus sind und daher in Ewigkeit wie Öl und Wasser voneinander geschieden bleiben müssen und nie zusammenkommen können. Diese Kategorien sind uralt. Zu allen Zeiten hat der weitaus größte Teil der Menschheit in irgendeiner Form an Himmel und Hölle, an Geister des Lichts und Geister der Finsternis, an gute und böse Kräfte geglaubt. Wir müssen uns schon aus diesem Grunde fragen, ob hinter diesen mehr oder weniger groben und sinnbildlichen Vorstellungen nicht irgendeine positive Erkenntnis steht. Denn man kann nicht gut annehmen, daß Bildern, die fast allen Menschen mit größerer oder geringerer Deutlichkeit vorschweben, die also zweifellos in unsrer Naturanlage organisch begründet sind, keine bestimmte Wahrheit entspricht. Es handelt sich hier nicht nur um Fragen nach Jenseits und Unsterblichkeit. Diese Fragen sind sekundär. Die Frage, die ihnen vorangehen muß und von der allein sie ihr Licht empfangen können, lautet: Wie lebt die Seele in dieser Welt? Und dies ist gleichbedeutend mit der Frage: Gibt es gute und böse Götter, die uns regieren, und gute und böse Menschen?

Eine solche Fragestellung gilt seit einiger Zeit in manchen Kreisen als vorurteilsvoll und kindisch. Viele halten das ganze Problem für überwunden. Sie sagen: Die moderne Psychologie und Physiologie hat längst mit diesen Kategorien aufgeräumt, denn sie sind lebensfremd und abstrakt. Jeder Mensch ist teils gut, teils böse. »Gut« und »böse« sind zwei begriffliche Extreme, zwischen denen die Wirklichkeit liegt. Die Natur zeigt nirgends Sprünge. Es gibt bestenfalls nur Übergänge, Grade und Differenzen. Nach dieser Theorie handelt es sich also bei Gut und Böse nur um psychologische Integrale, und der ganze Dualismus fällt in sich zusammen.

Aber so plausibel diese Darlegungen auch klingen: Sie sind doch nichts andres als spirituelle Verirrungen. Wir hören sie und hören sie doch auch nicht. Es gibt auf dem Grunde unsers Denkens ein Wissen, das positiver und ursprünglicher ist als alle gelehrten Erkenntnisse, seien sie nun logischer oder empirischer Natur. Gerade dieses Wissen, obgleich es uns auf die einfachste und müheloseste Weise schon bei unsrer Geburt zugefallen ist, leitet uns einzig und allein, und es leitet uns am besten und sichersten. Dieses einfältige, gesunde und gradlinige Wissen, das dem gemeinen Manne ebenso eigen ist wie dem echten Gelehrten, schiebt diese psychologischen Deduktionen von sich und verharrt beim Dualismus.

Indes, man muß auch theoretisch einwenden: Übergänge zeigt die Natur freilich allenthalben, aber diese Übergänge sind ihr nicht das Wichtige. Sie sind meist nur Versuchsreihen, rudimentäre Formen, die nicht recht lebensfähig sind. Die Natur kann freilich keine Sprünge machen, und daher muß sie durch diese Übergangsformen hindurch; aber sie benützt sie nur als Hilfslinien und Notbrücken, um zu ihrem eigentlichen Ziel zu gelangen: den scharf gegliederten Gruppen und Reihen. Was sie will, sind die Unterschiede und nicht die verwaschenen Übergänge.

Der Grundtrieb der Natur ist: Gegenpole zu schaffen. Keine fruchtbare Welterkenntnis hat das jemals verkannt, und es ist vielleicht das einzige, worin alle großen Denker stets einig waren. Eine Philosophie ist in dem Maße tief und belehrend, als sie den Gedanken der Dualität erkennt, und sie ist in dem Maße flach, als sie den Gedanken der Dualität zu verwischen und aufzuheben sucht. Der moderne Monismus lehrt die Einheit von Geist und Materie, Seele und Körper und nennt alle entgegengesetzten Theorien ideologisch und wirklichkeitsfremd. Das Gegenteil ist richtig: Es gibt nichts Ideologischeres als diese Versuche, eine künstliche Einheit herzustellen, die sich nur im Begriff vollziehen läßt; und es gibt nichts Wirklichkeitsfremderes als diese Bemühungen, zwei offenkundige Realitäten zu leugnen und ein irreales Mittel- und Zwischending an ihre Stelle zu setzen.

Vielleicht ist die Vorstellung der Dualität, die alle unsre Gedanken und Bilder beherrscht, eine Beschränktheit unsers Sehvermögens. Aber es ist sicher, daß wir ohne diese Vorstellung jede Balance verlieren würden. Und dies gilt ganz besonders auf dem Gebiet der Ethik. Es ist notwendig, daß wir an die Existenz guter Menschen glauben, um überhaupt leben zu können; aber es ist ebenso notwendig, daß wir an die Existenz böser Menschen glauben, um nicht in einen unfruchtbaren ethischen Nihilismus zu versinken. Man zeige mir einen ethisch hochstehenden Menschen, der nicht andre Menschen, ja ganze Menschengruppen gehaßt hätte. Selbst Jesus hat nicht alle Menschen geliebt.

Wir sagten vorhin, die Dichter seien nichts andres als die Spitzen einer großen Gemeinde, die über die ganze Erde verbreitet ist. Diese Gemeinde sind die Guten. Denn jeder Mensch ist genau in dem Maße gut, in dem er ein Dichter ist. So kann man denn diese Gemeinde der Guten die latenten oder potentiellen Dichter nennen, oder, um ein Bild zu gebrauchen, die encystierten Dichter. Denn diese Menschen sind von einer zähen Hülle umgeben, die sie nicht zu sprengen vermögen. In dieser Hülle aber steckt ein Dichterembryo. Sie sind Genies, die nie zur Entwicklung gelangen. Die Dichter sind nur in actu, was diese andern in potentia sind.

Jeder Mensch, dem irgend etwas wichtiger ist als er selbst, ist eine Art Dichter. Der Förster und sein Wald, die Mutter und ihr Kind, der Künstler und sein Vorwurf, der Forscher und sein Gegenstand, Cato und Rom, Bismarck und Deutschland, Jesus und die Menschheit – das alles sind nur Grade.

Jeder Mensch bleibt eine Zeitlang im Stofflichen befangen. Aber sein Schicksal und sein Rang entscheidet sich dadurch, ob jemals die schwerwiegende Frage an ihn herantritt, die eigentliche Genie-Frage: Wie kann ich die Menschen ein Stückchen weiterbringen? Ob er dieses Ziel erreicht, ist ja sehr zweifelhaft. Vielleicht erreicht es niemand. Vielleicht gibt es wirklich nur »Veränderung«. Trotzdem ist in dieser bloßen Fragestellung schon ein Funken Genialität. Jeder Mensch, dessen Entwicklung von dieser Frage be-

herrscht und geleitet wird, ist ein kleines Genie. Der amerikanische Wanderprediger, der, erfüllt von seinen einseitigen
Weltverbesserungsideen, von einem schmutzigen Dorf zum
andern zieht, ist ein kleines Genie. Der hysterische Mönch,
der sein ganzes Leben dem selbstquälerischen Gottesdienst
gewidmet hat und von seinen Gebeten die Rettung der übrigen Menschheit erhofft, ist ein kleines Genie. Der Volks-
aufwiegler, der den Massenstreik organisiert, ist ein kleines
Genie. Der Religionsstifter, der Revolutionsheld, der Erfinder, der Dramatiker – sie sind Genienaturen einer Art,
wenn auch verschiedenen Grades, sofern sie unter diesem
Prinzip stehen. Welche Mittel sie bei ihrer Arbeit verwenden und welche Geschicklichkeit sie in der Anwendung
ihrer Mittel besitzen, ist Sache ihres persönlichen Talents.
Aber ihre Genialität besteht darin, daß sie diese Mittel bestimmten idealen Werten dienstbar machen.

In jeder Matrosenschenke, in jedem Gebirgsdorf kann
man einen solchen stummen Dichter finden. Man erkennt
ihn leicht an der wohlwollenden und mitleidigen Geringschätzung, mit der ihn die andern behandeln. Am relativ
seltensten wird man ihn in der sogenannten Mittelklasse
finden.

Diese Menschen sind keine eigentlichen Dichter, aber sie
wirken fast immer poetisch. Poetisch ist ja im Grunde
nichts als ein andrer Ausdruck für vergeistigt. Darum hat
dieser Begriff keine sichtbaren Grenzen und keine Gebiete,
auf die er sich ausschließlich anwenden ließe. Man kann ihn
nicht willkürlich auf eine bestimmte menschliche Ausdrucksform beschränken, die ihrer Natur nach nicht tiefer
und wertvoller zu sein braucht als jede andre.

Frauen und Kinder wirken zumeist poetisch. Das kommt daher, daß sie sich einer Sache – und sei sie noch so kindisch und unbedeutend – viel unmittelbarer und vollkommener hingeben können als viele Männer. Auch ein Tier und eine Pflanze erscheint uns viel leichter poetisch als ein Mensch. Wälder und Wiesen, Ströme und Gebirge haben nie ein un- poetisches Antlitz. Das liegt daran, daß diese Dinge niemals bloß für sich selbst da sind, sondern immer noch außerdem im Dienste einer uns unbekannten größeren Kraft stehen.

Die ganze Natur ist durch und durch idealistisch, und sie gestattet nicht, daß irgend jemand ohne Schaden sich dem widersetzt. Sie hat das – vielleicht grausame – Gesetz, daß sie nur idealistischen Bestrebungen dauernden Erfolg verleiht. Sie ist darin ganz unerbittlich. Der Idealist – ich nehme das Wort hier nicht in seiner philosophischen, son- dern in seiner populären Bedeutung –, der Idealist also bringt scheinbar lauter Opfer, und scheinbar lauter über- flüssige, während flache und rohe Lebensmenschen eine Zeitlang auf seine Kosten leben. Vielleicht leidet er auch in der Summe weit mehr, als er genießt. Aber er ist der Le- bensfähigste. Die andern gehen früher oder später am Le- ben zugrunde: eben weil sie es um jeden Preis beherrschen wollten und daher unmerklich in seine strudelnden Kreise gerieten, während der Idealist an seinen Idealen, diesen scheinbaren Blendern und Schädigern, einen lebenserhal- tenden Motor hat. Seine Ideale lassen ihn nicht sterben. Sie sind sein Lebensgeist, sein Pneuma.

Fast alle Idealisten sind langlebig. Sterben sie vor der Zeit, so ist das ein Zufall, eine Monstrosität, wie sie ja in der Natur zuweilen vorkommt. Jeder Mensch lebt so lange, als er etwas zu tun hat. Wir können uns nicht denken, daß Bismarck vor dem Jahre 1871 hätte sterben können. Aber das gilt nicht bloß von den Großen, es gilt auch von den Kleinen. Was für Bismarck die Idee der deutschen Einheit ist, das kann für einen andern ein Blumengarten, ein geliebter Mensch oder eine Taubstummenschule sein. Ideale sind bessere Lebenselixiere als alle Tinkturen, Kurorte und Professorenkonzilien der Welt.

Idealismus ist das Geheimnis der Macht über die Dinge, denn nur durch Idealismus sind wir imstande, in das Innere der Dinge einzudringen. Der nüchterne Eigennutz hat keinerlei Zugänge zu den Mysterien der umgebenden Welt. Daher ist es bei begabten Naturen der instinktive Selbsterhaltungstrieb, der sie dem Idealismus zuführt.

Idealismus ist eine präformierte Charakteranlage und daher im letzten und höchsten Sinne Wille. Wie jeder Wille ist er eine bestimmte Geistesform, die sich weder künstlich erzeugen noch anlernen läßt. Idealist ist man, oder man ist es nicht: Der Idealist wird geboren. Daher also können die Bösen und die Guten niemals zusammenkommen, denn sie sind in der Wurzel geschieden.

Idealismus ist Wille, und zwar Wille in der gebieterischsten Form. Nun hat sich ja allerdings die merkwürdige Ansicht Geltung verschafft, der Idealist – und insonderheit seine Haupttypen: der Dichter, Künstler, Gelehrte – sei ein Träumer. Der »Gedankenheld« weiß nichts vom Leben und ist in allen Fragen des Tages ein hilfloses Kind, eine Beute der »praktischen« Naturen. Diese Idee gehört in die Gruppe jener vollendeten Unwahrheiten, die so lange in gedankenlosen Köpfen kursiert haben, bis man sie für wahr genommen hat. Sie dürfte durch zweierlei entstanden sein: erstens durch die verlogenen Lebensbeschreibungen, verlogenen Wandbilder, verlogenen Gedichte, die das Leben des Philisters umgeben, und zweitens durch die Eitelkeit eben desselben Philisters, der doch wenigstens etwas vor den »Geistern der Nation« voraushaben möchte und daher eine saubere und genaue Teilung vorgenommen hat: Im Reich des Geistes bist du der Herr; im Praktischen, im wirklichen Leben bin ich dir über. Nicht ohne einen verächtlichen kleinen Seitenblick, der ungefähr soviel besagen will wie: Deine Dichterei ist ja ganz hübsch, aber was nützt sie dir? Auf diese Art hat man sich daran gewöhnt, im Dichter eine Art Idioten besserer Kategorie zu sehen, der eigentlich eine sehr jämmerliche und lächerliche Figur wäre, wenn er nicht zufällig ein paar Bücher geschrieben hätte, die der Hundertste liest und der Tausendste versteht.

Zu alledem kann man nur sagen: Wenn ein Idealist ein Geschöpf ist, das blind und stumpf durchs Leben geht, dann müßten nicht die Dichter, sondern die dümmsten und ordinärsten Menschen die größten Idealisten sein; und wenn Idealismus den Mangel an Umsicht und praktischer Weltklugheit in sich schließt, dann waren weder Goethe noch Schiller, weder Kant noch Schopenhauer und überhaupt die wenigsten bedeutenden Menschen Idealisten.

Wenn jemand in seinen häuslichen und ökonomischen Verhältnissen ungeordnet ist, so ist das unter allen Umständen ein persönlicher Defekt, vielleicht ein verzeihlicher, aber keinesfalls etwa deshalb verzeihlich, weil dieser Jemand ein Dichter ist. Wenn es auch allerdings selten vorgekommen ist, daß Dichter und Deuter sich große Vermögen erwarben oder sehr hohe Staatsstellungen bekleideten, so muß man doch hierbei sehr wohl zwischen Nichtwollen und Nichtkönnen unterscheiden. Es ist freilich nicht gut möglich, daß jemand gleichzeitig Tragödien schreibt und Fabriken leitet, Philosophie treibt und Staatsaktionen durchführt, wenn er nämlich beides gründlich nehmen will. Aber man darf daraus noch lange nicht folgern, daß es sich hier um Fähigkeiten handelt, die einander ausschließen. Es ist überhaupt mit allen diesen Fächerungen etwas sehr Mißliches: Sie nehmen sich auf dem Papier sehr gut aus und dienen dem allgemeinen menschlichen Generalisationstrieb, der sehr oft nichts weiter ist als Denkfaulheit; aber die Wirklichkeit geht meistens andre Wege.

Thales inszenierte einmal mit Erfolg eine Art Öltrust: Er tat dies nicht aus Gewinnsucht, sondern um zu beweisen, daß der Philosoph sehr gut die kaufmännischen Dinge beherrschen könne, während das Umgekehrte nicht der Fall sei. Friedrich der Große war einer der feinsten Schriftsteller seiner Zeit. Schiller war ein Finanzgenie. Als eine Bank, bei der Schopenhauer hohe Depots hatte, fallierte, war Schopenhauer der einzige, der durch ein höchst geschicktes Manöver seine ganze Einlage rettete. Kant, der von Bettlern abstammte und sein Leben lang von Büchern und Kollegien ein Bettelhonorar bezog, brachte es dennoch durch kluge Transaktionen zuwege, daß er bei seinem Tode ein ansehnliches Vermögen hinterlassen konnte. Bacon, Locke, Leibniz hatten verantwortungsvolle Staatsposten inne. Thoreau hatte eine Bleistiftfabrik. Shakespeare war Bodenspekulant. Tizian war ein gerissener Holzhändler. Und so weiter.

Es wäre auch ganz absurd, wenn es anders wäre. Warum sollte ein bestimmtes Maß an organisatorischer Kraft und psychologischem Scharfblick, das gewöhnlich für Dramatik oder Vernunftkritik verwendet wird, plötzlich versagen, wenn es auf Handel oder Politik angewendet werden soll? Der Feldherr, der Dramatiker und der Kaufmann haben im Grunde dasselbe Thema. Es hat keinen Sinn, zwischen der Tätigkeit eines Napoleon und eines Shakespeare einen essentiellen Unterschied zu machen.

Aber lassen wir die Heroen und wenden wir uns zu den kleinen Wirkungskreisen. Es ist klar, daß auch hier Idealismus etwas Aktives ist. Ein Schwätzer oder Träumer ist niemals ein Idealist, sondern ein Schwächling und Schwachkopf. Es ist ein gleich niedriges Schauspiel, wenn geistlose und ordinäre Menschen mit ihrem »Realismus« großtun und wenn unfähige und schlappe Naturen sich als »Idealisten« aufspielen. Und es ist nur gerecht, wenn ein solcher Realist der Verachtung und ein solcher Idealist der Lächerlichkeit verfällt.

Der echte Idealismus ist nichts Weltfremdes und Abstraktes; er blickt nicht verächtlich und selbstgefällig aus unnahbaren Gedankenhöhen auf die gemeine Welt der Wirklichkeiten, sondern er hat einen unwiderstehlichen Zug zum Wirken und Handeln. Der echte Idealist hat einen wahren Paroxysmus, seine Ideen durchzusetzen. Nur der falsche Idealismus des Verkümmerten rächt sich an der Realität, mit der er nicht fertig wurde, durch dunkle und geringschätzige Reden. Einen einzigen Fall allerdings müssen wir gerechterweise ausnehmen. Es gibt in der Tat einige wenige Menschen, die wirklich mit dem realen Leben nichts anzufangen wissen, weil sie in Bezug auf Reinheit, Schönheit und Vornehmheit gewissermaßen hyperästhetisch sind. Jedoch diese Menschen sind viel seltener, als man glaubt, und man würde gut tun, immer erst sehr genau und lange nachzuprüfen, ehe man einen Menschen in diese Ehrenklasse einreiht.

Überhaupt: Wenn man die Begriffe Realist und Idealist richtig faßt, so decken sie sich; wenn man sie falsch faßt, so fallen sie auseinander und können im Munde eines vernünftigen Menschen nur Schimpfworte bedeuten. Die Menschheit ist niemals realistisch oder idealistisch: Sie ist immer beides zugleich. Bisweilen scheint es, als habe die eine Richtung die andre dauernd verdrängt; aber als geheime Unterströmung besteht jene doch fort. Der Realismus ist die Kraft, die das Leben auf eine höhere Stufe hebt und ihm einen tiefern Sinn gibt. Der Realismus macht das Leben möglich, der Idealismus macht das Leben erträglich. Und die Natur hat die merkwürdige und wunderbare Fähigkeit, diese beiden Kräfte im steten Gleichgewicht zu halten und immer die eine gegen die andre auszuspielen. Vor etwa hundert Jahren befand sich das deutsche Geistesleben in einer eigenartigen Krise. Das öffentliche Leben konnte den geistigen Potenzen keine Nahrung und kein Arbeitsfeld bieten. Die Folge war bei den hervorragenden geistigen Kapazitäten eine lebhafte und bewußte Abkehr von der Außenwelt und eine liebevolle und tiefe Versenkung in das Innenleben: Dies wurde die Parole des Zeitalters. So kam es, daß in dieser Zeit Deutschland einen außerordentlichen politischen Tiefstand und zugleich den Höhepunkt seines geistigen Lebens erreichte. Aber hier lag auch eine große Gefahr. Alles drohte sich zu vergeistigen und in reine Begriffe und Ideen zu sublimieren. Die Welt war im Grunde nichts mehr als ein bloßer Schattenwurf des Geistes, eine Realität zweiter Ordnung, eine Illusion. Aber in demselben Augenblick erschienen Männer wie Napoleon, Goethe und Humboldt und lenkten die Blicke wieder auf die konkrete Welt. Und umgekehrt: Wenn die menschliche Gesellschaft sich in eine große Fabrik oder Aktiengesellschaft zu verwandeln droht, so schickt die Natur immer wieder einige auserlesene Männer, die der Welt der Dividende den Krieg erklären und mit der Kraft ihres Herzens alle geltenden Werte ins Schwanken bringen. Nirgends hatte der Materialismus gefahrdrohendere Dimensionen angenommen als in Amerika, aber auch nirgends sind so begeisterte Dichter und Denker als Vorkämpfer der idealistischen Weltanschauung erschienen wie dort.

Wir müßten nun wohl auch ein Wort über die Bösen reden. Aber diese sind schwer zu charakterisieren, denn sie haben eigentlich nur negative Eigenschaften. Sie sind die Ungenialen, die Menschen ohne Dichterkeim, die Nichtidealisten, die Unpoetischen. Sie sind unsicher. Sie haben stets ein heimliches, tastendes Wesen, als ob sie etwas zu verbergen und zu vertuschen hätten. Sie sind von der Natur abgefallen, und da sie dies dunkel fühlen, so haben sie fortwährend ein schlechtes Gewissen. Sie sind fortwährend in Fechterstellung. Das kleinste Geräusch erschreckt sie. Sie suchen zwar zumeist ihre ängstliche Unsicherheit durch ein besonders dreistes und aggressives Wesen zu verhüllen, aber ihre Dreistigkeit ist die eines Schauspielers, der aus Lampenfieber übertrieben lebhafte Bewegungen macht.

Sie sind häßlich. Schon ihre Gesichter haben einen sonderbar gespannten, verzerrten Ausdruck. Sie sind unglücklich. Weil sie sich keiner Stunde voll hingeben können, darum gehört auch keine Stunde ihnen. Sie sind krank. Sie sind Mißbildungen, Freaks, pathologische Probleme. Sie sind lächerlich. Sie sind verzeichnet, krumm, Karikaturen der Natur. Sie sind unbedeutend. Sie sagen und denken nie etwas von Belang, weil sie selbst nicht von Belang sind.

Weil sie nicht unter der Herrschaft einer Idee stehen, darum sind sie ohne Balance und innere Selbstregulierung. Sie haben sich ganz auf sich selbst und die ohnmächtigen Kräfte ihres kleinen Einzelorganismus gestellt, statt die gesamten Kräfte des Weltalls zu Hilfe zu rufen, was jeder Idealist tut. Daher kann man sagen: Sie sind vor allem dumm. Sie sind Lebensanalphabeten. Sie sind Dilettanten. Sie sind ihr ganzes Dasein lang in irgendwelchen plumpen Versuchen befangen, die sie Macht oder Reichtum nennen, und daher zeit ihres Lebens grenzenlos borniert, und sie sterben, ohne den Sinn des Lebens erkannt zu haben. Sie verstehen die Menschen nicht, denn sie haben keine Brücken zu ihnen. Sie verstehen die Natur nicht, denn sie wissen nicht, daß die Natur idealistisch ist.

In der Tat besteht ein bestimmtes Wechselverhältnis zwischen Güte und Intelligenz. Dies zeigt sich schon im Tierreich. Die intelligentesten Tiere – Elefanten und Hunde – sind auch die gutmütigsten, und die Bosheit des Affen ist mehr sprichwörtlich als wahr, denn sie ist nichts andres als Spieltrieb und Humor, eine Eigenschaft, die stets Güte voraussetzt. Und was die Menschen betrifft, so gibt es sicher eine bestimmte Stufe der Intelligenz, auf der es schlechthin nicht mehr möglich ist, anders als gut zu sein. Dabei darf man freilich nicht an Sentimentalität denken. Sentimentalität und Güte sind Gegensätze. Das hat niemand deutlicher bewiesen als Nietzsche.

Ebenso wie Intelligenz und Güte sind auch Dummheit und Bösartigkeit bis zu einem gewissen Grade korrespondierende Erscheinungen. Die sprichwörtliche Doppeleigenschaft »dumm und gutmütig« ist in der Empirie selten. Ausgesprochen dumme Menschen sind niemals wirklich gutmütig. Wie wäre das auch möglich? Sie sehen viel zu wenig Beziehungen, als daß sie liebevoll und gütig sein könnten. Sie sind zu blind und beschränkt, um das Recht im Unrecht zu erkennen und daher andern Menschen Geltung einzuräumen. Auch sind sie viel zu sehr damit beschäftigt, ihre eigene Dummheit möglichst ungefährdet durchs Leben zu lotsen, als daß sie die Zeit fänden, sich um andre zu bekümmern.

Aber kehren wir zu den Dichtern zurück. Wir sagten vorhin, daß sie in der Gruppe der Guten eine Sonderstellung einnehmen. Und zwar tun sie das durch zweierlei. Zunächst: Sie haben die Gabe des Realisierens. In den übrigen Menschen ihres Schlages schlafen die Dichtungen einen tiefen, ewigen Schlaf, den kein noch so lauter Weckruf von draußen erwecken kann. Auch die andern sind Dichter, aber stumme, hilflose Dichter, Dichter ohne Organe. Diese wenigen Ausnahmenaturen aber haben die erstaunliche, ja paradoxe Fähigkeit, Dichtungen in Taten umzusetzen, Phantasien zu Körpern zu verdichten. Sie sind die großen Verwirklicher und Umsetzer. Sie sind vielleicht die einzigen positiven Größen in einer Welt, in der alles vorgestellt und relativ ist. Sie sind eine Art Zauberer. Auch sind die Vorstellungen bei ihnen keineswegs so vage wie bei den andern. Sie erleben, was die andern träumen. Worin sonst sollte wohl der Unterschied liegen? Die Welt war zu allen Zeiten voll von Heilanden, und doch gibt es nur einen Heiland, weil es nur einen gab, der diese Dinge nicht träumte, sondern erlebte.

Sodann: Die Fähigkeit der Assoziation ist bei ihnen weit höher entwickelt. Sie sehen mehr Verbindungsmöglichkeiten als die andern. Die Phantasie des Dichters ist nichts andres als eine unter vervielfachtem Hochdruck arbeitende Gehirntätigkeit. Phantasie, die anders arbeitet, ist leer. Um es physiologisch auszudrücken: Der Dichter exzelliert durch die Fähigkeit, auf einen empfangenen Reiz komplizierter, reichhaltiger und intensiver zu reagieren. Seine Apperzeption arbeitet fleißiger und beziehungsvoller. Mit einem Wort: Er hat mehr innere Selbsttätigkeit. Dies ist das Gemeinsame eines Kant, Shakespeare, Bismarck und Helmholtz.

Daher die vielbestaunte Gabe der Dichter, allerlei zu erraten, aus Rudimenten Totalitäten zu machen. Daher ihre prophetischen Kräfte. Daher ihre Fähigkeit, sich in die Vergangenheit zu versetzen. Sie beweisen uns durch all dies, daß die menschliche Seele keine tabula rasa ist, wie Locke behauptet hat, sondern daß sie sich ähnlich verhält wie die Abziehbilder der Kinder, die, entsprechend angefeuchtet, allmählich zum Vorschein kommen. In uns steckt eine kolossale Summe von Vorerlebnissen, und diese können durch entsprechende Reize aus uns herausgelockt werden.

Ihr Hauptmerkmal aber ist dies: Ihr Idealismus hat ein größeres Objekt. Sie sind gewissermaßen abstrakter als die andern Idealisten. Wir Alltagsmenschen haben ein Privatherz für die Base, den Bruder, die Braut, den Kanarienvogel. Aber das wahre Genie mag nichts von diesen Privatdingen wissen. Es kennt nur einen Gegenstand zärtlicher Neigung: die Evolution der Menschheit.

Daher kommt es, daß kurzsichtige Menschen immer wieder behaupten können, zwischen den Biographien der großen Genies und dem, was diese Genies gelehrt haben, bestehe kein Einklang. Sie sagen: Diese sogenannten großen Männer waren im Grunde die größten Egoisten; sie haben ein paar schöne Kunstwerke geschaffen oder ein paar große Schlachten geschlagen, aber gute Menschen waren sie nicht.

Diese Leute gehen von der Ansicht aus: um ein guter Mensch zu sein, müsse man alle seine Schulden bezahlt und alle seine Geliebten geheiratet haben. Sie weisen darauf hin, daß Bacon als Beamter bestechlich war, daß Goethe die Friederike sitzenließ, daß Hegel seinen Kollegen Beneke hinausgebissen hat, daß Schopenhauer ein Aufwarteweib die Treppe hinunterwarf und daß Ibsen ein Grobian war.

Aber darauf läßt sich mancherlei erwidern. Zunächst: Jedes Leben setzt sich aus Handlungen zusammen, und Handlungen sind eine unsichere und zweideutige Sache. Man müßte alle Triebfedern kennen, und man kennt niemals alle Triebfedern. Zudem gehören diese Handlungen einer Vergangenheit an, die es nicht mehr gibt. Aber die Werke, die diese Männer geschaffen haben, gehören der Gegenwart und leben.

Sodann kommt auch alles auf die Beurteilungsart an. Sie waren Alkoholiker, aber vielleicht nur aus Zorn über gewisse häßliche Realitäten; sie waren treulose Liebhaber, aber vielleicht nur, weil das Weib die höchsten Anforderungen, die ihr Idealismus an den Menschen stellte, nicht befriedigte; ja sie waren sogar bisweilen Neurastheniker, aber vielleicht befähigte gerade dies sie zu feinerer Nachempfindung und unmittelbarer Erkenntnis fremder Leiden.

Und schließlich sind alle diese biographischen Fragen sekundär und äußerlich. Vielleicht hatten sie wirklich keine Zeit für die landläufige Güte. Vielleicht hatten alle diese Standpunkte einer vulgären Ethik in ihrem ethischen System keinen Platz. Überhaupt ist diese ganze Problemstellung falsch. Wenn wir Bacons Werke lesen, so sind wir nicht berechtigt zu sagen: Dieser Mann war in seiner Amtsführung nicht einwandfrei, folglich können seine Bücher keinen ethischen Wert haben. Wohl aber dürfen wir den umgekehrten Schluß ziehen, indem wir sagen: Wer die Gabe besaß, so tief in das Wesen und die Geheimnisse der Natur einzudringen, der kann kein verwerflicher Charakter gewesen sein, denn unsaubere Gesellen pflegt die Natur nicht zu ihren Vertrauten zu machen. Niemals noch hat man gehört, daß ein boshafter, geiziger, verlogener oder hochmütiger Mensch ein großer Naturforscher war. Und ebensowenig können wir uns vorstellen, daß ein Mensch, der sich durch eine solche Kühnheit und Unabhängigkeit des Denkens auszeichnete, eine gemeine Seele gehabt haben soll. Wir hören, daß Ibsen ein grober, unzugänglicher und rücksichtsloser Mensch war. Aber was soll uns dieser Klatsch? Hier sind seine Werke. Wer Ibsens Herz kennen will, der frage die kleine Hedwig Ekdal, den unglücklichen Ulrik Brendel, den Doktor Stockmann, den Kaiser Julian. Diese Gestalten sind ein größerer Beweis von Herz als liebenswürdige Reden und freundliches Benehmen.

Dem Genie ist die Menschheit wichtiger als die Menschen. Kein Einzelwesen vermag seine Liebe auszufüllen. Was kann ihm eine Gattin oder ein Sohn bedeuten? Aber gerade dadurch zeigt es, daß sein Idealismus dem aller andern Menschen ungeheuer überlegen ist. Welchen andern Sinn könnte das Wort Jesu haben: »So jemand zu mir kommt und hasset nicht seinen Vater, Mutter, Weib, Kinder, Brüder, Schwestern, auch dazu sein eigenes Leben, der kann nicht mein Jünger sein.« Das ist nicht Askese und Weltflucht: Das ist ein Wort der höchsten, der tätigsten Nächstenliebe, die nicht beim Nachbarhaus haltmacht, sondern den Planeten umspannt.

Und damit kommen wir endlich zur Wurzel der Genialität. Die geheimnisvolle Kraft, die dem Genie und nur dem Genie eigen ist, erklärt sich aus einer einfachen Tatsache. Es hat nämlich das größte Herz. Es hat mehr Herz als alle andern Menschen zusammengenommen. Darum haben seine Worte die Wirkung eines Orakels. Darum weiß es auch an jedem Ding eine neue Eigenschaft zu erblicken. Denn die Dinge pflegen sich vor einem allzu strengen Blick zurückzuziehen und zu verschließen, gleich den Schulkindern, aus denen auch mit Kälte und Schärfe selten etwas herauszubekommen ist. Das Genie folgt in seiner Methode der Natur, die ihre harten Mittel nur verwendet, wenn sie vernichten will, und alle Entwicklung durch Güte fördert: durch erfrischenden Regen, saftiges Erdreich und Sonnenlicht. Der Wärme des Dichters öffnen sich alle Dinge.

Ein Dichter ist ein Mensch, der überall Vortrefflichkeiten sieht. Er hat die Gabe, im Schlechten das Gute zu finden. Entweder entdeckt er es unter einem Überzug von Lüge, Unfähigkeit und Beschränktheit, oder er trägt es ganz einfach in die Menschen und Dinge hinein. Andre machen Abstriche und Reduktionen. Aber der Dichter setzt hinzu und vermehrt, und wenn die Dinge durch seinen Kopf und sein Herz hindurchgegangen sind, so kommen sie reicher wieder ans Tageslicht, als sie jemals vorher gewesen sind. Daher sind die Dichter die großen Entdecker und Umwerter. Ihr Blick verwandelt.

Unsre Gehirntätigkeit macht uns nicht zu Individuen; im Gegenteil: Sie ist es, die uns zu Gattungswesen macht. Wir werden noch ein paar neue Fortbewegungsarten erfinden und eine Reihe von technischen Verbesserungen an unsrer Lebensmaschine anbringen; aber das wird unsern Vorstellungskreis wohl kaum erweitern. Der fliegende Mensch wird vermutlich keine andern Gedanken haben als der Mensch vor dreitausend Jahren. Unser Gehirn ist eine uralte Sache; wir können uns gar nicht vorstellen, daß es jemals jung war. Dagegen unser Herz ist eine Sache, die sich immer erneuert und niemals wiederholt. Nur die Taten und Augenblicke der Liebe machen uns zu Individuen: In allem andern sind wir Gattung. Die Taten und Augenblicke der Liebe sind bei allen Menschen gleich und bei allen Menschen verschieden. Ihre Geschichte ist unsre Geschichte. Das Herz ist die Quelle der Originalität.

Auch die Einfachheit und Selbstverständlichkeit, die allen

Genies eigen ist, kommt daher, daß sie ihre Gedanken nicht aus dem Kopf holen, sondern aus dem Herzen: Denn das Herz kennt keine Irrtümer, keine Unsicherheiten, keine Widersprüche. Nur dadurch erhebt sich das Genie weit über das Talent: Denn das Talent macht ein Kunstwerk, aber das Genie ist ein Kunstwerk.

Diese Hypertrophie des Herzens ist die Grundeigenschaft des Genies, an der man es leicht erkennen kann und durch die es sich mit allen andern Genies auf einen Boden stellt. Alle genialen Menschen stehen miteinander in einer Art Kryptogamie. Goethe und Napoleon verstanden sich sofort. Wir legen gewöhnlich ein zu großes Gewicht auf die sekundären Merkmale, die solche Geister trennten: auf die zeitlichen, lokalen, nationalen und sozialen Gegensätze, auf die Verschiedenheit der Wirkungskreise. Aber wenn wir näher zusehen, so bemerken wir, daß sie sich im Grunde alle sehr ähnlich waren, wie etwa Angehörige derselben Familie, die bei allen persönlichen Differenzen doch schließlich dasselbe fühlen und wollen. Zwischen zwei genialen Menschen ist kein so großer Unterschied wie zwischen Hinz und Kunz.

Aus alledem ist hoffentlich zur Genüge hervorgegangen, daß der Begriff »Dichter« sich keineswegs bloß auf jene wenigen bezieht, die sich mit Dramen, Novellen und Gedichten beschäftigen. Anderseits aber verdienen auch viele von denen, die gemeinhin so genannt werden, diesen Namen nicht. Nicht alle Berufsdichter sind Dichter. Sie schreiben schöne Verse und spannende Dramen, aber oft lassen ihre Verse und Dramen uns kalt. Wir erteilen ihren Arbeiten die

Note »sehr gut« und schieben sie fort. Der Grund hierfür liegt immer darin, daß ihre Dichtungen nur sich selbst ausdrücken. Hinter diesen Dichtungen aber steht nichts.

Nun gibt es allerdings eine allbekannte Theorie, die behauptet: die echte Kunst müsse ihren Zweck in sich selbst finden; sie sei nur für sich da, und es genüge, wenn sie als Form, als Gestalt, als Stimmung, als Bild, oder wie man es sonst nennen will, kurz, als einheitliche und eigenartige Impression gelungen und vollkommen sei. Der Dichter setzt sich hin und ›gestaltet‹. Er denkt dabei nicht viel darüber nach, wo das etwa hinauswolle, sondern er schwelgt in der Freude am Formen. »Ich singe, wie der Vogel singt, der in den Zweigen wohnet«, sagt er. Ein solch merkwürdiger Mensch ist der Dichter.

Ich möchte mir nun erlauben, diese Ansicht als völlig falsch zu bezeichnen. Ja, sie erscheint mir so falsch, daß ich das Gegenteil für richtig halte. Wenn die Kunst nur für sich da wäre, wenn sie keinen andern Zweck hätte als den, irgend etwas treffend und eigenartig wiederzugeben, so könnten wir auf sie ohne weiteres verzichten. Dann wäre sie nichts Unentbehrliches in unserm Leben. Denn formen und gestalten können wir ja alle. Dazu brauchen wir die Dichter nicht. Wie wäre denn jemals das entstanden, was wir Natur nennen, wenn nicht schon der erste Mensch ein solcher Dichter gewesen wäre? Wie könnte denn irgendein Mensch etwas Zusammenhängendes denken und empfinden, wenn er nicht ein solcher Dichter wäre? Und man zeige mir einen Dichter, der so schön, originell und packend gestalten kann wie der nächtliche Traum des gemeinsten Handwerkers. Wozu also diese armseligen Berufsdichter? Wenn sie nur zum »Gestalten« da sind, so sind sie überflüssige Müßiggänger.

Man könnte nun allerdings einwenden: Ja! »Gestalten« können vielleicht alle Menschen, aber diese Dichter sind vor allem auch Meister der sprachlichen Form. Nun ja, diesen Vorzug will ich ihnen gern einräumen, aber ich räume ihn auch jedem begabten Kunstschlosser, jedem geschickten Ziseleur und Stukkaturenmacher ein. Zwischen einem guten Goldschmied und einem guten Reimschmied ist kein essentieller Unterschied.

Vor allem aber: Die Kunst, so aufgefaßt, müßte dann eine einzig dastehende Anomalie in der gesamten Naturordnung sein. Denn nirgend sonstwo findet man irgend etwas, das Selbstzweck wäre. Gerade die Natur kann hier als Vorbild dienen, denn sie macht keines ihrer Kunstwerke bloß zum Vergnügen, bloß um zu gestalten, sondern jedes hat einen bestimmten Zweck, der schon in der Keimanlage präformiert ist. Die Blumen sind schön. Aber Farbe und Geruch sind bei ihnen nicht Selbstzweck, sondern dazu da, um die Insekten anzulocken und die Befruchtung herbeizuführen. Die Schönheit der menschlichen Gestalt ist das Lieblingsthema des bildenden Künstlers. Aber die menschliche Figur hat ihren geraden, kräftigen und ebenmäßigen Bau nicht, um bloß schön zu sein, sondern dieser Bau ist vor allem ein nach den feinsten Gesetzen der Mechanik konstruierter Komplex von Hebeln und Maschinen, von chemischen und physikalischen Laboratorien. Das Auge, das Schönste am Menschen, ist zugleich der vollendetste optische Apparat.

Im Grunde ist aber diese Unterscheidung zwischen Schön und Zweckmäßig ganz unpassend. Das sehen wir gerade am Auge. Gerade weil das Auge in so außerordentlicher Weise dazu geeignet ist, eine ganze Welt in sich aufzunehmen, gerade weil es das zweckmäßigste technische Instrument ist, das wir kennen, liegt auch ein so schöner und tiefer Ausdruck darin. Ähnlich ist es mit der Hand. Die Hand ist schön, weil sie eine so wunderbar schöne Arbeit verrichten kann. Jedes Organ ist in dem Maße schön, in dem seine Funktion tief und bedeutend ist.

Und eine Dichtung ist in dem Maße schön, in dem sie ein bedeutsames und wertvolles Instrument unsrer Welterkenntnis ist. Sie ist schön in dem Maße, in dem sie Auge ist, um die Welt zu durchschauen, Hand, um die Dinge zu erfassen. Ein Glasauge ist häßlich, eine Wachshand ist abscheulich. Eine Dichtung, die bloß die Form der Dichtung besitzt, ist weder schön noch überhaupt etwas Lebendiges. Nicht in ihrer Gestalt, sondern in ihrer Funktion liegt ihre Schönheit.

Mit einer echten Dichtung muß man irgend etwas anfangen können. Es genügt nicht, daß sie träge und majestätisch vor unserm Auge sich ausbreitet und behauptet, schön zu sein. Sie muß über sich hinausweisen auf Schlösser, die sie zu erschließen, Leichen, die sie zu beleben, Träume, die sie zu enträtseln vermag. Sie muß eine Deuterin des Lebens sein. Man muß sie in jeder Lebenslage ans Ohr halten und befragen dürfen. Sie muß immer gegenwärtig sein, auch wenn man ihre Verse nicht hört, ihre Figuren nicht sieht. Diese Verse, diese Bilder sind das Kostüm, in dem sie auftritt. Die wirkliche Dichtung fängt dort an, wo die sichtbare und hörbare Dichtung aufhört.

Jede echte Dichtung hat eine »Tendenz«. Ja, hierin besteht

sogar ihr Hauptwert. Sie hat eine Tendenz, oder mit andern Worten: Hinter ihr steht ein Mensch. Ein Mensch, der Fragen und Antworten, Gedanken und Leidenschaften hat.

Kunst als Selbstzweck ist ein mehr oder weniger hübscher Zeitvertreib, wie der Ankersteinbaukasten, die Perlenstickerei oder die Spritzmalerei. Gegen diese Art Kunst läßt sich nichts einwenden, aber es ist gleichgültig, ob sie Vertreter findet oder nicht. Denn sie läßt sich entweder bis zu einem gewissen Grade von jedermann erlernen, oder aber sie beruht auf irgendeiner angeborenen Geschicklichkeit, auf der Hypertrophie irgendeines Nebenorgans, wie das Zentnerstemmen oder die Gedächtniskunst. Die sogenannten »Artisten«, die sie betreiben, mögen ja in ihren Künsten und Kunstfertigkeiten erste Fachleute sein, aber als Dichter sind sie unter allen Umständen hoffnungslose Dilettanten.

Der Dichter wird zum unentbehrlichen Teil der menschlichen Kultur weder durch seine Fähigkeit, gut zu photographieren, noch durch seine Fähigkeit, schöne Worte und Sätze zurechtzupolieren, sondern dadurch, daß er der Evolution dient, daß er Wahrheiten auffindet. Er hat kein Privileg. Wenn seine Leistungen durch keinen idealen Zweck organisiert sind, so sind sie eine ebenso nutzlose und zerbrechliche Spielerei wie die Spielereien auf irgendeinem andern Gebiet. Die Kunst um der Kunst willen mag eine hübsche und amüsante Sache sein, aber sie ist eine unbedeutende Fachsimpelei. Die Kultur geht langsam und unbeirrt vorwärts und sieht sie gar nicht an. Sie hat keine Zeit für Dinge, die um ihrer selbst willen da sind.

Und überhaupt: Bloßes Talent ist uninteressant. Diese

Varietékünste: schöne Sprache, geistreicher Dialog, brillante Technik, subtile Stimmung fangen an, uns zu langweilen. Das sind tote Masken und Draperien. Außerdem: Talent ist selbstverständlich. Aber es ist nicht mehr als ein Vehikel, das erst durch eine treibende Kraft und einen regierenden Geist Leben und Zweck bekommt. Wir haben jetzt genug schöne und glänzende Formen gesehen: Wir wollen Menschen und Herzen und lebenskräftige Gedanken, die alle Formen sprengen. Wir wissen jetzt zur Genüge, wie geschickt der Mensch sein kann und daß er das akkomodabelste, vielseitigste, dressurfähigste Tier des Planeten ist. Wir wollen keine Reckkünstler, Knockabouts und Brillantfeuerwerker, keine Taschenspieler, Spiritisten und Schlaftänzer, keine Naturwunder mit zwölf Fingern und zwei Köpfen. Das ist Barnum-Kultur. Wir wollen Dichter. Was aber ein Dichter ist, das wissen wir sehr gut, wenn wir es auch bisweilen gern vergessen. Die meisten Schriftsteller schreiben, um zu zeigen, daß sie Schriftsteller sind. Sie betrachten die Schriftstellerei als ein Ventil für ihre besondern Fähigkeiten und Geschicklichkeiten. Ihre Bücher sind ihnen wichtiger als alles andre. Ein Dichter aber ist kein Talentmann, sondern etwas viel Einfacheres, Besseres und Unbegreiflicheres. Er ist kein Organ seines persönlichen Talents, sondern ein Organ der ganzen fühlenden Welt, die ihn umgibt. Ein Dichter ist ein Mensch, der den Herzschlag jedes Geschöpfes, jeder Seele, jedes Ereignisses in seinem eigenen Herzen spürt, der in jedem Augenblick seines Daseins das Leben in seinem ganzen Reichtum und seiner ganzen Tiefe umfaßt. Ein Dichter ist ein Mensch, der ohne Mühe und Gewolltheit, ohne ›Kunst‹ schafft, weil er aus innerer Not schafft: Diese Not ist seine höchste Tugend, seine Dichtertugend. Ein Dichter ist ein Mensch, dessen Haupttalent das seltene, schwierige und beschwerliche Talent zur Wahrheit ist; er ist ein geistiger Organismus, ein Wesen, das alles, ohne Ausnahme, organisch aus seiner Natur entwickelt: Denn nichts andres kann man unter Wahrheit bei einem Menschen verstehen. Ein Dichter ist ein Mensch, der mit der größten Freiheit und Unbefangenheit jeder Stimmung seiner Seele Ausdruck verleiht, der alles sagt, was er denkt, und es genau so sagt, wie er es denkt. Jeder Mensch kann eigene Wahrheiten finden; aber die meisten haben ein Mißtrauen gegen alles, was ihnen allein gehört. Sie halten ihre Gedanken für falsch, wenn sie nicht allen andern als richtig erscheinen, und sie halten ihre Gedanken für dumm, wenn sie sie nicht schon von jemand anderm gehört haben. Wir rühmen die Originalität der Dichter. Aber sie waren wahrscheinlich nicht origineller, als wir alle von Natur aus sind, sondern sie hatten nur mehr Mut, mehr Mut zu ihrer Originalität. Indes: Es ist bekannt, daß der Mut eine übertragbare Eigenschaft ist, und daher haben solche Dichter den unschätzbaren Wert, daß sie auch die übrigen Menschen zu selbständigem Denken und eigener Beobachtung anregen. Ohne diese Männer würden wir nie zu einem innern Gleichgewicht, nie zu uns selber kommen.

Daher darf das Publikum nur von solchen Dichtern eine wirkliche Förderung erwarten, denn nur solche besitzen die Gabe, Geister zu befreien. Sie wirken wie ungeheure Motoren und Elektromagneten. Sie ziehen an und stoßen vorwärts. Sie sind wie Dynamomaschinen. An ihrer eigenen Begeisterung begeistern sie sich immer wieder von neuem.

Sie tragen Dinge in ihrem Herzen, die gebieterisch nach außen drängen, die sie tragen müssen, von denen sie leidenschaftlich wünschen, jeder möge sie auch denken, die sie, wenn es in ihrer Macht stünde, in jedes Fenster rufen, über jeden Türpfosten schreiben, an jeder Litfaßsäule plakatieren würden. Sie reden nicht »objektiv« und unter Vorbehalten, sondern laut und rechthaberisch. Sie können nur in Majuskeln schreiben. Ihre Art ist pathetisch, hyperbolisch und gewalttätig. Aber sie haben ein Recht dazu, denn sie wissen etwas, was die andern nicht wissen. Sie haben Augen, die tiefer sehen, schärfer sehen, mehr sehen als die Augen der Welt. Man sagt deshalb bisweilen: Sie blicken in die Zukunft. Aber eigentlich blicken sie nur in die tiefere, reichere und wahrere Gegenwart. Sie haben schon der Gegenwart gegenüber die historische Vogelschau. Daher wirken sie wie Anachronismen. Ihre Wahrheiten, ihr ganzes Sein wird erst langsam mehr. Es braucht immer eine gewisse Zeit, bis ihre Tiefe heraufsteigt, nach oben kommt und sichtbar, das heißt: oberflächlich wird.

Dies ist schließlich das Schicksal aller Wahrheiten. Die Menschen von gestern halten sie für absurd, und die Menschen von morgen halten sie für banal. Wahrheiten sind nichts Bleibendes. Etwas Bleibendes sind aber die Dichter, die sie fanden. Denn die fortdauernde Kraft dieser Menschen liegt nicht in der Neuheit, sondern in der Größe ihres Denkens. Ihr Ton und ihre Haltung machten sie zu dem, was sie sind. Nicht was sie sprachen, ist wertvoll, sondern wie sie sprachen.

Die Wertlosigkeit
der menschlichen Phantasie

Drei allgemein übliche Termini ziehen sich durch die gesamte Literaturgeschichte; aber es ist eine künstliche Vereinfachung des Tatbestandes, wie auf einer Landkarte. Nach dieser Einteilung gibt es drei große Kunstrichtungen: die klassische, die romantische und die realistische, die von drei verschiedenen Völkergruppen repräsentiert werden: von der antiken, der romanischen und der germanischen. Und ebenso klar lassen sich diese Gattungen nach Zeitaltern scheiden: Die klassische Literatur gehört dem Altertum, die romantische dem Mittelalter, die realistische der Neuzeit. So ist es auf der Landkarte. Aber wie sehen diese »Hauptströme« in Wirklichkeit und in der Nähe aus?

Zunächst können wir bemerken, daß die Sache weder nach Zeitaltern noch nach Rassen zusammengeht. Die Griechen zum Beispiel waren das romantische Volk par excellence; sie waren nur »klassisch« in ihrer Skulptur. Den Hellenen mit dem »Sonnenauge« hat es in der Realität niemals gegeben; er hat immer nur als Statue existiert. In ihrer bildenden Kunst haben die Griechen nie das wirkliche Leben dargestellt, sondern allerlei Götter, Heroen und übermenschliche Idealgestalten, also das, was sie gern gewesen wären, aber durchaus nicht waren; dazu kam, daß ihnen in dieser Kunst durch Tradition gewisse Schranken gesetzt waren. In der Literatur aber, wo dieser Zwang wegfiel, haben sie gerade auf der Höhe ihrer Kultur, im Perikleischen Zeitalter, ausgesprochen romantische Schöpfungen hervorgebracht. Und ihr ganzes Dasein selber ruhte auf romantischen Grundlagen. Romantisch war zum Beispiel ihre epidemische Verlogenheit, gegen die ein paar Ausnahmemenschen immer vergeblich angekämpft haben; romantisch ihr ganzes Staatsleben und ihre Religiosität; der Peloponnesische Krieg, die athenische Demokratie, die Eleusinischen Mysterien, die Dionysien: Das waren lauter romantische Erscheinungen. Die Römer hinwiederum, soweit sie nicht bloße Nachahmer der Griechen waren, sind immer ausgesprochene Naturalisten gewesen, höchst praktische, nüchterne, scharfsinnige Wirklichkeitsmenschen; lateinische Syntax, Corpus iuris, Imperium Romanum: Diese ihre wesentlichsten Schöpfungen bezeichnen dies deutlich genug. Politik, Strategie, Landwirtschaft, Jurisprudenz: Das war ihr Fach. Und dieselben Züge trägt auch ihre Kunst. Der Unterschied ist in der Naturanlage begründet: Die Griechen stammten von Händlern und Seefahrern, die Römer von Soldaten und Bauern. Aber »Klassiker« waren alle beide nicht.

Andererseits kann man in der neueren Zeit keineswegs den romanischen Rassen die Rolle der Romantiker zuerteilen; ihre Kunst ist im Gegenteil, an der germanischen gemessen, immer die klassische: Man vergleiche etwa die italienische Renaissance mit der englischen oder die französische Romantik mit der deutschen. Wir könnten dieses Gesellschaftsspiel ins Unendliche fortsetzen, denn es beruht auf reiner Wortklauberei. Was ist aber die wirkliche, konkrete Bedeutung dieser Begriffe?

Was zunächst das »Klassische« betrifft, so können wir bemerken: Dieser Begriff ist so vieldeutig, daß er gar nichts bedeutet. Wir sagen »ein klassischer Schriftsteller« und wollen damit eine Art Zensur erteilen, ohne Rücksicht auf die literarische Richtung, der der Autor angehört; wir sagen ein andermal »klassischer Schriftsteller« und wollen damit ganz einfach bezeichnen, daß er im Altertum gelebt hat; wir sprechen von einer »klassischen Richtung« und meinen damit, daß sie antikisiert; und schließlich verstehen wir unter einem Klassiker oft nichts anderes als einen Künstler, der weder Romantiker noch Naturalist ist, sondern die »erhabene Schönheitslinie« bevorzugt, der stilisiert. Scheiden wir einmal gleich das Werturteil aus, denn, soviel ist klar, es kann nie eine spezifische Charakteristik bedeuten. Scheiden wir ferner die historische Bezeichnung aus, denn wir wollen ja sehen, was dieser Begriff für die moderne Literatur bedeutet. So bleiben denn nur die beiden Bedeutungen »stilisiert« und »antikisierend«. Näher zugesehen, sind sie identisch. Nämlich in dem Sinne, daß die Nachwelt, so wie sie die antike Kunst verstand, bei ihr immer an etwas Stilisiertes dachte. Diese Ansicht war vermutlich falsch, aber sie war die herrschende, und so hatte man sich daran gewöhnt, bei allen stilisierenden Richtungen an die Antike zu denken und sie demgemäß als »klassische« Richtungen zu bezeichnen. Also mit einem Wort: Die einzige Bedeutung des Wortes »klassisch«, die für die ästhetische Terminologie in Betracht kommen kann, ist »stilisiert«.

In diesem Sinne genommen, läßt sich dann aber jede klassische Richtung auf eine der beiden anderen Kunstrichtungen zurückführen. Sie ist dann entweder sublimierter Naturalismus, wie zum Beispiel beim späteren Goethe, oder erstarrte Romantik, wie zum Beispiel bei Calderon, oder einfach etwas Eingerostetes, Unzeitgemäßes, Fossiles, wie bei aller Epigonenkunst: Denn alles Unzeitgemäße wirkt stilisiert.

Auch müssen wir uns klarmachen, daß alle prinzipiell stilisierende Kunst, und gerade, wenn sie am vollendetsten ist, sich eigentlich außerhalb der Kunstgeschichte befindet. Immer wieder tauchen von Zeit zu Zeit große Künstler, oder sagen wir besser: große Naturen auf, die uns vorübergehend zu beweisen scheinen, daß in strenger Ordnung, Geradlinigkeit, Harmonie, farbloser Durchsichtigkeit das künstlerische Ideal zu suchen sei. Und in der Tat: Manche »klassische« Schöpfungen sind von einer so übernatürlichen, unwirklichen Schönheit, daß wir für den Augenblick geneigt sind, zu vermuten, dies sei die Spitze der Kunst und alles andere nur mehr oder minder unvollkommene tappende Versuche nach diesem Gipfel hin. Es ist aber eine Täuschung. Diese Phänomene sind nicht etwa die Verkörperung der Regel (was man glauben könnte, wenn man bedenkt, daß sie die regelmäßigsten sind), sie sind im Gegenteil interessante Abweichungen, bewunderungswürdige Monstra. Unregelmäßigkeit ist das Wesen der Natur, des Lebens, des Menschen. »Regelmäßigkeit« ist ein künstliches Destillat oder ein seltsamer Zufall. Das regelmäßigste Gebilde, das die Natur hervorbringt, ist der Kristall, und trotzdem: Jeder Mineraloge weiß, daß ein vollkommen regelmäßiger Kristall nicht existiert. Aber schon seine bloße Annäherung an die Regelmäßigkeit macht den Kristall zu etwas Totem. Schön gerundete Bergkegel, radiär symmetrische Tiere, gleichmäßige Klimata und dergleichen: das alles ist bisweilen zu beobachten, aber es sind gewissermaßen Schrullen der Natur. Und ebenso verhält es sich mit der Kunst. Wir betrachten vollkommen ausgeglichene Schöpfungen mit Staunen und Verehrung, aber es fehlt ihnen die Lebensatmosphäre, wir können in ihnen nicht recht heimisch werden. Die Kunst kann nicht klassisch sein, weil die Natur es nicht ist.

Es bleiben also Naturalismus und Romantik. Ihr Gegensatz ist dieser: Die naturalistische Kunst tendiert nach Realitäten, die romantische Kunst nach Fiktionen.

Nun hat aber alle Kunst im Grunde eine tiefromantische Tendenz. Poesie und Romantik sind gewissermaßen Wechselbegriffe. Jeder Dichter wird als Romantiker geboren; und gerade der jüngste Naturalismus hat uns ja gezeigt, daß eine rein naturalistische Kunst schon theoretisch eine Unmöglichkeit ist. Schon das Stück Romantik, das in der menschlichen Sprache steckt, vermag niemand zu entfernen. Und unsere Sinnesorgane, vor allem Auge und Ohr, sind romantische Apparate. Der Mensch ist das romantische Tier auf diesem Planeten.

In den neunziger Jahren glaubte man, man hätte den Naturalismus erfunden. Bis zu einem gewissen Grade mit Recht: Denn einen solchen Naturalismus hatte es noch niemals vorher gegeben. Aber der Naturalismus als solcher, der Naturalismus als Kunstrichtung, als allgemeine Grundtendenz ist uralt, vermutlich so alt wie die Kunst überhaupt. Man muß sogar sagen: Naturalismus, Treue der Beobachtung ist das Primäre, und »Kunst«, Auswahl, Abänderung der Wirklichkeit, Umstellung und Auslassung von Beobachtungselementen setzt schon einen gewissen Grad von künstlerischer Freiheit, von Gestaltungskraft und Souveränität voraus.

Daß sich heute allenthalben das vieux jeu wieder durchfrißt wie unter schlechter Übermalung, beweist, daß der Naturalismus der neunziger Jahre keine von den großen künstlerischen Kräften war, denn diese bedeuten immer innerste Umwandlung des Geschmacks. Es ist keineswegs so gekommen, wie die Vorkämpfer der neuen Richtung damals prophezeiten: daß die gesamte Literaturgeschichte in zwei große Hälften zerfallen werde, die bis 1890, wo man unnatürlich dichtete, und die ab 1890, wo man sich endlich zur Natur bekehrte.

Arno Holz stellte damals die These auf: »Die Kunst hat die Tendenz, wieder die Natur zu sein.« Man könnte mit mindestens ebenso großer Berechtigung behaupten: »Die Kunst hat die Tendenz, wider die Natur zu sein.« Daß Kunst einfach Natur wiederholt, ist logisch und psychologisch unmöglich, denn immer tritt etwas hinzu, was nicht Natur ist: nämlich ein Mensch. Daß Kunst gar nichts mit Natur zu tun hat, ist ebenso unmöglich, denn immer ist etwas dabei, was Natur ist: nämlich ein Mensch. Auch das verlogenste und unnatürlichste Kunstwerk ist immer noch ein Stück Natur, weil sein verlogener und unnatürlicher Künstler ein Stück Natur ist. Und das natürlichste und wirklichkeitstreueste Kunstwerk ist niemals reine Natur, weil in der Natur niemals ein Mensch steckt, und in jedem Kunstwerk steckt einer.

Und was ist überhaupt Natur? Gibt es überhaupt reine Natur? Ist etwa das Bild auf der photographischen Platte reine Natur? Nein. Wir wissen überhaupt nicht, was Natur ist; wir werden es nie erfahren. Alles ist Kunst, das heißt durch den Menschen hindurchgegangene Natur. Der vollkommen objektive Sinneseindruck, den der Forscher im Laboratorium empfängt, und die abenteuerlichsten Phantastereien des subjektivsten Künstlers: Das sind nur verschiedene Grade derselben Sache. Das Auge ist ein subjektiver Künstler, ebenso das Ohr und jedes Sinnesorgan und das Gehirn. Natur ist eine Sache, die fortwährend wechselt, nur das Wort bleibt dasselbe. Sie ist für jeden Menschen etwas anderes, und für jedes Zeitalter. Für den antiken Menschen war Natur nicht dasselbe wie für uns, und für den Römer war sie wieder etwas anderes als für den griechischen Nachbar, und für Cato etwas anderes als für Cäsar, und für den jungen Cäsar etwas anderes als für den alten.

Sehr treffend sagt Lamprecht: »Jeder Naturalismus hat etwas von der Art des Curtius, der sich in den Abgrund stürzte: Er opfert sich einem als notwendig erkannten Fortschritt.« Die historische Aufgabe jedes Naturalismus ist es, die neue Wirklichkeit festzustellen, künstlerisch zu registrieren, im allgemeinen Bewußtsein durchzusetzen: Dies ist immer nur eine Durchbruchsarbeit. Sie ist unbedingt notwendig, aber wenn sie getan ist, ist sie auch schon überflüssig geworden. Es gab zu allen Zeiten Naturalismen, sie sind nur in Vergessenheit geraten, weil sie immer hinweggeschwemmt wurden von den wirklich schöpferischen Strömungen, die nachdrängten; und man kann nicht einmal behaupten, daß diese früheren Naturalismen weniger naturalistisch waren als der jüngste Naturalismus. Sie waren ebenso naturalistisch, sofern man unter Naturalismus die möglichst getreue Wiedergabe der jeweiligen Wirklichkeit versteht. Aber jene Wirklichkeiten waren anders, jene Wirklichkeiten waren weniger naturalistisch.

Der Naturalismus ist eine Vorarbeit: Er macht zunächst eine Art Kladde von der gegebenen Realität, und diese Kladde benützt dann die neue Kunst; aber sie benützt sie nur, sie schreibt sie nicht ab. Naturalismus ist immer nur Rohstoff, Material, Vorkunst. Die naturalistischen Werke sind die erste Niederschrift, und sie haben das Ungeordnete, Ungestaltete, aber auch das Ursprüngliche einer ersten Niederschrift.

Seit es Kunst und Künstler gibt, haben diese beiden Richtungen Romantik und Naturalismus miteinander gekämpft, sich bisweilen in der Herrschaft ablösend, aber doch immer gleichzeitig vorhanden: als Ober- und Unterströmung.

Wir sagten vorhin: Poesie und Romantik seien bis zu einem gewissen Grade Wechselbegriffe. Nun aber sind Natur und Romantik ebenfalls Wechselbegriffe, und in der Einigung dieser Trinität: Poesie, Natur, Romantik liegt ein künstlerisches Programm.

Nämlich: Wir nähern uns der Poesie genau in dem Maße, in dem wir uns der Natur nähern, und wir nähern uns der Romantik genau in dem Maße, in dem wir uns dem Leben nähern. Dies ist die Erkenntnis des romantischen Naturalismus. Die Romantiker alten Schlages waren mit der gegebenen Welt unzufrieden, denn sie schien ihnen nichts Poetisches zu enthalten. Darum bevölkerten sie sie mit allerlei Wesen und Ereignissen, die es nicht gibt. Der orthodoxe Naturalist dagegen brachte das Leben genau so, wie es ist, oder vielmehr scheinbar ist: Er dichtete gleichsam mit der

Lupe in der Hand. Aber das Leben ist für den naturalistischen oder, wie man ihn eigentlich nennen müßte, für den materialistischen Dichter nur zur Hälfte vorhanden, denn es ist voll von Wundern und Geheimnissen. Der »Naturalist« brachte das Leben, aber er unterschlug das Märchen, das im Leben steckt. Der »Romantiker« dagegen brachte zwar das Märchen, aber auf Kosten des Lebens. Daher kann man sagen, daß beide, Naturalismus und Romantik, zwei gleich unwahre Kunstrichtungen waren.

Der romantische Naturalist nun hebt diese beiden Gegensätze auf, indem er sie vereinigt. Für ihn ist die Welt weder ein fiktiver Zauberwald noch ein poesieloses Zellenagglomerat, sondern er zeigt, daß jener »ausstudierte« Apparat von Rittern, Elfen, Zauberern und Drachen im Leben wirklich vorhanden ist, nur viel phantastischer, mysteriöser und poesievoller. Er zeigt, daß jene alten sogenannten »Romantiker«, die literarischen Romantiker, armselige Dilettanten waren, und zwar gerade in der Romantik.

Die menschliche Phantasie war von jeher damit beschäftigt, sich allerlei Wundergeschichten auszudenken. In den Märchen, die jedes Volk besitzt und die sich alle so sonderbar gleichen, fliegt einer mit Fledermausflügeln durch die Luft, oder er hat ein silbernes Horn, das unsichtbare Armeen herbeibläst, oder er steht im Banne einer Fee oder Hexe. Blicken wir aber in die Wirklichkeit, so bemerken wir, daß sie nicht so lächerlich plausible, rationalistische Dinge schafft, sondern sich viel gewagter, utopischer und unlogischer benimmt. Edison hat der Realität ganz andere Zaubermaschinen entlockt als die paar armseligen Fledermausflügel; Cäsar und Napoleon haben ganz andere magische Trompeten besessen als jenes bescheidene Silberhorn. Und wenn wir die geheimnisvolle Anziehungskraft beobachten, die von der Anmut einer schönen Frau ausgeht, so müssen wir sagen: Es gibt in der Wirklichkeit einflußreichere Feen und gefährlichere Hexen als bei Grimm und Musäus. Ja wenn wir bloß das alltägliche Leben des einfachsten Menschen ein einziges Mal so zu sehen vermöchten, wie es sich wirklich abspielt, so müßten wir erkennen, daß jene erdichteten Märchen nichts sind als kindische, phantasiearme Geschichten, blasse und schwächliche Kopien jener wunderbaren, viel unwahrscheinlicheren Märchen, die sich in jeder Minute überall ereignen. Sie glauben die Wirklichkeit zu übertrumpfen und bleiben in Wahrheit weit hinter der Wirklichkeit zurück. Das Leben der menschlichen Seele ist das tiefste und wunderbarste Märchen. Die Hexen, Elfen, Zauberer und Drachen sind ja wirklich da, nur inkognito. Dornröschen ist angeblich ein Phantasiegebilde. Aber es schläft ja wirklich, vielleicht schon im nächsten Nachbarhause, und der Prinz fährt eben um die Ecke. Und Undine existiert und Lorelei und der Zauberer Merlin, sie sind alle vorhanden: Man muß sie nur zu finden wissen; dazu ist eben der Dichter da.

In früherer Zeit war ein Dichter ein sonderbares Geschöpf: Er trug eine braune Samtjoppe, ein schmucker Vollbart umrahmte seine durchgeistigten Züge – und dann setzte er sich an den Schreibtisch und »dichtete«, das heißt, er kombinierte allerlei mögliche und unmögliche Dinge, erfand Situationen und Konflikte und dachte sich eine Menge von Angelegenheiten aus, die nur in seinem Kopfe zusammengekommen waren. Aber der Dichter der Zukunft wird gar nicht »dichten«, er wird sogar viel weniger dichten als alle übrigen Menschen, aber gerade das wird ihn zum Dichter machen.

Denn was ist denn eigentlich jene vielgerühmte Phantasie, die früher das Privileg des Dichters war? Sie ist nichts als schlechte intellektuelle und künstlerische Erziehung. Sie ist die Subjektivität irgendeines Einzelorganismus, die sich ungebührlich vordrängt und uns verhindert, die Poesie der Natur und des Lebens voll zu erfassen. Und doch haben Natur und Leben zehntausendmal mehr Poesie und Phantasie als der größte Dichter. Ist die Poesie der Welt etwa im menschlichen Gehirn, dieser mehr oder minder schadhaften Begriffsrechenmaschine? Ganz im Gegenteil: Gerade dort ist sie am wenigsten. Der vollkommenste Dichter ist der unpersönlichste, derjenige, der einen möglichst vollkommenen Aufnahme- und Durchgangsapparat für die Poesie der Natur und des Lebens bildet, der der Poesie der Welt möglichst geringe Leitungswiderstände entgegensetzt. Ein Dichter ist ein Mensch, der Poesie empfangen und weitergeben kann, keineswegs ein Mensch, der Poesie macht. Um es in eine Formel zu bringen: Der Grad seiner »Permeabilität für Weltpoesie« bezeichnet die Höhe seiner dichterischen Kapazität.

Selbsttätige Phantasie hingegen ist eine Gehirnkrankheit und ebenso interessant, aber auch ebenso belanglos wie alle übrigen pathologischen Phänomene. Selbsttätige Phantasie ist überdies langweilig. Es gibt nur eine einzige amüsante Sache: die Wirklichkeit. Subjektive Poesien sind daher geradezu schädlich. Denn sie schieben das fade Ich vor die interessanten Objekte. Man vergleiche zum Beispiel einmal die Spiele, die die Menschen erfunden haben, mit den Spielen der Tiere. Jene sind langweilige Gehirnfunktionen, diese sind organische Produkte des Lebens. Man kann stundenlang zusehen, wenn junge Hunde oder irgendwelche andere Tiere miteinander spielen, aber man muß schon ziemlich von Gott verlassen sein, um bei einer Partie Skat stundenlang kiebitzen zu können.

Phantasie ist etwas für Kinder, Frauen und Naturvölker. Sie ist nichts als eine Folge lückenhafter Lebensbeobachtung, ungeordneten Denkens und defekter Wahrheitsliebe. Wirkliche Phantasie hat die photographische Platte, das Mikroskop, das Fernrohr, der Röntgenapparat. Diese Instrumente sind gar nicht »produktiv«, und dennoch haben sie unserem Vorstellungsleben mehr neues Assoziationskapital zugeführt als alle »Phantasieschöpfungen« der ganzen Weltliteratur. Und warum? Einfach deshalb, weil sie bessere Organe hatten, schärfere, subtilere, genauere, weniger phantasiereiche. Und ganz ebenso steht es mit der geistigen Arbeit des Menschen. Einen genialen Menschen nennen wir den, der für uns dieselbe Bedeutung hat wie ein physikalischer Apparat. Das Genie braucht keine Phantasie, es braucht nur Augen. Die Augen des Genies sind ein neues optisches Instrument mit bis dahin unerhörten Vervollkommnungen und Verfeinerungen, das zerlegt und zusammensetzt, aber natürlich nur mit objektiven Strahlen arbeitet, die von draußen kommen. Das Genie hat gar nichts »aus sich«.

Und wenn jemand einwenden sollte, daß nach dieser Auffassung die Dichter ja ganz überflüssig wären, denn alle diese Dinge seien ja schon da, so ist ihm zu erwidern: im

Gegenteil! Die Dichter werden nötiger und wichtiger sein als zuvor, nämlich als Entdecker dieser Dinge, für die nur sie Augen, Ohren und Nerven haben. Aber als Entdecker, nicht als Erfinder. Das armselige »Erfinden« werden sie den Hysterischen, den Blaustrümpfen und den Dichterlingen überlassen.

Der Kritiker

Jemand, der gutmütig genug war, meinen Aufsatz *Der Dichter und seine Zeit* (in der *Schaubühne* vom 22. und vom 29. Dezember 1910) von Anfang bis zu Ende durchzulesen und sich sogar einige Gedanken darüber zu machen, schrieb mir dieses: »Sie haben gesagt, welche Aufgabe der Dichter hat und welche Aufgabe das Publikum hat. Wo aber bleibt da noch Platz für den Kritiker? Welche Aufgabe hat dieser? Oder hat er am Ende gar keine?«

Nun, in der Tat, man muß sagen: Die meisten Kritiker von heutzutage sind ja wirklich nicht viel mehr als lästige Nebenschößlinge der Kunst, müßige Volontäre ohne rechten Zweck. Aber vielleicht müssen sie gar nicht so sein, wie sie sind. Mit einem Wort: Wir können die Frage nur in der Form beantworten, daß wir diesen Begriff »Kritiker« ein wenig revidieren.

Wenn es wahr ist, daß wir in einem Zeitalter der Naturwissenschaft leben, so kann dies keineswegs bloß in der äußern Physiognomie der Gegenwart seinen Ausdruck finden: in elektrischen Trambahnen und bakteriologischen Kliniken, Schnellpressen und Aëroplanen, und wie alle diese neuen und nützlichen Dinge heißen; auch nicht in irgendwelchen Fortschritten und Entdeckungen auf Spezialgebieten der Naturkunde; alles dieses ist nur das oberflächliche Mienenspiel unserer Zeit. Es muß sich vor allem bekunden in der Gesamtmethodik unsres Geisteslebens, in unsrer szientifischen Praktik. Eine Wissenschaft ist Methodik und sonst nichts. Eine Wissenschaft herrscht, wenn ihre Methode die führende ist.

Dann darf es also mit unsrem Geschmack und unsrem Gewissen nicht mehr vereinbar sein, zur ganzen Welt, zum Menschen sowohl wie zur Natur, eine andre Stellung einzunehmen als die naturwissenschaftliche. Wir experimentieren, beobachten, ziehen Schlüsse aus Experimenten und Beobachtungen und forschen weiter. Wir beschreiben. Wir erklären. Wenn eine Sache vollständig beschrieben ist, ist sie erklärt.

Es handelt sich um die Gleichung von Ästhetik und Naturforschung. Jede Gleichung hat zwei Seiten, die umkehrbar sind. Die Naturwissenschaft hat Ästhetik zu werden; ihre Aufgabe ist, ein Magazin der Naturschönheit zu bilden. Die Ästhetik hat Naturwissenschaft zu werden; sie hat nichts zu sein als Repertorium von Formen und eine Aufzählung von Merkmalen. In dem Maße, als die Naturwissenschaft zu einer fast spirituellen, schöngeistigen Untersuchungsmethode gelangen wird, zu einer Art Belletristik der Natur (freilich nicht in der abgeschmackten, anthropomorphisierenden Art der beliebten Wochenblättchenplaudereien), in demselben Maße wird die Ästhetik zu einer immer trockeneren, realistischern, unpersönlicher Wissenschaft werden. Eine solche Austrocknung dieses total versumpften Gebietes wird wohl kein Verständiger bedauern; denn nichts hat den Fortschritt der Kunst, das Emporkommen der neuen Werte mehr verlangsamt, nichts hat das Absterben unsrer Klassiker, den Verfall der alten Werte mehr beschleunigt als der bisherige Betrieb der offiziellen Ästhetik, der sich auf Professoren und Journalisten verteilt. So grundverschieden beide auch äußerlich sein mögen: die Germanisten in ihrer Tinte und die Ästheten in ihrem Fett – sie sind darin einander verwandt, daß ihnen jede Sachlichkeit abgeht. Beide haben zu wenig Ehrfurcht vor ihrem Objekt; indem sie es beide beschwatzen, statt es zu beobachten. Sie meinen, mehr zu tun, und tun weniger; sie würden einem Objekt der Kunst viel mehr Ehre erweisen, wenn sie es trocken sachlich auf seine Biologie hin erforschen wollten wie ein Objekt der Natur. Eine komplette Beschreibung einer Sache ist an sich schon der klarste und deutlichste Kommentar dieser Sache. Einen andern gibt es nicht. Die »Literar-Historiker« aber beschreiben zumeist sich anstatt die Dinge.

Hier könnten die Lehrer der »Geisteswissenschaften«, die noch immer so geringschätzig auf die empirischen Disziplinen herabsehen, von den Naturwissenschaften manches lernen. Denn diese sind nicht nur viel geistvoller, sondern auch viel humanistischer und historischer. Denn was heißt humanistisch denken? Eine Sache in ihren innerlichsten Zusammenhängen sehen; eine Sache aus ihrem eigenen Geist heraus begreifen und darstellen. Der Naturhistoriker ist ein wirklicher »Historiker«. Er fragt nach den Bedingungen. Er fragt nach den Leistungen; aber diese sind für ihn nichts als Summen von Bedingungen, die er berechnet. Er fragt nach den Energieverhältnissen. Er fragt nach dem Zweck. Aber Zweck heißt für ihn nur: Energien anhäufen und weitergeben.

Tritt eine neue Varietät auf, so fühlt und erfüllt er vor

allem die Verpflichtung, sie zu beschreiben, möglichst genau und möglichst vollständig. Hat diese Pflanze Steinboden, Sumpfboden, Wasserboden? Ist sie hängend, kletternd, sitzend? Ist sie eine Kalipflanze, eine Kieselpflanze, eine Kalkpflanze? Wie nimmt sie Licht auf, wie erzeugt sie Wärme?

Nun, jeder neue Dichter ist auch eine neue Varietät. In welchem Klima, in welcher Luft- und Bodenschicht lebt er, wie sieht sein Zeitalter aus? Was ist sein »Standort«, seine Lokalität, sein Boden? Wie nimmt er Licht auf, wie erzeugt er Wärme? Wie sind die Verhältnisse seiner Stoffaufnahme und Stoffleitung? Wie sind seine Befruchtungsvorgänge, seine Biologie? Welchen linearen Aufbau hat sein morphologischer Grundriß? Welche Stellung hat er im »System«: in der Literatur- und Kunstgeschichte seiner Zeit? Und welchen Zweck hat er: Welche Energien macht er frei?

Eine Erscheinung naturwissenschaftlich zu betrachten heißt aber noch ein Zweites. Die Sache hat noch eine Rückseite, die man die moralische Seite nennen könnte. Die Moral des Naturforschers ist seine Objektivität. Objektivität: darunter versteht er, sich auf jeden Fall und von vornherein mit seinem Objekt einverstanden zu erklären. Es ist da, als diese bestimmte Bildungsform, als diese Erscheinung gewisser ihm zum Teil unbekannter Naturkräfte, mit diesen und diesen Organen, diesen und diesen morphologischen Bestandteilen, diesen und diesen Stoffwechselprodukten. Er fragt nicht: Hat diese Pflanze das Recht darauf, ihre Wurzel schraubenförmig zu bewegen, Galle abzusondern, Zucker zu bilden? Ist es am Platze, daß sie Warzen besitzt? Ist es vernünftig, daß sie des Nachts sich nicht schließt? Ist diese Funktion überflüssig, jene notwendig? Er fragt nur: Ist dieses Beobachtungsobjekt eine Pflanze, ein Lebewesen oder nicht? Wenn es nämlich keines ist, sagt er, dann geht es mich als Botaniker, als Biologen nichts an; ich beschäftige mich nämlich nur mit Organismen. Hat er sich aber einmal diese Frage beantwortet, dann fragt er nur noch nach der Erklärung. Und wenn er eine Funktion vorfindet, die er sich nicht erklären kann, so nimmt er als ganz selbstverständlich an, daß sie sehr vernünftig und sehr zu diesem Geschöpf passend ist und sagt bloß: Allerdings verstehe ich sie nicht.

Ebenso hat sich der Kritiker zum Künstler und zu dessen geistigen Stoffwechselprodukten, den Kunstwerken, zu verhalten. Er hat lediglich zu fragen: Habe ich es hier überhaupt mit etwas Lebendigem zu tun, ja oder nein? Wenn ja, dann habe ich es hinzunehmen als eine sich nach bestimmten inneren und äußeren Bedingungen entwickelnde Naturerscheinung, und ich habe diese Bedingungen zu ergründen, und von denen, die ich nicht ergründen kann, habe ich anzunehmen, daß ich sie nicht verstehe, und zu hoffen, daß ein andrer sie besser verstehen wird. Handelt es sich aber gar nicht um ein lebendiges Wesen, mit produktiven Kräften und Energiematerial, dann geht es mich überhaupt nichts an, und ich beschäftige mich gar nicht mit ihm. Mein Amt ist, festzustellen, ob dieses Objekt in mein Ressort gehört oder nicht. Man kann nun natürlich nicht verlangen, daß der Kunstkritiker auf diesem Wege immer das Richtige trifft. Aber den guten Willen kann man von ihm verlangen oder mit einem andern Wort: die richtige Optik.

Der Naturforscher geht von dem Gesichtspunkt aus, daß alles Organische vollkommen ist. Und daher zensiert er die Leistungen der Natur nicht, sondern er kritisiert sie. Aber eine Sache kritisieren heißt nichts andres, als ihre Entwicklungs- und Entstehungsgeschichte vollständig und lückenlos begreifen und darstellen. Kritik hat gar nichts »Zersetzendes«, denn sie löst ihr Objekt nur auf, um es dann um so lebendiger und einleuchtender vor den Augen des Betrachters wieder entstehen zu lassen. So ist der Begriff seit Kant in das Bewußtsein der Gebildeten übergegangen. Er und seine Schüler haben den verschiedenen Wissenschaften erst ihr festes Fundament gegeben. Seine Kritik der Vernunft hat die menschliche Vernunft erst vernünftig und die menschliche Erkenntnis erst erkennbar gemacht. Und ganz dasselbe heißt auch kritische Geschichtsforschung, kritische Naturwissenschaft, kritische Ästhetik. Kritik in diesem wissenschaftlichen Sinne ist das Gegenteil von Destruktion. Man kann daher ganz wohl sagen: Erst der Kritiker schafft sein Objekt; insofern er es erst in seiner ganzen organischen Gesetzmäßigkeit widerspiegelt, so wie man auch sagen kann: Der Mensch hat die Natur geschaffen, erst seit es Menschen gibt, gibt es eine Natur. Denn solange noch kein Bewußtsein da war, in dem sie sich spiegeln konnte, war sie noch nicht richtig vorhanden.

Die Art, wie die Naturwissenschaft ihre Gegenstände beschreibt, ist gerade durch ihre Sachlichkeit allemal auch eine Verherrlichung dieser Gegenstände. Und nach dieser Analogie erwächst auch für die Geisteswissenschaften die Aufgabe der prinzipiell panegyrischen Kritik. Der Kritiker hat den Künstler auf seinen Höhepunkten aufzusuchen und

ihn nur nach diesen zu werten. Wir sind nur in den wenigsten Augenblicken ganz wir selbst, unsre eigenste innerste
Kraft und Natur; wir füllen den größten Teil unsres Lebens
mit Versuchen aus, mit Vorbereitungen auf diese wenigen
Momente, die die einzigen sind, in denen wir wirklich
leben. Und es ist klar, daß man nur von diesen wenigen
Hochblicken aus eine Individualität verstehen und beleuchten kann. Zu diesem Verständnis gelangt man jedoch nur
durch den guten Willen zur Anerkennung, zum Jasagen von
vornherein und aus Prinzip, ja noch mehr: zur Überschätzung.

Der Kritiker hält sich an das Positive des Kunstwerks, an
das Plus, an das, was darin anders ist. In seinen Mängeln
und Impotenzen deckt sich nämlich der Künstler mit allen
übrigen Menschen: Hierüber zu reden ist also völlig uninteressant und überflüssig. Kritiker, die sich vorwiegend auf
diese Seite der Mängel und Fehler verlegen, sind ebendeshalb immer so langweilig und belanglos. Was einer nicht
kann, das wissen wir schon von alleine: Im Nichtskönnen
sind wir ja selber erste Fachleute.

Die »parteiische«, »subjektive« Kritik ist die objektivste,
sie ist die einzige objektive. Die Forderung, »unparteiisch«
zu sein, ist gleich der Forderung, sich für eine Sache nicht
zu interessieren. Der einzige Zugang zu einer Sache ist aber
eben gerade das »vorurteilsvolle« Interesse. Denn nur dem
voreingenommenen »Liebhaber« erschließt sich das Wesen
der Dinge. Das Mittelalter hatte keine blasse Ahnung von
der Antike, weil es sich über die Antike stellte und in den
Griechen und Römern »blinde Heroen« sah. Aber als mit
der Renaissance die rückhaltlose, fanatische, fast pathologi-

sche Begeisterung für das Altertum begann, in dem Augenblick begann auch das Verständnis des Altertums. Auch Goethe und Winckelmann haben zweifellos die griechische Kunst überschätzt, indem sie sie für den Kanon der Kunst hielten, aber sie haben ebendeshalb am weitaus meisten unter allen ihren Zeitgenossen von griechischer Kunst verstanden. Hundert Jahre später erschien Nietzsche und fand wiederum, von ganz anderen Wegen herkommend, die Vorsokratiker seien die Idealgriechen gewesen; und in einer gewissen Zeit wird man zweifellos wiederum erkennen, daß er übertrieben, gefälscht, verschoben hat, daß er mit seiner Auffassung völlig in die Irre ging, und trotzdem hat er bis jetzt die Griechen dieses Zeitalters am weitaus tiefsten und klarsten erkannt, und durch ihn haben wir überhaupt erst etwas über die Hellenen vor Sokrates erfahren. Ja selbst die höchst fadenscheinige und herausgeputzte Kultur Ludwigs des Vierzehnten hat auf Deutschland außerordentlich befruchtend gewirkt durch den Enthusiasmus, den sie hervorrief: Sie hat in Deutschland Größeres und Dauerhafteres geschaffen als in ihrem eigenen Mutterlande, infolge jener skrupellosen, weit übers Ziel hinausschießenden Anerkennung. Nein: Man wird nicht behaupten können, daß Überschätzung und Übertreibung eine Hemmung der Kritik seien.

Der Kritiker ist gar nicht dazu da, als eine Art beeidigter Schätzmeister mißtrauisch die Kunst zu beschnuppern, einen großen Korrektur-Rand zu machen, alle ganzen und halben Fehler anzustreichen, »Einflüsse aufzuzeigen«, vor Überschätzung zu warnen und schließlich zu erreichen, daß uns nichts mehr recht gefällt. Seine Aufgabe ist genau das

Gegenteil: Er hat den Bestand an Talenten direkt zu vermehren, indem er sie entdeckt, dazu stempelt, meinetwegen sogar erfindet. Er hat zu zeigen, daß die Alten es vielleicht ganz gut gekonnt haben, daß wir es aber jedenfalls anders machen müssen, und daß aus der Verpflichtung, es besser zu können, auch notwendig die Fähigkeit dazu sich eines Tages organisch entwickeln wird.

Es gibt nur ein paar Laster, und die sind überall gleich, aber es gibt unzählige Tugenden, und täglich entstehen neue, und es sind sicher noch lange nicht alle gefunden und betätigt. Daher wird ein Mensch, ein Buch ganz anders klar, wenn man seine Vorzüge ins Licht stellt, als wenn man seine Fehler zeigt. Auch ist zu beobachten, daß selbst der dümmste Leser immer noch genug Bosheit und Dünkel besitzt, um die Schwächen der zeitgenössischen Autoren auszufinden, während er von ihren Schönheiten erst eine blasse Ahnung bekommt, wenn man ihn mehrmals mit dem Kopf darauf stößt.

Eine Sache heruntermachen ist das müheloseste und zugleich dankbarste Geschäft, dem ein Mensch sich hingeben kann; er hat es leicht, auf diesem Gebiet Erfolge zu erzielen, denn er findet in der unsrer Spezies nun einmal eigentümlichen Obtrektationssucht einen stets hilfreichen Bundesgenossen. Wie schnell ist uns auch vom mittelmäßigsten Kopf der Geschmack an einer Sache benommen, die uns soeben noch entzückt hat! Und wir sind ihm noch erkenntlich für diese Erleichterung. Denn dunkel und instinktiv fühlen wir, daß neue Werke, neue geistige Kräfte dadurch, daß sie uns zuströmen, auch Gegenbewegungen fordern; daß sie keineswegs ein bloß einseitiges Geschäft darstellen, sondern daß sie auch von uns gewisse Leistungen verlangen, daß sie verpflichten. Der Mensch ist aber nicht gern verpflichtet, wenn er nicht absolut muß; und so wirken menschliche Mißgunst und menschliche Faulheit zusammen, um in einem derartigen Verschlechterer und Verhäßlicher des Lebens nicht, wie billig, den Erbfeind, die bösartige, giftige, in aller ihrer Winzigkeit lebenszerstörende Tuberkel zu erblicken, sondern den willkommenen Erlöser von neuen Pflichten und neuen Bewegungen. Es gibt eine ganze Gilde von Burschen, die es als ihre Lebensaufgabe zu betrachten scheinen, alle besseren menschlichen Regungen zu »entlarven« und überhaupt das ganze Leben: Natur und Kunst, Wissenschaft und Politik, die gesamte Menschheitsgeschichte seit Adam durch sogenannte »naturalistische« oder »rationalistische« Erklärungsweise auf ein ganz ordinäres, unpoetisches und – wenigstens für jeden feineren Geschmack – tief uninteressantes Niveau herunterzunivellieren. Sie würden gegebenenfalls von Dante nachweisen, daß er die Beatrice besungen hat, weil er von ihr eine Lebensrente bezog, und von Jesus, daß er das Christentum gegründet hat, um sich eine wirksame Zeitungsreklame zu verschaffen, und von Gott, daß er die Welt geschaffen hat, um damit ein lukratives Geschäft zu machen. Sie wissen immer genau, »warum« ein Mensch diese oder jene scheinbar idealistische Handlung begangen hat. Solche »scharfe, kritische Köpfe«, denen man »nichts vormachen kann«, sind wohl die schädlichsten Patrone, die es überhaupt auf diesem Planeten gibt. Denn unter allen Umständen sind ihre »Enthüllungen« nur dazu angetan, das Leben zu verarmen. Sie sind sehr wohl imstande, wenn sie in genügenden Massen auftreten, ganze Zeitalter zu infizieren, zu zersetzen. Und man muß oft einen sehr immunen geistigen Organismus besitzen, um ihnen zu widerstehen, denn die Parodoxie – auch die falsche und gesuchte – hat immer einen gewissen Glanz für sich, und wenn jemand die Dinge auf den Kopf stellt, so hat er zumeist darauf zu rechnen, daß er mit dieser wirksamen Varieténummer Zulauf findet.

Man nennt solche Menschen kritisch, obgleich sie genau das Gegenteil davon sind. Im allgemeinen gilt ein Mensch um gerade soviel gescheiter, als er mehr an den Dingen auszusetzen weiß. In Wirklichkeit ist eben das der Beweis seiner Dummheit. Man findet sein Verfahren scharfsinnig, aber es ist im eigentlichsten Sinne des Wortes stumpfsinnig. Stumpfheit der Sinne, Mangel an Hellhörigkeit, Gesicht, Feinfühligkeit ist die erste Voraussetzung absprechender Kritik. Es gibt keine »Einwände«; nur beschränkte Menschen haben Einwände. Und was die »Mängel« betrifft, so gehen sie uns nichts an. Sie sind Müll, Abfall, Hobelspäne; wertlose Arbeitsüberschüsse, die für niemand charakteristisch sind.

Der Künstler ist zu allen Zeiten eine sehr unhandliche, chokante, mißverständliche Sache gewesen. Als Schiller noch kein Klassiker war, war er ein ebensolcher outsider wie alle andern. Seine Dramen waren ebenso Ekrasit für seine Zeit wie heute die Petarden, die Nietzsche oder Ibsen in die moderne Gesellschaft geworfen haben. Heute ist ein Klassiker ein höchst harmloses, putziges und ungefährliches Tier. Aber eben nur deshalb, weil er nicht mehr zeitgemäß ist. Und man möge doch nicht vergessen, wie erschrecklich den

Philistern immer noch Shakespeare sein müßte, wenn er nicht schon seit zweihundert Jahren registriert wäre; Shakespeare mit der Überlebensgröße seiner Figuren und Affekte, der Schilderer der »Nachtseiten des Lebens«, der »Poet des Häßlichen« (man denke einmal an *Maß für Maß*), der Vermittler raffinierter Nervenkitzel, maßlos, übertrieben, ungeordnet, ohne künstliche Harmonie – – ja, ist er denn das nicht alles? Sittlichen Halt hat er auch keinen gehabt, er wühlt im Grausigen, und das Dasein verklärt er so gut wie gar nicht. Wenn man ihm glauben wollte, so müßte die Welt zu zwei Dritteln ein Irrenhaus, ein Spital oder eine Verbrecherkolonie sein. Er ist voll Schwulst und fällt furchtbar leicht von einer Stimmung in die entgegengesetzte, was ein wichtiges Stilgesetz verletzt. Auch von Flüchtigkeiten und Ungeschicklichkeiten, von allerlei Schlampereien und Eselsbrücken sind seine Arbeiten nicht freizusprechen, die, wie gesagt, ein starkes, aber auf Abwege geratenes Talent offenbaren.

Manet malte einen Bund Spargel. Sogleich erhob sich eine Springflut von Beschimpfungen, Drohungen, Verwünschungen. Geben wir zu, daß es ein ganz miserabler Spargel war. Aber sind die Explosionen von Haß, Wut und Verachtung, die er hervorrief, damit erklärt? Welches der heiligsten Güter der Menschheit ist dadurch verletzt, daß einer nicht imstande ist, Gemüse zu malen? Mit Ibsens Stücken war es dasselbe, sie waren sogar zum Teil verboten. Warum? Wird in ihnen die Hostie verhöhnt, die freie Liebe gepredigt, das Gottesgnadentum geleugnet? Nichts von alledem; es sind exzessiv bürgerliche Stücke. Sie sind nicht einmal kraß, das bißchen Paralyse in den *Gespenstern* etwa ausgenommen. Aber was ist das gegen die Roheiten bei Schiller, Dante, Homer? Hat man vergessen, daß im *Lear* dem Gloster auf offener Bühne die Augen ausgetreten werden? Und so wenig nett wie Franz Moor benimmt sich kein einziger Mensch bei Ibsen.

Die Sache läßt sich nur so erklären, daß diese Kunstwerke erschreckten, weil sie neu waren. Und es zeigt sich hier die geheimnisvolle Wirkung, die das Werk des Genies auf jedermann ausübt. Auf jedermann; die einen zieht es an, die andern stößt es ab, aber beide mit der gleichen magischen Kraft. Die Philister waren von der neuen Kunst geradeso fasziniert wie die »Modernen«, sie fühlten instinktiv, daß hier die Entwicklung einen neuen gewaltigen Anstoß bekommen habe, aber sie spürten nur den Stoß und taumelten betäubt und erbittert zurück. Wären die neuen impressionistischen Bilder wirklich nur rohe und häßliche Farbenpatzen gewesen, wie die Gegner behaupteten, dann hätten sie sie einfach übersehen, statt mit Regenschirmen darauf loszugehen, und wäre Ibsen ein Revolutionär vom Schlage Sudermanns gewesen, dann hätte er sich alles erlauben können, und sie hätten ihm ebenso augenblicklich zugejubelt wie diesem.

In diesen prekären Situationen bedarf es eines Unterhändlers, Agenten, Vermittlers. Das sind die Kritiker; sie sind die Geschäftsträger der Dichter; Plänkler und Parlamentäre zwischen Künstler und Publikum. Jedes Zeitalter hat die Aufgabe, seine Dichter zu resorbieren, zu verdauen. Aber dieser Assimilationsvorgang, so unvermeidlich er sich mit naturgesetzlicher Sicherheit vollzieht, geschieht doch nur schrittweise und allmählich. Ihm hat ein vorbereitender Prozeß voranzugehen, die Überführung des Materials in einen verdaulichen Zustand, die Aufschließung der neuen geistigen Nahrung. Zunächst sind diese Werke da als provisorische Entwürfe für die Vervollkommnung unsres psychischen Apparats, als subtile, schwierige und unscheinbare Modelle für kommende technische Werkzeuge des menschlichen Geistes, und es kann daher leicht geschehen, daß man geflissentlich an ihnen vorbeigeht, weil sie zu neu und zu verwickelt sind, oder daß man sie nicht ernst nimmt, denn sie sind ja zunächst nur kleine Modelle, die leicht mit einem bloßen Spielzeug verwechselt werden können. Es entsteht daher zunächst die Aufgabe, sie zu studieren, zu beschreiben und zu erklären. Jeder Dichter hat etwas hinter seinen Worten, das gesucht, gefunden, veröffentlicht werden will. Seine Bücher erscheinen zunächst inkognito; was sie eigentlich sind, enthüllt sich erst allmählich, durch Berührung mit der Öffentlichkeit. Ihr Entwicklungsgang ist mit ihrem Druck keineswegs beendigt, er beginnt erst damit. Das Buch des Dichters ist ein Angebot an das Publikum, nichts weiter. Ein Anerbieten, daraus eine Dichtung oder eine Lebenskunst zu machen.

In jedem Dichter ist viel mehr, als er selber weiß. Wäre das nicht der Fall, so wäre er gar kein Dichter. Er eröffnet eine neue Entwicklung, er legt gleichsam nur Schienen, auf denen man beliebig fahren kann. Ein Dichter ist ein Mensch, der über sich hinausweist. Nur dadurch unterscheidet er sich von den übrigen Menschen. Diese stellen in den nicht übermäßig zahlreichen wohlgeratenen Exemplaren sich selbst dar, diesen bestimmten, ihnen von der Natur vorgezeichneten Bauplan, den sie erfüllen; während die Majorität der Menschen nicht einmal das tut, sondern fortwährend ihren Ehrgeiz darein setzt, etwas andres zu sein, als sie ist. Aber der Dichter weist auf neue Baupläne, die noch im Begriffe sind, entworfen zu werden. Er ist eben darum ein so zerbrechliches, überempfindliches Geschöpf, weil er ein Experiment der Natur ist, die fortgesetzte Versuche anstellt, um zu neuen Formen und neuen Zweckmäßigkeiten zu gelangen. Die Natur macht es nicht wie die bureaukratischen Verwaltungen, die nach dem Prinzip vorgehen: Was sich bisher gut bewährt hat, ist das Beste; sondern sie sagt sich: Wenn sich dieses gut bewährt hat, liegt darin nicht eine Garantie dafür, daß es etwas noch Besseres gibt? Das Gute ist fast schon ein Beweis des Besseren! Sie sagt nicht: Die Dinge sind ja soweit in Ordnung, also wozu Experimente? Nein, ganz im Gegenteil, sagt die Natur, alles Bestehende ist wert, zugrunde zu gehen, ist zu nichts anderm nütze als dazu, Neuem eine gesicherte Unterlage, ein breites Operationsfeld zu bieten. Diese absonderlichen, tastenden, unsichern, gefahrvollen Essays der Natur sind die Dichter. Sie sind komplizierte, kostbare und schwerverständliche Versuchsmaschinen der Evolution.

Ihre Werke sind Anstöße, Auslöser von Bewegungen, nicht mehr. Da sie aber nichts sind als Anreger und Andeuter, so müssen ihre Andeutungen zunächst ausgeführt werden, mit einem Wort: Ihr Wesen muß »entwickelt« werden, etwa in der Art, wie man eine photographische Platte entwickelt, auf die wohl die Sonnenstrahlen schon das vollständige Lichtbild aufgezeichnet haben, das aber doch erst, soll es für jedermann sichtbar werden, einigen Verfahren und Prozeduren unterzogen werden muß. Diese Arbeit ist nicht mehr Sache des Dichters und kann gar nicht mehr seine Sache sein, denn sein Wesen ist nichts als Empfindlichkeit für Licht.

Die Dichter sind die großen Unvollkommenen. Was ihnen ihren Singulärwert verleiht, ist gerade das Labile, Unkonsolidierte an ihnen, das Ungarantierte ihrer Existenz. Sie sind ein völlig dubioser Posten im Haushalt der Natur, aber vielleicht der wichtigste. Sie sind gewissermaßen Aushängebogen der kommenden Entwicklung, Versuchsblätter und Provisorien, »Ansichtslieferungen« der Natur. Sie sind verwischte, dunkle, zweifelhafte Probedrucke der Zukunft.

Und der Kritiker? Der hat gar nicht die Aufgabe, höhnisch auf diese Mängel hinzuweisen oder sie gar noch zu unterstreichen. Sondern, o nein: – er hat zu sagen: Dies ist unausgeführt und verwischt – Grund genug für mich, es auszuführen; dies ist dunkel – bravo! ich will es hell machen; dies ist dubios – nun, ich will ihm eine solide Unterlage geben.

Das nämlich ist seine verdammte Pflicht und Schuldigkeit.

Der Haß des Künstlers

Der Grundinstinkt des Menschen ist Herrschsucht. Er will herrschen, herrschen um jeden Preis: Dies ist sein tiefstes organisches Bedürfnis. Sein ewiger Kampf mit der Welt der Materie, seine Entdeckungs- und Erfindungssucht, seine immer wieder erneuten Versuche, Luft, Wasser und Erde sich untertan zu machen: Dies alles ist nur zur Hälfte in wirtschaftlichen Interessen begründet, zur andern Hälfte wurzelt es in seiner Herrschsucht. Er will herrschen über Lebendiges und Totes, über Körper und Seelen, Zukunft und Vergangenheit. Alle die vielfältigen Tätigkeiten, denen er sich hingibt, zielen dahin ab. Die Herrschsucht ist die geheime Kraft, die ihn über die Grenzen seiner tierischen Natur hinauswachsen ließ und ihn zum höchstorganisierten Bewohner seines Planeten machte. Dieser Leidenschaft verdankt er die zunehmende Vergeistigung aller seiner Lebenstriebe, und alle höhergerichteten, idealistischen Bestrebungen nahmen hier ihren Ursprung.

Aber Natur und Leben gehen ihren eigenen Weg nach außermenschlichen Gesetzen. Auf der einen Seite steht die stumpfe Materie mit ihren passiven und doch unüberwindlichen Widerständen, auf der andern Seite die Welt der Seele, unfaßbar und fremd und unergründlich verwickelt. Und über alledem das »Schicksal«, jene den Ereignissen innewohnende Richtkraft, die niemals nach dem Menschen fragt. Alles entzieht sich ihm – er ist umgeben von Schatten und Rätseln. Körperwelt und Geisterwelt stehen unter demselben Gesetz der Undurchdringlichkeit.

Was tun? Herrschen muß er, denn das ist der Sinn und die Seele seiner Existenz. Herrschen ist seine wichtigste Lebensbedingung, und es liegt in der Natur jedes Organismus, daß er sich seine nötigen Bedingungen unter allen Umständen verschafft, mit Gewalt und, wenn diese versagt, mit List: Die gesamte organische Natur ist voll von solchen Tricks, die die Lebewesen anwenden, um gegen alle Hemmungen dennoch ihren Willen durchzusetzen. Und so ersann sich auch der Mensch eine List, um seinen tiefsten Grundwillen zu befriedigen: Er erfand die Kunst.

Die »Wirklichkeit« widerstand ihm. Die Welt der Körper war ihm zu hart und zu träge, zu real in ihrer massiven Unbeweglichkeit, und die Welt der Seele wiederum war ihm zu luftig und wesenlos, zu irreal in ihrer problematischen Unfaßbarkeit. Darum erwachte in ihm der Ruf: Weg aus der starren Wirklichkeit, weg aus der Welt des Gegebenen! Er kam auf den ingeniösen Gedanken, jene unduldsamen, eigenwilligen Realitäten fahren zu lassen und sich über dieser Welt eine neue eigene zu errichten. Diese neugeschaffene Welt war sein Eigentum, seine unbeschränkte Herrscherdomäne. Er konnte sie ganz nach freiem Willen formen und lenken. In diesem Reich, seiner eigenen, freien Schöpfung, durfte er hoffen, endlich einmal vollkommener Tyrann zu sein.

Fichte hat den Satz aufgestellt: Die Welt ist ein Produkt des Ich. Er meinte dies im philosophischen oder, in seiner Sprache zu reden, im transzendentalen Sinne. Das Ich vollzieht eine Reihe von Handlungen, und so entsteht das, was wir die Außenwelt nennen. Aber diese Handlungen des Ich geschehen unbewußt. Wir wissen nichts von dieser schöpferischen Tätigkeit, die sich in uns begibt, ähnlich wie im Traum, wo uns gleichfalls Geschöpfe gegenübertreten, die uns als Realitäten, als vollkommen selbständige Wesen erscheinen und die dennoch nichts andres sind als Produkte unsrer Geistestätigkeit. Diese unbewußte weltschöpferische Tätigkeit des Ich nennt Fichte »die bewußtlose Produktion«, und das Vermögen, wodurch wir diese Tätigkeit vollziehen, findet er in der Einbildungskraft. Weil die Produktion bewußtlos ist, darum erscheint uns die Welt als etwas außer uns, als »Nicht-Ich«, als Objekt, das heißt: als etwas, das unabhängig von unserm Subjekt besteht. Was wir aber für unser Objekt halten, das ist in Wahrheit unser Produkt. In diesen wenigen Sätzen ist der Kern der Fichteschen Philosophie enthalten. Sie ist – wenn man sie recht versteht – eine radikale Künstlerphilosophie, denn sie macht den Menschen zum Dichter der realen Welt. Und die Romantiker verstanden sie und machten Fichte zu ihrem Propheten.

Was Fichte gibt, ist jedoch theoretische Deduktion und handelt von einer Tatsache des Unterbewußtseins. Nun gibt es aber eine menschliche Geistestätigkeit, in der dieser dunkle Vorgang jedermann klar vor Augen liegt. Diese Tätigkeit ist die Kunst. Das Vermögen, wodurch die Kunst ihre Schöpfungen hervorbringt, ist gleichfalls die Einbildungskraft, und auch das Resultat, zu dem sie gelangt, ist dasselbe wie das der Fichteschen »Produktion«: Wenn nämlich die Kunst ihre Tätigkeit vollendet hat, so stehen auch ihre Produkte als scheinbar selbständige Objekte da, als

Realitäten, die vom Ich des Künstlers losgelöst erscheinen. Dennoch besteht ein bedeutender Unterschied. Was dort der Mensch bewußtlos vollbringt: die Schöpfung einer in sich zusammenhängenden Welt, das tut hier der Künstler mit völligem Bewußtsein. Hier wird die Theorie zur Wirklichkeit, und was jeder Mensch tut, ohne es zu wissen, in der Dunkelkammer des Unterbewußtseins, das vollzieht der Künstler als ein seiner selbst mächtiges Wesen im Tageslicht des Selbstbewußtseins. Darum hat auch Fichte gesagt: »Die Kunst macht den transzendentalen Gesichtspunkt zum gemeinen.«

Unter den vielerlei Lockmitteln, die der philosophische Idealismus zu bieten hat, war sicherlich dieses nicht das letzte: daß er der menschlichen Herrschsucht schmeichelte. Der Mensch als Schöpfer der Realität, die Welt nichts als ein Schattenwurf seines Geistes: Dies hieß zum zweiten Mal – und mit gewichtigern Gründen – den Menschen zum Mittelpunkt der Schöpfung machen. Indes: Dies ist und bleibt philosophische Theorie, und die tägliche Erfahrung sagt stündlich dazu nein. Die Welt der Realität enttäuscht dennoch fortwährend die Herrschbegier des Menschen. Anders in der Kunst: Hier macht der Mensch »den transzendentalen Gesichtspunkt zum gemeinen«; er wird gleichsam praktischer Fichteaner. Die Kunst ist die sublimste Form seines Willens zur Macht.

Alle die Tyrannen, von denen die Historie erzählt, die »Scheusale« der Weltgeschichte: Caligula und Tiberius, Danton und Robespierre, Cesare Borgia und Torquemada, was waren sie andres als in die Realität verschlagene Künstler? Und alle die Künstler und Gestalter: Shakespeare und

Michelangelo, Dante und Poe, Nietzsche und Dostojewski, was waren sie andres als in die Kunst gerettete Menschenfresser? »Ich habe niemals von einem Verbrechen gehört, das ich nicht hätte begehen können«, sagte Goethe. Er brauchte keine Verbrechen zu begehen, weil er sie künstlerisch gestalten konnte. Und Nero, der Kaiser mit der großen Künstlerambition, wäre kein »Bluthund« geworden, wenn er die Kraft der dichterischen Gestaltung besessen hätte. »Qualis artifex pereo« – vielleicht ist es erlaubt zu übersetzen: »Was für eine merkwürdige Art Künstler stirbt in mir.«

Aber nun ereignet sich bisweilen im Künstler etwas Sonderbares. Einen gibt es nämlich doch noch, der stärker ist als er: eben den Dichter in ihm, jene schöpferische Kraft, die dieses ganze Reich schuf und die es beherrscht. Sie ist über ihn gesetzt und jagt ihn nach freier Willkür hin und her. Seine Kunst ist mehr als er: Er ist ein hilfloser Einzelorganismus, ein Mensch wie andre auch, sie aber ist eine furchtbare Naturkraft. Und er beginnt mit Schrecken zu erkennen: Diese seltsame Fähigkeit des Gestaltens hat ihn nur noch abhängiger gemacht. Er wollte sich eine Welt nach Gutdünken schaffen und rief dazu den Dichter in sich zum Gehilfen an; aber der Gehilfe wurde zum Meister und schaltete nun nach seinen eigenen unabänderlichen Gesetzen. Der Mensch wollte sich in die Kunst flüchten. Aber wie er seiner selbstgeschaffenen Welt ins Auge blickt, erfaßt ihn Entsetzen. Seine Gestalten stehen da, losgelöst von seinem Willen. Es ergeht ihm wie dem Fichteschen Ich: Seine Produkte muß er nun doch notgedrungen als Objekte anerkennen, die unabhängig von seinem Subjekt ihr eigenes Leben führen. Seine Kunst ist stärker als er.

Und er beginnt allmählich Mißtrauen und Haß gegen diese Kunst zu schöpfen und sie zu bekämpfen. Und wenn dann kluge Leute kommen und ihm sagen, das sei ja ein Widerspruch, denn mit der Kunst bekämpfe er ja sich selbst und den ganzen Sinn seines Lebens, so könnte er diesen erwidern: »Freilich hasse ich die Kunst, denn ich bin ja ein Künstler. Ihr andern dürft sie lieben und bewundern. Aber ich muß sie verwünschen. Für euch ist sie eine ›Anregung‹, aber für mich ist sie ein Verhängnis. Ich wollte durch sie zu Herrschaft und Freiheit gelangen, aber gerade sie ist es, die mich völlig unfrei gemacht hat. Sie ist der Übertyrann in mir. Sie ist allmählich, ohne daß ich es merkte, über mich hinausgewachsen und zu einem übermächtigen und schrecklichen Wesen angeschwollen, das mir fremd und feindlich ist. Ich wollte Menschen schaffen und formen, nach meinen Wünschen und Idealen, nach meiner freien Herrscherlaune. Aber meine Kunst hat niemals nach meinen Launen und Wünschen gefragt. Die Wesen, die in meinen Dichtungen aus und ein gehen, sind nicht die Geschöpfe meines Willens. Ich wollte eine Welt der Schönheit schaffen, und vor mir wuchs eine Welt der Wahrheit. Ich wollte eine Welt des Glaubens aufbauen, und es erhob sich eine Welt des Zweifels. Meine Schöpfungen waren mir nicht untertan, sie waren niemals meine willfährigen Kreaturen. Sie standen da als beseelte Wesen, mit ihren eigenen Lebenskräften begabt, und sie erschreckten mich, denn so habe ich sie nicht gewollt.

Und darum schleudere ich meinen Fluch auf die Kunst! Sie ist der Erbfeind meines Lebens. Sie hat sich über mich gesetzt und mich beraubt, zerstört, in zwei Hälften gespalten. Sie ist der Unmensch in mir. Sie ist das Unmenschliche im Leben. Menschlich ist die Lüge, aber meine Kunst will Wahrheit und immer wieder die Wahrheit. Und die Wahrheit ist oft häßlich und trostlos. Menschlich ist der Glaube, aber meine Kunst bringt den Zweifel. Menschlich ist die Blindheit, aber meine Kunst steht über mir als die Kraft des Sehens und Gestaltens, die furchtbar ist. Ich habe nicht gewußt, daß die Gabe des Sehens etwas so Furchtbares ist.

Andre sollen ja die beneidenswerte Fähigkeit besitzen, auszuwählen und zu unterdrücken, gefällige Züge zu unterstreichen, häßliche zu vertuschen und das Leben in ihren Dichtungen wohlschmeckend und angenehm zu arrangieren wie einen Tortenaufsatz. Wenn ich dieses Talent besäße, wäre ich sehr glücklich mit meiner Kunst und ein ebenso begeisterter Freund der schönen Literatur wie irgendein liebenswürdiger Mäzen. Aber ich bin leider kein Porträtmaler, der schmeicheln kann. Ich bin ein photographischer Apparat. Ich fixiere das Bild, das in meine Kamera tritt. Mehr kann ich nicht tun. Alles, was ich kann, ist: Unruhe und Mißtrauen verbreiten.

Das Wesen des Künstlers ist Mißtrauen, Mißtrauen. Überall bohrt er Gänge, gräbt unterirdische Dinge ans Licht. An alles hämmert er mit seinen Zweifeln und Fragen. Im scheinbar Einfachen entdeckt er die unauflösliche Verwicklung, das Klarste entlarvt er als dunkles Problem, unter jeder Oberfläche erspäht er die unergründlichen Tiefen. Er fragt und fragt. Er fragt: Ist die Größe denn auch wirklich groß, ist die Güte denn auch wirklich gut? Ist das Schöne schön, das Wahre wahr? Warum hat er, nur er, diese furchtbare Mission? Er ist schließlich ein Mensch wie die andern, mit dem Trieb zum Glauben, Glaubenwollen; wozu wurde ihm dieses schreckliche Amt des Sehens, Sehenmüssens? Ich kann nicht finden, daß der Künstler Grund hat, die Kunst zu lieben. Viel lieber wäre ich ein einfacher Bauer geworden, der alles gleich groß und gut, gleich wahr und schön findet. Ich will es noch schnell versuchen. Aber ich fürchte, es ist zu spät.

Meinen Haß aber behalte ich. Wer sonst wohl sollte die Kunst so tief hassen können, hassen müssen wie wir Künstler? Ihr Halbkünstler doch nicht? Ihr Liebhaber und Zufallskünstler? Ihr dürft sie lieben, denn ihr habt ja niemals an ihr gelitten. Aber darum gehört sie auch nicht zu euch. Denn nur die Dinge, an denen wir am tiefsten leiden – nur die gehören zu uns!«

Literaturpolizei

Vor kurzem erschien ein auch von mir unterzeichneter Protest gegen das Verbot von Claudels *Verkündigung,* in dem unter anderem zu lesen stand, es sei eines Kulturvolkes unwürdig, Angelegenheiten der Kunst vom politischen Gesichtspunkt aus zu beurteilen. Ich glaubte natürlich, mit der Erinnerung an diese Selbstverständlichkeit sei der Fall erledigt. Inzwischen bin ich aber so oft mündlich und schriftlich mit Erstaunen gefragt worden, wie ich denn unter »so etwas« meinen Namen setzen konnte, daß ich mich genötigt sehe, noch einmal auf die Sache zurückzukommen, wenn auch nur in aller Kürze und ganz allgemein. Ich muß jedoch gestehen, daß ich diese Notwendigkeit sehr traurig finde.

Das Hauptargument, das immer wieder vorgebracht wird, lautet: Die Franzosen machen es mit unseren Werken ja auch nicht anders! Nun, das ist ja allerdings ein großes Malheur – aber doch wohl in erster Linie für die Franzosen! Wenn sie Beethoven, Goethe, Mozart oder Kleist nicht mehr aufführen, weil die heutigen Landsleute dieser Männer einige nordfranzösische Städte erobert haben, so verlieren sie damit nur eine Reihe weiterer Werte, und bedeutend höhere und wichtigere. Sodann: Für ungehörige Handlungen das Gesetz der Reziprozität aufzustellen, das ist die Logik eines sehr primitiven und unerzogenen Denkens. Soviel ich mich erinnere, steht in der Bibel nicht: Wenn dich einer auf die rechte Backe schlägt, so schlage ihn so schnell wie möglich auf die linke! Aber die Bibel ist ja ein gänzlich unmodernes Buch, das eine längst überholte Ethik enthält; greifen wir also zu einem näherliegenden Beispiel. Wenn jemand in einem Salon gegen mich eine Inkorrektheit begeht, ist es dann wohl höchstes Gebot des feinen Anstands, daß ich mich gegen ihn ebenso unkultiviert benehme? Oder wenn ein Mensch in einer Debatte eine haarsträubende Dummheit von sich gibt, ist es dann wohl die richtige Dialektik, ihm mit einer genauso großen Albernheit zu erwidern?

Der Nonsens der Sache leuchtet sofort ein, wenn man sich vorstellt, daß Claudel, und nicht bloß Claudel, sondern auch die geschmackloseste und stupideste Pornographie irgendeines französischen Theaterspekulanten in dem Augenblick für niemand mehr etwas Bedenkliches hätte, wo Herr Clemenceau Friedensverhandlungen eröffnen würde. Hingegen wird infolge der politischen Lage heute schon bereitwillig zugegeben, daß Tolstoi gar kein übler Dichter ist. Wenn aber die Friedensverhandlungen in Brest-Litowsk abgebrochen worden wären, so hätte dies leider auf seine Dramen die Wirkung gehabt, sie in unaufführbare Machwerke zu verwandeln.

Tolerantere Gemüter wollen allerdings den Boykott nur auf lebende Dichter beschränkt wissen. Aber gerade dies erscheint mir als der Gipfelpunkt der Unlogik. Haben sich denn die Gesinnungen Frankreichs gegen Deutschland in den letzten hundert Jahren irgendwie verändert? Glaubt man, daß alle französischen Dramatiker, die vor 1914 ge-

storben sind, den Fahneneid verweigert hätten, mit der Begründung, gegen das edle Deutschland nicht kämpfen zu
wollen? Glaubt man, daß sie in der ersten Kriegsbegeiste-
rung nicht ebenso den Kopf verloren hätten wie fast alle
ihre überlebenden Kompatrioten? Wir wissen, daß weder
ein so zarter und tiefer Versteher der menschlichen Seele
wie Maeterlinck noch ein so reicher, freier und gütiger Geist
wie Anatole France vor solchen Sinnesverwirrungen ge-
schützt war. Aber was gehen uns diese ihre Privatwallungen
an? Was sie wahrhaft sind, steht in ihren Werken. Wer Maeterlincks Herz kennenlernen will, der frage die kleine Prin-
zeß Maleine, die Selysette, den Alten im *Intérieur*! Alles andere ist Kaffeeklatsch.

Daß es so etwas wie nationale oder gar patriotische Kunst
gibt, erweist sich überhaupt immer mehr als Mißverständnis, je höher wir in der Rangordnung der Kunstwerke hin-
aufsteigen. Der Grund ist vollkommen klar. Ein Mensch ist
nämlich genau in dem Maße Künstler, in dem er fremde
Seelen in seine eigene verwandeln kann. Der Philister zum
Beispiel versteht ausnahmslos nichts, nicht einmal sich
selbst. Die Frau, die fast niemals ein vollkommener Philister
ist, umfaßt außer ihrer Seele zumindest noch die des geliebten Mannes und des Kindes. Und so geht es immer höher
hinauf, bis zu jenen höchsten schöpferischen Naturen, die
ein ganzes Universum in sich tragen. Ihr Sinn und Herz ist
gastlich gegen alles, ohne nach seiner Herkunft zu fragen.
Treue? Die halten sie nur dem Reichtum ihrer Seele. Wo
Schönheit ist, hat sie ein Recht darauf, von ihnen empfunden zu werden. Damit hören sie aber auch auf, scharf national umrissen zu sein. Sie ragen zu sehr heraus, hinaus,

hinüber, über ihr Volk; sie sind nicht die Vorbilder, nach denen ihre Nation geformt ist, weil sie zu viel, weil sie zu ganz sind: Sie sind Modelle der Menschheit. Oder ist etwa Shakespeare der Typus des Engländers, Spinoza der Typus des Juden, Dante der Typus des Italieners, Nietzsche der Typus des Deutschen? Man kann getrost sagen: Das Genie ist rasselos.

Vor zweitausend Jahren hätte man jeden, der geleugnet hätte, Religion sei eine nationale Angelegenheit, für heillos überspannt gehalten. Heute finden wir diese Anschauung nur noch bei ganz rohen und zurückgebliebenen Völkern. Wir reden heute nicht mehr von einer »griechischen«, einer »ägyptischen«, einer »germanischen« Religion. Ich denke aber doch, daß das einen Fortschritt in der Religiosität bedeutet. Sie ist eben weiter, freier, reicher, tiefer geworden, so daß alles, was eine fromme Seele unter irgendeinem Himmelsstrich denken und empfinden mag, in ihrem Kreis Platz hat. In seiner großen Zeit (nämlich in seiner wirklich großen) hat Deutschland aber über alle Dinge des Lebens so gedacht. Friedrich ii. und Josef ii., Winckelmann und Lessing, Herder und Kant, die Schlegels und die Humboldts: Alle haben sie in die Politik, in die Kunst, in die Wissenschaft einen ausgeprägt internationalen, kosmopolitischen Geist gebracht. Dies ging sogar so weit, daß man dem eigenen »wirtschaftlichen Aufschwung« geradezu feindlich gesinnt war. So sagt zum Beispiel ein Mitarbeiter von Schlözers *Staatsanzeiger,* dem damals einflußreichsten politischen Journal: »Mir ist es ein Glück für mein Vaterland, daß der hanseatische Bund zerstört wird, Deutschland durch den Westfälischen Frieden auf einige Jahrhunderte hinaus in zahlreiche kleine Staatswesen zerstückt ist, wovon jedes sein eigenes Interesse hat und bald die Lage, bald die Größe es dem einen oder dem anderen ohnmöglich machen, große Kauffahrteiflotten vom Stapel zu lassen. Wie seltsam ist es doch, an der Malebarischen Küste nach Pfefferkörnern umherzurennen, wenn man doch noch zu Hause alle Hände voll zu tun hat!« Dies war die allgemeine Ansicht; man denke nur an die zahlreichen ähnlichen Aussprüche Goethes.

»Aber Schiller!« höre ich den deutschen Turnlehrer sagen. Hier muß jedoch eine Illusion zerstört werden. Schiller hat nie und nirgends deutsch-patriotische Ideale vertreten. Er benützt den Patriotismus lediglich als wirksames dramatisches Motiv. Er schildert den begeisterten Freiheitskampf des Volkes um den Heimatboden – in der Schweiz – und die aufopfernde Vaterlandsliebe einer Heldenjungfrau – in Frankreich. In Deutschland spielen jedoch nur zwei seiner Stücke: Das eine zeigt die verbrecherischen Zustände an einem kleinen Fürstenhof, und das andere hat zum Mittelpunkt eine Anzahl junger Leute, die aus Haß gegen ihr Vaterland eine Räuberbande bilden.

Man kann überhaupt nicht gerade sagen, daß Kräftigung des Nationalgeistes und Steigerung der politischen Macht stets mit Höherentwicklung der Kultur Hand in Hand gehen. Die Geschichte lehrt eher das Gegenteil. Weder die Griechen der perikleischen Zeit noch die Italiener der Renaissance genossen das Glück eines nationalen Einheitsstaates, sondern befanden sich in ganz desolaten politischen Verhältnissen. Hingegen die Römer brachten es zur Zeit, als sie die ganze Welt beherrschten, in Kunst und Wissenschaft nur zu einem dürftigen, epigonenhaften Dilettantismus; die lateinische Renaissance, die Karl der Große auf der Höhe seiner Macht versuchte, verlief sehr kläglich; Frankreich hat unter Ludwig XIV. nur eine fadenscheinige, aufgebauschte Goldbrokatkultur und unter Napoleon nur den leeren lackierten Empirestil erzeugt; Deutschland hat weder nach 1813 noch nach 1870 eine bedeutende künstlerische Entwicklung genommen, sondern hat besonders in dem Jahrzehnt nach seiner Einigung seine banausischeste, geistloseste und kitschigste Kulturperiode erlebt. Die Erklärung für diese Zusammenhänge ist vielleicht einfacher, als man denkt: Aller Nationalismus und Patriotismus enthält nämlich ein Element der Isolierung, des Hasses, und mit Haß kann man weder malen noch denken noch dichten, noch überhaupt etwas schaffen. Künstler können nicht polemisieren, befeinden: Sie sind Verklärer und Rechtfertiger alles Lebens. Sie verstehen ja nur darum von der Welt und ihrem Lauf mehr als andere, weil sie sie lieber haben; sie können nur darum alle menschlichen Empfindungen nachgestalten, weil sie alle als berechtigt anerkennen. Der Haß ist niemals zeugungsfähig, sondern immer nur die Liebe.

Anna Karenina

Die *Anna Karenina* erschien vor etwa dreißig Jahren, 1877. Sie ist das letzte Werk, das Tolstoi vor dem »Umschwung« geschrieben hat. Später wurde er bekanntlich Moralist. Das heißt: Er hat es versucht, gelungen ist es ihm nie. Er schrieb eine ganze Bibliothek von absonderlichen Kapuzinaden gegen die Wissenschaft, die Kultur, die Kunst und vor allem gegen sich selbst. Denn sein ganzer tiefer Haß gegen alles Künstlertum rührte vor allem daher, daß er mit Schrecken erkennen mußte, daß er selbst zu den Künstlern gehörte. Dies ist die geheime Wurzel seiner Erbitterung, und man muß das begriffen haben, ehe man sich billige Scherze erlaubt oder überlegen von dementia senilis redet. Wenn er sich gegen Shakespeare wendet, so wendet er sich gegen den Shakespeare, der in ihm selbst steckt; wenn er Nietzsche haßt, so haßt er das Stück Nietzsche, das in ihm selbst denkt. Er hat niemals gegen jemand andern gepredigt als gegen sich selbst. Er schrieb eine Bannbulle nach der andern, aber es gelang ihm nicht, den Lew Nikolajewitsch Tolstoi, den großen Seher und Gestalter, aus seiner Seele zu exkommunizieren: Der blieb und ließ sich nicht vertreiben. Er schrieb einen Tendenzroman nach dem andern, aber unter den Händen wurden ihm Kunstwerke daraus. Es nützte alles nichts. Seine Kunst war allemal stärker als er selber.

Diese Kunst ist in *Anna Karenina* schon zur höchsten Vollendung gelangt: zur Kunst der Kunstlosigkeit. Es findet sich im fünften Teil des Romans eine Stelle über den Maler Michailoff, die seltsam an Tolstois eigene Kunst erinnert: »Oft schon hatte er das Wort Technik gehört und durchaus nicht begriffen, was man eigentlich darunter verstünde. Er wußte, daß man mit diesem Worte die mechanische Fertigkeit des Malens und Zeichnens meinte, die vollständig unabhängig war von dem Inhaltlichen. Oft schon hatte er bemerkt, daß man die Technik dem innern Werte gegenüberstellte, gerade als ob es möglich wäre, das gut zu malen, was schlecht sei. Er wußte wohl, daß viel Aufmerksamkeit und Vorsicht erforderlich sei, um ein Gemälde nicht zu schädigen, wenn man von ihm die Hüllen abnahm, aber eine Kunst des Malens – eine Technik –, die gab es dabei nicht. Hätte sich einem kleinen Kinde oder seiner Köchin das offenbart, was er sah, dann würden diese gleichfalls das herauszuschälen verstanden haben, was sie sahen. Aber selbst der erfahrenste und geschickteste Beherrscher der Maltechnik wäre allein mit der mechanischen Fertigkeit nicht imstande gewesen, etwas zu malen, wenn sich ihm nicht vorher die Grenzen des Inhaltlichen offenbart hätten. Dann aber wußte er auch, daß, wenn man nun einmal von der Technik sprach, er ihretwegen nicht gerühmt werden konnte.«

Von dieser Art ist die Kunst Tolstois. Er nimmt die Hüllen ab und weiter nichts. Das Gemälde ist längst da, aber niemand kann es sehen. Der Künstler kommt und entschleiert es. Das ist alles, was er dazu tut. Seine ganze Leistung besteht darin, die Dinge so sehen zu lassen, wie sie niemand sieht, das heißt: so wie sie sind.

In *Anna Karenina* spürt man nirgends einen Menschen, der dahintersteht, einen Regisseur, eine fremde Hand, die das Ganze führt. Es ist, als ob das Leben selbst diesen Roman niedergeschrieben hätte. Wie der Sphygmograph jede leiseste Schwankung der Pulskurve aufzeichnet, so bucht Tolstoi den »Pulsschlag des Lebens«, geduldig und minutiös, unsubjektiv und fast mechanisch.

Anna Karenina ist die einfache Geschichte einer Dame der hohen russischen Gesellschaft, die an einen ungeliebten Mann verheiratet ist, sich in einen andern verliebt, ihren Gatten verläßt und sich schließlich, den vielerlei Konflikten ihrer Lage nicht mehr gewachsen, unter die Räder eines Zuges wirft. Maupassant hätte daraus eine Studie von zwanzig Seiten gemacht, Altenberg eine Skizze von zwei Seiten. Tolstoi hat dreizehnhundert Seiten darüber geschrieben, und man hat den Eindruck, er hätte auch das Doppelte und Dreifache schreiben können. Es gibt Schilderer, die die Breite absolut nicht vertragen und sofort langweilig werden, wenn sie sich nur ein bißchen expandieren, und es gibt Seelenmaler, die überhaupt erst bei der Breite anfangen. Unter diese gehört Tolstoi. Er ist gar nicht geschwätzig, er sagt niemals etwas Entbehrliches, und er wiederholt sich nur dort, wo es ein Mangel an Realistik wäre, sich nicht zu wiederholen. Die Handlung, die er schildert, ist eigentlich ziemlich sekundär, und er hätte jede andre Fabel genausogut wählen können. Sein Roman ist ein ungeheures Magazin von Beobachtungen, die sich Selbstzweck sind. Er ist nicht etwa ein »Extrakt des Lebens«: – ganz im Gegenteil, er ist eine Erweiterung und genauere Ausführung des Lebens. Er ist viel breiter als das Leben selbst. Keine der Personen, die er schildert, hätte mit Bewußtsein soviel erlebt wie der Dichter, der bloß zusieht. Die Menschen leben viel schneller, als Tolstoi dichtet. Weil sie eben keine Dichter sind. Gerade das Allerunbemerkbarste und Verdeckteste fängt er auf. Dinge, die kein andrer Zuschauer beachten würde, Dinge, von denen die Personen, die er beschreibt, selber nichts wissen.

Die Schärfe und Genauigkeit der Beobachtung ist so groß, daß sie bisweilen fast wie Ironie wirkt. Von Wronsky, dem spätern Liebhaber Annas, wird einmal gesagt: »Eine neue Empfindung von Rührung und Liebe ergriff ihn, das beseligende Gefühl einer Reinheit und Frische, zum Teil dadurch entstanden, daß er den ganzen Abend hindurch nicht geraucht hatte.« Einmal kommen Wronsky Tränen. Dies wird so beschrieben: »Auch er empfand, daß sich etwas in seiner Kehle nach oben hob, und daß er ein eigentümliches Gefühl in der Nase hatte.« Die erschütterndste Szene des ganzen Romans ist jene, in der Anna, von den Ärzten aufgegeben, ihren Gatten und ihren Liebhaber an ihr Bett ruft, um sie zu versöhnen. Es gelingt ihr, und alle drei empfinden, daß sie in diesem Augenblicke einer höhern Gemeinschaft angehören, in der alle Menschen durch das Band der verzeihenden Liebe geeinigt sind. Diese Szene schließt folgendermaßen. »Sie sagte: ›Gott sei gedankt, Gott sei gedankt! Die Füße nur noch ein klein wenig mehr strecken. So, so ist es schön. Wie diese Blumen doch geschmacklos gemacht sind, so ganz unähnlich dem Veilchen‹, fuhr sie fort, auf die Tapete weisend. ›Mein Gott, mein Gott, wann wird es vorüber sein.‹«

Tolstoi hat sicher niemals daran gedacht, die Menschen

und ihre Regungen in jenem Zwielicht zu zeigen, das Shaw, Wedekind und andre anwenden. Aber es ist belehrend, einmal zu sehen, daß dieses Zwielicht vollkommen unvermeidlich ist, sobald eine Kunst unter dem Prinzip der Wahrhaftigkeit steht.

»Belehrend« ist überhaupt vielleicht die passendste Bezeichnung für diesen Roman. Er lehrt uns eine Menge von Kenntnissen, die neu und fremd sind, und er unterweist uns gewissermaßen in den Elementen des mikroskopischen Sehens. Das ist der pädagogische Wert aller großen Kunstwerke.

Eine andre pädagogische Bedeutung hat die *Anna Karenina* aber nicht. Ich las einmal in einer Kritik: »Wo eine Frau in Versuchung steht, ihrem Mann untreu zu werden, sollte man ihr dies Buch in die Hände spielen.« Und erst vor kurzem sah ich wieder eine Verlegeranpreisung: »Vollständige Ausgabe dieses berühmten Romans, in dem Tolstoi eine moderne Ehebruchsgeschichte – aber nicht im Sinne französischer Schriftsteller, sondern vom Standpunkte des strengen Moralisten – mit meisterhafter Realistik behandelt.« Nun, um Ehefrauen vor Fehltritten zu schützen, dazu ist die *Anna Karenina* zu gut, und daß Tolstoi das Problem als strenger Moralist behandelt, ist einfach nicht wahr. Er sagt mit keinem einzigen Wort, daß Anna Karenina verdammungswürdig sei, ja, er sagt nicht einmal, daß sie unklug gehandelt habe und daß sie etwa glücklicher geworden wäre, wenn sie ihre Pflicht erfüllt hätte. Er sagt bloß: Hier ist ein leidender Mensch. Wenn er etwas lehren will, so ist es nur die Unberechenbarkeit, Unfaßbarkeit, ja Sinnlosigkeit des Daseins. Durch den ganzen Roman geht die seltsame Figur Lewins, des Philosophen, Träumers und Tatsachenmenschen, der soviel von Tolstoi selbst hat, von dem ringenden, zweifelnden, mißtrauischen, sich von allen Seiten anbohrenden Tolstoi. Es ist kein Zweifel, daß diese Figur als eine Art Chorus aufzufassen ist. Und ebendieser Lewin ist nichts als ein großer Frager. Hier oder da findet er die oder jene Antwort, aber kurz darauf verwirft er immer wieder alle Antworten. Und ebenso ist der ganze Roman zu nehmen: als ein riesiges Arsenal von angstvollen Fragen. Nichts ist in diesem Roman »gezeigt«, nichts als eben das Leben. Und genau soviel ist gezeigt, als das Leben zeigt: ein paar Lichtstreifen, die da und dort aufleuchten, um alsbald wieder zu verflackern. Nein, für die Philister hat Tolstoi niemals geschrieben, und er wird nie für sie schreiben. Die hätten es freilich recht gern, wenn er sagte: Seht, so geht es, wenn man »so Eine« ist! Aber Tolstoi besitzt leider nicht jene Portion Lebensunkenntnis und Dummheit, die unbedingt erforderlich ist, wenn man in Fragen der Seele ein festes Urteil fällen will. [...]

Das Bild des Dorian Gray

Nun ist schon ein Vierteljahrhundert verflossen, seit das Buch vom *Bild des Dorian Gray* seinen Gang in die Welt angetreten hat. Es ist inzwischen, verbannt aus seiner Heimat, bei vielerlei Menschen und Völkern umhergewandert; und heute, nach fünfundzwanzig Jahren, trägt es völlig veränderte Züge.

Ja, das Buch vom Dorian Gray hat sich verwandelt, aber dieser Umwandlungsprozeß ist gerade demjenigen entgegengesetzt, den das Bild in der Erzählung durchmacht. Es blickte der Welt bei seinem ersten Erscheinen als häßliche, abstoßende Fratze entgegen, und heute steht es vor uns in vollkommener Makellosigkeit und Schönheit. Als diese merkwürdige Vision auftauchte, da erblickte man in ihr zunächst nur das Werk eines niedrigdenkenden und lasterhaften Menschen. Alle abscheulichen Sünden und Verirrungen glaubte man in das Antlitz dieses Buches eingezeichnet zu sehen, es erschien als das rechte Evangelium des Teufels. Heute wissen wir, daß es das Evangelium der Reinheit enthält, daß es ein tief sittliches Buch ist, durchblutet von einer verzehrenden Sehnsucht nach dem Guten, ein Buch, das dem Laster schärfer an den Leib geht als hundert Fastenpredigten, die vom Leben nichts verstehen.

Wir wissen heute auch, wer die englische Gesellschaft ist. Ich sage nicht: das englische Volk. Das Volk Englands ist, wie jedes Volk, von einem dumpfen und gebundenen Willen zum Guten erfüllt, aber, wie jedes Volk, ganz und gar unfähig, diesen Willen aus eigener Kraft in die Tat umzusetzen. Die Schicksale jedes Landes werden immer nur von jener hauchdünnen Oberschicht bestimmt, die über dem Ganzen liegt, eben der sogenannten »Gesellschaft«. Das deutsche Volk, das Jena und Tilsit erlebte, kann sich nicht wesentlich von demjenigen unterschieden haben, das sieben Jahre später in den Befreiungskrieg zog. Aber die Oberschicht hatte sich inzwischen sehr wesentlich verändert. Und diese Oberschicht hat in England immer sehr merkwürdige Eigenschaften besessen. Es sind dieselben, gegen die schon Cromwells tapfere und ehrliche Puritaner zu Felde zogen und gegen die Carlyle sein Leben lang heroisch und vergeblich gekämpft hat: Sie lassen sich unter dem Schlagwort »cant« zusammenfassen, das wir nicht übersetzen können, weil wir in unsrer Vorstellungswelt, Gott sei Dank, nichts besitzen, was dieser Sache entspricht. Was ist cant? Cant ist nicht Verlogenheit, ist nicht Heuchelei oder dergleichen, sondern etwas viel Komplizierteres. Cant ist ein Talent, das Talent nämlich, alles für gut und wahr zu halten, was einem jeweils praktische Vorteile bringt. Wenn dem Engländer etwas aus irgendeinem Grunde unangenehm ist, so beschließt er (in seinem Unterbewußtsein natürlich), es für eine Sünde oder eine Unwahrheit zu erklären. Er hat also die merkwürdige Fähigkeit, nicht etwa bloß gegen andre, sondern auch gegen sich selbst perfid zu sein, und er betätigt diese Fähigkeit mit dem besten Gewissen, was ganz natürlich ist, denn er handelt in der Ausübung eines Instinkts. Also cant ist etwas, was man »ehrliche Ver-

logenheit« nennen könnte, oder »die Gabe, sich selbst hineinzulegen«. Infolgedessen ist der Engländer in ethischen
Dingen ein unerreichter Virtuose der doppelten Buchführung. Er ist ebenso fromm wie geschäftstüchtig, man kann
gar nicht sagen, was von beidem er in höherm Maße ist. Nur
befindet sich beides bei ihm in vollkommen getrennten Seelenfächern. Wenn er das eine öffnet, ist das andre fest geschlossen, ja, er erinnert sich gar nicht, daß das andre überhaupt existiert. Er glaubt zu den Feiertagen an Gott und die
Ewigkeit und während der Woche an die Physik und den
Börsenbericht, und beide Male mit gleicher Inbrunst. Am
Sonntag ist die Bibel sein Hauptbuch, und am Wochentag
ist das Hauptbuch seine Bibel. In der Seele des Engländers
gibt es keine moralischen Konflikte; infolgedessen hat er die
Welt erobert.

In Wildes Leben aber bildete ein ähnlicher Dualismus
den verzehrenden Konflikt, der sein ganzes Schaffen bestimmt hat und dem er schließlich zum Opfer gefallen ist.
Das große Dilemma seines Daseins war die Frage des
Künstlers: Was ist der Sinn des Lebens – Schönheit oder
Güte? Man kann leicht bemerken, daß diese beiden Mächte
grade in der Künstlerseele feindlich miteinander ringen. Die
Schönheit will sich und immer nur sich, die Güte will niemals sich selbst und hat ihr Ziel immer außerhalb. Schönheit ist Form und nur Form, Güte ist Inhalt und nichts als
Inhalt. Schönheit wendet sich an die Sinne, Güte an die
Seele. So erscheint das Leben des Künstlers zwischen zwei
Extremen hin und her gestoßen. Und so müssen wir heute
Wildes Dichtung und Leben betrachten.

Es hat gewiß wenige Dichter gegeben, die die Häßlichkeit so tief und leidenschaftlich, man möchte fast sagen: so krankhaft gehaßt haben wie Oscar Wilde. Seine Liebe zu den tausenderlei kostbaren, feinen und unnützen Dingen, die das Leben des vornehmen Mannes umgeben, war außerordentlich. Er wird nicht satt, diese Dinge zu beschreiben. Und dennoch war er ein Dichter, und ein Dichter ist mehr als ein Erzähler schöner Dinge. Ein Dichter ist ein Mensch, der in alle Formen Inhalt gießt, der aus der Gegenwart die Vergangenheit erstehen läßt und aus der Vergangenheit die Zukunft, die nur er kennt. Dichtkunst ist die höchste Form der Weisheit. Dies wußte Wilde recht wohl, wenn er auch bisweilen die Augen gewaltsam dieser Wahrheit verschloß.

Wilde liebte zweifellos das Laster. Er liebte es als Künstler. Die Künstler werden zu den Verirrungen des Lebens, zu den dunklen Leidenschaften und ihren Verstrickungen immer mit magischer Gewalt hingezogen. Welche fürchterlichen Magazine menschlichen Frevels sind Shakespeares Dramen oder Dantes *Göttliche Komödie*! Der Künstler sucht diese Dinge auf, denn er weiß: Hier sind die lehrreichen Verwicklungen, die tiefen Geheimnisse, die aufregenden Bewegungen, die er so notwendig braucht wie der Baumeister die Steine. Aber jeder Künstler ist im Grunde ein guter Mensch, ja ein besserer als die andern, denn er ist voll Mitgefühl für alle und alles, und seine Sehnsucht ist die Höherentwicklung der Menschheit. So war Wilde: verliebt in die Sünde und im Innern nur das Heilige suchend, von Genüssen zu Genüssen jagend und in seinen Zielen ein reiner, entsagungsvoller Asket.

Und alles dieses hat er im *Bild des Dorian Gray* sich vom Herzen geschrieben. Dorian Gray ist einer, dem der Traum von ewiger Schönheit zur Erfüllung wird. Keine Häßlichkeit, kein Alter, kein Schmutz greift an seinen Leib. Aber der Leib ist nur der Schatten der Seele. Die Seele aber kann nur schön sein durch Reinheit und Güte. Und so ist Dorian Gray nichts als ein betrogener Betrüger. Die Welt sieht ihn in unzerstörbarer Jugend und Anmut. Aber das unsichtbare Bild in der verschlossenen Dachkammer bucht dennoch Zug um Zug jeden Schritt, den seine Seele zur Häßlichkeit getan hat.

Es ist ganz unbegreiflich, wie man finden konnte, dieses Buch sei »unmoralisch«. Es ist vielleicht die moralischste Dichtung, die je geschrieben wurde – höchstens mit Ausnahme der Bibel, die aber in ihrer moralisierenden Tendenz zu durchsichtig ist, um hartgesottene Sünder nicht von vornherein abzuschrecken.

Es liegt in der Natur bedeutender Kunstwerke, daß sie für jeden einzelnen Leser besonders geschrieben zu sein scheinen. Sie existieren in tausend verschiedenen Texten, und obgleich die Maschine des Buchdruckers immer dieselben gleichförmigen Lettern auf das Papier gebracht hat, so kommt doch in jedem Exemplar ein ganz neues Buch zum Vorschein. So ist auch das *Bild des Dorian Gray* voll von verschiedenen Möglichkeiten. Man kann es als phantastisches Märchen nehmen, und man wird recht haben. Man kann in ihm das Bekenntnis einer extrem artistischen Weltanschauung, das Evangelium des Hedonismus erblicken, und man wird recht haben. Man kann es als Autobiographie auffassen, als Aphorismensammlung, als Gesellschaftssatire, als Erbauungsschrift, als Parabel: Man wird immer und in allem recht haben. Der aber wird am meisten recht haben, der in diesem Buch nichts sieht als eine prächtige Scharade. Denn alle echten Dichtungen sind schöne Rätsel und wollen gar nichts andres sein. Der Dichter unterscheidet sich von den übrigen Menschen dadurch, daß er die Bewegungen des Lebens in ihrem ganzen Reichtum und in ihrer ganzen Tiefe spürt. Aber man darf nicht vergessen, daß er eben darum der einzige Mensch ist, der sich niemals einbildet, das Leben zu verstehen.

Georg Christoph Lichtenberg

In der Ausnützung ihrer heimischen Literaturprodukte sind uns die Franzosen und Engländer unbedingt voraus. Es herrscht dort ein ganz anderes, viel regulierteres Verhältnis zwischen dem Schriftsteller und dem konsumierenden Publikum. Nichts bleibt unausgewertet, keine geistige Energie bleibt latent liegen, sondern sie wird allsogleich in neue Energieformen: in nationale, ästhetische, ethische, kulturelle Bewegungen umgewandelt. Die Gesellschaft hält das ganze Arbeitskapital ihrer geistigen Kapazitäten unter steter Beobachtung und sucht es sich so intensiv wie möglich zunutze zu machen.

Diese beiden Länder haben einen viel größeren Verbrauch an *Klassikern,* als dies bei uns der Fall ist. Nicht als ob dort mehr bedeutende Köpfe hervorgebracht würden – es wäre viel leichter, das Gegenteil zu beweisen –, sondern es werden dort sozusagen viel mehr Genies »emissioniert«. Hat in Deutschland jemand etwas zu sagen, was eine neue Bedeutung enthält, so entwickelt sich sogleich im Publikum Mißtrauen in zweifacher Richtung; zunächst: ob dies nicht etwa schon ein anderer vor ihm gesagt habe, und sodann: ob es nicht etwa eine bloße Absurdität sei, ob die neue Wahrheit oder Tatsache nicht Widersprüche, Ungereimtheiten, Paradoxien enthalte (»paradox«, das ist ja das Lieblingswort des Deutschen). Da nun aber alle menschlichen Wahrheiten entweder uralt oder paradox sind (oder richtiger gesagt: stets beides zugleich sind), so ist jeder derartige Sprecher völlig hoffnungslos der Mißgunst der Kritik preisgegeben.

Andere Nationen sind nicht so vorsichtig. Sie fragen nicht lange, ob der neue Sprecher im Recht oder im Unrecht ist, ob er Vorgänger hat oder nicht, sondern sie nehmen seine Produkte hin, als bemerkenswerte Äußerungen einer hochgespannten geistigen Aktualität, als Bewegungszentren, die geeignet sind, dem Gange des öffentlichen Lebens neue Beschleunigungen zu erteilen; als etwas, das freilich erst im Laufe der Geschichte seinen angemessenen Platz erhalten wird, das aber zunächst unter jeder Bedingung gehört und aufgenommen werden muß. Und über den Streit der Partialmeinungen hinweg stellen sie die wenigen Persönlichkeiten, froh, sie zu besitzen, in ihre Nationalgalerie.

Der entgegengesetzte Prozeß ist in Deutschland nicht nur in der Aufnahme zeitgenössischer Autoren zu verfolgen. Auch zur Vergangenheit haben wir noch immer jene mißgünstige Haltung eines übergewissenhaften Lehrers, der nur widerstrebend gute Noten austeilt. Wir sind so ängstlich und behutsam in der Verleihung der Klassikerwürde, daß uns schließlich nur ein paar Bücher in den Händen geblieben sind, von denen die einen heute ganz tot und die anderen so zerlesen, abgegriffen und von der Mikrologie zerschabt sind, daß sie für uns jeden Geschmack verloren haben. Die geistige Bedürfnislosigkeit des deutschen Publikums ist derzeit erschreckend. Es gibt wenig gebildete Franzosen, die mit Vauvenargues, Chamfort, Labruyère und vielen anderen, die kaum dem Namen nach zu uns gedrungen sind, nicht eingehend vertraut wären, in England stehen die Schriften Bacons, Carlyles, Macaulays in jedem Regal, während bei uns immer noch alle Literatur, die sich nicht geradezu aus Schulautoren zusammensetzt, als Luxus gilt. Es war nicht immer so, und die unvermeidliche Reaktion beginnt sich bereits anzukündigen.

Unter diesen heimlichen Klassikern befindet sich auch Lichtenberg. Sein Mangel an jeglicher Einseitigkeit, Pedanterie und Trockenheit macht ihn für jedermann zugänglich. Von Kant hat Goethe gesagt, wenn er ihn lese, so sei ihm zumute, »als trete er in ein helles Zimmer«. Auf wenige deutsche Schriftsteller könnte dieses Bild mit ebensolcher Berechtigung angewendet werden wie auf Lichtenberg. Nur besitzt dieses Zimmer noch allerlei Winkel, Erker und Gänge, die in die absonderlichsten Polterkammern führen.

Es ist von bedeutenden Köpfen zunächst immer von vornherein anzunehmen, daß sie eine Art *Brennpunkt* ihres Zeitalters bilden. Und da alle Strahlen sich hier sammeln, so ist es beliebt geworden, nun die einzelnen Lichtlinien vom Kreuzungspunkt zurückzuverfolgen und so die Zeit aus ihren Menschen und die Menschen aus ihrer Zeit zu deduzieren. Dieses allgemein übliche Gesellschaftsspiel versagt bei Lichtenberg. Seine Zeit war die reichste und geistig bewegteste, die Deutschland jemals erlebt hat; dennoch war er keineswegs ihr leuchtender Fokus. Seine Wirksamkeit fällt in das letzte Drittel des achtzehnten Jahrhunderts, das Zeitalter zunächst der Aufklärung und dann der Klassiker. Die kurze Episode der deutschen Aufklärung, vielfach mißverstanden als eine Art Vorstufe der klassischen Philosophie und Dichtung, ist im Gegenteil eine jener wohltätigen *rückläufigen* Bewegungen, die in der Geschichte der deutschen Kultur nichts Seltenes sind. In der »Aufklärung« geht der deutsche Geist zurück: Er geht zurück wie ein Springer, der sich einen bedeutenden Anlauf nimmt. Diesem Ansprung, unvermittelt und impulsiv wie er kam, entspricht dann jene außerordentliche, wunderbar intensive Geistesbewegung, die die beiden letzten Jahrzehnte des achtzehnten Jahrhunderts erfüllt hat und diesem Zeitalter den Namen eines »klassischen« eingetragen hat, obgleich es nichts weniger als langweilig war. In diesen wenigen Jahren durchläuft der deutsche Geist alle Entwicklungsstadien in Kunst, Wissenschaft und Philosophie, die nötig waren, um die neue Zeit heraufzubringen, er durchläuft sie wirklich, mit der Schnelligkeit und Energie eines Läufers, der weiß, daß die Stunde geschlagen hat und die Zeiten sich erfüllt haben. Um 1800 ist die moderne Kultur fix und fertig, in erster Linie von deutschen Köpfen geschaffen, und das neunzehnte Jahrhundert hatte nichts zu tun, als die Früchte völlig ausreifen zu lassen, zu sammeln und zu sichten.

Welche Stellung hatte nun Lichtenberg, dieser bewegliche, regsame, überall geschäftig anteilnehmende Geist in diesem atemlosen Treiben? Wir wollen es gleich vorwegnehmen: Er war das *ideale Publikum* dieser ganzen Bewegung. Wenn wir dem oben gebrauchten Bilde aus der physikalischen Optik ein anderes entgegenstellen wollen, so könnten wir sagen, er verhielt sich zu seiner Zeit nicht wie ein Brennglas, sondern wie ein Prisma, das das zuströmende Licht seiner Umgebung in die vielfältigsten Farbennuancen auseinanderlegt.

Neben ihm lebten Kant, Lessing, Goethe, Fichte – oder vielmehr: Er lebte neben ihnen. Fast nirgends finden wir seinen Namen von den Zeitgenossen mit jenem Nachdruck genannt, den er verdient hätte. Im Bewußtsein seiner Mitmenschen lebte er nicht als der, der er war. Er war weder geneigt noch berufen, die Räder der Literaturgeschichte zu bewegen. Er mochte darin ähnlich denken wie der ältere Goethe, der auch lieber über Pflanzen, Steinen und alten Memoiren saß, als sich in die literarische Propaganda mischte, bis der temperamentvolle Realismus Schillers ihn wieder in die Aktualität hineinriß. Lichtenbergs äußeres Leben verfloß zwischen physikalischen und belletristischen Gelegenheitsarbeiten, zwischen Wettermachen und Kalendermachen, ein paar kleinen Mädchen und ein paar guten Freunden. Zwischen diesen Alltagsdingen wuchs sein Lebenswerk. Aber er wußte es nicht.

Es sind seine *Tagebücher*. »Die Kaufleute«, sagte er, »haben ihr Waste book (Sudelbuch, glaube ich im Deutschen); darin tragen sie von Tag zu Tag alles ein, was sie kaufen und verkaufen, alles untereinander, ohne Ordnung ... Dies verdient nachgeahmt zu werden. Erst ein Buch, worin ich alles einschreibe, so wie ich es sehe, oder wie es mir meine Gedanken eingeben.« Diese losen Aufzeichnungen, denen er selbst also nur die Bedeutung einer »Kladde« zum eigenen Gebrauch zuerkennen wollte, enthalten die Summe seines Geistes, eines Geistes, der an Schärfe und Luzidität, an konzentrierter Denkenergie und empfindlicher Differenziertheit nur wenige seinesgleichen hat. Es ist im großen ganzen eine philosophische Materialiensammlung. Es liegt schon allein in der Natur solcher Arbeiten, daß sie schwer zu Ende kommen; sie tragen den Charakter unendlicher Ausdehnungsfähigkeit schon in sich. Unter vielen anderen Denkern hat auch Emerson sich solcher tagebuchartiger Brouillons bedient, aber er fand die Kraft, sie dann zu kürzeren und längeren Essays zusammenzuschweißen. Indessen merkt man die Legierung auch bei ihm an vielen Stellen, es entsteht dennoch immer ein Gemenge und niemals eine wirkliche Verbindung, weshalb seine Schriften bisweilen mit Unrecht den Eindruck der Gedankenflucht hervorrufen. Aber Lichtenberg konnte sich nicht entschließen, seine Gedankenbruchstücke zu amalgamieren, er war für ein solches Geschäft zu kritisch veranlagt. Sein *Waste book* erschien erst nach seinem Tode.

Die Bücherschicksale sind eben nicht weniger unlogisch und irrational als die Menschenschicksale; wenigstens *scheint* es uns so. Sie folgen einem dunkeln, eingeborenen Gesetz, das niemand kennt. Wie Bücher entstehen, weiß niemand, und ihre Schöpfer am allerwenigsten. Niemand weiß das Geheimnis ihrer Wirksamkeit und Unwirksamkeit. Sie führen ein seltsames, widerspruchsvolles Leben durch die Jahrhunderte, auf das Gunst und Ungunst ohne Gerechtigkeit verteilt erscheinen. Wir sehen Schriftsteller, die sich jahrelang mit einem Problem oder einem Gedicht abmühen, ohne daß die Geschichte sie beachtet, sie verzweifeln und halten ihr Lebenswerk für nichtig: – da erscheint plötzlich in irgendeinem Winkel ihres Geistes ein Gedanke, dem sie nie besonderen Wert beigelegt hatten, und dieser eine kleine Gedanke wird leuchtend und geht durch die Jahrhunderte. Der Pessimist spricht hier von Zufall, aber man könnte ebensogut von Zufall reden, wenn man die Entwickelung einer Pflanze oder irgendeines anderen organischen Wesens verfolgt. In jeder Eizelle steckt der lebenbildende Kern, aber gerade er entgeht am leichtesten dem Blick des Betrachters. »Der Mensch ist am größten, wenn er nicht weiß, wohin er sich begibt«, sagte Cromwell.

Solche posthumen Unsterblichkeiten, die erst nach dem Tode ihres Schöpfers das Licht der Welt erblicken, sind nicht die schlechtesten. Wir finden den Fall nicht selten in der Geschichte der Weltliteratur. Die *Fragmente* des Novalis, das reichhaltigste und wertvollste Magazin romantischer Ideen, das wir besitzen, die *Pensées* des Pascal, vermutlich das tiefste Buch in französischer Sprache, die außerordentlichen *Tagebücher* Hebbels: – all dies und noch manches andere erschien erst nach dem Tode des Verfassers. Lichtenberg erblickte in dieser Unfähigkeit, zu Ende zu kommen, einen Fehler. »Der Procrastinateur: der Aufschieber, ein Thema zu einem Lustspiel, das wäre etwas für mich zu bearbeiten. Aufschieben war mein größter Fehler von jeher.« Indes, wir werden geneigt sein, das, was ihm als Mangel an Energie erschien, eher als ein Zeichen höchster geistiger Aktualität anzusehen. Gerade die ungeheure Fülle und Lebendigkeit, mit der ihm immer neue Impressionen und Beobachtungen zuströmten, verhinderte ihn am Abschluß. Er mochte ahnen, daß für einen Geist von so grenzenloser Aufnahmefähigkeit, wie er es war, eine willkürliche Abgrenzung des Stoffes eine Art Verrat an der eigenen Natur gewesen wäre. Hier stand ein unendlicher Geist der unendlichen Natur gegenüber, und er begnügte sich damit, sie in ihrer Fülle in sich einströmen zu lassen. Auch ist es kein Zufall, daß so viele Schriftsteller ihr Bestes zuletzt oder auch oft gar nicht erscheinen lassen: Sie haben es zu lieb dazu, sie glauben immer, sie müßten es noch besser können, sie wollen es vollkommen sehen. »Könnte ich das alles«, sagt Lichtenberg, »was ich zusammengedacht habe, so sagen, wie es mir ist, *nicht getrennt,* so würde es gewiß den Beifall der Welt erhalten. Wenn ich doch Kanäle in meinem Kopfe ziehen könnte, um den inländischen Handel zwischen meinem Gedankenvorrate zu befördern!« Aber das konnte er nicht, er konnte alles nur so sagen, »wie es ihm war«, er konnte eben darum Getrenntes nicht ungetrennt empfinden und nicht künstliche Kanäle zwischen Gedanken herstellen, die nicht von Natur aus verbunden waren; er konnte die Dinge nur so denken, wie sie in seinem Kopfe lagen. Zum Systematiker war er zu ehrlich. Jene Arbeit des Zurechtmachens und Verschleifens, die jeder Systembildung zugrunde liegt, verstand er nicht.

Die zähe Energie, mit der Kant auf der Grundmauer seiner neuen seelenwissenschaftlichen Entdeckungen ein weithinragendes Systemgebäude aufrichtete, ist schon allein als geistige Kraftleistung anzustaunen, aber es steckt darin doch auch viel Entsagung, ein Verzicht auf die völlige Freiheit des Denkens: freilich ein heroischer Verzicht, den wir wiederum bewundern müssen. Aus denselben Gründen, aus denen Kant ein System schuf, ja schaffen mußte, war es für Lichtenberg unmöglich, seine philosophischen Erkenntnisse zu einer einheitlichen Gesamtkonstruktion zu ordnen. Denn er war ein völliger Impressionist, auch im Philosophischen. Für den Impressionisten aber gibt es nur *eine* Wahrheit: die des Augenblicks, und gerade unsere Zeit wird am wenigsten geneigt sein, diese Methode des Denkens unwissenschaftlich zu finden. Es liegt aber wiederum gerade in dieser besonderen Struktur seines Geistes, daß Lichtenberg imstande war, den Idealismus vollkommener zu Ende zu denken, als selbst Kant dies vermochte. »Wir kennen nur allein die Existenz unserer Empfindungen, Vorstellungen und Gedanken. *Es denkt,* sollte man sagen, so wie man sagt *es blitzt.* Zu sagen cogito, ist schon zu viel, sobald man es durch *ich denke* übersetzt.« Hier ist der Phänomenalismus bis an seine äußerste Grenze gedacht.

Denker von einer so durchdringenden Schärfe und Konzessionslosigkeit sind immer der Mystik verwandt, weil sie Skeptiker sind. Der absolute Positivist ist ebensosehr der Gegenpol des wahren Denkers wie der abenteuernde Phantast. Genaugenommen ist ja der konsequente Materialismus auch nur eine andere Form der Phantasterei, nur wird dies bei ihm nicht so augenfällig, weil die Symbole und Fiktionen, mit denen er arbeitet, so trocken und unvorstellbar sind. Wir bemerken daher regelmäßig bei souveränen Naturen eine Hinneigung zum Supranaturalismus, ja selbst zum Zufallsglauben. Bei Erfolgmenschen wie Julius Cäsar und Napoleon erscheint dies ohne weiteres verständlich. Aber bei fast allen hervorragenden Künstlern und Denkern finden wir ebensohäufig Züge des Aberglaubens. Von Goethe ist es ja allgemein bekannt.

Es handelt sich hier keineswegs um bloße Schrullen. Der geniale Mensch ist von nichts mehr überzeugt als von dem Walten eines ganz persönlichen Schicksals: Er selbst ist ja der tägliche und stündliche Beweis dafür. An die ausschließliche Geltung eines blinden, uniformen Naturgesetzes, das nach Art eines Reglements sich vollzieht, kann er nicht glauben. Die Welt der Materie scheint ihm nicht ein genügender Schlüssel des Geschehens zu sein. Darum begibt er sich mit Vorliebe in das Gebiet der Ahnungen und Träume, die ihm, gerade weil sie unterhalb der Schwelle des taghellen Bewußtseins leben, vertrauenerweckender erscheinen. Hier fühlt er sich noch in naher Verwandtschaft mit den niedrigeren Organisationen, den Tieren und Pflanzen, deren Instinktsicherheit er beneidet. Und so kann es sich sehr wohl ereignen, daß gerade die hellsichtigsten Köpfe zu einer Art Köhlerglauben zurückkehren, der freilich nicht ein Ausgangspunkt, sondern ein Gipfel ist. Es ist gleichsam das »dritte Reich« des menschlichen Geistes, über das der »vorurteilslose« Positivist nur deshalb zu spotten vermag, weil er noch zu sehr Parvenü ist, um sich über seine wissenschaftlichen Erkenntnisse erheben zu können.

Es gibt wenig Denker, bei denen diese Geistesrichtung schärfer ausgeprägt und klarer ersichtlich ist als bei Lichtenberg. Der Grund ist nicht darin zu suchen, daß solche Geistesverfassungen etwa zu den Seltenheiten gehören. Eine Seltenheit ist nur die rücksichtslose Ehrlichkeit, mit der Lichtenberg über diese Dinge spricht. »Über nichts wünschte ich mehr die *geheimen* Stimmen denkender Köpfe gesammelt zu lesen als über die Materie von der Seele; die lauten, öffentlichen verlange ich nicht, die kenne ich schon. Allein die gehören nicht sowohl in eine Psychologie als in eine Statutensammlung.« Der Mensch in seiner Besonderheit, in dem, worin er *anders* ist, mit seinen tausend Heimlichkeiten, Abstrusitäten, Zacken und Zinken wird in Lichtenbergs Aufzeichnungen lebendig. Es ist das glänzendste psychologische Aktenmaterial, das sich denken läßt. Die Seelenkunde wird hier zum erstenmal wissenschaftlich betrieben, als ein Zweig der empirischen Anthropologie, gegründet auf Experiment und Beobachtung, freilich nicht in Form physikalischer Messungen und logarithmischer Reihen, die nie in die Tiefe führen, sondern wissenschaftlich durch den Geist der Objektivität und Exaktheit. Wie die großen Philosophen seiner Zeit sich die menschliche Individualität gedacht hatten, so tritt sie uns in Lichtenberg leibhaftig entgegen: als der Mikrokosmos im Sinne Leibnizens, gebildet aus den zahllosen kleinen und dunkeln Vorstellungen, die aber gerade die Individuation in ihrer Einzigartigkeit bewirken; als die coincidentia oppositorum, die Tatsache gewordene Vereinigung der Gegensätze, in der Hamann das Wesen des Menschen erblickte. Lichtenberg ist der Meister der kleinen Beobachtungen, sein Spezialgebiet sind die schon an der Grenze der Sichtbarkeit stehenden Seelenregungen, die psychologischen Integrale gleichsam, eben das, was Leibniz »les perceptions petites« genannt hat. Er weiß, daß gerade diese unscheinbaren, im Halbdunkel liegenden Tatsachen unseres Seelenlebens die belangreichsten sind, denn sie enthalten die Kräfte, die den tiefsten Kern unseres Wesens bilden. »Es schmerzt mich unendlich, tausend kleine Gefühle und Gedanken, die wahren Stützen menschlicher Philosophie, nicht mit Worten ausgedrückt zu haben, die, wenn man sie von andern ausgedrückt sieht, Erstaunen erwecken. Ein gelernter Kopf schreibt nur zu oft, was alle schreiben können, und läßt das zurück, was er schreiben könnte, und wodurch er verewigt werden würde.«

Man streitet immer wieder über die Frage, was denn eigentlich das Wesen des Genies sei. Eine wirklich exakte Lösung des Problems ist von vornherein ausgeschlossen, weil ja jeder geniale Mensch etwas ist, wofür die Sprache immer genötigt ist, ein neues Wort zu bilden. Schon dadurch geben wir stillschweigend zu, daß wir die Sache nicht erklären können. Wie wir bei der Entdeckung einer neuen Naturkraft auch nichts andres tun können, als daß wir ihr irgendeinen willkürlichen, meist ganz zufälligen und unzutreffenden Namen geben, wie Elektrizität, Radioaktivität usw., so registrieren wir eben auch die neuen geistigen Kräfte mit allerlei Namen wie »Kant«, »Goethe« oder »Nietzsche« und müssen uns damit begnügen. So daß man paradoxerweise sagen muß: Die Definition des Genies ist seine Undefinierbarkeit.

Indes bilden doch alle diese Männer einen gemeinsamen Stammbaum, der gewisse Familienmerkmale zeigt, an denen sie sich sogleich erkennen lassen. Es ist daher möglich, nach diesen stets wiederkehrenden Kriterien die Genies zu »bestimmen«, wie der Botaniker nach gewissen Kennzeichen die Gruppe bestimmt, zu der ein Pflanzenindividuum gehört.

Das wichtigste dieser Merkmale ist nun dieses: Der geniale Mensch glaubt nur an das, was er selbst persönlich erfahren hat. Für die meisten Menschen ist das ganze Leben nicht eine unmittelbare, persönliche Erfahrungstatsache, ein Erlebnis, sondern nur eine Art Mitteilung aus zweiter Hand. Das Genie aber stellt sich zu jeder, der kleinsten wie der größten Tatsache zunächst skeptisch, es läßt die Dinge an sich herankommen, um sie zu prüfen. Der Durchschnittsmensch verhält sich passiv zur umgebenden Welt, er läßt sie auf sich einwirken, seine Vorstellungen sind tote Abdrücke und nicht Resultate einer lebendigen Aktion, einer *Reaktion* gegen die Eindrücke. Der geniale Mensch hat den Grundsatz: Es muß alles von vorne angefangen werden. Und hierin liegt die gemeinsame Bedeutung aller genialen Menschen auf allen Gebieten, in Kunst und Wissenschaft, in Religion und Politik. Es ist gleichgültig, auf welche besondere Lebenssphäre sie ihren Blick richten: Immer ist dies ihr Standpunkt und ihre Aufgabe. Descartes und die Scholastik, Richard Wagner und die Oper, Virchow und die Pathologie, Luther und der Katholizismus, Ibsen und das Drama, Bismarck und die deutsche Politik, Lavoisier und die Chemie: Es ist immer dieselbe Stellung. Es muß alles von vorne angefangen werden. Sie glauben nicht daran, daß etwas richtig ist, weil es bisher von allen für richtig gehalten wurde. Es kommt gar nicht darauf an, daß ein solcher Denker auf diesem Wege zu neuen, überraschenden und entgegengesetzten Resultaten kommt, sehr oft erkennt er die Richtigkeit des Bestehenden; sondern es ist eben der *Weg,* diese bestimmte Methode des Denkens, die ihn von anderen unterscheidet.

Das Gebiet, an das nun Lichtenberg mit seinem genialen Skeptizismus herantrat, ist die menschliche Psychologie. Nicht die Psychologie der Laboratorien und Statistiken, sondern die Psychologie der lebendigen Selbstbeobachtung, der unerbittlichen Autovivisektion. Die Schärfe und Minutiosität der Selbstanalyse erreicht bei ihm die außerordentlichste Höhe: Sie wird vielleicht an Rücksichtslosigkeit nur noch von Pascal übertroffen. Dieses Geschäft ist nicht ungefährlich, auch dies wußte Lichtenberg. »Ich habe die erbarmungswürdige Fähigkeit erlangt, aus allem, was ich sehe und höre, Gift für mich selbst, nicht für andere zu saugen.« Gift; er hätte auch sagen können: Wahrheit.

Dieser rastlose, unbeugsame Wahrheits- und Selbster-
kennungsfanatismus findet seine äußere Form in der vollendeten Natürlichkeit und Klarheit seines Stils, in der ihm
nur Lessing und Schopenhauer ebenbürtig sind. Seine Sprache funktioniert mit der Feinheit und Sicherheit einer Prä-
zisionsmaschine. Dies macht die Lektüre seiner Schriften
zu einem so außerordentlichen Genuß. Jeder, auch der
scheinbar flüchtigste Satz überrascht aufs neue durch die
klassische Ökonomie seines Baus, seine Prägnanz und
Durchsichtigkeit. Sein Denken ist von einer, man möchte
fast sagen, zerleuchtenden Helle, dabei von jener Art Nüchternheit, die das ausschließliche Privileg genialer Köpfe ist.

Menschen von einer so außerordentlichen Natürlichkeit
haben immer etwas *Zeitloses.* Und daher kommt es denn
auch, daß die historischen Züge seines Zeitalters nicht recht
auf Lichtenberg passen wollen: Weder der billige Rationalismus der Aufklärung noch die berauschte Kraftmeierei
der Stürmer und Dränger fanden in ihm ihren Vertreter. Er
gehörte nur insofern zu seiner Zeit, als er ihr vollkommen-
stes Gegenspiel, gleichsam ihr umgekehrtes Spiegelbild war.
Er war die andere Hälfte, das Supplement seiner Zeit, und
die Zeitgenossen dieser Gattung sind, sooft sie in der Geschichte auftreten, immer die denkwürdigsten und eigenartigsten und die einzigen, die ihr Zeitalter überdauern.
Lichtenberg war der scharfe Schlagschatten, den das Licht
der Aufklärung warf, und es ist eine der zahlreichen Absurditäten der Literaturhistorie, daß dieser Schatten länger und
kräftiger sichtbar geblieben ist als jenes Licht.

Lichtenberg hat das Zeitlose aller vollkommen freien
Geister. Er stand beiseite, als die Kultur seines Volkes den

höchsten Aufschwung nahm; er stand beiseite, wie der absolut vollkommene Betrachter es tun muß. Jene Zeit, die philosophischste, die Europa bis jetzt erlebt hat, hat auch den idealen philosophischen Zuschauer geschaffen: Er ist verkörpert in Lichtenberg.

Er war einer jener Geister, die zu klar und zu souverän sind, um allzu *tätig* zu sein. Es gibt einen Standpunkt der völligen Besonnenheit, auf dem es nicht mehr möglich ist zu handeln. Eine Sache gänzlich durchschauen, bis zur absoluten Durchsichtigkeit, heißt mit ihr fertig sein. Die Blindheit und Beschränktheit des menschlichen Geistes ist vielleicht gar kein so großes Übel, wie die Pessimisten behaupten. Vielleicht ist sie eine Schutzeinrichtung der Natur, um uns lebensfähig zu erhalten. Denn die Unsicherheit ist einer der stärksten Antriebe zum Leben. Besitzt aber ein Kopf einmal jenen ungewöhnlichen Grad von Helligkeit, so wird die natürliche Folge sein, daß er jeden heftigeren Aktionstrieb einbüßt – auch im Geistigen. Alles um ihn herum: Menschen, Ereignisse, Erkenntnisse, Zeitläufte werden ihm völlig transparent, so daß er sich in der ruhenden Betrachtung genügen darf. Er hat *erkannt* und bedarf nichts darüber. »Was wir wissen«, sagt Maeterlinck, »geht uns nichts mehr an.«

Darum hat Lichtenberg gegen die Gebrechen seiner Zeit nie leidenschaftlich Partei ergriffen, er blieb immer in der Reservestellung eines kühlen Mentors. Dies unterschied ihn von Lessing, mit dem er im übrigen die größte Verwandtschaft zeigt. Wenn er sich ärgerte, wurde er schlimmstenfalls sarkastisch. Aber selbst durch seine schärfsten Satiren geht immer ein seltsamer Zug von Gutmütigkeit und Indulgenz, wie umgekehrt wiederum seine ernsthaftesten Äußerungen immer eine feine, oft kaum merkliche Linie von Spott bemerken lassen. Es ist jener Spott, der den wahren Denker nie verläßt, jene tiefe Überzeugung, daß nichts wert sei, wirklich ernst genommen zu werden, die selbst einem so finstern Geist wie Pascal die Bemerkung entlockte: »Le vrai philosophe se moque de la philosophie.«

Der echte Philosoph ist dem Künstler viel verwandter, als gemeinhin angenommen wird. Das Leben gilt ihm ebenso wie diesem als Spiel, und er sucht die Spielregeln zu ergründen – nicht mehr. Auch er erfindet und gestaltet, aber während der Künstler möglichst viele und vielfältige Individuen abzubilden sucht, zeichnet der Denker immer nur einen einzigen Menschen: – *sich selbst,* den aber in seiner ganzen Vielartigkeit. Jede tiefempfundene Philosophie ist nichts anderes als ein autobiographischer Roman.

Was Lichtenberg nicht dazu kommen ließ, sich aus diesem Gebiete in die völlige freie Welt der Dichtung, zumal des satirischen Lustspiels zu begeben, war nicht der Mangel an irgendeinem Talent, sondern der Überschuß an einem solchen. Am völlig freien Gestalten verhinderte ihn seine stets wache Kritik. Hierin berührt er sich wiederum mit Lessing. Auch Lessings eminente historische Bedeutung lag in der Richtung der Beobachtung und Kritik und nicht der Phantasie, was er übrigens selbst sehr wohl wußte und mehr als einmal deutlichst ausgesprochen hat. Er hätte auch niemals ein Drama geschrieben, wenn es zu jener Zeit ein anderer besser gekonnt hätte. Aber da es ihm darum zu tun war, auch praktisch zu zeigen, wie er es meinte, war er genötigt, eine Reihe von Paradigmen zu schaffen, die eben genau so viel und genau so wenig wert waren wie alle Musterleistungen, das heißt didaktisch sehr viel und künstlerisch sehr wenig. Er war der geniale Regisseur der deutschen Poesie und wollte niemals ihr genialer Schauspieler sein. Aber auch im Theater bleibt bisweilen dem Regisseur nichts anderes übrig, als auf die Bühne zu springen und die Sache einmal selber vorzuspielen, nicht weil er sich für einen großen Schauspieler hält, sondern weil er sieht, daß alle theoretischen Erläuterungen kein lebendiges Bild von der Sache geben und daß er es immer noch am besten machen kann, weil er der gescheiteste ist. Dies war der Vorzug und Mangel aller Lessingschen Theaterstücke. So paradox es klingen mag (da er ja seine Popularität lediglich seiner dramatischen Tätigkeit verdankt), man muß sagen: Lessing war zum Stückeschreiben zu gescheit.

Man hat das ausgehende achtzehnte Jahrhundert vielfach das Zeitalter der Kritik genannt. Die Bezeichnung ist durchaus zutreffend, wenn man unter Kritik das versteht, was einzig und allein darunter zu verstehen ist: nämlich nicht Destruktion, sondern Umbau; Umsturz der Grundlagen lediglich zu dem Zweck, um Platz für schon entworfene neue Gebäude zu schaffen. Die Kritik des Staates vollzog sich in Frankreich, und zwar in sehr handgreiflicher Weise. Die Kritik unserer gesamten Erkenntnis ist das Werk Kants, die Einzelwissenschaften erhielten in Männern wie Humboldt, Priestley, Winckelmann, den Schlegels und vielen anderen ihre neue kritische Basis, das kritische Genie des deutschen Schrifttums erstand in Lessing, und in Lichtenberg fand das menschliche Seelenleben seinen berufensten neuschöpferischen Kritiker.

Richtete sich Lessings literarische Aktion mehr nach außen, so ging Lichtenbergs Polemik mehr nach innen. Beide haben gekämpft, der eine draußen im Leben und im Getümmel der Meinungen, der andere in der Stille und Einkehr, jener mit der Welt und ihren Vorurteilen, dieser mit sich selbst und seinen eigenen Gedanken. Darum sollte man beide immer zusammen nennen. Sie bilden vereinigt die wahre geistige Signatur der deutschen »Aufklärung«, die in diesen beiden Männern eine wirkliche Aufklärung gewesen ist.

Aber man kann nicht sagen, daß Lessings Name Lichtenberg verdunkelt hat, denn das deutsche Publikum weiß ja auch von Lessing nichts.

Goethe und Schiller

Ein kleines Mädchen fragte mich einmal: »Haben die Klassiker eigentlich wirklich gelebt?« – ein sehr aufschlußreicher Kindermund. Sie sind in der Tat von der nachlebenden Philisterwelt so dicht mit schalen, fälschenden und frostigen Phrasen verhängt worden, daß sie durch unsere Erinnerung nur noch als leere unwirkliche Legendengestalten gespenstern: Sie haben in unserem Bewußtsein nicht mehr Realität und Individualität als etwa der Knecht Ruprecht oder der König Drosselbart.

Schon die Befreiungskriege machten aus Schillers Sentenzen Devisen für Turnvereine, und so wurde er der »Dichter der Nation« und zugleich der Typus des weltfremden Poetenjünglings, dessen ganze Tätigkeit darin bestanden habe, daß er in der Dachstube mit seiner Muse verkehrte. Das Hauptverdienst an der Schöpfung des »idealen Schiller« hat seine Schwägerin Karoline von Wolzogen, die zugleich seine erste namhafte Biographin war. Karoline war einer jener empfindsamen Blaustrümpfe, wie sie damals in Mode waren, und zudem in ihren Schwager zeitlebens unglücklich verliebt; so ist es zu erklären, daß eine der genauesten Kennerinnen Schillers das falscheste Bild von ihm entworfen hat, das sich aber tief einwurzelte. Wie entsetzt wäre man von nun an gewesen, wenn jemand Dinge wie »Verlegerabrechnung« oder »Zeitungsinserat« mit Schiller in Verbin-

dung gebracht hätte! Oder gar, wenn jemand zu sagen gewagt hätte: Schiller hatte Sommersprossen und eine viel zu
lange Nase; Schiller hatte unmögliche schlenkernde Arm-
bewegungen und X-Beine; Schiller schwäbelte penetrant,
rauchte und schnupfte unaufhörlich und trank gern ziemlich viel Sekt; Schiller schrieb an den Rand seiner dramatischen Entwürfe Aufstellungen über mutmaßliche Einnah-
men und Ausgaben.

Schiller ist dem Schicksal, zur leeren Festspielattrappe
entseelt zu werden, gerade darum in noch höherem Maße
zum Opfer gefallen als Goethe, weil er zu allen Zeiten der
Populärere war. Von Goethe sagt Herman Grimm in seinen
Vorlesungen: »Wäre er bei der Kanonade von Valmy durch
eine Kugel vom Pferde gerissen oder sonstwie damals hin-
weggenommen worden, so würden seine besten Freunde
vielleicht, wie bei Lord Byron, geurteilt haben, es sei sein
Verlust zwar zu bedauern, für seinen dichterischen Ruhm
aber habe er das Nötige geleistet und man zweifle, ob
Größeres noch zu erwarten gewesen wäre.« Zwischen 1787
und 1790 erschienen Goethes *Gesammelte Schriften* bei
Göschen lieferungsweise in acht Bänden; es meldeten sich
etwa 600 Subskribenten. Der Absatz der Einzelausgaben
war noch schwächer: Es wurden vom *Clavigo* 17, vom *Götz*
20, von der *Iphigenie* 312, vom *Egmont* 377, sogar vom
Werther nur 262 Exemplare verkauft; der Verleger verlor
bei dem Gesamtunternehmen über 1700 Thaler. Hingegen
war die erste Auflage des *Wallenstein* von 3500 Exemplaren
bereits in zwei Monaten vergriffen, obwohl gleichzeitig in
zwei deutschen Städten Nachdrucke erschienen. Andrerseits darf man aber auch von Schiller nicht glauben, daß

er von den »maßgebenden« Kreisen gebührend geschätzt wurde. Im Jahre 1798 wurde er von der Universität Jena zum ordentlichen Honorarprofessor der Philosophie ernannt. In dem Entwurf des Schreibens, worin ihm dies verkündet wurde, hatte es geheißen, daß es dem Kollegium der ordentlichen Professoren zur Ehre gereiche, sich näher mit ihm verbunden zu sehen. Bei reiflicherer Erwägung aber fand man, daß das doch ein etwas übertriebener Ausdruck sei, und machte aus der Ehre ein »großes Vergnügen«. Die allgemeine Meinung Deutschlands über die Dioskuren dürfte wohl am besten der Berliner Kupferstecher Clas getroffen haben, als er sie mit Kotzebue und Iffland auf einem Blatt zu 12 Groschen vereinigte, das großen Absatz fand.

Was war aber denn nun die wirkliche Bedeutung jener beiden Männer, deren hohle Gipsköpfe der deutsche Bürger voll Andacht auf seine Konsole stellt? Sie lebten, und zwar vorbildlich. Darin bestand ihre ganze Tätigkeit.

Das Leben des einen war nichts als Arbeit, Fleiß, Arbeit. Ewige Unrast, immer weiter, hinauf, hinauf: Das war der Sinn seines Daseins. Sein ganzer geistiger und physischer Organismus war nichts als eine riesige Kraftmaschine, die ununterbrochen Kräfte akkumulierte, weitergab und wieder akkumulierte. Und so jagte er mit fliegendem Atem dahin, ein unersättlicher Renner, bis er mitten im Laufe, aufs letzte ausgepumpt, zusammenbrach.

Das Leben des anderen war nichts als Wachstum, Entwicklung, Wachstum. Wie ein Kristall langsam anwächst, durch lautlose »Apposition«, immer neue Glieder ansetzend, in klaren, rechtwinkligen, gleichmäßigen Formen, so wuchs auch er, nichts eigenmächtig wegnehmend oder hinzufügend, verlangsamend oder beschleunigend. Und als er die größte Höhe und Umfänglichkeit erreicht hatte, die einem Menschen möglich ist, starb er: setzte keine neuen Kristalle mehr an, sondern blieb stehen, leuchtend, gradkantig, in spiegelnden unverrückbaren Flächen, ein unsterbliches menschliches Kunstwerk, weithin sichtbar für die Jahrhunderte.

Goethe sagt in seinen *Maximen und Reflexionen:* »*Panoramic ability* schreibt mir ein englischer Kritiker zu, wofür ich allerschönstens zu danken habe.« In der Tat läßt sich seine »faculté maîtresse« nicht treffender bezeichnen. Er besaß eine panoramatische Seele, ein Geistesauge, das die Dinge stereoskopisch zu sehen vermochte: reich und rund, perspektivisch und abschattiert, und eine enzyklopädische Sittlichkeit, deren Verständnis allem geöffnet war. Aber eben infolge dieser Wundergabe hat man sein Wesen niemals auf eine Formel zu bringen vermocht. Wir glauben bisweilen, er sei etwas Bestimmtes gewesen; aber gleich darauf müssen wir erkennen, daß er ebensosehr das Gegenteil davon war. Man spricht daher viel von »Widersprüchen in der Natur Goethes«. Aber gerade er war die widerspruchsfreieste Natur, die sich denken läßt: Denn er setzte sich niemals in Widerspruch zu dem, was wir Schicksal nennen, weder zu seinen Umständen noch zu seinen Zuständen, weder zum Weltlauf noch zu sich selbst. Er ist schwärmerisch wie ein Blaustrumpf und nüchtern wie ein Bürokrat, kraftgenialisch bis zur Flegelei und zeremoniös bis zum Schranzentum, pietistisch und atheistisch, deutsch und kosmopolitisch, Mystiker und Materialist, Freigeist und Reaktionär, feuriger Liebhaber, ganz in seine Passion versunken, und kalter Ichmensch, ganz auf sich konzentriert; er ist alles, weil das Leben alles ist. Er betrachtet die ganze Welt, die innere wie die äußere, als ein geheimnisvolles Laboratorium, in dem dunkle Kräfte aufsteigen und verschwinden, sich vermählen und wieder trennen, und sich selbst als den passiven Zuschauer, dem nichts aufgetragen ist als stille zu halten, das magische Spiel nicht zu stören und bisweilen Bericht davon zu geben. Man kann daher seinen Erdenlauf ein Epos nennen, eines der höchsten und vollkommensten, die je in die Welt getreten sind.

Schiller hingegen war ein dramatischer Organismus. Seine Biographie ist ein Drama von Schiller: Die Jugend setzt bereits sehr wirksam ein, als Meisterstück einer straff gespannten, aufregenden Exposition, und dann geht es immer weiter durch bunte und heftige Konflikte, in atemlosem Tempo, nur hie und da unterbrochen durch etwas deklamatorische Philosophie, bis die gewaltsame und tragische Katastrophe eintritt, hochdramatisch, mitten auf dem Höhepunkt der Handlung kerzengerade abfallend. Er stirbt und hinterläßt den Torso des *Demetrius,* den stärksten ersten Akt der Weltliteratur.

Und als er tot war, hat das Schillerdrama unausgesetzt weitergespielt: in der Geschichte seines Nachruhms. Auch hier vollzog sich alles in sprunghaften und überraschenden Wendungen. Immer wieder wurde für und gegen seinen Namen gekämpft, als wären seine Theaterstücke Premieren von gestern. Es schien häufig, als sei der Erfolg oder Mißerfolg seiner Werke immer noch Sache des Glücks, der momentanen Konstellation, Stimmung und Zeitströmung. Man polemisierte um ihn wie um einen Lebenden; nie war man sich über ihn einig. Er war ein staatsgefährlicher Mensch und der Retter seines Volks, der Kanon edelster Dichtkunst und das Muster roher Theatralik, der Prediger der höchsten ethischen Ideale und der Vertreter einer inhaltlosen und abgelebten Ideenwelt. Und zu alldem wurde er nicht etwa im läuternden Gang der Geschichte, die die Menschen und Werke der Vergangenheit vor ihren unparteiischen Instanzenzug stellt, um schließlich kalt sachlich das Bleibende vom bloß Aktuellen zu scheiden; sondern er war dies alles gleichzeitig: miteinander, gegeneinander, durcheinander, und ist es noch heute. Und er wird wahrscheinlich niemals ein wirklicher dauernder Kulturbesitz werden; er wird immer die Leidenschaften entzünden und die Extreme in den menschlichen Köpfen und Herzen hervortreiben. Vielleicht ist eben dies seine historische Mission: eine dramatische.

Schiller schrieb einmal an Körner: »Ich habe mir eigentlich ein eigenes Drama nach meinem Talente gebildet, welches mir eine gewisse Excellence darin gibt, eben weil es mein eigen ist. Will ich in das natürliche Drama einlenken, so fühl ich die Superiorität, die Goethe und viele andere Dichter aus der vorigen Zeit über mich haben, sehr lebhaft. Deswegen lasse ich mich aber nicht abschrecken; denn eben, je mehr ich empfinde, wie viele und welche Talente oder Erfordernisse mir fehlen, so überzeuge ich mich desto lebhafter von der Realität und Stärke desjenigen Talents, welches, jenes Mangels ungeachtet, mich so weit gebracht hat, als ich schon bin. Denn ohne ein großes Talent von der einen Seite hätte ich einen so großen Mangel von der andern nicht so weit bedecken können, als geschehen ist, und es überhaupt nicht so weit bringen können, um auf feinere Köpfe zu wirken.«

Diese spezifische Grundbegabung, die Schillers ganzes Schaffen organisierte, war sein Theatertalent. In seinen Dichtungen lebt nicht die wirkliche Welt, sondern eine andre, freikomponierte: die Theaterwelt, die ein vollständiges Reich für sich bildet, die ihre eigene Psychologie, ihre eigene Ethik, ja selbst ihre eigene Logik hat, ähnlich wie die Märchenwelt, die auch selbstgeschaffenen Gesetzen gehorcht. Um eine solche Wirklichkeit zweiter Ordnung so vollständig und in so lückenlosem Zusammenhang zu konzipieren, muß man auch Wirklichkeitssinn besitzen, wennschon es ein anderer ist als der gewöhnliche. Und in dieser Welt war Schiller ein unumschränkter und freier Alleinherrscher, der mit bewundernswertem Feldherrnblick alles übersah, ordnete, verteilte und dirigierte: Er ist der absolute Theatrarch. Er reihte diktatorisch alle Erscheinungen in sein Theatersystem ein. An Natürlichkeit der Gestalten waren ihm Goethe und nicht wenige andere in der Tat überlegen. Der einschneidende Unterschied besteht darin, daß Goethe seine Charaktere vollständig schildert und von allen Seiten, in allen, auch den unwesentlichen Linien zeigt: Sie führen ihr eigenes Leben und verhalten sich zu Schillers Gestalten etwa wie eine massive Theatertür zu einer gemalten. Schiller zeigt immer nur das, was er gerade braucht, immer nur Ausschnitte; nie bringt er etwas, bloß um zu charakterisieren, alles hat nur seinen Zweck im Rahmen des Ganzen. Goethe macht Menschen, Schiller macht Figuren. Dies wäre ein entschiedener Tadel für Schiller, wenn es sich eben nicht um Theaterstücke handelte. In diesem Falle aber bildet es ebensowenig einen Mangel wie etwa die Tatsache, daß ein Versatzstück nur auf der Seite bemalt ist, die dem Publikum zugekehrt ist, oder daß ein Schauspieler, von dem man bloß den Kopf sieht, nicht im vollen Kostüm steckt. Es gibt wohl kaum eine Stelle in Schillers Dramen, die nicht für die Räumlichkeit der Bühne gedacht wäre, für diese besondere Art Raum, die zwar drei Dimensionen, aber nur drei Wände hat. Goethe dichtete überhaupt gar nicht mehr fürs Theater, sondern versetzte seine Menschen und Vorgänge in wirkliche Zimmer mit vier Wänden und in eine wirkliche Natur, die von allen Seiten Farbe ausstrahlt, kurz, in eine Welt, die man sich ohne Enttäuschung auch von hinten ansehen kann. Seine Menschen sprechen mit sich selbst und miteinander, als ob sie allein wären. Aber eben dies war der Grund, warum er, obschon von einer ganz anderen Seite her, nämlich infolge einer Überdimensionalität, ebensowenig Dramatiker war wie die Stürmer und Dränger. Diese hatten eine Dimension zu wenig, und er hatte eine Wand zu viel.

Schiller inspirierte sich bekanntlich beim Schreiben durch den Geruch fauler Äpfel. Man könnte nun (ohne daß damit im geringsten etwas Degradierendes ausgedrückt werden soll) auch von dem Pathos seiner Vorgänge und Gestalten sagen, es lebe in einer solchen Atmosphäre. Ihre Leidenschaft ist vollkommen echt, hat aber etwas nicht ganz Frisches, einen »Stich«, den befremdenden und zugleich verführerischen Hautgout des Morbiden und Konservierten; des Theatralischen.

Technische Erwägungen, wie zum Beispiel im Bauerbacher Entwurf des *Don Carlos:* »Schürzung des Knotens –

der Knoten verwickelter – anscheinende Auflösung, die alle Knoten noch mehr verwickelt«, finden sich niemals in Goethes Entwürfen, Schiller hingegen beschäftigten sie bis in seine letzten Tage hinein. Unter diesen zahlreichen Vornotizen, in denen er sich intim und unbeobachtet, etwa wie ein Schauspieler auf der Arrangierprobe zeigt, finden sich zum Beispiel beim *Demetrius* Aufzeichnungen wie die folgenden: »Zu vermeiden ist, daß in dieser Szene kein Motiv wiederholt wird, welches schon auf dem Reichstage vorgekommen«; »ein hoffnungsreicher Erfolg beschließt diesen Akt auf eine theatralische Art«; »damit diese Szene nicht dem Krönungszug in der *Jungfrau von Orléans* begegne, muß sie sowohl ganz anders eingeleitet als auch ganz verschieden geführt werden.« Längere Zeit schwankte er zwischen *Demetrius* und *Warbeck,* einem ganz ähnlichen Stoff aus der englischen Geschichte; ehe er die endgültige Entscheidung traf, stellte er noch einmal in einer ausführlichen Liste das Pro und Contra gegenüber, mit Bemerkungen wie: »Für *Warbeck:* Glücklicher Ausgang. Popularität des Stoffes. Interesse der Hauptperson. Debutrolle.« Das ist ganz vom Standpunkt des theatralischen Realpolitikers gedacht.

Goethe denkt sehr wenig an den Schauspieler, Schiller hingegen zeigt sich in seinen Bühnenanweisungen als genialer Regisseur, der das Szenenbild und den Darsteller nie aus dem Auge verliert. Man denke zum Beispiel an das überaus wirksame erste Auftreten Mortimers: »Mortimer, Paulets Neffe, tritt herein und, ohne der Königin einige Aufmerksamkeit zu bezeigen, zu Paulet: ›Man sucht euch, Oheim.‹ Er entfernt sich auf eben die Weise«; an das eindrucksvolle, das ganze Drama zusammenfassende stumme

Spiel der Jungfrau bei dem Bericht Bertrands über die furchtbare Gefahr, in der Orléans schwebt: »Johanna horcht mit gespannter Aufmerksamkeit und setzt sich den Helm auf«; an den stimmungsvollen Schluß der ersten Szene des dritten Aufzugs im *Tell:* »Hedwig geht an das Hoftor und folgt den Abgehenden lange mit den Augen«; an die ebenso theatermäßige originelle Fiktion im *Demetrius:* »Alsdann stellt er sich so, daß er einen großen Teil der Versammlung und des Publikums, von welchem angenommen wird, daß es im Reichstag mitsitze, im Auge behält und dem königlichen Thron nur nicht den Rücken wendet«: In allen diesen und noch vielen anderen Fällen glaubt man Schiller direkt am Regiepult sitzen zu sehen. Sogar in seinen Prosaschriften bleibt er Theatermensch: Auch hier denkt er mehr an den Hörer als an den Leser, und die Sperrung gewisser Worte und Satzteile hat, wie Richard Fester sehr treffend bemerkt, »als Anweisung zu gehöriger Betonung die Bedeutung eines Regievermerks«.

Infolgedessen bildete das Hereinbrechen des Klassizismus ein wahrhaft tragisches Moment in seiner künstlerischen Entwicklung. Ohne sich selbst darüber klar zu sein, wurde er in eine Richtung gedrängt, die seiner ganzen Charakteranlage und Gestaltungsmethode im tiefsten entgegen war. Es ist bekannt, daß Goethe hieran nichts weniger als unschuldig war; die Hauptverantwortung trifft natürlich die Zeit. Aber es muß hinzugefügt werden, daß Goethe diese ganze Bewegung verstärkt, verschärft und übersteigert und ihr durch das Gewicht seiner einzigartig suggestiven Persönlichkeit erst die letzte Sanktion verliehen hat. Ihm selbst freilich hat diese ganze Mißorientierung am wenigsten geschadet, aber gerade dies machte sein Vorbild für die anderen um so verhängnisvoller. Es war seine Natur, daß er im Grunde durch nichts beeinträchtigt werden konnte, indem er alles, Gutes und Schlimmes, Hohes und Geringes, Fremdes und Verwandtes, seinem Organismus einverleibte: als einen Assimilationsstoff, aus dem doch immer wieder nur er selber wurde; wie der menschliche Körper aus den verschiedenartigsten Nährmitteln, die in ihn eintreten, stets das gleiche Zellenmaterial aufbaut, so machte Goethe aus allem letzten Endes Goethe, und so konnte ihn nichts dauernd in seinem Wachstum hemmen. Aber hierin war er ein Unikum, und Schiller reagierte anders: einerseits viel gewalttätiger und selbstherrlicher, andrerseits viel hingebungsvoller und impressionabler. Seine Natur war: sich fortreißen zu lassen und, fortgerissen, dann alle anderen mit sich zu ziehen. Einmal ergriffen von einer Idee, gehörte er ihr ganz und ruhte nicht eher, als bis er sie in allen ihren Beziehungen und Anwendungen ausgebaut hatte. Wenn an Goethe neue Gedanken, Assoziationen, Bilder, geistige Dominanten herantraten, so war es sein Bestreben, sie in seinen Besitz zu bekommen; aber Schiller wollte von ihnen besessen sein.

Seinen Höhepunkt hat der Klassizismus Schillers in der *Braut von Messina* erreicht. Hier ist alles dünn, farbenschwach, leerer Silberton, antiquarisch, Hoftheater und erinnert an die papierenen und anämischen »heroischen Landschaften« jener Zeit, auf denen selbst die Tiere bedeutend und langweilig sind. Auch *Wallenstein* gemahnt ein wenig an die damaligen abstrakten Repräsentationsporträts, die mehr Pathos als Individualität besitzen, und hat immer unsichtbar die Rigaudsche Säule neben sich, ohne die man sich das Bildnis eines Staatsmanns nicht denken konnte; und selbst in *Tell* ist ziemlich viel »Baumschlag«. Aber gleichwohl läßt sich erkennen, daß das »Klassische« bei Schiller bloß einen glänzenden Firnis bildet, mit dem er seine Dramen zeitgemäß hergerichtet hat. Noch im Jahr 1801 schrieb er an Körner: »der Jambe vermehrt die theatralische Wirkung nicht und oft geniert er den Ausdruck«; sowohl den *Wallenstein* wie den *Carlos* wollte er ursprünglich in Prosa schreiben, und dieser wurde tatsächlich in einer von ihm besorgten Prosafassung an mehreren Bühnen gespielt. Bei jenem hat vor allem die klassizistische Mißdeutung des antiken Schicksalsbegriffs großen Schaden gestiftet. Das *Lager* ist der höchst eigenartige Einfall eines Theatergenies: die Idee, zu einer Tragödie ein Vorspiel zu schreiben, worin der Held nicht vorkommt und eben darum ununterbrochen und aufs eindrucksvollste vorkommt, war ebenso dankbar wie zwingend. Was aber die Tragödie selbst anlangt, so war zwar der Gedanke, nur die Katastrophe zu zeigen, die letzten Schlagschatten, die eine lange, reiche und bewegte Vorgeschichte auf den Helden wirft, ebenfalls eine durchaus theatermäßige Konzeption; aber eine solche Technik hätte nur wirksam sein können, wenn sie mit äußerster Konzentration gearbeitet hätte. Schiller vergaß, daß der *Ödipus,* der ihm als Paradigma vorschwebte, nur der letzte Akt einer Tragödie ist; aber der *Wallenstein* hat elf Akte und siebeneinhalbtausend Verse. An einer ähnlichen Elefantiasis leidet auch der *Carlos.* Löst man aus ihm das Familiendrama heraus (was gar nicht so sakrilegisch ist, wie es aussieht, denn Schiller selbst hat ja ursprünglich ohne Flandern, Freiheit und Posa komponiert), so bleibt ein ausgezeichnetes Intrigenstück voll Schlagkraft, Tempo, Spannung, wie es nur Schiller schreiben konnte; selbst Otto Ludwig, der unerbittlichste aller Schillerkritiker, hat zugegeben, daß dieser Teil des Dramas außerordentlich sei, und darauf hingewiesen, daß er offenbar das stärkste und lehrreichste Muster für Scribe und seine Schule abgegeben habe.

Und dies ist in der Tat die eigentliche Bedeutung Schillers für die Geschichte des europäischen Theaters: Er war eines der größten Genies der Kolportage. Wir wollen diese Bezeichnung keineswegs im abfälligen Sinne gebraucht wissen, sondern erblicken die höchsten Spitzen dieser Gattung in Ibsen und Shakespeare, Dostojewski und Balzac. Schiller hatte von Natur eine leidenschaftliche Vorliebe für die dichterische Gestaltung von »Schiebungen«, von Coups und Gegencoups, Intrigen und Kabalen, und seine Phantasie weilt mit fast ausschließlichem Interesse in der Atmosphäre des Schauerromans. Die Jugenddramen bewegen sich noch gänzlich in dieser Richtung. Ihre kolportagehafte Anlage zeigt sich auch darin, daß ihre Katastrophen nicht zwingend sind. Wir wissen, daß die *Räuber* und *Fiesko* ohne Beeinträchtigung des Erfolges mehrfach mit »*happy end*« gespielt wurden und sogar Schiller selber für Mannheim die letzten Szenen geändert hat. Auch von *Kabale und Liebe* wurde eine Fassung aufgeführt, worin der Präsident im letzten Augenblick mit Gegengift erscheint und dem geretteten Liebespaar reuig seinen Segen gibt. Und für die Prosafassung des *Carlos* hatte Schiller wiederum selbst einen anderen Schluß ausgearbeitet: Carlos ersticht sich im Au-

332

genblick seiner Verhaftung, Philipp sinkt verzweifelt an seiner Leiche nieder.

Einer der grandiosesten Kolportageromane der Weltliteratur wäre der *Geisterseher* geworden, dessen erstes Fragment 1787 in der *Thalia* und dessen erster Band 1789 erschien. Wir teilen aber nicht die verbreitete Annahme, daß ihn Schiller unvollendet gelassen habe, weil er sich selbst in dem höchst verwickelten Stoff nicht mehr zurechtfand; dies wäre mit seiner ganzen sonstigen Arbeitsweise im Widerspruch, die immer von einem festen detaillierten Generalplan ausging, und für einen Detektivroman, der stets von hinten aufgerollt und daher im vorhinein genau fixiert werden muß, auch bei jedem andern Autor unwahrscheinlich; sondern er unterließ offenbar die Fortsetzung, weil er inzwischen Klassiker geworden war. Aber eine geheime Neigung für derlei Aufgaben hat er bis zu seinem Tode behalten. Gleich nach der Vollendung des *Wallenstein,* 1799, dachte er eine Zeitlang an ein Kriminaldrama mit Giftmord, Kinderraub und verräterischem gestohlenen Schmuck, *Narbonne oder die Kinder des Hauses,* das ihn bis ins Jahr 1805 hinein beschäftigte, und an ein noch größer angelegtes Sujet derselben Art, *Die Polizei:* »Paris, als Gegenstand der Polizei, muß in seiner Allheit erscheinen und das Thema erschöpft werden. Ebenso muß auch die Polizei sich ganz darstellen und alle Hauptfälle vorkommen.... Ein ungeheures, höchst verwickeltes, durch viele Familien verschlungenes Verbrechen, welches bei fortgehender Nachforschung immer zusammengesetzter wird, immer andre Entdeckungen mit sich bringt, ist der Hauptgegenstand. Es gleicht einem ungeheuren Baum, der seine Äste weitherum mit andren verschlungen hat, und welchen auszugraben man eine ganze Gegend durchwühlen muß. So wird ganz Paris durchwühlt, und alle Arten von Existenz, von Verderbnis etc. werden bei dieser Gelegenheit nach und nach an das Licht gezogen.« Besonders der erste Akt, der im Audienzsaal des Polizeileutnants spielen und alle Räder der großen Maschine in vollster Bewegung zeigen sollte, wäre zweifellos ein Sittengemälde von einer aufregenden Buntheit und Spannung geworden, wie es nur Schiller hätte schreiben können. Hermann Hettner bemerkt hierzu in seiner sehr gediegenen *Literaturgeschichte des achtzehnten Jahrhunderts:* »Wer erblickt Schiller gern in der Nachbarschaft von Eugen Sues Pariser Geheimnissen? Der Genius der Schönheit hat Schiller vor der Ausführung dieser Entwürfe bewahrt.« In der Tat trägt niemand anders als dieser warnende Genius der Schönheit die Schuld daran, daß Deutschland nicht jenes allen anderen Nationen überlegene Drama hervorgebracht hat, zu dem es in seinen stärksten Talenten befähigt war.

Ebenderselbe Genius hat auch über dem Bund der beiden Dioskuren gewaltet, den Hettner und die übrigen Literarhistoriker nicht genug zu preisen wissen. Bekanntlich waren Goethe und Schiller einander ursprünglich antipathisch. Schiller rügte an Goethe »ein bis zur Affektation getriebenes Attachement an die Natur«, erklärte: »überhaupt ist seine Vorstellungsart zu sinnlich und betastet mir zu viel« und schrieb schließlich, ebenfalls an Körner, ohne jede Paraphrase: »dieser Mensch, dieser Goethe ist mir einmal im Wege«; Goethe wußte in dem »gehorsamsten Promemoria«, worin er Schiller für die Jenaer Professur empfahl, an ihm nicht mehr zu rühmen, als daß er »sich durch seine Schriften einen Namen erworben«, und erklärte nachträglich ganz offen: »Schiller war mir verhaßt.« Und wie er im ruhigen Rückblick über jene Jahre des gemeinsamen Zusammenarbeitens dachte, erhellt aus den Worten, die er im Oktober 1824, fast zwanzig Jahre nach Schillers Tode, an Zelter schrieb: »Ich redigiere meine Korrespondenz mit Schiller von 1794 bis 1805. ... Mir ist es dabei wunderlich zumute, denn ich erfahre, was ich einmal war. Doch ist eigentlich das Lehrreichste der Zustand, in welchem zwei Menschen, die ihre Zwecke gleichsam par force setzen, durch innere Übertätigkeit, durch äußere Anregung und Störung ihre Zeit versplittern, so daß doch im Grunde nichts der Kräfte, der Anlagen, der Absichten völlig Wertes herauskommt.«

Goethe und Schiller haben in jenen zehn Jahren zwei gemeinsame Schöpfungen hervorgebracht: das Weimarer Theater und die *Xenien.* Die sogenannte »Weimarer Schule«, die aus ihren Bemühungen hervorging, muß, aus den Berichten zu schließen, eine geradezu schreckliche Art des Theaterspielens über Deutschland verbreitet haben: Es war offenbar der Gipfel jenes Stils, den man noch heute in durchaus nicht ehrendem Sinne als »Hoftheater« bezeichnet. Goethes Grundmaxime lautete: »der Schauspieler soll stets bedenken, daß er um des Publikums willen da ist«; infolgedessen solle er nicht »aus mißverstandener Natürlichkeit« so spielen, als wenn kein Dritter dabei wäre. Dieses Prinzip, das an sich ja nicht unrichtig ist, wurde jedoch in einer Weise wörtlich genommen, veräußerlicht und überspannt, die ans Unbegreifliche grenzt. Die Darsteller mußten stets einen anmutigen Halbkreis bilden, durften nie nach dem Hintergrund sprechen, niemals dem Zuschauer den Rücken, ja auch nur das Profil zeigen. Das Hauptgewicht wurde auf kultivierten Vortrag gelegt: eine übertrieben deutliche Artikulation, die die Persönlichkeit des Schauspielers und den Charakter der Figur verwischte, und eine Art singende Deklamation, die man für den Höhepunkt der Schönheit hielt, kurz, es war die Reduktion der Schauspielkunst auf bloße Rezitation und eine Anzahl fixer Repräsentationsgesten; infolgedessen nahmen auch die Leseproben einen ganz unverhältnismäßig großen Raum ein, von Goethe und Schiller persönlich geleitet, die beide, wie dies bei Dichtern so oft der Fall ist, miserable Vorleser waren, Schiller in so hohem Maße, daß er hierdurch mehrmals den Erfolg seiner Stücke gefährdete: Den *Fiesko* las er in Mannheim so schlecht, daß alle, obgleich sie mit den größten Erwartungen gekommen waren, nach dem zweiten Akt weggingen und der Regisseur Meyer Streicher fragte, ob nicht ein anderer die *Räuber* geschrieben und Schiller sie nur unter seinem Namen herausgegeben habe, denn der *Fiesko* sei das Allerschlechteste, was er je in seinem Leben gehört habe; ebenso erging es ihm mit Frau von Kalb, die ihm nach der Vorlesung des *Don Carlos* lachend erklärte: »Lieber Schiller! das ist das Allerschlechteste, was Sie noch gemacht haben«, und noch im Jahr 1801, wo er auf der Höhe seines Ruhms stand, mit der *Jungfrau von Orléans,* die nach dem Bericht des Schauspielers Heinrich Schmidt fast gar keine oder vielmehr auf viele eine »narkotische« Wirkung ausübte. Schiller hielt sich jedoch zeitlebens für den besten Interpreten seiner Werke und hatte sogar in seiner Jugend eine Zeitlang die Absicht, Schauspieler zu werden.

Was die *Xenien* anlangt, so ist vielleicht in jenem Zimmer in Jena, worin die meisten von ihnen durch Kollaboration entstanden sein dürften, das größte Quantum an Weisheit, Wissen, Geschmack, Zeitgeist, Sprachgewalt, Seelenkunde versammelt gewesen, das das damalige Deutschland aufzubringen vermochte; das Resultat ist bekannt. Es wurde von den Zeitgenossen nahezu einstimmig abgelehnt; die führenden Blätter: die *Erlanger gelehrten Zeitungen,* die *Neue allgemeine deutsche Bibliothek,* die *Oberdeutsche allgemeine Literaturzeitung,* Reichardts *Deutschland,* Wielands *Teutscher Merkur* und fast alle übrigen erklärten es in mehr oder minder schroffer Form für gänzlich mißlungen. Das allgemeine Urteil brachte am klarsten der *Kosmopolit,* herausgegeben von Voß, zum Ausdruck, indem er an eine Verlegeranzeige, die die *Xenien* »eine in ihrer Art ganz neue Erscheinung« genannt hatte, die Frage knüpfte: »Wer kann einen Augenblick anstehen, gegen vierhundert kleine Gedichte ... welche, dem Publikum als eine Auslese feinen und attischen Witzes, als Geschenke von Wert zu einer würdigen und wohltuenden Ergötzung vorgesetzt, gleichwohl großen Teils entweder plump oder hämisch oder flach und sinnlos, fast sämtlich aber ohne eigentlichen poetischen Wert sind – für eine in ihrer Art neue und merkwürdige Erscheinung zu erklären?« und dreiviertel Jahre später, das Ganze noch einmal zusammenfassend, hervorhob, es bleibe immerhin die Befriedigung, »daß von allen Stimmen, welche sich über die *Xenien* haben hören lassen, auch nicht eine für sie gesprochen hat«. Erst den nachgeborenen Oberlehrern ist es vorbehalten geblieben, sich für sie zu begeistern, indem sie von dem primitiven Kalkül ausgingen: Wenn von zwei Autoren jeder einzelne Hervorragendes schaffe, so müsse das, was sie gemeinsam leisten, doppelt wertvoll sein.

Hebbel sagt einmal in seinem Tagebuch: »Von Goethe war mir nur wenig zu Gesicht gekommen, und ich hatte ihn um so mehr etwas geringschätzig behandelt, weil sein Feuer gewissermaßen ein unterirdisches ist und weil ich überhaupt glaubte, daß zwischen ihm und Schiller ein Verhältnis wie etwa zwischen Mohammed und Christus bestehe; daß sie fast gar nicht miteinander verwandt seien, konnte mir nicht einfallen.« In der Tat kann man sie, wie wir schon andeuteten, geradezu als Schulbeispiele entgegengesetzter künstlerischer Produktivität ansehen.

Am 5. Juni 1825 sagte Goethe (natürlich zu Eckermann), als von den Definitionen der Poesie die Rede war: »Was ist da viel zu definieren! Lebendiges Gefühl der Zustände und Fähigkeit, es auszudrücken, macht den Poeten.« Dahingegen schrieb Schiller den Vers: »Was sich nie und nirgends hat begeben, das allein ist Poesie!« Prägnanter können zwei polare Künstlerwelten sich nicht gegenübertreten als in diesen beiden Sätzen. Aber während die Feststellung Goethes jedermann ohne weiteres einleuchtet, bezeichnet das Wort Schillers das eigentliche Paradoxon der Künstlernatur. Emerson leitet seinen Essay über Shakespeare mit den Worten ein: »Wenn wir darin Originalität erblicken, daß eine Spinne ihr Gewebe aus ihren eigenen Eingeweiden zieht, dann ist kein Künstler ein Original.« Nun, Schiller war aber wirklich so eine Spinne: Er zog alles aus sich selbst.

Schiller kannte von der Schweiz bekanntlich nur ein paar altväterische, wenig anschauliche Beschreibungen und einige Landkarten und Ansichten, mit denen er während der Arbeit am *Tell* sein Zimmer austapeziert hatte; und dennoch ist im *Tell* die ganze Schweiz: Alle Schweizer Kritiker konstatierten mit Staunen die treffend ähnliche Porträtierung des Landes, der Sitten, der Volksart, der Redeweise, und Reisehandbücher verwenden noch heute Schillersche Verse zur Orientierung und Lokalverdeutlichung. Die Erörterung dieses Problems war von jeher ein beliebtes Aufsatzthema. Wir möchten jedoch behaupten, daß Schiller nicht nur die Schweiz für seine Schilderung nicht brauchte, sondern daß er sie nur deshalb so gut malen konnte, weil er sie nie gesehen hatte. Eine aufmerksame Tournee durch sämtliche Berge und Täler hätte ihn nur verwirrt. Die widerspruchsvollen und verschwommenen äußeren Eindrücke hätten sich vor seine klaren und kräftigen inneren Bilder geschoben. Eine wirkliche Schweiz hatte dem Dichter Schiller nichts zu sagen.

Es gibt aber ein noch krasseres Beispiel. Im *Musenalmanach für das Jahr 1800* erschien das *Lied von der Glocke*. Das Publikum war von der Genauigkeit und Treue, mit der darin die Vorgänge des Glockengusses geschildert waren, überrascht und entzückt. Aber schon elf Jahre früher hatte sich Schiller mit dem Stoff beschäftigt und ging, wie Karoline mitteilt, »oft nach einer Glockengießerei vor der Stadt spazieren, um von diesem Geschäft eine Anschauung zu gewinnen«. Die Dichtung wollte aber nicht recht vorwärtsgehen, und er legte den Plan zurück. Eines Tages aber fiel ihm ein ganz ödes Buch in die Hände: die *Ökonomisch-*

technologische Enzyklopädie von Krünitz, er las es, und auf einmal war die Anschauung da! [...]

Im Leben aber verhielten sich Goethe und Schiller merkwürdigerweise gerade umgekehrt. Goethe sagte noch im Alter von sich: »Ich bin immer das neugeborene Kind« und war sein Leben lang eine passive, entschlußschwache, im Grunde weltfremde Natur, während Schiller von den Tagen seiner Reife an durch eine sehr scharfe Kenntnis und resolute Behandlung der gesamten Umwelt gekennzeichnet ist. Er war ein Virtuose in der Handhabung des publizistischen Apparats, und zwar in einem Grade, wie er damals noch viel seltener war als heutzutage, ein Meister des »Waschzettels« und »Prospekts«: Man denke an die Vorrede zur Auswahl aus Pitaval, den Vorbericht zur *Sammlung historischer Memoires,* die Ankündigungen der von ihm herausgegebenen Zeitschriften, der *Rheinischen Thalia* und der *Horen,* die er beide mit größter Geschicklichkeit redigierte, zum Teil unter Zuhilfenahme ganz moderner journalistischer Praktiken. Bei den *Horen* rechnete er ganz bewußt auf den Snobismus gewisser Publikumskreise, die es zu allen Zeiten gegeben hat, indem er an den Verleger Cotta schrieb: »Das Denken ist freilich eine harte Arbeit für manchen, aber wir müssen es dahin bringen, daß, wer auch nicht denken kann, sich doch schämt, es zu gestehen, und unser Lobredner wider Willen wird, um zu scheinen, was er nicht ist«; er ließ die einzelnen Nummern in der *Allgemeinen Literaturzeitung* auf Kosten Cottas fortlaufend besprechen, was, da diese die angesehenste und einflußreichste Zeitschrift Deutschlands war, selbst unter den heutigen Verhältnissen ein unerhörter Vorgang wäre; und beim Eingehen der

Horen erwog er die amerikanische Idee, durch Einrücken eines »tollen politisch-religiösen Aufsatzes« ein Zensurverbot zu erwirken, um damit das Fiasko zu kaschieren.

Wenn wir bei der Vergleichung zwischen Goethe und Schiller noch ein wenig verweilen wollen – obgleich sie, wenn wir nicht irren, schon hie und da gemacht worden ist –, so wird uns vielleicht als markantester Unterschied auffallen, daß in Goethe auf extreme Weise der optische Typus verkörpert war, in Schiller der akustische Typus. Goethe sagt ausdrücklich: »Gegen das Auge betrachtet ist das Ohr ein stummer Sinn.« Alles Erleben ruht bei ihm im Schauen. Durch den Anblick des Straßburger Münsters wird er zum »Gotiker«; durch den Anblick eines geborstenen Schafsschädels gelangt er zu seiner Wirbeltheorie. In dem dunkeln Gefühl, daß ihn Italien zu neuen Dichtungen befruchten werde, eilt er dorthin, um es zu erblicken; die Idee zu einem Tell-Epos wird in ihm, im striktesten Gegensatz zu Schiller, durch den Anblick der Schweizer Lokalitäten erweckt, die von der Tell-Sage Kunde geben. Von Kunstwerken, die er bewundert, wünscht er die Kopien ständig vor Augen zu haben; Schiller hat sich nicht einmal die Originale berühmter Bildwerke angesehen, auch wenn er sie dicht vor sich hatte. Sämtliche Gedichte Goethes sind, wie er selbst es bezeichnet hat, Gelegenheitsgedichte, und dasselbe könnte man von seinen Dramen sagen: Alles Schaffen wächst bei ihm aus dem konkreten Erlebnis, und die Literarhistoriker können auf die korrespondierenden Stellen in seiner Biographie und seiner Dichtung mit dem Finger hinweisen. Er hatte eine große Passion für alles Botanische, nur die Kryptogamen interessierten ihn nicht, weil man ihre Einzelheiten mit freiem Auge nicht sieht; aus demselben Grunde beschäftigte er sich auch nicht mit Sternkunde. Er lehnte die mathematische Physik ab, weil sie gleichfalls eine Wissenschaft des Unsichtbaren ist, und die Newtonsche Theorie, daß das Weiß aus sämtlichen Spektralfarben gebildet sei, weil dies dem Augenschein widerspricht. Seine Vergötterung des Auges ging sogar so weit, daß er niemals Brillen benutzte, weil sie ein künstliches Sehen vermitteln.

Umgekehrt hatte er wenig Beziehung zur Musik. Er hat in ihr immer nur eine dienende Kunst erblickt; die Welt der »absoluten Musik« war ihm verschlossen. Zu den größten musikalischen Genies seiner Zeit, Beethoven und Schubert, hat er bekanntlich ebensowenig ein Verhältnis gefunden wie sein Freund, der brave Kapellmeister Zelter, in dem er das Ideal eines Liederkomponisten erblickte. Für Schiller hingegen stand die Musik im Mittelpunkt alles künstlerischen Schaffens, zumal des dramatischen. Er erklärte, seine poetischen Ideen seien immer »aus einer gewissen musikalischen Gemütsstimmung« hervorgegangen, betonte wiederholt, daß die Vollendung des theatralischen Kunstwerks nur möglich sei, wenn man die Musik dazu heranziehe, und räumte ihr in der dramatischen Ökonomie einen breiten und dominierenden Platz ein: Die Höhepunkte zumal seiner späteren Werke sind alle musikalisch empfunden und fordern nicht selten die direkte Unterstützung durch das Orchester. Ja man darf einige seiner Dichtungen, wie den *Tell* und die *Jungfrau von Orléans,* geradezu als Sprechopern bezeichnen, was aber nur in den Augen eines theaterfremden Kunstbolschewismus (der neuerdings die alberne

Kühnheit gehabt hat, im *Tell* Details wie das Vorspiel, den Chor der barmherzigen Brüder und den musikalischen Schluß des Rütliakts als »kitschig« zu streichen) einen Einwand bedeuten kann.

Wir könnten vielleicht den Gegensatz zwischen Goethe und Schiller noch auf einen anderen Generalnenner bringen, indem wir Goethe als Statiker, Schiller als Dynamiker bezeichnen. Diese Klassifizierung hat das Mißliche jeder Formel, daß sie etwas Lebendiges unter einen Begriff zu bringen sucht, was schlechterdings unmöglich ist; sie hat aber auch den Vorteil der Formel, daß sie zwei große Gruppen herstellt, die, über die bezeichneten Individuen hinaus, prinzipielle und generelle Bedeutung besitzen. Für Goethe, den Statiker, steht im Mittelpunkt seines Lebens, Denkens und Schauens das Ruhende, das Sein; für Schiller das Bewegte, das Werdende. In der Somatologie ist es die Anatomie, die Wissenschaft von den bleibenden Eigenschaften des Körpers, die Goethes Entdeckungsgebiet bildet, während ihn die Physiologie, die sich mit den Veränderungen des Körpers befaßt, fast gar nicht beschäftigt. Die einzige naturwissenschaftliche Arbeit hingegen, die Schiller verfaßt hat, seine Dissertation, führte in ihrer ersten Fassung den Titel *Philosophie der Physiologie*. Ganz analog ist es in der Botanik die Morphologie, die Wissenschaft von der dauernden Gestalt der Pflanzen, die Goethes Hauptarbeitsgebiet ausmacht, ja die »Urpflanze« ist sogar der gewaltsame Versuch, die verschiedenen Entwicklungsstadien der Pflanze auf ein einheitliches stehendes Grundprinzip zurückzuführen: aus dem Werden ein Sein zu machen. In seinen Studien über die anorganische Natur dominierte die Mineralogie, für die er eine große Leidenschaft besaß; aber die Chemie, die Grundlage aller Mineralogie, ist für ihn von weit geringerem Interesse: weil sie die Lehre von den Umwandlungen der Stoffe behandelt und eine dynamische Wissenschaft ist.

Nach dem Gesagten braucht nicht erst näher motiviert zu werden, wieso Goethe ein so bedeutender Lyriker war, aber niemals ein richtiges Drama geschrieben hat, während es sich bei Schiller gerade umgekehrt verhielt, warum Goethe ein so starkes Interesse für bildende Kunst besaß und Schiller für Politik, warum dieser einer der geistreichsten und verständnisvollsten Schüler Kants wurde, dessen Philosophie nichts anderes zum Gegenstand hat als das Werden unserer Erkenntnis, und warum Goethe erklärte, Kant nicht zu verstehen. Nur auf eine anscheinend widerspruchsvolle Tatsache sei noch hingewiesen: Goethe reiste viel und schrieb viele Reisebeschreibungen, und zwar weil er ein Statiker war. Denn der Reiseliebhaber, obschon fortgesetzt bewegt, hat sein jeweiliges Interesse doch immer nur auf ein Ruhendes gerichtet, und sämtliche Disziplinen, die sich mit der Reiseliteratur berühren: Ethnographie, Geographie, Archäologie, Geognosie fußen auf statischen Prinzipien.

Man könnte das ganze Verhältnis auch auf die beiden Kardinalbegriffe »Natur« und »Geschichte« reduzieren; und in der Tat war im Nebenamt Goethe einer der größten Naturforscher, Schiller einer der größten Historiker seines Zeitalters.

Auch in Goethes Dichtungen dominiert die »Natur«. Man weiß bei ihm immer, welche Witterung herrscht, welche Tageszeit und Jahreszeit, unter welchem Himmelsstrich man sich befindet, auch wo nicht die geringste Andeutung darüber gemacht wird; die äußere Atmosphäre, in der seine Menschen atmen, ist um sie ganz ungewollt herumgelegt, hüllt sie ein wie ein bestimmter Farbenton ein Gemälde. Dies gilt selbst von den abstraktesten Szenen im zweiten Teil des *Faust.* Auch Schiller ist die landschaftliche Stimmung, das physische Milieu durchaus nicht gleichgültig, er empfindet es sogar als sehr wirksamen Faktor; man denke zum Beispiel an den prachtvollen Schluß der Rütliszene: »Die leere Szene bleibt noch eine Zeitlang offen und zeigt das Schauspiel der aufgehenden Sonne über den Eisgebirgen.« Aber es wirkt immer wie dazugemalt, und es ist immer nur dort hinzugetan, wo es den Bühneneffekt steigert, gewissermaßen als ein ein- und ausschaltbares Stück Theatermaschinerie. Weswegen es uns, sooft es vorkommt, viel stärker in die Nase geht als bei Goethe. Dies spricht jedoch nicht für Schillers Natursinn, sondern gegen ihn; denn die echte Natur ist etwas, das zwar immer da ist, aber fast unmerklich. Der See im *Tell,* das Gewitter in der *Jungfrau,* der Wald in den *Räubern* sind fast Figuren des Stücks, die auf dem Theaterzettel stehen könnten; und dies spricht andrerseits für Schillers eminenten Theatersinn, denn auf der Bühne hat in der Tat nur das Existenzberechtigung, was auch auf dem Theaterzettel stehen könnte.

In Schillers Dichtungen dominiert die »Geschichte«. Goethe ist der Dramatiker der Privatangelegenheiten, Schiller der Dramatiker der welthistorischen Angelegenheiten. Alle seine Stücke haben einen großen politischen Hintergrund, auch seine sogenannten »bürgerlichen«. Es ist gewissermaßen ein Zufall, daß Karl und Franz Moor nur die Söhne eines kleinen regierenden Grafen sind und der Präsident und Ferdinand an einem Duodezhof leben. Sie reden und handeln alle so, als ob sie die Träger weithin leuchtender, in jedem Geschichtsbuch auffindbarer Namen wären. Umgekehrt ist das Historische bei Goethe bloße Namenssache. Es ist ein Zufall, daß Tasso Tasso heißt: Er würde uns ebenso interessieren, wenn er nicht mit dem Dichter der *Gerusalemme liberata* identisch wäre, und Egmont mutet uns an wie ein bloßer Namensvetter jenes Helden der Niederlande.

Wir haben schon vorhin auf das Dynamische in Schillers Lebensgang hingewiesen. Seine Entwicklung vollzog sich mit einer Hast und Energie, Überstürztheit und Fieberhaftigkeit, die aus dem dunkeln Vorgefühl floß, wenig Zeit zu haben. Jenen permanenten physischen und psychischen Krisenzustand, den man Genialität zu nennen pflegt, überwand er durch ein eminent helles und starkes Dispositionstalent, eine bewunderungswürdige Ökonomie, die mit sehr genau und knapp zugeteilten Kräften so wirtschaftete, daß der Eindruck des Reichtums, der Überfülle, der Verschwendung erzeugt wurde. Während der Arbeit an einem Drama dachte er immer schon an das nächste, und war eines vollendet, so kam ohne die geringste Atempause das folgende daran: Hatte er sich einmal ausnahmsweise nicht sogleich für ein bestimmtes neues Sujet entschieden, so fühlte er sich, wie er selbst es ausdrückte, wie im luftleeren Raume schweben. Ja er verspürte sogar, ebenfalls nach seinem eigenen Bericht, in Zeiten körperlichen Wohlbefindens ein Nachlassen der Geistestätigkeit und Willenskraft: Wir stoßen hier wieder einmal auf den merkwürdigen Zusammenhang zwischen Krankheit und Produktivität. Schon in der äußeren Form der Arbeitsweise zeigte sich der generelle Gegensatz zwischen ihm und Goethe: Dieser hat in seiner zweiten Lebenshälfte fast nur diktiert, Schiller niemals, vielmehr schnaubte und stampfte, deklamierte und gestikulierte er beim Dichten in schreckenerregender Weise.

Goethe nahm die Kunst überhaupt nicht übermäßig ernst. Er hatte nichts von der – bis zu einem gewissen Grade notwendigen – Monomanie des Künstlers, dem sein winziger Ausschnitt aus der Gesamttätigkeit der Menschheit den Angelpunkt der Welt bedeutet. So aber war Schiller, hierin dem Schauspieler verwandt. Mit ihm tritt überhaupt das Moment der »Arbeit« in die Kunst ein, das jener Zeit bisher völlig fremd gewesen war, der Arbeit in der modernen Bedeutung: als Überwindung von Widerständen, inneren und äußeren, und Einordnung aller Tätigkeit in einen vorausbestimmten Plan. So beschäftigte sich Goethe, trotz unablässigster, sorgfältigster und vielfältigster Wirksamkeit, nie und mit nichts. Er war immer Amateur, Liebhaber, Gelegenheitsdichter, Gelegenheitsdenker, Gelegenheitsforscher. Alles entstand bei ihm scheinbar durch Zufall, obschon nach innerster Notwendigkeit. Er entdeckt heute den Zwischenknochen und schreibt morgen seine Lebensgeschichte oder Teile des *Faust*, vielleicht aber auch nur irgendeinen ganz gleichgültigen Bericht über Bergwerke oder Unterrichtswesen. Alles ist ihm gleich wichtig, alles ist ihm gleich interessant. Er nimmt sich niemals etwas vor. Er läßt sich niemals zu etwas drängen. Er weiß: Ist etwas für ihn notwendig, so wird es schon eines Tages von seiner Seele Besitz ergreifen. So paradox es klingt: Goethe, diese ungeheure geistige Energie, die nahezu alles, was vor ihr in menschlichen Köpfen gewesen war, resorbiert und verarbeitet hat, war eigentlich keine aktive, sondern eine träge Natur.

Schiller hingegen hat alles aus sich gemacht. Er wirkt daher, in gewisser Beziehung, moderner. Was hätte er in unserer Zeit, die ihm die Mittel an die Hand gegeben hätte, mit seinem rastlosen Organisationstalent nicht alles ins Leben gerufen: Festspielhäuser, Riesenverlage, Volksbildungsinstitute, Weltjournale! Man könnte sich ihn ganz gut mit Füllfeder und Schreibmaschine, als Filmdichter und Radioredner denken; bei Goethe ist das völlig unvorstellbar: Er ist der letzte große Vertreter der stillen Zeiten.

Schiller war ein so vollständiger Dynamiker, daß man sagen darf: Er war überhaupt nichts andres. Alles an ihm war Bewegung. Und das Vehikel, womit er sich und die anderen in Bewegung setzte, war sein Idealismus. Der spezifische Idealismus Schillers ist nichts anderes als der überwältigende Ausdruck seines ungeheuern Temperaments, seiner außerordentlichen persönlichen Spannkräfte. Dieser Idealismus, elementar, schrankenlos, konzessionslos, hat gewissermaßen eine reine Quantitätswirkung. Sein leidenschaftlicher Optimismus war so groß, daß er nur herausschreien konnte, was er zu sagen hatte. Er vermochte nur in Majuskeln zu schreiben. Oscar Wilde sagt einmal: »Eine Weltkarte, auf der das Land Utopia nicht verzeichnet ist, verdient keinen Blick, denn sie läßt die eine Küste aus, an der die Menschheit ewig landen wird. Und wenn die Menschheit dort angelangt ist, hält sie Umschau nach einem besseren Land und richtet ihre Segel dorthin. Der Fortschritt ist die Verwirklichung von Utopien.« Diese Art des menschlichen Fortschritts hat Schiller sein ganzes Leben hindurch gepredigt. Auf seiner Weltkarte war das Land Utopia die Hauptprovinz. Und in diesem Sinne muß Schiller ein Programm für alle Dichter bilden, weil ohne dieses Programm ein echter Dichter gar nicht möglich ist. Seine Form konnte nie die der anderen werden, denn sie war nur eigens für ihn adaptiert; aber seine ganze Art, zu sehen, zu leben, zu sein, wird immer vorbildlich bleiben. Sein Weg war der Weg nach oben, weg von der Erde, weg vom Gestern, selbst weg vom Heute. Er sah von den Dingen weg, aber nicht in Unwirklichkeiten der Vergangenheit, die nie waren, sondern in Wirklichkeiten der Zukunft, die noch nicht sind. Das war das Poetische an ihm. Denn ein Dichter ist ja schließlich nichts anderes als ein Mensch, der von der Zukunft mehr versteht als von der Gegenwart.

Jean-Jacques Rousseau

Was Rousseau anlangt, so ist bereits die Entstehungs-geschichte seines Erstlingswerks für ihn ungemein charakteristisch. Die Akademie in Dijon hatte die Preisauf-gabe gestellt: »Hat die Erneuerung der Wissenschaften und Künste dazu beigetragen, die Sitten zu reinigen?« Diderot fragte Rousseau: »Welchen Standpunkt werden Sie einneh-men?« »Natürlich den bejahenden.« »Das ist die Esels-brücke«, erwiderte Diderot, »alle Mittelmäßigkeiten wer-den diesen Weg gehen. Der entgegengesetzte eröffnet dem Denken und der Beredsamkeit neue Gebiete.« Rousseau be-folgte diesen Tip und machte mit seiner Antwort, die ge-krönt wurde, die erhoffte Sensation. Einmal entschlossen, die Gegenansicht zu vertreten, ging er weit über die gestellte Frage hinaus, indem er, sich zu schäumender Wut gegen die gesamte menschliche Kultur aufpeitschend, in glänzender Rhetorik zu beweisen suchte, daß sie die Sitten nicht nur nicht verbessert, sondern korrumpiert habe und überhaupt an allem Unglück der Menschheit schuld sei. Was würden wir mit den Künstlern anfangen ohne den verderblichen Lu-xus, der sie großzieht? Wären wir ohne die Gelehrten we-niger zahlreich, weniger gut regiert, weniger blühend? Im Gegenteil: Nur die Wissenschaft und die Kunst haben es be-wirkt, daß das Talent über die Tugend gestellt wird. Einige Jahre später stellte die Akademie von Dijon eine zweite

Preisfrage: »Welche Ursache hat die Ungleichheit der Menschen und ist sie in der Natur begründet?« Rousseau widmete auch diesem Thema eine Abhandlung und erregte mit ihr noch größeres Aufsehen als mit seiner ersten Schrift: Gerade das blinde und gehässige Ressentiment, das aus ihr sprach, machte den Erfolg. Er findet die Ursache der Ungleichheit, die eine empörende Unnatürlichkeit und Ungerechtigkeit ist, wiederum in der Zivilisation, in den staatlichen und gesellschaftlichen Einrichtungen, die der Mensch willkürlich geschaffen hat. Der einzig menschenwürdige Zustand ist der Naturzustand: »Wenn die Natur uns dazu bestimmt hat, gesund zu sein, so wage ich fast zu behaupten, daß der Zustand der Reflexion ein widernatürlicher Zustand ist und daß ein Mensch, der denkt, ein entartetes Tier ist.« »Der erste, der ein Stück Land einzäunte und sich vermaß zu sagen: das gehört mir, und Leute fand, die einfältig genug waren, es zu glauben, war der wahre Gründer der bürgerlichen Gesellschaft. Wie viele Verbrechen, wie viele Kriege, wie viele Entbehrungen und Schrecken wären der Menschheit erspart geblieben, wenn einer die Grenzpfähle ausgerissen, die Gräben verschüttet und seinen Mitmenschen zugerufen hätte: Hütet euch, diesen Betrüger anzuhören; ihr seid verloren, wenn ihr vergeßt, daß die Frucht allen und das Land niemandem gehört!« Alle Kultur ist Arbeitsteilung, Arbeitsteilung bedeutet Ungleichheit, und in der Ungleichheit liegt der Ursprung alles Übels. Nun lautet aber andrerseits die Kardinalforderung Rousseaus: Rückkehr zur Natur; er haßt die Kultur hauptsächlich deshalb, weil sie Veränderung, in seinem Sinne Perversion der ursprünglichen Menschennatur bedeutet. Wir wollen hier nicht auf die Frage eingehen, ob Natur oder Kultur die normale und angemessene Verfassung des historisch gewordenen Individuums ist und ob der »Naturzustand« dem modernen Menschen überhaupt möglich, ja auch nur vorstellbar ist, sondern nur, Rousseaus eigenen Prinzipien folgend, sein ideales Vorbild, die Natur, betrachten. Und da finden wir überall Arbeitsteilung und Ungleichheit, und zwar nimmt die Arbeitsteilung mit der geistigen und physischen Entwicklung der Organismen konstant zu. Keine Arbeitsteilung ist, genaugenommen, schon nicht mehr bei einzelligen Algen und Infusorien zu finden, sondern nur bei den noch tiefer stehenden membranlosen »Moneren«. Der Organismus der höheren Lebewesen aber ist streng arbeitsteilig, aristokratisch und hierarchisch organisiert, und das Gehirn beherrscht und leitet monarchisch den ganzen Körperstaat; daß es in den monarchischen Staatskörpern nur selten dieselbe dominierende Rolle spielt, ist nicht Schuld der Staatsform.

Rousseaus Naturbegriff war aber eben gar kein wissenschaftlicher, sondern ein literarischer. Mit dem Wort »nature« verband er nicht eine aus strenger und ernster Beobachtung der physischen Welt geschöpfte Generalidee, sondern irgend etwas Romantisch-Sentimentales, aus einer schlechten Spieloper oder verlogenen Reisebeschreibung Hängengebliebenes. Man verstand ihn indes in Frankreich nur zu gut. Und bald sollte das Prinzip der Arbeitsteilung so gründlich geleugnet werden, daß man den Kopf Lavoisiers, weil er sich zu einseitig mit Chemie befaßt hatte, unter die Guillotine brachte.

Das nächste größere Werk Rousseaus war sein Roman

Julie ou la nouvelle Héloïse. Auch hier schlug er einen ganz neuen Ton an: In dieser Seelenschilderung tritt zum erstenmal die Liebe des modernen Empfindungsmenschen als wirkliche Leidenschaft auf, als tragische Katastrophe, übermenschliche Fatalität und elementare Naturkraft. Und doch stört auch hier wieder die Berechnung auf den Effekt, der Wille zur Fassade, das Übermaß an Rhetorik; die Marquise du Deffand, die den Scharfsinn und Geschmack eines Diderot mit einem hellseherischen psychologischen Takt verband, wie ihn nur ihr Geschlecht besitzt, und daher als das kritische Genie ihrer Zeit bezeichnet werden kann, sagte von der *Héloïse:* »Es gibt vorzügliche Stellen in dem Buch, aber sie gehen unter in einem Ozean von Geschwätzigkeit.« Kurz darauf folgte der *Contrat social.* In diesem Werk wird die Lehre von der Volkssouveränität mit einer fanatischen Energie und Intransigenz verkündet, wie sie bisher noch nicht vernommen worden war. Die jeweilige Regierung ist nicht durch einen Vertrag eingesetzt, sondern durch einen Auftrag, den sie vom Volk erhalten hat; daher sind ihre Mitglieder nicht die Herren, sondern die Angestellten des Volkes, deren Mandat nur so lange gilt, als es dem Volk gefällt. Von Zeit zu Zeit soll durch eine allgemeine Volksabstimmung entschieden werden, ob die gegenwärtige Regierungsform beizubehalten ist und ob ihre Exekutivorgane weiter mit der Verwaltung betraut werden sollen oder nicht. Das Christentum ist zur Staatsreligion ungeeignet, denn es predigt Demut und Unterwerfung und begünstigt dadurch die Gewaltherrschaft; das souveräne Volk muß daher eine neue Religion bestimmen. Nur die Zahl entscheidet. Bin ich in der Minderheit, so beweist das nur, daß ich mich geirrt habe, indem ich eine Meinung für den allgemeinen Willen hielt, die es nicht war. Wer sich weigert, diesem Kollektivwillen zu gehorchen, muß durch die gesamte Körperschaft zum Gehorsam gezwungen werden, und das heißt nur: Die Körperschaft zwingt ihn, frei zu sein. Da der »Souverän« nichts ist als die Zusammenfassung aller einzelnen, so kann er diesen niemals schaden wollen, denn es ist unmöglich, daß der Körper seinen Gliedern schaden will. Diese hinterlistigen Sophismen sollten einige Jahrzehnte später tatsächlich die Wirklichkeit regieren: Der Souverän erhob sein Haupt und zwang, jedoch ohne ihnen schaden zu wollen, alle, die sich geirrt hatten, mittels des Fallbeils zur Freiheit.

Fast gleichzeitig mit dem *Contrat* erschien der lehrhafte Roman *Emile ou de l'éducation,* dessen schönste Partie die berühmte »Profession de foi du vicaire savoyard« ist: Hier wird, mit deutlicher Polemik gegen Voltaire, die platte Christusauffassung der Aufklärung widerlegt, die im Heiland einen ehrgeizigen Sektierer, bestenfalls einen antiken Weisen von der Art des Sokrates erblickt hatte: »Ist das wohl der Ton, den ein Schwärmer oder ein ruhmbegieriger Sektenstifter anschlägt? Welche Sanftmut! Welche Sittenreinheit! Welche rührende Anmut in seinen Unterweisungen! Welche Erhabenheit in seinen Grundsätzen! Welche tiefe Weisheit in seinen Reden! Welche Geistesgegenwart! Welche Feinheit und Schlagkraft in seinen Antworten! Welche Herrschaft über die Leidenschaften! Wo ist der Mann, wo der Weise, der ohne Schwäche und Ostentation so zu handeln, zu leiden und zu sterben versteht!... Wenn Sokrates in Leben und Tod ein Weiser war, so erkennen wir bei

Christus das Leben und den Tod eines Gottes.« Im übrigen wird im *Emile,* wie wir bereits erwähnten, als Universalmittel gegen alle Schäden der bisherigen Erziehungsmethoden jene vage und vieldeutige Rückkehr zur Natur gepredigt. Das Kind soll alles auf »natürlichem« Wege erlernen, durch Selbstdenken, eigene Anschauung und glücklichen Zufall: eine bestechende Maxime, sehr geeignet für faszinierende Prunkreden, für die Praxis so gut wie wertlos. Mit großer Emphase ermahnt Rousseau die Mütter, ihre Kinder selbst zu stillen, und die Väter, ihre Kinder selbst zu erziehen: Nur wer die Vaterpflichten auf sich nehme, habe das Recht, Vater zu werden. Er hatte damals gerade sein fünftes Kind ins Findelhaus geschickt.

In allen diesen Werken offenbart sich Rousseau weder als Gestalter noch als Denker, sondern nur als genialer Journalist und daneben an gewissen Stellen als suggestiver Lyriker und, was damals in der Literatur vollkommen neu war, als virtuoser Landschafter, wie er denn auch der eigentliche Entdecker der wildromantischen Natur war: »Man weiß schon«, sagt er in den *Confessions,* »was ich unter einer schönen Gegend verstehe. Niemals eine Landschaft der Ebene, mag sie noch so schön sein. Ich verlange Gießbäche, Felsen, Tannen, dunkle Wälder, Berge, rauhe auf und ab führende Pfade und recht fürchterliche Abgründe neben mir.«

Das Grundmotiv seiner ganzen Schriftstellerei ist, Aufsehen zu erregen, um jeden Preis, und alles, was reiner, reicher und gesünder ist, mit allen Mitteln ins Unrecht zu setzen. Dabei ist er zweifellos geistig nicht normal, sondern von drei bis vier fixen Ideen hin und her geschleudert, die er aber im Rausch seiner begeisterten Dialektik zu den glänzendsten Truggeweben auszuspinnen vermag. Die verbissene Humorlosigkeit, die allen Geisteskranken eigentümlich ist, verbindet sich in ihm mit dem dumpfen und schwerfälligen Ernst des Plebejers, der alles eindeutig, alles buchstäblich, alles kompakt nimmt, weil er immer nur unter fordernden und bockbeinigen Realitäten gelebt hat. Daß ein Volk und Zeitalter, dem die Dinge überhaupt erst als geistig existenzberechtigt erschienen, wenn sie mit Witz und Ironie, Anmut und Geschmack, Leichtsinn und Doppelsinn gesagt wurden, nun dem entgegengesetzten Extrem zujubelte, bezeichnete die letzte Stufe der Décadence, die dem ancien régime überhaupt erreichbar war.

Was seinen moralischen Charakter betrifft, so war er so abscheulich, daß es schon aus diesem Grunde ganz unmöglich ist, ihn unter die Genies zu rechnen. Von seinem zweimaligen Glaubenswechsel, der beide Male aus eigennützigen Motiven erfolgte, wollen wir nicht reden; ebensowenig von seinen jugendlichen Diebstählen, obgleich der Umstand, daß er sie auch noch unschuldigen Personen in die Schuhe schob, sie besonders häßlich erscheinen läßt. Bei seinem unbegreiflich niederträchtigen Verhalten gegen Voltaire scheint Verfolgungswahnsinn im Spiele gewesen zu sein. Obgleich dieser ihn jederzeit mit Liebenswürdigkeiten überschüttet hatte, schrieb er ganz plötzlich den offenen Brief *sur les spectacles* an d'Alembert, in dem er Voltaire mit vollendeter Tartuffebosheit bei der Genfer Regierung als Sittenverderber denunzierte, bloß weil er sich in Ferney ein Theater hielt: eine Anklage, die einem Verfasser zugkräftiger Singspiele und schlüpfriger Romane besonders übel anstand. Trotzdem schrieb Voltaire an Rousseau, als dieser aus Frankreich und der Schweiz verbannt war und nirgends ein Asyl fand, einen Brief voll zärtlicher Fürsorge, worin er ihn auf eine seiner Besitzungen zum dauernden Aufenthalt einlud. Rousseau fuhr aber zeitlebens fort, Voltaire mit dem Neid des Schlechtweggekommenen aufs gehässigste zu verunglimpfen. Ähnlich benahm er sich gegen Friedrich den Großen. Als dieser ihm durch seinen Gouverneur in Neufchâtel eine bedeutende Geldsumme, Korn, Wein, Holz und eine Villa anbieten ließ, erklärte er mit der aufrechten Verlogenheit des republikanischen Phrasendreschers, es sei ihm unmöglich, in einem Hause zu schlafen, das eines Königs Hand gebaut habe, und an den König schrieb er: »Sie wollen mir Brot geben; gibt es unter Ihren Untertanen keinen, dem es daran fehlt?« Nachdem er diese alberne und taktlose Patzigmacherei unter Dach gebracht hatte, nahm seine Geliebte alle Geschenke hinter seinem Rücken an. Hume brachte ihn nach England, wo er ihm einen angenehmen Zufluchtsort und eine königliche Pension verschaffte. Die Folge waren wiederum eine Reihe nichtswürdiger Attacken von seiten Rousseaus, auf die Hume mit den treffenden Worten antwortete: »Da Sie der schlimmste Feind Ihrer eigenen Ruhe, Ihres Glückes und Ihrer Ehre sind, so kann ich nicht überrascht sein, daß Sie der meinige geworden sind.« Als Madame d'Epinay, die ihm jahrelang im Walde von Montmorency ein reizendes Gartenhäuschen zur Verfügung gestellt hatte, nach Genf reiste, verbreitete er das schändliche Gerücht, sie tue dies, um in der Schweiz ein heimliches Kind zur Welt zu bringen. Ebenso peinliche Affären hatte er mit Diderot, d'Alembert, Grimm: allemal zuerst der Verdacht einer geheimen Verschwörung und dann Undankbarkeit und Infamie, so daß selbst der sanfte und philosophisch überlegene d'Alembert sich zu der Bemerkung veranlaßt sah: »Jean-Jacques ist eine wilde Bestie, die man nur mit einem Stock und hinter Gitterstäben berühren darf.« Das zusammenfassende Urteil hat Voltaire gesprochen: »Ein Arzt müßte an Jean-Jacques eine Bluttransfusion vornehmen, sein jetziges Blut ist eine Komposition aus Vitriol und Arsenik. Ich halte ihn für einen der unglücklichsten Menschen, weil er einer der bösesten ist.«

Seine widerwärtigste Eigenschaft aber war seine pharisäische Verlogenheit, und wir weigern uns aufs allerentschiedenste, einen Menschen, der sein Leben lang eine so dreiste perfide Komödie gespielt hat, auch nur unter die Künstler zu zählen, es sei denn, daß man sich entschließt, unter dichterischem Talent die Fähigkeit zu besonders geschicktem und unverfrorenem Schwindel zu verstehen. Sein ganzes Dasein war geschmacklose Pose und aufdringliche Heuchelei. Die *Héloïse* beginnt mit der Bemerkung, der Verfasser bedaure es, nicht in einem Jahrhundert zu leben, das ihm gestatte, den Roman ins Feuer zu werfen. Nach dem Lärm, den seine Erstlingsschrift gemacht hatte, erklärte er mit großer Ostentation, die Schriftstellerei zu verachten und fortan als braver, ehrlicher Notenschreiber sein Leben fristen zu wollen: Er wird tatsächlich Notenschreiber, aber weder ein braver, denn seine Kopien sind liederlich und unbrauchbar, noch ein ehrlicher, denn das Ganze ist eine Spiegelfechterei: Er läßt sich seine Arbeiten von neugierigen Snobs überzahlen und weiß ganz genau, daß das Honorar nicht ihnen, sondern der interessanten Tagesberühmtheit gilt, lebt also in Wirklichkeit nur von seinem schriftstellerischen Ruhm, und zwar in der doppelt unanständigen Form der Schnorrerei, die sich als stolze Unabhängigkeit aufspielt. Geschenke nimmt er natürlich niemals: Die empfängt immer nur die gute Therese Levasseur. Er verliebt sich in die Schwägerin seiner Wohltäterin Madame d'Epinay, die Gräfin d'Houdetot, die unglücklich verheiratet ist, aber bereits einen andern liebt, und stellt ihr eindringlich vor, wie unmoralisch dies sei: Tugendhaft ist es offenbar nur, den Gatten mit Rousseau zu betrügen. Wir haben schon erwähnt, daß er alle seine Kinder ins Findelhaus brachte, aber auch das geschah natürlich wiederum nur aus Tugend: Denn, sagt er, als überzeugter Bürger der platonischen Republik habe er seine Kinder als Gemeingut des Staates betrachtet und sich nicht für berechtigt gehalten, sie diesem zu entziehen. Eines Tages beschließt er, als Verächter der erbärmlichen Zivilisation und des ungerechten Luxus die »schlichte« armenische Tracht anzulegen, die aber in Wirklichkeit mit gestickter Jacke, seidenem Kaftan, gefütterter Mütze und buntem Gürtel ein anspruchsvolles lärmendes Theaterkostüm ist, nichts weniger als einfach, sondern viel prächtiger als die Kleidung der anderen. Als ihm Voltaire schreibt: »Sie müssen Ihre Gesundheit bei mir in der Heimatluft wiederherstellen, die Freiheit genießen, mit mir die Milch unserer Kühe trinken und unser Gemüse verzehren«, antwortet er mit einer Affektation, deren abgeschmackter Hochmut bereits ans Läppische grenzt: »Ich würde es vorziehen, statt der Milch Ihrer Kühe das Wasser Ihrer Quelle zu trinken.«

Sein schauspielerisches Meisterstück aber hat Rousseau in

seinen *Selbstbekenntnissen* geleistet. Schon die Einleitungs-
worte schlagen den Ton an, der, aus Dünkel und falscher
Demut, Selbstverherrlichung und wohlberechneter Selbst-
anklage raffiniert gemischt, durch das ganze Buch geht. »Ich
unternehme ein Werk, das seinesgleichen weder gehabt hat
noch haben wird. Meinen Mitmenschen will ich einen Menschen zeigen, ganz in seiner wahren Natur; dieser Mensch
bin ich, ich ganz allein. Ich kenne mein Herz und ich kenne
die Menschen. Ich wage zu glauben, daß ich nicht bin wie
irgendeiner von allen, die existieren. Bin ich nicht ein Besserer als sie, so bin ich wenigstens ein anderer... Ewiger Gott,
ein jeglicher enthülle vor deinem Thron mit gleicher Aufrichtigkeit sein Herz, und dann sage ein einziger von ihnen,
wenn er es kann: Ich war besser als dieser.« Das Programm
des ganzen Unternehmens findet sich in dem Satz: »Mein
ganzes Unglück habe ich nur meinen Tugenden zuzuschrei-
ben ... wer sich nicht für mich begeistert, ist meiner nicht
würdig.« Selbstverständlich beichtet Rousseau nur genau so
viel, als ihm paßt, und auch dieses nur in der Beleuchtung,
die ihm am vorteilhaftesten und zugleich sensationellsten
erscheint. Die vielgerühmte Aufrichtigkeit dieser Konfessionen setzt sich aus faustdicken Lügen, heuchlerischen
Selbstvorwürfen und einigen irreführenden, aber ehrlichen
Autosuggestionen zusammen. Die zahlreichen Stellen, wo
er mit frappierender Offenheit auf seine eigenen Verfehlun-
gen hinweist, fließen teils aus Wichtigtuerei, teils aus der
Erkenntnis, daß man sich in der Welt, und zumal in einer
Welt, die den pikanten Wildgeruch über alles liebt, gerade
durch seine Laster am interessantesten macht und doppelt
interessant, wenn man dazu noch die stets dankbare Rolle

des reuigen Sünders spielt; mit dieser Technik, die sich von der des Kolportageromans nur durch ihr größeres Raffinement unterscheidet, erreicht man alles auf einmal: die Gloriole des Moralhelden, der über sich selbst Gericht hält, und den Faszinationsreiz des verfluchten Kerls, der eine »Vergangenheit« hat.

Das Phänomen Rousseau bezeichnet den Einbruch des durchtriebenen und brutalen Plebejers in die Weltliteratur. Das bisherige Schrifttum des dritten Standes hatte den Ehrgeiz, in die höhere Welt aufzusteigen, die Feinheit, Anmut, Beherrschtheit ihrer Lebensform zu erreichen und womöglich zu überbieten: Aber Rousseau verachtet die »Gesellschaft« oder spielt vielmehr virtuos die Rolle dieses Verächters, er bleibt unten; und das ist seine Originalität und seine Stärke. Seine Ordinärheit ist jedoch nicht einfach Natur, das wäre uninteressant, sondern gesteigerte, gestellte, plakatierte Natur: Er legt die Schminke fingerdick auf und macht dadurch für seine verkünstelte und verspielte Zeit den Effekt erst voyant, schlagend, bühnenfähig. Er macht dem Salon ein Bauerntheater vor, wozu er prädestiniert ist wie kein zweiter; denn er vereinigt in sich die Eigenschaften eines wirklichen Proleten und eines hervorragend begabten Amateurschauspielers: jene Echtheit, die nötig ist, um Glaubwürdigkeit zu erzeugen, und jene Theatralik, die erforderlich ist, um beim Publikum zu gefallen. Man ist entzückt über die Pikanterie, mitten unter Reifröcken und Seidenfräcken einen unrasierten Kerl in Hemdsärmeln zu sehen, der sich in die Hand schneuzt, ins Zimmer spuckt und alle Dinge beim Namen nennt. Daß dies nur eine neue Nuance der Affektation darstellt, bemerkt in einer Zeit, deren einzige Apperzeptionsform die Affektation ist, natürlich niemand.

Während des Menschenalters zwischen 1760 und 1790 herrscht in der Vorstellung aller gebildeten Kreise der von Rousseau erfundene *»bon villageois«*, eine Mischung aus Lesebuchgestalt und Operettenfigur, rechtlich, knorrig, arglos, dem Herrn ergeben, bändergeschmückt und strohhutbedeckt, einfach, heiter und genügsam. Daß der Bauer das Gegenteil von alledem ist: ein hartes und finsteres, gieriges und mißtrauisches Erdtier, das seinen Bau und die darin angesammelten Vorräte eifersüchtig bewacht und mit Krallen und Zähnen verteidigt, wußte man nicht oder hatte man vergessen. Rousseau hatte mit seinem exaltierten Naturkultus die Bedürfnisse jener blasierten Gesellschaft vollkommen erraten. Man hatte alles genossen und alles weggeworfen, als man eines Tages an der Hand Rousseaus die Reize der »Natürlichkeit« und »Einfachheit« entdeckte, wie ein Gourmet, dessen Zunge bereits alle Delikatessen auswendig weiß und satt hat, plötzlich den Wohlgeschmack derben Landbrots und Specks, frischer Milch- und Obstnahrung zu würdigen beginnt.

Man verlangte von nun an im Gartenbild Hütten, Mühlen, Moosbänke, grasendes Vieh, sogar künstlichen Urwald. Man führte Lämmer an seidenen Bändern durch die sanfte Natur. Diese modische Begeisterung für das Landleben wurde sogar die Todesursache Ludwigs des Fünfzehnten. Auf einem Spaziergang, den er mit der Dubarry in der Gegend von Trianon unternahm, bemerkte er eine kleine Kuhhirtin, die für ihre Tiere Gras pflückte und ihm in ihrer ländlichen Unschuld so gefiel, daß er sie zum Souper mitnahm; tags darauf starb sie an den Pocken, und zehn Tage später wurde der König das Opfer derselben Krankheit. Da Rousseau die Mütter ermahnt hatte, ihre Kinder selbst zu säugen, wurde nun das Stillen die große Mode: Man tat es ostentativ in großer Gesellschaft, und die fünfzigste Aufführung des *Figaro* fand auf Veranlassung des reklamekundigen Autors zugunsten armer stillender Mütter statt.

Ferner forderte die Rückkehr zur Natur, daß man stets voll hingebender und gehobener Empfindung sei (denn der Naturmensch ist immer warm, aufopfernd und zartfühlend) und dies vor aller Welt deutlich zur Schau trage: Freundinnen mußten stets Arm in Arm gehen und sich so oft wie möglich küssen; wenn ein Autor ein Stück vorlas, mußte man ihn durch Schluchzen und entzückte Ausrufe unterbrechen und hie und da in Ohnmacht fallen; ja es kam sogar vor, daß Ehepaare sich vor aller Welt umarmten und Geschwister einander duzten. Als die berühmte Schauspielerin Clairon Voltaire in Ferney besuchte, kniete sie vor ihm nieder, worauf ihm nichts übrigblieb als ebenfalls niederzuknien; schließlich unterbrach er die feierliche Szene, indem er sagte: »Und nun, Mademoiselle, wie geht es Ihnen?«

Der Maler des Rousseauismus ist Jean Baptiste Greuze, von Diderot überschwenglich gepriesen, der ihn gegen Boucher ausspielte. Ebenso geschwätzig und theatralisch, aufdringlich und falsch sentimental wie Rousseau, aber liebenswürdiger und temperamentloser, schilderte er die Lieblingsobjekte jener über sich selbst gerührten Philanthropie in zahlreichen Genrebildern: das edle Volk, den braven Landmann, die kinderreiche fürsorgliche Mutter und treue Gattin, das Glück der Familie, den Segen der Frömmigkeit, des Fleißes, der Bedürfnislosigkeit, der Pietät. Aber seine ehrbaren Hausfrauen sind Theatermütter und seine unschuldsvoll entblößten Jungfrauen Exhibitionistinnen; es ist die prickelnde Schlüssellocherotik Fragonards noch einmal, verstärkt durch den Hautgoût der Unberührtheit.

Auch die deutsche »Geniezeit«, die etwa mit den siebziger Jahren einsetzt, geht in wesentlichen Zügen auf Rousseau zurück. Es herrschte, wie Goethe sich rückblickend ausdrückt, »eine Gärung aller Begriffe«. [...]

Honoré de Balzac

Nichts interessiert die Menschen jener Zeit als das Geld, selbst die Malerei schildert mit Vorliebe finanzielle Situationen: Pfändungen, Bankerotte, Spielerszenen, den Hausierer mit seinen Warenballen, und Comte stellt an die Spitze der weltlichen Regierung seines Zukunftsstaats die Bankiers. Das Hohelied und homerische Epos auf die Macht des Geldes aber hat Balzac gesungen. Alles dreht sich bei ihm ums Geld, es ist der Held aller seiner Dichtungen, alle seine Gestalten und er selbst sind von einer wahren Geldsatyriasis erfaßt. Mit magischer Hand hat er den atembeklemmenden Schlagschatten, den dieser böse Riese über die Seelen warf, an die Wand gemalt. Und da der Dichter nichts anderes ist als das Megaphon seiner Zeit, so hat er diese Teufelslehre von seiner einsamen nächtlichen Warte herab verkünden müssen, ja er hat sich sogar gedrängt gefühlt, sie zu leben. Ein Dichter, an Kraft der Menschenschöpfung einem Rembrandt oder Shakespeare nicht unebenbürtig, als Troubadour und Prophet des Geldes: Einen größeren Triumph konnte der Mammonismus nicht erringen.

In fast jedem Kapitel surrt es bei ihm von Zahlen, Chancen, Preisen, Prozenten, von Mitgiften, Erbschaften, Transaktionen, Prozessen, alles ausführlich und sachkundig berechnet. Er selbst beschäftigte sich sein ganzes Leben lang mit allen möglichen phantastischen Unternehmungen, die sämtlich fehlschlugen: einer Ananaszüchterei, einer Buchdruckerei, einer Letterngießerei, Volksausgaben französischer Klassiker, Experimenten für eine neue Papiermasse, der Exploitierung sardinischer Silberminen, der Hebung vergrabener Schätze an der Seine. Er hatte auch die physiologische Konstitution eines Finanzmanns. Schiller hat das Moment der Arbeit in die Dichtkunst eingeführt. Aber während dieser den stillen und fast unbewußten Fleiß eines Bibliothekars oder Brückenbauers besaß, arbeitete Balzac mit der keuchenden verzweifelten Wut eines Großspekulanten, der, Tag für Tag den Konkurs vor Augen, Nacht für Nacht fiebernd über seinen Kassenbüchern brütet; und seine Bücher waren seine Kassenbücher. An seinen Texten feilte er so lange, daß bisweilen keine Silbe von der ersten Niederschrift stehenblieb; seine Korrekturen waren der Schrecken der Setzer, er verlangte fünf, sechs, zehn Abzüge. Er selbst sagte: »Wenn der Künstler sich nicht in den Abgrund stürzt wie Curtius und nicht in diesem Krater arbeitet wie ein verschütteter Bergmann, so begeht er Selbstmord an seinem Talent. Darum winkt der gleiche Preis, der gleiche Lorbeer dem Dichter wie dem Feldherrn.« Er ist kein Priester, wie es der Poet in alten Zeiten war, kein Sekretär des Weltgeists, wie es noch sein Zeitgenosse Goethe ist, kein nachtwandelnder Träumer, der das Geheimnis der Wirklichkeit in hellseherischer Ahnung erfaßt, wie es der Dichter immer sein wird, sondern ein Alchymist, der es durch Zauberformeln zu erlisten, durch Retorten zu erpressen sucht, ein Stratege, der es durch geniale Schachzüge einkreist. Seine Wahrheiten sind nicht Orakelsprüche, die der Gott ihm eingibt (denn er hat keinen mehr), sondern Triumphe der Energie, des Kalküls, der Wissenschaft, der zähen unterirdischen Förderarbeit. Er schrieb sechzehn, ja dreiundzwanzig Stunden im Tage, bei geschlossenen Läden und Kerzenlicht (denn für diesen Poeten ist sein Arbeitszimmer sein Laboratorium) und trank dazu viele Tassen Kaffee wie Voltaire. Aber während für den Rokokohelden der Mokka ein feinschmeckerisches Anregungsmittel ist, das seinen Esprit noch pikanter, beschwingter und durchsichtiger macht, ist es für den Helden des Börsenzeitalters nur ein grausames Aufpeitschungselixier, das aus seinem überlasteten Organismus die letzten Spannkräfte preßt; bei jenem dient er dem spielerischen Selbstgenuß, bei diesem dem dumpfen Industrialismus. Voltaire ist Aristokrat, Balzac Plebejer; aber ebendies macht einen Teil seiner Größe aus. Denn gerade seine plebejischen Eigenschaften: seine massive Vitalität, sein Mangel an Hemmungen, seine durch angeborenes Mißtrauen und Schicksalshärte geschärften Sinne haben ihn dazu befähigt, ein Schilderer des Lebens zu werden, wie man ihn bisher noch nicht erblickt hatte.

In Balzac kocht und raucht das Maschinenzeitalter. Er selbst ist nichts als eine wunderbar gebaute Riesenmaschine, die unermüdlich dampft, stampft, mahlt und aus Materie Materie macht. Der Genius ist zum Perpetuum mobile geworden! Balzacs gigantische Fabrik walzt Menschen, in allen Größen und Qualitäten, pausenlos und massenhaft, und speit sie auf den Markt; er ist Leiter eines »Menschenwerks«. Seine Produkte sind imposant, aber deprimierend und nicht gänzlich überzeugend, wie alle »Wunderwerke der Technik«; sie sind nicht Ebenbilder Gottes, sondern

Konkurrenten der Natur. Romantiker (allerdings nur im französischen Sinne) ist Balzac gleichwohl durch seine halb zum Alpdruck, halb zur Karikatur steigernde Visionskunst: Hierin erweist er sich als das genaue Pendant zu Daumier.

Balzac wollte nicht Romancier sein, sondern Historiker, ja eigentlich Naturhistoriker. Im Vorwort seiner *Comédie humaine,* die in fast dreitausend Personen und über hundert Romanen das ganze Leben der Zeit umfaßt: *la vie privée, la vie parisienne, la vie de province, la vie de campagne, la vie militaire, la vie politique* (wozu noch die *études philosophiques* und *études analytiques* kommen), sagt Balzac, er wolle für die menschliche Gesellschaft vollbringen, was Buffon für das Tierreich tat: »Soldaten, Arbeiter, Advokaten, Gelehrte, Staatsmänner, Kaufleute, Seefahrer, Dichter, Bettler, Priester unterscheiden sich genauso wie Wölfe, Löwen, Raben, Haifische, Lämmer.« Er hätte auch seinen Zeitgenossen Comte nennen können, dem in seiner Soziologie ebenfalls so etwas wie eine vergleichende Naturgeschichte der menschlichen Gesellschaft, die Feststellung ihrer Typen und Gesetze vorschwebte. Der Plan war unzweifelhaft grandios und ist auch im Rahmen der menschlichen Unvollkommenheit bewundernswert zur Durchführung gelangt. Daß er aber überhaupt gefaßt werden konnte, hat seine Wurzel in dem doppelten Rationalismus, der Balzac sowohl als Franzosen wie als Menschen des neunzehnten Jahrhunderts kennzeichnet: in der Überzeugung, daß es ein System gebe, worin die Wirklichkeit restlos aufgehe, daß das Leben ein Problem der Mechanik und der Permutationsrechnung sei. Ein andermal verglich Balzac sich mit Napoleon, indem er auf dessen Statuette, die in seinem Zimmer stand, die Worte schrieb: »Was er mit dem Degen nicht durchführen konnte, werde ich mit der Feder vollbringen. Honoré de Balzac.« Und das war richtig prophezeit. Er hat Europa unterjocht: Von der Seine bis zur Wolga gehorchte es seiner Zauberfeder. Mit dem Degen konnte das niemals gelingen. Seine Welt war zuerst in der Phantasie da; erst später wurde sie wirklich. Das vermochte sie nur zu werden, weil sie schon von allem Anfang an wirklicher war als die wirkliche. Eines Tages, Balzac arbeitete gerade an *Eugénie Grandet,* erzählte ihm Jules Sandeau, der eben von einer Reise zurückgekehrt war, allerhand Neuigkeiten; Balzac hörte ihm eine Zeitlang zu, und dann sagte er: »Das ist ja alles interessant, mein Lieber, aber kehren wir zur Wirklichkeit zurück, sprechen wir von Eugénie.« [...]

Gustave Flaubert

Seine dichterische Methode war die impressionistische: die kunstvolle Komposition der zahllosen, mit größter Sehschärfe und Farbenempfindlichkeit aufgefaßten *»petits faits significatifs«*. Es war dieselbe, die Flaubert handhabte. Dieser kommt eigentlich noch von der Romantik her: Sein kosmisches Grundgefühl ist das *»désenchantement de la vie«*, nur zum Atheismus der alleinigen Anbetung der petits faits gefroren. Sein finsteres Grundthema ist die menschliche Dummheit und sein Œuvre ein riesiges Glossarium, Herbarium, Bestiarium, eine umfassende Morphologie, Biologie, Ökologie aller irdischen Beschränktheiten: Sein letztes, fragmentarisch gebliebenes Werk sollte sogar in systematischer Form ausschließlich davon handeln. Er ist aber eben darin auch wieder der äußerste Gegenpol der Romantik: indem er nämlich auf jede Stilisierung, Verklärung, Appretur der Wirklichkeit, auf alle bunten Gläser verzichtet und den Menschen in seiner Winzigkeit, Kleinlichkeit, Gewöhnlichkeit, ja Verächtlichkeit zeigt; seine Helden sind keine Helden mehr. Er schildert seine Welt mit derselben wissenschaftlichen Gründlichkeit und Kälte wie ein Entomologe einen Ameisenhaufen oder Bienenkorb: Es gibt bei ihm keine einzige subjektive Zeile. Er hat es selbst gesagt: »Der Autor muß in seinem Werk sein wie Gott im Weltall: überall gegenwärtig und nirgends sichtbar.« Aber gleicht der

Dichter nicht auch darin Gott, daß er in seinen Geschöpfen lebt wie der Vater im Kinde? Zweifellos; und auch bei Flaubert verhielt es sich nicht anders. Die unerhörte Neuheit seiner szientifisch unsentimentalen Betrachtungsweise hat seine Zeitgenossen und ihn selbst darüber getäuscht, daß auch in ihm, wie in jedem Künstler, die verstehende Liebe das schöpferische Prinzip war. Seine zarte Poetenseele ist in den funkelnden Eispalästen seiner Werke eingeschlossen wie das Insekt im glänzenden Bernstein, der Mumienweizen im Königsgrab, die Larve im Gletscherschnee. Seine Gemälde vermögen sowenig objektiv zu sein wie irgendeines vor oder nach ihnen, sie besitzen nur die relative Objektivität, die die reine Deskription im Verhältnis zum hineinredenden Lyrismus hat. Nietzsche sagte von ihm: »Er hat das klingende und bunte Französisch auf die Höhe gebracht«, womit er, wenn auch mit polemischer Spitze, das eminent Malerische und Musikalische als Grundqualität seines poetischen Vermögens hervorhob. Seine Prosa ist mit einer bis dahin beispiellosen Feinheit und Fülle instrumentiert; er ist der erste große Freilichtmaler in der europäischen Literatur. Er sagt zum Beispiel: »Die taubengraue Seide des Schirms beleuchtete sonnendurchschimmert mit huschendem Flimmern die weiße Haut ihres Gesichts: Sie lächelte darunter in der lauen Wärme, und man hörte die Wassertropfen, einen um den andern, auf den gespannten Stoff fallen« oder: »In der Allee erhellte grünes Licht, vom Laubwerk gedämpft, das rosige Moos, das leise unter ihren Schritten krachte. Die Sonne senkte sich; der Himmel flammte zwischen den Zweigen, und die gleichragenden Stämme der Bäume, in gerader Linie gepflanzt, sahen aus wie braune Säulen über einem Goldgrund.« Sein Idol, vor dem er Tag und Nacht opferte, war die »*impeccabilité*« der Prosa; er schrieb täglich ein paar Blätter, oft nur ein paar Sätze, an denen er immer von neuem schweißte und ziselierte: einmal hatte er viele Stunden lang an einer einzigen Seite gearbeitet und wollte sich vor dem Einschlafen an ihr ergötzen, fand sie aber schlecht, sprang aus dem Bett und verbrachte die ganze Nacht im bloßen Hemd und in der Winterkälte mit ihrer Umstilisierung. Unermüdlich quälte er sich in freiwilliger Klausur, ein Mönch der Literatur, wie Faguet ihn genannt hat, machte Vorarbeiten wie ein Spezialgelehrter, auch zu Gegenwartsstoffen, Forschungsreisen, um das Lokal zu studieren, durchstöberte Witzblätter, Gerichtsakten, Stiche, Modejournale, Waschzettel, Adreßbücher, Straßenpläne. Das Feilen und Wiederfeilen genügte ihm nicht: schien ihm ein Stück annähernd »impekkabel«, so las er es sich laut vor, um die sinnliche Klangwirkung zu prüfen. Zweifellos übertrieb er die artistische Finesse: Den Wechsel im Ausdruck beobachtete er so streng, daß kein Wort zweimal auf derselben Seite, keine Silbe zweimal in demselben Satze vorkommen durfte; seine rigorose Harmonik und Dynamik führte nicht selten zu einer Art Lautornamentik und Wortmusivik, deren gläserne Pracht byzantinisch wirkt. Es war in ihm dieselbe Arbeitswut wie in Balzac, aber aristokratisch getönt, in Selbstzweck, Sport und Liebhabertum sublimiert: Er verhält sich zu dem genialen Plebejer wie ein gleitendes Luxusautomobil zu einem keuchenden Dampfpflug. Es ist der bereits hervorgehobene Unterschied zwischen der Gesellschaft des Julikönigtums und des second empire.

Sein erstes Werk, *Madame Bovary*, die Biographie einer Provinzlerin, die aus Unbefriedigung am Dasein zur Ehebrecherin wird, 1857 erschienen, trug ihm eine Anklage wegen Unzüchtigkeit ein, obgleich es eigentlich in seiner versteckten Moralistik sehr kleinbürgerlich ist. Die Empörung, die es erregte, läßt sich nur aus der Neuheit seiner Optik erklären. Hierin und hierin allein bestand Flauberts »Unsittlichkeit«. Jeder fundamental neue Weltaspekt wirkt »zersetzend«, zersplittert kompakte Solidaritäten, zerreißt eingelebte Zusammenhänge. Spätere Zeitalter, die ihn nicht mehr nötig haben, pflegen den Dichter der Vergangenheit sehr zu schätzen, lassen ihn in der Schule lernen und versuchen die lebenden Dichter mit ihm totzuschlagen; aber seine Zeitgenossen, die einzigen Menschen, die ihn brauchen, nennen ihn zersetzend. Das ist er auch in der Tat: wie jedes Ferment. Seine scharfen Fragen dringen in die Lücken und Risse des geistigen Bodens, auf dem die »Jetztzeit« behaglich wohnt, lockern ihn auf, verwittern ihn, spalten ihn auseinander. Man kann in jederlei Sinn sagen: Der Dichter ist das Salz der Zeit.

Manet malte einen Bund Spargel. Sogleich erhob sich eine Springflut von Beschimpfungen, Drohungen, Verwünschungen. Geben wir zu, daß es ein ganz miserabler Spargel war. Aber sind die Explosionen von Haß, Wut und Verachtung, die er hervorrief, damit erklärt? Welches der heiligsten Güter der Menschheit ist dadurch verletzt, daß einer nicht imstande ist, Gemüse zu malen? Ibsens Stücke waren zum Teil verboten, obgleich sie nicht einmal »kraß« sind, die Paralyse in den *Gespenstern* etwa ausgenommen. Aber was ist das gegen die Brutalitäten bei Schiller, Dante,

Shakespeare? Es zeigt sich hier die geheimnisvolle Wirkung, die das Werk des Genies auf jedermann ausübt: Die einen zieht es an, die anderen stößt es ab, aber beide mit der gleichen magischen Kraft. Auch die Philister waren fasziniert, sie fühlten instinktiv, daß hier die Entwicklung einen neuen gewaltigen Anstoß bekommen habe, aber sie spürten nur den Stoß und taumelten betäubt und erbittert zurück. Wären die impressionistischen Bilder wirklich nur rohe und häßliche Farbenhaufen gewesen, wie sie behaupteten, so hätten sie sie einfach übersehen, statt mit Regenschirmen darauf loszugehen, und wäre Ibsen ein Revolutionär vom Schlage Sudermanns gewesen, so hätte er sich alles erlauben dürfen und wäre von ihnen ebenso augenblicklich bejubelt worden wie dieser. Nach der Pariser Premiere des *Volksfeind* saßen Francisque Sarcey, der damalige Pariser Literaturpapst, und Jules Lemaître im Kaffeehaus. Plötzlich sagte Sarcey: »Jawohl, ich finde diesen Ibsen lächerlich und talentlos, und Sie halten mich deshalb für ein altes Rindvieh. Sie werden diesen Titel erst nach meinem Tode erlangen.« Damit hatte der gute alte Sarcey etwas Richtigeres gesagt, als er vielleicht ahnte. Das »alte Rindvieh« ist nämlich die unvermeidliche Position des sogenannten führenden Kritikers und des von ihm geführten Publikums zum Neuen. Und der Dichter ist wahrscheinlich schon geboren, dem gegenüber wir alle uns als eine Herde altes Rindvieh entpuppen werden.

Noch größeres Befremden als seine erste Erzählung erregte 1862 Flauberts großer historischer Roman *Salammbô*, der zur Zeit des karthagischen Söldnerkriegs spielt. Im Grunde ist hier die gleiche Methode angewendet wie in

Madame Bovary: die »*exactitude documentaire*«, nur daß sie bei einem so exotischen Stoff mehr auffällt. Andere betrachteten die Historie unter dem Aspekt des Gegenwartsmenschen, Flaubert erblickte sogar die Gegenwart mit den Augen des Historikers: als peinlich genauer Chronist, Rekonstrukteur vergessener Zusammenhänge, Wiederentdecker verschütteter Lebensquellen, entlegener Daseinsformen, vergrabener Seelenkuriosa. In seinem dritten Roman, der *Éducation sentimentale* vom Jahre 1869, der Geschichte einer langjährigen uneingestandenen Liebe, deren Anfang in die vierziger Jahre verlegt ist, brachte er sogar das Kunststück zuwege, die leisen Wandlungen, denen die Umgangssprache in Modeausdrücken und Vulgarismen, Wortdynamik und Affektbetonung, ihrer »Stimmlage« sozusagen, innerhalb einer einzigen Generation unterworfen ist, mit einer Delikatesse festzuhalten, die manchmal bis an die Grenze der Pedanterie geht. Auch in »Salammbô« wird die Sehschärfe bisweilen zur Mikroskopie und die Schaubühne zum Museum. Das Äußerste an analytischer und pittoresker Psychologie aber leistete er in seiner *Tentation de Saint-Antoine,* die 1874 erschien. Es ist eigentlich ein ungeheures Monodrama: die Visionen des Heiligen Antonius während einer Nacht. Es ist falsch, daß er, was eines solchen reinen Gestalters gänzlich unwürdig gewesen wäre, darin das Fiasko der Religion symbolisieren wollte. Flaubert ist Atheist; aber er sagt es nicht. Ihn interessiert nur die Beschreibung des »Falls«, der Psychose. Alle erdenklichen versuchenden Gesichte ziehen an dem durch Hunger, Vigilien und Selbstquälerei überreizten Anachoreten vorüber: Wollust, Grausamkeit, Schwelgerei, Herrschsucht, sämtliche

Formen des Unglaubens: Zweifel an der Bibel, Häresie, Vielgötterei, Pantheismus. Schließlich ruft eine der Erscheinungen: »Mein Reich ist so groß wie die Welt, und meine Begierde hat keine Grenzen. Ich gehe immer fort, Geister befreiend und Welten wägend, ohne Furcht, ohne Mitleid, ohne Liebe, ohne Gott. Man nennt mich die Wissenschaft.« Aber der Teufel weiß etwas noch Schlimmeres zu sagen: »Wer weiß, ob nicht die Welt bloß ein ewiger Strom von Dingen und Geschehnissen, der Schein das einzig Wahre, die Illusion die einzige Wirklichkeit ist!« Endlich ist die Nacht zu Ende. Der Tag steigt herauf, und zwischen goldenen Wolken erscheint die Sonnenscheibe. Sie trägt das Antlitz Christi. Der Eremit bekreuzigt sich und kehrt zu seinem unterbrochenen Gebet zurück.

Flaubert starb 1880, von fast niemandem betrauert. Manche betrachteten ihn als einen Narren, manche als einen Schulmeister, manche als einen Schädling, alle aber, was in Frankreich das Todesurteil bedeutet, als langweilig.

Ralph Waldo Emerson

In Emersons Lebenslauf war nichts von dem, was die Franzosen *la vie à grande vitesse* nennen. Nie betrat er die Bühne der großen Welt, nie war er in Kriegsabenteuer, politische Aktionen, spannende Liebesgeschichten, interessante psychologische Konflikte verwickelt. Sein Leben hatte gar nichts Romanhaftes und Romantisches. Selbst wenn es erlaubt wäre, von der Wahrheit der Tatsachen abzuweichen und seine Lebensgeschichte phantastisch auszuschmücken, müßte die beweglichste und reichste Einbildungskraft an einer solchen Aufgabe versagen. Denn die Grundeigenschaft, die Emerson als Mensch wie als Schriftsteller in gleichem Maße kennzeichnete, war eine ungeheure Selbstverständlichkeit, zu der alle aufregenden, auffallenden und überraschenden Züge nicht passen wollen.

Nur wenigen Menschen kann man die Ehre erweisen, daß man sie mit einer Pflanze, einem Kristall oder einem Bergstrom vergleicht. In der Entwicklung fast aller Menschen sind Sprünge, Risse, unorganische Beimengungen, Gewolltheiten. Statt ihre natürlichen Lebensbedingungen begierig aufzusuchen, streben sie danach, sie willkürlich zu verändern. In Emersons Biographie finden wir nichts von alledem. Sein Leben floß mit der einfachen und ausgeglichenen Richtkraft eines Stromes dahin, der sich selbst sein Bett gräbt und durch die natürlichen Fallgesetze seinen Lauf bestimmt.

Ralph Waldo Emerson wurde am 25. Mai 1803 in Boston geboren. Sein Vater William Emerson war dort Prediger an der »Ersten Kirche«; seine Mutter hieß Ruth und war eine geborene Haskins. Fast alle Emersons sind Prediger gewesen, und obgleich Emerson schon sehr früh einen gewissen Abscheu gegen allen theologischen und kirchlichen Formalismus faßte, so ist ihm doch sein ganzes Leben hindurch ein gewisser pastoraler Grundzug treu geblieben, nämlich das leidenschaftliche Bedürfnis, sich allen Klassen der Gesellschaft durch Rede und Schrift einleuchtend mitzuteilen und auf weite Kreise belehrend und fördernd einzuwirken.

Die Gaben, die Emerson später eine so glänzende und eindrucksvolle Wirksamkeit ermöglichten, waren im Vater bereits vorgebildet, der nicht nur als Redner berühmt war, sondern auch als Verfasser einer Geschichte seiner Kirche, als Herausgeber einer Sammlung von Kirchenliedern und als Verleger der Zeitschrift *Monthly Anthology* eine geachtete schriftstellerische Tätigkeit entwickelte. Er war von heiterem und geselligem Naturell, hatte für die literarischen und künstlerischen Fragen der Zeit ein lebhaftes und verständnisvolles Interesse und stellte sich in seinen theologischen Überzeugungen gegen die calvinistische Reaktion auf die Seite der freidenkerischen Partei, indem er den Schwerpunkt der christlichen Lehre von der Dogmatik in die Ethik verlegte.

Pastor William Emerson starb im Mai 1811. Die Witwe wäre mit ihren fünf Jungen, deren ältester zehn Jahre alt war, der Not ausgesetzt gewesen, wenn die Kirche nicht das volle Gehalt sechs Monate weitergezahlt und sich außerdem für die nächsten sieben Jahre zu einer Rente von 500 Dollar verpflichtet hätte. Immerhin war die finanzielle Lage der Familie ziemlich ungünstig, und Mrs. Emerson mußte eine Pension aufmachen.

Ralph Waldo besuchte schon mit drei Jahren den Kindergarten und lernte lesen. Dann kam er in die Elementarschule des Mr. Lawson Lyon, zog es jedoch häufig vor, die Schulzeit auf der Gemeindewiese zu verbringen. Im Jahre 1813 trat er in die lateinische Schule ein, wo er seine Vorbereitung zur Universität empfing. Neben der Mutter war damals Tante Mary Moody Emerson die wichtigste Person im Hause, eine echt amerikanische Figur, voll Schrullen und Querköpfigkeiten, aber von ausgezeichneter Geistes- und Charakterbildung. Sie scheint bei aller persönlicher Güte ein ziemlich strenges Regiment geführt zu haben, denn sie hielt bei den Kindern mehr auf die Beschäftigung mit Büchern als auf die Spiele im Freien. In der Tat erwarben sich auch die Jungen sehr früh eine große Belesenheit. Die moralischen Grundsätze, die sie den Knaben einschärfte, hatten einen puritanisch-stoischen Zug und übten eine große Wirkung auf Emerson, der noch in späten Jahren Tante Marys Lieblingswahlspruch: »Tut stets das, wovor ihr euch fürchtet« zu zitieren pflegte.

In der lateinischen Schule fing Emerson bereits an zu dichten, aber nicht besonders gut. Dagegen kam er im Lernen gut vorwärts, nur in der Mathematik nicht. Gegen Ende des Jahres 1814 machte sich die Geldnot in der Familie besonders drückend fühlbar, und Dr. Ezra Ripley lud die notleidenden Freunde in sein Haus in Concord. Concord (in Massachusetts, Middlesex) hat in der Familiengeschichte der Emersons immer eine große Rolle gespielt, und es sollte auch für Emerson selbst bedeutsam werden. Eine gewisse historische Berühmtheit hat der Ort dadurch erlangt, daß seine Einwohner am 19. April 1775 den Engländern den ersten bewaffneten Widerstand leisteten und hierdurch das Signal zum nordamerikanischen Befreiungskrieg gaben. Unter den Aufständischen befand sich auch Emersons Großvater, der in Concord Prediger war: Er machte den Feldzug als Geistlicher mit und starb als ein Opfer des Krieges an der Malaria.

Vorläufig blieb Emerson jedoch nur ein halbes Jahr in Concord, wo er die Schule besuchte und wieder fleißig dichtete und deklamierte. Die weiten Maisfelder, die alten Eichen und Birken und der wilde Fluß waren für ihn neue und anziehende Dinge und weckten in ihm jenen tiefen und warmen Natursinn, der ihn sein ganzes ferneres Leben hindurch bei allen seinen Gedanken und Handlungen leiten sollte.

Im Sommer 1815 kehrte er nach Boston zurück, wo er sich weiter auf die Universität vorbereitete. Die Kosten des Haushaltes mußten durch Nachhilfestunden, Stipendien und Preisarbeiten aufgebracht werden. Im Jahre 1817 bezog er die Harvard-Universität, neben seinen Studien fortwährend mit allerlei schriftstellerischen Übungen: Tagebüchern, Aufsätzen, Gedichten und Vorträgen beschäftigt. 1821 bestand er das erste Examen mit mäßigem Erfolg.

Inzwischen hatte der um zwei Jahre ältere Bruder William in Boston eine »finishing-school« für junge Damen eröffnet und berief Ralph Waldo zur Mitarbeiterschaft. Emerson leistete dem Ruf bereitwillig Folge und oblag vier Jahre lang einem Beruf, zu dem er weder Neigung noch Fähigkeiten besaß. Zu seiner angeborenen Schüchternheit, die sich dem weiblichen Geschlecht gegenüber noch in erhöhtem Maße geltend machte, kam das natürliche Bewußtsein, daß er selbst noch ein Lernender sei. So gab er denn im Jahre 1825 den Unterricht endgültig auf, nachdem William schon ein Jahr vorher nach Göttingen gegangen war, um Theologie zu studieren.

In das Jahr 1825 fällt auch die erste Lektüre Montaignes. Emerson las die *Essays* zunächst in Cottons Übersetzung und fühlte sich aufs nachhaltigste ergriffen. In der Tat hat kaum ein zweiter Schriftsteller – selbst Plato nicht – einen so dauernden Einfluß auf Emersons Denk- und Ausdrucksweise genommen wie Montaigne. Die lockere Form der Darstellung, die zwanglos die verschiedenartigsten Gedanken aneinanderreiht, die derbe, bildkräftige Sprache, die Lebendigkeit und Wirklichkeitstreue der Schilderung, die unerschütterliche Wahrheitsliebe, der leidenschaftliche Drang, durch den Schleier der oberflächlichen Alltagsmeinungen und kritiklosen Überlieferungen an den wahren Kern aller Lebensverhältnisse zu dringen – dies alles sind schriftstellerische Charakterzüge, die Emerson und Montaigne in gleichem Maße eigen sind. So konnte denn auch Emerson nach vollendeter Lektüre sagen: »Es war mir, als hätte ich selbst in irgendeiner Präexistenz dieses Buch geschrieben.« Damals war es auch, daß er zum erstenmal den Gedanken der *Ausgleichung,* der sich durch alle seine Werke zieht, mit voller Deutlichkeit erfaßte.

Er machte nun einen theologischen Kurs durch und hielt in Waltham seine erste Predigt. Dann ging er nach Chelmsford, wo er akademische Vorträge hielt. Indes zeigte sich schon damals, daß seine zarte Gesundheit den Anstrengungen des vielen und andauernden Redens nicht gewachsen war. Im Herbst 1826 wurde er als Prediger approbiert, mußte aber wegen eines Lungenleidens nach dem Süden gehen. Als er sich nach seiner Rückkehr noch nicht völlig hergestellt fühlte, beschloß er, sich Schonung aufzuerlegen, mietete sich ein Zimmer in Divinity-Hall und lebte dort länger als ein Jahr nur seinen Studien. Er las Hume und Coleridge, vertiefte sich in die Schriften Swedenborgs und lernte aus englischen Zeitschriften die Aufsätze Thomas Carlyles kennen, die sein höchstes Interesse erweckten. Ende 1827 verlobte er sich mit Ellen Tucker, und fast gleichzeitig erhielt er einen Ruf an die »Zweite Kirche« in Boston. Die Trauung fand im Herbst 1829 statt, aber schon nach anderthalbjähriger Ehe starb Ellen an der Auszehrung.

Doch auch seine Amtstätigkeit sollte seine Ehe nicht lange überdauern. Obgleich er zu seiner Gemeinde sehr bald in eine sehr herzliche und vertraute Beziehung trat, so meldeten sich doch ebenso schnell ernste innere Konflikte, die ihm die regelmäßige Ausübung des Predigerberufes unmöglich machten. Zunächst empfand er die Aufgabe des pflichtmäßigen Betens, die immer von neuem an ihn herantrat, als widersinnig und unnatürlich. Sodann aber machten sich auch ernste Bedenken gegen die kirchlichen Formen geltend, in die der Gottesdienst eingekleidet war. Emerson fand, daß es nicht am Platze sei, an gewissen rein historischen Vorstellungen und Gebräuchen festzuhalten, die dem Menschen der Gegenwart nichts zu sagen haben. Er machte daher seiner Gemeinde den Vorschlag, vom Gebrauch von Brot und Wein abzusehen und sich lediglich an die symbolische Bedeutung dieser Handlung zu halten. Viele von den

Gemeindemitgliedern waren bereit, diese Reform anzunehmen, während die Konservativeren diesem Vorschlag einen sehr natürlichen Widerstand entgegensetzten. Die Kirchenbehörde verbot denn auch die Einführung der Neuerung, und nachdem Emerson seine Pflichten und Bedenken noch einmal ernstlich in Erwägung gezogen hatte, legte er sein Amt nieder. Er setzte sich mit seinen Vorgesetzten und seinen Pfarrkindern ohne allen Groll auseinander und schied in größter Eintracht. Laute Skandalszenen waren niemals im Stil Emersons: Es lag ihm immer nur daran, bestimmte geistige und sittliche Wahrheiten zu finden und nach ihnen zu leben; die Reklame des Revolutionärs oder Märtyrers schien ihm nie erstrebenswert.

Für sein Ausscheiden aus dem Amte mögen jedoch noch tiefere Beweggründe maßgebend gewesen sein. Einer so durchaus introspektiven, ganz auf sich selbst gestellten Natur wie Emerson konnte keine bürgerliche Berufstätigkeit auf die Dauer genügen; alle äußeren Handlungen konnten für ihn nichts anderes sein als ebenso viele Ablenkungen von seinen wahren Aufgaben. Nach allerlei Fehlgriffen und mißglückten Versuchen hatte er nun endlich erkannt, was sein wahrer Beruf sei: daß er dazu bestimmt sei, als ein klarer und aufrichtiger Beobachter durch die Natur und die Menschen zu gehen und in freier Muße seine Ergebnisse aufzuzeichnen. Und von diesem Augenblick an hat er nie mehr etwas getan, wozu er nicht ein tiefinnerliches Bedürfnis fühlte, obschon er niemals auf das Recht verzichtet hat, seine Beobachtungen den Menschen in Büchern und Vorträgen öffentlich mitzuteilen.

Da sein Gesundheitszustand wieder etwas bedenklicher

wurde, unternahm er zunächst eine Reise nach Europa. Er sah Sizilien, Neapel, Rom, Florenz. Aber die alten Bilder und Paläste hatten ihm nicht viel zu sagen; er wußte, daß die Mission seines Lebens nicht die Bewunderung alter, sondern die Verkündigung neuer Dinge sei, und ganz unbefriedigt ging er durch die römischen Ruinen. Er begab sich nach England, und dort hatte er das einzige Reiseerlebnis, das ihm tief ging: Er machte die Bekanntschaft Carlyles, die der Anfang einer langen und ungetrübten Freundschaft sein sollte. Obgleich die beiden Männer sich in ihrem Leben nur sehr selten sehen konnten und hauptsächlich auf den Briefverkehr beschränkt waren, so bestand doch von allem Anfang an zwischen ihnen eine tiefbegründete Wahlverwandtschaft, die auch ihre künstlerischen und wissenschaftlichen Überzeugungen durchdrang und für jedermann klar ist, der Carlyles *On Hero-worship* mit Emersons *Representative Men* vergleicht. Indes hat es sich hier weniger um eine Beeinflussung des einen durch den andern als um eine wirkliche innere Solidarität gehandelt.

Schließlich war aber Emerson doch froh, als er seinen Fuß wieder auf amerikanischen Boden setzen konnte. Er blieb zunächst einige Zeit in Boston, wo er mit einigen hervorragenden Quäkern in Beziehung trat, deren Verkehr nicht ohne Einfluß auf ihn blieb. Ein gewisser Zug zum Puritanismus war Emerson durch Geburt, Neigung und Erziehung stets eigen.

Ende 1834 zog er mit seiner Mutter nach Concord, wo er sich ein Haus und einen Garten kaufte. Auch die gute Tante Mary war wieder da, und in Lydia Jackson fand er eine Lebensgefährtin. In Concord, dem Städtchen, das vor zweihundert Jahren von seinen Vorfahren gegründet worden war, blieb er den ganzen Rest seines Lebens, und hier hat er sein Lebenswerk begonnen und vollendet. Von nun an verlief sein Dasein noch stiller und unauffälliger als bisher. Er hatte den archimedischen Punkt gefunden, von dem aus er die Welt in Bewegung setzen konnte, und er brauchte nun bloß noch die Muße, den Frieden eigenen Nachdenkens und den Verkehr mit einfachen Menschen und der Natur. Beides fand er in Concord in reichem Maße. Die einsamen Spaziergänge im Walde gaben ihm frische Kraft und Anregung: Seine Gedanken sind alle »Kinder des Waldes«, wie er selbst sie genannt hat. Am liebsten sprach er mit Fuhrleuten und Handwerkern, denn er erkannte die verborgene Weisheit, die in den Reden solcher Menschen liegt. Seine Beobachtungen schrieb er in Tagebücher, die er mit Inhaltsverzeichnissen versah und für seine Reden und Essays verwandte. Daneben war er eifrig in seinem Garten tätig, aber mit weit geringerer Geschicklichkeit.

An den politischen und wirtschaftlichen Kämpfen Amerikas hat er sich bis zu einem gewissen Grade beteiligt. Er trat entschieden für den Freihandel ein, und in dem hartnäckigen Kampf, den die Nordstaaten gegen das Sklavereisystem der Südstaaten führten, stellte er sich natürlich auf die Seite der Abolitionisten. Er schrieb auch eine Abhandlung *The Emancipation of the Negroes in the British West Indies* und hielt eine Rede auf den Tod des Präsidenten Lincoln. Aber im Grunde fühlte er doch, daß seine Lebensaufgabe auf einem anderen Felde liege und daß er andere Sklaven zu befreien habe, nämlich »gefangene Geister und gefangene Gedanken«.

Sein Aufenthalt in Concord wurde nur durch alljährliche ziemlich anstrengende Vortragsreisen und zwei Reisen nach Europa unterbrochen. Die erste dieser beiden Europareisen machte er 1848 nach England, wo er Vorlesungen über *The mind and manners of the nineteenth century* hielt; die zweite fiel in den Winter 1872/73. Im vorhergegangenen Juli brannte nachts plötzlich sein Haus nieder. Seine Freunde rieten ihm, zur Wiederherstellung seiner durch die nächtlichen Löscharbeiten angegriffenen Gesundheit nach Italien und Ägypten zu reisen: der wahre Grund war, daß sie während seiner Abwesenheit das Haus heimlich wiederaufbauen wollten. Er sah auf dieser Reise zum letzten Mal seinen alten Freund Carlyle, der sich jedoch in recht gedrückter und trübseliger Stimmung befand. Als er mit seiner Tochter Ellen, die ihn begleitet hatte, nach Concord zurückkam, läuteten alle Glocken, und die ganze Stadt war auf dem Bahnhof versammelt. [...]

1867 wurde Emerson zum Inspektor der Harvard-Universität ernannt, 1875 wurde er Mitglied der französischen Akademie. Bis 1880 hielt er immer noch einige Wintervorträge, und noch im April 1882 wohnte er dem Leichenbegängnis Longfellows bei. Wenige Tage später stellte sich wieder die alte Lungenentzündung ein. Er legte sich zu Bett, blieb aber heiter und geistig frisch. Am Nachmittag des 27. April stellten sich einige Schmerzen ein, die sein Sohn Edward Waldo, der ihn behandelte, durch Äthereinspritzungen linderte. Gegen Abend schlief er ein und starb kurz darauf völlig ruhig und schmerzlos.

Diese kurzen Umrisse geben uns die wichtigsten äußeren Tatsachen, die Emersons Lebensgang aufzuweisen hat. Seine wahre Lebensgeschichte ist jedoch nicht in diesen belanglosen und dürftigen Daten, sondern in seinen Tagebüchern, den unerschöpflichen Magazinen, aus denen er für sich und andere Belehrung, Trost und Anregung holte. [...]

Eine kritische Würdigung der vielseitigen philosophischen Wirksamkeit Emersons können wir uns an diesem Orte ersparen [...]. Es wäre auch ein zweckloser Versuch, wenn man ihm Anhänger gewinnen wollte, denn wer nicht aus jeder Zeile, die er geschrieben hat, den Ton der bezwingenden Güte und leidenschaftlichen Aufrichtigkeit spürt, für den hat Emerson nicht geschrieben. Emerson wirkt wie eine Naturerscheinung. Wie ein Stück Erde, ein Baum oder eine Landschaft, bedarf er weder der Erklärung noch des Lobes. Zur Freude an der Natur kann man niemand überreden, zur Freude an Emerson auch nicht.

Seine Gedanken sind heute für uns jung, denn sie kommen aus einem Weltteil, der sich rascher und unter anderen Bedingungen entwickelt hat als der unsrige. Aber sie werden auch in späteren Zeiten niemals altern und den Zeitgeschmack überdauern, denn Emerson schöpft aus zwei Quellen, die immer frisch bleiben: aus der Natur und aus seinem Herzen. Daher hat er allen Menschen und allen Zeiten etwas zu sagen, und er hat sowenig mit der Mode etwas zu schaffen wie die übrigen seltenen Männer seiner Art, die von Zeit zu Zeit erscheinen, um das Wort Vauvenargues' zu bewahrheiten: »Les grandes pensées viennent du cœur.«

Wilhelm Busch

Wie der deutsche Bürger in der zweiten Hälfte des neunzehnten Jahrhunderts ausgesehen hat, werden spätere Zeiten nur von einem Meister zuverlässig erfahren, der auf seine Weise auch eine Art »Gesamtkunstwerk« geschaffen hat: von Wilhelm Busch. Über ihn ist aber schwer etwas zu sagen. Ludwig Speidel bemerkt einmal über den Schauspieler Fichtner: »Sonst ist der Tadel die Handhabe, an der man auch das im Grunde Vortreffliche zu ergreifen pflegt; Fichtner aber, als eine durchaus abgerundete Erscheinung, ist so schwer zu fassen wie eine Kugel. Das Einfachste wäre, ihn in Bausch und Bogen zu bewundern, sich in Superlativen zu ergehen und die Ausrufungszeichen nicht zu sparen.« Ebenso verhält es sich mit Busch. Er ist die personifizierte Vollkommenheit; und man kann das eigentlich bloß konstatieren.

Nachdem sein Œuvre jahrzehntelang als ein harmloses Kasperltheater gegolten hat, gut genug für die Kinderstube und den Nachmittagskaffee, ist es neuerdings Mode geworden, ihn als dämonischen Pessimisten und Nihilisten aufzufassen. Beides ist gleich irrig. Die unvergleichliche, undefinierbare Wirkung, die von Wilhelm Busch ausgeht, beruht einfach darauf, daß er niemals selber etwas macht, sondern das Leben machen läßt. Wirklichen Humor hat nämlich nur das Leben, und das einzige, was die Humoristen tun können, besteht darin, daß sie diesen Humor abschreiben. Das tun sie aber fast niemals, sondern sie denken sich allerlei verzwickte Situationen und Konflikte aus, die bar jeder echten Lustigkeit sind. Sie erreichen damit nur eine imitierte, konstruierte, zusammengeklebte Lustigkeit, die nichts Lebendiges und Überzeugendes hat, eine Panoptikumlustigkeit. Nehmen wir zum Beispiel jene Dichtung Buschs, die vermutlich seine allerbeste ist, obgleich sie verhältnismäßig am wenigsten bekannt ist: den Zyklus *Die Haarbeutel.* Busch schildert darin eine Reihe von typischen Formen der Betrunkenheit; es sind geradezu klassische Studien, bis ins kleinste Detail lebensechte Kopien der Wirklichkeit. Busch setzt nichts hinzu und nimmt nichts weg, er schreibt einfach ab, welche Komplikationen sich ereignen, wenn der Mensch betrunken ist. Er läßt den Humor des Lebens in sich einströmen, ohne etwas aus seinem eigenen Ich dazuzutun; denn das wäre nur eine Abschwächung. Er sitzt da und wartet, ob das Leben sich entschließen will, lustig zu sein: Geschieht dies, so trägt er diese Lustigkeit einfach ein.

Andrerseits gibt es eine ganze Reihe von typischen Redewendungen und Situationen, über die jeder, auch der Gebildetste und Feinfühligste, unwillkürlich lachen muß, ohne daß er damit im geringsten zu erkennen geben will, daß er diese Dinge für humoristisch oder gar für geschmackvoll hält. Wenn jemand sich neben den Stuhl auf den Boden setzt, so ist das zweifellos zum Lachen; noch lächerlicher wird die Wirkung, wenn ihm bei dieser Gelegenheit die Hose platzt. Gibt ein Mensch einem anderen eine kräftige Ohrfeige, so ist das unleugbar köstlich erheiternd; und wie erst, wenn es der falsche war! Wer auf der Bühne böhmisch, jüdisch, sächsisch radebricht, kann sicher sein, daß ihn, was er auch immer sage, wiehernde Fröhlichkeit begleiten wird. Aber mit Ausnahme der allerordinärsten Theaterbesucher findet das heute kein Mensch auf der ganzen Welt mehr im entferntesten komisch. Die Sache läßt sich vielleicht durch Atavismus erklären. Unsere rohen Vorfahren haben über diese Dinge wirklich ehrlich gelacht, und unser Zwerchfell hat sich nun diese Erschütterungsanlässe gemerkt. Da es sich hier aber gewissermaßen um ein peripherisches, ein vegetatives Lachen handelt, das unserer Willkür ebenso entzogen ist wie unsere Verdauungstätigkeit, so fühlen wir uns nachher tief beschämt und verärgert. Man wird daher beobachten können, daß bei derlei Albernheiten zwar sehr viel gelacht, aber sehr wenig geklatscht zu werden pflegt.

Wie bei allen großen Künstlern ist man auch bei Busch in Verlegenheit, wohin man ihn eigentlich rangieren soll. Ist das Primäre seiner Kunst die eminente zeichnerische Begabung, die eine ganz neue Technik der Karikaturistik geschaffen hat, nach der höchsten Kunstregel: *»le minimum d'effort et le maximum d'effet«*? Mit sechs Bleistiftstrichen umreißt er einen ganzen Lebenstypus, eine ganze Gesellschaftssphäre, ein ganzes Menschenschicksal. Ein gleichschenkliges Dreieck als Mund drückt mit der Spitze nach unten freudiges Entzücken aus, mit der Spitze nach oben herzliches Bedauern, ein schräges Linienpaar über den Augen ernsteste Bedenken, ein Punkt in der Mitte des Antlitzes bitteren Seelenschmerz. Oder war auch bei ihm im Anfang jene unbegreifliche Fähigkeit, der Sprache durch die allereinfachsten und allernatürlichsten Satzbildungen die ungeahntesten Wirkungen zu entlocken?; wie etwa in dem schlichten Referat: »Heut bleibt der Herr mal wieder lang. Still wartet sein Amöblemang. Da kommt er endlich ange- stoppelt. Die Möbel haben sich verdoppelt.« Die höchste Meisterschaft der Lautbehandlung zeigt er unter anderem auch in der Erfindung der Namen. Bisher hatte man die Komik auf diesem Gebiet in Begriffsassoziationen gesucht, was aber bloß witzig ist. So verfährt selbst noch Nestroy, wenn er zum Beispiel einen Wirt Pantsch oder einen Dieb Graps nennt. Buschs Namen hingegen sind gefühlsdeskrip- tiv, onomatopoetisch, sie malen nicht mit Anspielungen, sondern mit Klängen, wie dies der große Lyriker und das kleine Kind tut. Ein milder salbungsvoller Rektor heißt De- bisch, ein barscher plattfüßiger Förster Knarrtje, ein graus- licher alter Eremit Krökel, ein dicker Veterinärpraktikant Sutitt, ein flotter Kavalier Herr von Gnatzel. Schon bei dem einfachen Namen Nolte steigt die ganze muffige und doch anheimelnde Hinterwelt eines kleinen deutschen Land- nestes auf.

Man wird Busch vielleicht noch am ehesten gerecht wer- den, wenn man ihn einen großen Philosophen nennt. Sein frommer naturnaher Panpsychismus erinnert an Andersen. In der Beseelung aller Wesen und Dinge erreicht er das Äu- ßerste. Gibt es eine rührendere und intimere Tierbiographie als *Hans Huckebein* oder *Fips der Affe*? Neben ihnen schrumpft der dicke Brehm zum dürren Nachschlagewerk zusammen. In dem Gedicht *Die ängstliche Nacht,* dessen Anfangsverse soeben zitiert wurden, bildet das Mobiliar eine förmliche organisierte Gegenpartei, und zwar eine an- archistische: Kleiderhaken, Wanduhr und Stiefelknecht be- finden sich in voller Revolution; der unparteiische Bericht über den Kampf mit diesen boshaften hinterlistigen Geschöpfen verursacht Herzklopfen. Zudem besitzen Buschs Porträts, wie gesagt, auch einen außerordentlichen kulturhistorischen Wert. Da steht er vor uns, der deutsche Philister, mit seinen Konventionen und Schrullen, seinen täglichen Wünschen und Meinungen, seiner Art zu gehen, zu stehen, zu essen, zu trinken, zu lieben, zu leben und zu sterben. Karikiert, und merkwürdigerweise: doch nicht im geringsten verzerrt, ein Gesamtbild, an dem die verstehende Güte ebenso mitgearbeitet hat wie die scharfe Kritik. Denn der Künstler kann nicht polemisieren, befeinden, er ist ein Verklärer und Rechtfertiger des Daseins, und wenn die Menschen und Dinge durch sein Herz hindurchgegangen sind, so kommen sie schöner wieder ans Tageslicht, als sie jemals vorher gewesen sind. Goethe war nur dadurch imstande, aus seinem Leben ein so vollendetes Kunstwerk zu machen, weil er es immer als berechtigt anerkannte, in allen seinen Bildungen: Deshalb vermocht er es zu beherrschen. Shakespeare konnte nur darum die menschlichen Leidenschaften so faszinierend gestalten, weil er sie alle gelten ließ. Hätte er sich pharisäisch und hochnäsig über einen Falstaff gestellt und ihn als einen Auswurf der Menschheit betrachtet, so hätte er ihn niemals schildern können. Aber er hat ihn geliebt, in allen seinen Infamien, Hohlheiten und Verkommenheiten, und so wurde dieser miserable Kerl ein Liebling der ganzen Menschheit. Und er hat seinen Macbeth geliebt, seinen Jago, seinen Richard Gloster, alle diese schwarzen Schurken waren ein Stück von seinem Herzen. Franz Moor dagegen wird an allen Ecken und Enden zur Psychose, wir glauben nicht recht an ihn. Und warum? Weil sein Erzeuger selbst nicht recht an ihn glaubte, weil er ihn nicht genug liebhatte. Haßt der Zoologe den Maulwurf? Nein, das überläßt er dem Gartenknecht. Busch macht sich über den deutschen Bürger ununterbrochen lustig. Aber man hat alle diese Menschen gern: den Tobias Knopp, den Vetter Franz, den Balduin Bählamm, den Pater Filucius sogar. Das Gegenstück ist die Konzeption des goethischen Mephisto. Mephistos Ironie ist die echt satanische Ironie, die in der Bosheit ihre Wurzel hat, und darum kann sie auch nicht lachen machen; denn die Bosheit ist das Ernsteste und Traurigste, was es auf der Welt gibt. Und darum muß Mephisto immer wieder unterliegen, er ist zu ewiger Sterilität verurteilt. Denn der Haß ist niemals produktiv, sondern immer nur die Liebe.

Peter Altenberg
Zu seinem fünfzigsten Geburtstag

D er Versuch, Peter Altenberg zu registrieren, wird immer mißlingen. Bisweilen möchte man glauben, er sei ein Lyriker; aber seine Dichtungen sind dennoch unendlich viel mehr als bloße Stimmungsbilder und Augenblicksimpressionen. Manche nennen ihn ganz einfach einen Novellisten; aber dann müßte man den Begriff der Novelle umdenken, denn mit dem, was man so für gewöhnlich darunter versteht, decken sich Peter Altenbergs kleine Skizzen und Porträts durchaus nicht. Die ihn am tiefsten verstehen, werden ihn einen Philosophen nennen, aber sie denken dabei gewiß nicht an den konventionellen Philosophentypus. Ja selbst ob man ihn einen Schriftsteller nennen dürfte, ist zweifelhaft, denn er betreibt die Schriftstellerei durchaus nicht als eine Kunst, nach bestimmten ästhetischen und technischen Regeln, sondern man könnte weit eher sagen, daß er ganz mechanisch arbeitet, gleich dem Schreibhebel eines telegraphischen Apparats, der einfach niederschreibt, was ein geheimnisvoller elektrischer Strom ihm zuträgt. Er ist kein Lyriker, kein Epiker und kein Philosoph, er ist ein Dichter; ein Dichter, und sonst nichts.

Ein echter Dichter ist deshalb so schwer in irgendeine Gruppe zu rangieren, weil das Dichten keine bestimmte Kunstfertigkeit ist, sondern eine rein menschliche Betätigung. Man könnte ebensogut das Wort »Seher« anwenden, in seiner doppelten Bedeutung. Ein Dichter ist ein Seher, ein Seher gegenwärtiger und zukünftiger Dinge. Dies ist seine ganze Tätigkeit. Er geht durch das Leben und betrachtet. Er erblickt Dinge, die vor ihm noch niemand gesehen hat, aber kaum hat er sie erblickt, so können auf einmal auch alle anderen sie sehen: Diese Gesichte sind plötzlich in das Reich der Wirklichkeit getreten. Darum sollte man auch keinen essentiellen Unterschied machen zwischen einem Dichter und irgendeinem andern Naturforscher, denn beide tun ganz dasselbe: Sie entdecken neue Wirklichkeiten, die bisher verborgen waren, neue Kräfte und deren Verbindungsmöglichkeiten, und es ist im Grunde einerlei, ob es neue chemische oder neue seelische Affinitäten sind, die ein solcher Naturforscher ans Licht bringt.

Ein solcher Dichter ist Peter Altenberg, und darum kann man nicht weiter sagen, ob er in diese oder jene Kunstgattung rangiert, denn dies sind Fragen der Form, und die Form kommt hier ebensowenig in Betracht, wie etwa das Format einer photographischen Platte für die Schärfe und Richtigkeit des Lichtbilds.

Weil aber Peter Altenberg ein Dichter ist, darum mußte er auch das Schicksal des Dichters haben: nämlich völlig mißverstanden zu werden. Über seine Gesamtpersönlichkeit sind die abenteuerlichsten Vermutungen im Umlauf. Die »Literaten« (die sogar behaupten, ihn zu verehren) sehen in ihm einen »genießerischen Ästheten«, während er doch im Gegenteil ein Natürlichkeits- und Naturfanatiker ist wie wenige seiner Zeit; die Philister erblicken in ihm den Gipfelpunkt der »Moderne« (was bekanntlich bei einem

Philister die furchtbarste Beschimpfung ist) und nennen ihn einen geistreichen Paradoxenjäger und Aphorismenjongleur, ohne zu ahnen, daß sie es mit einem leidenschaftlich herumirrenden Wahrheitssucher zu tun haben; und das dicke Gros des Publikums schließlich weiß von ihm nichts anderes zu sagen, als daß er den Typus des genialischen Großstadtbohemiens darstellt, obgleich er in Wahrheit eine reformatorische Persönlichkeit von fast religiösem Charakter ist.

Die Schwierigkeit des Verständnisses beginnt allerdings schon bei der Form. Wer Peter Altenbergs Skizzen zum ersten Male liest, der wird eine ähnliche Impression haben wie einer, der zu spät zu einem öffentlichen Vortrag kommt und nun, in eine entlegene Ecke des weiten überfüllten Saales gedrückt, mit großer Anstrengung dem Redner zu folgen versucht. Anfangs vernimmt er nur undeutliche, abgerissene Worte und Sätze, bis er endlich, an die Akustik des Saales und das Organ des Redners gewöhnt, aus den einzelnen Bruchstücken einen Sinn zu bilden vermag. Aber über einen gewissen Atomismus wird es der Leser Peter Altenbergs zunächst nicht hinausbringen. Er wird glauben, in eine phantastische und fragmentarische Märchenwelt versetzt zu sein, in der alles viel freier und unverantwortlicher zugeht, losgelöst vom Gesetz der logischen und psychologischen Gesetzmäßigkeit, und er wird zu dem Schlußresultat kommen, daß hier ein Dichter gearbeitet habe, der zwar viel tiefe Menschenkenntnis und Beobachtungsgabe besitze, dem es aber nicht gegeben sei, die Dinge in ihren Zusammenhängen zu überblicken: ein Dichter gleichsam mit einem sehr kurzen Gedächtnis, der bei der zehnten Zeile schon völlig vergessen hat, was er in der dritten Zeile gesagt hat; ein poetischer Pointillist, der persönliche Impressionen hat, aber keine persönliche Welt; ein Zeichner, der Linien und Ornamente entwirft, aber keine Bilder.

Viele geben sich nicht die Mühe, über diesen ersten irrtümlichen Eindruck hinauszukommen. Er ist irrtümlich, weil das, was beim ersten Anblick den Eindruck von Zusammenhangslosigkeit, ja Gedankenflucht macht, nichts andres ist als außerordentliche Knappheit und Schnelligkeit des Denkens, die soundso viele Zwischenglieder überspringt, weil sie vom Leser eine zu gute Meinung hat.

Das ist das eminent Moderne an Peter Altenbergs Dichtungen. Nur im Zeitalter der Telegraphie, der Blitzzüge und der Automobildroschken konnte ein solcher Dichter erstehen, dessen leidenschaftlichster Wunsch es ist, immer nur das Allernötigste zu sagen. Für nichts hat ja unsre Zeit weniger Sinn als für jenes idyllische Ausruhen und epische Verweilen bei den Gegenständen, das früher gerade für poetisch galt, und nichts ist ihr verhaßter als Langsamkeit und Breite. Wir lassen uns nicht mehr behaglich über den Dingen nieder. Unsre gesamte Zivilisation steht unter dem Grundsatze: Le minimum d'effort et le maximum d'effet! Schon in der Schule beginnt heutzutage die »Erziehung zum Extrakt«. Wir empfangen Extrakte von Philologie, Extrakte von Weltgeschichte, Extrakte von Naturkunde: niemals die Wissenschaft selbst, immer nur den Extrakt. Die Photographie entwirft uns kondensierte Miniaturbilder der Welt. Wir reisen nicht mehr ausführlich in der Postkutsche, sondern im Schnellzug und empfangen hastige Schnellbilder der Gegenden, die wir passieren. Und ganz typisch ist es auch, daß die Postkarte unsern heutigen schriftlichen Verkehr beherrscht: Sie vertritt den modernen Gedanken, daß für fast jede Mitteilung ein Oktavblatt ein genügend großer Raum ist. Und das Buch für den modernen Menschen darf daher nicht etwas Zeitraubendes sein, sondern es muß Zeit ersparen. Bücher sind für Menschen da, die wenig Zeit haben. Wer viel Zeit hat, ist so glücklich, sich all das selbst langsam erwerben zu dürfen, was ihm ein wertvolles Buch in wenigen Stunden gibt. Bücher sind Surrogate für Erlebnisse, Notbehelfe für Menschen, die keine Zeit haben. Daher ist Knappheit und Kürze die erste Forderung, die das moderne Buch erfüllen muß, aber nicht die dürftige oder die aphoristische Kürze, sondern die gehaltvolle, gedrängte Kürze, die gerade dem gedankenreichsten Schriftsteller ein stetes Bedürfnis ist.

Dies ist das Grundprinzip Peter Altenbergs. Er schreibt »Telegrammstil«. Es kommt ihm niemals darauf an, etwas möglichst schön zu sagen, sondern es möglichst präzis und kurz zu sagen. Er will überhaupt nicht die Schönheit, sondern die Wahrheit, denn er ist überzeugt, daß die Wahrheit immer auch die Schönheit enthält. Bezeichnend für sein leidenschaftliches Bestreben nach Kürze sind seine »Fünfminutenszenen«, eine Reihe von ganz kurzen dramatischen Skizzen. Es sind aber gar keine Fünfminutenszenen, sondern sie dauern höchstens zwei oder drei Minuten. Sie fixieren irgendeinen dramatischen Moment und überlassen das andre dem Leser. Es gelangt einen Augenblick lang Licht auf irgendeine gefährliche Situation der Seele, irgendeine fragwürdige Verwicklung, einen mysteriösen Konflikt, und dann fällt der Vorhang. Diesen Versuchen liegt der treffende Gedanke zugrunde, daß das Leben eben nur minutenlang dramatisch ist und daß der dramatischste Dramatiker daher nur Minutenstücke schreiben dürfe, und fernerhin abermals die für den Leser so ehrende Annahme, daß es genüge, einen Impuls, eine Anregung zu geben, und daß sich jeder schon selber den Rest an Exposition, Aufbau, Nachgeschichte aus eigenem Phantasiekapital dazudichten könne. Man wird dabei an ein vorzügliches Wort erinnert, das Abbé Brotier in seiner Ausgabe des La Rochefoucauld sagt und das Lichtenberg einmal zitiert: »Corneille, La Fontaine et La Rochefoucauld ont pensé et nous pensons avec eux, et nous ne cessons de penser, et tous les jours ils nous fournissent des pensées nouvelles; que nous lisons Racine, Neuville, Voltaire, ils ont beaucoup pensé, mais ils nous laissent peu à penser après eux.« Dies ist vielleicht überhaupt der Hauptunterschied, der dem Schriftsteller seinen Rang anweist und entscheidet, ob er ein bloßer Talentmann oder ob er eine geniale Naturkraft ist: Die einen denken bloß selber, aber die andern bringen auch die übrige Welt zum Selbstdenken.

Neben seiner Kürze ist Peter Altenberg auch durch seinen Impressionismus einer der charakteristischsten Vertreter seiner Zeit. Er ist der prägnanteste und subtilste Ausdruck dessen, was man mit dem sehr verrufenen Wort »Fin de siècle« bezeichnet hat. Er ist der Typus jener »Décadence« vom Ende des vorigen Jahrhunderts, die ziemlich kurzlebig war und in ihm allein heute noch fortlebt. Er überlebte sie, denn er hatte wohl dekadente Nerven, und er mußte sie haben, denn was sind schließlich dekadente Nerven andres als höchstimpressionable Nerven? Aber er hatte kein dekadentes Herz. Er übernahm von dieser ganzen Richtung nur den Feminismus, aber der Feminismus war bei ihm nicht Schwäche, sondern Stärke, nämlich eine erhöhte und bisher unerreichte Fähigkeit, sich in das Seelenleben der Frau zu versetzen. Hierin ist er eine vollkommen einzigartige literarhistorische Spezialität. Es hat nie vorher einen Dichter gegeben, der ihm hierin auch nur nahe gekommen wäre. Er ist der erste wirkliche Psycholog jener mysteriösen Geschöpfe, die unser Leben ununterbrochen begleiten und bestimmen und die uns dennoch stets fremd und unfaßbar bleiben. Die anderen stellten sich zur Frau als mehr oder minder glückliche Deuter, aber Peter Altenberg ist kein Deuter der Frau, er erlebt die Frau in sich selbst in der vollkommensten Weise, und wenn er die Frau schildert, so liest er gar nicht in einer fremden Seele, sondern in seiner eigenen. Er verhält sich zu allen bisherigen Frauenpsychologen wie der wissenschaftliche Naturforscher zum mythologischen Erklärer der Natur. Dieser steht unter dem Bann des Anthropomorphismus: Er kann die Natur nie begreifen, denn er erklärt sie nicht von ihr aus, sondern von sich aus. Ebenso standen alle bisherigen Frauenpsychologen unter dem Bann des »Andromorphismus«: Sie sahen die Frau vom Mann aus. Infolgedessen ist Peter Altenberg ein absolutes Novum. Er besitzt die Vorstellungs- und Gefühlswelt der Frau, verarbeitet sie aber mit der überlegenen Intelligenz des Mannes. Er besitzt, um es bildlich auszudrücken, ein Gehirn, das der Materie nach weiblich und der Struktur nach männlich ist.

Seine psychologische Methode ist die chemische. Er prüft

jedes psychologische Phänomen an gewissen Reagenzien und versucht so langsam und schrittweise den Charakter jeder seelischen Erscheinung zu bestimmen. Er geht immer ins Detail, aber er verliert sich nie darin. Seine Kunst, durch irgendein apartes Adjektiv plötzlich einen Menschen, eine Landschaft, ein Zimmer ganz plastisch vor den Leser hinzustellen, ist außerordentlich. Bisweilen verfällt er in ein überheiztes, sich überstürzendes, knatterndes Pathos, das aber ganz neu ist: Er hat für lärmende Prunkreden eine ganz neue Tapisserie erfunden; er macht eine Art Pathos, zu dem sich das frühere Dichterpathos etwa verhält wie Posaunenstöße zu dem Lärm einer ungeheuren Dynamomaschine. Er geht dabei ganz skrupellos vor. Er behandelt die Sprache, als ob sie nie vorher von anderen gehandhabt worden wäre und er der erste wäre, der sie als dichterisches Instrument in die Hand bekommt.

Dieses: seine neue Extraktform, seine unerreichte Minutiosität der Schilderung, seine Frauenpsychologie und sein seltsames Maschinenpathos sind die schriftstellerischen Hauptverdienste Peter Altenbergs. Wir müssen jedoch noch weiter gehen. Wir müssen in ihm nicht nur den Schöpfer einer eigenen Kunstform erblicken, sondern auch den Schöpfer eines neuen künstlerischen Programms.

Die künstlerische Entdeckung, die Peter Altenberg gemacht hat, ist ebenso originell als einfach; sie ist so einfach, daß viele sich weigern werden, sie für originell zu halten. Aber gerade diese Verbindung von Originalität und Selbstverständlichkeit macht das Wesen jeder wirklich wertvollen Erkenntnis aus. Bloß originell sein ist nämlich gar keine Kunst: Man braucht sich nur um Vernunft und Wahrheit nicht zu kümmern, und man ist schon originell. Die geniale Originalität besteht jedoch darin, daß man neue Gesetze und Beziehungen entdeckt, die zwar bisher unbekannt waren, aber dennoch die natürlichsten von der Welt sind, denn sie waren ja stets vorhanden. Kaum sind sie entdeckt, so sagt jeder: »Das habe ich längst gewußt.« Dieses »ich habe es längst gewußt«, das der Philister an jede Neuheit anhängt, die das Unglück hat, auch zugleich wahr zu sein, ist geradezu der Prüfstein für ihre Lebensfähigkeit.

Die höchst einfache künstlerische Erkenntnis Peter Altenbergs ist nun diese: daß das Leben das einzige wirklich märchenhafte Märchen ist und daß wirkliche Poesie und Phantasie nur in der Realität zu finden sind. Darum hat er auch seine letzte Skizzensammlung *Märchen des Lebens* genannt, aber er hat niemals etwas anderes geschrieben als Märchen des Lebens, und man könnte seine übrigen Bücher ebenso betiteln. Er ist, um es in einer kurzen Formel zu sagen, der erste naturalistische Romantiker.

Seit es Kunst und Künstler gibt, haben diese beiden Richtungen: Romantik und Naturalismus immer miteinander gekämpft, sich bisweilen in der Herrschaft ablösend, aber doch immer gleichzeitig vorhanden – als Ober- und Überströmung. (Den sogenannten »Klassizismus« können wir der Übersichtlichkeit halber aus dem Spiele lassen, denn er ist ja im Grunde nichts anderes als eine stilisierte Romantik.)

Indes: Poesie und Romantik sind gewissermaßen Wechselbegriffe, und jeder Dichter wird als Romantiker geboren; und gerade der Naturalismus hat uns ja gezeigt, daß eine rein naturalistische Kunst schon theoretisch eine Unmöglichkeit ist. Nun aber sind Natur und Romantik ebenfalls

Wechselbegriffe, und in der Einigung dieser Trinität: Kunst, Natur, Romantik liegt Peter Altenbergs neues künstlerisches Programm.

Nämlich: Wir nähern uns der Poesie genau in dem Maße, in dem wir uns der Natur nähern, und wir nähern uns der Romantik genau in dem Maße, in dem wir uns dem Leben nähern. Dies ist die Erkenntnis des romantischen Naturalismus. Die Romantiker alten Schlages waren mit der gegebenen Welt unzufrieden, denn sie schien ihnen nichts Poetisches zu enthalten. Darum bevölkerten sie sie mit allerlei Wesen und Ereignissen, die es nicht gibt. Der orthodoxe Naturalist dagegen brachte das Leben genau so, wie es ist, oder vielmehr scheinbar ist: Er dichtete gleichsam mit der Lupe in der Hand. Aber das Leben ist für den naturalistischen oder, wie man ihn eigentlich nennen müßte, für den materialistischen Dichter nur zur Hälfte vorhanden, denn es ist voll von Wundern und Geheimnissen. Der »Naturalist« bringt das Leben, aber er unterschlägt das Märchen, das im Leben steckt. Der »Romantiker« dagegen bringt zwar das Märchen, aber auf Kosten des Lebens. Daher kann man sagen, daß beide, Naturalismus und Romantik, zwei gleich unwahre Kunstrichtungen waren.

Der romantische Naturalist nun hebt diese beiden Gegensätze auf, indem er sie vereinigt. Für ihn ist die Welt weder ein fiktiver Zauberwald noch ein poesieloses Zellenagglomerat, sondern er zeigt, daß jener ausstudierte Apparat von Rittern, Elfen, Zauberern und Drachen im Leben wirklich vorhanden ist, nur viel phantastischer, mysteriöser und poesievoller. Er zeigt, daß jene alten sogenannten »Romantiker«, die literarischen Romantiker, armselige Dilettanten waren, und zwar gerade in der Romantik; er zeigt, daß wir das alltägliche Leben des einfachsten Menschen nur ein einziges Mal so anzusehen brauchen, wie es sich wirklich abspielt, um plötzlich zu erkennen, daß jene erdichteten Märchen nichts sind als kindische, phantasiearme Geschichten, blasse und schwächliche Kopien jener wunderbaren, viel unwahrscheinlichern Märchen, die sich in jeder Minute überall ereignen. Die falschen Romantiker glauben die Wirklichkeit zu übertrumpfen und bleiben in Wahrheit weit hinter der Wirklichkeit zurück. Das Leben der menschlichen Seele ist das tiefste und wunderbarste Märchen. Die Hexen, Elfen, Zauberer und Drachen sind ja wirklich da, nur inkognito. Dornröschen ist angeblich ein Phantasiegebilde. Aber es schläft ja wirklich, vielleicht schon im nächsten Nachbarhause, und der Prinz fährt eben um die Ecke. Und Melusine existiert, aber vielleicht als Verkäuferin in einer Konditorei, und die Loreley existiert und der Zauberer Merlin, sie alle sind vorhanden: Man muß sie nur zu finden wissen. Dazu ist eben der Dichter da.

In früherer Zeit freilich, da war ein Dichter ein sonderbares Geschöpf: Er trug eine braune Sammetjoppe, ein blonder Vollbart umrahmte seine durchgeistigten Züge – und dann setzte er sich an den Schreibtisch und »dichtete«, das heißt: Er kombinierte allerlei mögliche und unmögliche Dinge, erfand Situationen und Konflikte und dachte sich eine Menge von Angelegenheiten aus, die nur in seinem Kopfe zusammengekommen waren. Aber der Dichter der Zukunft, der Dichter nach Peter Altenbergs Rezept, »dichtet« gar nicht, er dichtet sogar viel weniger als alle übrigen Menschen – aber gerade das macht ihn zum Dichter.

Peter Altenberg knüpft unmittelbar an die romantische Schule an, aber er macht den großen Schritt des Naturalisten über sie hinaus. Er lebt vollkommen im romantischen Ideen- und Vorstellungskreis: Seine Frauenverehrung, sein entwicklungstheoretischer Idealismus, sein künstlerischer Aristokratismus, sein Eklektizismus, das sind alles romantische Elemente. Aber während jene ihre Ideale vom Himmel herabholten und nur hier und dort halb widerstrebend die Erde streiften, läßt Peter Altenberg seinen romantischen Idealismus aus der brutalen, nackten Wirklichkeit hervorwachsen. Man könnte ihn daher einen »induktiven Romantiker« nennen. Die alten Romantiker suchten die blaue Blume und fanden sie nicht, was ganz natürlich war, denn sie existierte nur in ihrem Gehirn. Aber Peter Altenberg, der Neuromantiker, hat sie gefunden: Für ihn ist nämlich jede Kornblume eine romantische »blaue Blume« und jedes natürlichste, trivialste Erlebnis des Alltags das poetischste, phantastischste Märchen.

Dies sind die großen künstlerischen Entwicklungsmöglichkeiten, die in Peter Altenbergs Büchern stecken. Das Wort »Märchen des Lebens« wird einmal eine große Dichterparole werden wie seinerzeit jene »Blaue Blume«. Ein einsamer verschneiter Baum, von einem Künstler photographiert, wird vielleicht einmal mehr gelten als das wunderbarste gemalte Stilleben. Der Wunschzettel eines kleinen Jungen vor Weihnachten, die trockene Gerichtssaalnotiz einer Tageszeitung, der sachliche Bericht eines Gelehrten über beobachtete Naturwunder, das dumme Tagebuch eines Backfisches, der unorthographische Brief eines Dienstmädchens: diese und ähnliche Dinge, von einem Dichter festgehalten, werden vielleicht einmal als die einzigen echten Dichtungen gelten. Und wenn jemand einwenden sollte, daß nach dieser Auffassung die Dichter ja ganz überflüssig wären, denn alle diese Dinge seien ja schon da, so ist ihm zu erwidern: Im Gegenteil! Die Dichter werden nötiger und wichtiger sein als zuvor, nämlich als Entdecker dieser Dinge, für die nur sie Augen, Ohren und Nerven haben. Aber als Entdecker, nicht als Erfinder. Das armselige »Erfinden« werden sie den Hysterischen, den Blaustrümpfen und den Köchinnen überlassen.

IV.

Sokrates der Idiot

Das Weltbild des Euripides

Im allgemeinen lehrt uns die Geschichte im großen, was uns das tägliche Leben im kleinen lehrt: daß es nämlich für die Menschen sehr schwer ist, einander zu verstehen, weil jedes Individuum nichts anderes ist als die Verneinung aller übrigen Individuen. Daß Individualität Sünde ist, lehren daher nicht nur mehr oder minder deutlich alle bedeutenden Religionssysteme, sondern diese Erkenntnis geht hinunter bis in unsere modernen Staats- und Wirtschaftstheorien. Und daß jeder einzelne eine irrationale Größe ist, das zeigt uns das praktische Leben jeden Tag. Diese kompromittierende Tatsache sucht nun jedermann möglichst zu kaschieren, und den meisten gelingt es auch: Nur ein paar Menschen, die man nach ihrem Tode »Genies« zu nennen pflegt, sind zu unpraktisch oder zu stolz dazu.

Indes auf die Dauer läßt sich diese Wahrheit doch nicht verbergen. Sie kommt heraus, wenn ein geschichtliches Zeitalter abgeschlossen ist. Dann zeigt es sich, daß es aus lauter Individuen bestanden hat und daß es irrational war. Wir verstehen es nicht mehr. Ein alter Grieche oder Römer, ein Inder, ein Phönizier, das ist für uns geradeso, wie wenn man sagte: ein Marsbewohner oder der pithecanthropus alalus. Wenn wir nämlich ehrlich sind. Was können wir zum Beispiel von Erscheinungen aussagen, wie es die Eleusinischen Mysterien, das Orakel von Delphi, die Spiele von

Olympia waren? Sie sind für uns Prüfungsfragen im Abiturium und nichts weiter. Und gar die Menschen: ein Alkibiades, ein Diogenes, ein Lysander sind für uns große unverständliche Monstra. Die Griechen sind tot.

Dies ist nicht eine Frage der Quellen. Wir wissen vom Mittelalter nichts Positiveres als vom Altertum. Wir wissen im Grunde auch von unserer Zeit nichts. Wir wissen etwas von ein paar vertrauten Menschen. Nie hat ein Mensch mehr gewußt.

Aber solche vertraute Menschen besitzt jedes Zeitalter. Und die Berührung mit ihnen kehrt unser ganzes Schulbild vom Menschen um. Sie sind heute noch für jedermann eine Revolution. Sie führen uns zu irgendeiner ihrer höchst persönlichen Einsichten, und zugleich offenbaren sie uns, daß es gar keine persönlichen Einsichten gibt, sondern daß ihre Einsichten die unsrigen sind und die unsern die ihrigen waren. Sie widerlegen die Historie, diese starre Schranke zwischen uns und ihnen, und sie zeigen uns, daß die geschichtliche Bedingtheit sich immer nur auf den breiten Unterbau der Menschheit erstreckt und daß auf diesem Unterbau zu allen Zeiten Menschen standen, die in zwanglosem Gefühls- und Gedankenverkehr lebten.

Zugleich aber sind sie merkwürdigerweise der reichste und prägnanteste Ausdruck ihrer Zeit. Damit ein Abschnitt der menschlichen Geistesgeschichte in einem haltbaren Bilde fortlebe, dazu scheint immer nur ein einziger Mensch nötig zu sein, aber dieser eine ist unerläßlich. So würde zum Beispiel für die ganze deutsche Aufklärung Lessing, für die englische Renaissance Shakespeare, für unsre Zeit Nietzsche genügen. In solchen Männern objektiviert sich das ganze Zeitalter als ein klares Kompendium, das jedermann zugänglich ist. Sie sind das einzige an der ganzen Historie, was für Spätere wichtig und interessant ist. Und auch hier entscheidet nicht die Vollständigkeit und Sicherheit der Quellen. Wenn die exakten biographischen und philologischen Daten das wären, was uns einen Menschen naherückt, so wäre zum Beispiel Jesus für uns gar nicht vorhanden. Und trotzdem gibt es in der ganzen Weltgeschichte keine Persönlichkeit, die uns intimer bekannt ist.

Eine solche historische Figur ist auch Euripides. Er ist uns verständlich und unverständlich. Er ist uns unverständlich als Grieche, er ist uns verständlich als Genie. Denn es ist gar nicht wahr, daß das Genie etwas Dunkles und Schwerzugängliches ist. Seltsam und mysteriös ist das Sondertalent mit seinen Spitzen und Kanten, der Spezialist. Aber das Genie ist jedem vertraut, weil es der Extrakt aus allen Menschen ist. Jesus, Shakespeare, Goethe, Nietzsche haben so geredet, daß jeder gesunde Mensch sie verstehen kann. Aber die Lektüre ihrer Erklärer und Kommentatoren ist ein Studium, das schon sehr viel voraussetzt.

Es wird vermutlich das ehrendste Kennzeichen unserer Zeit bleiben, daß sie verlernt hat, die Dinge mit ihren Nostalgien und Wünschen zu sehen. Dies ist besonders der historischen Forschung zugute gekommen, die die landläufige Vorstellung vom Wesen des Griechentums völlig verändert hat. Sie hat (wenn man so sagen darf) festgestellt, daß die alten Griechen nicht antik waren. Und in der Tat: Wer etwa Platos *Symposion* oder die perikleischen Dichter oder die Reden des Lysias naiv und unphilologisch liest (soweit ein heutiger Mensch dazu überhaupt noch imstande ist), der wird finden, daß in den alten Griechen weniger Altertümliches war als in den Deutschen des achtzehnten Jahrhunderts und daß die Gebärde der euripideischen Medea weniger »klassisch« gewesen sein muß als die Geste der Charlotte Wolter. Was den sogenannten »humanistisch Gebildeten« vom Altertum zurückgeblieben ist, das sind einige tote Kostümstücke: Leier, Peplos, Lorbeer, Myrte, Olivenkranz. Es geht ihnen wie Faust, der von der griechischen Helena nur ein leeres Kleid in den Händen behält. Der Rest ist Wolke.

Der Grund für diese sonderbare Auffassung ist offenbar darin zu suchen, daß die Nachwelt von den Werken der griechischen Skulptur so hypnotisiert war, daß sie nach ihnen ihre ganze Vorstellung von griechischem Wesen bildete und, statt die griechische Plastik als ein Stück Hellenentum zu nehmen, das ganze Hellenentum als ein Stück Plastik auffaßte.

Dabei vergaß sie freilich, daß die Griechen in ihren Bildsäulen niemals das wirkliche Leben dargestellt haben, sondern Götter, Heroen und menschliche Idealgestalten, kurz das, was sie gern gewesen wären, aber ganz und gar nicht waren, ferner daß die Skulptur, die der perikleischen Zeit entspricht, erst im vierten Jahrhundert zu suchen ist und gewissermaßen das posthume Kind des fünften Jahrhunderts darstellt, und schließlich, daß der Plastik bei den Griechen sehr enge Grenzen gezogen waren und vieles ganz unzulässig war, nicht weil man es nicht gekonnt hätte, sondern weil es als Geschmacklosigkeit gewirkt hätte.

Nunmehr scheint jedoch der Grieche mit dem Sonnenauge endgültig abgeschafft, und an seine Stelle ist der hysterische Grieche getreten. Man kann jedoch dabei unmöglich an unsere moderne Hysterie denken, deren Grundzug Apathie und Willensschwäche ist, sondern es war jedenfalls jene andere Erscheinungsform der Hysterie, die man als Hemmungslosigkeit bezeichnet, die Unfähigkeit, lebhafte Regungen zu unterdrücken, also eine ganz fremdartige, asiatische Art Hysterie. Hysterisch war auch die epidemische Verlogenheit der Griechen, gegen die ein paar Ausnahmemenschen immer vergeblich gekämpft haben, und auch das ist etwas, was es in unserer Zeit nicht gibt. Diese neue Auffassung hat sich daher bloß der historischen Wahrheit mehr angenähert, aber nicht unserem Verständnis, denn wir stehen abermals vor einem für moderne Augen undurchdringlichen Phänomen. Es ist schon irreführend, wenn man von griechischer Kultur redet, denn eine Kultur in unserem Sinne war sie jedenfalls nicht, da wir den Begriff der Kultur untrennbar mit dem der Zivilisation zu verknüpfen pflegen.

Die Zivilisation stand aber, an der unsrigen gemessen, sehr tief und war außerdem täglich in Gefahr, überhaupt aufgelöst zu werden. Auch eine griechische Humanität in irgendeinem Sinne hat es niemals gegeben, außer bei einigen weltabgewandten Philosophen. Eine soziale und individuelle Ethik war nicht einmal im Ansatz vorhanden, und wenn man nicht ganz bestimmt wüßte, daß die Gymnasialschüler von den griechischen Schriftstellern nicht ein Wort verstehen, so müßte man diese Lektüre nicht nur aus dem Schulunterricht streichen, sondern auch privatim als höchst unmoralisch strengstens verbieten. Auf den Erwachsenen aber wirken die Griechen wie seltsame Naturspiele, die man rein ästhetisch wertet, oder wie gewisse Theaterfiguren, deren geniale Charakteristik man bewundert, ohne mit den Charakteren selbst einverstanden zu sein.

Die Griechen zeigen uns daher das paradoxe und einzigartige Schauspiel, daß sie eine sehr hohe Kultur entwikkeln, zu der sie eigentlich noch nicht berechtigt sind. Daher die fortwährenden Explosionen, in denen die ganze griechische Kulturgeschichte verläuft, die gerade in jenem Augenblick ihren Höhepunkt erreicht, wo das politische und geistige Leben von der größten Zerfallenheit ist. Hier sind die künstlerischen Errungenschaften nicht die Frucht einer langsamen stetigen Entwicklung, sondern alles, was der griechische Geist in dem berühmten Zeitalter des Perikles geleistet hat, wurde durch plötzliche und gewaltsame Erschütterungen herausgeschleudert wie der Pflanzensamen aus der Schote.

Das wenig verlockende Bild dieses Zeitalters stammt übrigens von Thukydides, der vielleicht der unsentimentalste Geschichtschreiber aller Zeiten war und jedenfalls nicht unter die »Schwarzseher« gehörte.

Eine Widerlegung des historischen Entwicklungsgedankens sind die Griechen daher auf keinen Fall, denn das allgemeine Niveau ist heutzutage entschieden ein höheres, wenn man nämlich die kulturelle Höhe nicht ganz einseitig nach Marmorreliefs und Versdramen bewertet. Aber auch als Künstlervolk werden die Griechen überschätzt, indem man nämlich gemeinhin annimmt, die Griechen seien das geniale Volk schlechtweg gewesen und im Grunde ein Volk von lauter Genies. Die Genies waren aber in Athen und vollends im übrigen Hellas geradeso die großen Ausnahmen wie heutzutage und zu allen Zeiten. Die Griechen haben eine große Reihe von höchst genialen Köpfen hervorgebracht, aber die deutsche Geschichte der letzten hundertfünfzig Jahre steht ihnen hierin nicht nach, und diese Parallele müßte sogar sehr zu Ungunsten der Griechen ausfallen, wenn man etwa Bismarck neben Perikles oder Kant neben Aristoteles stellen wollte, von den wissenschaftlichen Leistungen gar nicht zu reden. Und dennoch fällt es niemand ein, zu sagen, die Deutschen des achtzehnten und neunzehnten Jahrhunderts seien ein Volk von lauter Genies gewesen. Freilich, etwas Genialisches muß in der ganzen Kultursphäre eines solchen Volkes liegen, damit solche Männer überhaupt möglich sind. In französischer Luft zum Beispiel wäre nicht ein einziger großer Deutscher möglich gewesen, ein paar abstrakte Forscher etwa ausgenommen. Dies nun war die Genialität der Griechen, daß ihre ganze Art zu leben und zu sehen jeden produktiven Menschen zu originellen Schöpfungen anreizen und aufstacheln mußte.

Im ganzen aber war das Leben im alten Athen sicherlich ˙ so, daß niemand Anlaß hat, sich diese Zustände zurückzuwünschen. Im achtzehnten Jahrhundert hat die Griechenschwärmerei bekanntlich ihren Höhepunkt erreicht; heute aber sollte man endlich damit aufhören, denn dieses Verhimmeln des alten Hellas ist nicht nur eine ideologische Phantasterei, sondern auch höchst schädlich, denn es geschieht auf Kosten unserer heutigen Zeit. Aber im alten Griechenland gab es nicht nur keine Eisenbahnen, Telegraphenstationen, Auerbrenner und Wasserklosetts, sondern auch keine Spur einer politischen Sekurität im eigenen Lande, geschweige denn auf Reisen. Und diese Dinge werden einem modernen Menschen entschieden wichtiger erscheinen als ein paar Skulpturen und Gedichte. Das Volk war schmutzig, verlogen, räuberisch, undiszipliniert. Aber daneben saß in irgendeiner abscheulichen Hütte ein Phidias und machte seine Göttersäulen, und mitten durch den halbasiatischen, verkommenen Pöbel gingen ein paar Dichter und Philosophen, die in vielem bis heute noch nicht übertroffen worden sind. Aber diese Werke sind uns zum großen Teil geblieben, und so haben wir denn allen Grund, uns darüber zu freuen, daß wir heute die paar griechischen Genies genießen können, ohne das griechische Volk mit in den Kauf nehmen zu müssen. Daß die hellenische Kunst und Philosophie am Leben geblieben ist und daß die hellenische Nation tot ist: das sind zwei gleich erfreuliche Tatsachen.

Das Delphische Orakel soll in der perikleischen Zeit einmal gefragt worden sein, wer der Weiseste unter den lebenden Griechen sei. Die Griechen hatten eben noch keinen Georg Brandes und mußten sich daher in solchen Fällen an die Pythia wenden. Und der Gott soll geantwortet haben: »Sokrates; nach ihm aber gebührt der Preis dem Euripides.« Auch wenn diese Geschichte erfunden sein sollte, ist sie immer noch charakteristisch, denn die bloße Möglichkeit einer solchen Nebeneinanderstellung zeigt uns deutlich, wofür man Euripides eigentlich hielt: nämlich für einen Philosophen. Wir haben uns heutzutage daran gewöhnt, im Dramatiker einen Erfinder von Handlungen und Schicksalen zu sehen, bestenfalls einen praktischen Psychologen. In Athen war das anders. Die Fabel war dem tragischen Dichter so genau vorgeschrieben wie dem Schüler das Aufsatzthema.

Zur Entfaltung stofflicher Phantasie hatte er daher keine Möglichkeit. Die Bühne selbst war für unsere Begriffe unszenisch. Das Mienenspiel entfiel. Alles ruhte im Wort. Man suchte im Drama vor allem Gedanken: also ganz das Gegenteil von heute. Euripides fühlte sich als Denker, und wir können ziemlich genau verfolgen, wie die philosophischen Strömungen seiner Zeit, jede in ihrer Art, auf ihn eingewirkt haben.

Daß Sokrates das Denken und Dichten des Euripides beeinflußt hat, ist selbstverständlich; denn es war unmöglich, sich der Suggestion dieses merkwürdigen Menschen zu entziehen. Indes ist die Anschauung, die uns die landläufigen Darstellungen von Sokrates geben, dennoch geeignet, über die Stellung, die er tatsächlich in Athen einnahm, Mißverständnisse zu erwecken. Sicherlich hielten ihn die wenigsten für den Philosophen der Zeit, sondern man sah in ihm ein interessantes Original. Er bedeutete auch in der Tat nur sehr teilweise einen Fortschritt im philosophischen und theologischen Bewußtsein der Hellenen. Er ist zumindest ebensosehr ein Rückschritt. Er hat die grandiosen kosmischen Phantasien der Naturphilosophen in einen ziemlich nüchternen und gänzlich anthropozentrischen Moralismus aufgelöst, er hat die ganze griechische Götterwelt ins rein Begriffliche sublimiert und die Fülle der hellenischen Welt- und Lebensanschauung auf ein paar dürftige Prinzipien verdünnt, mit denen er dann allerdings in tausenderlei geschickten und witzigen Variationen jongliert. Es ist unbegreiflich, wie man ihn mit Kant in Parallele stellen konnte. Die Vernunftkritik Kants ist die kolossale Leistung eines ganz freien Geistes, der alles Bisherige verwirft, weil er alles Bisherige überschaut. Aber die philosophische Leistung des Sokrates ist nichts anderes als der Sieg der praktischen Alltagsverständlichkeit über den unklaren Tiefsinn. Seine Bedeutung liegt in dem, was er als Mensch war. Und als Mensch verdient dieser merkwürdigste, vielfältigste und weltkundigste Ironiker allerdings die größte Bewunderung. Ganz Athen lief ihm nach, alle waren von diesem liebenswürdigen, geistreichen Poseur fasziniert. Das Größte an ihm aber war, daß er sich selbst nicht ernst nahm. Dies erhob ihn so außerordentlich über seine ganze Umgebung und machte ihn zum Philosophen. Ohne diesen Zug, der jedem echten Genie eignet, wäre er ein redegewandter Quäker geblieben.

Die Ironie ist denn auch das, was Euripides von Sokrates übernommen hat. Im *Symposion* wird erzählt, daß am Schluß alle betrunken unter den Tisch fielen, nur Sokrates, Agathon und Aristophanes seien noch munter geblieben, und Sokrates habe den beiden Dichtern bewiesen, daß der Tragödiendichter und der Komödiendichter eine Person sein müsse. Vielleicht steckte hinter dieser Bemerkung mehr als die banale Ansicht, daß ein ordentlicher Dichter eben alles können müsse, sowohl Tragödie wie Komödie. Es wäre ganz und gar sokratisch zu behaupten, Tragödie und Komödie seien ein und dieselbe Kunstgattung, und die höchste dramatische Form sei die tragische Komödie. Und diese Kunstgattung hat denn auch Euripides in der Tat geschaffen, und zwar höchstwahrscheinlich unter dem Einfluß des Sokrates. Zwischen dem Tragiker Euripides und dem Komiker Aristophanes liegt keine so große Kluft mehr, ja bisweilen sehen sie sich zum Verwechseln ähnlich. Die Souveränität, mit der Euripides das rein Menschliche seiner Figuren zeigt, durchdringt viele, ja oft die tragischsten Szenen seiner Dramen. Diese künstlerische Universalität des Blicks führte zur organischen Verschmelzung zweier Kunststile, die man bisher aufs strengste getrennt hatte; sie war etwas völlig Neues und bedeutete eine Revolution des griechischen Geschmacks.

Von Sokrates hat Euripides auch den Rationalismus und überhaupt die ganze dialektische Methode. Die Griechen waren von jeher große Freunde aller Rhetorik und Dialektik, das zeigt schon die für uns ganz unverständliche Wertschätzung, die man den spitzfindigen Begriffsspielereien der Eleaten entgegenbrachte. Eine Hauptforce der Griechen war zu allen Zeiten das Reden. Aber sie waren auch ebenso stark im Zuhören. Die Redseligkeit der meisten ihrer Dichter und Denker ist für unseren Geschmack entschieden zu groß, aber sie wurde auch viel besser ertragen als von uns, ja bis zu einem gewissen Grade erwartet und gefordert. Indes war in früheren Zeiten der Hauptort für rhetorische Betätigung die Agora und der Gerichtssaal gewesen. Euripides führt nun die Redekunst auch in das Drama ein, er bringt die Rednertribüne aufs Theater, und diesem Umstand verdankte er einen Teil seines Erfolges.

Hierin kamen ihm auch nun die Sophisten entgegen, jene angeblichen Antipoden des Sokrates. Zu ihrer Ehrenrettung braucht heute nichts mehr gesagt zu werden. Daß sie die einzigen universell gebildeten Menschen der damaligen Zeit waren und dabei die einzigen, die wirkliches Lehrtalent besaßen, ist längst anerkannt. Ihre Bedeutung geht aber noch tiefer. Sie waren die ersten, die eine Ahnung von Phänomenalismus hatten, denn der ganze vielverschrieene Relativismus der Sophisten ist nichts andres. Sie waren daher im Grunde die ersten wirklichen Erkenntnistheoretiker. Der berühmte sokratische Skeptizismus, der als ein Wendepunkt in der Geschichte der griechischen Philosophie gilt, geht in Wahrheit auf die Sophisten zurück.

Wenn ein Zeitalter kommt, in dem alles zu schwanken beginnt: die politischen, die ethischen, die theologischen, die künstlerischen Werte, dann hat der Skeptiker immer das große Wort. Die Sophisten hatten daher den allergrößten Zulauf, und zwar nicht etwa bloß wegen der Kenntnisse und Fertigkeiten, die sie für Geld beibrachten, sondern weil sie die Stimme der Zeit waren. Niemals kann eine Weltanschauung durch Tricks und glänzende Argumente sich durchsetzen, sondern immer nur dadurch, daß sie aus dem Herzen ihres Zeitalters redet. Das Zeitalter selbst aber war ein sophistisches: Der Peloponnesische Krieg, die athenische Demokratie, die attische Komödie, das alles waren sophistische Erscheinungen. Man darf dabei natürlich nicht an den landläufigen Begriff der Sophistik denken, der keine Charakterisierung dieser philosophischen Schule ist, sondern nichts weiter als ein von Plato aufgebrachtes Schimpfwort. Die Sophisten waren nicht mehr und nicht weniger als die Vertreter der modernen Richtung. Sie waren die wirklich Lebendigen in der perikleischen Zeit. Daß es auch ganz flache und wertlose Menschen unter ihnen gab, ist selbstverständlich, und ebenso selbstverständlich ist es, daß die ganze Richtung von einigen hervorragenden Zeitgrößen bekämpft wurde. Aber beides ist ein Kennzeichen aller modernen Bestrebungen. Das ist in unserer Zeit nicht anders, als es damals und immer war. Auch unter den »Nietzschea-nern« sind viele Esel und »mauvais sujets«, und sehr bedeu-tende Menschen haben Nietzsche abgelehnt, und trotzdem ändert dies nichts an der welthistorischen Stellung Nietz-sches.

Von den Sophisten hat nun Euripides seine ganze Psy-chologie. Seine psychologische Motivierung ist von der größten Kompliziertheit, er hat überhaupt kein festes, dog-matisches System, und seine Maßstäbe sind so wandelbar wie die Menschen selbst, die er schildert. Er macht sich nicht ein bestimmtes, scharf-umrissenes Weltbild und stellt in die-ses seine Charaktere hinein, sondern er paßt sich seinen Fi-guren an und wechselt mit ihren Stimmungen die seinigen. Und auch die einzelnen Menschen haben bei ihm keine gleichbleibenden Linien. Sie sind aus vielen Seelen zusam-mengesetzt, und diese Zusammengesetztheit bedingt eine gewisse Zwiespältigkeit und Brüchigkeit. Sie haben, im Gegensatz zu den großzügigen Heroenbildern der frühe-ren Tragiker, etwas Menschliches, Allzumenschliches. Das Grundthema der antiken Tragödie war das Übermaß der Kräfte, die Überlebensgröße der Helden, die sich an den irdischen Schranken bricht. Von Euripides kann man im Ge-genteil sagen: Sein tragisches Motiv ist die Schwäche seiner Menschen, die die Welt und das große Leben in ihren engen Schranken nicht einfassen können. Auf diese Seelen werden Taten oder Entsagungen gelegt, deren sie nicht fähig sind, von diesen Köpfen wird eine ruhige, geklärte Einsicht in die Dinge dieser Welt gefordert, die sie nicht besitzen. Der Dichter aber besaß sie. Er hatte jene göttliche Objektivität, die im Recht das Unrecht und im Unrecht das Recht erkennt und in beiden nur zwei Seiten des menschlichen Wesens. »Der Mensch darf sünd'gen, wenn ein Gott es schickt.« »Es liegt nicht an der menschlichen Vernunft, wenn Menschen sünd'gen.« Zu einer so freien und menschenkundigen Weltansicht konnte nur der sophistische Relativismus führen.

Wer seine Kenntnis des perikleischen Zeitalters nur aus Plato zieht, der könnte zu der Ansicht kommen, daß die damalige Philosophie vornehmlich von Sokrates und den Sophisten bestritten worden sei und daß demgemäß die Ethik und die Erkenntnistheorie im Mittelpunkt des philosophischen Interesses standen. Es war aber im Gegenteil ein naturwissenschaftliches Zeitalter. Zunächst waren schon die Sophisten selber als Vertreter des universellen Wissens auch naturwissenschaftlich gebildete Köpfe, und selbst Sokrates soll in früheren Jahren Naturforschung betrieben haben, wie ihn ja auch Aristophanes in den *Wolken* als Sterngucker schildert. Außerdem aber waren weder die Sophisten noch Sokrates die eigentlich tonangebenden Philosophen, sondern das war ein ganz anderer, der in den historischen Darstellungen meist sehr stiefmütterlich behandelt wird: nämlich Anaxagoras.

In den landläufigen Handbüchern kommt Anaxagoras sehr kurz weg. Die Verfasser haben Eile, zu Sokrates, Plato und vor allem zu Aristoteles zu kommen, und halten sich bei den »Vorläufern« nicht lange auf. Aber auch dort, wo ihm etwas mehr Beachtung geschenkt wird, steht zumeist zu lesen, daß er den Dualismus in die griechische Philosophie eingeführt hat. Ob dies ein großes Verdienst gewesen wäre, ist zweifelhaft; ganz zweifellos aber ist es, daß ihm dieses Verdienst nicht zukommt. Das ganze Mißverständnis hat Hegel verschuldet. Hegel war ein Gewaltmensch. Er hatte ein sehr tiefsinniges, sehr fruchtbares Prinzip der Geschichtsdarstellung entdeckt, aber nun war es ihm darum zu tun, dieses Prinzip auf alles und jegliches anzuwenden, und so stellte er denn die griechischen Philosophen in Reih und Glied, und wer nicht in die Kolonne paßte, der wurde umrangiert. So ist es denn sehr schön zu lesen, wie die Griechen, vom Einfachen zum Schwierigen aufsteigend, eine philosophische Weltansicht nach der andern durcharbeiteten, wie ihr Weltprinzip anfangs rein materiell war und schließlich in Anaxagoras rein geistig wurde, womit der Dualismus erreicht ist und der Übergang zu Plato und Aristoteles sich zwanglos ergibt. Man hat inzwischen erkannt, daß diese für das Auge sehr gefällige Konstruktion den historischen Tatsachen nicht entspricht, und ist von ihr abgekommen. Der Dualist Anaxagoras ist aber zurückgeblieben, und man kann heute noch in allen Lehrbüchern lesen, Anaxagoras habe zahllose qualitativ verschiedene Urstoffe (Chremata oder Spermata) angenommen und diesen ein ordnendes und gestaltendes rein geistiges Wesen, den Nus oder die Vernunft gegenübergestellt.

Daß Anaxagoras dem Nus eine besondere Bedeutung zuschrieb, ist richtig, keineswegs aber hat er sich ihn als rein geistiges Wesen vorgestellt. Er sagt vielmehr ausdrücklich: »Der Nus ist der leichteste und reinste von allen Urstoffen [...]«, das heißt also: er ist auch ein Urstoff. Dies wird auch dadurch bestätigt, daß Archelaos, den man im Altertum ausdrücklich als Schüler des Anaxagoras bezeichnete, von dem Nus behauptete, er sei der verbreitetste aller Stoffe, denn er sei in allen Dingen enthalten. Noch deutlicher war Diogenes von Apollonia, der direkt erklärte: Der Nus ist die Luft.

Wir haben somit allen Grund, in Anaxagoras nicht nur keinen Vertreter der dualistischen Weltansicht, sondern sogar den konsequentesten Ausgestalter einer monistischen und streng naturwissenschaftlichen Weltanschauung zu sehen. Seine historische Bedeutung liegt überhaupt nicht in seiner Nuslehre, sondern in seinem Atomismus und Positivismus. Er verließ die naturphilosophischen Spekulationen seiner Vorgänger und versuchte, möglicherweise von Leukipp und Demokrit beeinflußt, eine rein mechanische Welterklärung. Seine Atome haben fast alle Eigenschaften der Atome, mit denen die heutige Wissenschaft rechnet: Sie sind zahllos und ewig; durch ihre Verbindung entstehen, durch ihre Trennung vergehen die Körper; die Stoffmasse des Weltalls bleibt immer dieselbe. Daß eine genauere empirische Ausarbeitung dieses Gedankens wegen der Kleinheit der Objekte nicht möglich sei, hat Anaxagoras ausdrücklich betont; was ihm fehlte, war eben die mikroskopische Technik, über die erst unsere Zeit verfügt. Indessen ist er überall bestrebt, seine Hypothesen auf mechanistischer Grundlage aufzubauen; seine Astronomie ist zwar noch geozentrisch, aber im übrigen überraschend modern; er nannte den Mond »eine Erde« und wußte bereits, daß er sein Licht von der Sonne empfängt; auch von der Entstehung und Bewegung der Weltkörper hatte er eine Theorie, die sich der Kant-Laplaceschen nähert und nur deshalb nicht völlig ausreichend ist, weil er noch keinen wissenschaftlichen Begriff von der Schwerkraft besaß. Die Absicht seiner ganzen Philosophie ist nicht mehr und nicht weniger als eine Zurückführung sämtlicher Naturerscheinungen auf Mechanik der Atome. Auch in der Pflanzenphysiologie hatte er höchst moderne Ansichten: Er erklärte, die Pflanzen hätten Lust- und Unlustgefühle, ja sogar Intelligenz; es ist dies eine Idee, die erst in der jüngsten Zeit von dem Dichter Maeterlinck und dem Botaniker Francé wiederaufgenommen worden ist.

Dieser Mann war es nun, der den Gebildeten seiner Zeit die Richtung gewiesen hat. Er wurde der Freund und Lehrer des Perikles, von dem Plutarch sagt, er habe in seine Reden Physiologie »gleich einer Farbe gegossen«; das heißt also: Er gebrauchte gern naturwissenschaftliche Bilder. Gleichzeitig mit Anaxagoras lebte Hippokrates in Athen, der größte Arzt und medizinische Theoretiker des Altertums, und welchen Aufschwung das Interesse für naturwissenschaftliche Dinge nahm, das beweisen die zahlreichen sogenannten ›hippokratischen Schriften‹, die damals in Umlauf kamen. Auch sonst macht sich ein realistischer Zug überall bemerkbar. An den Rednern der damaligen Zeit: Antiphon, Andokides, Lysias und anderen rühmten die Alten die Aphelie, das heißt die Kunst prunkloser, kraftvoller Rede. Und die historische Objektivität und Exaktheit des Thukydides ist bis heute noch nicht übertroffen worden. Nur in einem naturwissenschaftlichen Zeitalter konnte eine solche Geschichtsschreibung entstehen, deren Ideal die leidenschaftslose photographische Wiedergabe aller Ereignisse ist.

In der Dichtkunst äußert sich eine solche Zeitrichtung als Naturalismus. Dieser ist das Anaxagoreische an Euripides. In seinen Dramen findet sich nichts, wozu wir historische

Distanz nehmen müßten. Die Vorgänge vollziehen sich mit der größten Natürlichkeit und keineswegs in Perspektiven, die in eine gehobenere Welt hinausweisen. Den Charakteren fehlt alles Stilisierte und Pathetische, sie sind durchaus dem natürlichen Leben angenähert. Kothurn und Maske sind kein inneres Kunstprinzip mehr. Die Chöre sind zu lyrischen Intermezzi herabgedrückt. Die Motivierung ist rein psychologisch und geht nicht mehr auf übernatürliche Einflüsse zurück; zugleich ist sie von größtem Realismus. Euripides ist der erste griechische Verist. Um dies zu erkennen, vergleiche man ihn beispielsweise mit Racine, etwa den *Hippolytos* mit der *Phèdre*. Der Cartesianer Racine macht Schemen, der Anaxagoreer Euripides macht Menschen. Euripides entdeckt den Menschen für die Bühne, und er ist über diese Entdeckung erstaunt und entsetzt. Aber einmal gemacht, läßt sie sich nicht mehr zurücknehmen. Nun leben diese Wesen, aber sie haben dadurch auch das Problematische mitbekommen, das allem Leben anhaftet. Und der Dichter selbst wird zur problematischen Natur. Denn als Dichter ist er Idealist und sucht überall nach Möglichkeiten, das Dasein zu verschönern und zu verklären. Aber als Dichter hat er auch die sehr zweideutige Gabe des unerbittlichen Sehens mitbekommen, und er sieht nirgends etwas, woran er sich zu höheren Gedankenflügen aufschwingen könnte: Weder im Olymp noch auf Erden findet er Gegenstände einer reinen Verehrung. Dieser tragische Kampf zwischen Idealismus und Wahrheitsliebe, zwischen Melancholie und Zynismus rückt ihn uns ungemein nahe und macht ihn beinahe zu unserem Zeitgenossen.

Es gab übrigens noch einen zweiten Konflikt in seinem

Schaffen, der aber rein künstlerischer Natur war. Euripides war nämlich, um es in aller Kürze zu sagen, ein Theatraliker ohne Theater. Sein ganzes Leben lang hat er gegen die archaistische Form des griechischen Theaters gekämpft, die dem neuen Inhalt der Zeit in keiner Weise mehr entsprach und einen richtigen Theaterdichter zur Verzweiflung bringen mußte. Aber hier unterlag seine Kraft. Seine neue Psychologie war siegreich, aber seine neue dramatische Technik vermochte er nicht durchzusetzen, denn hier handelte es sich um einen Angriff auf eine eingelebte, nationale Institution, und der Grieche, so wandelbar und neuerungssüchtig er in allem übrigen war, ist in solchen Fragen stets unerbittlich konservativ gewesen.

Es erübrigt nun noch, einen Blick auf die Theologie zu werfen. Der Dichter wird mit ihr immer rechnen müssen, nicht etwa, um sich beim Volk beliebt zu machen oder weil er ihre Überzeugungen teilt, sondern weil ihre Vorstellungen die anschaulicheren und poetischeren sind. Ein Atheist ist daher auch Euripides nicht gewesen; nur hat er die Götter noch mehr vermenschlicht, als es die Griechen ohnehin schon immer getan hatten. Im großen und ganzen scheint er diesen Dingen kein sehr großes Interesse entgegengebracht zu haben: Er war eben dazu schon viel zu aufgeklärt.

Mit der Götterlehre und Mythologie ist jedoch der Kreis der griechischen Theologie keineswegs vollständig umschrieben. Im Mittelpunkt des religiösen Interesses stand bei den Griechen von jeher ein anderes Problem: das Problem des Schicksals, oder, wie man es auch ausdrücken könnte, das Problem des Tragischen. Denn die Verknüpfungen der täglichen Ereignisse und Fügungen, die Beziehungen der Menschen untereinander, Liebe, Freundschaft, Ruhm, Besitz, Kunst, Wissenschaft, das sind lauter Tragödien: Das ganze Leben hat keinen anderen Sinn.

Die Griechen als ein intelligentes, offenäugiges, lebenskundiges Volk mußten früh auf diese verwickelte Frage verfallen. Sie hatten von Anfang an viel mitgemacht und sich mit allen möglichen Mitteln ihre Existenz sichern müssen. Sie hatten mit dem stumpfen Widerstand eingeborener Barbarenvölker um ein Land ringen müssen, das keineswegs übermäßig fruchtbar und wohnlich war, dabei unter beständiger Angst vor dem asiatischen Koloß im Osten, der sie jeden Moment auffressen konnte. Nicht umsonst ist Odysseus ihr Nationalheld. Sie waren durchaus nicht sentimental. Sie wußten, was das Leben ist: eine strapaziöse, unberechenbare, wenig dankbare Angelegenheit.

Nun hat aber der Mensch andrerseits einen sehr starken eingeborenen Trieb zum Positiven, und der Pessimismus ist ihm immer unorganisch. Er sucht daher nach einem Gegengewicht. Ein solches ist zunächst die naive Frömmigkeit, das unerschütterliche Vertrauen auf die Güte der Götter und des Schicksals. Diesen Standpunkt vertraten die griechischen Dichter der guten alten Zeit. Ungerechtigkeit und unverdientes Unglück sind nur scheinbar oder doch nur vorübergehend: Am Ende erweist sich doch immer der Sieg des Guten. Dieser keineswegs abstrakte und lebensfremde, aber doch dogmatische Optimismus paßte sehr gut in das Zeitalter der Perserkriege.

Aber die Weltlage änderte sich und mit ihr das Weltbild. Und nun sucht man nach anderen Erklärungen. Da erscheint zunächst Sophokles und sagt: »Ja; die Welt ist schlecht, und das Böse herrscht, aber gerade darum müssen wir an die ewige Güte und Weisheit der Götter glauben.« Das ist schon eine sehr komplizierte Philosophie, die man vielleicht am kürzesten als Pascalismus bezeichnen könnte. Wir können hier nicht näher darauf eingehen; die Freunde Pascals werden es verstehen.

So lag das Problem, als Euripides kam und die einzig moderne zeitgemäße Erklärung fand: Er sagte: »Das Schicksal ist weder der Zorn noch die Liebe der Götter, weder Moira noch Familiendämon, denn es ist überhaupt nicht außer uns. Das Schicksal ist der Mensch selbst. Das Leben ist tragisch, aber es hat keinen Sinn, das zu beklagen, oder auch nur zu wünschen, es möchte anders sein; denn wenn man den tragischen Charakter des Lebens aufheben wollte, so würde man damit das Leben selbst aufheben.« Sophokles sagt: »Das Leben ist leider tragisch, aber das ist einmal so und nicht zu ändern«; Euripides sagt: »Das Leben ist tragisch, aber das soll so sein und dürfte gar nicht geändert werden, selbst wenn es möglich wäre.« Daher gibt es bei ihm auch keine Bösewichte mehr, sondern alle Menschen sind teils gut, teils böse, und der tragische Konflikt entsteht nicht dadurch, daß der eine gut und der andere schlecht ist, sondern dadurch, daß die Menschen so verschieden sind und jeder von ihnen seiner innersten Natur nach etwas anderes wollen muß. In einem hippokratischen Fragment findet sich der lapidare Satz: »Alles ist göttlich und alles ist menschlich.« Diesen Satz könnte man als Motto vor die Dichtungen des Euripides stellen.

Der Kern dieser Weltansicht ist aber dennoch ein tiefer

Pessimismus, der schließlich zum Indifferentismus führt und den Dichter wünschen läßt, nur die freundlichen Gaben des Zufalls genießen zu dürfen, denn »heute so, morgen so wechseln der Menschen Geschicke, ohne Frieden, ohne Rast«. »Wie es kommt, frohen Sinns, nehm ich die Gaben des Heute, nehm ich die des Morgen hin. Glauben und Hoffen ist hin, und verdüstert mir die Seele.«

Aber im Grunde seines Herzens hatte der Dichter doch eine vage Zuversicht, daß hier nicht die Grenze des menschlichen Geistes sei. Der Dichter des *Hippolytos* ist es, der die Worte schrieb:

> Wohl gibt es ein andres, ein seliges Sein,
> Doch liegt es verborgen in Dunkel und Dunst.
> Drum klammert die eitle Liebe sich fest
> An den glühenden Schimmer der irdischen Welt,
> Bloß weil sie ein anderes Leben nicht kennt,
> Kein Auge die Schatten des Todes durchmißt,
> Wahnbilder des Glaubens uns irren.

Hier wird der Dichter zum Propheten. Es folgte die Hellenisierung des Ostens durch Alexander. Aber was selbst einem Alexander nicht geglückt wäre: die Hellenisierung des römischen Westens, das vollbrachten griechische Dichter und Denker. Und nun vollzog sich jene große welthistorische Rache, die die Griechen an ihren Überwindern genommen haben. Sie infiltrierten den Römern ihren Geist, der der Geist eines überreifen und absterbenden Volkes war. Sie vermachten ihnen ihren Skeptizismus, ihre Lebensmüdigkeit und Übersättigung. Sie gaben ihnen mit vollen Händen die

Schätze ihrer Kunst und Weltweisheit und erzeugten in ihnen durch die Überfülle und Überschmackhaftigkeit dieser Gaben Appetitlosigkeit und verdorbenen Magen. Sie übertrugen ihre ganze Agonie auf die gesunden und selbstmächtigen Römer. So kam es zu jenem grandiosen Schauspiel eines allgemeinen Weltekels, der die gesamte Kulturmenschheit wie eine Krankheit beherrschte, bis ein sonderbarer Mensch kam, der von der Philosophie mehr verstand als Plato und vom Erobern mehr als Alexander, und eine neue Welt entdeckte.

Dies alles hat Euripides geahnt, denn er war ein Dichter.

Sokrates der Idiot

Das Delphische Orakel soll in der perikleischen Zeit einmal gefragt worden sein, wer der weiseste unter den lebenden Griechen sei. Die Griechen hatten eben noch keinen Georg Brandes und mußten sich daher in solchen Fragen an die Pythia wenden. Und sie soll geantwortet haben: Der weiseste ist Sokrates. Nicht ganz auf demselben Standpunkt scheint sich eine kleine Schrift zu befinden, die vor kurzem [...] erschienen ist und die mir mein Freund Siegfried Jacobsohn mit den Worten schickte: »Das müssen Sie unbedingt lesen!« Es ist ein kleines Heft von kaum hundertzwanzig Seiten, in einem grasgrünen Umschlag, auf dem sich der Kopf des bekannten Sokrates abgebildet findet, und zwar mit abgehobener Schädeldecke, welche zeigt, daß nichts darunter ist. Es heißt: *Sokrates der Idiot,* und sein Verfasser ist Alexander Moszkowski, ein ungemein lustiger alter Herr, außerdem Musiker, Kunstessayist und Autor vieler belletristischer Schriften, darunter des berühmten satirischen Epos *Anton Notenquetscher,* das schon zu meiner Tertianerzeit die heimliche Lektüre unserer ganzen Klasse war.

Der Inhalt dieser »respektlosen Studie«, wie Moszkowski sie nennt, ist kurz folgender. Im griechischen Theater folgte das Satyrspiel auf die Tragödie. Aber im Falle des Sokrates verhielt es sich grade umgekehrt: Der großen und mensch-

lich echten Tragödie vom Tode des Sokrates ging ein lächerliches Satyrspiel voran, genannt »Leben und Lehre des Sokrates«. Sokrates, der seit Jahrhunderten als Inbegriff der
Weisheit und Tugend galt, war in Wirklichkeit ein dialektischer Hanswurst, ein alberner Sprachpedant und Wort-
akrobat, der an einer Art logischer Echolalie litt, indem er
immer wieder dieselben dunklen Begriffe durcheinander-
wirbelte, dieselben abgerissenen Gesprächsfetzen hin und
her schwenkte, unablässig gewisse einzelne Worte wiederholte, die in seinem Gesichtskreis eine ähnliche Rolle spielen
wie die Mäuse im Sehfeld eines Deliranten. Seine ganzen
vielgepriesenen Deduktionen enthalten nichts als tautologi-
sches Geschwafel; was er gepredigt und doziert hat, verdient
nicht den Namen Philosophie, sondern war nur Beweis-
meierei, plattes Moralgefasel, »Philosophatsch« (ein Wort
von Eugen Dühring). Hierfür bringt nun Moszkowski eine
größere Anzahl von Belegstücken, von denen man sagen
muß, daß sie nicht nur boshaft, sondern auch glücklich gewählt sind, denn sie sind wirklich von einer gradezu hyp-
notischen Leere und Langweiligkeit.

Wie aber konnte in der Welt die Fabel entstehen, Sokrates sei ein epochemachender Denker gewesen? Ihr bewußter Schöpfer ist Plato. »Jener Hochgrad des Blödsinns kam
den Lesenden nicht zum Bewußtsein dank der Magie des
Plato.« Der Sinn der platonischen Dialoge ist nach Moszkowski dieser: »Ich, Plato, habe mir vorgenommen, meinen
Lehrer Sokrates, den ich als Menschen und Staatsbürger sehr
hoch verehre, nach allen Kräften und mit allen Mitteln der
Pietät zu feiern. Ich, Plato, weiß, daß Sokrates, wie stark
er auch als sittliche Persönlichkeit vor mir stehen möge, ein

433

Schwacher und Armer im Geiste ist. Ich, Plato, werde das nicht verheimlichen und beschönigen; ich werde Schonung entwickeln in allen begleitenden Umständen, aber doch das Bild klar und verständlich entwickeln für eine, vielleicht ferne, Zukunft; für künftige Leser, die nicht an den Zeilen kleben, sondern auch das zu lesen verstehen, was zwischen den Zeilen steht.« Daß aber Plato sich grade eine so minderwertige Persönlichkeit zum Helden wählte, dies ist eben eines der vielen unlösbaren Probleme des menschlichen Gefühlslebens. »Die Frage: Warum liebte der starkgeistige Plato den braven Trottel Sokrates? birgt nicht mehr Sinn als die, warum die blonde Venetianerin Desdemona für einen Mohren schwärmte.« Und so gelangt denn der Verfasser zu der Schlußbilanz: Sokrates war klein als Denker, größer als Freund Platos und unbestreitbar am größten als Idiot. Die Wirkung dieser Schrift wird wohl eine ziemlich ungleichmäßige sein. Die Gymnasiasten werden sich riesig freuen, die Fachgelehrten werden überlegen lächeln, was wir ihnen nicht weiter verübeln wollen, da dies ja ihre Lebensaufgabe bildet, und das große Publikum wird das Ganze für einen geistreichen Ulk halten. Ich glaube aber doch, daß es mehr ist. Ich brauche wohl kaum daran zu erinnern, daß Nietzsche ähnlich ketzerischen Ansichten durchaus nicht fernstand: Er hat in der sokratischen Dialektik den Sieg eines unvornehmen, pöbelhaften, tief ungriechischen Geschmacks erblickt, er spricht von der »Rhachitikerbosheit« des Sokrates und nennt ihn den »Hanswurst, der sich ernst nehmen machte«. Diese niedrige Einschätzung des Sokrates, die uns hauptsächlich in der *Götzendämmerung* entgegentritt, scheint nicht erst der antirationalistischen letzten Periode

Nietzsches anzugehören, denn in seinem Nachlaß findet sich eine Notiz aus dem Jahre 1872, die bereits die Sätze enthält: »An Sokrates alles falsch; die Begriffe sind nicht fest, auch nicht wichtig; die Kultur verneinend.« Aber auch der milde, besonnene, höchst unparteiische, auf das ganze hellenische Chaos mit der Überlegenheit eines olympischen Gottes blickende Burckhardt sagt von Sokrates: »Indem er bei Leuten aller Stände herumging und allen einzelnen, die in irgendeinem Fache etwas verstanden, bewies, daß sie im übrigen nicht weise seien, mußte er doch auch vielen tüchtigen und tätigen Leuten zuwider werden. Abgesehen davon, daß, wer permanent redet, und wäre es Sokrates, auch nicht immer weise reden kann, und daß er die Leute mit seinen ewigen Gleichnissen ennuyierte. Die Wirkung mag allmählich doch die gewesen sein, daß alles ausriß, wenn man ihn um die Ecke kommen sah.« Und schon vor achtzig Jahren hat Carlyle ohne genauere einschlägige Kenntnisse, lediglich von seinem genialen Instinkt geleitet, die Ansicht ausgesprochen, in dem ewig logisierenden Sokrates verkündige sich der Verfall des echten Griechentums.

Auch wenn man der sokratischen Legende mit der größten Vorsicht und Rücksicht gegenübertritt, wird man sagen müssen: Sokrates bedeutet in der Tat nur sehr teilweise einen Fortschritt im philosophischen und theologischen Bewußtsein der Hellenen. [...] Seine Zeitgenossen sahen auch sicherlich in ihm nicht mehr als ein interessantes Original. Der berühmte sokratische Skeptizismus, der als ein Wendepunkt in der Geschichte der Philosophie gilt, geht in Wahrheit auf die Sophisten zurück, die die wahre Stimme des Zeitalters waren. Man darf dabei natürlich nicht an den landläufigen Begriff der Sophistik denken, der keine Charakteristik dieser philosophischen Schule ist, sondern ein von Plato aufgebrachtes Schimpfwort.

Daß aber bereits Plato Sokrates unter demselben Gesichtswinkel gesehen hat wie Moszkowski, können wir doch nicht recht glauben. Zunächst und vor allem, weil es gänzlich unwahrscheinlich ist, daß eine der genialsten philosophischen Konzeptionen einer puren Mystifikation ihren Ursprung verdankt haben soll. Auf diesem Wege pflegen mächtige und fruchtbare Schöpfungen niemals zu entstehen: In der gesamten Kulturgeschichte finden wir nichts Ähnliches. Vielmehr ist die Wurzel alles Großen immer der Glaube, die fanatische, einseitige, blindbegeisterte, bis zur fixen Idee gesteigerte Bejahung: Die gegenteilige Auffassung würde aus der Weltliteratur einen Aprilscherz machen, was sehr geistreich und amüsant und im Prinzip nicht einmal abzulehnen wäre, aber eben leider empirisch absolut nicht stimmt.

Sodann aber lag die sokratische Denktechnik viel zu sehr im griechischen Nationalcharakter, als daß man annehmen könnte, das Absurde an ihr sei Plato völlig zum Bewußtsein gekommen. Eine Hauptforce der Griechen war Reden, Reden, Reden. Sie waren zu allen Zeiten passionierte Freunde aller Rhetorik und Dialektik, das zeigt schon die für uns ganz unverständliche Wertschätzung, die sie den spitzfindigen Begriffsspielereien der Eleaten entgegenbrachten. Und Plato war eben auch ein Grieche. Und da er außerdem ein großer Künstler war, so hat er seinen verehrten Lehrer Sokrates, man kann wirklich fast sagen: auf die Bühne gebracht, so wie er leibte und lebte, als Menschen von Fleisch und Blut, als unsterbliche Genrefigur, rund und plastisch, dreidimensional, mit allen seinen Schönheitsfehlern und charakteristischen Flecken. Und da mag ihm eben passiert sein, was großen Künstlern so oft passiert: daß ihre eigenen Figuren ihnen über den Kopf wachsen und ein selbständiges Leben führen, losgelöst von den Absichten ihrer Erzeuger. Und so wurde im Laufe der Zeiten aus der Apotheose des Sokrates die Karikatur des Sokrates: eine sublime Ironie, deren Urheber aber nicht Plato ist, sondern der Geist der Geschichte. Denn es gibt nun einmal keine ewigen Werte: Ewig ist nur unsre Sehnsucht nach ihnen.

Hat Christus gelebt?

Letzthin erwähnte ich jene umfangreiche Literatur, die nichts Geringeres zum Gegenstand hat als den Nachweis, daß der Stifter des Christentums niemals gelebt hat. Mehrfachen Anfragen aus dem Leserkreis Folge leistend, will ich nun die Hauptargumente, auf die diese Theorie sich stützt, kurz mitteilen und zugleich den Versuch machen, sie ganz allgemein und prinzipiell zu widerlegen. Ich weiß sehr wohl, daß ich in der aphoristischen Kürze, die mir an diesem Orte geboten ist, nicht mehr geben kann als die Andeutung einer Widerlegung; indes glaube ich, daß dies immer noch besser ist als gar keine Widerlegung.

Die erste dieser Hypothesen lautet: Die wirksamsten Glaubensvorstellungen, die im römischen Weltreich verbreitet waren, gingen ganz selbsttätig eine Mischung ein; diese Mischung ist das Christentum. Es ist nun tatsächlich ganz unleugbar, daß einzelne Gedanken der Predigt Jesu sich schon im Alten Testament, im Talmud, bei Seneca, Plato und anderen antiken Philosophen sporadisch vorfinden; aber das will gar nichts besagen. Gewiß, die Ahnung, daß Gott der Vater aller Menschen sei, dämmerte bereits vor Jesus in einzelnen erlesenen Köpfen der heidnischen Welt, das dunkle Gefühl, daß man alle Menschen lieben solle, war einzelnen edleren Geistern in Judäa nicht fremd, aber diese Gedanken hatten von ihren Trägern nicht völlig

Besitz ergriffen, sich in ihnen niemals mit jener Glut und Leuchtkraft verkörpert, wie dies einzig und allein bei Jesus von Nazareth der Fall gewesen ist – und bis zum heutigen Tage! Wie blaß und dürr, wie kühl verständig und senil, wie grau in grau nehmen sich zum Beispiel die Ideen aus, die die Stoiker über Nächstenliebe gehabt haben, wenn man sie neben die Verkündigung Jesu hält! Und wie schüchtern und tastend wagt sich bei einzelnen späteren Propheten die Vermutung hervor, daß Gott vielleicht auch den Nichtjuden ein freundlicher Lenker sei! Alles war da, alles war schon »vorbereitet«, aber Jesus war noch nicht da! Das Genie tut den letzten Spatenstich: Das, nicht mehr und nicht weniger, ist seine göttliche Mission auf Erden. Es sagt Dinge, die im Grunde jeder sagen könnte, aber es sagt sie so kurz und gut, so tief und empfunden, wie sie niemand sagen könnte. Es wiederholt einen Zeitgedanken, der in vielen, in allen schon dumpf schlummerte, aber es wiederholt ihn mit einer so bezwingenden Kraft und Einfachheit, daß er erst jetzt zum Gemeingut wird. Und vor allem: Es lebt seine Gedanken! Seneca argumentierte und deklamierte eifrig über Menschenliebe und stoische Bedürfnislosigkeit, aber das war der eine Seneca, der philosophische Autor Seneca: Der andere Seneca, der Seneca des Lebens, war der skrupellose Geldmacher und Millionär, der liebedienerische Genosse neronischer Verbrechen.

Eine zweite Gruppe von Einwänden beschäftigt sich mit den mancherlei Unwahrscheinlichkeiten, fabulösen und legendären Elementen, die die Evangeliengeschichten enthalten. Aber wenn von Jesus zum Beispiel berichtet wird, daß bei seinem Tode der Tag erlosch, daß er über das Meer wandelte und dergleichen, so kann das doch höchstens besagen, daß diese Angaben keine Zeugnisse für die Existenz Jesu sind, aber es besagt keinesfalls, daß sie Zeugnisse für die Nichtexistenz Jesu sind. Wenn über einen Vorfall übertriebene oder zumindest zweifelhafte Berichte einlaufen, so geht doch daraus noch nicht hervor, daß dieser Vorfall niemals stattgefunden hat. Aus der höchst unglaubwürdigen Erzählung, daß Kaiser Barbarossa im Kyffhäuser sitzt, läßt sich doch nicht ableiten, daß es niemals einen Kaiser Barbarossa gegeben hat; aus der Mitteilung Virgils, daß sich beim Tode Julius Cäsars die Sonne verfinsterte, hat noch niemand geschlossen, Julius Cäsar sei eine mythische Figur.

Ähnlich verhält es sich mit den Argumenten, die gegen das Zeugnis des Paulus gerichtet sind. Man sagt uns: Paulus hat in seinen Schriften niemals an einen wirklichen Menschen gedacht, sonst hätte er mit dem Wesen, das er Christus nennt, niemals so »ungeheuerliche Vorstellungen« verknüpfen, ihn den »zweiten Gott«, einen »himmlischen Geist« und dergleichen nennen können. Aber vollzieht sich im gläubigen Menschen dieses Wunder nicht heute noch alle Tage? Glaubt nicht heute noch jedes Kind und auch jeder Erwachsene, der noch rein und kindlich zu empfinden vermag, ein geliebter Toter sei nun ein »Engel im Himmel«? In welcher anderen Form soll sich denn echter Glaube äußern, gar wenn es sich um den größten, reinsten, gotterleuchtetsten Menschen handelt, der je gelebt hat? Woher kam denn dieser Magnetismus, der Paulus, den hartherzigen, gesetzesstrengen Schriftgelehrten, den hochgebildeten Schüler griechischer Zweifelphilosophie, plötzlich zwang, sein Leben von nun an dem Kultus eines Toten zu weihen, den er niemals körperlich erblickt hatte? Doch nicht daher, daß er Bücher über Platonismus gelesen hatte oder hie und da Zeuge des absurden und rohen Mithras-Kultes gewesen war? Es kam daher, daß Jesus gelebt hatte, ja daß er tatsächlich noch lebte, nicht als Lüge oder Fiktion, nicht als vage Erinnerung, sondern als eine reale Kraft in der Seele seiner Jünger, eine Kraft, die mindestens ebenso real ist wie Elektrizität, Radioaktivität oder sonst eine Ausstrahlung einer Energiequelle. Wenn zwanzig Jahre nach Napoleons Tode noch Menschen, die ihn gekannt und die ihn nicht gekannt hatten, sein Bild im Zimmer hängen hatten, sein Grab besuchten, sein Geburtsfest feierten, so wird jeder Vernünftige daraus allein schon schließen, daß es so etwas wie Napoleon unbedingt gegeben haben müsse. Immerhin könnte man noch sagen: das ist nicht zwingend; aber daraus zu schließen, daß es ganz offenbar keinen Napoleon gegeben habe, wäre doch wohl der Höhepunkt der Unlogik.

Ein weiterer Einwand lautet: Es fehlt fast ganz an außerchristlichen Zeugnissen über Jesus. Aber auch das hat nach der Lage der Dinge nichts Befremdendes. Wenn es in dem »aufgeklärten«, polizierten, schreibenden und druckenden, von Literatur ganz infizierten Zeitalter der Elisabeth möglich war, daß von dem größten Genius dieses Zeitalters jede öffentliche Urkunde spurlos verschwand, weshalb sollte auf dem Lande, wo man der Schrift unkundig war, unter Orientalen, die alles Geschehen nur in Legendenform aufzunehmen und aufzubewahren vermögen, unter einer tief verständnislosen, nur für Steuern interessierten und zum Teil auch sehr lässigen römischen Verwaltung nicht dasselbe möglich gewesen sein?

Freilich, Shakespeare ist ja doch auf uns gekommen und kein Vollsinniger bezweifelt, daß er gelebt hat. Er ist auf uns gekommen in der sichersten und untrüglichsten Form, in der der Genius sein Leben bezeugen kann: durch seine Geisteswerke. Und Jesus, der ein größerer Dichter war als Shakespeare, der mit einem viel komplizierteren, wertvolleren und gewaltigeren Material gedichtet hat: mit dem Leben, ist durch dieses sein Leben auf uns gekommen. So viele haben ihre Meldezettel, Geburtsatteste und Totenscheine und sind nicht gewesen, haben niemals gelebt vor dem Antlitz der Geschichte: Diese beiden und noch so manche andere sind von keinem Seelsorger, Magistratsbeamten und Bezirksarzt bescheinigt und leben noch heute.

Mit derselben Berechtigung könnte man auch die Existenz Buddhas leugnen und von einer »Buddha-Mythe« sprechen. Aber man hat es ja getan! Der französische Gelehrte Senart hat in seinem *Essai sur la légende du Buddha* tatsächlich den »Nachweis« geführt, daß die gesamte Buddha-Tradition nichts anderes sei als eine neue Einkleidung der uralten Natursage vom Sonnengott, eine Variation der bei allen Völkern des Altertums verbreiteten »Solarmythen«. Und so wird man immer wieder mit mehr oder weniger analytischem Scharfsinn versuchen, alles wahrhaft Göttliche und Überwirkliche, das in die Geschichte getreten ist, als ein Unwirkliches nachzuweisen, weil der platte und enge Hausmannsverstand des Durchschnittsmenschen nun einmal so beschaffen ist, daß er aus einer Art Selbsterhaltungstrieb nur das ihm Begreifliche als existent anerkennt und lieber das Höchste und Tiefste, das Sinnvollste und Vollkommenste aufgibt als – sich selbst.

Geschichte und Religion

Seit Jahrtausenden streiten die Menschen darüber, ob ein Schicksal die Welt regiere und ob dieses Schicksal wohlwollend oder böse, dumm oder weise oder vielleicht auch ganz blind und indifferent sei. Es hat Denker gegeben, die allen Ernstes behauptet haben, der Teufel habe längst über Gott gesiegt und throne nun für alle Zeiten über der Erde und ihren Geschicken. Es hat andere gegeben, die die nicht minder absurde Ansicht vertraten, die Vernunft sei etwas, das nur im menschlichen Gehirn existiere und mit der Natur und ihren Gesetzen nichts zu schaffen habe. Wieder andere sind der Meinung, es gebe zwar einen Gott, aber er kümmere sich um die Welt nicht, womit allerdings der Begriff Gott, den wir uns als eine tätige, schöpferische Kraft vorstellen, so ziemlich aufgehoben wird. Wenn man sich einmal die Mühe machen wollte, alles, was jemals über dieses Problem gedacht worden ist, übersichtlich zusammenzustellen, so würde man sicher finden, daß es keine Eventualität gibt, die nicht ihre leidenschaftlichen und scharfsinnigen Verfechter gefunden hat.

In dieses Chaos von Hypothesen kann man aber sogleich Ordnung bringen, wenn man sich vorstellt, daß sie nichts Zufälliges, nicht Sache der persönlichen Wahl und Willkür sind, sondern nur eine Zeichensprache, durch die sich eine bestimmte seelische Veranlagung nach außen zu projizieren sucht. Jeder Mensch und jedes Volk trägt seinen Gott und seinen Teufel in sich. »In deiner Brust sind deines Schicksals Sterne«: Dieses durch überhäufiges Zitieren bereits vollständig abgeplattete Wort ist sehr tief und aufschlußreich, wenn man es richtig versteht. »Gott regiert die Welt nicht draußen, sondern drinnen, nicht mit Schwerkraft und chemischer Affinität, sondern im Herzen der Menschen: Wie deine Seele ist, genauso ist das Schicksal der Welt, in der du lebst und handelst.« Dies wird deutlicher als beim einzelnen bei ganzen Völkern. Sie alle haben ihre Welt gemacht, und so wie sie sie gemacht hatten, mußten sie sie dann erleiden. Der Mensch kann zu vielerlei Göttern beten, und zu welchen er betet, das ist entscheidend für ihn und seine Nachkommen. Der Wilde tanzt um seinen Holzklotz, den er Gott nennt, und richtig, die Welt ist auch wirklich nicht mehr als ein dummer, toter Holzklotz; die Ägypter vergötterten die Sonne, die Tiere, den Nil, die ganze heilige Natur und blieben daher dazu bestimmt, immer nur ein Stück Natur zu bleiben, fruchtbar und tätig, aber stumm und überall gleich: Es gibt keine ägyptischen Individualitäten. Die Griechen, verspielt und leichtsinnig, wie sie waren, schufen sich eine Galerie von schönen, faulen, lüsternen und verlogenen Göttern und gingen an diesen Göttern zugrunde; der Inder, tief überzeugt von der Sinnlosigkeit und Unwirklichkeit des Daseins, beschloß, fortan nur noch an das Nichts zu glauben, und sein Glaube wurde Wahrheit: Durch den Wandel der Geschichte blieb dieses herrliche Land innerlich unberührt.

Man sagt häufig, das Christentum habe die Völker des Abendlandes einem gemeinsamen Glauben zugeführt, aber ist dem wirklich so? An der Oberfläche mag es wohl so aussehen, aber blickt man tiefer, so muß man sagen: Auch heute gibt es noch Nationalgötter und Nationalschicksale wie im Altertum. Dies ist es, was die Völker auch jetzt noch am tiefsten voneinander trennt, nicht Rasse, nicht Kostüm und äußere Sitte, nicht Staatsform und soziales Gefüge sind es. In Griechenland und Irland, in Portugal und Schweden liebt man Musik und die Straßenreinigung, hat man mehr oder weniger dieselben Anschauungen über Parlamentarismus, Feldbau, gesellschaftliche Formen und anderes; aber der Gott, der Gott ist überall ein anderer.

Es ist wahr, sie sind alle Christen: Aber das ist ja gerade die ungeheure Macht und Lebenskraft des Christentums, daß es jeder Zeit und jedem Volk etwas anderes zu sagen hat, daß es eine Form hat, in die sich alle Gedanken und Gefühle der Menschlichkeit einordnen lassen. Es wäre niemals Weltreligion geworden, wenn es sich in einer Bagatelle von neunzehnhundert Jahren ausleben könnte. Welche Gemeinsamkeit aber besteht zwischen dem »credo quia absurdum« Tertullians und dem fast mathematischen Rationalismus Calvins oder zwischen der Lehre der Satanisten (die nichts ist als gewendetes Christentum) und dem höchst familiären Verhältnis, das der Quäker zu seinem Gott hat? Und kann man es mit bloßem Zufall, mit der diktatorischen Laune eines Ludwig XIV. und eines Cromwell erklären, daß Frankreich dem Papismus erhalten blieb und England reformiert wurde? Der Gott Frankreichs war eben absolutistisch und der Gott Englands puritanisch.

Das war damals, in den Zeiten der Religionskriege. Heute ist – so wird behauptet – an die Stelle der Religion die Wissenschaft getreten. Faßt man aber den Begriff Wissenschaft richtig, so ist gegen diese Behauptung auch gar nichts einzuwenden. Wenn man nämlich die Wissenschaft ernst nimmt, so ist sie ebenfalls ein Glaube, eine Religion. Nimmt man sie nicht ernst, sieht man in ihr ein bloßes Gesellschaftsspiel mit Begriffen, Beobachtungen, Kenntnissen und Tatsachenreihen, so fällt sie in eine Kategorie mit allen anderen profanen Beschäftigungen. Auf keinen Fall jedoch läßt sich Wissenschaft, soweit sie Weltanschauung ist, eher beweisen als irgendeine religiöse Überzeugung. Sonst müßte zum Beispiel der Monismus, der ja behauptet, sich lediglich auf exakte Grundlagen zu stützen, bereits alle vernünftigen Köpfe erobert haben.

Goethe konnte sich niemals zur Kantischen Lehre bekehren, der am besten fundierten unter allen Philosophien, ganz offenbar aus persönlichen, aus religiösen Gründen. Und der Darwinismus fand bezeichnenderweise die meisten Anhänger unter den Atheisten, sehr begreiflich bei einer Theorie, die in der ganzen Natur eine große Handelsgesellschaft erblickt, deren Organisation durch skrupellose Konkurrenzkämpfe bestimmt wird.

Das Büchlein vom vollkommenen Leben

Es war im Jahre 1516. Luther war aus Rom zurückgekehrt und lehrte und predigte wieder in Wittenberg. Aber sein Herz war krank von Zweifeln. Noch glaubte er in aller Frömmigkeit an die große allgemeine katholische Kirche, aber seine Romreise hatte ihm die Augen darüber geöffnet, daß im Hauptsitz der Hierarchie vieles anders aussah, als der gläubige Deutsche sich dachte oder wünschte. Rom war keine heilige Stadt. Und dennoch: Ohne Rom gab es kein Heil für den Christen. In diesen Gewissenskämpfen fiel ihm ein kleines anonymes Buch in die Hände: *Das Büchlein vom vollkommenen Leben.* Er las es und sah, daß es ein notwendiges Buch sei. Daher gab er es sogleich neu heraus, zunächst in Bruchstücken, zwei Jahre später vollständig. Und sagte in der Vorrede: »Zuvoran vermahnet dies Büchlein alle, die es lesen und verstehen wollen, daß sie nit sich selbst mit vorschnellem Urteil übereilen, da es in etlichen Worten untüchtig erscheint und aus der Weise gewöhnlicher Prediger und Lehrer. Ja! es schwebt nit oben wie Schaum auf dem Wasser, sondern es ist aus dem Grund des Jordans von einem wahrhaftigen Israeliten erlesen, welches Namen Gott weiß.« Seitdem ist das Werk oft und oft in mannigfachen Überarbeitungen wieder erschienen. Und in neuester Zeit hat es Hermann Büttner, auf die alte Handschrift zurückgehend, im Verlag von Eugen Diederichs, abermals ans Licht gebracht, in vortrefflicher Übersetzung und gereinigter Gestalt.

Dieses kleine, nicht viel mehr als fünf Bogen umfassende Buch ist eines, das jedermann lesen müßte, ob hochgestellt oder niedrig, weise oder einfältig, gelehrt oder ununterrichtet, denn es wendet sich an jedermann; und das jedermann nicht bloß lesen, sondern sorgfältig studieren, innerlich nacherleben, am besten Wort für Wort auswendig lernen sollte. Denn es ist eines der schönsten Denkmäler menschlicher Höhe und Tiefe, Größe und Demut.

Der Verfasser, »welches Namen Gott weiß«, war ein Mitglied des Deutschritterordens. Das Buch ist um die Mitte des vierzehnten Jahrhunderts entstanden, jenes Jahrhunderts, das sicherlich die gespenstischste, unheimlichste Zeit war, die Deutschland jemals erlebt hat. Zerrissen von wilden Parteifehden der Fürsten und Ritter, in denen sich aber schon ganz neue soziale und politische Kräfte zum Wort meldeten: der emporblühende dritte Stand des Bürgertums und der Geldaristokratie, ja selbst der vierte Stand der Bauern, der in den siegreichen Kämpfen der Schweizer Eidgenossen sich zum ersten Mal als eine ernstzunehmende Macht erwies. Das Heilige Römische Reich erlebte die seltsame Farce eines gemeinsamen Doppelkaisertums; dann wieder wurde es jahrzehntelang von Böhmen aus regiert, zuletzt von Wenzel, einem dämonisch-pittoresken Halbnarren, Sadisten und Alkoholiker, dabei sehr gerissenen Diplomaten. Im Jahr 1348 begann eine furchtbare Pest, der »Schwarze Tod« genannt, ihren Zug durch ganz Europa, nirgends so furchtbar wütend wie in Deutschland. Flagellanten zogen durchs ganze Land, in allen Kirchen ihre schauerlichen Gebete anstimmend und sich bis aufs Blut geißelnd, um dadurch die Fürbitte der Gottesmutter zu erwirken. Diese Massenzüge der Geißelbrüder waren selbst eine Art Epidemie. Dazu kam noch eine dritte Volkskrankheit: jene sonderbare Tanzwut, die ganze Scharen dazu brachte, unter Anrufung des heiligen Veit in epileptische Drehungen zu verfallen. Allgemein traf der Verdacht, die Pest durch Brunnenvergiftung herbeigeführt zu haben, die beim Volke wegen ihrer Wuchergeschäfte tief verhaßten Juden, und es kam zu schrecklichen Judenmetzeleien, bei denen die Raubgier ein ebenso starkes Motiv war wie der Aberglaube. »Ihr Gut«, sagte ein zeitgenössischer Chronist, »war das Gift, das sie getötet hat.« Der Gemeinglaube der Menge war ein nur notdürftig maskierter Polytheismus. Überall trieben allerlei Mittelwesen zwischen Gott und Mensch ihr Wesen und Unwesen, und die Höllengeister erweckten mehr Angst und Ehrfurcht als die Heiligen. In weitverbreiteten Legenden spiegelte sich der Glaube an die allgegenwärtige und oft siegreiche Macht des Bösen.

Und zu diesen furchtbaren Verwirrungen der Körper und Seelen kam noch die Türkengefahr. 1360 wurde Adrianopel erobert, ein Menschenalter später folgte die Schlacht auf dem Amselfeld, die dem großserbischen Reich ein Ende bereitete. Noch in demselben Jahre bestieg Sultan Bajazeth, genannt Il Derim, der Wetterstrahl, den Thron, gewann bald darauf über die vereinigten Christenheere bei Nikopolis einen entscheidenden Sieg und tat den Schwur, er werde den Altar von Sankt Peter zu Rom zur Krippe für sein Pferd machen. Im Osten drohte das erstarkende Königreich Polen, im Norden die durch die Kalmarer Union geeinigten skandinavischen Reiche. Der ganze Geist der Zeit prägte sich eindringlich und klar in dem Kostüm aus, das damals aufkam. Schnabelschuhe, allerlei grotesker Kopfputz, Kapuzen, die oft nur Augen und Nase frei lassen, lange bis zum Boden hängende Schnüre und Quasten, vielfach geschlitzte und in grellbunten Farben gescheckte Wämser, zahlreiche Schellen am Gürtel und an den Ärmeln: Wir haben das stereotype Gewand des Narren vor uns, und es fehlt nichts als die Pritsche.

Es ist nicht verwunderlich, daß sich in vielen dieser verängstigten und verstörten Köpfe die Meinung festsetzte, der Teufel habe die Regierung über die Welt angetreten. Und dennoch war Gott nicht tot, er lebte so stark wie je in den Gemütern der irrenden und suchenden Menschen. Eine ganz neue, wilde und innige Frömmigkeit brach damals aus den tiefsten Wurzeln der Menschenseele hervor. Die Bewegung ging zunächst von den Mönchsorden aus, die sich mehr und mehr von dem verknöcherten und veräußerlichten Kirchenglauben emanzipierten, vor allen den Dominikanern und Franziskanern. Sie begannen, wie dies allemal der Fall ist, die Reform des christlichen Glaubens und Lebens mit der Rückkehr zu den urchristlichen Lehren und Sitten. Die Dominikaner vertraten eine mehr gemäßigte Richtung: Sie erklärten, der Mensch habe sich in der Nachfolge Christi auf »das Notwendige« zu beschränken; die Franziskaner machten jedoch vollen Ernst: Sie lehrten, niemand könne selig werden, der nicht der Welt entsage und danach strebe, in seinem Wandel ein Ebenbild der Apostel zu werden. Auf dem Gebiet der Predigt aber bewahrten umgekehrt die Franziskaner einen größern Zusammenhang mit der Welt, sie wollten vor allem ins Volk wirken und hielten daher vor allem auf Plastik und Eindringlichkeit, sie scheuten auch vor grobrealistischen und derbsatirischen Mitteln nicht zurück. Die Dominikaner dagegen sind die Schöpfer der deutschen Mystik geworden. Ihre größte Leuchte war Meister Eckhart, einer der tiefsten und universellsten Köpfe, die Deutschland hervorgebracht hat. Seine Lehre gipfelte in dem Satz: Durch völliges Aufgeben seiner »Kreatürlichkeit«, durch restloses Eingehen in Gott wird der Mensch selber gottgleich.

Aber auch außerhalb des Klerus regte es sich. Ein Kaufmann in Straßburg, Rulmann Merswin, griff auf die Urlehre von dem allgemeinen Priestertum aller Christgläubigen zurück und erklärte, der gottbegnadete Laie sei der berufenste Vermittler der himmlischen Gnade. Schlichte Männer aus dem Volke hatten allerlei bedeutsame Visionen. Und ein Element vor allem begann in die religiöse Bewegung einzugreifen, das bisher fast ganz im Hintergrund geblieben war: die Frauen. Bald entstanden auch Frauenorden, Beghinen, Betschwestern genannt, denen erst später die männlichen Begharden an die Seite traten. Alle diese Erscheinungen sind von einem großen gemeinsamen Grundwillen ins Leben gerufen worden: dem Willen, zu Gott zurückzufinden, nicht zu dem durch tausend äußere Zeremonien verdeckten und durch ein Gewirr spitzfindiger Syllogismen verdunkelten Kirchengott, sondern zu der tiefen, reinen und heitern Quelle selbst, aus der alles Leben fließt.

Die zwiespältige Stimmung, das Suchen und Finden dieser Zeit ist nirgends stärker zu spüren als in dem kleinen Buche des Frankfurter Deutschherrn. Es ist etwas in diesen .

· so scharf durchdachten und doch so kindlich einfältigen Sätzen, was an die Bilder Rogiers van der Weyden und der Brüder van Eyck erinnert: an jene ernsten hagern Männer und
herben zarten Frauen mit ihren schmalen Händen und
schmächtigen Brüsten, ihrer befangenen Körperhaltung und
schwerfällig bauschigen Gewandung – entrückte Wesen,
ganz in Wehmut und Andacht getaucht und dennoch getragen von einer ewigen seligen Gewißheit. Und die Welt,
die Welt der Dinge und Taten, ist nicht völlig abgetan oder
ignoriert, sie ist da, aber draußen. Durch die Gemächer
scheint sie herein, in zauberhaften Landschaftsformen,
Berge, Städte, Burgen, Flüsse, Schiffe, aber alles wie durch
ein Fernrohr gesehen, gleichsam nicht dazugehörig: Nur
wie eine unwirkliche Vision oder eine schattenhafte Erinnerung flattert sie um die Seele. Die Seele selber aber ruht
schon auf Erden in Gott. Man kann diesen Geist, der in dem
Büchlein vom vollkommenen Leben seinen reinsten Spiegel
gefunden hat, nicht besser und schöner charakterisieren als
mit den Worten, die der alte Kirchenhistoriker Karl von
Hase über das ganze ausgehende Mittelalter sagt: »Es ist
Nacht, aber gewissermaßen eine heilige Nacht, wie die von
Bethlehem.«

Der Deutschherr war einer der vielen »Reformatoren vor
der Reformation«. Die Gegenreformation, die schon in der
zweiten Hälfte des vierzehnten Jahrhunderts einsetzte, hat
alle diese Schriften unterdrückt. Aber all das Neue hat doch
weitergelebt, und das *Büchlein vom vollkommenen Leben,*
ein hundertmal gebannter Geist, ist den Menschen immer
wieder erschienen, wie das Beispiel Luthers zeigt. Und als
Luther in seinen spätern Jahren selber eine Art Kirchenfürst

wurde und sich zu manchen alten Dogmen und Zeremonien zurückwandte, hat das kleine Buch andre Verehrer gefunden. Es lebte in den Kreisen der Pietisten, es wurde ein Lieblingsbuch Schopenhauers. Und es wird noch oft wiederkehren und Herzen und Köpfe aufwecken, denn es ist ein Buch, das, ganz ebenso wie die Bibel, wirklich und wahrhaftig von Gott geschrieben ist.

Martin Luther

Wenn man versuchen will, die Persönlichkeit Luthers einigermaßen zu begreifen – und das ist für die Menschen des zwanzigsten Jahrhunderts schwieriger, als sie gemeinhin annehmen –, so wird man wohl zunächst von der Tatsache ausgehen müssen, daß er ein ausgesprochener Übergangsmensch war, in dem sich Altes und Neues in höchst seltsamer Weise mischte. Gerade diese eigentümliche Legierung aus Altem und Neuem ist ja vielleicht überhaupt der Stoff, aus dem die großen Erneuerer, die Reformatoren und Regeneratoren jeglicher Art gemacht sind, und wir werden diesem Typus noch öfter begegnen. Die Gründe für diesen paradoxen Sachverhalt liegen ganz nahe. Nur weil das Alte in allen diesen Revolutionären noch stark genug lebte, vermochte es in ihnen jenen inbrünstigen schöpferischen Haß zu erzeugen, der sie dazu anreizte und befähigte, die konzentrierte Kraft ihrer ganzen Existenz der Bekämpfung und Beseitigung dieses Alten zu widmen. Um etwas mit der tiefsten Leidenschaft bekriegen zu können, muß man aufs tiefste daran leiden können, und um daran wirklich leiden zu können, muß man es sein. Nur der Manichäer Augustinus konnte zum Kirchenvater werden; nur der Altaristokrat Graf Mirabeau konnte die Französische Revolution ins Rollen bringen; nur der Pastorssohn Friedrich Nietzsche konnte Antichrist und Immoralist werden; nur

Männer von so durchaus bürgerlicher Abstammung und Erziehung wie Marx und Lassalle konnten den Sozialismus begründen; und nur ein katholischer Priester konnte den Katholizismus in seinem innersten Kern auflösen. Wer Paulus werden will, muß vorher Saulus gewesen sein, ja im Grunde sein ganzes Leben lang ein Stück Saulus bleiben: Nur aus diesem immerwährenden Kampf gegen sich selbst und seine eigene Vergangenheit kann er die Kraft zum Kampf für die Zukunft schöpfen.

Luther war in seiner seelischen Grundstruktur noch eine durchaus mittelalterliche Erscheinung. Seine ganze Gestalt hat etwas imposant Einheitliches, Hieratisches, Steinernes, Gebundenes, sie erinnert in ihrer scharfen und starren Profilierung an eine gotische Bildsäule. Sein Wollen war von einer genialen dogmatischen Einseitigkeit, schematisch und gradlinig, sein Denken triebhaft, affektbetont, im Gefühl verankert: Er dachte gewissermaßen in fixen Ideen. Er blieb verschont von dem Fluch und der Begnadung des modernen Menschen, die Dinge von allen Seiten, sozusagen mit Facettenaugen betrachten zu müssen. Und doch sind gerade seine Tage durch das Heraufkommen differenzierter, verwickelter, polychromer Persönlichkeiten gekennzeichnet: Er ist der Zeitgenosse eines luziferischen Ironikers wie Rabelais und aller der großen italienischen Renaissancemenschen; aber auch unter seinen Landsleuten fand sich schon ein Weltmann und Diplomat von der seelischen Elastizität des Kurfürsten Moritz von Sachsen, ein Psychologe von der Buntheit und Subtilität des Erasmus, eine so oszillierende Mischfigur wie der Doktor Paracelsus. In Luthers Seele dagegen gab es keine Nuancen und Brechungen, sondern die

Kontraste lagen bei ihm noch so hart nebeneinander, wie wir dies beim mittelalterlichen Menschen gesehen haben: alles in starken Tinten, jäh wechselnd, ohne Verschmelzung und Übergang: düsterste Verzweiflung und hellste Zuversicht, strahlendste Güte und finsterster Zorn, mildeste Zartheit und rauheste Tatkraft. Dazu kommt noch als ein der neuen Zeit durchaus entgegengesetzter Zug das völlig Instinktmäßige, Elementare, Unreflektierte, das Luthers Handeln kennzeichnet. Der Rationalismus, den wir als das große Thema der Neuzeit erkannt haben, hatte über ihn keine Macht: Er verabscheute die Vernunft und ihre Werke wie nur irgendein Scholastiker und nannte sie »des Teufels Hure«, die neue Astronomie hat er abgelehnt, weil sie mit der Bibel nicht in Einklang stand, die großen geographischen Entdeckungen des Zeitalters sind an ihm spurlos vorübergegangen. Er war auch nicht »sozial« denkend, wie sein Verhalten im Bauernkrieg gezeigt hat, überhaupt Ordnungsfanatiker, immer auf der Seite der »Obrigkeit« und in allen gesellschaftlichen und politischen Fragen ein Anhänger der mittelalterlichen Gebundenheit.

Auch sein Leben zeigt nichts von jener mathematischen Planmäßigkeit und Überhelle, die das Grundmerkmal der modernen Geisteshaltung bildet: Die treibende Kraft in ihm war das Unbewußte; ohne daß er es gewollt hätte, war er plötzlich der Held der Zeit, ohne daß er es gesucht hätte, sprach er das Wort aus, das allen auf den Lippen lag: mit nachtwandlerischer Sicherheit ging er den Weg, auf dem schon so viele vor ihm gestürzt waren. Daß er inmitten einer gärenden, tastenden, zerrissenen Zeit ein Ganzer, noch ein Stück ungebrochener mittelalterlicher Kraft und Selbst-

gewißheit war, daß er mit dem Antlitz in ferne neue Zu-
kunften blickte, mit den Füßen aber fest und breit auf dem
alten ersessenen Boden stand, ebendies machte ihn zum
Führer und befähigte ihn, als ein zweiter Moses an der
Scheide zweier Weltalter die Fluten des Alten und des
Neuen mit seinem Zauberstab zu teilen. Er ist, um es mit
einem Wort zu sagen, der letzte große Mönch, den Europa
gesehen hat, ähnlich wie Winckelmann im Zeitalter des
sterbenden Klassizismus der letzte große Humanist und
Bismarck in der Ära des siegreichen Liberalismus der letzte
große Junker gewesen ist.

Aber anderseits hat Luther geistige Zusammenhänge gesehen, die erst in Jahrhunderten ihre volle lebendige Verwirklichung finden sollten. Das Moderne in Luthers Denken beruht im wesentlichen auf drei Momenten. Zunächst
auf seinem Individualismus. Dadurch, daß er die Religion
zu einer Sache des inneren Erlebnisses machte, hat er auf
dem höchsten Gebiete menschlicher Seelenbetätigung etwas
Ähnliches vollbracht wie die italienischen Künstler auf dem
Gebiete der Phantasie. In der Anweisung Luthers, daß jede
Seele sich ihren eigenen Gott aus dem Innersten neu erschaf-
fen müsse, lag die letzte und tiefste Befreiung der Persönlichkeit. Hiermit verband sich aber als zweites ein demo-
kratisches Moment. Indem Luther verkündete, daß jeder
Gläubige von wahrhaft geistlichem Stande, jedes Glied der
Kirche ein Priester sei, vernichtete er das mittelalterliche
Stellvertretungssystem, das der Laienwelt den Verkehr mit
Christus nur durch besondere Mittelspersonen: durch Christi Statthalter und dessen Beamtenhierarchie gestattet hatte,
und führte damit in das kirchliche Leben dasselbe Gleich-

berechtigungsprinzip ein, das die Französische Revolution später in das politische Leben brachte. Und drittens hat er dadurch, daß er das ganze profane Leben des Tages für eine Art Gottesdienst erklärte, ein ganz neues weltliches Element in die Religion gebracht. Mit der Feststellung, daß man überall und zu jeder Stunde, in jedem Stand und Beruf, Amt und Gewerbe Gott wohlgefällig sein könne, hat Luther eine Art Heiligsprechung der Arbeit vollzogen: eine Tat von unermeßlichen Folgen, mit der wir uns später noch etwas genauer zu beschäftigen haben werden.

Haeckel hat bekanntlich als »biogenetisches Grundgesetz« den Satz aufgestellt: Die Ontogenese, die Keimesgeschichte, ist die gedrängte Rekapitulation der Phylogenese, der Stammesgeschichte, das heißt: Der Mensch wiederholt im Mutterleib gleichsam in einem kurzen Auszug die gesamte Stufenreihe seiner Tierahnen von der Urzelle bis zu seiner eigenen Spezies. In ähnlicher Weise hat Luther den ganzen Entwicklungsgang der katholischen Kirche durchlaufen: Die Kirchengeschichte entspricht der Phylogenese, seine eigene Geschichte bis zum großen »Durchbruch« der Ontogenese. Er begann mit dem kompakten Glauben des frühen Mittelalters an die Wirksamkeit der Sakramente und der Heiligen, er ergab sich in Erfurt den Doktrinen der strengen Scholastik, er suchte im Augustinerkloster mit einer Inbrunst, die an Selbstvernichtung grenzte, das Heil in mönchischer Askese, in Beten, Frieren, Wachen und Fasten, er widmete sich in Wittenberg mit glühender Begeisterung den Lehren der Mystik, er wurde in Rom von der großen antiklerikalen Strömung erfaßt, die bereits seit Menschenaltern die Welt erschütterte, ohne noch im geringsten Anti-papist zu sein, und er hat erst als völlig ausgereifter Mann, auf der Höhe seines Lebens, den Bruch mit dem Papsttum und der alleinseligmachenden Kirche vollzogen.

Die große Krisis im Leben Luthers fällt in seine Klosterzeit. Er befand sich damals in jenem gefährlichen Alter, wo gerade genial veranlagte Menschen sehr häufig an sich und ihrer Existenzberechtigung völlig zu verzweifeln pflegen. Carlyle, der mit Luther manche Ähnlichkeit besitzt, hat diesen Zustand in seinem Roman *Sartor resartus,* einer Art Selbstbiographie, sehr anschaulich geschildert. Darin erzählt der Held von sich unter anderem: »Es war mir, als ob alle Dinge oben im Himmel und unten auf Erden mir nur zum Schaden wären und Himmel und Erde nichts weiter seien als der grenzenlose Rachen eines gefräßigen Ungeheuers, von dem ich zitternd erwartete, daß es mich verschlingen werde.« Aber als er eines Tages wiederum, von seinen Zweifeln gepeinigt, ruhelos durch die Straßen irrt, kommt ihm eine plötzliche Erleuchtung, die er seine »Bekehrung« nennt. »Mit einem Male stieg ein Gedanke in mir auf und fragte mich: Wovor fürchtest du dich eigentlich? Warum willst du ewig klagen und jammern und zitternd und furchtsam wie ein Feigling umherschleichen? Was ist die Summe des Schlimmsten, das dich treffen kann? Tod? Wohlan denn, Tod; und sage auch, die Qualen Tophets und alles dessen, was der Mensch oder der Teufel gegen dich tun kann und will! Hast du kein Herz? Kannst du nicht alles, was es auch sei, erdulden und als ein Kind der Freiheit, obschon ausgestoßen, selbst Tophet unter die Füße treten, während es dich verzehrt? So laß es denn kommen! Ich will ihm begegnen und ihm Trotz bieten. Und während ich dies dachte, rauschte es wie ein feuriger Strom über meine ganze Seele, und ich schüttelte die niedrige Furcht auf immer ab. Ich war stark in ungeahnter Stärke: ein Geist, fast ein Gott. Von dieser Zeit an war die Natur meines Elends eine andere.«

Dieser Zustand gänzlicher Ratlosigkeit und fast nihilistischer Resignation ist es, der im Leben fast aller großen geistigen Potenzen eine entscheidende Epoche bedeutet. Es ist die Übergangszeit, in der der werdende Geist sich einerseits nicht mehr rein aufnehmend zu verhalten vermag und anderseits noch nicht die klaren Richtlinien einer kommenden Produktivität gefunden hat. Man hat bereits den geschärften Blick für die Widersprüchlichkeit, Unvollkommenheit, ja Sinnlosigkeit so vieler Dinge und Beziehungen, und man hat noch nicht das, was allein diesem Pessimismus und der hohen Reizbarkeit, die die Vorbedingung alles genialen Schaffens bildet, die Waage zu halten vermag: das klare und sichere Bewußtsein einer Aufgabe. Die Unmöglichkeit, im bisherigen Zustand der Konvention, des Schülers zu leben, ist bereits erkannt, die Möglichkeit, schöpferisch zu wirken, eine eigene Welt zu gestalten und zu lehren, ist noch nicht erkannt. Das erschreckte Auge erblickt daher überall nur negative Instanzen. Es ist ein Stadium der völligen Selbstverneinung, der Selbstmordstimmung. Aber gerade darum vor allem müssen wir Luther ein Genie nennen, weil er, von allen erfolgreichen Reformatoren jener Zeit der einzige, sich in dämonischem Ringen eine eigene Welt aufgebaut hat.

Die Wurzel jener großen Verzweiflung, die Luther damals zu Boden drückte und fast zu vernichten drohte, war

460

die Angst vor Gott und seinem Gesetz. Es war dieselbe furchtbar aufwühlende Frage, die auch Paulus gepeinigt hatte, als er noch Pharisäer war: Wie kann ich den Zorn Gottes vermeiden, wie seinem Eifer und seinen so strengen, fast unerfüllbaren Geboten Genüge tun? Es war, wie man sieht, der Judengott, der Luther so entsetzlich schreckte. Wieder einmal wurde ein wahrhaftiger, für Kompromisse und Zweideutigkeiten nicht geschaffener Mensch durch jene schauerliche Paradoxie in Verwirrung gebracht, die durch das ganze Christentum geht, jenen ungeheuren Riß, den zu verkleistern bereits fünfzig Menschengenerationen vergeblich ihren Scharfsinn, ihr Wissen und ihren Glauben aufgeboten hatten: Er besteht darin, daß man einen rein national gedachten, nur den Interessen seiner Landsleute zugewandten, jede Konkurrenz unversöhnlich verfolgenden harten und herrischen Firmenchef, wie es der Judengott ist, mit Gott zu identifizieren suchte. Etwas Ähnliches hatten ja auch schon die Stoiker unternommen, indem sie behaupteten, Gott sei nichts anderes als der vergeistigte Zeus. Das eine ist so blasphemisch wie das andere. Ganz folgerichtig erklärten denn auch die Marcioniten, die klarsten und schärfsten Denker unter den frühen Christen, es existierten zwei Gottheiten, nämlich der »Demiurg«, der die Welt geschaffen habe (unter »Welt« verstanden sie »Juden« und erklärten daher den Weltschöpfer für etwas Bösartiges), und der »höchste Gott«, der zur Erlösung von der Welt seinen Sohn gesandt habe. Sie empfanden ganz richtig, daß, wenn man sich schon nicht entschließen könne, den Judengott ganz zu leugnen wie irgendeinen anderen Volksgott, die einzige logische Möglichkeit in der Annahme der Zweigötterei bestehe, einer Art Dualismus nach persischem Vorbild, wobei der Judengott natürlich den Geist der Finsternis vertritt; da aber eine solche Auslegung nichts war als ein maskierter Rückfall ins Heidentum, so konnte die Kirche sie natürlich nicht akzeptieren. Die Marcioniten (und andere) hatten übrigens auch vorgeschlagen, das Alte Testament einfach hinauszuwerfen, aber auch damit drangen sie nicht durch: Jehovah, auch darin ein echter Jude, ließ sich nicht hinauswerfen, und so ist bis zum heutigen Tage die reinste Religionslehre, die jemals in die Welt getreten ist und jemals in die Welt treten wird, verdorben und verwirrt durch das Gespenst eines rabiaten und nachträgerischen alten Beduinenhäuptlings.

Aber eines Tages erlebte auch Luther sein Damaskus. Nur rief ihm der Heiland nicht zu: »Warum verfolgst du mich?«, sondern: »Warum glaubst du dich von mir verfolgt? Mein Vater ist nicht Jehovah!« Er erkannte, daß der Christengott kein »gerechter« Gott ist, sondern ein barmherziger Gott, und daß der Inhalt des Evangeliums nicht das Gesetz ist, sondern die Gnade.

Es ist erschütternd, zu beobachten, daß Luther in der Zeit seiner inneren Kämpfe sogar eine Art Haß gegen Gott faßte: Es gab Augenblicke in seinem Leben, wo er Gott aus der Welt hinwegwünschte. Und in der Tat: Was man ganz und aus vollstem Herzen lieben soll, das muß man irgendwann einmal auch inbrünstig gehaßt oder doch einmal heiß und fast hoffnungslos umworben haben; und dies gilt gewiß auch nicht zuletzt von der Frömmigkeit: Erwirb, um zu besitzen! Im Grunde war Luthers Glaubenskampf der Kampf gegen das billige Weidebehagen und Kuhglück der in Gott

462

Saturierten, gegen die tiefe Unsittlichkeit, die in der gedankenlosen Unangefochtenheit und trägen Selbstverständlichkeit aller Durchschnittsreligiosität verborgen liegt.

Luthers Jugendgeschichte hat einen wahrhaft dramatischen Charakter; sein Mönchsgelübde unter Blitz und Donner, sein Thesenanschlag, die Disputation zu Leipzig, die Verbrennung der Bannbulle, seine Verteidigung auf dem Reichstag zu Worms: Das sind große Szenen von welthistorischem Wurf und Gepräge, die in starken und großzügigen Bildern die jeweilige Situation prägnant und unvergeßlich zusammenfassen. Und mit einem überwältigend sicheren Griff, der gleichfalls etwas Dramatisches hat, hat Luther die katholische Kirche gerade an jenem Mißstand gepackt, der nicht nur der aufreizendste und widersinnigste, sondern auch der ostensibelste und einleuchtendste war: am Ablaßhandel. Es hatte sich im Laufe der Zeit eine richtige Börse für Sündenvergebung entwickelt, alles hatte seinen Kurs: Meineid, Schändung, Totschlag, falsches Zeugnis, Unzucht, in Kirchen verübt; Sodomie notierte in Tetzels Instruktion mit zwölf Dukaten, Kirchenraub mit neun, Hexerei mit sechs, Elternmord (merkwürdig wohlfeil) mit vier. Ja man konnte sogar, nicht in der Theorie, wohl aber in der Praxis, für gewisse Sünden vorausbezahlen und sich sozusagen eine Art Ablaßdepot anlegen; und das ganze Geschäft war an große Bankhäuser und Handelsfirmen verpachtet, die mit ganz modernen Mitteln der Reklame und des Kundenfangs arbeiteten: Bei einer Verlosung in Bergen op Zoom waren zum Beispiel nebeneinander »köstliche Preise« und Ablässe zu gewinnen. Weiter konnte man die Entwürdigung und Merkantilisierung der Religion nicht treiben, und daß alle diese Usancen mit dem Christentum nichts mehr zu tun hatten, ja dessen offizielle und zynische Verleugnung und Verhöhnung bedeuteten, mußte auch dem einfachsten Kopf in die Augen springen.

Den Höhepunkt der publizistischen Wirksamkeit Luthers bezeichnet das Jahr 1520, wo er die drei kleinen, aber überaus gehaltvollen Schriften *An den christlichen Adel deutscher Nation, Von der babylonischen Gefangenschaft der Kirche* und *Von der Freiheit eines Christenmenschen* erscheinen ließ: Sie sind von einer Kraft und Tiefe, Gedrängtheit und Fülle, Klarheit und Ordnung, wie er sie später nie wieder erreicht hat. Er lehrt darin mit hinreißender Beredsamkeit, daß jeder Christ wahrhaft geistlichen Standes sei; daß der Papst mitnichten der Herr der Welt sei, denn Christus habe vor Pilatus gesagt: Mein Reich ist nicht von dieser Welt; daß als Sakrament nur gelten könne, was Christus selbst eingesetzt hat, nämlich Taufe, Buße und Abendmahl; daß durch die übrigen angemaßten Sakramente und die päpstlichen Ansprüche auf Weltherrschaft die Kirche unter die Botmäßigkeit einer ihr fremden und feindlichen Macht gelangt sei gleich den Juden in Babylon; daß ein Christenmensch ein ganz freier Herr aller Dinge sei und niemandem untertan und zugleich ein ganz dienstbarer Knecht aller Dinge und jedermann untertan: Das erste ist er durch den Glauben, das zweite durch die Demut. Dort allein ist ein wahrhaft christliches Leben, wo der Glaube wahrhaft tätig ist durch die Liebe, wo er mit Freudigkeit an das Werk der freiesten Dienstbarkeit geht, in der er den anderen umsonst und freiwillig dient. »Wer mag begreifen den Reichtum und die Herrlichkeit eines Christenlebens, das alle Dinge vermag und hat und keines bedarf, der Sünde und des Todes und der Hölle Herr, zugleich jedoch allen dienstbar und willfährig und nützlich!« Hier ist Luther in die Nähe seiner großen Jugendlehrer, der Mystiker, gelangt, und dies hat ihn auch befähigt, die große Streitfrage des Christentums nach dem Verhältnis des Glaubens zu den Werken mit der größten Reinheit und Einfachheit zu lösen; aber er hat später, durch kleinliche Reibereien und Ränke verbittert, in Arbeitsmühsal und Sektenpolemik verkalkt und vor allem aus Angst, mißverstanden zu werden (einer eines großen Genius unwürdigen Angst), diesen Gipfel wieder verlassen.

Daß aber diese große Bewegung nicht von dem gelehrten Paris, dem glänzenden Rom oder dem weltbeherrschenden Madrid ihren Ausgang nahm, sondern von der armseligen, eben erst gegründeten Universität Wittenberg, beruht auf der sonderbaren historischen Tatsache, daß es fast immer die Peripherie ist, die die neuen schöpferischen Kräfte entbindet und die bedeutenden geistigen Umwälzungen inauguriert. Auch das Christentum ist in einer verachteten kleinen Provinz des römischen Weltreichs geboren worden, der mosaische Monotheismus ist fern von den großen orientalischen Metropolen ans Licht getreten, und der Mohammedanismus hat in der arabischen Wüste seinen Siegeslauf begonnen. Und es war ebenso notwendig, daß Luther auch im sozialen Sinne ein Kind der Peripherie war, daß er aus niederem Stande, aus Dunkel und Nichtigkeit hervorging. Dies ist immer notwendig, wenn Gott sich, stark oder schwächer, leuchtend oder nur in leisem Schimmer, für alle Welt oder nur für eine kleine Gemeinde, in einem Menschen offenbart. Das Göttliche wandelt auf Erden überall in Knechtgestalt.

Wir sagten vorhin: Luther sei in vielem noch eine durchaus mittelalterliche Erscheinung gewesen. Und in der Tat: Er ist im höchsten Maße autoritätsgläubig, bis zur Blindheit. Er negierte zwar den Papst, aber »die Welt«, das hat schon sein Zeitgenosse Sebastian Franck erkannt, »will und muß einen Papst haben, dem sie zu Dienst wohl alles glaube, und sollte sie ihn stehlen oder aus der Erde graben; und nähme man ihr alle Tage einen, sie sucht bald einen anderen«. Luthers Papst war die Bibel. Was dort stand, war für ihn wörtlich und buchstäblich wahr, ohne die geringste Modifikation oder Einschränkung, und dabei führte er, wie gesagt, auch das Alte Testament überall mit sich, gleich einem unnützen Rudiment aus einer früheren Entwicklungsperiode, das längst seine Funktion verloren hat, und identifizierte das »Wort« mit seiner eigenen, oft irrtümlichen oder beschränkten Auslegung. Ein klassisches Beispiel für seinen engen Buchstabenglauben ist die berühmte Debatte über das Abendmahl auf dem Marburger Religionsgespräch. Als die Einsetzungsworte »τοῦτό ἐστι τὸ σῶμά μου, τοῦτό ἐστι τὸ αἷμά μου« zur Sprache kamen, erklärte Zwingli, sie seien nur symbolisch zu nehmen, das ἐστι sage hier keine Identität aus, sondern sei mit *significat* zu übersetzen. Hierüber ärgerte sich aber Luther sehr: Er klopfte während dieser Erörterungen fortwährend mit dem Finger unter den Tisch und wiederholte halblaut die Worte: *est, est.* Für ihn war eben nur die äußere grammatikalische Form maßgebend.

Und doch erkennen wir auch in diesem starren Wortaberglauben bereits den modernen Einschlag, der für Luther ebenfalls charakteristisch ist. Denn er ersetzt die bisherige oberste Instanz, den Papst, der eine lebendige Autorität von Fleisch und Blut war, durch die tote Autorität der »Schrift«, die aus Druckerschwärze und Papier besteht; an die Stelle des menschlichen Irrens und Rechtbehaltenwollens eines einzelnen tritt eine ganz unmenschliche Form der Irrlehre und Rechthaberei: die wissenschaftliche, an die Stelle der Theologie die Philologie (und schließlich sogar die Mikrologie), an die Stelle der heiligen Kirche das Unheiligste: die Schule. In der sich unwillkürlich vollziehenden Tatsache, daß im Mittelpunkt des Glaubens nicht mehr das Leben und Leiden des Erlösers steht, sondern der Bericht darüber, das »Buch«, erfüllt sich der Sieg des schreibenden, druckenden, lesenden, szientifischen Menschen, der die Neuzeit regiert, kündigt sich der Anbruch eines literarischen Zeitalters an. Auch die Sakramente wirken nach protestantischer Auffassung nicht mehr durch geheimnisvolle Magie, sondern lediglich durch das Wort. Kurz: Der Gutenbergmensch triumphiert über den gotischen Menschen. Von hier führt eine gerade Linie zur reinen Verstandeskultur und Verstandesreligion, zur »Aufklärung«. Luther selbst hat diese unvermeidlichen Konsequenzen weder selbst verkörpert noch auch nur vorausgesehen, aber die von ihm gegründete Kirche hat sie vollzogen; und auch seine eigene Wirksamkeit und Wirkung ist bereits ohne Druckerpresse nicht zu denken: Er ist der größte Publizist, den das deutsche Volk hervorgebracht hat, und die fünfundneunzig Thesen sind die erste Extraausgabe der Weltgeschichte.

Harnack sagt einmal in seiner Dogmengeschichte, Luther habe wie ein Kind im Hause der Kirche geschaltet. Dieses

Wort umreißt fast erschöpfend alle Stärken und Schwächen des Reformators. Sein Werk zeigt die Undifferenziertheit und Ungeschicklichkeit, Beschränktheit und Gedankenflucht, aber auch die Reinheit und Innigkeit, Herzensfülle und Unwiderstehlichkeit eines Kindes. Weil er ein Kind war, konnte er dem Volke eine Religion geben; weil er ein Kind war, vermochte er kein religiöses Lehrgebäude zu errichten. Und weil die treibende Kraft in ihm eine kindliche Impulsivität, Sprunghaftigkeit und Eigenwilligkeit war, entbehrte auch sein Wirken der Kontinuität und Folgerichtigkeit. Er ist später in vielen Punkten rezidiv, sich selbst und dem wahren Protestantismus untreu geworden. Protestantismus ist klarer mutiger Protest gegen jederlei Glaubenszwang, Formelwesen, Lippengläubigkeit, ist Rückkehr zur Reinheit der evangelischen Lehre und den Grundtatsachen des Christentums, ist Verwerfung jeglichen Mittlertums, das sich zwischen Gott und den Gläubigen stellen will, ist Frömmigkeit und Nachfolge Christi als wahres und alleiniges Priestertum; aber schon zu Luthers Lebzeiten und nicht ohne sein Dazutun ist ein großer Teil von alldem, in dessen Bekämpfung seine historische Mission bestand, wieder zurückgekehrt: Ein neues System klerikaler Herrschsucht und toter Anbetung äußerer Formen machte sich breit, ein neues Fassadenchristentum stand im höchsten Ansehen, eine neue Dialektik, die an Spitzfindigkeit und Widersinnigkeit die katholische weit hinter sich ließ, hielt ihren Einzug und verdunkelte das Evangelium zum zweitenmal und mit weit weniger großartigen Mitteln, und wiederum zerfiel die Menschheit in Christen erster und zweiter Klasse: Aber während der katholische Priester seine

Superiorität aus einer transzendenten Quelle schöpft, gründete sich die Hegemonie der protestantischen Pastoren und Theologen auf den viel armseligeren und gebrechlicheren Anspruch, vor dem Laien das wahre wissenschaftliche Verständnis der Bibel vorauszuhaben.

Und was konnte Luther, was konnten die Lutheraner denn von dem Phänomen des Heilands verstehen? Die Erscheinung Christi in ihrer Umwelt ist für ein modernes, überhaupt für ein europäisches Gefühl etwas gänzlich Fremdes, fast Unbegreifliches; es ist ein magisches Leuchten um sie, ein zauberhafter Opalglanz, in dem sich endlose braune Wüste, Fata Morgana, zitternde Mittagsstille spiegelt: eine Lebensform, die wir kaum mehr nachempfinden können, und darüber hinaus noch ein Abtun selbst dieser Lebensform. Die ganze glitzernde und doch so lautlose Buntheit, die unnachahmlich erhabene Schlichtheit und Eindeutigkeit des Orients ist im frühen Christentum und daneben ein fast hysterisches Mitfühlen mit dem Herzschlag jeglicher Kreatur und eine Negierung der eigenen Existenz, die mit solch klarer Entschiedenheit nur in der Seele sehr später Menschen zum herrschenden Pathos werden kann. Eine höchst primitive und zugleich uralte Kultur spricht aus den Evangelien: die Einfachheit des Naturmenschen, vereinigt mit der Weisheit des Jahrtausendmenschen. Ein Luther kann den Christusglauben vom obersten Überzug jahrhundertelanger barbarischer Mißverständnisse reinigen, er kann ihn konzentrieren, vereinfachen, handlicher und übersichtlicher machen, der Rationalisierung entgegenführen; aber die unendliche Zartheit, Fragilität und Hyperästhesie dieser Seelenwelt kann ein kerngesunder deutscher

Bauer, die funkelnde exotische Farbenpracht dieser Bilder-
welt kann ein biederer sächsischer Theologieprofessor, die
abgrundtiefe Urweisheit dieser so selbstverständlich im Unendlichen wohnenden Glaubenswelt kann der Sohn einer
anbrechenden Zeitungskultur nicht nacherleben.

So ist auch Luthers Bibelübersetzung eine Leistung, die
man, je nach dem Gesichtspunkt, von dem aus man sie betrachtet, als mißlungen oder als ein Meisterwerk bezeichnen
kann. Von dem Duft, dem Lokalkolorit, dem ganzen Am-
biente der biblischen Welt, ja selbst von den Gefühlen und
Gedanken der Verfasser ist nicht allzuviel hinübergerettet
worden: Aber dafür ist es Luther gelungen, mit seiner in jederlei Sinn verdeutschten Bibel das deutscheste Buch der
deutschen Literatur zu schreiben. Man hat daher oft die
überschwengliche Behauptung aufgestellt, er sei der Schöpfer des Neuhochdeutschen gewesen, und eine Autorität vom
Range Jacob Grimms hat dieser Ansicht zugestimmt: »Luthers Sprache«, sagt er, »muß ihrer fast wundervollen Reinheit, auch ihres gewaltigen Einflusses halber für Kern und
Grundlage der neuhochdeutschen Sprachniedersetzung gehalten werden.« Nun läßt es sich ja anderseits nicht leugnen,
daß Luther, wie er selbst ausdrücklich betont hat, die sogenannte »Sprache der sächsischen Kanzlei« geschrieben hat,
eine Art Einheitsidiom, das, zwischen Mitteldeutschem und
Süddeutschem die Mitte haltend, bereits um 1350 von der
Kanzlei der luxemburgischen Könige in Prag begründet
wurde und sich von da über die anderen deutschen Hof-
kanzleien verbreitete. Aber es ist doch zweierlei zu berücksichtigen: erstens, daß es zur Zeit Luthers im Volke tatsächlich noch keine Gemeinsprache gab, sondern nur eine

Unzahl von Dialekten, und nur durch die außerordentliche Verbreitung und Wirkung seiner Schriften, vor allem seiner Bibel, diese Einheitssprache allmählich in weite Kreise drang und als allgemeines Schriftdeutsch akzeptiert wurde, und zweitens, daß dieses Gemeinsächsisch eben nichts anderes war als ein trockener, schwerlebiger und wortarmer Kanzleijargon, während Luther derselben Sprache das Höchste und Tiefste, Stärkste und Zarteste an Ausdruck entlockt und sie zum Organ für alle erdenklichen Bewußtseinserlebnisse gemacht hat. Er hat aus dem Material, das er vorfand, gerade das Gegenteil eines Kanzleistils geschaffen, indem er, wie er selbst in seinen *Tischgesprächen* erzählt, die Mutter im Hause, die Kinder auf der Gasse, den gemeinen Mann auf dem Markte befragte und ihnen aufs Maul sah, wie sie redeten: Auf diese geniale Weise hat er mit einem Einfühlungs- und Nachahmungstalent, das dem schauspielerischen verwandt ist, das Kunststück zuwege gebracht, die subtilsten und gelehrtesten Dinge so gut wie die einfachsten und alltäglichsten in einer Sprache voll Natürlichkeit, Lebendigkeit, Verständlichkeit und Schlagkraft zur Darstellung zu bringen: Wir stoßen hier wiederum auf jene eigentümliche dramatische Begabung, die Luther innewohnte; sie äußert sich auch in seinen Lehr- und Streitschriften, die, indem sie immer einen fiktiven Gegner supponieren, einen unterirdischen Dialogcharakter an sich tragen und hierin an Lessing erinnern. Und so dürfte es denn in der Tat nicht zuviel gesagt sein, wenn man behauptet, daß ohne Luther Deutschland heute höchstwahrscheinlich ein zweisprachiges Land wäre, das zur einen Hälfte niederdeutsch und zur andern Hälfte oberdeutsch reden würde.

Auch Luthers nicht geringe Musikalität spricht aus seinem Stil: Vor allem ist er ein Meister des kunstvoll gesteigerten Furioso. Er hat auch einige seiner Kirchenlieder selbst komponiert, spielte Laute und Flöte, verstand und würdigte polyphone Sätze und war ein großer Verehrer der niederländischen Kontrapunktiker; er hat den deutschen Kirchengesang zu einem festen Bestandteil des protestantischen Gottesdienstes gemacht und wollte ihn auch fleißig in der Schule geübt wissen. Bei jeder Gelegenheit preist er mit begeisterten Dankesworten die »Musica«, die »herrliche schöne Gabe Gottes, nahe der Theologia«.

Wenn wir uns aber zu den übrigen Künsten begeben, so stoßen wir bereits auf die großen Beschränkungen dieses großen Mannes. Schon zur Poesie hatte er kein rechtes Verhältnis. Von allen Dichtungsgattungen schätzte er am höchsten die didaktische Fabel, weil sie am nützlichsten sei zur Erkenntnis des äußeren Lebens: eine ziemlich banausische Ansicht, die aber in der Zeit lag. Ähnlich utilitaristisch äußerte er sich über das Drama: Die Komödien des Terenz seien ein lehrreicher Spiegel der wirklichen Welt, die lateinischen Schuldramen eine gute Sprachübung, die geistlichen Spiele ein wirksames Mittel zur Verbreitung der evangelischen Wahrheit. Die bildende Kunst scheint für ihn überhaupt nicht existiert zu haben. Er reiste im Jahr 1511, zur Höhezeit der Renaissance, über Oberitalien nach Rom; aber er findet kein einziges Lobeswort für die Schönheit der Kunstwerke: In Florenz imponieren ihm am meisten die sauber eingerichteten Spitäler, und in Rom beklagt er bloß, daß für die Bauten so viel Geld aus Deutschland fließe; auch am Kölner Dom und am Ulmer Münster interessiert ihn nur die schlechte Akustik, die den Gottesdienst erschwere. Und für die geschichtliche Größe Roms scheint er ebensowenig Verständnis gehabt zu haben wie für die künstlerische, ja er scheint überhaupt, im Gegensatz zu seinem Freund Melanchthon, gänzlich des historischen Sinnes entbehrt zu haben. Von Julius Cäsar sagt er zum Beispiel, er sei »nur ein Affe« gewesen; Cicero rühmt er als einen Weisen, der Aristoteles weit übertroffen habe, denn er habe seine Kräfte dem Staatsdienst geweiht, aber Aristoteles sei nur ein »müßiger Esel« gewesen: Derartige Urteile über das größte strategische und politische Genie des alten Rom und über den umfassendsten und tätigsten Geist des alten Hellas, der das gesamte antike Wissen versammelt, geordnet und dargestellt und darüber hinaus noch ein halbes Dutzend neuer Wissenschaften begründet hat, kann man doch wohl nicht mehr mit »Subjektivismus«, sondern nur mit einer völligen Blindheit für historische Zusammenhänge erklären.

Dieser essentielle Mangel an geschichtlichem Verständnis hat sich am krassesten in seinem Verhalten gegen die aufständischen Bauern gezeigt, wodurch ein häßlicher Fleck auf sein ganzes Leben gefallen ist. Der Bauernkrieg war der größte Versuch einer sozialen Revolution, den Deutschland jemals erlebt hat, und nur die rohe Undiszipliniertheit der Bauern und die dünkelhafte Eifersucht ihrer Führer hat verhindert, daß sie zum Ziele gelangte. Sie ging, wie wir bereits erwähnt haben, von urchristlichen Ideen aus und richtete sich in erster Linie gegen die reiche Hierarchie, viel weniger gegen die weltlichen Fürsten, gar nicht gegen den Adel; und vom Kaiser hoffte man sogar, daß er sich an die Spitze der Bewegung stellen werde. Auch von Luther, der immer die

Rückkehr zum Evangelium gepredigt hatte, nahm man dies als ganz selbstverständlich an. Das Gefährlichste an der Erhebung war, daß sie sich von allem Anfang an keineswegs auf das flache Land beschränkte, sondern auch auf die Städte übergriff, wo unter den proletarischen Elementen längst eine heftige Gärung bestand, dazu kam noch die große Zahl der armen Geistlichen, kurz, es handelte sich um eine Bewegung des ganzen vierten Standes von außerordentlicher Breite und Tiefe.

Die berühmten »zwölf Artikel« vom Jahr 1525 stellten noch durchaus gemäßigte Forderungen: Die Gemeinde soll sich ihren Pfarrer selbst wählen dürfen; der Kornzehnte soll bestehen bleiben, die übrigen Abgaben aber nicht mehr; die Leibeigenschaft soll aufgehoben werden, Jagd, Fischfang und Beholzung sollen frei sein. Daran schlossen sich im weiteren Verlauf der Revolution noch einige andere sehr vernünftige Postulate: Maß- und Münzeinheit für ganz Deutschland, Abschaffung aller Zölle, Reform des Gerichtswesens. Für die aus diesen Neuordnungen fließenden Verkürzungen sollten die Adeligen aus den Kirchengütern entschädigt werden, deren vollständige Säkularisation einen der wichtigsten Programmpunkte bildete. Die Gegner wollten sich jedoch zu keinerlei Konzessionen herbeilassen, und so kam es zum Krieg: »Gleichwie die Bienen, wann sie stoßen« strömten von allen Seiten die Bauern zusammen. Die Städte leisteten keinen ernsthaften Widerstand; binnen wenigen Wochen unterwarfen sich alle Fürsten in Franken und am Rhein; ein großes Bauernparlament wurde nach Heilbronn berufen, um über eine vollständige Reform des Reiches zu beraten. Gleichzeitig machte in Thüringen eine um

474

vieles radikalere Gruppe von kommunistischer Tendenz, die »Wiedertäufer« unter der Führung Thomas Münzers, siegreiche Fortschritte. Hätten sich damals die Franken mit den Thüringern zu einem Hauptschlag vereinigt, so wäre eine Niederlage der »Weißen« kaum zu vermeiden gewesen; aber sie verzettelten und zerstückelten ihre Kräfte in Belagerungen und Plünderungen und wurden in allen sieben Schlachten, die nun rasch aufeinander folgten, gänzlich geschlagen, hauptsächlich durch die Reiterei, an der es ihnen überall fehlte. Im September des Jahres war der Aufstand bereits vollständig niedergeworfen. Aber die Borniertheit, Grausamkeit und Selbstsucht, mit der die Bauernfrage im Bauernkrieg behandelt worden ist, zieht ihre Folgen durch alle kommenden Jahrhunderte, ja sie steht indirekt auch im Zusammenhang mit der heutigen Verwirrung.

In dieser großen Entscheidungsstunde des deutschen Volkes hat Luther vollkommen versagt. Er zitiert Jesus Sirach: »Dem Esel gehört sein Futter, Last und Geißel« und meinte damit den Bauern: Er sah also im Landmann nicht den Ernährer, sondern das Lasttier der menschlichen Gesellschaft. Greueltaten sind im Bauernkrieg auf beiden Seiten verübt worden, aber sicher mehr von der Gegenpartei, auch gehörten sie als etwas Selbstverständliches zum Charakter der Zeit. Daß Luther sich im Krieg extrem feindlich gegen die Bauern zeigte, ließe sich noch einigermaßen daraus erklären, daß er von ihrem Betragen ganz einseitige Schilderungen empfangen hatte und außerdem einen nicht unberechtigten Unwillen darüber empfinden mußte, daß seine rein religiöse Sache politisiert wurde; aber völlig unverzeihlich ist es, daß er diese übelwollende Haltung schon vor dem

Ausbruch der Feindseligkeiten einnahm. In seiner Erwiderung auf die zwölf Artikel lehnt er fast alle darin enthaltenen Ansprüche rundweg ab. Zu der durchaus billigen Forderung, daß vom Zehnten fortan die Pfarrer bezahlt und von dem Rest die Armen der Gemeinde unterstützt werden sollen, bemerkt er: »Dieser Artikel ist eitel Raub und Strauchdieberei, denn da wollen sie den Zehnten, der nicht ihr ist, sondern der Obrigkeit, zu sich reißen und damit machen, was sie wollen. Wollt ihr geben und Gutes tun, so tut es von eurem Gute« (als ob der Zehnte, diese höchst ungerechte und drückende Auflage, die oft ein Drittel des Einkommens betrug und niemals irgendeinem gemeinnützigen Zwecke zugute kam, nicht ebenfalls das Gut der Bauern gewesen wäre!), und die Leibeigenschaft erklärt er für eine durchaus gottgefällige Einrichtung, wobei die zu allem brauchbare Bibel als Argument herhalten muß, denn auch Abraham habe Leibeigene gehabt, und Paulus lehre, daß jeder in dem Beruf bleiben solle, zu dem er berufen worden sei. Aber auch später, als er schon einigen Anlaß zur Mißbilligung hatte, hat er sich zum mindesten im Ton vergriffen. In seiner Schrift *Wider die räuberischen und mörderischen Bauern* heißt es: »Hohe Zeit ist's, daß sie erwürgt werden wie tolle Hunde« und: »Hie soll zuschmeißen, würgen und stechen, heimlich oder öffentlich, wer da kann… Solche wunderliche Zeiten sind jetzt, daß ein Fürst den Himmel mit Blutvergießen besser verdienen kann denn andere mit Beten.« Hier steckt der rohe Heide, Barbar und Gewaltmensch, der, nur mühsam gebändigt, auf dem Grunde von Luthers Seele hauste, seinen Kopf hervor, und wir stoßen auf die erschreckende Tatsache, daß in diesem gottverlassenen sechzehnten Jahrhundert, das als die große Epoche der Erneuerung des Christentums gilt, die Christen überhaupt ausgestorben waren.

Das Schlimmste an dem ganzen Handel aber war, daß Luther in seinem verblüffend brutalen und unvernünftigen Vorgehen zu einem guten Teil durch Opportunismus bestimmt war. Nun ist ja Opportunismus eine Eigenschaft, mit der man nicht allzu streng ins Gericht gehen soll, sie ist zu menschlich, als daß man sie sehr tadeln dürfte, und sie ist oft gerade eine Schwäche der starken Geister, die, in ihren eigenen Kreisen lebend und um deren Störung ängstlich besorgt, nur zu oft um ihrer inneren Ruhe und Freiheit willen zum Paktieren mit den Prätensionen der Außenwelt geneigt sind. Weder Goethe noch Schiller, weder Kant noch Schopenhauer, weder Descartes noch Galilei waren frei von Opportunismus. Daß vollends jeder staatsmännische Geist opportunistisch orientiert sein muß, ja daß seine Lebensfunktion im Grunde in nichts anderem besteht als in der Betätigung eines mehr oder minder treffsicheren, akkommodationsmächtigen und weitblickenden Opportunismus, ist völlig klar. Aber man wird doch sagen dürfen: Einer darf niemals Opportunist sein: der Reformator! Denn dies ist ja eben sein innerster Beruf, seine tiefste Mission, nicht zu lavieren, Kompromisse zu schließen, »einzulenken«, »sich auszugleichen«, sondern ein bestimmtes Lebensideal, das von seiner ganzen Seele tyrannisch Besitz ergriffen hat, ohne die geringste Konzession und Einschränkung der Praxis aufzuzwingen. Jeder Reformator ist ein Monomane.

Auch Luther war es anfangs, und darauf allein beruhte seine Macht über die Zeitgenossen und seine Nachwirkung in der Geschichte. Später bog er um, verließ sich nicht mehr auf seinen gesunden Instinkt für das Rechte und Wahre, der seine stärkste Potenz war, sondern versuchte es mit allerlei Mittelwegen und Finessen der Diplomatie, die seine schwächste Seite war. Vielleicht glaubte er damit der »Sache« zu nützen, die Ausbreitung der protestantischen Kirche zu erleichtern, aber er vergaß dabei, daß seine Sache, für die Gott ihn in die Welt gesandt hatte, in etwas ganz anderem bestand: nämlich darin, jeweils immer das auszusprechen, was in ihm war, ohne Milderung, ohne Abzug, ohne Rücksicht nach rechts und nach links. Vielleicht lag der Grund für sein so plötzliches Erschlaffen auch in einem gewissen taedium vitae, das ihn merkwürdig früh ergriff: Schon im Jahr 1530 schrieb er an Ludwig Senfl, den bedeutendsten Kirchenmusiker des damaligen Deutschland: »Fürwahr, ich glaube, daß mein Leben bald zu Ende geht. Die Welt haßt mich und kann mich nicht leiden; mich hingegen ekelt die Welt an, ich verachte sie.« Er gehörte wahrscheinlich zu jenen vulkanischen Naturen wie Herder, Rousseau oder Nietzsche, die sich in einigen gewaltigen Eruptionen aufbrauchen und keinen Herbst haben.

Michel de Montaigne

In den Schlössern des sechzehnten Jahrhunderts hat sich die Oberschicht der Vornehmen und Geistigen, die auf den Gipfeln wandeln, ein strahlendes Symbol errichtet; diese Bauwerke sind genauso wie die Weltanschauung und Lebensform dieser Menschen: heiter und elegant, aber etwas prosaisch; voll Licht und weiter Aussicht, aber ohne rechte Wärme; wohlklingend und klar gegliedert, aber ohne den grandiosen Wurf ihrer italienischen Vorbilder; bilderreich und kostbar kassettiert, aber von sparsamer Innenarchitektur; luftig und geräumig, aber ein wenig kahl wirkend; und eben doch Schlösser: isoliert, abgeriegelt und auf sich selbst gestellt. Man wird vielleicht schon bemerkt haben, daß wir von Montaigne reden.

Bei den zünftigen Historikern der Philosophie, soweit sie sich überhaupt dazu herablassen, sich mit einem so unphilosophisch klaren und weltkundigen Denker zu befassen, figuriert Montaigne als der Typus des Skeptikers. Allein bei Montaigne fließt die Skepsis nicht aus einseitiger Verneinung, sondern aus allseitiger Bejahung: Er ist der Mensch, der zuviel weiß, um noch etwas Positives behaupten zu können, der keinen bestimmten Standpunkt einzunehmen vermag, weil er alle Standpunkte einzunehmen vermag, dessen Denkapparat zu weiträumig ist, um an Platzmangel zu leiden: nämlich an einem »System«.

Der Skeptiker im Sinne Montaignes ist ein leidenschaftlicher Freund der goldenen Mitte, er ist das »Zünglein der
Waage«, wie Emerson sagt. Er will weder die Welt beherrschen noch sich ihr willenlos hingeben, er will sie betrachten. Sein Wahlspruch ist Dantes wunderbares Wort: *Non
ci badar, guarda e passa!* Blick hin und geh vorüber: Das ist
die beste Stellung, die man zum Weltlauf einnehmen kann.
Oder wie Byron gesagt hat: »Ich betrachte mich als ein
Wesen, das von der Hand Gottes in die Mitte eines großen
Theaters gesetzt wurde.« Der Skeptiker weiß alles, versteht
alles und belächelt alles. Der Idealist nimmt die Wirklichkeit nicht ernst. Demgegenüber sagt der Realist zum Idealisten: Ich nehme deine Welt der Ideen nicht ernst. Und der
Skeptiker nimmt alle beide nicht ernst. Für ihn ist die Welt
nichts als eine ewige Schaukel. »Alle Dinge schaukeln ohne
Unterlaß«, heißt es in den *Essays,* »die Erde, die Felsen des
Kaukasus, die ägyptischen Pyramiden. Die Beständigkeit
selbst ist nichts als eine schwächer geschwungene Schaukel.« Montaignes Gemütsart war eine wohltätige Mischung
aus behaglicher Lebensfreude und einem beunruhigenden
Hang zur Introspektion. »Ich bin von Haus aus nicht me-
lancholisch, sondern nur grüblerisch« sagt er von sich selbst.
Das Leben an sich ist in seinen Augen weder ein Gut noch
ein Übel, »es ist der Raum des Guten und des Übels, je
nachdem, was du hineinlegst«: ein Gedanke, den wir bei
Shakespeare wiederfinden. Und »in Bereitschaft sein« ist
auch ihm alles: »Ich singe und sage mir beständig vor: Alles,
was eines Tages geschehen kann, kann noch heute geschehen.« Er war zweifellos ein Stoiker, aber der liebenswür-
digste und menschlichste, der je gelebt hat. Den letzten

Zweck des Daseins erblickt er im Vergnügen: »Selbst bei der Tugend ist das Endziel, auf das wir es abgesehen haben, die Wollust. Dieser Wollust sollten wir den Namen des angenehmsten, süßesten und natürlichsten Genusses geben.« Er war also zweifellos ein Epikureer, aber einer der spirituellsten und veredeltsten, die je gelebt haben. Der Zentralzweck seiner ganzen Philosophie aber war die Selbstbeobachtung und Selbstschilderung: »Ich studiere mich selbst; das ist meine Metaphysik und Physik.« Und der Mensch, an der Hand Montaignes auf sich selbst gelenkt, auf die liebevolle und rücksichtslose Erforschung seiner Besonderheiten und Idiotismen, Irrationalismen und Paradoxien, Zweideutigkeiten und Hintergründe, muß notwendig zum Skeptiker werden, indem er erkennt, daß er sich nicht auskennt.

Der von Montaigne geschaffene Typus des heiteren Weltmenschen, der starke Neigungen mit schwachen Überzeugungen verbindet und stets gleich bereit ist, zu genießen und zu sterben, begegnet uns allenthalben in den höheren Kreisen, doch waren nur die wenigsten imstande, der Gefahr der moral insanity zu entgehen, die in jedem konsequenten Skeptizismus verborgen liegt; auch haben sie Montaignes tapferen Wirklichkeitssinn zumeist zu massiv genommen. Aber sie alle haben Montaigne im Blut, sowohl seinen Zweifel wie seinen Sensualismus: der selbstprüferische und menschenkennerische Wilhelm von Oranien, dessen sprichwörtliche Schweigsamkeit nichts war als Skepsis, nämlich die Erkenntnis, daß das Wort die Wahrheit tötet, und der, obgleich der stärkste Vorkämpfer des Protestantismus, im tiefsten Innern in Glaubensdingen völlig gleichgültig war; die kühle Realpolitikerin Elisabeth, die als »Hort der Reformation« gepriesen wurde und gleichwohl ebenso neutral empfand; die sogar politisch völlig parteilose Katharina von Medici, die, mit der Leidenschaft einer Morphinistin nach dem Opiat der Macht lechzend, nur um jeden Preis herrschen will: ob durch Guisen oder Hugenotten, Spanier oder Franzosen, Adel oder Volk, ist ihr völlig gleichgültig; der ebenso blind machtgierige Essex; der »spottlustige« Cecil; der konfessionell, obschon nicht religiös indifferente Kepler; vor allem aber Heinrich der Vierte, der größte Regent des Zeitalters: Er durchschaut mit seinem souveränen Scharfblick beide Parteien, wie sie wirklich sind, erkennt, daß sie so, wie sie sind, alle beide unrecht haben, und vermag so beiden gerecht zu werden. Daneben aber macht er die ebenso sachliche Erkenntnis, daß die kompakten Genüsse des Daseins: schöne Weiber und Kleider, Landhäuser, Gärten und Pferde, guter Wein und ein Huhn im Topf auch nicht zu verachten sind. Aber auch Hamlet hat Montaigne gelesen und gelangt durch ihn zu der sehr tiefen Einsicht, daß jeder Handelnde, indem er Partei ergreift, notwendig beschränkt, ungerecht, grausam sein muß, daß die Tat der Unsinn ist.

Voltaire

M an kann für jedes Volk, für jedes Zeitalter einen Ge-
neralrepräsentanten finden, aber auch für kleinere
Segmente: für jeden Stamm, jede Stadt, jede Saison. Der
Kreis, den Voltaire vertrat, hatte den denkbar größten Ra-
dius: Voltaire ist die Essenz ganz Frankreichs und des ganzen achtzehnten Jahrhunderts. Und infolgedessen war er
auch ein Kompendium aller Mängel und Irrtümer, Un-
tugenden und Widersprüche seines Volkes und Zeitalters.
Wenn er, wie Goethe in seinem schönen Gleichnis andeu-
tet, wirklich alle verstreuten Familienmerkmale in seiner
Physiognomie zusammengefaßt hat, so ist es vollkommen
unsinnig, ihm einen Vorwurf daraus zu machen, daß sich
darunter auch Schönheitsfehler befanden.

Goethe sagt an einer anderen Stelle, in *Dichtung und
Wahrheit:* »Voltaire wird immer betrachtet werden als der
größte Name der Literatur der neueren Zeit und vielleicht
aller Jahrhunderte; wie die erstaunenswerteste Schöpfung
der Natur.« Dies empfanden, ein seltener Fall in der Geistesgeschichte, seine Zeitgenossen in fast noch höherem
Maße als die Nachwelt, was eben daher kam, daß sie in ihm
ihren unvergleichlichen Dolmetsch erblicken mußten. Er
war eine Sehenswürdigkeit ersten Ranges; man reiste von
weither nach seinem Landsitz Ferney wie zum Anblick
eines Bergriesen oder einer Sphinx. Als er einmal einen

Engländer, der sich durchaus nicht abweisen lassen wollte, mit einem Scherz loszuwerden suchte, indem er ihm sagen ließ, die Besichtigung koste sechs Pfund, erwiderte dieser augenblicklich: »Hier sind zwölf Pfund, und ich komme morgen wieder.« Wenn er auf Reisen war, verkleideten sich junge Verehrer als Hotelkellner, um in seine Nähe gelangen zu können. Als er kurz vor seinem Tode von der Pariser Aufführung seiner *Irène* nach Hause fuhr, küßte man seine Pferde.

Und obgleich seitdem schon fünf Generationen vorübergegangen sind, sind uns noch heute wenige Gestalten der Literaturgeschichte so nah vertraut und intim bekannt wie er. Seine Biographie ist eine Geschichte aus unseren Tagen; aus allen Tagen. Nirgends spürt man eine Distanz, weil er, in Größe und Schwäche, immer ein warmer lebensprühender Mensch war. Er war eine sonderbare Mischung aus einem Epikuräer und einem Asketen der Arbeit. Schon als Knabe hatte er eine große Vorliebe für elegante Kleider und gutes Essen, und sein ganzes Leben lang war er bestrebt, sich mit einem grandseigneuralen Luxus zu umgeben, zu dem er sich aber mehr durch seine Leidenschaft für schöne Form und großartige Verhältnisse als durch wirkliche Genußsucht hingezogen fühlte. Als er auftrat, war ein *homme de lettres* ein gesellschaftlich unmöglicher Mensch, ein Desperado, Taugenichts und outlaw, Schmarotzer, Hungerleider und Trunkenbold. Voltaire war der erste Berufsschriftsteller, der mit dieser festgewurzelten Tradition brach. Er führte von allem Anfang an ein Leben im vornehmen Stil und brachte es zumal in der zweiten Hälfte seines Daseins zu fürstlichem Reichtum. Er besaß zwanzig Herrschaften mit zwölfhundert Untertanen und einem Jahresertrag von 160 000 Francs, herrliche Villen und Schlösser mit Äckern und Weinbergen, Gemäldegalerien und Bibliotheken, kostbaren Nippes und seltenen Pflanzen, einen Stab von Lakaien, Postillonen, Sekretären, einen Wagenpark, einen französischen Koch, einen Feuerwerker, ein Haustheater, auf dem berühmte Pariser Künstler gastierten, und sogar eine eigene Kirche mit der Inschrift: *»Deo erexit Voltaire«.* Diesen Wohlstand verdankte er zum Teil Pensionen und Büchererträgnissen (die *Henriade* zum Beispiel hatte ihm allein 150 000 Francs eingebracht, während er die Honorare für seine Theateraufführungen regelmäßig an die Schauspieler verschenkte), zur größeren Hälfte allerlei dubiosen Geldgeschäften, die er mit großem Geschick betrieb: Börsenspekulationen, Kaufvermittlungen, Korntransaktionen, Grundstückschiebungen, Armeelieferungen, hoch verzinsten Darlehen. In Berlin erregte er durch einen derartigen zweideutigen Handel, der ihn in einen skandalösen Konflikt mit dem jüdischen Bankier Abraham Hirschel verwickelte, das Mißfallen Friedrichs des Großen. Lessing fällte sein Urteil über diese Affäre in dem Epigramm: »Und kurz und gut den Grund zu fassen, warum die List dem Juden nicht gelungen ist; so fällt die Antwort ohngefähr: Herr Voltaire war ein größrer Schelm als er.« Es kann als nachgewiesen gelten, daß er damals einige Worte in den Verträgen mit Hirschel nachträglich geändert hat. Auch sonst nahm er es im Privatleben mit der Wahrheit nicht sehr genau. Um an die Stelle des Kardinals Fleury in die Akademie gewählt zu werden, schrieb er an verschiedene Personen Briefe, in denen er versicherte, er sei ein guter Katholik

485

und wisse nicht, was das für *Lettres philosophiques* seien, die man ihm zuschreibe; er habe sie nie in der Hand gehabt. Als er sich später ein zweites Mal, und diesmal erfolgreich, um diese Ehre bewarb, die seinem Ruhme nicht das Geringste hinzugefügt hat, verglich er Ludwig den Fünfzehnten mit Trajan. Beim Erscheinen des *Candide* schrieb er an einen Genfer Pastor: »Ich habe jetzt endlich den *Candide* zu lesen bekommen, und ganz wie bei der Jeanne d'Arc erkläre ich Ihnen, daß man von Vernunft und Sinnen sein muß, um mir eine derartige Schweinerei anzudichten.« In die *Pucelle* mischte er absichtlich Unsinn, damit man sie ihm nicht zutraue. Über seine *Histoire du Parlement de Paris* schrieb er in einem offenen Brief im *Mercure de France:* »Um ein solches Werk herausgeben zu können, muß man mindestens ein Jahr lang die Archive durchwühlt haben, und wenn man in diesen Abgrund hinabgestiegen ist, ist es noch immer sehr schwierig, aus ihm ein lesbares Buch herauszuholen. Eine solche Arbeit wird eher ein dickes Protokoll werden als eine Geschichte. Sollte ein Buchhändler mich für den Verfasser ausgeben, so erkläre ich ihm, daß er nichts dabei gewinnt. Weit davon entfernt, dadurch ein Exemplar mehr zu verkaufen, würde er umgekehrt dem Ansehen des Buches schaden. Die Behauptung, daß ich, der ich länger als zwanzig Jahre von Frankreich abwesend war, mich derartig in das französische Rechtswesen hätte hineinarbeiten können, wäre vollkommen absurd.« Über das Wörterbuch schrieb er an d'Alembert: »Sowie es die geringste Gefahr damit hat, bitte ich Sie sehr, mir davon Nachricht zu geben, damit ich das Werk in allen öffentlichen Blättern mit meiner gewohnten Ehrlichkeit und Un-

schuld desavouieren kann.« Und in einem Brief an den Je-
suitenpater de la Tour erklärte er sogar, wenn man je unter
seinem Namen eine Seite gedruckt habe, die auch nur einem
Dorfküster Ärgernis geben könnte, so sei er bereit, sie zu
zerreißen; er wolle ruhig leben und sterben, ohne jemand
anzugreifen, ohne jemand zu beschädigen, ohne eine Ansicht zu vertreten, die jemand anstößig sein könnte. Man
wird wohl sagen dürfen, daß er die Absicht, nirgends anzu-
stoßen, nur sehr unvollkommen erreicht hat.

Man muß allerdings bedenken, daß es zu jener Zeit für
einen Schriftsteller äußerst gefährlich war, sich zu Werken
zu bekennen, die bei der Kirche oder der Regierung Mißfallen erregen konnten, und daß nahezu alle Kollegen Voltaires in solchen Fällen dieselbe Taktik des Ableugnens
und der Anonymität beobachteten. »Ich bin«, sagte er zu
d'Alembert, »ein warmer Freund der Wahrheit, aber gar
kein Freund des Märtyrertums.« Wir müssen in Voltaire
gleichwohl eine neue Form des Heldentums erblicken: An
die Stelle der Märtyrer des Todes waren die Märtyrer des
Lebens getreten, und die Läuterung durch Askese wird
nicht mehr in den Klostermauern, sondern mitten im Drängen der Welt gesucht; der Tod erscheint nicht mehr als
Glorifikation des Lebens, und als Held gilt nicht mehr, wer
dem Leben entsagt, sondern wer im Leben entsagungsvoll
weiterkämpft.

Aus Voltaires überreiztem und hyperaktivem Kämpfer-
tum erklären sich auch seine vielen kleinen Bosheiten, für
die sein Verhältnis zu Friedrich dem Großen, der ihm
hierin ähnlich war, besonders charakteristisch ist. Durch
unvermeidliche Reibung haben diese beiden Genies einan-

der ununterbrochen Funken des Hasses, der Liebe und des Geistes entlockt. Schon die Art, wie sie sich zusammenfanden, war sehr sonderbar. Um Voltaire in Frankreich zu kompromittieren und ihn dadurch an seinen Hof zu bekommen, ließ Friedrich der Große einen sehr ausfälligen Brief des Dichters bei den zahlreichen einflußreichen Personen verbreiten, die darin angegriffen waren; Voltaire wiederum suchte aus der Schwäche, die der König für ihn hatte, möglichst viel Geld herauszuschlagen. Friedrich der Große, der nachträglich fand, daß er Voltaire überzahlt habe, beschränkte ihn im Verbrauch von Licht und Zucker; Voltaire steckte im Salon Kerzen ein. Lamettrie teilte Voltaire mit, der König habe über ihn gesagt: »Man preßt die Orange aus und wirft sie fort«; Maupertuis teilte dem König mit, Voltaire habe über ihn gesagt: »Ich muß seine Verse durchsehen, er schickt mir seine schmutzige Wäsche zum Waschen.« Voltaire richtete gegen Maupertuis einen anonymen und verletzenden Angriff; Friedrich verfaßte eine ebenso anonyme und ebenso verletzende Antwort. Friedrich ließ Voltaire bei seiner Rückreise nach Frankreich in Frankfurt verhaften und auf kompromittierende Schriftstücke untersuchen; Voltaire schrieb, enthaftet, gleichwohl in Frankreich kompromittierende Enthüllungen.

Wir haben absichtlich gerade die bedenklichsten Punkte in der Lebensgeschichte Voltaires hervorgehoben, weil man lange Zeit, und bisweilen noch heute, aus diesen und ähnlichen kleinen Zügen das Bild eines zweideutigen, tückischen, ja schmutzigen Charakters zu kombinieren versucht hat. Von den schlechten Eigenschaften, die man Voltaire vorzuwerfen pflegt, kann ihm nur die Eitelkeit in vollem

Maße zugesprochen werden; hierin unterschied er sich sehr unvorteilhaft von Friedrich dem Großen. Aber diese teilte er mit den allermeisten Künstlern und überhaupt mit den allermeisten Menschen, und zudem hatte sie bei ihm eine liebenswürdige, kindliche, ja oft geradezu kindische Note, die versöhnend wirkt. Daß er boshaft und verlogen war, ist schon eine Behauptung, die nur zur Hälfte wahr ist; denn das erstere war er nur im Verteidigungszustand, das letztere nur in kleinen Dingen, wenn seine Eitelkeit oder seine Ängstlichkeit, beide begründet in seiner fast pathologischen Reizbarkeit, mitredeten; in allen großen Fragen war er von der lautersten Aufrichtigkeit. Und daß er maßlos egoistisch gewesen sein soll, ist vollkommen und ohne jede Einschränkung falsch: Er war habgierig nur während der Zeit, wo er seine Reichtümer sammelte, von dem Augenblick an, wo er sie besaß, verwendete er sie in der uneigennützigsten und großartigsten Weise für andere, und was die inkorrekte Art angeht, auf die er sie erwarb, so dürfen wir nicht vergessen, daß wir uns im Rokoko befinden, dessen Decadencecharakter sich unter anderem auch darin äußerte, daß es alle moralischen Maßstäbe verloren hatte. Wenn man so oft die Frage aufgeworfen hat, wie es kam, daß dieser große Geist nicht integer war, so lautet die Antwort: Weil der Geist des Rokoko nicht integer war. Zu jenen überlebensgroßen Heroen der Sittlichkeit, die, als Gegenspieler der großen Verbrecher, außerhalb der Moralgesetze ihrer Zeit stehen, indem sie sich aus den zeitlosen Tiefen ihrer Seele eine eigene Ethik aufbauen, hat aber Voltaire nicht gehört und niemals gehören wollen.

Für junge aufstrebende Schriftsteller hatte er immer Rat

und Geld übrig, trotz fast regelmäßig empfangenem Undank; vermutlich aus einer Art zärtlicher und wehmütiger Pietät gegen seine eigene Jugend. Er ließ die Nichte Corneilles auf seine Kosten erziehen, verschaffte ihr durch die von ihm besorgte und kommentierte Neuausgabe Corneilles eine reiche Mitgift und schenkte ihr bei der Geburt ihres ersten Kindes zwölftausend Livres: »Es gehört sich«, sagte er, »für einen alten Soldaten, der Tochter seines Generals nützlich zu sein.« Als Grundherr übte er die großzügigste Wohltätigkeit; er kämpfte gegen die Leibeigenschaft, trocknete Sümpfe aus, ließ weite Heidestrecken bebauen und rief eine blühende Seiden- und Uhrenindustrie ins Leben, indem er den Arbeitern aus eigenem Besitz Häuser und Betriebskapital zur Verfügung stellte. In den durch ihn berühmt gewordenen religiösen Tendenzprozessen gegen die Hugenotten Jean Calas und Peter Paul Sirven, die beide fälschlich beschuldigt worden waren, eines ihrer Kinder ermordet zu haben, weil es zum Katholizismus übertreten wollte, entwickelte er eine fieberhafte Agitation durch Flugschriften, Essais, Veröffentlichung von Dokumenten und Zeugenaussagen, Verwendung bei allen ihm erreichbaren Machthabern, um der Gerechtigkeit zum Sieg zu verhelfen. Das Grundpathos seines ganzen Lebens war überhaupt ein flammendes Rechtsgefühl, ein heißer, verzehrender, fast trunkener Haß gegen jede Art öffentlicher Willkür, Dummheit, Bosheit, Parteilichkeit. Wenn die Welt heute nur noch zu zwei Fünfteln aus Schurken und zu drei Achteln aus Idioten besteht, so ist das zu einem guten Teil Voltaire zu verdanken.

Er sagt einmal, der Mensch sei ebenso zur Arbeit ge-

schaffen, wie es in der Natur des Feuers liege, emporzustei-
gen. Als eine solche Feuersäule der Arbeit und des Geistes
erhob er sich über der staunenden Welt, immer höher em-
porschwelend und alles Finstere und Lichtscheue mit seinem
unheimlichen Rotlicht erhellend. Er arbeitete oft achtzehn
bis zwanzig Stunden im Tage, diktierte so schnell, daß der
Sekretär kaum nachkommen konnte, sagte noch in seinem
vierundsechzigsten Lebensjahr von sich: »Ich bin schmieg-
sam wie ein Aal, lebendig wie eine Eidechse und unermüdlich wie ein Eichhörnchen« und ist es noch zwanzig Jahre
geblieben. Friedrich der Große schrieb an ihn: »Ich zweifle
daran, daß es einen Voltaire gibt, und ich bin im Besitz eines
Systems, mit dessen Hilfe ich seine Existenz zu bestreiten
vermag. Es ist unmöglich, daß ein einzelner Mensch die
ungeheure Arbeit vollbringen kann, die Herrn von Voltaire
zugeschrieben wird. Offenbar gibt es in Cirey eine Akademie, aus der Elite der Erde zusammengesetzt: Philosophen,
die Newton übersetzen und bearbeiten, Dichter heroischer
Epopöen, Corneilles, Catulls, Thukydidesse, und die Arbeiten dieser Akademie werden unter dem Namen Voltaire
herausgegeben, wie man die Taten eines Heeres auf den
Feldherrn zurückführt.« Kurz vor seinem Tode machte ihm
ein Schriftsteller seine Huldigungsvisite und sagte: »Heute
bin ich nur gekommen, um Homer zu begrüßen, das nächste Mal will ich Sophokles und Euripides begrüßen, dann
Tacitus, dann Lucian«; »mein lieber Herr«, erwiderte Voltaire, »ich bin, wie Sie sehen, ein ziemlich alter Mann, könnten Sie nicht alle diese Besuche auf einmal abmachen?« Er
war nicht allenthalben schöpferisch wie Leibniz, aber er
durchdrang alles und gab vielem durch seine künstlerisch

runde und scharfe, lichte und leichte Darstellung erst die klassische Form, was man auch als eine Art Schöpfertätigkeit ansehen muß. Nicht, wie so oft behauptet wird, sein Witz war seine schriftstellerische Kardinaleigenschaft, sondern seine Klarheit und Formvollendung, seine sprudelnde Farbigkeit und federnde Aktivität. Er war, gleich einem Zitterrochen, der bei der geringsten Berührung einen Hagel lähmender Schläge austeilt, voll aufgespeicherter Elektrizität, die nur der Auslösung harrte, um in einem Strom von gefährlichen Kraftentladungen ihre siegreiche Wirkung zu erproben. Sein literarisches Werk ist mit seinen Büchern, die allein eine Bibliothek bilden, noch nicht erschöpft; es umfaßt auch seine zahllosen Briefe, die infolge der damaligen Sitte, interessante Mitteilungen kursieren zu lassen, zu einem großen Teil Öffentlichkeitscharakter hatten. Er zeigte Casanova 1760 in Ferney eine Sammlung von etwa fünfzigtausend an ihn gerichteten Briefen; da er die Gepflogenheit hatte, alle irgendwie bemerkenswerten Zuschriften zu beantworten, läßt sich daraus schließen, welchen Umfang seine Korrespondenz gehabt haben muß. Und dazu kam noch seine Konversation, die nach dem Zeugnis aller, die jemals in seiner Nähe weilen durften, von der bezauberndsten Wirkung gewesen sein muß: »Er ist und bleibt selbst die beste Ausgabe seiner Bücher«, sagte der Chevalier von Boufflers.

Seinen ersten großen Erfolg hatte Voltaire mit dem Epos *La Ligue ou Henri le Grand,* das er zur Hälfte in der Bastille verfaßt hatte, indem er den Text mit Bleistift zwischen die Zeilen eines Buches schrieb, und das fünf Jahre später in einer erweiterten Umarbeitung als *Henriade* die Welt eroberte. Gewohnt, bei allen seinen künstlerischen Plänen von verstandesmäßigen Erwägungen auszugehen, hatte er sich gesagt, daß den Franzosen ein großes Epos fehle und er daher verpflichtet sei, ihnen ein solches zu schenken; und seine Landsleute nahmen das Geschenk an. Die Wirkung des Werkes läßt sich nur aus der damaligen geistigen Situation Frankreichs und Europas erklären. Es ist das kühle und blasse Produkt eines virtuosen Kunsthandwerkers und geistreichen Kulturphilosophen, das mit den leeren Attrappen allegorischer Personifikationen wie Liebe, Friede, Zwietracht, Fanatismus arbeitet und sich nicht etwa an Homer, Dante oder Milton orientiert, sondern an Virgil, was aber zu jener Zeit, wo man gelacht hätte, wenn jemand Homer über Virgil gestellt hätte, nur als Vorteil angesehen wurde. Friedrich der Große erklärte, jeder Mann von Geschmack müsse die *Henriade* der *Iliade* vorziehen.

Sein zweites Epos *La Pucelle d'Orléans,* eine Parodie auf Jeanne d'Arc, ist eine private Lausbüberei, die er gar nicht für die Veröffentlichung bestimmt hatte; aber der Gedanke, ein Werk Voltaires nicht zu kennen, wäre der damaligen gebildeten Welt unerträglich gewesen, und man wußte sich durch seine Sekretäre heimliche Abschriften zu verschaffen. Das Gedicht besaß übrigens alle Eigenschaften, die es für ein Rokokopublikum zu einer Ideallektüre machen mußten: Es war witzig, schlüpfrig und antiklerikal.

Als Dramatiker hat Voltaire vor allem das Verdienst, daß er mit der pseudoantiken Tradition gebrochen hat: Er brachte amerikanische, afrikanische, asiatische Stoffe auf die Bühne. Von Shakespeare war er nicht ganz so unbeeinflußt, wie man nach Lessings überstrenger Kritik glauben sollte;

von ihm hat er das Geistreiche, Bunte, in einem höheren Sinne Aktuelle; in seinen *Briefen über England* rühmt er ihn denn auch als kräftiges, fruchtbares, natürliches und erhabenes Genie von seltsamen und gigantischen Ideen, als alter Mann nannte er ihn allerdings einen Dorfhanswurst, gotischen Koloß und trunkenen Wilden. Als Charakterzeichner und Kompositeur steht er so tief unter Shakespeare, daß er nicht einmal als dessen Schüler angesprochen werden kann. Seine Stärke lag auch bei seinen Dramen in der vollendeten Form. Der Alexandriner, in seiner Eigenschaft als zweigabelig antithetisches und auf den Reim zugespitztes Versmaß, bewirkt, daß alles, was durch ihn gesagt wird, sich unwillkürlich in eine Pointe, ein Epigramm, ein dialektisches Kreuzfeuer, ein melodisches Plaidoyer verwandelt. Hier war nun Voltaire in seinem ureigensten Element, und es ist kein Wunder, daß der souveräne Beherrscher dieser Tiradenpoesie der Lieblingsdramatiker eines Volkes von Rhetorikern und eines Jahrhunderts der Philosophie geworden ist.

Zweck und Hauptthema ist in der *Henriade* der Kampf gegen Fanatismus und Intoleranz, in der *Pucelle* die Verhöhnung der Wundersucht und des Aberglaubens, und ebenso dominiert in Voltaires Dramen überall die Tendenz. *Alzire* schildert die Grausamkeit und Unduldsamkeit der Christen, die Peru erobern, *Le Fanatisme ou Mahomet, le prophète* zeigt schon im Titel die polemische Absicht an, und in der Tat ist der Held, wie Voltaire selbst sagt, ein bloßer »Tartuffe mit dem Schwert in der Hand« und sein offen eingestandenes Ziel »*tromper l'univers*«. Selbst in der *Zaïre*, einem der wenigen Stücke Voltaires, in deren Mittelpunkt die Liebe steht, handelt es sich in der Hauptsache doch wiederum um den Fluch der religiösen Vorurteile. Voltaire bezeichnet selber einmal die Bühne als Rivalin der Kanzel. Sie ist für ihn immer nur das Megaphon seiner Ideen: Rostra, Tribunal, Katheder, philosophischer Debattierklub oder pädagogisches Hanswursttheater; aber niemals schafft er Menschen und Schicksale bloß aus dem elementaren Trieb zu gestalten. Darum ist diesem stärksten satirischen Genie des Jahrhunderts auch kein Lustspiel gelungen. Jener geheimnisvolle Vorgang, durch den dem dozierenden Dichter seine Abstraktionen sich unter der Hand mit Blut füllen, seine Zweckgeschöpfe sich plötzlich vom Draht der Tendenz lösen und selbständig machen, trat bei ihm nie ein. Dieser Kaffeetrinker war zu wach, zu luzid, zu beherrscht, um sich von seinen Kreaturen unterkriegen zu lassen.

»Ich möchte etwas behaupten, was Ihnen wunderlich erscheinen wird«, schrieb Voltaire 1740 an d'Argenson, »nur wer eine Tragödie schreiben kann, wird unserer trockenen und barbarischen Geschichte Interesse verleihen. Es bedarf, wie auf dem Theater, der Exposition, Verwicklung und Auflösung.« Sein Doppeltalent des Betrachtens und Gestaltens, das ihn auf der Bühne nur zu zeitgebundenen Schöpfungen gelangen ließ, hat ihn als Historiker zu Leistungen befähigt, die der Zeit weit vorauseilten. Während seine Tragödien in Geschichtsphilosophie zerrinnen, verdichten sich seine historischen Darstellungen zu wahren Dramen. Sein *Siècle de Louis Quatorze* und sein *Essai sur les mœurs et l'esprit des nations* sind die ersten modernen Geschichtswerke. Statt der bisher beschriebenen langwierigen und

langweiligen Feldzüge, Staatsverhandlungen und Hofintri-
gen schilderte er zum erstenmal die Kultur und die Sitten,
statt der Geschichte der Könige die Schicksale der Völker.
Die stupende Beweglichkeit und Energie seines Geistes, der
sich für alles interessierte und alles interessant zu machen
wußte, kam ihm auf diesem Gebiete besonders zu Hilfe.
Allerdings dient auch hier die Darstellung der Polemik gegen den Erbfeind, die Kirche; aber diese tendenziösen Absichten wirken in seinen historischen Gemälden der Natur
der Sache nach viel weniger störend als in seinen dramatischen und epischen, und sie treten in ihnen merkwürdigerweise auch viel weniger aufdringlich hervor.

Diesem ruhmvollsten Zweig seiner literarischen Tätigkeit
hat er sich erst in der zweiten Hälfte seines Lebens mit voller Intensität gewidmet. In seinen jüngeren Jahren gehörte
sein wissenschaftliches Hauptinteresse den exakten Disziplinen. Er schrieb eine klassische Darstellung der Philosophie Newtons, die diesen auf dem Kontinent erst populär
machte, und hatte in Cirey ein großes Laboratorium, wo er
mit Madame du Châtelet, die ein außergewöhnliches Talent
für die mathematischen und physikalischen Fächer besaß,
fleißig experimentierte. Lord Brougham sagte von ihm:
»Voltaire würde auf der Liste der großen Erfinder stehen,
wenn er sich länger mit Experimentalphysik befaßt hätte.«

Im Bewußtsein des achtzehnten Jahrhunderts figurierte
er auch als großer Philosoph, obgleich er selbständige Gedanken nicht produziert hat, sondern auch hier wiederum
nur das Verdienst der glänzenden Formulierung für sich in
Anspruch nehmen kann. Wenn man versucht, seine vielfältigen philosophischen Äußerungen auf ein größtes ge-

meinschaftliches Maß zu bringen, so dürfte sich die Forderung nach möglichster Freiheit aller Lebensbetätigungen als
generelle Grundstimmung ergeben. Er kämpfte gegen den
Despotismus, wo immer er ihn fand oder zu finden glaubte,
und verteidigte die unbeschränkte Selbstbestimmung des
Individuums in allen geistigen und physischen Dingen, sogar das Recht auf Homosexualität und Selbstmord. Die Re-
volutionsmänner haben ihn daher für sich reklamiert und
ließen 1791 an seinem Geburtstag seinen Leichnam unter
ungeheuerm Gepränge ins Pantheon überführen. Aber
wenn er die Jakobiner noch erlebt hätte, so wäre er vermutlich zur Feier seines hundertsten Geburtstags guillotiniert
worden. Er dachte nämlich, wenn er von Freiheit redete,
immer nur an die oberen Zehntausend; vom Volke aber
sagte er: »Es wird immer dumm und barbarisch sein; es sind
Ochsen, die ein Joch, einen Stachel und Heu brauchen.« Er
erwartete die Reform von oben, durch eine aufgeklärte Regierung. 1764 schrieb er: »Alles, was ich rings um mich geschehen sehe, legt den Keim zu einer Revolution, die unfehlbar eintreten wird, von der ich aber schwerlich mehr
Zeuge sein werde. Die Franzosen erreichen ihr Ziel fast immer zu spät, endlich aber erreichen sie es doch. Wer jung ist,
ist glücklich; er wird noch schöne Dinge erleben.« Gibt man
den letzten Worten eine falsche Betonung, so können sie in
der Tat als Prophezeiung der Revolution gelten.

Da er in allem, was er sprach und schrieb, die Essenz seiner Zeit war, so hat er auch als Religionsphilosoph deren
Platitüden geteilt. Er erblickt in Jesus einen »ländlichen Sokrates«, an dem er vor allem den Kampf gegen die Hierarchie schätzt, und in den Wundern, die ihm zugeschrieben

werden, teils spätere Erfindungen, teils Täuschungen, die er sich erlaubte, um das abergläubische Volk für seine Lehre zu gewinnen: »Je genauer wir sein Benehmen betrachten, desto mehr überzeugen wir uns, daß er ein ehrlicher Schwärmer und guter Mensch war, der nur die Schwachheit hatte, von sich reden machen zu wollen.« Die Evangelienkritik gehört zu den wenigen Gebieten, wo Voltaire tatsächlich der Banalität seines biederen Biographen David Friedrich Strauß nahegekommen ist, der im übrigen von ihm so viel Ahnung hat wie ein Oberlehrer von einer Satansmesse. Im kürzesten Auszug hat Voltaire seine Weltanschauung in seiner *Profession de Foi des Théistes* mitgeteilt: »Wir verdammen den Atheismus, wir verabscheuen den Aberglauben, wir lieben Gott und das Menschengeschlecht.« Anfänglich neigte er auch dem leibnizischen Optimismus zu; aber nach dem Erdbeben von Lissabon, das zwei Drittel der Stadt zerstörte und dreißigtausend Menschen tötete, änderte er seine Meinung: In dem Gedicht *Le désastre de Lisbonne* polemisierte er gegen Popes Satz: *»whatever is, is right«* und sprach die bloße Hoffnung aus, daß eines Tages alles gut sein werde; wer aber glaube, daß schon heute alles gut sei, befinde sich in einer Illusion. Die Willensfreiheit hat er ebenfalls anfangs bejaht, später geleugnet; über die Unsterblichkeit hat er sich oft, aber schwankend und widersprechend geäußert. Die Existenz Gottes hat er an keiner einzigen Stelle seiner Schriften in Abrede gestellt, wohl aber seine Erkennbarkeit: »Die Philosophie zeigt uns wohl, daß es einen Gott gibt«, sagt er in seinem *Newton* und ähnlich an vielen anderen Orten, »aber sie ist außerstande, zu sagen, was er ist, warum er handelt, ob er in der Zeit und im Raum ist. Man müßte Gott selbst sein, um es zu wissen.« Sein berühmter Ausspruch »wenn Gott nicht existierte, so müßte man ihn erfinden« scheint eine skeptische Pointe zu enthalten, weil er fast immer falsch, nämlich halb zitiert wird; aber die zweite Hälfte des Satzes lautet: »*mais toute la nature nous crie qu'il existe*«.

Indes ist es bei einem so sensibeln und desultorischen Geist, der so sehr der künstlerischen Stimmung und dem persönlichen Eindruck jedes Augenblicks unterworfen war, sehr schwer zu sagen, was seine wahre Meinung über diese Dinge war. Und zudem ist alles, was er öffentlich geäußert hat, nur exoterische Lehre; in den Geheimkammern seines Hirns befanden sich möglicherweise ganz andere und viel radikalere Gedanken. Vielleicht ist sein wahres Glaubensbekenntnis in den Worten an die Marquise du Deffand enthalten, die er sechs Jahre vor seinem Tode schrieb: »Ich habe einen Mann gekannt, der fest überzeugt war, daß das Summen einer Biene nach ihrem Tode nicht fortdaure. Er meinte mit Epikur und Lukrez, daß es lächerlich sei, ein unausgedehntes Wesen vorauszusetzen, das ein ausgedehntes Wesen regiere, und noch dazu so schlecht. ... Er sagte, die Natur habe es so eingerichtet, daß wir mit dem Kopfe denken, wie wir mit den Füßen gehen. Er verglich uns mit einem musikalischen Instrument, das keinen Ton mehr gibt, wenn es zerbrochen ist. Er behauptete, es sei augenscheinlich, daß der Mensch, wie alle anderen Tiere, alle Pflanzen und vielleicht alle Wesen der Welt überhaupt, gemacht sei, um zu sein und nicht mehr zu sein. ... Auch pflegte dieser Mann, nachdem er so alt geworden war wie Demokrit, es ebenso zu machen wie Demokrit und über alles zu lachen.« Und schon neun Jahre früher, an der Schwelle seines achten Jahrzehnts, gab er seiner tiefen Resignation in einem Briefe an d'Argenson Ausdruck: *»J'en reviens toujours à* Candide: *il faut finir par cultiver son jardin; tout le reste, exepté l'amitié, est bien peu de chose; et encore cultiver son jardin n'est pas grande chose.«*

Cultiver son jardin: Diesen Garten, den Voltaire gepflanzt hatte, immer dichter und üppiger zu bebauen, war das Pensum, das die sogenannte »Aufklärung« sich stellte und löste. Voltaire hielt es für eine kleine Sache, sie aber hielt es für eine große.

Arthur Schopenhauer

Schopenhauers Hauptwerk erschien schon 1819, aber erst die *Parerga* vom Jahre 1851 machten ihn in weiteren Kreisen bekannt. Um die Mitte der fünfziger Jahre war seine Philosophie bereits die große Mode; 1857 dichtete dann Wagner seinen Tristan; in demselben Jahr wurden in Bonn, Breslau, Jena Kollegien über ihn gelesen, in der letzteren Stadt von Kuno Fischer, dem glänzendsten Interpreten der neueren Philosophie. Daß Schopenhauer erst so spät, dann aber mit so außerordentlicher Macht zu wirken begann, erklärt sich aus dem Wandel der Zeitform nach 1848, die, im Gegensatz zu der vorhergegangenen, eine eigentümliche Mischung aus Voluntarismus und Pessimismus darstellte. Für das breite Publikum war Schopenhauer der Würgengel der komprimittierten Hegelschen Ideologie und das Sprachrohr des politischen Katzenjammers der Reaktionszeit. Daß er ebenso ein Schüler des kantischen Idealismus war wie Fichte, Schelling und Hegel und sein Pessimismus nur ein sehr apartes, aber nebensächliches Ornament, übersah man vollständig. Es handelte sich also um den Fall eines berechtigten Erfolges durch Mißverständnis, ähnlich wie bei Spengler, dessen Werk ebenfalls nicht durch seine seltene Originalität und Spannweite siegte, sondern durch die Stimmung der Nachkriegszeit, die im *Untergang des Abendlandes* eine Art verzweifelten Trosts für das erlittene

Fiasko erblickte. Beide zeigen uns auch, daß die epoche-
bildenden Denksysteme fast niemals von den behördlich
approbierten Berufsphilosophen auszugehen pflegen, eine
Tatsache, die sich durch die ganze Geschichte der Philosophie verfolgen läßt. Die historisch wirksamen Denker
sind in Griechenland Tagediebe gewesen wie Sokrates, Pro-
tagoras, Diogenes, in England Staatspersonen wie Bacon,
Locke, Hume, in Frankreich Kavaliere wie Montaigne,
Descartes, La Rochefoucauld, aber niemals Professoren.
Eine Ausnahme macht nur die Zeit der deutschen Klassiker,
weil damals entweder der Universitätsbetrieb so vergeistigt
oder der Philosophiebetrieb zu verzünftelt war; wir werden
wohl das erstere annehmen dürfen. Übrigens wird die echte
Philosophie von den Laien nicht nur geschaffen, sondern
auch zuerst entdeckt und rezipiert; die Fachphilosophie hat
gegen sie immer so lange wie möglich die Stellung der ak-
tiven und passiven Resistenz eingenommen und sie, wenn
sie sie endlich zulassen mußte, nur dazu benützt, die inzwischen heraufgekommene jüngere Philosophie zu diskredi-
tieren: Selbst der vortreffliche Kuno Fischer ließ sich keine
Gelegenheit entgehen, Schopenhauer gegen Nietzsche auszuspielen. Im Jahr 1791, zehn Jahre nach dem Erscheinen
der *Kritik der reinen Vernunft*, stellte die Berliner königliche Akademie der Wissenschaften die Preisfrage, worin die
wirklichen Fortschritte bestünden, die die Metaphysik seit
Leibniz und Wolff in Deutschland gemacht habe. Ein Professor Schwab in Tübingen bewies in einer großen Abhandlung, daß sie keine Fortschritte gemacht habe, und erhielt
den Preis.

Schopenhauer sagt in seiner Abhandlung *Vom Genie:*

»Alle großen theoretischen Leistungen, worin es auch sei, werden dadurch zustande gebracht, daß ihr Urheber alle Kräfte seines Geistes auf einen Punkt richtet, in welchem er sie zusammenschießen läßt und konzentriert, so stark, fest und ausschließlich, daß die ganze übrige Welt ihm jetzt verschwindet und sein Gegenstand ihm alle Realität ausfüllt«; »das Talent vermag zu leisten, was die Leistungsfähigkeit, jedoch nicht die Apprehensionsfähigkeit der übrigen überschreitet: Daher findet es sogleich seine Schätzer. Hingegen geht die Leistung des Genies nicht nur über die Leistungs-, sondern auch über die Apprehensionsfähigkeit der anderen hinaus: daher werden diese seiner nicht unmittelbar inne. Das Talent gleicht dem Schützen, der ein Ziel trifft, welches die übrigen nicht erreichen können; das Genie dem, der eines trifft, bis zu welchem sie nicht einmal zu sehen vermögen: daher sie nur mittelbar, also spät, Kunde davon erhalten, und sogar diese nur auf Treu und Glauben annehmen«; »die Beschaffenheit des Gehirns und Nervensystems ist das Erbteil von der Mutter. Dieselbe ist aber, um das Phänomen des Genies hervorzubringen, durchaus unzureichend, wenn nicht, als Erbteil vom Vater, ein lebhaftes leidenschaftliches Temperament hinzukommt ... wenn die vom Vater kommende Bedingung fehlt, so wird die von der Mutter stammende günstige Beschaffenheit des Gehirns höchstens ein Talent, einen feinen Verstand, den das alsdann eintretende Phlegma unterstützt, hervorbringen: Aber ein phlegmatisches Genie ist unmöglich«; »jedes Genie ist schon darum ein Kind, weil es in die Welt hineinschaut als in ein Fremdes ... Wer nicht zeitlebens gewissermaßen ein großes Kind bleibt, sondern ein ernsthafter, nüchterner, durchweg ge-

setzter und vernünftiger Mann wird, kann ein sehr nütz-
licher und tüchtiger Bürger dieser Welt sein; nur nimmer-
mehr ein Genie.« Diese Sätze enthalten eine erschöpfende
Charakteristik Schopenhauers. Alle Merkmale, die er am
Genie hervorhebt, finden sich auch bei ihm: die Konzentration des ganzen Daseins auf einen einzigen Gegenstand, der
ihm die Realität ersetzt; die späte Aufnahme bei der Welt,
und selbst dann nur auf Treu und Glauben; eine gewisse
Infantilität, ja Unvernünftigkeit, die zeitlebens sein Wesen
durchdrang und seine Werke so bezaubernd macht. Auch
im Hinblick auf seine Heredität gilt die Übereinstimmung.
Seine Mutter, eine zu ihrer Zeit sehr bekannte Roman-
schriftstellerin, besaß offenbar viel Verstand; sein Vater war
ein hochgebildeter, charaktervoller, aber etwas schrullen-
hafter Mann, in seiner letzten Lebenszeit geistig gestört,
allem Anschein nach infolge erblicher Belastung, da seine
Mutter irrsinnig, einer seiner Brüder schwachsinnig war.
Von ihm hatte der Sohn offenbar den Einschlag von krankhafter Reizbarkeit, ohne den kein Genie möglich ist. Wie
Schopenhauer aus jeder Seite seiner Werke lebendig her-
vortritt, ein unvergleichliches Selbstporträt eines großen
Dichters: In seinem bizarren Doktrinarismus und choleri-
schen Verfolgungswahn, seiner theoretischen Lebensweisheit und praktischen Weltfremdheit, seinen rührenden
Marotten und närrischen Vorurteilen, seiner tragischen Ge-
nieeinsamkeit und komischen Hagestolzenversponnenheit,
ist er eine unsterbliche Genrefigur, wie sie höchstens Ibsen
in seinen besten Stunden geglückt ist. Wir müssen an Stockmann denken, wie er in streitbarem Idealismus gegen die
»kompakte Majorität« ringt, an Borkman, wie er in uner-

schütterlicher Zuversicht auf die großartige Rehabilitierung wartet, und sogar ein wenig an den Doktor Begriffenfeldt.

Man hat denn auch gewisse dieser chargierten Eigenheiten seines empirischen Charakters zuungunsten seiner Gesamtpersönlichkeit, seines »intelligibeln Charakters« auszubeuten gesucht, der von seltener Größe, Tiefe und Reinheit war. Man verwies darauf, daß er gegen seine Mutter kein zärtlicher Sohn war und eifrig nach lobenden Zeitungskritiken fahndete, gern gut zu Mittag aß und ein Aufwartweib über die Treppe warf. Dies ist die alte Oberlehrermethode: Man sammelt »Züge« und gelangt zu dem Schlußzeugnis: Leistungen vorzüglich, sittliches Betragen wenig befriedigend. Als ob ein »Zug« nicht bei jedem Menschen im Ensemble seines Charakters etwas anderes bedeutete, wie ein Tupfen Schwefelgelb oder Lachsrosa in jedem Gemälde einen anderen Farbensinn hat! Und als ob sich diese Zweiteilung der Zensur irgendwoanders durchführen ließe als in dem Gehirn eines unwissenden Pädagogen! Zwischen Leben und Schaffen besteht niemals eine Divergenz. Rousseaus häßlicher und krankhafter Charakter hat in seinen hochtalentierten, aber verlogenen, tückischen und überreizten Schriften seinen genauen Abdruck gefunden, Bacon, der in unphilosophischer Weise nach äußeren Ehren und Besitztümern jagte, ist aus ebendiesem Grunde nur ein Philosoph zweiten Ranges geworden und hat ein System geschaffen, in dem das Irdische ganz ebenso triumphiert, wie es in seiner Seele triumphierte. Eine gewisse selbstische Geltungssucht, die man eines Tages unter großem Lärm in Richard Wagners Erdenwallen entdeckte, hätte man schon bedeutend früher in seinen Opern auffinden können. Ferner hören wir, daß Ibsen ein grober, zugeknöpfter und rücksichtsloser Mensch war. Aber was soll uns dieser Kaffeehausklatsch? Hier sind seine Werke. Wer Ibsens Herz kennenlernen will, der frage die kleine Hedwig Ekdal. Um den Widerspruch zwischen seiner Biographie und seiner Morallehre, den man ihm vorwirft, aufzuheben, hätte Schopenhauer offenbar, statt sich die nötige Muße und Sammlung für seine adeligen Erbauungsbücher zu sichern, Mitglied der Heilsarmee werden müssen.

Schopenhauers wahre Biographie ist in den Worten enthalten, die er, dreiundzwanzigjährig, zu Wieland sagte: »Das Leben ist eine mißliche Sache, ich habe mir vorgesetzt, es damit hinzubringen, über dasselbe nachzudenken.« Sieben Jahre später schreibt er an den Verleger Brockhaus: »Mein Werk ist ein neues philosophisches System: aber neu im ganzen Sinn des Wortes: nicht neue Darstellung des schon Vorhandenen: sondern eine im höchsten Grad zusammenhängende Gedankenreihe, die bisher noch nie in irgendeines Menschen Kopf gekommen. Das Buch, in welchem ich das schwere Geschäft, sie anderen verständlich mitzuteilen, ausgeführt habe, wird, meiner festen Überzeugung nach, eines von denen sein, welche nachher die Quelle und der Anlaß von hundert anderen Büchern werden. ... Der Vortrag ist gleich fern von dem hochtönenden, leeren und sinnlosen Wortschwall der neuen philosophischen Schule und vom breiten glatten Geschwätze der Periode vor Kant: Er ist im höchsten Grade deutlich, faßlich, dabei energisch und ich darf wohl sagen nicht ohne Schönheit: Nur wer ächte eigene Gedanken hat, hat ächten Stil.« Wiederum eine Selbstcharakteristik, wie sie sich treffender kaum denken läßt. Daß sie nicht »bescheiden« ist, liegt an der Unverlogenheit, die vielleicht den hervorstechendsten Charakterzug Schopenhauers bildete.

Seinen Ausgang nimmt Schopenhauer von Kant. Dessen philosophisches Verdienst charakterisiert er in seiner *Kritik der Kantischen Philosophie* ebenso anschaulich wie erschöpfend dahin, »daß er die ganze Maschinerie unseres Erkenntnisvermögens, mittels welcher die Phantasmagorie der objektiven Welt zustande kommt, auseinanderlegte und stückweise vorzeigte, mit bewundernswerter Besonnenheit und Geschicklichkeit«. »Man fühlte sich alsdann«, fügt er an einer anderen Stelle (in seinem Aufsatz *Über die Universitätsphilosophie*) hinzu, »dem ganzen traumartigen Dasein, in welches wir versenkt sind, auf wundersame Weise entrückt und entfremdet, indem man die Urelemente desselben jedes für sich in die Hand erhält und nun sieht, wie Zeit, Raum, Kausalität, durch die synthetische Einheit der Apperzeption aller Erscheinungen verknüpft, diesen erfahrungsmäßigen Komplex des Ganzen und seinen Verlauf möglich machen, worin unsere, durch den Intellekt so sehr bedingte Welt besteht, die eben deshalb bloße Erscheinung ist.« In dem unbedingten Phänomenalismus stimmt Schopenhauer mit Kant vollkommen überein; »die Welt ist meine Vorstellung«: Mit diesem Satz beginnt sein Hauptwerk. Objektsein heißt: von einem Subjekt vorgestellt werden; das vorgestellte Ding ist nichts anderes als die Vorstellung. In der näheren Lehre von den transzendentalen Vermögen entfernt er sich jedoch von Kant. Von den zwölf Kategorien läßt er nur die Kausalität gelten, die übrigen elf nennt er »blinde Fenster«; diese aber ist für ihn keine Kategorie, kein Begriff des Verstandes, sondern eine Form der Anschauung, ja die alleinige Form der Anschauung, da auch Raum und Zeit Kausalität sind, indem durch sie die Dinge als gesetzmäßig miteinander verknüpft, einander verursachend erscheinen, entweder im Verhältnis der Lage oder der Folge: Objektsein, Vorgestelltsein heißt Begründetsein, Notwendigsein; diese Notwendigkeit hat aber selbstverständlich nur den Charakter der Erscheinung. Die Illusion der Welt, heißt es in der Betrachtung über »die Lehre von der Unzerstörbarkeit unseres wahren Wesens durch den Tod«, wird hervorgebracht »durch den Apparat zweier geschliffener Gläser (Gehirnfunktionen), durch die allein wir etwas sehen können; sie heißen Raum und Zeit, und in ihrer Wechseldurchdringung Kausalität«. Die Materie definiert Schopenhauer genial einfach als »die Wahrnehmbarkeit von Zeit und Raum« oder »die objektiv gewordene Kausalität«. Zum Ding an sich können wir natürlich nicht auf dem Wege der Vorstellung gelangen, sondern durch einen anderen, der uns gleichsam durch Verrat die Festung öffnet. Der Verräter ist unser Selbstbewußtsein. Unser Leib ist uns zweimal gegeben: einmal von außen, als Vorstellung, einmal von innen, als Wille: Die Welt ist Wille und Vorstellung. Der Wille ist das Wesen der Dinge und in allen seinen Eigenschaften das Gegenteil der Erscheinung. Dieser ist vielfältig, vergänglich, der Kausalität unterworfen; er ist unteilbar, ewig, allgegenwärtig, frei. Der Wille ist das Ansich, die Substanz der Welt, der Intellekt nur Akzidens und sekundäres Produkt. Mit dem Intellekt erkennen wir, mit dem Willen sind wir. Der Intellekt ist bloß das Werkzeug: Der erkenntnislose Wille verhält sich zu ihm wie die Wurzel des Baumes zur Krone oder, in einem Gleichnis, das alles zusammenfaßt, wie der Blinde zum Lahmen, den er auf den Schultern trägt. Die Natur ist Sichtbarkeit des Willens zum Leben und bildet eine Stufenordnung von Objektivationen des Willens: vom Stein, der Wille zum Fallen ist, bis zum Gehirn, das Wille zum Denken ist. Der Wille erscheint auf der untersten Stufe als »mechanische, chemische, physikalische Ursache«, in der Pflanze als »Reiz«, im Tier als »anschauliches Motiv«, im Menschen als »abstraktes, gedachtes Motiv«. Dieser Wille Schopenhauers ist kein scholastisches Prinzip, kein *»ens rationis«,* kein »Wort von ungewisser, schwankender Bedeutung«, »sondern«, sagt Schopenhauer, »wer mich fragt, was es sei, den weise ich an sein eigenes Inneres, wo er es vollständig, ja in kolossaler Größe vorfindet, als ein wahres *ens realissimum.* Ich habe demnach nicht die Welt aus dem Unbekannten erklärt; vielmehr aus dem Bekanntesten, das es gibt, und welches auf eine ganz andere Art bekannt ist als alles übrige.«

In diesem Reich des Willens herrschen die düsteren Mächte des Schmerzes und des Todes, der Enttäuschung und der Langeweile, während die Freuden und Güter bloße Illusionen sind. Zuletzt muß der Tod siegen, denn wir sind ihm schon durch die Geburt anheimgefallen, und er spielt nur eine Weile mit seiner Beute, bevor er sie verschlingt. Wir setzen indessen unser Leben mit vielem Anteil und großer Sorgfalt fort, so lange als möglich, wie man eine Seifenblase so lange und so groß als möglich aufbläst, wiewohl mit der festen Gewißheit, daß sie platzen wird. Das Leben der allermeisten Menschen ist ein mattes Sehnen und Quälen, ein träumerisches Taumeln durch die vier Lebensalter hindurch zum Tode, unter Begleitung einer Reihe trivialer Gedanken; sie gleichen Uhrwerken, welche aufgezogen werden und gehen, ohne zu wissen, warum. Die Wilden fressen einander, und die Zahmen betrügen einander, und das nennt man den Lauf der Welt. Auf der Bühne spielt einer den Fürsten oder General, ein anderer den Diener oder Soldaten; aber die Unterschiede sind bloß im Äußeren vorhanden, im Innern steckt bei allen dasselbe: ein armer Komödiant mit seiner Plage und Not. Im Leben ist es auch so: Die allermeisten Herrlichkeiten sind bloßer Schein, wie die Theaterdekoration. Unsere Freudenäußerungen sind für gewöhnlich nur das Aushängeschild, die Andeutung, die Hieroglyphe der Freude, sie haben bloß den Zweck, andere glauben zu machen, hier sei die Freude eingekehrt, aber sie allein hat beim Feste abgesagt. Mitten in diesem Trauerspiel der Leere und des Leidens erblicken wir nur eine Gattung von Glücklichen: die Liebenden; aber warum begegnen ihre Blicke sich so heimlich, furchtsam und verstohlen? »Weil die Liebenden die Verräter sind, welche heimlich danach trachten, die ganze Not und Plackerei zu perpetuieren, die sonst ein baldiges Ende erreichen würde.«

Aus diesem Jammer gibt es nur zwei Auswege: die reine Anschauung des Genius und die Willensverneinung des Heiligen. Wenn man die gewöhnliche Betrachtungsart fahren läßt, sich ganz der ruhigen Kontemplation hingibt und sich, nach einer sinnvollen deutschen Redensart, ganz in seinen Gegenstand »verliert«, sein Individuum, seinen Willen verliert und nur noch als klarer Spiegel des Objekts bestehen bleibt: dann ist, was auf diese Weise erkannt wird, nicht mehr das einzelne Ding als solches, sondern die Idee.

Der gewöhnliche Mensch, »diese Fabrikware der Natur«, ist einer solchen völlig uninteressierten Betrachtung nicht fähig. »Während dem gewöhnlichen Menschen sein Erkenntnisvermögen die Laterne ist, die seinen Weg beleuchtet, ist es dem genialen die Sonne, welche die Welt offenbar macht.« »Der Grad, in welchem jeder im einzelnen Dinge nur dieses, oder aber schon ein mehr oder minder Allgemeines, bis zum Allgemeinsten der Gattung hinauf, nicht etwa denkt, sondern geradezu erblickt, ist der Maßstab seiner Annäherung zum Genie.« Was nun der Genius auf intellektuellem Wege erreicht, das leistet die Askese auf moralischem: »Ein Mensch, der, nach vielen bittern Kämpfen gegen seine eigene Natur, sich endlich ganz überwunden hat, ist nur noch als rein erkennendes Wesen, als ungetrübter Spiegel der Natur übrig. ... Er blickt nun ruhig und lächelnd zurück auf die Gaukelbilder der Welt, die einst auch sein Gemüt zu bewegen und zu peinigen vermochten, die aber jetzt so gleichgültig vor ihm stehen wie die Schachfiguren nach beendigtem Spiel oder wie am Morgen die abgeworfenen Maskenkleider, deren Gestalten uns in der Faschingsnacht neckten und beunruhigten.«

Die zahlreichen »Widersprüche«, die Schopenhauers Deduktionen aufweisen, sowohl in den Einzelheiten wie im Fundament, sind vielfach erörtert worden, am ausführlichsten und lichtvollsten von Kuno Fischer, der sie abgeteilt und ausgerichtet wie Soldaten vorbeidefilieren läßt, und von Rudolf Haym, der zu dem Resultat gelangt, daß kein Stein auf dem anderen bleibe; auch Eduard Zeller erklärt in seiner vortrefflichen *Geschichte der deutschen Philosophie seit Leibniz,* daß Schopenhauer alle Widersprüche und Grillen seiner launenhaften Natur in sein System übertragen habe. Indes sind solche Korrekturen ja stets ein überflüssiges Geschäft, weil derlei Unstimmigkeiten sich unvermeidlich und ausnahmslos in jedem reellen Gedankengebäude finden, und bei Schopenhauer ein ganz besonders unangebrachtes, weil seine Philosophie nur scheinbar ein theoretisches System, in Wirklichkeit ein Kunstwerk ist, das man entweder als Ganzes annehmen oder als Ganzes ablehnen muß. Schopenhauer ist, wie Nietzsche sogleich erkannte, ein Erzieher. Seine Schriften gehören dem Inhalt nach in die Gattung der »Imitatio Christi«, der Konfessionen Augustins, der Selbstbetrachtungen Marc Aurels und Montaignes, der Form nach unter die Meisterwerke der Prosamalerei. Man kann ihn als Stilisten nur mit einem antiken Autor vergleichen: Kein Neuerer vermag in diesem Maße Biegsamkeit mit Lapidarität, Temperament mit Würde, Ornamentik mit Natürlichkeit zu verbinden. Schopenhauer sagt einmal über den berufenen Schriftsteller (womit er natürlich wiederum sich selber meint), er spreche wirklich zum Leser, er liefere Gemälde, während der Alltagsschreiber bloß mit Schablonen male. In der Tat ist seine Rede ein lebendiger, höchst persönlicher Verkehr mit dem Leser: Alle seine Sätze sind in Bau und Rhythmus, in Wahl und Stellung jedes einzelnen Worts von seiner einmaligen Individualität imprägniert, jede Metapher, jede Antithese, ja jedes Zitat ist innerlich erlebt. Seine Sprache, völlig unimpressionistisch, »klassisch« im doppelten Sinne des Worts, steht wie die griechische jenseits von Popularität und Gelehrsamkeit. Seine Philosophie hingegen hat viel mehr Zusammenhänge mit dem »Windbeutel« Fichte und dem »Unsinnschmierer« Schelling als

mit Kant und den Klassikern: Sie ist in ihrem Irrationalis-
mus und Pessimismus, Ästhetizismus und Aristokratismus,
Geniekult und (unterirdischen) Katholizismus die reifste
und reichste Blüte der Romantik.

Friedrich Nietzsche

Im Gange der neueren europäischen Kultur steht die Gestalt Nietzsches als der formidable Schatten eines herku-
lischen Petardeurs und Petroleurs. Er war ein Sprengmittel,
ein wissenschaftliches, in dem sich elementare Naturkräfte
mit siegreicher Technik zu rasanter Wirkung vereinten. Der
Tunnel öffnet sich, vom gigantischen Bohrwerk bezwun-
gen, und neue Fernsichten, neue Verkehrswege liegen nun
frei. Ein solcher »Zerstörer« war Nietzsche.

Dies aber macht ihn zu einer der tragischsten Figuren der
gesamten Weltliteratur. Er war ein tollkühner Avantageur,
der Vollbringer eines gewaltigen Vorstoßes in fremdes Gebiet, der vorausgeeilt ist, zu weit voraus; seine Mission war
die schwierigste und gefährlichste: die »Aufklärung«, und
sein Schicksal das fast unentrinnbare des Kundschafters:
zu fallen, ohne den Sieg zu schauen. Nietzsche ist an seiner
Philosophie zugrunde gegangen; aber dies ist kein Einwand
gegen sie, sondern im Gegenteil ihr höchster Beweis.

Es ließe sich vielleicht auch so ausdrücken: Wenn Nietzsche gesagt hat, Schumann sei nur ein deutsches Ereignis gewesen, Beethoven aber ein europäisches, so könnte man von
ihm selber sagen: Er war ein tellurisches Ereignis, nicht
bloß sein Volk, nicht bloß den Erdteil, sondern die Erde erschütternd und durch ein langandauerndes Beben beunruhigend. Er läßt sich auch mit einem Ertrinkenden verglei-

chen. Er sucht Tiefen auf, die ihn verschlingen, und mit dem Bewußtsein, daß sie ihn verschlingen werden. Er ist eine Warnung: Hier ist's tief! Aus jedem seiner Worte spricht die ergreifende Mahnung: Folget mir nicht nach! Er hat sich zum Opfer dargebracht, als die ungeheuerste Sühnegabe im Moloch des europäischen Nihilismus und Positivismus. Mit Recht bezeichnete er eines seiner Hauptwerke als »Vorspiel einer Philosophie«; gleichwohl, oder vielmehr gerade deshalb, kann man sein Œuvre aber auch ein Finale nennen.

Nietzsches Nachfolge ist das traurigste Kapitel seiner Geschichte. »Starke Wasser«, sagte er selbst bereits in einer seiner frühesten Schriften, »reißen viel Gestein und Gestrüpp mit sich fort, starke Geister viel dumme und verworrene Köpfe.« Man hat seine Bücher als Gifte bezeichnet. Das sind sie auch in der Tat. Man muß daher einen großen Bruchteil der Menschheit von ihnen fernzuhalten suchen: die Unmündigen und die Geisteskranken, die geschwächten Tonikumsucher und die überreizten Sensationslüsternen, die Selbstmörder und die Giftmischer; und unschädlich werden sie sich nur erweisen für die ganz Feigen und die ganz Unbeteiligten, die Immunen und die Ärzte.

Nietzsches Gesamtproduktion läßt sich zwanglos in drei Perioden gliedern: Die erste, 1869 bis 1876, steht im Zeichen der Antike, Wagners und Schopenhauers und umfaßt die *Geburt der Tragödie,* die vier *Unzeitgemäßen Betrachtungen* und einige bedeutende nachgelassene Schriften wie die Basler Antrittsrede über Homer, die Vorträge über die *Zukunft unserer Bildungsanstalten* und das Fragment *Die Philosophie im tragischen Zeitalter der Griechen;* die zweite, 1876 bis 1881, in mehreren großen Aphorismenbänden repräsentiert, ist ausgesprochen positivistisch und rationalistisch: Der erste Band von *Menschliches, Allzumenschliches*, der sie eröffnet, war Voltaire, »einem der größten Befreier des Geistes«, gewidmet und trug als Motto einen Satz aus Cartesius: »Eine Zeitlang erwog ich die verschiedenen Beschäftigungen, denen sich die Menschen in diesem Leben überlassen ... genug, daß für meinen Teil mir nichts besser erschien, als wenn ich streng bei meinem Vorhaben bliebe, daß heißt: wenn ich die ganze Frist meines Lebens darauf verwendete, meine Vernunft auszubilden« (in der Neuausgabe vom Jahre 1886 waren charakteristischerweise sowohl Widmung wie Motto weggelassen). Der wichtigste Abschnitt ist die »Umwertungszeit«, 1881 bis Ende 1888, die mit der *Fröhlichen Wissenschaft* einsetzt und mit dem schwindelerregend fruchtbaren Jahr 1888 schließt, in dem die *Götzendämmerung,* der *Fall Wagner, Ecce homo,* die *Dionysos-Dithyramben* entstanden und von dem unvollendeten Monumentalwerk *Der Wille zur Macht* das erste Buch ausgearbeitet, der Rest eingehend skizziert wurde; im Mittelpunkt dieser Periode steht, zeitlich und inhaltlich, der *Zarathustra.* Es ist höchst merkwürdig, daß das letzte Manuskript, an dem Kant arbeitete, ebenso betitelt war, es heißt: *Zoroaster oder die Philosophie im Ganzen ihres Inbegriffs unter einem Prinzip zusammengefaßt.* Kant soll geäußert haben, dieses Werk werde sein wichtigstes sein; dasselbe fand bekanntlich auch Nietzsche vom *Zarathustra.* Die Ähnlichkeit erstreckt sich auch darauf, daß beide unvollendet geblieben sind, denn der nietzschische *Zarathustra* ist ebenfalls ein Torso, und zwar nicht bloß in dem äußerlichen Sinn, daß er keinen Abschluß hat, sondern der ganzen Konzeption nach. Man braucht ihn bloß neben die beiden einzigen Werke der Weltliteratur zu halten, die mit ihm verglichen werden können, den *Faust* und die *Göttliche Komödie,* um dies sogleich zu erkennen. Nietzsche schrieb 1883 an Gast: »Unter welche Rubrik gehört eigentlich dieser *Zarathustra?* Ich glaube beinahe, unter die Symphonien.« Aber es genügt, an Beethoven zu denken, um einzusehen, daß diese Symphonie nicht durchinstrumentiert worden ist.

Es wurde an anderer Stelle darauf hingewiesen, daß Luther in seiner Biographie Haeckels »Biogenetisches Grundgesetz« verkörpert habe, indem er den ganzen Entwicklungsgang des Mittelalters in seinem eigenen Lebenslauf rekapitulierte. Dasselbe gilt von Nietzsche im Hinblick auf die Neuzeit. Er nimmt, als Sproß eines pastoralen Milieus, seinen Ausgang vom deutschen Protestantismus. Er empfängt seine Jugendbildung auf dem Gymnasium Schulpforta, dem Sitz der edelsten humanistischen Traditionen. Er studiert in Bonn und Leipzig unter berühmten Lehrern Theologie und alte Philologie und lehrt in Basel, der Stadt des Erasmus, als jüngster Kollege Jacob Burckhardts. Der Oberlauf seines Lebensstromes fließt durch die Geisteswelt der Reformation und der Aufklärung, des Pietismus und des Klassizismus. Darauf folgt eine ausgesprochen romantische Epoche und dieser eine ausgesprochen naturwissenschaftliche, schließlich eine agnostizistische, und ganz zuletzt deutet sich eine mystische an. Kurz, er hat alle Phasen der Neuzeit von Wittenberg bis zum Weltkrieg durchlaufen. Er war Lutheraner, Cartesianer, Wagnerianer, Comtist, Darwinist, Pragmatist, vorübergehend sogar Nietzscheaner. Auf seine

Stellung in der Geschichte der Philosophie geprüft, müßte er zweifellos als Schopenhauerianer angesprochen werden; sein »System« läßt sich auf die Formel bringen: die Welt als Wille zur Macht.

Vor der Erinnerung der Nachwelt wird er wohl immer in seiner letzten und stärksten Metamorphose stehenbleiben: der düstern und magisch umglänzten Gestalt des einsamen Wanderers, der durch die blaue Eiswelt der Berghöhen irrt, bisweilen zu Tal steigend, aber auch im Gewühl der bunten Städte immer allein und fremd; Prophetenworte formend, die ihm aus einem unterirdischen Brunnen zuströmen; schließlich sogar sich selber fremd, in fassungslosem Staunen erschauernd vor dem überreichen Wunder seines Schaffens und eines Tages aus dem eigenen Schatzhause auswandernd: wohin?

Die ganze Borniertheit des Zeitalters hat sich in der Ahnungslosigkeit bekundet, mit der es vor dem Phänomen dieser Katastrophe stand: Es wollte sie allen Ernstes medizinisch erklären! Im Rückblick offenbart sich deutlich, daß dieser Ausgang in diesem Leben vorgeprägt war, dessen Tempo stets das Prestissimo war und in den letzten Jahren ins Furioso übersprang. Wir erkennen dies freilich erst hinterher, was eine sehr billige Weisheit ist (den gelehrten Ignoranten trotzdem immer noch zu »riskant«); Nietzsche aber hat es vorausgesehen. Bereits 1881 schrieb er an Gast: »Ich gehöre zu den Maschinen, welche zerspringen können!« In der Tat ist eine Produktivität, wie sie das Jahr 1888 aufwies, einer Steigerung, ja auch nur einer Fortsetzung nicht mehr fähig: Das Manometer, wir sagten es schon einmal, stand auf hundert. Aber dies gilt nicht bloß in dem mehr äußerlichen, extensiven Sinne; es waren auch innere Gegenkräfte im Spiel. Die Entwicklung Nietzsches war offenbar bei einer Krise angelangt; die Kurbel völlig herumzudrehen und nach einer so unermeßlich reichen Lebensarbeit gewissermaßen einen neuen geistigen Äon zu beginnen, war eine Aufgabe, die die Kraft auch des stärksten irdischen Geistes überstieg.

Die geheimnisvolle Verrechnung, die zwischen dem Genius und der Welt vor sich geht, ist bei Nietzsche, im Gegensatz zu Wagner, noch nicht zu einem vorläufigen Abschluß gelangt. Klar umrissen ist bis jetzt erst seine artistische Bedeutung, die zu der Wagners insofern ein Pendant bildet, als er für die deutsche Prosa eine ähnliche Rolle gespielt hat wie dieser für die Sprache der Musik. Jeder nach Nietzsche geborene Schriftsteller (und dies bezieht sich sogar fast auch auf das Ausland) steht ganz unentrinnbar unter dessen Einfluß, wofern er überhaupt auf diesen Titel Anspruch erheben will. Thomas Mann, selber einer der begnadetsten Erben und reifsten Schüler dieser Prosa, hat dies in seinen *Betrachtungen eines Unpolitischen* eindringlich bekannt. Seit diese noch weit über Lessing hinausschießende Feder- und Stoßkraft der Satzbildungsstrategie, dieser betäubende und befeuernde Rhythmus eines in solcher Ariosität deutsch noch niemals vernommenen Tonfalles, diese verschwenderisch reiche und doch niemals lastende Fülle von schwebenden, opalisierenden, hintergründigen Wortgeburten, diese Reinheit und Buntheit einer mit tausend Pinseln haarscharf schattierenden Ausdruckskunst erklang, besitzt die deutsche Sprache ein neues Tempo, ja mehrere neue Tempi und zahllose neue Valeurs. Wie sich das Meer am Schiffskiel unaufhörlich anders koloriert, bald orange oder fleischrosa, bald purpurrot oder glasblau und dann wieder milchweiß, giftgrün, schwefelgelb oder lackschwarz: So wechselt diese Prosa ruhelos unheimlich ihre Farbe; aber stets glaubt man, sie könne in diesem Augenblick, dieser Situation, diesem Konnex unmöglich anders getönt sein.

Da Stil an sich schon Psychologie ist, so erflossen ganz von selber aus Nietzsches Sprachmeisterschaft seine völlig neuen psychologischen Methoden, die ungeheure Fortschritte bedeuteten, ganz unabhängig von ihren mehr zufälligen und oft forcierten Resultaten. Er sagt selber einmal: »Im Ganzen sind die wissenschaftlichen Methoden mindestens ein ebenso wichtiges Ergebnis der Forschung als irgendein sonstiges Resultat.« Man weiß in der Philosophie erst seit Nietzsche, was komplexe Psychologie ist: Er hat das Stereoskop Flauberts, das Mikroskop der Goncourts, das Tiefseelot Dostojewskis auf das Gebiet des reinen Denkens angewendet, wo sie noch viel schwieriger zu handhaben sind als im Roman. Bisher hatte man eine solche Abgründlichkeit der Menschenkenntnis und eine solche Spannweite der Weltschau nur an religiösen Genien erblickt; und wenn man nach Nietzsches Verwandtschaft fragt, so darf man sie nicht, indem man sich höchst äußerlich am Inhalt orientiert, im Bezirk der Freigeisterei, etwa eines Stirner, suchen, sondern im Familienkreis eines Augustinus oder Pascal. Sein Positivismus war nichts als das Zeitkostüm, dem sich bekanntlich niemand entziehen kann, und außerdem ein Reaktionsphänomen, der Versuch einer Selbstheilung von der Romantik; er spielte in der Ökonomie seines Lebens dieselbe Rolle wie der Klassizismus bei Goethe. Alle Philosophie ist notwendig »Krankheit«, insofern sie überhaupt nur in einem Dekadenztypus möglich ist; alle hohen Gedankenschöpfungen: der Buddhismus, der Taoismus, der Platonismus, die Gnosis, von den neueren Systemen gar nicht zu reden, haben eine späte Welt zur Voraussetzung. Nietzsche war der einzige Dekadent seines Zeitalters, der diesen Zusammenhang mit voller Klarheit durchschaute und aus diesem Gegensatz heraus seine Philosophie entwickelte, was diese aber bloß zu einem anderen Symptom der Dekadenz macht. Sein Voluntarismus, den er dem Nihilismus entgegensetzte, ist dasselbe Krankheitsphänomen mit umgekehrtem Vorzeichen: die Hyperbulie, die eine bloße Variante der Abulie bildet. Es scheint aber, daß er selbst dies gewußt hat, und es scheint sogar, daß sich in ihm bereits unterirdisch eine mystische Lösung des Konflikts vorbereitete: Zumal einige nachgelassene Entwürfe zu den unausgeführten Teilen des *Zarathustra* und dem vierten Buch des *Willens zur Macht* weisen darauf hin.

Nietzsche fühlte sich mit vollem Recht als der Gegenspieler seines Zeitalters: Man könnte ihn in dieser Hinsicht mit Savonarola vergleichen, an den er vor allem durch die fanatische Unbedingtheit seines Wahrheitswillens und die grausame Askese der Selbstzerfleischung erinnert; aber ebensosehr war er auch der stärkste Ausdruck jener Gründerzeit: in seiner Vergötterung des Lebens und seinem anthropozentrischen Sophismus. Die Sophistik, deren Weltbild in dem Satz beschlossen ist: »Der Mensch ist das Maß aller Dinge«, ist nämlich keine griechische Spezialität, sondern die unausweichliche Philosophie aller geistreichen

Niedergangszeiten. Es gibt auch eine indische und eine arabische Sophistik; die Spätscholastik, mit der wir uns im ersten Buche beschäftigt haben, trägt deutliche sophistische Züge; die gesamte Philosophie des Rokokos war sophistisch orientiert. Nietzsches »Lebensphilosophie«, unnietzschisch flach, eine schale Tautologie: das Leben will das Leben, zu der es wahrhaftig keines dämonischen Alleszermalmers bedurft hätte, läßt sich nur begreifen aus der Konterimitation des Theologen in ihm.

Und dies führt uns zu dem wahren Kern seiner Wesenheit. Es kann, wie wir bereits angedeutet haben, gar keinem Zweifel unterliegen, daß er in die Geschichte des Christentums gehört: als eine Art »gewendeter« Christ, als Antichrist malgré lui und zugleich als Christ malgré lui, als die letzte und seiner Zeit einzig mögliche Form des Christen. Sein Antichristentum ist nichts als eine Metamorphose des Christentums, eine »allotrope Modifikation«, wie die Mineralogen sich auszudrücken pflegen: Es verhält sich zu diesem wie die düster glühende Kohle zum Diamanten, äußerlich unverwechselbar verschieden, in Wirklichkeit von ganz demselben Stoff. Sein Vater, seine beiden Großväter und ein Urgroßvater waren Pastoren. Die Karten, die er nach seinem Zusammenbruch nach allen Windrichtungen aussandte, führen zumeist die Unterschrift: »der Gekreuzigte«, seltener »Dionysos«. Dies war überhaupt das Grundproblem seines Lebens gewesen: Dionysos oder der Gekreuzigte! Hierin ein Neuheidentum zu erblicken, wie dies platte und vorlaute Nietzschepfaffen jahrzehntelang verkündet haben, war ein abgrundtiefes Mißverständnis und nur in Deutschland möglich, das zu allen Zeiten die größ-

ten Philosophen und die dümmsten Philosophenschulen besessen hat. Die Alternative zwischen Kreuz und Hellas
überhaupt nur zu stellen, war völlig unheidnisch. Denn der
echte Heide ist kein Antichrist; er erblickt Christus überhaupt nicht. Deshalb ist das Judentum unter allen europäischen Bekenntnissen das einzige legitim heidnische (was
sehr natürlich ist, denn es ist die einzige antike Religion).
Von den anderen außerchristlichen Sekten, wie den Mo-
nisten, den Sozialisten, den Freimaurern, den Illuminaten,
gilt dies nicht: Sie alle haben eine unterirdische Beziehung
zum Christentum. Daß aber gerade in der Umnachtung (die
man ebensogut als den Einbruch der höchsten Erleuchtung
ansehen kann, freilich nicht mehr auf einer rein empirischen
Ebene) die Gestalt des Erlösers bis zur Identität die Seele
Nietzsches zu erfüllen begann, zeigt, daß auch am Lebens-
ende dieses größten Apostaten die Worte stehen: Du hast
gesiegt, Galiläer!

Auch diese Zusammenhänge hat Nietzsche selber erkannt. Im *Ecce homo* heißt es: »Ich habe eine erschreckliche
Angst davor, daß man mich eines Tages heiligspricht. Ich
will kein Heiliger sein, lieber noch ein Hanswurst. Vielleicht bin ich ein Hanswurst.« Hier empfindet er sich deutlich als die erhabene Trinität aus dem Narren, dem Ketzer
und dem Heiligen, die das Wesen aller religiösen Genies bildet. Sie erscheint bereits in der Gestalt des Sokrates verkörpert, der als ein Narr gelebt hat, als Ketzer verurteilt wurde
und wie ein Heiliger gestorben ist. Seiner äußeren Form
nach unterscheidet sich Nietzsches Erdenwallen in nichts
von einer Heiligenlegende. Vom niederen Volke verehrt,
von seinen Freunden mißbraucht oder mißverstanden, in

der Bedürfnislosigkeit und Weltflucht eines Eremiten dahinlebend, niemals ein Weib berührend, von steten körperlichen Leiden und seelischen Anfechtungen geplagt, Tag und Nacht mit seinem Gott ringend, unermüdlich das Heil seiner Brüder suchend, geht er den Weg des Martyriums bis zur Selbstvernichtung. Niemand bemerkte den Heiligenschein über seinem Haupt; aber auch das gehört zum echten Heiligen. Der Weltgeist liebt es, sich in den sonderbarsten Verkleidungen zu offenbaren: einmal in einem Bettler wie dem heiligen Franziskus, einmal in einem Prinzen wie Buddha, in einem Bauernmädchen wie Jeanne d'Arc, einem Schuster wie Jakob Böhme, einem Komödianten wie Shakespeare, warum nicht auch einmal in einem sanften deutschen Professor?

Nietzsche sagt in der *Morgenröte:* »Diese ernsten, tüchtigen, rechtlichen, tief empfindenden Menschen, welche jetzt noch von Herzen Christen sind: sie sind es sich schuldig, einmal auf längere Zeit versuchsweise ohne Christentum zu leben, sie sind es ihrem Glauben schuldig.« Seine Abkehr von der Religion war nur eine der Formen seiner Askese; er verbot sie sich, wie die Romantik, wie Wagner, wie Schopenhauer, wie alle seine Heiligtümer. Und in der Tat war dieses Ausbiegen vor dem Glauben unbedingt nötig zum neuen Glauben, einer der unerläßlichen Umwege in der menschlichen Heilsgeschichte: Das Christentum war zu billig geworden, wie am Ende des Mittelalters der Papismus. Hier liegt der wahre Sinn des nietzschischen Bildersturms, ja vielleicht der Sinn des ganzen Intermezzos der Neuzeit.

Paul de Lagarde, einer der wenigen Christen, die im

neunzehnten Jahrhundert gelebt haben, sagt in seinen *Deutschen Schriften:* »Im Evangelium liebt man die Menschen, weil man in tiefster Bescheidenheit mehr ist als sie: im Liberalismus, weil man denselben geringen Wert hat wie sie. Im Evangelium stammt die Menschenliebe von oben, aus der Freude und der Demut: im Liberalismus von unten, aus der Furcht und dem Schuldbewußtsein ... Jesus heißt uns unsere Feinde lieben, um Kinder unseres himmlischen Vaters zu sein, der seine Sonne über Gute und Böse aufgehen lasse. Es kommt ihm mithin nicht auf die Menschenliebe an sich, sondern auf das Streben nach Gottähnlichkeit, nach Vollkommenheit an.« Aus diesen und ähnlichen Aussprüchen Lagardes, die vor Nietzsche niedergeschrieben wurden (der seinerseits von Lagarde nicht beeinflußt worden ist), erkennt man, daß der Übermensch im Grunde eine christliche Konzeption ist; wie der Immoralismus eine Steigerung der vulgären Ethik. »Wenn man das Temperament hat«, sagt Nietzsche im Nachlaß, »so wählt man instinktiv die gefährlichen Dinge, zum Beispiel die Abenteuer der Immoralität, wenn man tugendhaft ist.« Der Immoralismus ist nichts als Hypertrophie der Tugend. Selbstverständlich kann nur ein Mensch der höchsten und tiefsten, stärksten und zartesten Sittlichkeit die Moral überwinden. Der Immoralismus rechnet mit Menschen, die durch die ganze Schule und Entwicklung der Moral bereits hindurchgegangen sind, aber nicht mit Menschen, die noch nicht einmal moralisch sind, das heißt: mit Nietzscheanern.

Kurz: Nietzsche war die letzte große Glaubensstimme des Westens, wie Dostojewski die letzte aus dem Osten war; und wenn wir diesen als den letzten großen Byzantiner und

Luther als den letzten großen Mönch bezeichnen, so könnte man Nietzsche den letzten Kirchenvater nennen. Und zugleich ist er eine der ausgeprägtesten Nationalgestalten, die das Schrifttum seines Vaterlandes hervorgebracht hat. Er selbst glaubte bekanntlich, das deutsche Volk zu hassen, indem er es mit dem deutschen Publikum verwechselte. Die drei Potenzen, die er mit Vorliebe gegen das Deutschtum ausspielte, waren das Renaissanceitalienische, die Antike und das Französische. Aber seine eigene Vitalität ist eine ganz andere als die des Cinquecento, seine Diesseitigkeit weit verschieden von den hellenischen, sein Kunstwille nichts weniger als die l'art pour l'art-Konfession der Franzosen. Er ist die stärkste und feinste Spitze des idealistischen, sentimentalischen deutschen Ethos; ähnlich wie Goethe, der auch glaubte, Realist, Artist und Klassiker zu sein, und zeitlebens ein großer deutscher Sucher geblieben ist. An der Wiege der Völker Europas schenkte Gott dem Engländer das Talent zum Erfolg, dem Franzosen die Gabe der Form, dem Deutschen aber die Sehnsucht. Einer ihrer vorbildlichen Meister war Friedrich Nietzsche, der ebenbürtige Geistesbruder Rembrandts und Beethovens. Aber in seinen letzten Schriften verwirrte sich dieser edle und kräftige Geist. Er wurde, so kann man wenigstens allenthalben vernehmen, von Größenwahn erfaßt. Er hielt sich nämlich für Friedrich Nietzsche.

V.

Das Altertum war nicht antik

Wissenschaft als Kunst

U nser Zeitalter galt bisher als ein Zeitalter der Naturwissenschaft. Es ist jedoch mehr als wahrscheinlich, daß in den nächsten Jahrzehnten die Naturwissenschaft ihre Hegemonie an die Geschichtswissenschaft abtreten wird. Im großen gesehen, besteht übrigens zwischen diesen beiden Wissenschaften kein prinzipieller Unterschied. Sie sind aus demselben Geist geboren, der – wenn man das Wort nur richtig versteht – ein künstlerischer ist. Künstlerisch ist eine Welt- und Menschenbetrachtung, die in ihrem Gegenstand möglichst vollständig zu verschwinden sucht, die ihr Objekt nicht von außen her, durch irgendein fremdes Licht erhellt, sondern aus seinem innersten Kern heraus erleuchtet. Die Beleuchtung der ersten Art wirft ihr Licht auf die Dinge und kann daher naturgemäß nur deren Oberfläche treffen, sie macht ihre Gegenstände bloß sichtbar. Die Beleuchtung der zweiten Art wirft ihr Licht in die Dinge oder vielmehr: Sie stellt sich selbst erhellend ins Zentrum der Dinge, und sie macht daher ihre Gegenstände durchsichtig, sie macht sie schließlich selbstleuchtend. Und eine solche Durchleuchtung der Menschen und Dinge erstrebt der Naturforscher ebensosehr wie der Historiker und der Historiker ebensosehr wie der Künstler.

Diese Art, die Welt wissenschaftlich zu sehen, ist im Gange der Geschichte, soweit wir ihn kennen, völlig neu.

Das Altertum ist über ein rein politisches und anekdotisches Geschichtsinteresse niemals hinausgekommen. Es folgte dann jene merkwürdige Periode, die wir als »Mittelalter« bezeichnen und deren einheitlicher Grundzug darin bestand, daß sie ausschließlich religiös orientiert war. Nun schließen sich aber religiöse und historische Betrachtungsweise selbstverständlich aus. Der religiöse Mensch glaubt an bestimmte Wahrheiten, die er überall – in allen Menschen, Zeiten und Ereignissen – wiederkennt, wiedererkennen will: Er kann gar nicht anders. Für ihn ist die Weltgeschichte die Geschichte einer Reihe von Versuchen, zu Gott, zu seinem Gott zu kommen: Den einen ist dieser Versuch geglückt, den anderen ist er mißlungen. So ist denn auch für das Mittelalter der Angelpunkt der Weltgeschichte die Erscheinung Christi: Die Menschen vor Christus suchen ihn, die Menschen nach Christus leben ihm nach. Die Übergangszeit wiederum, die die Brücke vom Mittelalter zur Neuzeit bildet, hatte genug damit zu tun, neue geistige Fundamente zu legen und überhaupt wieder einmal zu dem zu kommen, was Wissenschaft heißt, als daß sie sich für die Erforschung und Betrachtung früherer Zeitalter hätte sonderlich interessieren können. Ihre Bestrebungen finden ihren Abschluß und ihre Vollendung in der sogenannten »Aufklärung«. Nun werden wir Heutigen gewiß die Letzten sein, die die große Bedeutung und die entscheidenden Leistungen der Aufklärungszeit verkennen, aber wir werden anderseits doch zugestehen müssen, daß die Aufklärung auf einem Gebiete gewiß keine Aufklärung bedeutet hat: nämlich auf dem historischen. Die Erschließung der Historie ist die Tat des xix. Jahrhunderts, und diese Tat bedeutet einen Wendepunkt in dem Gange der gesamten Wissenschaft.

Denn sie ist eine Befreiung, so gut wie die Französische Revolution oder die Durchführung des allgemeinen Wahlrechts. Es ist heute, um es mit einem Worte zu sagen, zum erstenmal möglich, künstlerisch Wissenschaft zu treiben. Es muß uns höchst sonderbar vorkommen, daß erst wir zu dieser, wie es scheint, ebenso unentbehrlichen wie naheliegenden Erkenntnis gekommen sind. Aber es ist dennoch so. Wir stehen am Anfang eines Zeitalters, in dem die Wissenschaft eine ganz andere Stellung einnehmen wird als bisher.

Was man bisher von der Wissenschaft verlangt hat, war entweder Detailforschung oder die Beantwortung bestimmter allgemeiner Lebensfragen. Beides wird jetzt allmählich in den Hintergrund rücken. Die gelehrte Einzelforschung behält natürlich ihr Recht, aber sie kann unmöglich ein Lebenselement aller Gebildeten werden, und das ist sie ja auch niemals gewesen. Hierin liegt nichts Neues. Was aber neu ist, das ist die Stellung, die wir heute zu den allgemeinen Ergebnissen der Wissenschaft einnehmen. Frühere Zeiten wollten von der Wissenschaft bestimmte feste Resultate, bestimmte Aufklärungen über Fragen des Lebens, der Moral, der Kunst usw., mit einem Wort Wahrheiten. Der Gebildete von heute denkt kaum mehr so. Ihm ist der Begriff »Wahrheit« überhaupt schon problematisch geworden, und noch problematischer erscheint ihm die Befähigung bestimmter einzelner Menschen zur Wahrheitserkenntnis, da er doch sehen mußte, daß ganze Zeitalter – und hochbegabte Zeitalter – diese Befähigung nicht besaßen.

Aber eben jene Zeitalter beginnen ihn nun zu interessieren. Er will sie kennenlernen, neu und von Grund aus, und er erwartet sich davon eine größere Bereicherung seines Gedankenlebens als von abstrakten theoretischen Erörterungen. Früher interessierte man sich für vergangene Zeitalter wegen der Ähnlichkeiten, die man in ihnen entdeckte oder zu entdecken glaubte; der Mensch von heute wendet sein Interesse den vergangenen Kulturen deshalb zu, weil sie anders waren, und er würde die Weltgeschichte für eine gräßlich flache und langweilige Sache halten, wenn sie nichts wäre als die mehr oder minder glückliche Variation desselben Themas. Auch erkennt er immer mehr, daß nur in diesen Dingen etwas Positives steckt. Die »Tatsachen«, die von der Wissenschaft und Philosophie in früheren Jahrhunderten festgestellt wurden, sind für uns immer problematischer geworden, und auch in unserer Zeit müssen wir immer wieder bemerken, daß jede neue Tatsache, die von uns aufgefunden wird, nichts anderes ist als ein neues Problem. Aber umgekehrt: Die Probleme, die die Menschheit im Laufe der Zeit gehabt und überwunden hat und die der wichtigste Bestandteil der jeweiligen Kultur waren: – die sind höchst positive Tatsachen und mit denen läßt sich etwas anfangen. Und während unser Interesse an der Philosophie immer mehr ein rein geschichtliches geworden ist, beginnt nun unser Interesse an der Geschichte ein philosophisches zu werden.

Diese philosophische Art, Geschichte zu treiben, erfordert Phantasie, psychologisches Differenzierungsvermögen und die Gabe des Eindringens in fremde seelische Zusammenhänge, mit einem Wort: dichterisches Talent. Und sie erfordert noch ein zweites, das unter Gelehrten bisher ebensoselten war: wissenschaftliche Universalität. Denn Geschichtswissenschaft, richtig begriffen, umfaßt die gesamte menschliche Kultur und deren Entwicklung: Sie ist Theodizee, stete Auffindung des Göttlichen im Weltlauf und darum Religion, sie ist Erforschung der Grundkräfte der menschlichen Seele und darum Philosophie, sie ist die aufschlußreichste Darstellung der Staats- und Gesellschaftsformen und darum Politik, sie ist die mannigfaltigste Sammlung aller Kunstschöpfungen und darum Ästhetik, sie ist ein Pantheon aller Wissenschaften. Nur eines ist sie absolut nicht: eine begriffliche Systematik, eine Spekulation über bestimmte allgemeingültige Gesetze des historischen Geschehens, kurz das, was man früher unter Geschichtsphilosophie verstanden hat. Für solche Untersuchungen wird vielleicht wieder einmal die Zeit kommen, ja es ist sogar zu hoffen, daß wir eines Tages soweit sein werden, generelle Folgerungen ziehen zu dürfen. Aber diese Folgerungen müssen sich von selber einstellen; man darf sie nicht suchen. Heute lenken derartige Bestrebungen nur ab, bilden Vorurteile und hemmen die Entwicklung der modernen Kultur, die eine zuwartende ist.

Zuwartend ist überhaupt die Gesamtstellung, die die Philosophie zu den Dingen einnimmt. Alle gute Philosophie ist im tiefsten Sinne Parodie, Selbstparodie. Sie ist eine Art von sublimer Selbstverhöhnung des menschlichen Geistes. Sie tut so, als ob sie etwas wüßte; und dennoch ist sie die einzige geistige Betätigungsform, die über die tiefe Relativität, gröber gesagt: die tiefe Unwissenheit alles menschlichen Denkens genau und bestimmt unterrichtet ist. Das ist der ironische Grundzug, das sokratische Element aller Philosophie, nicht bloß der sokratischen.

Philosophie will bewegen und nichts als bewegen. Sie verändert fortwährend, sich selbst aber verändert sie eigentlich niemals. Sie wird zu allen Zeiten bleiben, was sie zu allen Zeiten gewesen ist: eine Entwicklungsbeschleunigerin. Sie hat insofern große Ähnlichkeit mit einem chemischen Ferment. Wie dieses, verursacht sie bloß Zersetzungen und Umbildungen, ohne sich an diesen Umwandlungsprozessen, die sie hervorgerufen hat, selbst zu beteiligen: Sie gibt nur den Anstoß.

Wenn wir daher den Wert einer beliebigen Philosophie zu beurteilen haben, so wollen wir nicht fragen, was sie ist: Monismus oder Dualismus, Empirismus oder Kritizismus, Ideologie oder Tatsachenwissenschaft. Wir wollen fragen, wie sie wirkt. Ist sie eine produktive Zersetzerin, ist sie die Ursache von neuen geistigen Chemismen, steigert sie die Geschwindigkeit seelischer Reaktionsvorgänge? Dann ist sie Philosophie.

Das Altertum war nicht antik

In den meisten Literaturgeschichten ist zu lesen, daß die Dramatiker immer ihre Hauptaufgabe darin erblickt hätten, das Theater ihrer Zeit »mit kühnem Griff« zu revolutionieren, in eine neue Form umzugießen. Sieht man sich aber in der wirklichen Weltliteratur um, so findet man regelmäßig, daß das genaue Gegenteil der Fall war. Die Dramatiker haben an der Theaterform niemals das Geringste zu ändern vermocht, sie haben sich ihr immer anpassen müssen, ob es ihnen bequem war oder nicht. Meistens war es ihnen unbequem. Euripides, der reiche müde Erbe einer Kultur, die in Philosophie, Seelenkunde, Ausdruckstechnik, Kunst des Sehens und Hörens nahezu bis an die letzten Grenzen gelangt war, sah sich genötigt, seine psychologischen Differentialkalküle mit äußeren Mitteln zur Darstellung zu bringen, die für einen Indianertanz oder einen Dorfzirkus gerade noch fein genug gewesen wären. Shakespeare mußte seine Phantasiewelt, die alles enthielt, was es gibt, und daneben noch alles, was es nicht gibt, in einer bretternen Matrosenschenke realisieren, und dieser erotischeste aller Dramatiker hatte ein Ensemble ohne Weiber. Molières Zerrissenheit, Unruhe und opalisierende Laune wurde in einen langweiligen vergoldeten Salon gesperrt, unter Menschen, deren höchster Ehrgeiz es war, das Aussehen und das Gefühlsleben einer Drahtpuppe zu erlangen.

Bloß Ibsen war es vergönnt, die Form vorzufinden, die ihm vollkommen gemäß war, das Theater mit verdunkeltem Zuschauerraum, scharf isolierter, grell beleuchteter Bühne, drei festen Zimmerwänden und massiven Möbeln: die Bühnenform, wie sie das soeben zur Weltherrschaft gelangte Bürgertum sich geschaffen hatte.

Nun verändert ja aber doch im Laufe der Geschichte das Theater seine Form.

Wer also verändert diese, wenn es die Dichter nicht tun? Nun, ganz einfach der Zeitgeist.

Er ist es, der alle Institutionen schafft, der jeder Generation ihr bestimmtes Mienenspiel vorschreibt, der die neuen Formen hervorbringt: in der Religiosität so gut wie in der Interpunktion, im Naturgefühl so gut wie in der Haartracht.

Die neue Theaterform, die der Geist der Gegenwart geschaffen hat, ist der Film. Der Film ist durchaus nichts Zufälliges. Kein anderes Zeitalter hätte ihn erfinden können. Es gibt überhaupt keine zufälligen Erfindungen.

Daß ein Gemälde oder ein lyrisches Gedicht das organische Produkt des Zeitalters ist, in dem es geschaffen wurde, wissen heutzutage sogar schon die Universitätsprofessoren.

Aber mit den Erfindungen und Entdeckungen ist es auch nicht anders: Sie sind ebenfalls einfache Folgeerscheinungen der jeweiligen seelischen Gesamtverfassung der Menschheit. Zwar müssen noch immer alle Schulknaben lernen, die »Neuzeit« sei eine Wirkung der Entdeckung Amerikas; aber es verhielt sich gerade umgekehrt: Ein solches Geschlecht, wie es damals lebte, mit einem neuen Wagemut, einem Drang in die Weite, einem wiedererwachten Realismus, einer edeln Neugierde und Wißbegierde, mußte in Westindien landen, mit derselben zwingenden Notwendigkeit, mit der es die Kirchenreformation herbeiführen, das Schießpulver und die Buchdruckerkunst erfinden, das kopernikanische System aufstellen mußte. Und ebenso ist es nicht wahr, daß das ausgehende neunzehnte Jahrhundert dem Telephon, dem Telegraphen, den Blitzzügen und dergleichen Dingen ein neues Gefühl von Zeit und Raum, ein unendlich beschleunigtes Lebenstempo verdankt, sondern dieses neue Tempo war das Primäre, dieses neue Zeit- und Raumgefühl wurde mit der Generation, die den Magnetismus, die Elektrizität und die Dampfkraft nutzbar machte, bereits geboren, es mußte sich diese Lebensformen schaffen. Immer ist der Geist das Primäre, beim Einzelnen wie bei der Gesamtheit.

Versöhnen wir uns also mit dem Film! Er ist ein Ausdruck unserer Zeit, und ein sehr prägnanter. Zunächst: Er ist kurz, rapid, gleichsam chiffriert. Das paßt sehr gut zu unserem Zeitalter, das ein Zeitalter der Extrakte ist. Sodann: Er hat etwas Skizzenhaftes, Abruptes, Lückenhaftes, Fragmentarisches. Das ist im Sinne des modernen Geschmacks ein eminenter künstlerischer Vorteil. Die Erkenntnis der Schönheit des Fragments beginnt sich allmählich in allen Künsten Bahn zu brechen; schließlich ist ja alle Kunst nichts anderes als ein geschicktes und bisweilen geniales Auslassen von Zwischengliedern. Ferner ist der Film etwas höchst Dilettantisches. Ein eminenter, noch lange nicht genug geschätzter künstlerischer Vorteil! Denn was ist ein »Dilettant«? Ein Künstler, der Temperament, Universalität, Verachtung für Einzelheiten und eine neue Technik hat. Und ein ähnlicher Dilettant ist der Film.

Was aber das Wichtigste ist: Im Film erreicht die untermenschliche Welt der Tiere und Pflanzen, der Häuser und Maschinen, des ganzen Naturpanoramas eine künstlerische Bedeutung, wie sie sie bisher noch nicht gehabt haben. Das, was man bisher in der Theatersprache ziemlich abfällig »Dekoration« genannt hat, steht beim Film im Vordergrund. Hier greift sozusagen die stumme Außenwelt auf Schritt und Tritt als ein wirksamer Faktor in die Entwicklung und bestimmt die Schicksale der Menschen fast wie eine handelnde Person, als das Gegenteil von Staffage, so, daß man eher den Eindruck hat, die Menschen wären die Staffage, die Dekoration. Kurz, der Film ist eine Art Traum.

Es ist eine bekannte Tatsache, daß Träume viel stärker auf uns wirken als wirkliche Erlebnisse. Woher kommt das? Weil das Erlebnis eine viel geringere Realität hat als die Phantasie. Dasselbe Ereignis packt uns oft viel mehr, wenn wir es träumen, als wenn wir es wirklich erleben. Träume sind eindrucksvoll, weil sie Träume sind. Und ebenso verhält es sich mit den historischen Ereignissen, die uns die Geschichte überliefert, und denen, die wir als Zeitgenossen miterleben. Die ersteren sind berichtet, vorgestellt, gedacht, sie sind in der Phantasie und eine Art Traum, die letzteren sind bloß wirklich. Die ersteren kommen zu uns im Gewande der Dichtung und haben daher jene eigentümlich aromatische, berauschende, verwirrende Wirkung, die die Wirklichkeit nie hat. Die Französische Revolution hat auf alle Späteren einen tieferen Eindruck gemacht als auf die sensibelsten unter ihren Zeitgenossen. Wenn wir eine Sache miterleben, so schiebt sich zwischen die seelischen Eindrücke, die sie hervorruft, die Fülle der alltäglichen Details und sprengt die Wirkung. Die Nähe ist zu groß, das Körperliche zu aufdringlich, wir können die Sache gewissermaßen anfassen, die Illusion, die mysteriöse Fernwirkung ist zerstört. Die Dinge sind nur groß, wenn man die Möglichkeit hat, sie von oben zu sehen. Um zu erkennen, daß der Montblanc groß ist, muß ich ihn von seiner Spitze aus betrachten. Solange ich ihn besteige, sehe ich ihn überhaupt nicht. Das Leben, das ich mit meinen Mitmenschen lebe, wird in lauter kleine Molekularbewegungen zerlegt, und darüber kann ich zu keinem Gesamtbild kommen. Je ferner wir einer Sache stehen, desto tiefer wirkt sie auf uns, desto poetischer erscheint sie uns. Die Natur hat immer etwas Poetisches, weil sie uns so fremd ist, weil wir so gar nichts von ihr wissen. Ein Tier ist schon nicht mehr so poetisch wie eine Pflanze, weil uns die Tiere etwas näher stehen. Aus demselben Grunde erscheint uns ein Kind poetischer als ein Erwachsener, ein fremdes Volk poetischer als das eigene, ein Toter poetischer als ein Lebender. Und dasselbe gilt natürlich von der Vergangenheit. Schon unsere eigene Vergangenheit hat einen eigentümlich halbromantischen Charakter: Wir denken an frühere Erlebnisse, selbst wenn sie peinlich waren, immer mit einem gewissen Neid und finden, das Leben sei damals schöner gewesen. Das, was war, wirkt auf uns allemal tiefer als das, was ist.

Dies ist der Grund, warum alle tragischen Dichter immer instinktiv in die Vergangenheit gegriffen haben. Und ebendies ist auch der Grund, warum die Komödiendichter sich stets in der Gegenwart bewegt haben. Schon Aristophanes und Menander haben sich um die Historie ebensowenig gekümmert wie Molière und Nestroy. Der größte deutsche Tragiker, Heinrich von Kleist, hat nur ein einziges Stück geschrieben, das in der Gegenwart spielt: die Komödie *Der zerbrochene Krug.* Und der größte Komödiendichter aller Zeiten, Henrik Ibsen, hat eine historische Tragödie geschrieben, *Die Kronprätendenten,* die im dreizehnten Jahrhundert spielt.

Einer der Vorteile der Historie ist es auch, daß sie sich in den Augen der Nachwelt fortwährend verwandelt, während die Gegenwart in ihren Grundlinien eindeutig feststeht.

Was nun speziell unsere heutige Altertumskunde anlangt, so wird es eines ihrer ehrendsten Kennzeichen bleiben, daß sie erlernt hat, ihr Forschungsgebiet mit den eigenen Nostalgien und Wünschen zu sehen.

Sie hat, wenn man so sagen darf, festgestellt, daß die Alten nicht antik waren.

Und in der Tat: Wer etwa Platons Dialoge oder die römischen Satiriker naiv und unphilologisch liest, der wird finden, daß in den Alten weniger Altertümliches war als in den Deutschen des achtzehnten Jahrhunderts und daß die Gebärde der Euripideischen Medea weniger »klassisch« gewesen sein muß als die Geste der Charlotte Wolter. Was den sogenannten »humanistisch Gebildeten« vom Altertum zurückgeblieben ist, das sind einige tote Kostümstücke: Leier, Peplos, Lorbeer, Myrte, Olivenkranz. Es geht ihnen wie Faust, der von der griechischen Helena nur ein leeres Kleid in den Händen behält – und der Rest ist Wolke.

Wir wissen heute, daß es den Griechen mit dem »Sonnenauge« und den Römer mit der »Erzstirn« niemals gegeben hat. Aus dem sehr einfachen Grunde, weil es ganz unmöglich ist, daß es solche Menschen zu irgendeiner Zeit und an irgendeinem Ort gegeben haben kann. Wir wissen heute, woher die Ästhetik und Geschichtskenntnis der deutschen Klassiker ihren Ursprung genommen hat: aus der Generation, die ihnen vorherging, einer Generation von physisch und geistig unterernährten, unterentwickelten, schiefgewachsenen Schulmeistern, Literatoren und Kunstpedanten, aus der staubigen Enge der Bibliotheken und Schreibstuben, der Sticklüft der kleinen Provinzgassen. Was verstand man denn damals unter der vielgerühmten »Einfachheit der Alten«? Nichts anderes als die notgedrungene körperliche und seelische Bedürfnislosigkeit des deutschen Hauslehrers, Prorektors und Reisebegleiters!

Sie waren, Gott sei Dank, nicht »einfach«, diese Griechen und Römer, sondern sehr verwickelt, sehr anspruchsvoll und vor allem späte Menschen. Ein Volk wie die Griechen, dessen hervorstechendste Eigenschaft in der lebhaftesten, beweglichsten Fähigkeit des Aufnehmens, in einer hypertrophisch entwickelten Gabe des Sehens bestand, ein Volk wie die Römer, dem die ganze Welt gehörte, das mit dem kältesten Naturalismus jeder Nation ihr Lebensgesetz ablauschte, um sie dadurch um so sicherer zu beherrschen.

Das Groteskeste an dem ungeheuerlichen Mißverständnis war aber seine Wirkung. Sie war so, wie wenn etwa ein monomanischer, beschränkter, aber sehr tüchtiger Gymnasiallehrer in eine Klasse tritt, die aus lauter sehr lebhaften, begabten und wißbegierigen Schülern besteht, und nun durch seinen Unterricht den Geist dieser Klasse in eine

schiefe, schädliche, rückläufige und unfruchtbare Bewe-
gungsrichtung zwingt.

Der Philologe beschäftigt sich mit dem Wunder der Sprache, der Botaniker mit dem Wunder des Pflanzenlebens, der
Historiker mit dem Wunder des Weltlaufs. Lauter Geheimnisse, die noch kein Mensch zu entziffern vermocht hat. Ja
selbst der Physiker, wenn er genial ist, stößt fortwährend
auf Wunder. Je tiefer eine Wissenschaft in die Sphäre des
Wunderbaren einzudringen vermag, desto wissenschaftlicher ist sie. Und die Kultur einer Zeit läßt sich an der Zahl
der Wunder messen, die sie exakt nachzuweisen vermocht
hat. Ein Zeitalter ist um so aufgeklärter, je mehr Rätsel es
entdeckt.

Hieraus ergibt sich, wie hoch die Kultur der Zeit zu be-
werten ist, in der wir uns befinden. Wir kommen uns ungeheuer human und gescheit vor, wenn wir unsere Zustände
mit denen des Mittelalters vergleichen. Es erscheint uns
düster, beschränkt, leichtgläubig. Und in der Tat: Damals
glaubte man wirklich alles. Man glaubte jede Erzählung, jeden Traum, jedes Gerücht, jedes Gedicht, man glaubte an
Wahres und Falsches, Weises und Wahnsinniges, an Heilige
und Hexen, an Gott und an den Teufel. Aber man glaubte
auch an sich. Überall sah man Realitäten, selbst dort, wo sie
nicht waren: Alles war wirklich. Und überall sah man die
höchste aller Realitäten: Gott. Alles war göttlich. Daher
trotz aller Jenseitigkeit, Dürftigkeit und Enge der prachtvolle Optimismus jener Zeiten: Wer an die Dinge glaubt, ist
immer voll Zuversicht und Freude. Das Mittelalter war
nicht finster, das Mittelalter war hell.

Mit einer ganzen Milchstraße, die der Rationalismus in

Atome aufgelöst hat, können wir nicht das Geringste anfangen, aber mit einem pausbackigen Engel und einem bockfüßigen Teufel, an den wir von Herzen glauben, können wir sehr viel anfangen. Man sagt uns freilich, Fetischismus, Mythologie und dergleichen seien alberne und rohe Dinge; aber wir haben diese schlimmen Dinge ja auch noch in unserem heutigen Leben, nur in unsäglich platterer, geistloserer und gemeinerer Form: Unsere Fetischtempel heißen Zeughaus und Parlament, und unsere Mythologie lesen wir täglich dreimal in der Zeitung.

Es geschehen heute keine Wunder mehr, aber nicht weil wir in einer so fortgeschrittenen und erleuchteten, sondern weil wir in einer so heruntergekommenen und gottverlassenen Zeit leben. Und was sagt Gott dazu?

Die Intensität, mit der diese Frage gestellt wird, ist in der Tat das, was jedem Zeitalter und jedem Individuum seinen Rang anweist. Die Frage selbst lebt in jedem Menschen und in jeder Zeit.

Dieselbe Kraft, die die Pflanzenwurzel Phosphor wählen läßt, treibt den Menschen zum Gottglauben und zu allem, was damit zusammenhängt. Wir können aus der Geschichte die Existenz Gottes mit derselben Stringenz beweisen, mit der wir in der Chemie die Existenz von Eiweiß beweisen können. Gott ist für unsere Seele, was Eiweiß für unseren Körper ist: ein auf die Dauer unentbehrlicher Assimilationsstoff.

Inhalt und Zweck aller schöpferischen Tätigkeit besteht in nichts anderem als in dem Nachweis, daß das Gute, der Sinn, kurz Gott, überall vorhanden ist. Er ist die einzige Realität, die aber meist unsichtbar ist. Der Genius macht sie sichtbar: Dies ist seine Funktion. Man nennt ihn daher auch gotterfüllt. Das gilt für den Genius des einzelnen Menschen, den der Völker, den der Epochen, den einer Kultur. In diesem Sinn war das vorchristliche Altertum nicht »antik«, wie überhaupt alles in der Geschichte im Grunde anders ist, als es jeweils erscheint. Die Tatsache »Gott« ist überall wiederzufinden, wiederzuerblicken, wiederzuerkennen. Dieses Wiedererkennen Gottes in der Welt ist das höchste Ziel der Geschichte.

Das Geheimnis Ägyptens

Jedes historisch bedeutsame Volk hat eine Geschichte nicht nur während seines Lebens, sondern auch nach seinem Tode. Es blüht und wirkt weiter, indem es sich in den Herzen und Köpfen der Nachlebenden fortwährend verändert. Das stärkste und sonderbarste Beispiel für diesen Prozeß sind die Griechen. Ein jedes geistig und künstlerisch fruchtbare Zeitalter hat von ihnen ein neues Bild entworfen, und das Wort »Renaissance« enthüllt uns in diesem Zusammenhang erst seine eigentliche, tiefere Bedeutung. Jede klassische Renaissance – und es hat ja bekanntlich deren mehr als eine gegeben – bedeutete nämlich eine wirkliche »Wiedergeburt« der Antike, nicht in dem landläufigen Sinn, daß die klassische Welt nun einfach wieder ausgegraben worden wäre, sondern diese wurde tatsächlich jedesmal völlig neu geschaffen, so wie sie niemals vorher auf der Welt gewesen war. Die Zeit selbst, in der eine solche Renaissance stattfindet, glaubt natürlich immer an eine einfache Identität, aber in der historischen Distanz wird der Unterschied völlig klar. Wir wissen heute schon ganz genau, daß die Römer Shakespeares mit denen Plutarchs nicht das Geringste zu schaffen haben und daß der Goethesche Klassizismus von dem Perikleischen himmelweit entfernt ist; aber auch das Hellenentum, wie es Burckhardt, Rohde und Nietzsche »rekonstruiert« haben, wird einmal von der Nachwelt nicht anders beurteilt werden, und der Cäsar Mommsens und Shaws deckt sich mit dem wirklichen so wenig wie der, den das Mittelalter verherrlichte.

Die Ägypter, die ja noch ganz bedeutend älter waren als die alten Griechen, genossen dadurch den Vorzug, schon von diesen letzteren nicht verstanden zu werden. Sie galten im ganzen klassischen Altertum als das Volk der religiösen Geheimnisse, der göttlichen Mysterienlehren, der esoterischen Kulte. Und dieses Renommée haben sie sich viele Jahrhunderte hindurch ungeschwächt erhalten: Wer im kaiserlichen Rom als Zauberer besonders imponieren wollte, der kam ägyptisch, und noch die Rosenkreuzer und Freimaurer der Aufklärungszeit arbeiteten mit ägyptischen Symbolen. Durch die wissenschaftliche Ägyptologie, die erst im XIX. Jahrhundert mit den Ausgrabungen von Champollion und Lepsius energisch einsetzt, ist aber an den Tag gebracht worden, daß es sich mit diesen rätselvollen Dingen verhält wie mit so vielen anderen: Das Geheimnis Ägyptens ist keines, und was im Europäer den Eindruck dieser mysteriösen Weisheit hervorrief, war nur das Fremdartige, das besonders Umständliche und Zeremoniöse in der Religionsübung und ganzen Lebensführung des alten Ägypters, der Exotismus.

Ein zweiter Irrtum, der sehr lange geherrscht hat, ist die Auffassung, die Ägypter seien ein Volk ohne Geschichte gewesen. Man stellte den beweglichen, ruhelosen, im rapidesten Tempo eine ungeheure geistige Entwicklung durcheilenden Griechen als Pendant die Ägypter gegenüber: als ein Volk von ungemein trägem geistigen Stoffwechsel, das, ohne sich wesentlich zu verändern, starr durch die Zeiten hindämmerte, gleich den Pyramiden und Sphinxen, deren Antlitz, jeglichen Wechsel überdauernd, ewig die gleichen Züge trägt. Nun klingt es ja schon von vornherein unwahrscheinlich, daß ein geistig regsames, auf fast allen Kulturgebieten selbständig tätiges Volk eine und dieselbe Art zu leben und zu denken, auf eine geradezu stumpfsinnige Weise jahrtausendelang festgehalten haben soll. Aber auch die Tatsachen sprechen dagegen, denn ihre Kunst, die auf den ersten Blick einen einheitlichen Charakter zu haben scheint, zeigt bei näherer Betrachtung eine Aufeinanderfolge sehr verschiedener Stilarten, und aus den aufgefundenen Urkunden geht hervor, daß auch die Sitten und Gebräuche einem deutlichen Wechsel unterworfen waren, so daß Adolf Erman, heute wohl der erste Forscher auf diesem Gebiet, in seinem prachtvollen Werk über Ägypten mit Recht sagen durfte, das »alte Reich« unterscheide sich von dem »neuen Reich« ungefähr ebenso wie das Reich Karls des Großen von dem heutigen Deutschen Reich. Es geht uns eben mit den Ägyptern ebenso wie mit allen anderen fremden Völkern. Es scheint uns ja auch, als ob alle Indianer oder Neger dieselben Gesichter hätten, ja wir können sehr oft nicht einmal einen Chinesen von einem Japaner unterscheiden, während die scheinbare Kongruenz natürlich nicht auf wirkliche Verhältnisse zurückzuführen ist, sondern lediglich auf unser ungebildetes Auge. Es ist jedoch, wie gesagt, sehr wahrscheinlich, daß schon die Griechen von den Ägyptern nichts verstanden und daß auch sie nur für die Unterschiede empfänglich waren, die zwischen ihnen und den Ägyptern bestanden, nicht aber für jene, die die Ägypter untereinander trennten, und so wurden bereits sie die Schöpfer jenes

Vorurteils vom »hieratischen« Ägypten. In Wahrheit aber waren die Bewohner des Niltals schon im Altertum ein munteres, betriebsames Volk von echt orientalischer Lebhaftigkeit, ihren heutigen Nachkommen, den Fellachen, gewiß nicht unähnlich, die, wie jeder Besucher des »Fischmarktes« in Kairo weiß, an Behendigkeit, Zudringlichkeit und Geschrei hinter keinem Neapolitaner oder Armenier zurückstehen.

Woher kam aber dieses falsche Bild? Ganz offenbar von der ägyptischen Kunst, die in der Tat in ihren repräsentativen Darstellungen immer etwas Steifes, Gebundenes und schablonenhaft Feierliches gehabt hat. Jedermann kennt die bis zur Karikatur typischen Stellungen, die auf ägyptischen Bildern der Audienz gebende König, der um Gnade flehende Feind, der opfernde Priester, der Bogenschütze usw. einnehmen. Das Konventionelle der Zeichnung führt häufig bis zu ausgesprochenen perspektivischen Fehlern, so daß die Figuren bisweilen an die Knabenzeichnungen des Malers Klecksel erinnern, von dem Busch sagt: »Zunächst mit einem Schieferstiele macht er Gesichter im Profile; zwei Augen aber fehlen nie, denn die, das weiß er, haben sie.« Wenn der ägyptische Künstler auch nicht gerade so weit geht, ein Profilantlitz mit zwei Augen auszustatten, so malt er zu diesem doch wenigstens ein Enface-Auge und zu Profilbeinen eine Enface-Brust, und zwar prinzipiell. Und hiermit kommen wir denn auch zu dem wahren Verhältnis zwischen ägyptischer Kunst und ägyptischer Wirklichkeit. Was sie auf ihren Bildern darstellten, war eine bestimmte offizielle Anschauungsweise, die das Tatsächliche absichtlich und grundsätzlich unrichtig wiedergab. Es fehlte ihnen durchaus nicht an der Gabe naturalistischer Darstellung: Die berühmte Holzfigur des sogenannten »Dorfschulzen« ist ein Meisterwerk lebenswahrer, individualisierender Porträtkunst; noch höher ist vielleicht der »Schreiber« zu stellen, wenn man bedenkt, wie schwer es ist, in Stein naturalistisch zu arbeiten; ferner ist zu beachten, daß »mindere« Leute, wie Fischer und Metzger, und Ausländer, wie Asiaten und Äthiopier, auf den Bildern fast immer in richtiger Perspektive und viel lebendiger und realistischer gezeichnet sind; aber eine Persönlichkeit der guten ägyptischen Gesellschaft nicht mit dem typischen vorgesetzten Bein, dem ausdruckslosen Lächeln und der ganz unmöglichen flachen Handstellung abzubilden, wäre ganz einfach »shocking« gewesen.

Kunst, insbesondere die bildende, ist allemal der Ausdruck dessen, was man gern sein möchte, nicht dessen, was man ist. Auch die Griechen haben ja in ihren Göttern nur das Ideal von Abgeklärtheit, Heiterkeit und Besonnenheit gebildet, nach dem sie sich zu allen Zeiten sehnten, ohne es je auch nur annähernd zu erreichen; und aus dieser Verkennung ihrer Kunst entstand der ganze Irrtum des Winckelmannschen Klassizismus, der für die deutsche Kultur so bedeutsame Folgen gehabt hat. Man kann fast axiomatisch den Satz aufstellen: Die Kunst eines Volkes verhält sich zu seiner Realität wie die Komplementärfarbe. Man sei daher vorsichtig mit Bezeichnungen wie »primitiv«, denn oft ist das Primitive in der Kunst gewollt und nichts anderes als die Kehrseite höchsten Raffinements. Die alten Ägypter waren ganz einfach – Expressionisten.

Ihr Stilisieren um jeden Preis, ihr gewaltsames Sichwegwenden von der Natur, ihr Verdünnen und Schematisieren der Wirklichkeit ist um so merkwürdiger, als es selten ein so völlig praktisch orientiertes Volk gegeben hat. Ihre wissenschaftliche Tätigkeit verfolgt ausschließlich nützliche Zwecke, ihre Dichtung, ihre Staatseinrichtungen, ihre Vorstellungen vom Jenseits und der Götterwelt – alles atmet denselben nüchternen, rationalistischen Geist der Ordnungsliebe, Opportunität und Pedanterie. Aber in ihrer Pedanterie liegt eben der Schlüssel zum Verständnis ihrer wirklichkeitsfeindlichen Kunst. Sie waren nämlich ein Volk von Bureaukraten. Niemals vorher oder nachher hat es irgendwo auf der Welt noch so viele, umständliche und peinlich befolgte Formalitäten, Zeremonien und Titulaturen gegeben, und nirgends auf der Welt ist so viel geschrieben worden wie im alten Ägypten: Es wird einfach alles notiert. Diesem für die Zeitgenossen zweifellos peinlichen Umstand verdankt ja die Nachwelt ihre erfreulich genauen Kenntnisse von Ägypten.

Der große Alois Riegl hat einmal für die ägyptische Kunst ein herrliches Wort geprägt: Er sagt, das Bestimmende sei bei ihr die Raumscheu. Man kann mit einem einzigen Wort das ganze Wesen einer Jahrtausende währenden Form des Sehens wohl nicht gut prägnanter und treffender zusammenfassen. In der ägyptischen Plastik gibt es keine einzige freistehende Figur, auch in der Zeichnung klebt alles bei ihnen am Hintergrund, alles ist Fläche, sie sehen im Grunde nur zweidimensional. Von hier aus erklärt sich das ganze Geheimnis ihrer Eigenart. Sie wagten sich niemals auf das freie Meer hinaus, hatten nicht den »Zug zur Expansion«, der sonst große Völker kennzeichnet. Sie traten auch geistig niemals in den vollen Raum des Weltlebens und der Weltgeschichte. Sie hatten keine Philosophie, sie hatten kein Drama, ja eigentlich auch keine Religion. Sie vergötterten die Sonne, die Tiere, den Nil, die ganze heilige Natur und blieben dazu bestimmt, selbst immer nur ein großes Stück Natur zu bleiben, fruchtbar und tätig, aber stumm und unfähig, aus sich herauszutreten. Und so lebten sie in ihrer stillen, zufriedenen Raumscheu drei Jahrtausende, fünf Jahrtausende, ja, wie die neuesten Forscher behaupten, zehn Jahrtausende lang. Neben ihnen erscheint die Geschichte des göttlichen Griechenland wie ein kurzes Fieber, das ungeheuere römische Weltreich wie eine hingeworfene Anekdote. Und indem man dieses bescheidene und doch so dauerhafte Walten, dieses von Tieren abgelauschte demütig-sichere Fürsichleben der alten Ägypter betrachtet, möchte man versucht sein, zu sagen: Nein! Sie hatten Religion, die einzige, die es gibt, und sie waren zehntausend Jahre vor Christus christlicher als alle die großen Völker, die sich heute christlich nennen.

Julius Cäsar

W er war Julius Cäsar? Seine Geschichte enthält größere Wunder als die *Odyssee*. Die abenteuerlichen Fabeln Homers werden zu einfachen, übersichtlichen, rationalistischen Begebenheiten, wenn man sie neben die Taten und Leiden Cäsars hält. Er war der wahre Märchenheld des Altertums, nicht Achill oder Odysseus. Seine Schicksale sind unverständlich, und kein Dichter könnte sie erfinden. Sie sind unglaublich und unwahrscheinlich, weil sie vom Leben gedichtet wurden. Denn die Poeten mühen sich immer nur vergeblich damit ab, etwas Phantastisches auszudenken; ihre Anstrengungen sind jedoch erfolglos: Es kommen immer nur ganz nüchterne plausible Sachen heraus, höchst verständige Konstruktionen einer ohnmächtigen Einbildungskraft. Inzwischen haben Natur und Leben längst Dinge und Ereignisse hervorgebracht, die viel unwahrscheinlicher, abenteuerlicher, romanhafter und romantischer sind.

Er beginnt als Catilinarier und endigt als König von Rom; inzwischen erobert er ein ungeheures Land, von dessen Terrainverhältnissen er so gut wie gar keine Ahnung hat; er trägt die römischen Adler nach der britannischen Insel, von der die Römer bis dahin nicht einmal gewußt hatten, ob sie wirklich existiere oder eine bloße Fiktion der Philosophen und Dichter sei; er bewegt sich mit absoluter

Sicherheit mitten durch eine Anarchie, von der sich moderne Köpfe nicht einen annähernden Begriff machen können; er konstituiert die römische Weltmonarchie, ordnet die Finanzen, das Gerichtswesen, die Provinzialverwaltung, reorganisiert das Heer, entwirft die Pläne für den julianischen Kalender, die Tiberregulierung, die Kanalisation Roms, die Kodifikation der Gesetze, die Errichtung eines neues Rathauses, einer öffentlichen Bibliothek, eines Marstempels, und schreibt die Kommentarien zum gallischen Krieg, die schriftstellerisch eines der besten lateinischen Prosawerke, schauspielerisch eines der größten literarischen Meisterstücke sind. Er ist Jurist, Stratege, Demagog, Literat, Astronom, Condottiere, Dandy, Monarch, dabei von zu Hause aus ein schwerer Epileptiker; er kann alles, weiß alles, versteht alles, hat sämtliche menschlichen und unmenschlichen Eigenschaften, hat hundert Arme, Augen und Ohren. Er geht durch eine Welt des Irrsinns und Verbrechens mit dem tiefen Fatalismus des Genies, das weiß: ich bin der Sinn der Welt, und dabei doch immer von einem leichten Ekel erfaßt, von jener sublimen Indifferenz, die gerade den Genies der Tat eigen ist, weil nur sie die tiefe Sinnlosigkeit erkannt haben, die auf dem Grunde alles Handelns schlummert. Und darum sagte er bisweilen: »Ich habe schon zu lange gelebt.«

Wer Julius Cäsar war, werden wir nie erfahren. Nicht etwa, weil seine Zeit für uns heute schon historisch, das heißt: unverständlich geworden ist. Sondern weil er ein Genie war. In Natur und Geschichte gibt es nur ein einziges wirkliches »Weltwunder«: die Vernunft, den menschlichen Geist und seine märchenhaften Energien, und nur ein einziges wirkliches Paradoxon: das Genie mit seinen merkwürdigen Eigenschaften. Der geniale Mensch ist das große Absurdissimum. Er ist ein Absurdissimum wegen seiner Normalität. Er hat keine Zacken und Zinken, wie der Durchschnittsmensch, an denen man sich anhalten kann, und darum ist er so schwer zu verstehen. Er ist so, wie alle sein sollten: eine vollkommene Gleichung zwischen Zweck und Mittel, Aufgabe und Leistung. Er ist so paradox, etwas zu tun, was sonst niemand tut: Er erfüllt seine Bestimmung. Er ist aber noch absurd aus einem zweiten Grunde. Er ist nämlich kein Spezialist. Er ist vorhanden und kann, was die gegebenen Umstände gerade von ihm fordern. Er hat sich auf nichts Bestimmtes »eingestellt«, er ist nur auf »Leben« eingestellt. Darum kann er alles und hat alle Eigenschaften.

Deshalb werden wir nie erfahren, wer Julius Cäsar war. Er war, was jedes Genie ist: ein Polyhistor des Lebens. Mehr können wir nicht aussagen. Welche Seele besaß dieses hundertköpfige Ungeheuer? Welche psychische Triebkraft bewegte diese kolossale Maschine? War er der Vorauserschauer zweier Jahrtausende, der bewußte Schöpfer der modernen Welt, den Mommsen in ihm erblickt? Oder war er nur ein grandioser Zerstörer, bloß dazu bestimmt, gründlich Platz zu machen für neue Entwicklungen, wie sein neuster Historiograph, Guglielmo Ferrero, ausdrücklich behauptet, also im Grunde nur ein Aventurier unter Aventuriers, eine geniale Anpassungskraft, ein bloßer Virtuos, wie Ferrero zwar nicht ausdrücklich sagt, aber aus fast jeder Zeile durchblicken läßt? Oder war er einfach der vollkommenste Tyrann, wie die Alten ihn zu sehen liebten? Wir wissen es nicht.

So muß der Historiker sprechen. Der Dichter wird sich

aber nicht damit zufriedengeben. Die ganze Welt ist für den Dichter geschaffen, um ihn zu befruchten, und durch ihn wieder die andern, und auch die ganze Weltgeschichte hat keinen andern Inhalt. Sie enthält Materialien für Dichter, Dichter der Tat oder des Worts: Das ist ihr Sinn.

Drei Dichter haben bisher das Problem Julius Cäsar behandelt: Shakespeare, Mommsen und Shaw. Der Cäsar, den Mommsen konzipiert hat, ist uns heute der geläufigste, und wie er ihn hingestellt hat: als den schöpferischen Genius, den genialen Vorherwisser, das Gehirn der Antike, so steht er heute im Bewußtsein aller Gebildeten, auch jener, die niemals eine Zeile der *Römischen Geschichte* gelesen haben. Signor Ferrero will freilich die materialistischen Erzählungen über Cäsar jetzt wieder rekonstruieren: Gallien als Exerzierfeld für den Bürgerkrieg, die ganze Expedition nach dem Westen ein verzweifelter letzter Coup, um sich zu rangieren, und so weiter. Aber selbst wenn er recht hätte (was wohl schwer festzustellen ist), würde sein Buch über Julius Cäsar ein schlechtes Buch sein; denn es kann uns heute ziemlich gleichgültig sein, was vor zweitausend Jahren passiert ist; es kann uns aber nicht gleichgültig sein, was mit dem Julius Cäsar geschieht, der heute noch lebt und der jetzt wieder die ganze Poesie verlieren soll, die ein großer Künstler – wenn man will: in ihn hineingetragen hat. Was man nach dem kurzatmig und schwunglos geschriebenen Buch Ferreros schließlich in der Hand behält, wäre bestenfalls ein genialer Probierer. Es gibt aber in der ganzen Weltgeschichte keinen Fall, der uns zeigen könnte, daß Probiererei welthistorische Folgen gehabt hat. Ein Probierer war

Columbus: Er fuhr in einer bestimmten Richtung los, pro-
beweise, und fand Amerika, er probierte an einem Ei so
lange herum, bis es stand, und beide Erfolge beweisen gleich
viel für seine Genialität. Aber auf dem Gebiet des Geistes,
wo es sich um zerebrale Dinge, um Vorauswissen handelt,
gibt es keine Probierereien mit dauerndem Erfolg, und um
sich vorzustellen, daß Cäsar durch tausend komplizierte
Zufälligkeiten seine Ziele erreicht hat, dazu gehört mehr
Ideologie und Phantasterei als zu der einfachen Annahme,
daß er ein Genie des Kombinierens war.

Was Shaw betrifft, so hätte er wohl seinen Cäsar niemals
ohne Mommsen schreiben können, aber er hat uns doch
den Menschen im Genie durch eine Reihe neuer Züge auf
wundervolle Weise nahegebracht. Daß das Genie nichts ist
als der menschlichste Mensch, wird durch den Shawschen
Cäsar sehr ins Licht gerückt. Sein Cäsar ist nicht etwa imposant durch die Riesenhaftigkeit seiner Dimensionen, sondern durch die Wohlproportioniertheit seiner Dimensionen, die außer ihm niemand hat. Und niemals hat Shaw die
Ironie poetischer verkörpert als hier: in der Ironie des Genies, das die Welt durchschaut. »Tout comprendre c'est tout
mépriser« korrigiert einmal Nietzsche; etwas von diesem
»mépris« für alles hat dieser Julius Cäsar, aber dies macht
ihn nicht etwa zum Menschenfeind, sondern gibt ihm einen
Zug von unbeschreiblicher Liebenswürdigkeit. Vor ihm ni-
velliert sich die Menschheit, und so ist er gewissermaßen
ein Christ: »vom andern Ende her«.

Shakespeare hatte nun freilich keinen Mommsen, aber er
hatte den vorzüglichen Plutarch. Die alten Schriftsteller
werden seit vielen Jahrhunderten dazu benützt, um die

neuen totzuschlagen; aber in der Kunst, zugleich kompliziert und naiv, lebendig und einfach zu sein, waren sie uns wahrscheinlich über. Wenn das Wort »klassisch« einen vernünftigen Sinn hat, so paßt es jedenfalls am ehesten auf einen so vornehm diskreten Autor wie Plutarch. Dabei ist sein Instinkt für das psychologisch Interessante wiederum ganz erstaunlich modern. Bekanntlich hat ihn denn auch Shakespeare wörtlich abgeschrieben. Manche bedauern, daß dadurch ein häßlicher Fleck auf den großen Dichter fällt. Andre sind toleranter und sagen: Ein Shakespeare durfte sich dies erlauben! Beiden ist jedoch zu erwidern: Wenn man von Shakespeare nichts andres wüßte als dies, so würde dies allein ihn schon als echten Dichter kennzeichnen. Es ist wahr: Große Dichter sind oft originell, aber immer nur, wenn sie müssen. Sie haben nie den Willen zur Originalität: den haben die Literaten. Der Dichter ist ein Mensch, der sieht und sehen kann, weiter nichts. Und er freut sich, wenn er einmal ganz ohne Einschränkung seinem eigentlichen Beruf obliegen kann: dem des Abschreibens. Wenn Shakespeare den Plutarch abschrieb, so tat er es nicht, obgleich er ein Dichter war, sondern weil er ein Dichter war. Die Halbgenies, die Talente, die Spezialisten suchen sich und überall nur sich. Sie erblicken in allem: in Gott, Natur, Menschen, Ereignissen, Büchern nur eine Gelegenheit, sich in Szene zu setzen. Das Genie hat eine leidenschaftliche Liebe zum Guten, Wertvollen; es sucht nichts als dieses. Hat schon ein andrer die Wahrheit, zum Beispiel Plutarch, wozu sich auch nur um einen Schritt von ihm entfernen? Was könnte dabei herauskommen? Es besteht die Gefahr, eine Wahrheit, die minder groß und wahr wäre, an die Stelle der alten zu setzen, und diese Gefahr fürchtet das Genie mehr als den Verlust seiner »Originalität«. Lieber schreibt es ab. Lieber ist es ein »Plagiator«.

Was Shakespeare vor allem aus Plutarch herausgeholt hat, ist die poetische Stimmung, die in diesen wunderschönen Anekdotensammlungen begraben lag. Insofern kann man wohl sagen, daß er die ganze Zeit wieder lebendig gemacht hat: als poetische Vision. Keineswegs aber in dem Sinn, daß er eine naturgetreue römische Historie geliefert hat. Das bis zum Überdruß zitierte Wort Goethes von den Römern Shakespeares, die lauter »eingefleischte Engländer« seien, trifft daher im negativen Sinne völlig zu: Sie sind keine Römer. Im positiven Sinne jedoch nicht so ganz, denn Shakespeare war in der Tat bemüht, historische Römer zu schildern, nur wurden es nicht die historischen, sondern eben nur Römer, wie man sie sich zur Zeit Shakespeares vorstellte: »klassische«, »antike«. Vielleicht hat es aber überhaupt niemals klassische Römer gegeben, und jene starren Bildsäulenmenschen, die man sich darunter vorstellt, waren vielleicht schon ein frommer Wunsch der Spätrömer selber, geboren aus dem Pessimismus der sinkenden Epigonen. Bestimmtes läßt sich nicht mehr entscheiden. Eines jedoch steht fest, daß nämlich die Römer zur Zeit Cäsars nichts Römisches im traditionellen Sinne mehr an sich hatten. Im Gegenteil, sie waren vermutlich viel »moderner« als wir selber: undisziplinierter, unübersichtlicher, neurasthenischer. Man kann daher sagen, daß Shakespeares *Julius Cäsar* eine doppelte Historie ist, eine historische Historie. [...]

Der Cäsar ist gewiß nicht die Figur, die Shakespeare am meisten interessiert hat, aber gar so kurz, wie viele behaupten, ist er doch auch nicht weggekommen. So sagt zum Beispiel Oechelhäuser in seinen vorzüglichen *Einführungen in Shakespeares Bühnendramen,* die speziell für Schauspieler geschrieben sind, der Darsteller müsse die Charakteristik Cäsars außerhalb des Dramas in der Geschichte suchen, und er führt einige Züge an, durch die Shakespeare diese Figur von der Größe des historischen Vorbildes entfernt haben soll: seine Überhebung, seinen Aberglauben, sein schroffes Benehmen gegen Metellus im Senat, den er eben vorher im Hause noch so cordial behandelt hat. Was dies letzte angeht, so glaube ich, daß gerade das Umgekehrte klein wäre, denn Persönliches von Beruflichem, Subjektives von Objektivem trennen zu können, ist die erste Grundlage einer bedeutenden Natur. Darum nennt man ja geniale Menschen so oft herzlos, weil sie frei sind von der Ammensentimentalität der übrigen Menschen und ihre Liebe zur Sache allemal zärtlicher ist als ihre Liebe zur Person. Und auch der Aberglaube ist durchaus keine ungeniale Eigenschaft. Der konsequente Rationalismus ist nur etwas für mittlere Köpfe, er steht freilich viel höher als die kritiklose Dummheit, aber es gibt eine Höhe der Intelligenz, auf der er nicht mehr bestehen kann. Wenn die Vernunft einen gewissen mittlern Breitegrad überschritten hat, so erkennt sie ihre eigene Sinnlosigkeit; sie erkennt die Undeutbarkeit und Unberechenbarkeit des Daseins, und hier ist der Punkt, wo sie wieder zur Mystik zurückkehrt. Und was schließlich die Überhebung angeht, so kann man das tiefe Bewußtsein, das jedes Genie von sich selbst und seiner Bedeutung hat, gar nicht schöner und überzeugender schildern, als es Shakespeare getan hat. Cäsar ist ganz Cäsar, Weltauge, Weltgehirn, »Nordstern«. Vom Menschen Cäsar erfahren wir durch Shaw mehr, aber die geniale Kräfte-Akkumulation, die ungeheure geistige Energie, die er verkörpert und die ihn notwendig zu dem machen mußte, was er wurde, die spüren wir auch bei Shakespeare. [...]

Daß Shakespeare den Brutus zum eigentlichen Helden des Dramas machte, mag zum Teil an Plutarch liegen, zum Teil liegt es auch in der Natur der Sache. Denn wenn auch Cäsar die größere Figur ist: die tragischere ist Brutus. Cäsar hat keinen Konflikt, kaum eine Katastrophe; er wächst organisch von einem Zweck zum andern, selbstverständlich, vegetativ, wie ein Naturprodukt; er hat die Entwicklungsgeschichte des Genies, in der es keine eigentlichen Konflikte und Tragödien gibt. Dagegen Brutus ist eine gespaltene Natur, erfüllt von Forderungen und Idealen, die längst nicht mehr zeitgemäß sind, nach innen gekehrt, ohne eigentlichen Zusammenhang mit dem Leben und doch von einem unbezwinglichen Drang getrieben, in diesem Leben zu wirken. Er war ein Ideolog im guten und im schlechten Sinn. Im guten: denn er war der einzige, der sich nur von der republikanischen Idee leiten ließ, ohne irgendwelche persönliche Rücksichten, ja selbst gegen solche; im schlechten: denn er hatte nicht den geringsten Blick für politische und historische Notwendigkeit und handelte, genaugenommen, aus literarischen Motiven. Für den Neffen und Schwiegersohn des Cato, für den vielbelesenen Redner und Philosophen, der am Tage vor der Schlacht bei Pharsalus Polybius exzerpiert, war die Ermordung Cäsars ein logisches Postulat. Der Menschenkenner Cassius wußte, wie er einen solchen Mann zu nehmen hatte: eben mit einem literarischen

Argument. Weil einmal ein Brutus Rom von der Königs-
herrschaft befreit hatte, mußte auch jetzt wieder ein Brutus
die Freiheit retten. Im Grunde ist er bei all seinem teils echten, teils anempfundenen Lakonismus und all seiner kriege-
rischen Tüchtigkeit ein reiner Spiritualist. [...]

Jacob Burckhardt
Zum hundertsten Geburtstag

Von Goethe sagt Bielschowsky, er habe diesen Planeten betreten, »um sein Licht in ungeahnter Fülle zu vermehren«. Etwas Ähnliches könnte man ohne Übertreibung von Jacob Burckhardt behaupten: Er hat im Gesichtskreis des modernen Wissens und Denkens an allen Ecken und Enden Lichter angezündet; seit er über die Erde gewandelt ist, sind große, weite Gebiete der menschlichen Anschauung und Erkenntnis um vieles heller geworden, und obschon zwischen dem größten Seher und Gestalter der Deutschen und dem bescheidenen Basler Universitätsprofessor eine unendliche Kluft zu bestehen scheint, so wird es doch nicht wenige geben, die dankbar bekennen, daß ihnen Jacob Burckhardt ein ebenso treuer und weiser Führer gewesen ist wie Goethe.

Das Licht der Welt vermehren: – ist denn das nicht überhaupt die göttliche Mission jedes einzelnen Menschen auf dieser Erde, eine Mission, die jeder erfüllen soll, aber im Grunde auch jeder erfüllen kann? Irgendein Licht steckt in jedem Ding, jedem Ereignis, jeder noch so unscheinbaren Betätigung. Insgeheim wirkt in jedem, auch dem unscheinbarsten Menschen irgendeine nur ihm eigentümliche Fähigkeit und Kraft; diese Fähigkeit und Kraft allein ist es ja, der er seine Existenz verdankt, die ihn am Leben erhält; ohne sie wäre er niemals dieses einmalige Individuum geworden. Aber die Menschen besitzen meistens zu wenig Aufrichtigkeit gegen sich selbst, zu wenig Liebe gegen sich selbst, um diese ihre einzigartige Fähigkeit nun auch zu erkennen und gesammelt auf den einzigen Punkt zu lenken, wo sie Nutzen und Licht bringen kann. Wäre dies der Fall, so wimmelte die Erde von Genies auf allen Gebieten! Jedoch zugleich mit jenem Talent, das die Menschen von Gott haben, hat der Teufel ihnen in einer unbewachten Stunde eine Art Gegenmitgift verliehen, nämlich den unglückseligen Hang, niemals das sein zu wollen, was sie sind. Diese sonderbare Geisteskrankheit scheint so alt zu sein wie die Menschheit: Wenigstens gibt es keine noch so ehrwürdige kulturhistorische Quelle, aus der wir sie nicht leicht herausdiagnostizieren könnten; ja im Grunde waren ihr sogar schon Adam und Eva verfallen. Gibt es etwas Schöneres als das Paradies? Und doch hatte es für Adam und Eva einen einzigen Fehler: Es war nämlich ihre Bestimmung. Und der Mensch hält nun einmal nur das für ein Paradies, was ihm nicht bestimmt ist. Also handelten die ersten Menschen ganz logisch und folgerichtig, als sie den Geboten Gottes nicht gehorchten, freilich nach einer vom Teufel erfundenen Logik.

Das Gebiet nun, das Jacob Burckhardt mit seiner genialen Fähigkeit erleuchtet hat, ist die Kulturgeschichte. Der Gedanke, der ihn dabei leitete, war ungemein einfach und auch keineswegs neu, sondern ein alter Traum der deutschen Wissenschaft. Am sechsundzwanzigsten März 1789 schrieb Schiller an Körner: »Eigentlich sollten Kirchengeschichte, Geschichte der Philosophie, Geschichte der Kunst, Geschichte der Sitten und Geschichte des Handels mit der politischen in eins zusammengefaßt werden, und dies erst kann Universalhistorie sein.« Diesen Traum hat Burckhardt verwirklicht. Es gelang ihm tatsächlich, die große organische Einheit, die alle Lebensbetätigungen eines Volkes bilden, lebensvoll nachzugestalten, und man kann daher sagen, daß mit dem Erscheinen seiner *Kultur der Renaissance in Italien* eine neue Epoche der Geschichtswissenschaft anhebt. Kulturgeschichte hatten ja schon lange vor ihm viele andre geschrieben; nur verstanden sie darunter entweder eine rohe und reizlose Inventarisierung von zahllosen abrupten Einzelheiten oder allerlei subjektive allgemeine Betrachtungen, eine willkürliche und dürre Geschichtsphilosophie. Aber noch niemals war in einem und demselben Kopfe eine so frische und lebhafte Anschauung des Details, eine so völlig dichterische Fähigkeit der Einfühlung mit einem so weiten und freien Blick über die allgemeinsten Zusammenhänge vereinigt gewesen. Eine unersättliche psychologische Neugierde, ruhelos und beunruhigend, von einem untrüglichen Spürsinn für das Seltenste, Fremdeste und Versteckteste geleitet, war die geistige Zentraleigenschaft Burckhardts. Und dazu kam eine gradezu olympische Souveränität und Unparteilichkeit des Urteils, wie sie sich auch bei Gelehrten nur sehr selten findet. Hierfür war es gewiß nicht ohne Bedeutung, daß Burckhardt Schweizer war. In diesem kleinen Gebirgskessel, einer Art Miniatureuropa, in dem Deutsche, Franzosen und Italiener unter einer gemeinsamen demokratischen Verfassung leben und sich vertragen, ist es offenbar gar nicht möglich, anders als kosmopolitisch und neutral zu denken. Es sind übrigens die vornehmsten Traditionen der deutschen Geschichtsforschung, die Burckhardt, der objektivste und neutralste Historiker deutscher Zunge, weiter verfolgt hat: nicht bloß Ranke und seine Schule, sondern auch die Klassiker: Herder, Goethe, Humboldt und Schiller haben dieses Ideal einer kosmopolitischen Geschichtsschreibung aufgestellt; und in dieser Hinsicht bedeutet die neueste durch Lamprecht vertretene Richtung, die wieder deutsche Geschichte vom deutschen Standpunkt aus schreiben will, entschieden einen Rückschritt. In den *Weltgeschichtlichen Betrachtungen,* einem Werke von göttlicher Heiterkeit, Spannkraft und Fülle, sagt Burckhardt einmal: »Der Geist muß die Erinnerung an sein Durchleben der verschiedenen Erdenzeiten in seinen Besitz verwandeln. Was einst Jubel und Jammer war, muß nun Erkenntnis werden.« Dies wäre als Motto über sein Lebenswerk zu setzen.

Man kann sagen, daß wir eine wirklich intime Bekanntschaft mit den alten Griechen erst seit Burckhardts *Griechischer Kulturgeschichte* besitzen. Bis dahin waren sie für uns eine Art Glyptothek und Museum, wandelnder Marmor ohne Seele. Wir bewunderten sie pflichtmäßig, hielten sie aber in unbewachten Augenblicken doch für recht langweilige und leere Attrappen einer längst überholten Gräkomanie. Burckhardt zeigte, daß diese Griechen in allem unsre Brüder waren, in ihren Stärken und Schwächen, ihrem Jubel und Jammer vollebendige Menschen, und zwar ganz besonders menschliche Menschen, daß sie gar nicht aus weißem Marmor bestanden, sondern im Gegenteil höchst bunte, opalisierende, gemischte Seelen besaßen, und daß sie auch nicht besonders sonnig, friedlich und harmonisch, sondern äußerst problematisch, von echt südlicher, ja orientalischer Beweglichkeit und – vor allem – tiefe, rettungslose Pessimisten gewesen sind. Dieser Gedanke ist es besonders, den seine beiden berühmtesten Schüler ausgeführt und bereichert haben: Erwin Rohde in seiner *Psyche* und Nietzsche in seinem Erstlingswerk *Die Geburt der Tragödie,* dessen Untertitel lautet: *Griechentum und Pessimismus.*

Allerdings erklärt Ulrich von Wilamowitz-Moellendorff, Ordinarius für klassische Philologie an der Universität Berlin, daß Burckhardts griechische Kulturgeschichte »für die Wissenschaft nicht existiert«. Den offiziellen Stempel hat sie also bis zum heutigen Tag noch nicht erhalten. Wir wollen auf die Angelegenheit nicht näher eingehen; das eine aber möchte ich doch zu behaupten wagen, daß, selbst wenn Wilamowitz recht haben sollte, Burckhardts Werke noch zu einer Zeit leben werden, wo alle »kompetenten Untersuchungen« der »Fachleute« von heute längst mausetot sein werden. Ein Kunstwerk steht nämlich über dem jeweiligen Stande der Forschung und kann niemals »überholt« werden. Herodot ist nicht überholt, obgleich er größtenteils Dinge berichtet hat, die heute jeder Volksschullehrer zu widerlegen vermag. Montesquieu ist nicht überholt, obgleich seine Geschichtsdarstellungen voll von handgreiflichen Irrtümern sind. Herder ist nicht überholt, obgleich er historische Ansichten vertrat, die heute für dilettantisch gelten. Winckelmann ist nicht überholt, obgleich seine Auffassung vom Griechentum ein einziger großer Mißgriff war. Denn wenn sich alles, was diese Männer lehrten, als unrichtig erweisen sollte – eine Wahrheit wird doch immer bleiben und niemals überholt werden können: die der künstlerischen Persönlichkeit, die hinter dem Werk steht, des bedeutenden Menschen, der diese falschen Bilder innerlich erlebte, sah und gestaltete. Wenn Schiller zehn Seiten bester deutscher Prosa über eine Episode des Dreißigjährigen Krieges schreibt, die sich niemals so zugetragen hat, so ist dies für die historische Kenntnis wertvoller als hundert Seiten »Richtigstellungen nach neuesten Dokumenten« ohne philosophischen Gesichtspunkt und in elendem Deutsch. Und was war Homer andres als ein Historiker »mit ungenügender Quellenkenntnis«? Dennoch wird er in alle Ewigkeit recht behalten, selbst wenn eines Tages ein Professor mit ungeheuerm wissenschaftlichen Apparat beweisen sollte, daß es überhaupt kein Troja gegeben hat.

Eine Frage

Seit längerer Zeit beschäftige ich mich damit, allen mög- lichen Menschen eine Frage vorzulegen, eine kleine, unverfängliche, für jedermann leicht faßliche Frage; und dennoch habe ich bis zum heutigen Tage noch keine be- friedigende Antwort bekommen. Infolgedessen bleibt mir nichts anderes übrig, als »mich in die Öffentlichkeit zu flüchten«, wie man das so schön auszudrücken pflegt. Diese ungeheuer einfache und ungemein naheliegende Frage lau- tet: Welchen Zweck hat es für die einzelnen Angehörigen eines Staatswesens, daß dieses Staatswesen groß, mächtig, geachtet und gefürchtet in der Welt dastehe?

Da ich mir keineswegs die Fähigkeit zutraue, ein so schwerwiegendes, universell bedeutsames und verantwor- tungsvolles Problem selber zu entscheiden, so habe ich mich, wie gesagt, an zahlreiche andere Personen gewendet. Ich teile diese Menschen, die von mir interpelliert wurden, in vier Gruppen.

Die Mitglieder der ersten Gruppe trugen alle einen Voll- bart. Sie strichen ihn und antworteten: »Ja, mein Lieber, so ohneweiters kann ich Ihnen das nicht erklären. Da müßten Sie sich schon ein wenig mehr mit Politik, Weltgeschichte und Nationalökonomie befaßt haben.« Da muß ich aber nun doch sagen: Was sollen dann erst die anderen anfangen, die sich noch weniger mit Politik, Weltgeschichte und Nationalökonomie befaßt haben als ich, und es gibt doch auch solche? Man sollte doch meinen und wünschen, daß eine Angelegenheit von solcher Wichtigkeit und Allgemeinheit für jedermann ohneweiters zugänglich sein sollte, also auch für alle, die sich gar nicht mit Politik, Weltgeschichte und Nationalökonomie befaßt haben! Was übrigens diese letztere Wissenschaft anbetrifft, so möchte ich es mit Ruskin halten, der gesagt hat: »Unter allen Verirrungen des menschlichen Geistes ist vielleicht die seltsamste, sicherlich aber die entehrendste die angebliche Wissenschaft der Nationalökonomie.«

Die zweite Gruppe erging sich in höchst weitschweifigen Erörterungen, in denen Ausdrücke wie »Ausfuhrbilanz«, »Bedarfsdeckungswirtschaft«, »Absatzkrise«, »Unterkonsumtion« und dergleichen die Oberhand hatten. Diese Auseinandersetzungen waren in der Tat dazu angetan, zu beweisen, wie recht die erste Gruppe gehabt hatte: Ich verstand nämlich nicht ein Wort. Infolgedessen wendete ich mich an eine dritte Gruppe von Menschen, zu denen ich unbedingt mehr Vertrauen habe: nämlich an die Toten. Von diesen bekam ich eine Reihe höchst überraschender Bemerkungen zu hören, die ich nicht verschweigen will.

Lichtenberg zum Beispiel scheint sich auch nicht recht auszukennen, indem er sagt: »Ich möchte was darum geben, genau zu wissen, für wen eigentlich die Taten getan worden sind, von denen man öffentlich sagt, sie wären für das Vaterland getan worden.« Schopenhauer hingegen wird schon deutlicher: »Die Raubtiere des menschlichen Geschlechts sind die erobernden Völker, welche wir, von den ältesten Zeiten bis auf die neuesten, überall auftreten sehen, mit wechselndem Glück, indem ihr jeweiliges Gelingen und Mißlingen durchweg den Stoff der Weltgeschichte liefert: daher eben Voltaire recht hat zu sagen: Dans toutes les guerres il ne s'agit que de voler. Daß sie sich der Sache schämen, geht daraus hervor, daß jede Regierung laut beteuert, nie anders als zur Selbstverteidigung die Waffen ergreifen zu wollen. Statt aber die Sache mit öffentlichen, offiziellen Lügen zu beschönigen, die fast noch mehr als jene selbst empören, sollten sie sich, frech und frei, auf die Lehre des Macchiavelli berufen. Diese ist für die Raublust immer noch eine viel anständigere Hülle als die ganz durchsichtigen Lappen palpabelster Lügen, welche auf die bekannte Geschichte vom Kaninchen, welches den Hund angegriffen haben soll, hinauslaufen.«

Deutschen Oberlehrern möchte ich einige Aussprüche unserer Klassiker empfehlen, die doch gewiß immer das Wahre, Schöne und Gute hochgehalten haben.

Lessing versichert: »Ich habe von der Liebe des Vaterlandes keinen Begriff, und sie scheint mir aufs höchste eine heroische Schwachheit, die ich recht gern entbehre.« Goethe schreibt: »Wenn wir einen Platz in der Welt finden, da mit unseren Besitztümern zu ruhen, ein Feld, uns zu nähren, ein Haus, uns zu decken, haben wir da nicht Vaterland? Und haben das nicht Tausend und Tausende in jedem Staat? Und leben sie nicht in dieser Beschränkung glücklich? Wozu nun das vergebene Aufstreben nach einer Empfindung, die wir weder haben können noch mögen? Römerpatriotismus? Davor bewahre uns Gott wie vor einer Riesengestalt!« Und Schiller: »Das vaterländische Interesse ist nur für unreife Nationen wichtig, für die Jugend der

Welt; es ist ein armseliges, kleinliches Ideal, einem philosophischen Geiste ist diese Schminke durchaus unerträglich.«

Adolf Harnack, den man wohl, ohne Widerspruch befürchten zu müssen, als den größten lebenden Theologen bezeichnen darf, sagt mit der ihm eigenen Kürze und Klarheit in zwei Sätzen alles, was eigentlich über diese Frage zu sagen ist: »Wie armselig ist doch der Mensch, der im Patriotismus sein höchstes Ideal erkennt oder im Staate die Zusammenfassung aller Güter verehrt! Welch ein Rückfall, nachdem wir in dieser Welt Jesus Christus erlebt haben!«

Und am deutlichsten wird Tolstoi, indem er sagt: »Durch den Patriotismus sind alle Völker der christlichen Welt bis zu einem solchen Grade der Vertierung gebracht worden, daß ihnen nichts eine größere Freude und Begeisterung gewährt als der Gedanke an vergangene und zukünftige Massenmorde. Der Patriotismus ist ein rohes Gefühl, weil er nur Menschen eigen ist, die auf der niedrigsten sittlichen Stufe stehen; er ist ein schädliches Gefühl, weil er die vorteilhaften und friedlichen Beziehungen zu anderen Völkern stört und eine Organisation hervorruft, bei der der Schlechteste die Gewalt an sich zu reißen vermag und es auch immer tut; er ist ein schimpfliches Gefühl, weil er den Menschen zu einem Kampfhahn, einem Stier, einem Gladiator macht; er ist ein unmoralisches Gefühl, weil ein jeder Mensch unter seiner Einwirkung sich für den Sohn seines Vaterlandes, für den Sklaven seiner Regierung hält, anstatt sich für ein Kind Gottes zu halten, wie es das Christentum lehrt. Wer ihr auch sein möget – Franzosen, Russen, Polen, Engländer, Iren, Deutsche, Tschechen – begreift doch, daß alle eure wirklichen menschlichen Interessen, welcher Art

sie auch sein mögen – Interessen des Ackerbaues, der Indu-
strie, des Handels, der Kunst und Wissenschaft –, ebenso
wie alle Vergnügungen und Freuden in nichts den Interessen anderer Völker und Staaten zuwider sind; begreift doch,
daß euer Leben in keiner Weise dadurch verbessert werden
kann, ob das Elsaß deutsch oder französisch ist, Irland oder
Polen selbständig oder unterworfen sind; wem diese Länder
auch gehören mögen, ihr könnt leben, wo ihr wollt.«

Ich wage trotz alledem noch immer nicht, mir die erwähnte Frage selber zu beantworten; aber ich schöpfe aus
diesen (und vielen anderen) Aussprüchen den Mut, nun auch
mitzuteilen, was die weitaus zahlreichste vierte Gruppe jener Menschen erwidert hat, die ich fragte, welchen Zweck
es denn eigentlich für den anständigen, vernünftigen und
bescheidenen Staatsbürger habe, daß sein Vaterland groß,
einflußreich und mächtig sei. Die Antwort lautete: »Gar
keinen.«

Die Betrachtungen eines Unpolitischen

An einem Montag bekam ich von S. Fischer diese höchst widerspruchsvolle und völlig in sich einheitliche, aus dem tiefsten Willen der Zeit geborene und sich der Zeit mit den stärksten Instinkten entgegensetzende Generalbeichte eines prometheisch ringenden Dichters, Menschen und Sehers, die *Betrachtungen eines Unpolitischen* von Thomas Mann; und während der ganzen Woche war ich für nichts und niemanden mehr zu haben und habe sogar, schrecklich zu melden, eine Schwankprobe versäumt, so betäubt und gelähmt, befreit und befeuert war ich von den sonderbar verschränkten, sich aufhebenden und bestätigenden, in ihren wirren Konturen so glänzend gemeißelten Sätzen dieses geheimnisvollen Buches, dessen sechseinhalbhundert Seiten ich verschlungen habe wie einen sensationellen Moderoman. Woher diese Wirkung, mit der ich, wie mir nachträglich von vielen Seiten mitgeteilt wurde, durchaus nicht allein stand?

Sie liegt zunächst in der Form. Seit den großen psychologischen Essays Nietzsches, deren Quellen man in dem Werk allenthalben rauschen hört, ist vielleicht nichts geschrieben worden, worin die Beherrschung des Wortes einen so souveränen Gipfel erreicht. Diese elastische Stoßkraft des Satzbaues, dieser hinreißende, durchaus persönliche Rhythmus des Tonfalls, diese verschwenderisch reiche und doch keineswegs lastende Fülle von schwebenden, opalisierenden und dabei stets scharf und sicher geprägten Adjektiven, diese Reinheit und Buntheit einer bis ins Feinste und Kleinste abschattierten, jede Gedanken- und Gefühlsnuance restlos ausschöpfenden Ausdruckskunst! Es ist die Prosa eines ganz großen Meisters.

Aber das ist nicht alles. Und gewissermaßen doch schon alles. Denn »seinen Stil verbessern, heißt seine Gedanken verbessern«, sagt Thomas Manns großer Lehrmeister, und man kann sich denken, daß es keine kleinen Gedanken sind, die in einem so gigantischen und dämonischen, die Dinge völlig durchhellenden, ja zerleuchtenden Stil vorgebracht werden. Nie habe ich mehr bedauert als heute, daß ich zumeist gezwungen bin, meine Beobachtungen auf einem so bedrückend engen Raum vorzubringen, wie er einer Tageszeitung nicht bloß vom Papiermangel, sondern auch vom Konzentrationsmangel des Lesers vorgeschrieben wird. Denn man müßte jeden Abschnitt, jeden Absatz in seinen vielfältigen Beziehungen, Zusammenhängen und spirituellen Entwicklungsmöglichkeiten durchwandern, durchforschen, von allen Seiten betrachten und beleuchten, und auch dann würden noch tausend Fragen und Paradoxien ungelöst bleiben. Indes hat das Werk wie alle bedeutenden geistigen Konzeptionen eine einzige große Grundidee, die gleichsam das Zentralfeuer bildet, ihre Strahlen überallhin sendet und alle anderen Gedanken nährt und belebt; und die läßt sich ganz leicht in Kürze mitteilen. Sie besteht in der kategorischen Absage an die moderne Demokratie. Demokratie: Das ist für Thomas Mann identisch mit Politik, darum nennt er sich einen »Unpolitischen«, obgleich das ganze Buch wesentlich von Politik handelt; er ist der Überzeugung, daß man nur als Demokrat wirklicher Politiker sein kann, alles andere, vor allem der Konservatismus, ist ihm irgendwie Ablehnung der politischen Geisteshaltung und ihrer Praktiken. Demokratie: Das bedeutet für ihn ferner dasselbe wie Literatur, jenes Zwitterding zwischen Kunst und Leben, womit ehrgeizige Schreibmenschen ihre innere Leere ausfüllen möchten. Und schließlich besteht auch noch eine Gleichung zwischen Demokratie und Zivilisation, die, ein Produkt des lateinischen Westens, den absoluten Gegensatz zur Kultur bildet. Der gesamte Gang der Argumentation bewegt sich demnach in einer durchlaufenden Reihe von Kontrastbegriffen: Zivilisation und Kultur, Literatur und Kunst, Demokratie und Volksstaat, Bourgeois und Bürger, Stimmrecht und Freiheit, »Gesellschaft« und Seele, »Geist« und Leben, Politik und Musik. Diese antithetische Manier und Methode erinnert an eine heute leider fast nur noch dem Namen nach bekannte, ebenfalls sehr gedankenreiche Schrift, die im Jahre 1890 anonym unter dem Titel *Rembrandt als Erzieher* erschien. Auch dort wurde dem satten und platten Bourgeoisliteratentum, dem Fortschrittsdünkel und der politisierenden Demokraterei im Namen der Kunst und des Volks, zweier Mächte, die der Autor als konservativ empfand, der Krieg erklärt; und auch darin ist Thomas Manns Konfession jenem Werk verwandt, daß sie sich offen zum Nationalismus und zum Deutschtum bekennt. Nach seiner Auffassung ist nämlich Deutschland der letzte Hort der erhaltenden Mächte und einzige Damm, der noch dem großen Ansturm der nivellierenden liberalen Blague entgegengesetzt werden kann, die vom Westen her ganz Europa zu überfluten droht: Dies ist für ihn der Sinn des Weltkrieges. Die Deutschen sind auch diesmal wieder das große protestierende Volk, und der Kampf gilt abermals Rom, einem erweiterten Rom, das die gesamte westliche Zivilisation umfaßt. Gegen diese Weltkoalition steht Deutschland allein, sein einziger natürlicher Bundesgenosse wäre Rußland. Das Buch ist noch mitten im Kriege geschrieben und rechnet zwar kaum mehr mit einem überwältigenden Siege, aber doch auch keineswegs mit einer völligen Niederlage Deutschlands. Indes: Wer kann mit Sicherheit behaupten, daß wir nicht noch immer mitten im Kriege stehen? Und es ist nicht unmöglich, daß die Prophezeiung eines großen Entscheidungskampfes zwischen dem deutsch-russischen Kulturkreis und den »Westlern« sich in irgendeiner, wenn auch vielleicht nicht in der militaristischen Form doch irgendwie bewahrheitet?

Nur darf man natürlich nicht glauben, daß der Deutschnationalismus Thomas Manns die geringste Ähnlichkeit hat mit jenem antediluvianisch-treuherzigen, plattfüßig-undifferenzierten und selbstsüchtig-rechthaberischen Hurrapatriotismus, der sich alldeutsch nennt; im Gegenteil, es ist eine höchst verwickelte und verwinkelte Weltanschauung voll Zwielicht und Hintergründen, die sich hier vor uns ausbreitet. Und es liegt eine sublime und erquickende, eine echt artistische Ironie darin, daß man diesen Thesen bisweilen ohne allzugroße Gewaltsamkeit auch das umgekehrte Vorzeichen geben könnte, ohne ihnen ihren Glanz und ihre Schlagkraft, ja selbst im höheren Sinne ihren Wahrheitswert zu nehmen; und Thomas Mann ist viel zu sehr Künstler, als daß er das nicht selber ganz genau wüßte. Die »unlösbare

Verflochtenheit und Relativität alles geistig-sittlichen Lebens«, auf die er mehr als einmal aufmerksam macht, hat sich in diesem Buch, das eine Art psychologischer Selbstvivisektion darstellt, ein seltsam erschütterndes und befreiendes Denkmal errichtet. Aber auch wenn man alle seine Kreuzungen und Verschränkungen in Rechnung zieht: Sein Grundpathos ist deutlich nach rückwärts gerichtet, es ist das Manifest eines stockreaktionären Geistes oder – eines Fortschrittlers von übermorgen. Denn eine solche Philosophie gehört entweder dem Gestern oder der Zukunft, ist entweder Petrefakt oder Prophetie; und wenn man erwägt, mit welcher gefüllten und funkelnden Geistigkeit, mit welcher wahrhaft olympischen Bosheit sie vorgetragen wird, so möchte man fast zu dem Resultat kommen, daß sie kein Petrefakt ist.

Die ganze Argumentation ist gegen eine bestimmte Gestalt gerichtet, die unheimlich und schattenhaft konturiert durch alle Seiten des Buches geistert, gegen einen Anonymus, den Thomas Mann den »Zivilisationsliteraten« nennt. Aber die Anonymität ist eine Fiktion, denn alle Welt weiß, daß es sich um niemand anderen handelt als um seinen Bruder Heinrich Mann, denselben, dem wir eine Reihe der schönsten Offenbarungen und Visionen der neueren Literatur verdanken. »Europäische Kriege«, sagt Thomas Mann einmal, »sofern sie nur auch im Geistigen geführt werden, und das müssen sie immer, werden zugleich auch deutsche Bruderkriege sein, das bleibt das Schicksal dieses europäischen Herzvolkes.« Nun, dieses Werk ist von seiner ersten bis zu seiner letzten Zeile ein einziger großer »deutscher Bruderkrieg«. Zwei Tendenzen der Menschheit, ewig wie

die Menschheit, einseitig und zwiespältig wie die Menschheit, beide berechtigt, beide zeitgemäß und beide deutsch,
stehen sich hier gegenüber, jede mit dem Anspruch, das
wahre, echte und innerliche Deutschtum zu verkörpern.
Beide Brüder sind lange Zeit freundschaftlich nebeneinander gegangen, bis der Weltkrieg auch sie entzweite; aber er
war vielleicht doch wohl nur der äußere Anlaß zur Scheidung. Zwei so starke und dabei so nahe Kräfte müssen eines
Tages dazukommen, sich aneinander zu reiben; und sollen
sich reiben. Denn es ist ein wunderbares Bild, wie diese beiden großen Energien gerade durch ihre Gegensätzlichkeit
sich verstärken und steigern, gleich dem Stahlkern und der
Drahtspule einer Dynamomaschine einander immer neue
Funken und Ströme und Magnetismen entlocken.

Ich kann die Stelle im Augenblick nicht finden, wo
Nietzsche von Hegel und Schopenhauer sagt, sie seien zwei
große Brüder gewesen und einander feindlich, wie es nur
zwei Brüder sein könnten. Dies darf wohl in noch höherem und tieferem Sinne von den beiden Brüdern Mann gelten. Es herrscht in diesem Werke, das ein vulkanischer Ausdruck und Auswurf aller Empfindungen unserer Zeit ist wie
vielleicht kein zweites, eine Atmosphäre geheimer feindli-
cher Verwandtschaft und intimsten Mißverständnisses, wie
sie nur zwischen zwei großen Bluts- und Geistesbrüdern
möglich ist, wir fühlen uns angerührt von jenem Fluidum
des Hasses unter Menschen, die sich doch die Nächsten auf
der Welt sind, wie es der Gerhart Hauptmann seiner klassischen Zeit im *Friedensfest* eingefangen hat. Und wenn
Thomas Mann jetzt auch sehr böse werden sollte: Ich kann
mich des Eindrucks nicht erwehren, daß er diesen Bruder,

den er aufs bitterste negiert, bekämpft, ja verachtet, den er zur teuflischen Inkarnation alles Verwerflichen und Verabscheuenswürdigen hinaufstilisiert hat, trotzdem immer noch liebt, wie Lessing Voltaire geliebt hat bis übers Grab hinaus und Nietzsche Wagner geliebt hat bis in seine Geistesumnachtung hinein, und daß er ihn immer lieben wird, als den großen brüderlichen Gegenstern, mit dem gemeinsam, wenn auch polar er doch stets um dieselbe Sonne zu kreisen bestimmt ist, die Sonne der Kunst. Wir aber, die beglückten Zuschauer dieses pittoresken und exzitierenden Seelenschauspiels, freuen uns von Herzen, daß Deutschland zwei solche Kerle besitzt.

Die Diplomatie

Die Schurkerei, sagt der Pessimist, ist leider der menschlichen Rasse ziemlich eingefleischt, was sich nur zu oft grade in den für uns typischen (sowohl privaten wie öffentlichen) Handlungen zeigt und auch ziemlich deutlich in den Gesetzen und Institutionen, die wir zu errichten für notwendig erachten. Nicht doch! sagt der Optimist: Die Schurkerei ist der bedauerliche Ausnahmefall, die Mißbildung, das Pathologische am Baume der Menschheit, sonst hätte sie nicht allemal das (sowohl private wie öffentliche) Gewissen gegen sich. Gibt es, zum Beispiel, irgendeinen offiziell anerkannten oder gar staatlich betriebenen Beruf, dessen Inhalt die Schurkerei wäre? Gewiß, erwidert der Pessimist, gibt es einen: die Diplomatie.

Man schafft jetzt so vielerlei Dinge ab, die teils gleichgültig sind, wie der Franz-Josefs-Orden und die Anrede »Kaiserlicher Rat«, teils sehr nützlich, wie die mündliche Matura und die Sommerzeit; aber man denkt nicht daran, eine der gefährlichsten, verächtlichsten und dümmsten Sachen aus der Welt zu bringen: die Diplomatie. Um die schädliche, unwürdige und gradezu teuflische Rolle, die diese Einrichtung in der menschlichen Gesellschaft spielt, auch nur einigermaßen erschöpfend darzulegen, müßte man aus der Geschichte beweisen, wie allerspätestens seit Ludwig dem Vierzehnten sämtliche großen Kriege von der Diplomatie verschuldet worden sind: entweder durch ihre tölpelhafte Ungeschicklichkeit oder durch ihre frivole und träge Fahrlässigkeit oder durch infame Perfidie; man müßte aus der ganzen diplomatischen Technik beweisen, daß diese angebliche Kunst nichts ist als ein halb grauenhaftes, halb lächerliches Gemisch von Unsinn und Niedertracht; und man müßte schließlich an einzelnen, besonders hervorragenden Repräsentanten, sogenannten »Meistern des Fachs«, beweisen, daß sie durchweg Opfer einer merkwürdigen und ungeheuerlichen Psychose waren, nämlich Naturen von einer gewissen Gestaltungskraft, die sich aber, da sie nicht geistig genug war, um sich künstlerisch entladen zu können, ins Leben verirrte, wo sie natürlich nur Unheil stiften konnte. Aber von alledem will ich nicht reden, sondern nur von einigen höchst einfachen Zusammenhängen, die sich unwillkürlich aufdrängen.

Man denke doch nur fünf Minuten lang über folgende haarsträubende Tatsache nach: Eine ganze Klasse von Menschen, zumeist jener fetten, trüben Oberschicht von Nichtstuern, Weiberjägern und Hasardspielern angehörig, die man bisher die Creme nannte, wird von den angeblich so sittlichen und zum Schutz gegen Laster und Verbrechen errichteten modernen Staaten erzogen, ausgestattet, mit Ehrenzeichen und Titeln belohnt – und ausdrücklich und eingestandenermaßen dafür, daß sie ihr Leben mit Lügen, Betrügen, Spionieren, Intrigieren und Bestechen hinbringt! Staatlich anerkannte und besoldete Taugenichtse und Gauner also! Drohnen mit Giftstacheln also! Menschen, denen Ehrlichkeit von Amts wegen strengstens verboten, dagegen Verleumden, Hinterslichtführen, Fälschen, Heucheln und jede Art menschlicher Nichtsnutzigkeit von allerhöchster Stelle zur patriotischen Pflicht gemacht wird! Es gibt keine Räuberbande, keine Diebshöhle, keine Einbrechergesellschaft, die einem so sonderbaren Moralsystem huldigte. Denn in allen diesen Vereinigungen ist das Verbrechen gelegentlicher Anwendung vorbehalten: Aber für den Diplomaten ist die Schurkerei dauernde und unverbrüchliche Lebensform, mit der er aufwacht und schlafen geht, die jede seiner Handlungen ausnahmslos beherrscht und reguliert.

Manche werden nun überlegen lächeln und sagen: Welche weltfremde, dilettantische und kindische Auffassung des Lebens und der menschlichen Beziehungen! Wohin käme man denn, wenn man immer plump und gradezu die Wahrheit redete, alle seine Pläne redselig enthüllte und jede List und Finte wie die Pest scheute? Schon der einzelne würde es mit einer solchen Praxis nicht weit bringen. Um wieviel weniger ist derlei im Völkerverkehr möglich, wo es sich um die verwickeltsten, ausgedehntesten und schwankendsten Zusammenhänge handelt! Mit solchen Maximen könnte man doch nicht einmal einen vorteilhaften Kuhhandel schließen, geschweige denn große Politik treiben.

Ich aber erwidere: Das erste, was ein Mensch, der irgendwo etwas vorwärtsbringen will, wissen sollte, ist dies, daß sich mit Lügen nie etwas dauernd Wertvolles erreichen läßt. Das ist vielleicht sehr schade, aber es ist einmal so; die Empirie lehrt es. Ich wenigstens kenne keinen Fall in der ganzen Geschichte der Menschheit, an dem sich das Gegenteil beweisen ließe. Eine Lüge ist nichts, ist allemal nur die Negation irgendeiner Wirklichkeit: Wie sollte es möglich sein, auf einem Nichts und einer Verneinung irgend etwas von einiger Festigkeit zu errichten? Man sagt: Alle die Schlechtigkeiten, die die Diplomatie begeht, werden ja nur im Dienst eines ungemein reinen, hohen und edlen Zweckes getan – sie geschehen zum Besten des Vaterlandes. Aber daß etwas Edles durch gemeine Mittel, etwas Hohes von niedrigen Menschen und etwas Reines mit schmutzigen Instrumenten vollbracht werden kann: Diesen frechen und albernen Paralogismus wird mir kein Mensch einreden.

Aber ich will gar nicht von der Moral sprechen. Jede Lüge ist vor allem eine grenzenlose Dummheit. Jeder nur einigermaßen gescheite Mensch wird der Wahrheit unbedingt und in allen Fällen den Vorzug geben, denn er wird sehr bald erkennen, daß sie das bequemste, billigste und sicherste Verkehrsmittel ist. Es gibt nichts Dilettantischeres als Lügen. Und daher, glaube ich, kommt es wohl hauptsächlich, daß der Durchschnittsdiplomat ein geistig so besonders minderwertiger Mensch ist und, umgekehrt, intellektuell tiefstehende Personen sich mit solcher Vorliebe zu dieser Karriere drängen. Ein Leben andauerndster Spiegelfechterei, Geheimniskrämerei, schiefer, unklarer und zweideutiger Einstellung zu allen Menschen und Dingen kann man auf die Dauer nur aushalten, wenn man ein Esel ist (oder, wie die wenigen großen Diplomaten, ein Verbrecher). Und so stellt sich denn das groteske Mißverhältnis heraus, daß diejenigen Staatsfunktionäre, die die ungeheuerlichste Verantwortung haben, in denen, wenn sie ihrer Aufgabe auch nur einigermaßen gerecht werden wollten, die abgeklärteste Wahrheit und Menschenkenntnis, ein sublimes Wissen um alle Dinge versammelt sein müßte, die beschränktesten, seichtesten und unkundigsten Menschen sind, deren Gesichtsfeld zumeist nicht mehr enthält als ein Aktenbündel und eine Tennispartie.

Die Diplomaten spielen im Völkerleben dieselbe Rolle wie die Advokaten im Privatleben. Diese sind dazu da, um durch Kniffe, Verdrehungen, Hinterhältigkeiten Unrecht zu Recht zu machen; dafür und nur dafür hält sie sich der verblendete Klient. Sie verwirren die Angelegenheiten auf heillose Weise: Dies ist nämlich die einzige Methode, die ihnen die Hoffnung gibt, einem klaren Rechtsfall – denn im Grunde ist jeder Rechtsfall ganz klar, das behaupte ich steif und fest – zu einer für sie günstigern, das heißt: falschen Auslegung zu verhelfen. Sie greifen ferner den Prozeßgegner, der nichts weiter angestellt hat, als daß er einen Anspruch erhebt, auf den er, irrtümlich oder nicht, ein Recht zu haben glaubt, in ganz unzulässiger Art persönlich an, suchen ihn auf alle mögliche Weise lächerlich, verächtlich, verdächtig zu machen und nähren so eine Atmosphäre der Gehässigkeit, Gereiztheit und Unversöhnlichkeit, durch die jede billige, ehrliche und menschliche Lösung unmöglich gemacht wird. Sie nähren diese Atmosphäre, weil diese Atmosphäre sie nährt. So entstehen Prozesse, so ziehen sich Prozesse in die Länge, und so endigen Prozesse, meist zum Schaden beider Teile, denn auch dem siegreichen Partner ist zumindest seine Ruhe auf lange Zeit geraubt worden. Primitive Menschen haben denn auch eine instinktive Abneigung gegen das Gerichtsverfahren; sie halten es für nicht ganz sauber oder für unheimlich. Es ist auch etwas Unheimliches, denn es ist etwas Unmenschliches. Der einfache Mann aus dem Volke empfindet das sehr gut. Er geht ungern zu Gericht. Aber nun kommt der »Doktor« und beweist ihm, daß der Prozeß unbedingt zu gewinnen ist. Schön. Und selbst wenn er gewonnen ist, selbst wenn der Sieger alle Schätze Indiens durch ihn gewinnt: Nimmt er nicht unwiederbringlichen Schaden an seiner Seele? Hat der Prozeß ihn nicht hassen, lügen gelehrt, hat er nicht den in Jedermann schlummernden teuflischen Mammonismus in ihm verzehnfacht? Der Advokat gibt ihm Verhaltungsmaßregeln: Wenn der Richter Sie das und das fragt, so sagen Sie das und das. Und doch, mein lieber Prozessierer, gibt es nur eine einzige Verhaltungsmaßregel für dich, vor Gericht sowohl wie überhaupt in jeder Minute deines Daseins: Wenn dich jemand das und das fragt, so antworte ihm die Wahrheit, oder was du für die Wahrheit hältst. Hat aber schon jemals ein Advokat seinen Klienten so instruiert? So lernt er lügen oder jene perfide Form der Scheinwahrheit gebrauchen, die noch weit schlimmer ist als die Lüge, weil sie nicht einmal mit dem Preis des bösen Gewissens bezahlt wird. Er lernt mit gutem Gewissen lügen: Gibt es etwas Verdammenswerteres? Und er lernt im Prozeßgegner seinen Feind hassen, und ebenso in jedem Zeugen, der gegen ihn aussagt, und in Jedem, der findet, er sei im Unrecht, also in der halben Welt! Er geht aus dem Prozeß als ein Kind des Satans hervor.

Was der Advokat im kleinen wirkt, das wirkt der Diplomat im großen. Sie sind die Meister der Lüge, die Fürsten der Hölle. Der Staat hält sich bezahlte Schurken, und zwar die böseste Spielart: Schurken mit gutem Gewissen, denn sie lügen ja »fürs Vaterland«! In der Renaissance vergifteten sie fürs Vaterland. Wir blicken vom Gipfel unsrer Humanität mit einigem Abscheu auf diese Beschäftigung der frühern Attachés.

Aber ist der Unterschied so groß? Er ist sehr klein, vielmehr: Er ist gar nicht vorhanden. Gottes Gebote sind alle gleich wichtig. Übertritt eines von ihnen, nicht etwa in Leichtsinn oder Gedankenlosigkeit, sondern systematisch und bedacht, indem du dies zu einer Art Lebensinhalt machst, und du bist der Feind Gottes. Und übrigens vergiften unsre Diplomaten ja noch heute, nur mit feinern, und das heißt: bösern Giften. Sie machen ganze Völker zu »Prozeßgegnern«.

Die Diplomaten haben natürlich den Krieg nicht erfunden, sowenig wie die Advokaten den Prozeß. Aber sie sind seine stärksten Helfer, Initiatoren und Verlängerer. Sie vertiefen und verewigen ihn. Wenn man die Diplomaten entfernt, so werden die Kriege nicht aufhören. Aber sie werden vielleicht seltener und bestimmt edler, aufrichtiger und mit mehr Widerstreben geführt werden. Und vielleicht, indem sie so ihre Stellung in der Ökonomie unsres Denkens und unsrer Moral immer mehr verlieren, werden sie dann doch aufhören.

Maler der Renaissance

Die Geschichte der italienischen Renaissance ist in Bildern geschrieben. Die Maler haben alle Windungen des seltsamen Weges, den der öffentliche Geist dieses Landes von der Mitte des vierzehnten bis zur Mitte des sechzehnten Jahrhunderts beschrieben hat, mit zartestem Verständnis und stärkster Ausdruckskraft widergespiegelt. Trotzdem wäre es gewagt, einen von ihnen als absoluten Repräsentanten des Zeitgeistes herauszugreifen: Am ehesten kämen hierfür noch gewisse Sterne zweiten und selbst dritten Ranges in Betracht. So hat zum Beispiel Pisanello für die naive und doch schon sehr kennerische Freude am bunten Detail, die die Menschen des Quattrocento erfüllt, eine unvergleichlich reiche Sprache gefunden, und ebenso hat Benozzo Gozzoli die unerschöpfliche schäumende Lebenslust dieser neuen Generation, ihre jugendliche Leidenschaft für Feste, Aufzüge, Bauten, die im ganzen Dasein einen ewigen Karneval erblickt, zu rauschenden Symphonien verdichtet, während andererseits die Savonarolazeit in den kargen, asketischen und vergeistigten und dabei doch stets liebenswürdigen, milden und lächelnden Gestalten Peruginos ein ergreifendes Denkmal erhalten hat und in einem Künstler wie Giovanantonio Bazzi, der in der Kunstgeschichte unter dem bezeichnenden Namen Sodoma fortlebt, das Überblühen der Renaissance, ihre raffinierte sybaritische Sinnlichkeit, die bis zur Verworfenheit und Perversität fortschreitet, eine höchst charakteristische Ausprägung findet. Aber wenn man von der Renaissance spricht, denkt niemand an dergleichen Namen. Es ist längst zur feststehenden Tradition geworden, Michelangelo, Lionardo und Raffael den unbestrittenen Herrscherprimat, gleichsam das Triumvirat zuzugestehen.

Allein Michelangelo steht völlig abseits. Man hat ihn als Vollender des Klassizismus und als Initiator der Barocke, als letzten Gotiker und als Vater des Expressionismus reklamiert. Er ist all das und nichts von alledem. Er gehört zu jenen höchst seltenen, ebenso einseitigen wie allseitigen Geistern, die eine vollkommene Welt für sich bilden, die keine Schüler und keine Zeitgenossen haben, zu den Megatherien der Menschheit, die anderen Lebensbedingungen gehorchen als unsere Spezies, zu den wenigen Monumentalstatuen im Pantheon des menschlichen Geschlechts, die etwas Zeitloses und außerhalb der Natur Gestelltes an sich tragen. In ihnen überschlägt sich gleichsam die Naturkraft und schießt über sich selbst hinaus. Sie hätten zu jeder beliebigen Zeit leben können und ebensogut zu gar keiner Zeit: Denn wir können heute noch nicht begreifen, daß sie jemals existiert haben. Es gibt kein »Zeitalter Michelangelos«. Er ragt über seine Zeit hinaus wie ein scharfes Riesenriff oder ein unzugänglicher kolossaler Leuchtturm. Es gibt auch keine Schule Michelangelos; oder sollte doch keine gegeben haben. Denn der Irrglaube, daß man von ihm etwas lernen könne, hat nur zu den widersinnigsten Schöpfungen geführt und für die Kunstgeschichte die unheilvollsten Folgen gezeitigt.

Er stand mit seiner Zeit selbst äußerlich in gar keiner Kommunikation. Er paßte nicht zu seiner Umwelt und seine Umwelt nicht zu ihm. Alles an ihm atmet Menschenfeindlichkeit, für jede Art von Geselligkeit und Gemeinschaft war er ungeeignet; in seiner äußeren Erscheinung abstoßend häßlich: von »malaiischem« Gesichtsausdruck, klein und schwächlich, immer schlecht gekleidet; scheu, mißtrauisch, wortkarg, stets mit sich und den anderen unzufrieden; ohne jede Genußfreude, frugal bis zur Schäbigkeit: mit einem Tölpel von Diener in einer elenden Kammer lebend, seine Nahrung etwas Brot und Wein, seine Erholung ein paar Stunden Schlaf in den Kleidern; von gänzlich unverträglichem Charakter, intolerant und gehässig gegen andere Künstler; von einem exklusiven Selbstgefühl, das zwar berechtigt, aber nicht einnehmend war: ein neunundachtzigjähriges Leben ohne irgendeinen Lichtblick, ohne Glück, ohne Freundschaft, ohne eine einzige Liebesstunde (obgleich er von höchster erotischer Empfänglichkeit war und sich zumal zu Vittoria Colonna und Tommaso dei Cavalieri leidenschaftlich hingezogen fühlte), dagegen bis an den Rand angefüllt mit Verzweiflung: »Kein tödlich Leid blieb mir ja unbekannt«, hat er selbst von sich gedichtet; und in der Tat: Die »Gabe, aus allem Gift zu saugen«, von der Lichtenberg einmal spricht, besaß er in höchstem Maße. Nein, er war nicht liebenswürdig, dieser Michelangelo: So abgründliche abseitige Giganten, Heroen aus einer fremden Eiswelt pflegen das selten zu sein. Er selbst war sich über seine zeitlose Größe, seinen ungeheuern Abstand von allen anderen völlig klar. Als man ihn einmal darauf aufmerksam machte, daß seine Büsten der beiden Medici gar nicht ähnlich seien, erwiderte er: »Wem wird das in zehn Jahrhunderten auffallen?« Alle übrigen Renaissancewerke sind, mit den seinigen verglichen, Miniaturen, die anderen sind »schön«, er ist groß, selbst Lionardos Seelenhaftigkeit wirkt neben ihm süß.

Was nun diesen anlangt, so kann er ebenfalls nicht recht als Repräsentant der Renaissance betrachtet werden; schon deshalb nicht, weil wir so wenig von ihm wissen. Es ist etwas wie ein feiner Nebel um seine Gestalt. Selbst Burckhardt, der in den Mysterien der Renaissance wie in einem offenen Buch blättert, nennt ihn den »rätselhaften Meister«. Er ist unergründlich wie das berühmte Lächeln seiner Mona Lisa. Und auch alle seine übrigen Gemälde sind wahre Vexierbilder, die hinter sich und über sich hinaus zu weisen scheinen; es liegt über ihnen eine seltsam gespenstische Leere: nicht die Leere der Hohlheit, sondern die Leere der Unendlichkeit. Selbst die Landschaft hat bei ihm etwas Fernes, Fremdes, Verschwiegenes. Und während es das tiefste Wesen fast aller Künstler ist, daß sie etwas sagen wollen, das in ihnen leidenschaftlich nach außen drängt, verschwindet er völlig hinter seiner Schöpfung: Das *Abendmahl* ist vielleicht das objektivste Werk, das je aus einem Pinsel hervorgegangen ist. Es ist symbolisch für sein ganzes Wesen, daß er der erste große Meister des Helldunkels, der *respirazione* und des *sfumato* gewesen ist, daß er gelehrt hat, man müsse malen, als scheine die Sonne durch Nebel, und schlechtes Wetter sei das beste Licht für Gesichter: Auch seine eigene Persönlichkeit ist ein magisches Chiaroscuro, in eine schwimmende Atmosphäre getaucht und in weiche verblasene Konturen gehüllt, die den Umriß nur ahnen lassen.

Sehr bezeichnend ist es auch, daß es gerade zwei so geheimnisvollen Gestalten wie Lodovico Moro und Cesare Borgia gelungen ist, diesen ruhelosen Geist dauernd in ihren Diensten festzuhalten. Auch seine ans Wunderbare grenzende Universalität, die in der Weltgeschichte einzig dasteht, macht ihn zum unfaßbaren Proteus. Er war Maler, Architekt und Bildhauer, Philosoph, Dichter und Komponist, Fechter, Springer und Athlet, Mathematiker, Physiker und Anatom, Kriegsingenieur, Instrumentenmacher und Festarrangeur, erfand Schleusen und Kräne, Mühlenwerke und Bohrmaschinen, Flugapparate und Unterseeboote; und alle diese Tätigkeiten hat er nicht etwa als geistreicher Dilettant ausgeübt, sondern mit einer Meisterschaft, als ob jede von ihnen sein einziger Lebensinhalt gewesen wäre. Und zudem hat das Schicksal, als ob es seine Züge absichtlich noch mehr hätte verwischen wollen, seine Hauptwerke entweder, wie das Standbild Francesco Sforzas und die Reiterschlacht, völlig zugrunde gehen lassen oder, wie das Abendmahl, nur in sehr beschädigtem Zustande auf uns gebracht. Am deutlichsten kommt aber die völlige Unerforschlichkeit seines Wesens in dem herben, verschlossenen, wie mit Schleiern verhängten Antlitz der Rötelzeichnung zum Ausdruck, in der er sich selbst porträtiert hat.

Es bleibt also nur Raffael. Und dieser hat nun wirklich sein Zeitalter auf die vollkommenste Weise repräsentiert, und zwar – ein merkwürdiger Fall – nicht etwa, weil er eine so besonders hervorstechende, scharf profilierte, überragende, eigenwillige Persönlichkeit gewesen wäre, sondern vielmehr gerade durch seinen Mangel an Persönlichkeit, der es ihm ermöglichte, ganz aufnehmendes Medium, ganz

Spiegel zu sein, alle Strahlen, die ihn trafen, zu fassen und wieder zurückzuwerfen. Raffaels Werk ist die sorgfältige, klare, vollständige und schöne, ja sogar allzu schöne Niederschrift des Cinquecento und – da das Cinquecento eben doch in gewissem Sinne die Vollendung, die stärkste und konzentrierteste Auswirkung des Renaissancewillens ist – eigentlich die Essenz der ganzen italienischen Renaissance. Aus dieser Mischung außerordentlicher und nichtssagender Qualitäten erklärt es sich auch, daß über ihn stets die größte Meinungsverschiedenheit geherrscht hat. Sein Werk ist ein unvergleichlicher Querschnitt und Durchschnitt seiner Zeit, und zu diesem Zwecke war es ganz unerläßlich, daß er selber nicht mehr als ein Durchschnittsmensch war; da aber diese Zeit voll Größe, Glanz und Reichtum war, so ist es ebenso natürlich, daß von ihm, der dies alles in sich eingetrunken hatte, Glück, Reichtum und unverlierbarer Glanz auf die Nachwelt zurückstrahlt.

Schon Michelangelo hat von Raffael gesagt, er sei nicht durch sein Genie, sondern durch seinen Fleiß so weit gekommen. Und derselbe Michelangelo leitete eine neue Ära ein, in der eine vollkommene Abwendung von Raffael stattfand: die Barocke, deren wichtigste Leistung die Auflösung der starren Linie war und der daher Raffael, der Meister der Kontur, nichts zu sagen hatte. In der Tat hat Bernini, der Diktator dieser Stilperiode, vor der Nachahmung Raffaels geradezu gewarnt. Aber auch im Zeitalter Ludwigs des Vierzehnten, das bereits wieder eine Rückkehr zum Klassizismus vollzog, wurde der Hofmaler Lebrun höher gestellt als Raffael. Als die *Sixtinische Madonna* nach Dresden gebracht wurde, ließ August der Zweite sie im Thronsaal aufstellen und sagte zu den Hofbeamten, die außer Fassung darüber gerieten, daß der Thron dem Bilde weichen sollte: »Platz für den großen Raffael!« Und dennoch erklärten die damaligen Dresdener Kunstautoritäten, das Kind auf dem Arme der Madonna habe etwas Gemeines, und sein Gesichtsausdruck sei verdrießlich. Und noch im neunzehnten Jahrhundert behauptete man, die Engel auf dem Bilde habe ein Schüler hineingemalt. Boucher gab einem seiner Jünger, der nach Rom reiste, den Rat, sich nicht allzuviel mit dem Studium Raffaels abzugeben, der trotz seines Rufes *un peintre bien triste* sei. Daß Winckelmann, der verhängnisvolle Begründer des deutschen Gipsklassizismus, von Raffael sehr eingenommen war, ist begreiflich; aber gleichwohl zweifelte er keinen Augenblick, daß sein Freund Raphael Mengs, einer der ödesten Allegoristen, die je gelebt haben, größer sei als Raffael Santi. Beim Anbruch des neunzehnten Jahrhunderts hatte es freilich eine Zeitlang den Anschein, als sollte Raffael die absolute Hegemonie in der Malerei zufallen. Wenigstens konnten die Nazarener, die damals in einem gewissen Grade tonangebend waren, sich in seinem Lobe nicht genug tun. Aber sieht man näher zu, so bemerkt man, daß der Raffael, den diese begeisterten jungen Männer so überschwenglich priesen, gar nicht der eigentliche Raffael war; sondern wenn sie von ihm sprechen, so meinen sie immer nur den Raffael der vorrömischen Periode: Die Bilder, die er malte, als er in den Vollbesitz seiner Meisterschaft gelangt war, erscheinen ihnen bereits als Verfall. Die Nazarener und die mit ihnen verwandten Romantiker sind es auch gewesen, die jene zähe Legende von Raffael, dem edeln unschuldsvollen Jüngling geschaffen haben, der wie ein Nachtwandler durchs Leben schritt, alle seine Schöpfungen einer mühelosen überirdischen Inspiration verdankte und die vollkommene Naivität eines begnadeten Kindes besaß, also gerade das Gegenteil von dem gewesen sein soll, was Michelangelo behauptet hatte und was der Wirklichkeit entsprach: Es ist jener Raffael, der dann fast ein Jahrhundert lang als Spritzmalerei, Abziehbild und Handtuchschützer den deutschen Bürger entzückt hat. Dann aber kamen die Präraffaeliten, die den Höhepunkt der italienischen Kunst in die Periode vor Raffael verlegten und in diesem nur einen kalten seelenlosen Virtuosen erblickten. Ihr Wortführer war Ruskin, für den Raffael der Inbegriff der leeren, unwahren Eleganz ist. So sagt er zum Beispiel über die Berufung der Apostel: »Wir fühlen, wie unser Glaube an das Ereignis mit einemmal erlischt. Nichts bleibt davon als ein Potpourri von Mänteln, muskulösen Armen und wohlfrisierten griechischen Büsten. Durch Raffael ist alles verdorben worden, was an der Legende zart und ernst, grandios und heilig ist. Er hat aus der biblischen Dichtung ein totes Arrangement schöner, schön gebauter, schön gestellter, schön drapierter, schön gruppierter Menschen gemacht.« Edmond de Goncourt nannte ihn den Schöpfer des Muttergottesideals für Spießbürger, und Manet erklärte, er werde vor einem Bild von Raffael buchstäblich seekrank. Man sieht also, daß es niemals an Kennern gefehlt hat, die mit Velazquez sagen konnten: »Um die Wahrheit zu gestehen: Raffael gefällt mir gar nicht.«

Das Jahr 1517 ist jedermann bekannt als das Geburtsjahr der Reformation, in dem Luther seine fünfundneunzig Thesen an die Schloßkirche zu Wittenberg nagelte. In demselben Jahre malte Raffael seine Sixtinische Madonna, an die jedermann denkt, wenn der Name Raffael genannt wird. Und um dieselbe Zeit vollendete der Graf Balthasar Castiglione seinen *Cortegiano,* jenes Werk, das man eine Art Renaissancebibel nennen könnte. Es ist der Knigge jener Tage, sein Held ist der Gentleman, wie die damalige Zeit sich ihn dachte: gewandt, würdig, repräsentativ, jeder Lebenslage voll Takt gewachsen und darin dem heutigen Gentleman ähnlich; aber es ist ein Gentleman voll Grazie, Heiterkeit und Unbeschwertheit. Diesen vollendeten Kavalier, um den alle Reize versammelt sind, den Geliebten der Fürsten, der Frauen und der Götter, hat Raffael gemalt und hat Raffael gelebt. So schreitet sein Bild durch vier Jahrhunderte.

Aber der Götterliebling Raffael hat, wenigstens für unser Lebensgefühl, einen großen Mangel. Götterlieblinge sind nämlich fad. Sie sind so langweilig wie das »blaue Meer des Südens«, der »holde Frühlingstag«, das »süße Baby in der Wiege« und alle ganz reinen, ganz ausgeglichenen, ganz glücklichen Dinge. Unsere Sehnsucht gilt etwas anderem, im Leben und in der Kunst.

Raffael hat einmal gesagt: »Um eine Schöne zu malen, müßte ich deren mehrere vor Augen haben. Da es mir an Modellen fehlt, male ich aus dem Gedächtnis nach einer Idee, die ich im Kopfe habe.« Er meint damit, daß er, da es in der Natur keine weibliche Schönheit gibt, die in jedem Teil absolut vollkommen ist, darauf angewiesen sei, sich in der Phantasie aus einzelnen Reminiszenzen ein solches Ideal zusammenzustellen. Diese Ansicht, daß die Darstellung des Vollkommenen die Aufgabe der Kunst sei, war der Grundirrtum Raffaels; und der Grundirrtum des ganzen

Klassizismus. Immer wieder tauchen von Zeit zu Zeit große Künstler auf, die uns vorübergehend zu beweisen scheinen, daß Klassizismus, das heißt: strenge Ordnung, Einheit, Gradlinigkeit, Harmonie, farblose Durchsichtigkeit, die Blüte jeder Kunst sei. Sie beweisen es aber gewissermaßen nur in usum delphini, nämlich für sich selbst. In der Tat: Manche »klassische« Schöpfungen sind bisweilen von einer so übernatürlichen, unwirklichen Schönheit, daß wir für den Augenblick geneigt sind, zu vermuten, dies sei die Spitze der Kunst und alles andere nur ein mehr oder minder unvollkommener tappender Versuch nach diesem Gipfel hin. Es ist aber eine Täuschung. Diese Phänomene sind nicht etwa die Verkörperung der Regel (was man glauben könnte, wenn man bedenkt, daß sie die regelmäßigsten sind); sie sind im Gegenteil interessante Abweichungen, bewunderungswürdige Monstra. Unregelmäßigkeit ist das Wesen der Natur, des Lebens, des Menschen. »Regelmäßigkeit« ist ein künstliches Destillat oder ein seltsamer Zufall. Das regelmäßigste Gebilde, das die Natur hervorbringt, ist der Kristall. Und trotzdem: Jeder Mineraloge weiß, daß ein vollkommen regelmäßiger Kristall nicht existiert. Aber schon seine bloße Annäherung an die Regelmäßigkeit macht den Kristall zu etwas Totem. Kreisrunde Bergkegel, radiär-symmetrische Tiere, völlig gleichmäßige Beleuchtungen und Klimata: Dergleichen ist bisweilen zu beobachten. Aber es sind gewissermaßen Schrullen der Natur. Wir betrachten klassische Schöpfungen mit Staunen und Verehrung wie Gletscher; aber wir möchten nicht dort wohnen und könnten es auch gar nicht. Wir schlagen unsere Niederlassungen im Dickicht auf, im Mittelgebirge, auf der unregelmäßigen Ebene, am ewig bewegten Wasser. Wir sind unheilbare Romantiker, niemals Klassiker; wir müssen es sein, weil auch die Natur nur Romantisches zu schaffen vermag.

Raffael gibt keine Probleme auf: Das ist der Haupteinwand gegen ihn. In seinem wunderschönen Buch *Das Leben Raffaels* sagt Herman Grimm: »Raffael will nichts. Seine Werke sind sofort verständlich. Er schafft absichtslos wie die Natur. Eine Rose ist eine Rose: nichts mehr und nichts weniger; Nachtigallengesang ist Nachtigallengesang: Keine Geheimnisse sind da noch weiter zu ergründen. So auch sind Raffaels Werke frei von persönlicher Zutat, bei ihm fehlt auch den erschütterndsten Dingen alle persönliche Besonderheit, als seien eigene Erlebnisse des Künstlers hineingearbeitet worden, seine Persönlichkeit drängt sich nirgends vor.« Bleiben wir ruhig bei dieser Vergleichung, und haben wir den Mut, uns einzugestehen: Rose und Nachtigall haben etwas Kitschiges. Sie sind ein bißchen zu schön. Und sie sind nur schön. Wir fragen uns unwillkürlich: schön und sonst nichts? Ähnlich ergeht es uns bei Raffael. Mit einem echten Kunstwerk muß man irgend etwas anfangen können. Es genügt nicht, daß es träge und majestätisch vor unserem Auge sich ausbreitet und behauptet, schön zu sein. Es muß über sich hinausweisen auf Schlösser, die es zu erschließen, Leichen, die es zu beleben, Träume, die es zu enträtseln vermag. Es muß ein Deuter des Lebens sein. Man muß es in jeder Lebenslage ans Ohr halten und befragen können. Jedes Kunstwerk hat eine »Tendenz«, ja hierin besteht sogar sein Hauptwert. Es hat eine Tendenz oder mit anderen Worten: Hinter ihm steht ein Mensch. Ein Mensch, der Fragen und Antworten, Gedanken und Leidenschaften hat. Aber da stehen Raffaels Figuren, »frei von jeder persönlichen Zutat«, schön blau und rot angemalt wie Zuckerstengel oder Zinnsoldaten, und man kann sich des Eindrucks nicht erwehren, daß diese berühmten Frauenbildnisse auch ganz gut auf einer Seifenschachtel oder als Parfümpackung figurieren könnten und daß es so etwas wie »Sistinaschokolade« geben könnte. Dasselbe gilt von seiner Komposition. Oder würde zum Beispiel die »Philosophie« in der Stanza della segnatura nicht einen prächtigen Theatervorhang abgeben? Der vielgerühmte Glanz, der Raffaels Werken eigentümlich ist, geht eben oft bis zum Satinierten, Raffael hat eine zu kalligraphische Handschrift. Man spürt in seinen Werken nur zu oft den Auftraggeber: die nichtssagende Glätte und leere Formfreude Leos des Zehnten, der weder Lionardo noch Michelangelo begriffen und überhaupt von Kunst sehr wenig verstanden hat, die Musik etwa ausgenommen. Das rein Musikalische seiner Natur hat er nun offenbar nicht ohne Erfolg auf Raffael, dieses Genie der Anpassung, übertragen; wie es auch dem Humanisten Bembo gelungen ist, auf seinen Freund Raffael seine nichtssagende Rhetorik abzufärben.

Aber war er nicht einer der vollkommensten Maler, die je gelebt haben? Zweifellos; wir betrachten ihn jedoch hier gar nicht als Maler, sondern als Kulturbegriff, wie es uns ja auch nicht einfallen könnte, in einem solchen Zusammenhang etwa Napoleon als Strategen oder Luther als Theologen zu betrachten. Und dann: Die Vollkommenheit Raffaels ist es ja gerade, die ihn uns so fern, so fremd und stumm macht. »Das Unzulängliche ist produktiv«, lautet einer der tiefsten

Aussprüche Goethes. Alles Ganze, Vollendete ist eben vollendet, fertig und daher abgetan, gewesen; das Halbe ist entwicklungsfähig, fortschreitend, immer auf der Suche nach seinem Komplement. Vollkommenheit ist steril.

Wollten wir das Ganze zusammenfassen, so könnten wir sagen, daß es eben zwei Arten von Genies gibt: die Besonderen, Einmaligen, Isolierten, die großen Solitäre, deren Größe gerade darin besteht, daß sie ein Unikum, eine Monstrosität und Psychose, eine zeitlose und überlebensgroße Ausnahme darstellen. Und dann gibt es aber auch solche, die das Fühlen und Denken aller Welt darstellen; aber so zusammengefaßt, verdichtet und leuchtend, daß ein ewiger Typus daraus wird. Und zu diesen hat Raffael gehört. Dies meint wohl auch Herman Grimm, wenn er über ihn sagt: »Er hat etwas entzückend Mittelmäßiges, Gewöhnliches. Als könne jeder so sein wie er. Er steht jedem nahe, ist jedermanns Freund und Bruder; keiner fühlt sich geringer neben ihm.« Seine süßen Frauenantlitze, seine klaren Figurenanordnungen, seine hellen und kräftigen Farbenharmonien versteht jeder. Er ist so, wie Monsieur Toutlemonde sich einen Maler vorstellt. Raffael spricht zu jedermann. Aber eben deshalb spricht er eigentlich zu niemand.

Barock

Eine umfassende Kulturgeschichte der Barockzeit ist
noch nicht geschrieben. Für sein gemeinsam mit Julius Bab verfaßtes Werk *Wien und Berlin* hat Willi Handl
ein außerordentlich aufschlußreiches und feinfühliges Kapitel über die Wiener Barocke beigesteuert. Hermann Bahr
hat in seinem Buch über Wien ein paar wunderschöne Gedanken zu diesem Thema geäußert und in seinem Buch über
Expressionismus eine Schrift über Barockkunst angekün-
digt; und so lange werden wir wohl warten müssen, denn
nur ein Kulturpsycholog ersten Ranges und Meister der seelischen Vivisektion wird imstande sein, dieses Problem endgültig zu lösen. (Und es ist zu befürchten, daß wir ziemlich
lange warten werden, denn nicht ohne Befremden haben
die Verehrer dieses freien und reichen Geistes erfahren, daß
er sich von jetzt an nur noch dem Theater widmen will,
dessen Welt wohl für eine in ihrer Beschränktheit starke
Potenz wie Laube oder Antoine taugte, für ihn aber unbedingt zu eng, zu klein, zu subaltern ist.) Aber jeden Freund
geistiger Komplikationen muß es schließlich reizen, sich
über das Wesen der Barockzeit irgendeine Meinung zu machen.

Meine Ansicht über die Barocke ist diese: Sie bedeutet die
Alleinherrschaft des rechnenden, ordnenden, zerlegenden
Verstandes, der das aber nicht wahrhaben will und sich da-

her in tausend abenteuerliche Masken und künstliche Verkleidungen flüchtet. In unserer Vorstellung ist der Rationalismus der Barocke verdeckt durch Theaterekstatik, mon-
strösen Pomp und wundersüchtige Treibhausreligiosität.
Aber das ist nur die glänzende Front einer kahlen und nüchternen Innenarchitektur der Seele. Wenn der Barockmensch
in üppigen Formen, leuchtenden Farben und mystischen
Verzückungen schwelgt, so trinkt er sich einen Rausch an,
um der Langeweile und Prosa seiner reinen Verstandeskultur zu entrinnen. Für ihn ist die Kunst kein organischer Bestandteil seines täglichen Daseins wie bei den Griechen oder
den Menschen der Renaissance, sondern ein Kostümfest, bei
dem es dann freilich nicht geschmückt und lärmend genug
hergehen kann.

Die Barocke stellt den Höhepunkt einer Entwicklung dar,
die etwa mit der Reformationszeit einsetzte. Damals zum
erstenmal seit dem Ausgang der Antike gelangte der
menschliche Verstand zur vollen Erkenntnis seiner selbst
und der ihn umgebenden Wirklichkeit: Er erwacht, blickt
um sich und bemerkt, daß ihm die Welt gehört. Er beginnt
alles zu durchdringen: Himmel und Erde, Wasser und Licht,
das unendlich Große und das unendlich Kleine. Nur zu natürlich, daß er infolgedessen glaubt, er sei allein auf der Welt,
und den Versuch macht, alles rein verstandesmäßig, szientifisch, nur mit den Hilfsmitteln der Logik und Methodik
zu begreifen: die Beziehungen der Menschen untereinander
und ihr Verhältnis zu Gott und Jenseits, das Walten der Natur und die Gesetze der Kunst. Diese Betrachtungsweise beherrscht die folgenden zweihundert Jahre und kulminiert in
der zweiten Hälfte des xvii. Jahrhunderts, der Blütezeit der

Barocke, wo sich die Ansicht festsetzt, daß schlechterdings alles erlernbar sei und zum Gegenstand einer höchst bewußten, streng wissenschaftlich fundierten Virtuosität gemacht werden müsse: Es ist die Zeit der Poetiken und der Dramen Corneilles und Racines, von denen wir heute den Eindruck haben, als seien sie mit dem Lineal gemacht; aber auch in den Gebäuden, ja selbst in den Gärten, die jene Menschen bewohnten, herrscht der Geist der Ordnung und Systematik, der sauberen Übersichtlichkeit und kühlen Logizität. Daneben bemerken wir einen handfesten Utilitarismus, der ja stets die Begleiterscheinung des Rationalismus zu bilden pflegt. Die Lebensanschauung war vorwiegend ökonomisch orientiert, die Moral vertrat den platten Nützlichkeitsstandpunkt. Nie hat das Essen und Trinken eine größere Rolle gespielt als zur Barockzeit, und zwar weniger was die Qualität als was die Quantität anlangt: Was unser Erstaunen erregt, sind in erster Linie die ungeheuren Mengen von Speisen und Getränken, die bei einer damaligen Gasterei vertilgt wurden. Auch die Liebe ist eine bloße Sache des massiven Genusses, eine durchaus fleischliche Angelegenheit, ja, man macht selbst aus der Frömmigkeit ein geradezu sinnliches Vergnügen.

Die stärkste und wesentlichste Funktion des Verstandes besteht nun darin, daß er analysiert, das heißt: auflöst, trennt, scheidet, isoliert. Und in der Tat kann man beobachten, daß es in jener Zeit eigentlich nur einzelne Individuen gibt. Die Menschen bilden untereinander bloße Aggregate, keine wirklichen Verbindungen. Die Zünfte sind aufs äußerste detailliert und aufs strengste voneinander gesondert. Der Brotbäcker darf keine Kuchen backen, der

Schmied keine Nägel fabrizieren, der Schneider keine Pelze verkaufen. Die Hierarchie der Stände wird aufs peinlichste betont. Der Hof ist von den übrigen Menschen vollkommen abgeschlossen. Und über diesem steht, wiederum gänzlich getrennt, losgelöst, absolut der Herrscher: Wir sind in der Blütezeit des Absolutismus. Diese Umstände bringt auch die Gesellschaftstheorie jener Zeit zum Ausdruck, die sogenannte Lehre vom Naturrecht, die den Staat durch freiwilligen Zusammentritt vollkommen selbständiger Einzelpersonen entstehen läßt. Ferner gelangt die atomistische Naturerklärung zur allgemeinen Anerkennung, die das gesamte physische Geschehen in eine Bewegung von isolierten kleinsten Massenteilchen auflöst. Auch die Malerei zeigt den Menschen ganz und gar nicht eingehüllt in einen Dunstkreis von Licht und Farben, der ihn in unmerklichem Übergang mit seiner gesamten Umwelt verbindet, wie wir das auf heutigen Bildern zu sehen gewöhnt sind, sondern scharf umrissen und konturiert steht er da, man könnte ihn mit der Schere aus dem Bild herausschneiden. Und eine Disziplin ist überhaupt erst damals zum Range einer wirklichen Wissenschaft emporgestiegen: die Mechanik. Das ist sehr charakteristisch. Eine Sache vollkommen verstandesmäßig erklären, heißt, sie mechanisch erklären; andernfalls bleibt immer irgendein irrationaler Rest zurück. Das Ideal, das der Zeit vorschwebte, bestand nun darin, das mechanische Prinzip auf das Leben und den gesamten Weltlauf auszudehnen, um auch diesen ganz wie eine Maschine auseinandernehmen, in allen seinen Teilen erklären und in allen seinen Bewegungen ausrechnen zu können. Und selbst für die Manieren, die jene Menschen als die wirklich feinen und weltmännischen aufstellten, dient das Benehmen einer mechanischen Drahtpuppe zum Vorbild.

Aber weil nun jeder Mensch damals vollkommen solitär lebte, bildete er auch sein Eigenleben zu einer bis dahin unerhörten Feinheit und Kompliziertheit aus. Jeder war zwar nur eine Welt für sich, aber eben eine Welt, ein Mikrokosmos. Es ist nichts weniger als ein Zufall, daß gerade damals das Mikroskop erfunden wurde: Ein neues Reich des unendlich Kleinen tat sich auf und brachte die erstaunlichsten Aufschlüsse. Man entdeckte die Pflanzenzellen, die Infusorien, die Samenfäden, die Blutkörperchen: eine Fülle von erstaunlichsten Perspektiven, alle gewonnen durch die liebevolle Versenkung ins unendliche Detail. Um dieselbe Zeit wurde die Infinitesimalrechnung begründet, auf der die gesamte Entwicklung der modernen Mathematik und Physik beruht. Und was noch wichtiger ist: Auch auf dem Gebiet der Psychologie erwarb man sich das Witterungsvermögen für Differentiale. Wie die Kugel begriffen wird aus der Summe unzähliger Kegel, so begann man damals die menschliche Seele zu begreifen als den Inbegriff zahlloser kleiner Vorstellungen, die aber gerade das Individuum in seiner Einzigartigkeit zusammensetzen: Eine Art Seelenmikroskopie entsteht, die freilich nicht selten auch in geistige Myopie ausartet. Eine übertriebene Vorliebe für die Miniatur, die Niaiserie, etwas Tüfteliges und zugleich Gravitätisches liegt dem Barockmenschen im Blute. Mit einer beispiellosen Beseelung gerade der starrsten und monumentalsten Kunst: der Plastik, die zum Ausdrucksmittel für innerste Gemütsbewegungen, leidenschaftlichste Verzückungen, zärtlichste und subtilste Erregungen wird, verbindet sich ein Hang zur Kleinkrämerei auf allen Gebieten der bildenden Künste: Wohin man blickt – ein Gewirr von Säulen, Knöpfen, Kartuschen, Girlanden, Muscheln, Fruchtschnüren. Auch die Natur wird verkräuselt und verzierlicht: Die Gärten sind angefüllt mit Kaskaden, Terrassen, Grotten, Urnen, Glaskugeln, »Vexierwässern«; das Kostüm strotzt von Posamenterien, Spitzen, Tressen, Brokat, die Umgangssprache bewegt sich in künstlich gefeilten Wortspielen und spitzfindigen Antithesen. Sogar im Gesicht findet sich ein Ornament: das unentbehrliche Schönheitspflästerchen. Das ganze Weltbild der Zeit ist ein Mosaik aus jenen »perceptions petites«, den unendlich kleinen Vorstellungen, und jeder Mensch ist eine Monade, in sich abgeschlossen, ohne Fenster, allein auf seinem Sonderplatz in einem sorgfältig abgestuften Kosmos, in dem alles prästabiliert, vorherbestimmt seinen mechanischen Lauf geht wie in einem Uhrwerk und der darum für die beste aller Welten gilt. Denn man war tiefinnerlich überzeugt, das Bewundernswerteste und Prächtigste, das Kunstvollste und Geistreichste sei eben doch eine gutgehende Uhr.

Wie man bereits bemerkt haben wird, habe ich mich einiger Ausdrücke bedient, die der Philosophie Leibnizens entnommen sind. Und in der Tat: Niemand hat den Sinn der Barocke tiefer und verständiger zum Ausdruck gebracht als Leibniz in seiner *Monadologie.* Hier steht der Mensch der Zeit vor uns, losgelöst von äußerlichen Zufälligkeiten, in seinem innersten Wesenskern erfaßt. Es ist doch etwas Großes um so einen Philosophen: Er zeigt den Bautypus, das innere Skelett, das allen Mitlebenden gemeinsam ist wie den einzelnen Exemplaren einer zoologischen Spezies. In seiner

Tätigkeit liegt etwas Göttliches: Ganz wie der liebe Gott entwirft auch er den Aufriß und Grundplan, nach dem die ganze Menschheit eines bestimmten Zeitalters geformt ist, nur mit einem kleinen Unterschied – er entwirft ihn hinterher.

Ludwig *XIV*

Mit Ludwig dem Vierzehnten vollzieht sich der Übergang der Vorbarocke in die Vollbarocke. Seine selbständige Regierung umfaßt ungefähr fünfeinhalb Jahrzehnte; mit seinem Tode setzt die Spätbarocke ein, die unter dem Namen Rokoko bekannt ist. Die Zeit, wo er zur Alleinherrschaft gelangt, enthält auch sonst eine Anzahl entscheidender Daten; und ebenso verhält es sich mit dem Ende seiner Regierungsperiode. Er selbst stirbt 1715, und in demselben Jahre Malebranche, der bedeutendste Cartesianer. 1713 gelangt Friedrich Wilhelm der Erste in Preußen, 1714 das Haus Hannover in England auf den Thron: zwei gewichtige politische Wendepunkte. Und 1716 stirbt Leibniz, in dem der Barockgeist seine höchste Konzentration gefunden hat. Der Tod des Sonnenkönigs bedeutet somit in mehr als einem Sinne das Ende einer geschichtlichen Epoche.

Der extreme Absolutismus, den Ludwig der Vierzehnte aufrichtete, folgte ganz von selber aus der Allherrschaft der cartesianischen Raison, die ein Zentrum fordert, wovon aus alles einheitlich und methodisch beherrscht und gelenkt wird. Das *»l'état c'est moi«* hatte für die Menschen jener Zeit nichts weniger als jene frivole Bedeutung, die spätere Beurteiler diesem Worte beigelegt haben. Der König ist der von Gott und der Vernunft eingesetzte Mittelpunkt des ir-

dischen Koordinatennetzes: An ihm hat sich alles zu orientieren; wer anders empfunden hätte, wäre dem Zeitgefühl
nicht etwa bloß als ein Staatsverräter und Majestätsverbre-
cher, sondern als etwas viel Schlimmeres erschienen: als ein
Mensch, der nicht methodisch zu denken vermag. Erst ist
der König da, dann der Staat, aus ihm entwickelt sich der
Staat, wie zuerst das Koordinatenkreuz da ist und dann erst
die realen Punkte, Linien und Flächen. Der König beherrscht nicht nur den Staat, er macht den Staat. Hieraus er-
gaben sich selbstverständlich radikal absolutistische Theorien, am klarsten und eindringlichsten dargelegt in den
Schriften Bossuets, des »Adlers von Meaux«, der einer der
packendsten Kanzelredner und glänzendsten Historiker
seiner Zeit war. In seiner *Politik nach den Lehren der Heiligen Schrift* erklärt er, der König sei der Statthalter und das
Bild Gottes auf Erden, seine Majestät der Abglanz der göttlichen; der ganze Staat, der Wille des gesamten Volkes sei
in ihm beschlossen, nur wer dem König diene, diene dem
Staat. Dies war Bossuets tiefste Überzeugung und keine gefällige Hoftheologie und Hofpolitik. Und wenn wir beobachten, wie nicht nur die große Masse, sondern auch die
edelsten und kühnsten Geister der Zeit von denselben Gefühlen durchdrungen waren, so müssen wir zu der Ansicht
gelangen, daß Ludwig der Vierzehnte kein größenwahnsin-
niger Autokrat war, sondern nur nahm, was die öffentliche
Meinung ihm entgegenbrachte, ja aufdrängte. Er herrschte
nicht bloß mit den Mitteln äußerer Gewalt, sondern als legitimer Mandatar des Zeitgeists. Er war wirklich, was bei
Hobbes der Staat ist: ein »sterblicher Gott«. Seine Gnade
beseligte, seine Ungnade tötete. Nicht bloß der »große Va-

tel«, der übrigens ein Genie unter den Köchen gewesen sein muß (Madame de Sévigné sagt, sein Kopf hätte hingereicht, alle Sorgen einer Staatsverwaltung in sich zu fassen), stürzte sich in sein Küchenmesser, als ein Festessen, das Condé dem König gab, nicht vollkommen geriet. Auch Colbert verfiel in ein todbringendes nervöses Fieber, weil ihm, als er gegen die allzu kostspieligen Versailler Bauten Einspruch erhob, der erzürnte König andeutete, es müßten Unterschleife vorgekommen sein. Vauban hatte eine sehr einsichtsvolle Schrift über Steuerreformen veröffentlicht, die aber das königliche Mißfallen erregte und daher beschlagnahmt und vernichtet wurde; elf Tage später war er eine Leiche. Und einen vierten, der in der *haute tragédie* ebensogroß war wie Vatel in der Kochkunst, Colbert im Finanzwesen und Vauban im Festungsbau, ereilte dasselbe Schicksal: Racine, der sich aus Zerstreutheit eine grobe Taktlosigkeit hatte zuschulden kommen lassen. Eines Abends unterhielt er sich bei Frau von Maintenon mit Ludwig dem Vierzehnten, der gern und häufig seinen Verkehr suchte, über die Pariser Theater. Der König fragte, woher es komme, daß die Komödie von ihrer einstigen Höhe so tief herabgesunken sei. Racine antwortete, der Hauptgrund liege nach seiner Ansicht darin, daß zu viele Stücke von Scarron gespielt würden. Bei dieser Äußerung errötete Madame de Maintenon, die einmal Madame Scarron gewesen war, es entstand ein peinliches Schweigen, der König brach die Unterredung ab und richtete seitdem nie wieder ein Wort an Racine, der darüber in Trübsinn verfiel und starb. Kurz: Die Empfindungen, die man dem König entgegenbrachte, sind in nicht allzu übertriebener Weise in der Antwort ausgedrückt, die der Frau von Maintenon von ihrem Bruder gegeben wurde, als sie erklärte, das langweilige Leben an der Seite Ludwigs nicht mehr ertragen zu können: »Sie haben also die Aussicht, Gott Vater zu heiraten?«

Die äußeren Instrumente, durch die Ludwig der Vierzehnte seine allgegenwärtige Herrschaft ausübte und befestigte, waren Bürokratie, Polizei und stehendes Heer, drei Elemente, die das moderne Staatswesen in hervorragendem Maße charakterisieren und unter seiner Regierung zur höchsten Ausbildung gebracht worden sind. Über das ganze Land zog sich das Netz einer sorgfältig abgestuften und organisierten Beamtenhierarchie. Die Besteuerung wurde prompt und unerbittlich gehandhabt, als eine stets offene, aber schließlich doch versiegende Quelle für die ungeheuern Ausgaben des Staatshaushalts. Die Kopfsteuer, *la taille*, war sehr hoch und dabei ungerecht verteilt, da Adel und Geistlichkeit von ihr befreit waren; dazu kamen noch drückende indirekte Abgaben von einer Reihe der notwendigsten Gebrauchsartikel, vor allem die berüchtigte Salzsteuer, *la gabelle*. Ebenso verhaßt und gefürchtet waren die *lettres de cachet*, mittels deren der König jede beliebige Person ohne Prozeß auf unbestimmte Zeit internieren konnte.

Den selbstbewußten und selbstherrlichen Feudaladel verwandelte Ludwig der Vierzehnte in eine Hofaristokratie, die nur noch den Zweck hatte, den Glanz des Königtums zu erhöhen. Er gab zwar bei der Besetzung der öffentlichen Ämter und vor allem bei der Vergebung der höheren Offiziersstellen den Edelleuten den Vorzug, aber sie waren aus kleinen Souveränen Beamte der Krone geworden, die sich nur durch äußere Ehren und Abzeichen von gewöhnlichen

Untertanen unterschieden. Übrigens zog der König auch zahlreiche Bürgerliche in seinen Dienst, wenn sie Talent und Unternehmungsgeist zeigten, und besetzte mit ihnen nicht selten die höchsten Posten, zumal in der Verwaltung, weshalb ihn der Herzog von Saint-Simon in seinen Memoiren »*le roi des commis*« nannte. So entstand eine neue sehr einflußreiche Kaste der *nouveaux riches,* die durch Länderkauf, nachträgliche Nobilitierung, glückliche Spekulationen und vornehme Heiratsverbindungen rasch emporkamen.

Seine größte Aufmerksamkeit richtete er auf das Heerwesen. Er war selber nicht das, was man einen »Militaristen« nennt, aber er erkannte in fortwährenden Kriegen, die der patriotischen Eitelkeit schmeichelten und zugleich den Betätigungsdrang nach außen ablenkten, das sicherste Mittel, sich bei einer so ruhmgierigen, unruhigen und herrschsüchtigen Nation wie der seinigen in dauerndem Ansehen zu erhalten: Es ist das System, das seither alle französischen Regierungen angewendet haben, einerlei, ob sie bourbonisch, jakobinisch oder napoleonisch waren. Es gelang ihm denn auch binnen kurzem, seine Armee zur stärksten, geschultesten, bestausgerüsteten und bestgeführten Europas zu machen. Turenne, Condé, Luxembourg und Catinat waren Meister der Strategie, denen niemand gleichkam. Vauban, der größte Kriegsingenieur des Jahrhunderts, umgab Frankreich mit einem bewundernswerten Festungsgürtel, brachte die Belagerungskunst auf eine bis dahin unerreichte Höhe und vervollkommnete das Artilleriewesen durch die Einführung der bombenwerfenden Mörser und des Rikoschettierschusses, des ersten Versuches indirekten Feuers. Sein Kriegsminister Louvois, der berüchtigte Verwüster der

Pfalz, reformierte das gesamte Heerwesen. Er ersetzte die schwerfällige Luntenflinte durch das handliche Steinschloßgewehr und die Pike durch das Bajonett, eine sowohl für die Fernwirkung wie für den Nahkampf geeignete Waffe, und machte das Fußvolk wieder zur Haupttruppengattung, denn auch die Dragoner waren nur eine Art berittene Infanterie, die, mit Karabiner und Säbel ausgerüstet, zum Gefecht absaß, so daß das Pferd bei ihnen nur die Rolle eines Beförderungsmittels spielte, wie etwa bei den heutigen Truppenkörpern die Eisenbahn. Ferner war er der erste, der die allgemeine Uniformierung einführte, während bisher die Soldaten nach freier Wahl selber für ihre Kleidung gesorgt hatten. Auch in diesem Zuge zeigt sich der neue Geist der rationellen Ordnung, der alle Lebensgebiete ergreift. Das Militär wird zum erstenmal exakt. Der Soldat ist keine lebendige einmalige Individualität mehr, sondern eine gleichgültige Ziffer, für die das algebraische Symbol der Uniform eingesetzt wird; statt eines bestimmten Soldaten gibt es nur noch den Begriff Soldat, mit dem man nach Belieben zu operieren vermag, wie es in den Alleen von Versailles keine einzelnen Bäume mehr gibt, sondern nur noch eine Anzahl von identischen Proben der Gattung Baum, eine schnurgerade Reihe gleichförmig geschnittener, unter eine allgemeine Schablone subsumierter Exemplare.

Von demselben Einheitswahn war Ludwig der Vierzehnte auch in seiner Religionspolitik geleitet. Wenn er gegen die Jansenisten, denen die Literatur seines Zeitalters einen großen Teil ihres Glanzes verdankt, mit großer Strenge vorging, so tat er dies nur aus seinem Willen zur Uniformität und Korrektheit. Sein Widerstand gegen den

Papst hatte dieselben Motive wie sein Einschreiten gegen die Häretiker. Er berief eine Kirchenversammlung nach Paris, die erklärte, Petrus und seine Nachfolger hätten von Gott nur Macht im Geistlichen, nicht im Weltlichen, und auch diese Macht sei beschränkt durch die höhere Autorität der allgemeinen Konzilien und durch die Vorschriften und Gebräuche der gallikanischen Kirche. Diese gallikanische Kirche ist eine französische Nationalkirche, die dem Papst keinerlei Einfluß auf die Besetzung der Pfründen einräumt und daher als politischer Körper von der englischen Hochkirche nicht allzuweit entfernt ist. Leider ließ sich der König in diesem Kampf gegen alle zentrifugalen Bestrebungen auch zur Aufhebung des Ediktes von Nantes bewegen, wodurch alle Hugenotten entrechtet und der gehässigsten Verfolgung preisgegeben wurden. Durch diesen ebenso unmenschlichen wie unklugen Akt hat er sich und seinem Lande den größten Schaden zugefügt und alle Billigdenkenden in Europa gegen sich aufgeregt: Von hier datiert sein Abstieg. Während der zweiten Hälfte seiner Regierung beginnt seine Sonne immer deutlicher ihre häßlichen Flekken zu offenbaren, um alsbald langsam zu verbleichen und schließlich in grauer trauriger Dämmerung unterzugehen. Man hatte den Hugenotten zwar verboten, das Land zu verlassen, aber ein großer Bruchteil, etwa eine halbe Million, konnte trotz strengster Bestimmungen nicht an der Auswanderung verhindert werden. Dieser Verlust bedeutete für Frankreich weit mehr als eine Verminderung der Bevölkerungsziffer, denn die Hugenotten zählten zu den geschicktesten und fleißigsten Untertanen des Sonnenkönigs: Die Brokat-, Seiden- und Samtweberei, die Herstellung feiner Hüte, Stiefel und Handschuhe, die Fabrikation von Borten, Bändern und Tapeten, die Uhrmacherei, die Spitzenklöppelei, die Tabakbereitung, die Kristallschleiferei lag fast ganz in ihren Händen. Sie entzogen nicht nur diese Industrien ihrem Vaterland, das sie erst sehr allmählich und nicht mehr mit derselben Vollkommenheit wiederherstellen konnte, sondern trugen sie auch ins Ausland, das sie dadurch konkurrenzfähiger machten. Sie wirkten dort auch mit großem Erfolg als Seeleute und Ingenieure und organisierten, wo sie konnten, vor allem in Holland, eine freie Presse, die die ganze Welt über den egoistischen und brutalen Charakter der bewunderten Regierung Ludwigs des Vierzehnten aufklärte und aufs nachteiligste gegen sie Stimmung machte.

Das tägliche Leben war demselben Prinzip unterworfen wie das religiöse und politische: Es sollte alles »erhaben«, großartig, pompös, effektvoll und zugleich »einfach«, korrekt, geordnet, überschaubar sein. Unter Ludwig dem Vierzehnten wird die *place royale* mit ihren Nebenstraßen in vollkommenster geometrischer Regelmäßigkeit erbaut. Lenôtre ist der Schöpfer des französischen Gartenstils, der den Anlagen die Form mathematischer Figuren gibt und ihr Wachstum mit Zirkel und Lineal beaufsichtigt. Ebenso symmetrisch waren die »Wasserkünste« angelegt, zum Beispiel das *bassin de Latone* in Versailles, wo in regelmäßigen Abständen Frösche im Kreise sitzen, die genau die gleichen tadellosen Kurven spritzen. Denselben Geist atmet das Menuett, vielleicht der merkwürdigste Tanz, der jemals erfunden wurde, denn in ihm ist das Kunststück zuwege gebracht, lähmendste Gezwungenheit, Abgemessenheit und

Marionettenhaftigkeit mit bezauberndster Anmut, Lebendigkeit und Leichtigkeit zu vermählen. Im Grunde war jedoch das ganze Salonleben jener Zeit ein Menuett. Es war genau vorgezeichnet, wieviel Schritte man machen müsse, bis man sich verbeugen dürfe, welche Linie diese Verbeugung zu beschreiben habe und wie tief sie in jedem einzelnen Falle sein solle. Es gibt in dieser Welt nichts, das nicht einem minutiösen und wohldurchdachten Reglement unterworfen, nichts, das dem Zufall überlassen wäre; das ganze Leben ist ein Reißbrett mit einem Millimeterquadratnetz, ein Schachbrett, auf dem bestimmte gleichartige Figuren ihre vorschriftsmäßigen Züge machen.

Dieser strengen Geistesetikette durfte sich auch der große König nicht entziehen, sie war die einzige Macht, die stärker war als er. Seine Tagesordnung war genau geregelt: Jede Stunde hatte ihre bestimmte Beschäftigung, Kleidung und Gesellschaft. Der unumschränkte Herrscher ist im Grunde nicht mehr als eine große Puppe, die von gewissen hiezu ausgewählten Personen angekleidet, umgekleidet, gefüttert, spazierengefahren und zu Bett gebracht wird. Niemand darf ihm ein Taschentuch präsentieren als der Vorsteher der Taschentücherabteilung; die Prüfung seines Nachtstuhls ist Sache einer eigenen Hofcharge; um ihm ein Glas Wasser zu überreichen, sind vier Personen nötig. Sein ganzes Leben ist ein lästiger und langweiliger Empfang immer derselben Gesichter, die immer dasselbe ausdrücken. Als man Friedrich dem Großen das französische Hofzeremoniell beschrieb, sagte er, wenn er König von Frankreich wäre, so würde es seine erste Regierungshandlung sein, einen Vizekönig zu ernennen, der für ihn hofzuhalten hätte.

Das Leben des Hofs ist ein ewig gleiches Repertoirestück, das um acht Uhr morgens beginnt und um zehn Uhr abends endet, um am nächsten Tage von vorne anzufangen, noch mehr: Das Leben ganz Frankreichs ist eine solche Komödie. Es bedurfte einer bewundernswerten Selbstbeherrschung und Selbstverleugnung, um die heikle und aufreibende Rolle des Titelhelden dieser Komödie würdig durchzuführen, aber Ludwig der Vierzehnte hat diese schwierige Aufgabe mit so souveräner Meisterschaft gelöst, daß man nicht einmal die Mühe spürte; er hat Europa vierundfünfzig Jahre lang ein großes Theater vorgespielt: ein sehr geschmackvolles, sehr pompöses, sehr geistreiches Theater und ein sehr äußerliches, sehr brutales, sehr verlogenes Theater.

Ludwig der Vierzehnte wollte imponieren, aber mit Grazie. Er ließ sich mit Vorliebe als Imperator abbilden; Berninis prachtvolle Reiterstatue zeigt vielleicht am besten, wie er sich aufgefaßt sehen wollte. Sie stellt ihn auf einem ungezäumten Pferd dar, das im Begriff ist, den Hügel des Ruhmes zu erklimmen. Der französische Bildhauer Girardon meißelte auf den Hügel marmorne Flammen, die andeuten sollten, daß Ludwig der Vierzehnte sich als ein neuer Curtius für sein Vaterland geopfert habe: eine schamlose Speichelleckerei, die das Werk auch künstlerisch ruiniert hat. In seinen Manieren betonte der König jedoch niemals den Autokraten. Er war immer taktvoll, immer beherrscht, auch bei schlechter Laune liebenswürdig und zornig nur in der maßvollen Rolle eines Jupiter tonans. Er war besonders gegen Damen von der ritterlichsten Zuvorkommenheit und zog vor dem letzten Küchenmädchen tief den Hut. Er verstand die Kunst, zu schenken, ohne zu demütigen, und zu verweigern, ohne zu verletzen. Wie weit sein Zartgefühl ging, zeigt sein Benehmen gegen Jakob den Zweiten von England, der nach seiner Entthronung bei ihm Zuflucht gefunden hatte. Er behandelte ihn nicht nur als gleichgestellten Souverän, sondern gestattete ihm sogar, sich König von Frankreich zu nennen und die Lilien im Wappen zu führen, welche beiden Rechte die englischen Könige noch aus der Zeit herleiteten, wo sie Besitzer eines großen Teiles von Frankreich gewesen waren. Er warf seinen Stock aus dem Fenster, um nicht in die Versuchung zu geraten, den sehr hochmütigen Marschall Lauzun, der ihn beleidigt hatte, zu schlagen. Als ein höherer Offizier, der in einem Gefecht einen Arm verloren hatte, einmal zu ihm sagte: »Ich wollte, ich hätte auch den zweiten verloren, dann brauchte ich Eurer Majestät nicht mehr zu dienen«, erwiderte er bloß: »Das würde mir sowohl Ihretwegen wie meinetwegen leid tun« und machte ihm ein bedeutendes Geschenk.

Er besaß eine vorzügliche Konstitution, die allein es ermöglicht hat, daß er so viele Jahre den Strapazen seiner Position gewachsen war. Sein Mittagessen bestand für gewöhnlich aus vier Tellern verschiedener Suppen, einem ganzen Fasan, einem Rebhuhn, einer großen Schüssel Salat, Hammelfleisch mit Knoblauch und Sauce, Schinken, einem Teller Backwerk, Früchten und Marmelade. Auf sexuellem Gebiet entwickelte er eine ebenso große Vitalität. »Dem König war alles recht, wenn es nur einen Unterrock anhatte«, schrieb Liselotte. Sein Hofstaat umfaßte nicht nur die jeweilige erklärte Mätresse, die *maîtresse en titre,* sondern auch eine Anzahl *dames du lit royal,* die ebenfalls offiziellen Charakter trugen und in eine bestimmte Rangordnung eingereiht waren. Er hat überhaupt fast alle Frauen seiner Umgebung besessen und war der Vater einer Legion legitimer, halblegitimer und illegitimer Kinder: Allein von der Königin, der Lavallière und der Montespan hatte er im ganzen sechzehn.

Die Politik Ludwigs des Vierzehnten hat sowohl bei seinen Zeitgenossen wie bei späteren Beurteilern großen Tadel erfahren: Sie gilt als das Musterbeispiel der Rücksichtslosigkeit und Brutalität, Widerrechtlichkeit und Perfidie. Der Überfall auf Holland, der Raub Straßburgs, die *chambres de réunion,* die die Ansprüche Frankreichs auf deutsche Gebiete bis auf Pipin den Kleinen und König Dagobert zurückverfolgten und unter diesem Rechtstitel zahlreiche Städte für den König einzogen, die Einäscherung Heidelbergs und Mannheims: Dies und noch vieles andere hat die Entrüstung der Mitwelt und Nachwelt erregt. Indes: Solange die Politik nichts anderes sein wird als die Kunst, seinen Gegner zu täuschen und zu überlisten, und die Frechheit, seine Macht so lange zu mißbrauchen, bis eine noch stärkere Macht Einhalt gebietet, wird es immer lächerlich bleiben, staatsmännische Handlungen vor ein juristisches oder gar ein ethisches Tribunal zu zitieren. Wir wollen daher mit den Untaten des Sonnenkönigs nicht allzusehr ins Gericht gehen, sondern in ihnen bloß den Ausdruck ihrer Zeit und der allgemein menschlichen Roheit und Verblendung erblicken.

Sein politisches Programm war nicht minder großartig als das Philipps des Zweiten und ist ebensowenig erfüllt worden. Er dachte zunächst daran, Belgien, Holland und die Herrschaft über die Nordsee zu gewinnen: ein ewi-

ger Traum des französischen Volkes, bis in die Tage Napoleons des Dritten hinein, der aber nur einmal vorübergehend, unter Napoleon dem Ersten, verwirklicht worden ist;
außerdem begehrte er Spanien mit allen seinen Dependenzen: Westindien, Mailand, Sardinien, Neapel, der Franche
Comté, wozu noch zur Abrundung Savoyen kommen sollte.
In Deutschland wollte er den ganzen Westen an sich reißen,
teils durch unmittelbare Einverleibung, teils durch Errichtung abhängiger Fürstentümer; gegen die Habsburger mobilisierte er die Türken, mit denen er verbündet war: Er
wünschte ihnen die Eroberung Wiens und Österreichs, um
im letzten Moment als rettender Vermittler zwischen dem
bedrängten Deutschland und der Pforte erscheinen zu können und als Lohn dafür die Kaiserkrone zu empfangen. Dies
alles zusammen hätte das Reich Charlemagnes wiedererste-
hen lassen, den die Franzosen bekanntlich ebenso für sich
reklamieren wie die Deutschen. Aber die Zeit der Univer-
salmonarchien war ebenso unwiederbringlich vorbei wie die
Zeit der Universalkirchen: Er erhielt am Schluß nur die
Franche Comté, Teile des Elsaß und einige belgische Grenzfestungen.

Der letzte Abschnitt seiner Regierung ist durch einen
dreizehnjährigen Weltkrieg ausgefüllt, den Spanischen Erb-
folgekrieg, in dem fast ganz Europa Partei ergriff. Ludwigs
Hauptgegner war Kaiser Leopold der Erste, ein echter
Habsburger mit glanzlosem Blick und hängender Unter-
lippe, in dessen Naturell Schlamperei und Eigensinn keine
sehr vorteilhafte Mischung eingegangen hatten: Beide erhoben Anspruch auf den spanischen Thron, für den jeder
einen Prätendenten aus seiner Familie aufgestellt hatte. Auf

der Seite Frankreichs standen Bayern, Köln und Savoyen, das später zum Kaiser übertrat; mit diesem waren Portugal, Preußen, Hannover und vor allem Wilhelm von Oranien verbündet, der damals in Personalunion Holland und England regierte und sein ganzes Leben lang der gefährlichste und hartnäckigste Gegner des Sonnenkönigs gewesen ist. Die Hauptkriegsschauplätze waren Süddeutschland, die Niederlande, Italien und Spanien. In diesem Krieg war Ludwig von Anfang an unglücklich. An der Spitze der Gegenkoalition standen die beiden hervorragendsten Feldherren des Zeitalters, Marlborough und Prinz Eugen, die in fast allen Schlachten siegreich blieben; außerdem war Frankreich durch den jahrzehntelangen Steuerdruck, Mißwachs und Hungersnot vollkommen erschöpft. Der König entschloß sich zu Friedensverhandlungen, in denen er sich zu den größten Zugeständnissen bereit erklärte; er willigte in die Wiederherstellung des im Westfälischen Frieden festgesetzten Besitzstandes, die Herausgabe der niederländischen Grenzfestungen und die Verleihung der spanischen Krone an Karl, den zweiten Sohn Leopolds des Ersten. Aber die Alliierten waren beschränkt und übermütig genug, noch schärfere, unannehmbare Bedingungen zu stellen. Hätten sie damals Frieden geschlossen, so hätte Leopolds Sohn Karl, im Besitz der gesamten spanischen und österreichischen Länder und der deutschen Kaiserwürde Habsburg zur europäischen Weltmacht erhoben, da er kurz darauf als Karl der Sechste die Nachfolge seines Bruders antrat. Aber gerade diese Tatsache bewirkte einen vollkommenen Umschwung, denn eine solche Machtfülle in der Hand eines einzigen Herrschers war auch nicht in den Wünschen der mit Habsburg verbündeten Staaten. Dazu kam der Fall des Whigministeriums in England, der einen politischen Frontwechsel und die Abberufung Marlboroughs zur Folge hatte. Infolgedessen gelangte Frankreich zu einem verhältnismäßig vorteilhaften Friedensschluß, worin die spanische Herrschaft in der Weise geteilt wurde, daß der Enkel Ludwigs des Vierzehnten auf dem spanischen Thron und in dem Besitz der Kolonien bestätigt wurde, Karl der Sechste Belgien, Mailand, Neapel und Sardinien, England das hochwichtige Gibraltar und Savoyen Sizilien erhielt. Aber es war gleichwohl eine tiefe Niederlage des französischen Hegemoniewillens und ein unverkennbares Zeichen, daß die Zeit Ludwigs des Großen vorüber war. [...]

Friedrich der Große

Finde in einem Lande den fähigsten Mann, den es gibt«, sagt Carlyle, »setze ihn an die erste Stelle und schenke ihm Gehorsam und Verehrung, und du hast in diesem Lande die ideale Regierung.« Ein ebenso vortreffliches wie einfaches Rezept, aber wie fast alle guten und einfachen Rezepte höchst selten befolgt! Zweifellos wäre es das Natürlichste, wenn allemal der Beste an der Spitze stünde, der Klügste und Wissendste, der Stärkste und Gewappnetste, das Auge, das am weitesten voraus- und zurückzublicken vermag, der leuchtende Fokus, in dem sich alle Strahlen der Welt versammeln: wenn mit einem Wort das Hirn kommandierte, wie wir das bei jedem einfachsten menschlichen Individuum sehen können! Aber dieser selbstverständliche Normalfall ist vielleicht ein dutzendmal in den uns genauer bekannten Abschnitten der Menschheitsgeschichte in die Erscheinung getreten. Ein dutzendmal in drei Jahrtausenden! Einer dieser wenigen Fälle war Friedrich der Große.

Das Jahr 1740 war das Jahr des Regierungswechsels nicht nur für Preußen und Österreich, sondern auch für Rußland und Rom: Auf die Zarin Anna folgte ihr unmündiger Großneffe Iwan der Sechste, auf Clemens den Zwölften Benedikt der Vierzehnte, *»il papa Lambertini«,* der populärste Papst des achtzehnten Jahrhunderts, grundehrlich und grundgelehrt, heiter, bescheiden, an der zeitgenössischen Literatur leidenschaftlich interessiert und so vorurteilslos, daß Voltaire es wagen durfte, ihm seinen *Mahomet* zu widmen. Man hat bisweilen behauptet, daß Friedrich den größten Teil seiner Erfolge dem sonderbaren Manne verdankte, den er damals in der Herrschaft ablöste, und die beiden in dieser Rücksicht mit Philipp und Alexander verglichen. Diese groteske Ansicht wird von zwei Richtungen vertreten, die einander im übrigen völlig entgegengesetzt sind: von der offiziellen preußischen Historiographie, die alle Hohenzollern zu Genies machen möchte, und von der ebenso beschränkten sozialistischen Geschichtsschreibung, die unter den Königen überhaupt kein Genie dulden will. In Wirklichkeit aber hat Friedrich Wilhelm der Erste seinem Sohne nur das Instrument der Politik an die Hand gegeben, nämlich die Armee, aber nicht einen einzigen politischen oder gar philosophischen Gedanken, während Philipp, der höchstwahrscheinlich sogar der Größere war, dem großen Alexander das ganze Konzept seiner Taten entworfen hat: Er war gewissermaßen der Dichter des Alexanderzuges und der »König von Asien« nur dessen großartiger Heldendarsteller.

Aber auch von denen, die Friedrich Wilhelm seinen angemessenen Platz in der preußischen Geschichte zuweisen, sind zu allen Zeiten die widersprechendsten Urteile über ihn gefällt worden: Dieselben Menschen haben ihn durcheinander als fürsorglich und brutal, klarsichtig und borniert, boshaft und aufopfernd bezeichnet. Man wird ihm vielleicht am ehesten gerecht werden, wenn man in ihm eine schrullenhafte und paradoxe Genrefigur erblickt. Es ist sicherlich für ihn charakteristisch, daß er den Zopf bereits ein Menschenalter, bevor ganz Europa ihn annahm, bei seinem

Heere eingeführt hat. Die Idee des patriarchalischen Absolutismus hat er zweifellos bis zur Karikatur gesteigert. Er kümmerte sich nicht bloß um Steuerleistung und Kriegsdienst, Volkswirtschaft und Hygiene seiner Untertanen, sondern auch um ihre Kleidung und Wohnung, Lektüre und Unterhaltung, Brautwahl und Berufswahl, Kücheneinteilung und Kirchenfrequenz, er war der wohlmeinende und strenge, pflichttreue und lästige Vater seines Landes und machte von dem Recht des Vaters, seine Kinder mißzuverstehen und zu mißhandeln, einen sehr ausgiebigen Gebrauch. Kein Wunder, daß sich in diesen ein starker »Vaterhaß« entwickelte.

Er besaß weder viele böse noch viele gute Eigenschaften und diese wenigen in mittelmäßigem Grade. Aber seine geringen Fehler, nämlich seine Roheit, sein Geiz und sein Haß gegen alle geistigen und künstlerischen Bestrebungen gehörten zu denjenigen, die die Menschheit weniger zu verzeihen pflegt als große Sünden; und seine bescheidenen Tugenden, seine Ordnungsliebe, sein Fleiß, seine persönliche Bedürfnislosigkeit taten niemand wohl. Auch daß er das Heerwesen auf eine imposante Höhe erhob, hat ihm niemand gedankt. Denn auch hier handelte er nur aus einer Marotte. Die Armee war ihm nicht Mittel, sondern Selbstzweck. Er betrachtete sie als sein ganz persönliches Privateigentum, als eine Art Riesenspielzeug und sammelte lange Kerle wie August der Starke Porzellansachen und der Papst Lambertini schöne Drucke. Die preußischen Werbemethoden waren wegen ihrer besonderen Niederträchtigkeit berüchtigt. Hier kannte der sonst so redliche Fürst keine Hemmungen; mit allen erdenklichen Lockmitteln mußten immer neue Grenadiere herbeigeschafft werden: durch Weiber, Spiel, Alkohol, falsche Vorspiegelungen und, wenn das alles nicht half, durch brutale Gewalt. Die Truppenbewegungen waren von vorbildlicher Exaktheit, der preußische Gleichschritt hatte die Präzision eines Uhrwerks. Die Einführung des eisernen Ladestocks, verbunden mit dieser eisernen Disziplin, ermöglichte schließlich die Abgabe von zehn Schüssen in der Minute. Ohne diese Leistungen des »Gamaschendienstes« hätte Friedrich der Große seine virtuose Strategie und seine großzügige Politik in der Tat niemals entfalten können.

Dieser war in nahezu allem das Gegenteil seines Vaters, sogar in seinem Verhältnis zum »Militarismus«. Zahlreiche intime und daher zweifellos ehrliche Bekenntnisse zeigen, daß er den Krieg verabscheute, was ihn aber nicht hinderte, ihn zu führen, wenn er ihn für notwendig hielt, und in diesem Falle sogar energischer und aggressiver als alle anderen. Er nennt ihn eine »Geißel des Himmels« und bedauert, die Zeit nicht mehr erleben zu können, wo die Menschheit von ihm befreit sein werde. Ja er war nicht einmal ein Monarchist. Das mag von einem König des achtzehnten Jahrhunderts, und noch dazu dem stärksten und siegreichsten, sehr sonderbar und fast unglaublich klingen; aber es kann nicht der geringste Zweifel darüber herrschen. Er hat sein ganzes Leben lang auf seine sämtlichen gekrönten Kollegen mit einer geradezu ausschweifenden Verachtung herabgeblickt, alles, was mit höfischen Sitten und Einrichtungen zusammenhing, aufs beißendste verspottet und seine eigene Krone ohne das geringste Gefühl der höheren Erwählung, ja auch nur der juristischen Berechtigung getragen. Er wußte natürlich, daß er mehr sei als die meisten anderen Sterblichen; aber gerade darum wollte er nicht als König verehrt werden.

Friedrich Wilhelm war zeitlebens ein frommer Mann im Sinne des orthodoxen Kirchenglaubens, ein Verächter aller Finessen der Diplomatie und aller Feinheiten der Literatur, knorrig, robust, primitiv gesund und primitiv ehrlich, extrem einfach in seinen Lebensansprüchen, eindeutig bis zur Einfältigkeit; Friedrich verachtete alle positiven Religionen mit einer souveränen Skepsis, die vom Atheismus nur noch durch eine schmale Grenze getrennt war, stellte die Werke der Kunst und Philosophie hoch über alle Taten des praktischen Lebens und war ein unerreichter Meister der diplomatischen Falschmünzerei und raffinierter Feinschmecker aller höheren Lebensgenüsse, dabei nichts weniger als »gesund« im Sinne des Normalmenschen, vielmehr eine außerordentlich reizbare, komplizierte, widerspruchsvolle Natur von sehr labilem inneren Gleichgewicht, auch körperlich zart und sensibel. Wie alle Genies war er »physiologisch minderwertig« und psychopathisch, und wie alle Genies ist er seiner Psychose Herr geworden durch die hypertrophisch entwickelte Kraft seiner moralischen und intellektuellen Fähigkeiten. Man hat oft gesagt, er habe von seinem Vater die Arbeitsfreude und das Pflichtgefühl geerbt; aber der Fleiß des Genies ist ein ganz anderer als der des Durchschnittsmenschen: Dieser erwächst aus einem mechanischen Ordnungssinn und Tätigkeitstrieb, einem primitiven bienenhaften Lebensinstinkt, jener aus einer fast manischen Hingabe an eine erlauchte Mission, einem sublimen Verantwortungsgefühl gegenüber dem eigenen magischen Schicksal.

Daß Friedrich der Große sein ganzes Leben lang von einem großen Leitgedanken getragen war, machte ihn zum unüberwindlichen Helden des Zeitalters und bewirkte zugleich, daß auch alle seine Einzelhandlungen, im Gegensatz zu denen seiner gekrönten Rivalen, ideenreich, geistvoll und sinnerfüllt waren. Dieser Grundgedanke bestand in nichts anderem als in der platonischen Forderung, daß die Könige Philosophen und die Philosophen Könige sein sollen. Walter Pater sagt in seinem Buche über Plato: »Gerade weil sein ganzes Wesen von philosophischen Gesichten erfüllt war, hat der Kaiser Marc Aurel, der leidenschaftlich Philosophie, und zwar die Philosophie Platos, betrieb, dem römischen Volke im Frieden und im Kriege so vortrefflich gedient.« Ein solcher Herrscher war auch Friedrich der Große. Das allein war auch der wahre Sinn des »aufgeklärten Absolutismus«, des Modeschlagworts jener Zeit, das nur er in seiner tieferen Bedeutung verstanden und nur er zu einer lebendigen Wirklichkeit verdichtet hat. Absolutismus bedeutet unumschränkte Herrschaft, Aufklärung bedeutet Ausbreitung des Lichts, also will diese Formel nichts anderes besagen, als daß das Licht herrschen, der stärkste Geist gebieten, der hellste Kopf anordnen soll. Über die äußeren Formen, unter denen ein solches Ideal in die Realität übersetzt wird, wollen wir nicht streiten: Sie sind völlig gleichgültig und bloße Kostümfragen. Ob sich ein solcher Regent Cäsar oder Oberpriester, Reichspräsident oder Volkskommissär nennt, immer wird er der legitime König sein, weil er der philosophische König ist.

Als echter Philosoph zeigte sich Friedrich der Große schon allein durch seine Toleranz. Wir verstehen darunter weder Freidenkertum noch Liberalismus. Man kann ein Freigeist sein und dabei einen sehr unfreien Geist haben, in dem, wie dies bei den meisten Freidenkern der Fall ist, das Verständnis für andersgeartete Weltanschauungen keinen Platz hat. Diese Art Aufklärer sind ebenso Gefangene ihrer engen und einseitigen Doktrin wie die von ihnen verachteten Reaktionäre. Dasselbe gilt vom landläufigen Liberalismus. Er ist liberal nur gegen die Liberalen, alle anderen Menschen sind in seinen Augen verstockte Ketzer und verblendete Toren, denen gegen ihren Willen die bessere Weltansicht aufgedrängt werden muß. Dies war denn auch die typische Art, wie im Zeitalter Friedrichs des Großen Aufklärung betrieben wurde. Das achtzehnte Jahrhundert sah allenthalben an den führenden Stellen derartige Diktatoren des Fortschritts, die es für ihre Mission hielten, die rückständige Menschheit zu ihrem Glück zu zwingen. Peter der Große und Karl der Zwölfte, Katharina die Zweite und Josef der Zweite, Kardinal Fleury und Robespierre und noch viele andere waren von dieser fixen Idee geleitet, die bis nach Portugal drang, wo der Marquis von Pombal ein wahres Schreckensregiment der Aufklärung errichtete. Diese Machthaber waren also nichts anderes als gewendete Finsterlinge und erhärteten nur von neuem die psychologische Tatsache, daß Toleranz dem Durchschnitt der Menschheit ganz wesensfeindlich ist. Friedrich der Große jedoch war tolerant nicht in seiner Eigenschaft als Freidenker, sondern als Genie. Das Genie toleriert alles, weil es alle erdenklichen Menschenexemplare und Seelenregungen latent in sich trägt, weiß sich allem anzupassen, weil es schöpferische Phantasie besitzt. Friedrich der Große übte die echte Toleranz, die ganz einfach darin besteht, daß man jede fremde Individualität und ihre Gesetze anerkennt. Daher tolerierte er auch die Reaktion. Er war, als Oberhaupt der protestantischen Vormacht Deutschlands, gegen die Jesuiten viel duldsamer als der römische Kaiser. Während dieser Klöster aufhob, ließ er abgebrannte katholische Kirchen wieder aufbauen. Er war dabei durchaus nicht etwa ohne persönliche Voreingenommenheiten, aber trotz diesen sehr hart ausgeprägten, sehr subjektiven, sehr einseitigen Überzeugungen, die seiner Persönlichkeit eben ihr scharf umrissenes, weithin leuchtendes Profil gaben, hatte er doch genügend Verständnis für alle anderen Ansichten und ließ sie auch in der Praxis tatsächlich gelten. Er war sicher eine Art Spiritualist und Ideologe, indem er immer von gewissen abstrakten Prinzipien, unmittelbaren seelischen Grunderlebnissen ausging; aber das Gegengewicht dazu bildete seine hochentwickelte geistige Elastizität, seine Fähigkeit, sich den »Versuchsbedingungen«, die ihm die Wirklichkeit bei seinen Experimenten auferlegte, jederzeit zu akkommodieren. Er war ungemein zäh und konservativ in Dingen der Theorie und ebenso beweglich und fortschrittsfähig in der Anwendung seiner Theorien auf das Leben; und diese Doppeleigenschaft ist in der Tat die Grundvoraussetzung alles fruchtbaren Denkens und Handelns.

Ein eminent genialer Wesenszug war auch seine hemmungslose Aufrichtigkeit, eine Eigenschaft, die, beim Menschen schon an sich etwas Seltenes, auf einem Thron fast wie eine Unmöglichkeit erscheint. Auch in seinem Verhältnis zur Wahrheit zeigte sich das Widerspruchsvolle und doch in einem höheren Sinne sehr Einheitliche seines Wesens. Er schreckte als Politiker nicht davor zurück, die ganze Welt hinters Licht zu führen, und setzte sogar einen Ehrgeiz darein, an Taschenspielerei und Doppelzüngigkeit alle seine Gegner zu übertreffen. Und doch war er inmitten eines Zeitalters der hohlen Lügen und leeren Masken einer der unverlogensten Menschen, die je gelebt haben. Denn die Unwahrheit war für ihn nur eine Art Fachsprache, die er bei der Ausübung seiner Berufstätigkeit meisterhaft handhabte; in allen Dingen jedoch, die ihm wirklich ernst und wichtig waren, war er von der unbestechlichsten Wahrheitsliebe und unbarmherzigsten Selbstkritik geleitet. Daher rührt es, daß er, obgleich durch Geburt und Stellung, Gaben und Taten so hoch über die übrige Menschheit hinausgehoben, dennoch in der Erinnerung der Nachwelt fast als eine Privatgestalt fortlebt, frei von jedem historischen Nimbus. Dazu kommen noch eine Reihe liebenswürdiger kleiner Züge, die ihn uns naherücken. Es hat zum Beispiel etwas Skurriles und zugleich Rührendes, daß dieser große Souverän und Schlachtenlenker erklärte, der einzige Ruhm, der diesen Namen verdiene, sei der des Schriftstellers, daß er mitten in seinen Feldzügen eifrig an seinen Versen feilte und sich gegenüber allen Literaten von Rang als Schüler empfand, der von ihrer Kunst zu profitieren sucht. Alles, was er tat und unterließ, sichert ihm unser persönliches Attachement: Wie anziehend unköniglich wirkt es zum Beispiel, daß er die Jagd verabscheute! Ganz »privat« wirkt auch das betont und sogar ambitiös Geistreiche seines Wesens, das wie eine feine Essenz alle seine Lebensäußerungen, von den großen Regierungshandlungen bis zu den alltäglichsten Unterhaltungen, imprägnierte. Selbst seine Erlässe waren glitzernde Bonmots, eines Swift oder Voltaire würdig, so zum Beispiel, als er einmal unter das Urteil über einen Kirchenräuber, dessen Verantwortung, die Muttergottes habe ihm das Silber selbst gegeben, von katholischen Autoritäten als nicht unglaubwürdig bezeichnet wurde, einen Freispruch schrieb, jedoch mit dem Zusatz, er verbiete ihm für die Zukunft bei harter Strafe, von der heiligen Jungfrau irgendwelche Geschenke anzunehmen, und ein andermal den Untersuchungsakt über einen Soldaten, der mit seinem Pferd Sodomie getrieben hatte, mit den Worten erledigte: Das Schwein ist zur Infanterie zu versetzen. Ungemein anheimelnd wirkt auch der lebhafte Sinn für Bübereien aller Art, der ihn bis ins reife Mannesalter begleitete. Macaulay erzählt von ihm, nicht ohne ihm dafür eine schlechte Sittennote zu erteilen: »Wenn ein Höfling eitel auf seine Kleider war, wurde ihm Öl über seinen reichsten Anzug geschüttet. Hing er am Gelde, so wurde ein Trick ersonnen, durch den er gezwungen war, mehr zu zahlen, als er zurückbekam. Wenn er hypochondrisch veranlagt war, wurde ihm eingeredet, er habe die Wassersucht. Hatte er sich fest vorgenommen, nach einem bestimmten Ort zu fahren, so wurde ein Brief fingiert, der ihn von der Reise abschreckte.« Mit diesen Dingen befaßte sich Friedrich der Einzige, während er im Begriffe stand, sein Heer zum schlagkräftigsten, seine Verwaltung zur leistungsfähigsten und seinen Staat zum gefürchtetsten im damaligen Europa zu machen. Der respektable Macaulay schließt daraus auf eine böse Gemütsart. Wir möchten aber eher finden, daß durch solche Züge menschliche Größe erst menschlich und erträglich wird, wie sie denn auch fast niemals bei wahrhaft genialen Naturen zu fehlen pflegen, und daß sich in ihnen nichts weniger als Bösartigkeit äußert, sondern eine unverwüstliche Kindlichkeit und ein souveräner, künstlerischer Spieltrieb, der alles und nichts ernst nimmt. Hierin wie in so vielem war Friedrich der Große Voltaire ähnlich. Die sonderbare Freundschaft dieser beiden Männer, dokumentiert in ihrem Briefwechsel, ist eines der geistreichsten Kapitel der Geschichte des achtzehnten Jahrhunderts: Hier gingen französischer Pfeffer und preußisches Salz, aufeinander angewiesen und sich gegenseitig hebend, eine innige Mischung ein, die aber so scharf und beißend geriet, daß seither jeder Philister von ihr zu bitteren Tränen gereizt wird.

An dem so verwickelten und paradoxen und doch so klaren und durchsichtigen Charakter dieses Königs bleibt dem demokratischen Historiker nichts zu »entlarven« übrig. Er ist in seiner Selbstkritik so weit gegangen, daß er sich bisweilen sogar schlechter machte, als er war. Er gibt ganz offen zu, daß das treibende Motiv seiner Politik Ehrgeiz war. Er erzählt, daß ihm, wenn er als Kronprinz vom Türkenkrieg hörte, das Herz gepocht habe wie dem Schauspieler, der darauf zittert, daß die Reihe an ihn kommt. Und alsbald trat er aus der Kulisse, und es zeigte sich schon in den ersten Szenen, daß er entschlossen war, nicht die kleine Episodenrolle zu spielen, die das europäische Regiekollegium ihm zugewiesen hatte, sondern als Protagonist und Titelheld des Zeitalters einen ganz neuen Text zu improvisieren. »Meine Jugend«, schrieb er 1740 an seinen Freund Jordan, »das Feuer der Leidenschaften, das Verlangen nach Ruhm, ja, um dir nichts zu verbergen, selbst die Neugierde,

mit einem Wort, ein geheimer Instinkt hat mich der Süßig-
keit der Ruhe, die ich kostete, entrissen, und die Genug-
tuung, meinen Namen in den Zeitungen und dereinst in der
Geschichte zu lesen, hat mich verführt«; und lange nachher,
in seinen historischen Denkwürdigkeiten, wiederholt er,
bei seinen Entschlüssen von 1740 sei »das Verlangen, sich
einen Namen zu machen« mitbestimmend gewesen. Das
sind wiederum ganz die Gedankengänge eines Schauspielers. Ein König, der in den Krieg zieht aus psychologischer
Neugierde, aus einer Art Theaterleidenschaft und aus dem
brennenden Wunsch, in die Zeitung zu kommen, und dies
offen eingesteht: Dieser degagierte Freimut, diese bizarre
Koketterie, diese raffinierte und naive Glanzsucht ist echte-
stes Rokoko.

So sonderbar es klingen mag: Friedrich der Große war
kein ernster Mensch. Unter einem »ernsten« Menschen haben wir nämlich nichts anderes zu verstehen als den Menschen, der in der Realität befangen ist, den »praktischen«
Menschen, den Materialisten; und unter einem unernsten
Menschen den geistigen Menschen, der imstande ist, das Leben von oben herab zu betrachten, indem er es bald humoristisch, bald tragisch nimmt, aber niemals ernst. Beide,
der humoristische und der tragische Aspekt, haben nämlich
ein und dieselbe Wurzel und sind zwei polare und ebendarum komplementäre Äußerungen desselben Weltgefühls.
Zur tragischen Optik gehört ganz ebenso das Nichternst-
nehmen des Daseins wie zur humoristischen: Beide fußen
auf der tiefen Überzeugung von der Nichtigkeit und Vanität
der Welt. Und daher kommt es, daß die Gestalt Friedrichs
des Großen zu den wenigen wahrhaft tragischen seines

Zeitalters gehört und zugleich von einer sublimen Ironie umwittert ist.

Am Schlusse seines Lebens aber, als Alter Fritz, wird er, wie alle ganz Großen: Goethe und Kant, Ibsen und Tolstoi, Michelangelo und Rembrandt, völlig unwirklich und gespenstisch, transzendent und transparent, zur Hälfte bereits Bürger einer anderen Welt. Eine ungeheure Einsamkeit breitet sich um ihn aus, er ist es müde, »über Sklaven zu herrschen«, und will neben seinen Windspielen begraben sein.

Zweifellos hatte er große Fehler; aber die Lieblinge der Menschheit sind nun einmal nicht die Korrekten. Das ganze Zeitalter jubelte ihm zu, weil er der Stärkste und Menschlichste, Weiseste und Närrischste von allen war, Cäsar und Don Quixote, Hamlet und Fortinbras in einer Person. In der Schweiz gab es Leute, die vor Ärger krank wurden, wenn er eine Schlacht verlor; in England, das zwar mit ihm verbündet war, aber kontinentale Machtentfaltung nie gern gesehen hat, wurden seine Siege als Nationalfeste gefeiert; in Paris machte man sich gesellschaftlich unmöglich, wenn man gegen ihn Partei ergriff; in Rußland war unter der Führung des Thronfolgers Peter eine große Hofpartei für ihn begeistert; selbst in Neapel und Spanien wurden seine Bilder feilgeboten.

Der dänische Minister Bernsdorff nannte das vorfriderizianische Preußen einen jungen mageren Körper mit der ganzen Eßlust dieser physischen Entwicklungsstufe, und Voltaire hatte es als ein »Grenzenreich« verspottet. In der Tat lehrt ein Blick auf die historische Karte, daß der Staat, der im wesentlichen aus zwei getrennten Küstengebieten und einigen kleineren Länderfetzen im Westen bestand, in dieser Form nicht lebensfähig war. Nur wenn man einem politischen Organismus überhaupt das Recht abspricht, sich gewaltsam auszudehnen, wird man es Friedrich dem Großen verübeln dürfen, daß er nach Schlesien griff. Durch diesen Zuwachs, der den Landesumfang um ein Drittel, die Volkszahl um die Hälfte vergrößerte, erhielt Preußen erst jene Stabilität und Solidität der territorialen Basis, ohne die eine Großmacht undenkbar ist. Es ist nur zu begreiflich, daß Friedrich dieser Versuchung nicht widerstand. Aber von dem Augenblick an, als er Schlesien dem hungrigen Körper Preußens einverleibt hatte, betrachtete er diesen als gesättigt. Er äußerte 1745 in Dresden, er werde fortan keine Katze mehr angreifen, es sei denn, daß man ihn dazu zwinge, er betrachte seine militärische Laufbahn als abgeschlossen; und das war sicher ehrlich gemeint. Daß er den Siebenjährigen Krieg, einen Krieg gegen drei Großmächte, anders als gezwungen geführt hat, kann nur ein Schwachsinniger behaupten; da er selbst aber nichts weniger als schwachsinnig war, so hat er ihn natürlich in dem Augenblick begonnen, der ihm als der verhältnismäßig günstigste erschien.

Unendliches Gerede ist geschrieben und gedruckt worden über den »brutalen Überfall« und »perfiden Vertragsbruch« von 1740. Daß Friedrich durch die Pragmatische Sanktion gebunden war, ist eine österreichische Lüge. Der Kaiser hatte Friedrich Wilhelm als Lohn für seine Zustimmung die Erbfolge im rheinischen Herzogtum Berg garantiert. Aber zehn Jahre später unternahm er gegen ihn mit Frankreich, England und Holland einen diplomatischen

Kollektivschritt, der den Zweck hatte, ihn zum Verzicht auf diese Ansprüche zu zwingen. Daß Friedrich nicht wartete, bis Österreich vollständig gerüstet war, sondern Schlesien mitten im Winter besetzte, was nach den Prinzipien der damaligen Kriegführung etwas Unerhörtes war, ist nur ein Beweis für seine Courage und Originalität, die nicht in den hergebrachten Geleisen dachte, und die österreichische Schwerfälligkeit und Geistesträgheit. Seine einfache und darum schlagende Logik war: sich erst in den Besitz des Landes zu setzen und dann über seine Abtretung zu unterhandeln. »Ich gebe Ihnen ein Problem zu lösen«, schrieb er an seinen Minister Podewils, »wenn man im Vorteil ist, soll man ihn für sich geltend machen oder nicht? Ich bin bereit, mit meinen Truppen und mit allem; mache ich mir das nicht zunutze, so halte ich ein Gut in meinen Händen, dessen Bestimmung ich verkenne; nütze ich es aus, so wird man sagen, daß ich die Geschicklichkeit besitze, mich der Überlegenheit, die ich über meine Nachbarn habe, zu bedienen.« Und 1743 sagt er rückblickend im Vorwort zum ersten Entwurf seiner Memoiren: »Ich beanspruche nicht, die Verteidigung der Politik zu führen, die der feststehende Brauch der Nationen bis auf unsere Tage legitimiert hat. Ich lege nur in einfacher Weise die Gründe dar, die, wie mir scheint, jeden Fürsten verpflichten, der Praxis zu folgen, die den Trug und den Mißbrauch der Gewalt autorisiert, und ich sage freimütig, daß seine Nachbarn seine Rechtschaffenheit übervorteilen und daß ein falsches Vorurteil und ein Fehlschuß das der Schwäche zuschreiben würden, was doch nur Tugendhaftigkeit bei ihm wäre. Solche Betrachtungen und viele andere haben, wohl erwogen, mich bestimmt, mich der Gewohnheit der Fürsten anzupassen ... Man sieht sich am Ende gezwungen, zwischen der schrecklichen Notwendigkeit zu wählen, seine Untertanen oder sein Wort preiszugeben ... Darin opfert sich der Souverän für das Wohl seiner Untertanen.« Welcher zweite Fürst hätte es vermocht, über dieses ungeheure moralische Dilemma, das aber leider eine unleugbare Realität ist, mit einer so tiefen und klaren, edeln und phrasenlosen Objektivität zu sprechen, welcher hatte diesen tragischen Konflikt auch nur bemerkt? Aus solchen und zahlreichen ähnlichen Bekenntnissen seiner verschiedensten Lebensperioden weht uns der Atem einer erschütternden Lebenstragödie entgegen: ein Genius, durch seine Geistesform für die Welt der reinen Anschauung vorbestimmt, als Märtyrer in die trübe Sphäre des Handelns geschleudert, der er sich, demütig vor dem Schicksal, zum Opfer bringt. So sah die Seele dieses treulosen Ränkeschmieds und skrupellosen Realpolitikers in Wirklichkeit aus. Aber die Menschen sind sehr sonderbar: Wenn unter ihnen einer aufsteht, der zwar ihre Schuld teilt, aber um sie weiß und unter ihr leidet, so sagen sie nicht, daß er größer und besser sei als sie, sondern erwidern ihm mit dem Vorwurf, daß er kein Heiliger ist.

Man hat übrigens nicht bloß das innere Wesen Friedrichs des Großen, sondern auch das System seiner äußeren Politik sehr oft ganz falsch beurteilt. Er war gar nicht der »Erbfeind« Österreichs. Wir haben gehört, in welche furchtbare Krise die habsburgische Monarchie zu Beginn des Österreichischen Erbfolgekriegs geraten war; damals war er es, der sie durch seinen Separatfriedensschluß rettete. Durch das Abkommen von Klein-Schnellendorf wurde die einzige starke Armee, die Österreich ins Feld zu stellen hatte, gegen die Bayern und Franzosen disponibel. Er konnte die völlige Zertrümmerung Österreichs, durch die Frankreich ein unerträgliches Übergewicht erhalten hätte, auch gar nicht ernstlich wollen. Er wollte immer bloß Schlesien, auf dessen Besitz aber Maria Theresia eigensinnig bestand. Daß er mit dieser Annexion im Recht war – vielleicht nicht vor dem Phantom eines zweideutigen »Völkerrechts«, das übrigens immer nur von den Besiegten angerufen zu werden pflegt, wohl aber vor dem höheren Tribunal der Kulturgeschichte –, wird völlig klar, wenn man den späteren geistigen und moralischen Zustand Preußisch-Schlesiens mit dem der österreichisch gebliebenen Teile vergleicht. Eine der größten Taten seiner äußeren Politik, ebenbürtig der in drei Kriegen behaupteten Erwerbung Schlesiens und zumeist nicht genügend gewürdigt, war auch die unblutige Eingliederung Westpreußens, durch die er sein Königreich erst zu einer wirklichen nordischen Großmacht erhob. Es war dies eine der bedeutsamsten »Arrondierungen« der neueren europäischen Geschichte.

Diese Länder hat er auf mustergültige Weise verwaltet. Auf alle Gebiete erstreckte sich seine energische und maßvolle Reformtätigkeit. Er wurde der Schöpfer des Allgemeinen Preußischen Landrechts und förderte den Unterricht durch die Durchführung des General-Landschul-Reglements, die Bodenkultur durch Trockenlegung großer Sumpf- und Moorstrecken und den Handelsverkehr durch bedeutende Kanalbauten. Hingegen ließ er keine neuen Chausseen anlegen, um die Fuhrleute dadurch zu zwingen, sich länger im Lande aufzuhalten und mehr zu verzehren.

Hierin opferte er dem Zeitgeist. Wir haben an anderer Stelle darauf hingewiesen, welche Übertreibungen sich der Merkantilismus in Preußen und anderwärts zuschulden kommen ließ. Friedrich Wilhelm der Erste verbot das lange Trauern, damit nicht dadurch der Absatz bunter Wollstoffe geschädigt werde, und bedrohte die Trägerinnen der bedruckten englischen Kattunstoffe, die damals sehr in Mode waren, mit dem Halseisen. Auch Friedrich der Große sagt in seinem »Politischen Testament« vom Jahre 1752: »Beim Handel und bei Manufakturen muß grundsätzlich verhindert werden, daß das Geld außer Landes geht, indem man alles im Lande herstellt, was man früher von auswärts bezog.« Infolgedessen verbot er seinen Beamten, fremde Heilbäder aufzusuchen, und gestattete seinen Untertanen bei Auslandsfahrten nur eine bestimmte Geldsumme als Reisekasse. Jeder Haushalt hatte die sorgfältig kontrollierte Verpflichtung, eine gewisse Mindestmenge an Salz zu verbrauchen, und Heiratskonzessionen wurden nur gegen Entnahme von Waren aus der königlichen Porzellanmanufaktur erteilt. Doch hatte diese Tyrannei auch ihre wohltätigen Seiten: Zur Erzeugung inländischer Seide wurden riesige Maulbeerplantagen angelegt, und die Hopfen- und Kartoffelkultur nahm unter staatlicher Fürsorge eine ausgezeichnete Entwicklung.

Napoleon hat gesagt: »Genie ist Fleiß.« Auch diese Definition des Genies paßt auf Friedrich den Großen in hervorragendem Maße. Es klingt unglaublich, ist aber trotzdem wahr, daß in diesem Lande das Hirn und die Arbeitskraft dieses einen Menschen buchstäblich alles vollbrachte, vom Größten und Gröbsten bis zum Kleinsten und

Diffizilsten. Es muß ein lehrreiches und paradoxes, bestrikkendes und beängstigendes Schauspiel für die Zeitgenossen gewesen sein, das ganze Staatswesen von diesem tausendäugigen Intendanten bis in seine letzten Fäden geleitet zu sehen. Hierin erwies der König nicht nur den Fleiß, sondern auch die Allseitigkeit des Genies. Es ist nicht zu viel gesagt, wenn man ihn in dieser Hinsicht mit Julius Cäsar vergleicht. Der geniale Mensch vermag alles, weiß alles, versteht alles. Er ist niemals Spezialist. Er ist vorhanden und kann, was die gegebenen Umstände gerade von ihm fordern. Er hat sich auf nichts Bestimmtes »eingestellt«, er ist ein Polyhistor des Lebens. Was er ergreift, durchdringt er mit seiner Kraft, die, immer dieselbe eine und unteilbare, nichts braucht als ein beliebiges Anwendungsgebiet, um sich sogleich siegreich zu entfalten.

Deshalb sind auch die strategischen Leistungen Friedrichs des Großen, die selbst seine gehässigsten Gegner als außerordentlich anerkennen, von seiner Gesamtpersönlichkeit nicht zu trennen. Man hat sich daran gewöhnt, die Tätigkeit des Feldherrn als den Ausdruck eines bestimmten Fachwissens und begrenzten Fachtalents anzusehen, für das es genüge, einige Kriegsschulen absolviert zu haben. Aber sowenig es etwa für den bedeutenden Arzt genügt, Medizin studiert zu haben, oder für den großen Maler, in der Anwendung der Farben Bescheid zu wissen, sowenig ist ein großer Feldherr denkbar ohne tiefere Kenntnis der menschlichen Seele, des Laufs der Welt und überhaupt aller wissenswerten Dinge. Er muß eine Art Künstler sein, vor allem ein Philosoph. Prinz Eugen war ein solcher: Für ihn hat der größte Denker des Zeitalters sein Hauptwerk geschrieben;

er hat es ihm nicht etwa »dediziert«, was noch gar nichts bedeuten würde, sondern es buchstäblich nur seinetwegen verfaßt. Julius Cäsar war nicht nur der Freund Ciceros (obgleich dieser sein politischer Gegner war), sondern übertraf ihn an schriftstellerischer und philosophischer Begabung. Was Moltke anlangt, so brauchen wir nur seinen Schädel anzusehen, um zu erkennen, daß wir es mit einem eminenten Denker zu tun haben. Und wer vermag zu sagen, wie viel Alexander der grandiosen Tatsache verdankte, daß sein Vater ihm Aristoteles, den geräumigsten und gefülltesten Kopf ganz Griechenlands, zum Lehrer bestimmte? Es hat keinen Sinn, zwischen der Tätigkeit eines Napoleon und eines Shakespeare einen prinzipiellen Unterschied zu machen.

Aber freilich: Wer wird nicht lieber eine Art Shakespeare sein wollen als eine Art Napoleon? Wer wird es vorziehen, über stumpfe langweilige Armeen von Grenadieren zu befehlen, wenn er die ganze Weltgeschichte in all ihrer Farbigkeit und Fülle zu seinem Operationsheer machen kann? Wer wird versuchen, seine innere Bewegung auf häßliche, obstinate und in jedem Falle enttäuschende Realitäten zu übertragen, wenn seinem Kommando leuchtende Idealitäten gehorchen, die niemals enttäuschen? Wer wird die Leiber der Menschen lenken wollen, wenn er ihre Seelen leiten kann, wenn er statt Fußmärschen Gedankenmärsche zu dirigieren vermag?

Die Tragödie der großen Handelnden ist die Tragödie der im Leben steckengebliebenen Dichter. So müssen wir uns den großartigen Lebensekel erklären, der Julius Cäsar in seinen letzten Lebensjahren erfüllte und bewirkte, daß er fast wissend in den Tod ging. So ist die sonderbare Eifersucht des großen Alexander auf den kleinen Achill zu begreifen, denn in Wahrheit galt sein Neid ja gar nicht Achill, sondern Homer! Und Friedrich der Große hätte auf seinen Thron und sein Heer und alle seine Eroberungen und Siege mit Freuden verzichtet, wenn er dafür nicht etwa ein Voltaire, sondern bloß ein bescheidener Maupertuis hätte sein dürfen.

Er billigte den Krieg nicht. Er ertrug ihn mit Wehmut als das ihm vom Schicksal bestimmte Feld seiner schöpferischen Tätigkeit. Und im Grunde seines Herzens billigt ihn ja niemand. Aber die bisherige Geschichte, die allerdings nur als eine Art Prähistorie wahren Menschentums anzusehen ist, lehrt, daß er offenbar zu den biologischen Funktionen unserer Spezies gehört. Und da er nun einmal unter allen Umständen geführt werden muß, so ist es schon am besten, wenn er von Genies geführt wird.

Die Strategie jener Zeit war allmählich, ganz ähnlich wie die Theologie, die Arzneikunst, die Poesie, zu geistloser Schablone und steifer Routine erstarrt. Noch im Jahre 1753 lehrte das kursächsische Dienstreglement, man solle die Bataille vermeiden und den Kriegszweck durch »scharfsinniges Manövrieren« erreichen. Natürlich kam es schließlich doch zu Schlachten, aber gewissermaßen durch Zufall und auf mechanischem Wege, wie ein genügend lang angehäufter Zündstoff eines Tages fast durch sich selbst explodiert. Auch Friedrich der Große betrachtete die Schlacht nur als ein »Brechmittel«, das lediglich in den äußersten Notfällen anzuwenden sei; aber er machte die Anwendung dieses Mittels zum Gegenstand tiefer und kühner Spekulation.

Ebenso hat er im Prinzip an der damals üblichen Linear-
taktik festgehalten, die das gesamte Fußvolk in eng geschlossenen Kolonnen und gleichmäßigem Taktschritt wie
auf dem Exerzierplatz vorrücken ließ und dem einzelnen
Kämpfer keinerlei persönliche Initiative ermöglichte. Die
Schlacht bestand ganz einfach darin, daß die beiden feindlichen Truppenkörper aufeinanderstießen. Der Begriff der
Reserve im Sinne der modernen Kriegführung war noch unbekannt. Friedrich der Große kam nun auf den Gedanken,
eine Art Reserve dadurch zu bilden, daß er einen Flügel
zunächst zurückhielt, »refüsierte«, um mit ihm im geeigne-
ten Momente die Entscheidung herbeizuführen. Diese Methode war für die Zeit Friedrichs höchst originell, gleichwohl aber in der Geschichte kein völliges Novum: Sie
knüpfte, zwei Jahrtausende überspringend, an Epaminondas an. Vor diesem hatte die griechische Taktik, in der die
Spartaner unerreichte Meister waren, darauf beruht, daß der
Kampf auf der ganzen Linie gleichzeitig eröffnet wurde,
Epaminondas aber stellte seine Truppen nicht in gleicher
Tiefe auf, sondern verstärkte sie in der Art eines Keils auf
der rechten oder linken Seite. Hierdurch gewann er gegen
die Lakedämonier bei Leuktra eine der größten und folgen-
reichsten Schlachten, die je zwischen Hellenen geschlagen
worden sind. Diese »schiefe Schlachtordnung« sichert dem
Feldherrn die Initiative, indem sie ihm gestattet, den Punkt
des Angriffs zu wählen, hat aber ihre volle Wirksamkeit nur,
wenn sie durch das Moment der Überraschung unterstützt
wird, weshalb sie nur von einem so geistesmächtigen und
charakterstarken Schnelldenker wie Friedrich dem Großen
und auch von diesem nicht immer mit Erfolg gehandhabt

werden konnte. Zur Unterstützung dieser Methode diente ihm auch die Kavallerieattacke, die er aufs meisterhafteste zu entwickeln verstand, und die Konzentrierung des Artilleriefeuers an den entscheidenden Punkten. Das Wesentliche, ja geradezu Revolutionäre an allen diesen Reformen aber war der rasante Offensivgeist, der in ihnen zum Ausdruck gelangte: Es wurde nicht mehr Krieg geführt, um allerlei schwerfällige und verzwickte Operationen auszuführen, sondern um zu siegen: Dieser einfache und selbstverständliche Gedankengang war dem Zeitalter abhanden gekommen, und man kann mit geringer Übertreibung sagen, daß es überhaupt erst seit Friedrich dem Großen in der neueren Geschichte Angriffsschlachten gibt. Und dazu kam noch die verblüffende Schnelligkeit seiner Truppenbewegungen, die ihn zum Mirakel seines Jahrhunderts und an dessen Schlusse zum bewunderten Vorbild Napoleons machte. »Das sind meine drei Artikel: nachdrücklich, schnell und von allen Seiten zugleich« sagte er zum Marquis Valory; in diesen Worten ist eigentlich seine ganze Strategie enthalten. Durch diesen mit kalter Überlegung und souveräner Beherrschung der Umstände gepaarten Elan besiegte er seine Gegner, die alle mehr oder weniger dem ewig zögernden Daun glichen. Diesen Schwung vermochte er auch auf seine Regimenter zu übertragen, die nicht eigentlich patriotisch, höchstens »fritzisch« gesinnt waren, aber von Anfang an einen zwingenden Rhythmus besaßen; mit ihnen hat er bei Roßbach und Leuthen einen weit mehr als doppelt so starken Gegner besiegt, was in der modernen Kriegsgeschichte fast ein Unikum ist. Schon im fünften Jahre seiner Regierung, seit Hohenfriedberg hieß er der Große. [...]

Napoleon

Napoleons Laufbahn hat sich wie ein vollständiges Drama abgewickelt, mit Exposition, Steigerung, Höhepunkt, Peripetie, »Moment der letzten Spannung« und Katastrophe, fast genau nach dem Schema in Gustav Freytags *Technik des Dramas*. Sein glänzender Feldzug in Italien im Jahr 1796 bildet den rauschenden Auftakt, und von da triumphiert er in ununterbrochener Folge über alle Feldherren, alle Völker, alle Kriegsmittel, die sich ihm in den Weg stellen, indem er, wie ein preußischer Offizier nach der Schlacht bei Jena schrieb, seine Soldaten in »übernatürliche Wesen« verwandelt. Seine erste Niederlage erleidet er erst 1809 bei Aspern, und auch diese vermag er wegen seines geordneten Rückzuges und der ungenügenden Verfolgung durch Erzherzog Karl für einen Sieg auszugeben und zwei Wochen später durch den Erfolg bei Wagram auszugleichen. Nicht geringer sind seine Siege im Innern. Nach seiner Devise: »Es handelt sich darum, auf den Roman der Revolution die Geschichte der Revolution folgen zu lassen«, bringt er Ordnung und Gedeihen in das französische Chaos, garantiert der gesamten Bevölkerung Kultusfreiheit, Handelsfreiheit, unparteiische Rechtspflege, bürgerliche Sicherheit, ausgedehnte staatliche Obsorge für Wohlfahrt und Unterricht und den Emigranten unbehelligte Rückkehr, erneuert den Adel und die Auszeichnungen,

protegiert aber immer und überall nur das Talent. Den Hö-
hepunkt seiner Karriere erreicht er im Jahr 1810: Um diese
Zeit sind Belgien, Holland, Hannover, Oldenburg, das
linksrheinische Deutschland, die Nordseeküste mit den
Hansestädten, die illyrischen Provinzen, Oberitalien mit
Südtirol und Mittelitalien mit dem Kirchenstaat franzö-
sisch; der Rheinbund, bestehend aus Bayern, Württemberg,
Baden, Sachsen, Hessen und dem Königreich Westfalen, die
Schweiz, das Herzogtum Warschau, Spanien unter Joseph
Bonaparte und Neapel unter Murat von Frankreich abhän-
gig; Österreich, Preußen und Norwegen-Dänemark mit
Frankreich verbündet. 1811 sagt Napoleon zu dem bayri-
schen General Wrede: »Noch drei Jahre und ich bin Herr
des Universums.«

Drei Jahre später befand er sich aber bereits auf Elba.
Denn das Jahr seines Höhepunkts war zugleich das seiner
Peripetie, die darin bestand, daß er Josephine, seine »Mas-
cotte«, verstieß und die Mesalliance mit dem Haus Habsburg schloß, die Mesalliance der Progression mit der Er-
starrung, der Realität mit dem Schein, des Genies mit der
Konvention. Und nun folgt die »fallende Handlung«. Was
er mit dem russischen Feldzug vorhatte, hat er zu Narbonne
ganz deutlich ausgesprochen: »Schließlich ist dieser Weg
der lange Weg nach Indien... Denken Sie sich Moskau er-
stürmt, Rußland geschlagen, den Zaren ausgesöhnt oder
einer Palastverschwörung zum Opfer gefallen und sagen Sie
mir, ob eine Armee von Franzosen dann nicht bis zum
Ganges vordringen könnte, der nur mit einem französischen Schwert in Berührung zu kommen braucht, damit in
Indien das ganze Gerüst merkantiler Größe einstürze?« Bei

diesem Abenteuer aber hatte zum erstenmal seine Phantasie den Zusammenhang mit der Wirklichkeit verloren. Schon während des Vormarsches berichtete ein Augenzeuge: »Es fehlt an allem, selbst an Juden«; von 600 000 Mann kamen 50 000, von 180 000 Pferden 15 000 zurück.

Zu Anfang des Jahres 1918 hat C. H. Meray in seinem an fruchtbaren Gedanken überaus reichen, leider viel zu wenig bekannten Buche *Weltmutation* prophezeit, daß Deutschland unterliegen müsse, wenn es mit dem »Fremdkörper« Amerika in Berührung komme, denn dadurch werde der organische Prozeß, der darin bestehe, daß die »Riesenzelle« Deutschland die Zellen der übrigen europäischen Staaten zu überwältigen und sich einzuverleiben suche, zu einem pathologischen. In der Tat hatte Deutschland in dem Augenblick, wo der Fremdkörper Rußland aus dem Weltkrieg ausschied, theoretisch gesiegt. Aber nur theoretisch; denn England hatte, in tiefer Erkenntnis der Zusammenhänge, bereits für den Eintritt eines neuen Fremdkörpers gesorgt. In der Geschichte des Altertums können wir einen verwandten Vorgang in der Blüte und Katastrophe des römischen Weltreichs erblicken. Der »Organismus« der Antike war das Mittelmeer mit allen seinen Dependenzen. Über diesen hat Rom nie hinauszugreifen vermocht und es in weiser Beschränkung auch fast nie versucht. Durch den Eintritt der Germanen aber gelangt es mit einem neuen Weltteil in Berührung, woran es zugrunde geht. Ebenso erging es der spanischen Weltmonarchie mit Amerika. Und ebenso erging es Napoleon, als er durch die russische Expedition mit Asien in Kontakt geriet. Er selber muß hiervon ein dunkles Gefühl gehabt haben, als er 1813 zum Marschall

Marmont sagte: »Mein Schachbrett ist in Verwirrung geraten.«

Das »Moment der letzten Spannung« bildeten die »hundert Tage«. Am 11. März 1815 war in Wien großer Ball beim Fürsten Metternich. Plötzlich verbreitete sich die Nachricht: »Er ist in Frankreich.« Jedermann wußte, wer damit gemeint sei. Der Tanz wurde abgebrochen, die Unterhaltung verstummte, vergeblich spielte das Orchester weiter. Wortlos verließen die Monarchen das Fest, die übrigen Gäste folgten. Die Lichter erloschen, die Stadt lag in angstvollem Dunkel: Es war wieder Weltkrieg.

Schon während des Winters hatten die französischen Soldaten Napoleon *»père la violette«* genannt, weil sie ihn mit den Märzveilchen zurückerwarteten. Auf seinem Weg von Cannes nach Paris fiel kein einziger Flintenschuß, alle gegen ihn gesandten Heere gingen zu ihm über. Einige Menschen starben bei der Nachricht von seiner Landung vor Freude. Aber das Empire war nicht mehr die »Riesenzelle« von ehedem. Bei Waterloo endete das gewaltigste Schicksalsdrama, das die neuere Geschichte hervorgebracht hat.

Daß irgendein magischer Impuls sein ganzes Dasein bestimme und lenke, davon war Napoleon selbst aufs vollständigste überzeugt. Einmal, als er bei einem Sturz vom Wagen fast den Tod gefunden hätte, sagte er zu Metternich: »Ich fühlte, wie das Leben mir entwich, aber ich sagte mir: Ich will nicht sterben, und blieb am Leben«, und ein andermal, als man ihn vor drohenden Attentaten warnte, entgegnete er: »Was habe ich zu befürchten? Ich kann gar nicht ermordet werden.« In seiner ägyptischen Proklamation heißt es: »Sollte es einen Mann geben, der so blind wäre, nicht

648

einzusehen, daß das Schicksal meine Handlungen lenkt?...
Der Tag wird kommen, wo die ganze Welt einsehen wird,
daß ich von höherer Hand geleitet bin und daß menschliche
Bemühungen nichts gegen mich ausrichten können.« Seine
Zeitgenossen, Freunde und Gegner, hatten es sich denn
auch längst abgewöhnt, ihn mit menschlichen Maßen zu
messen: Sie betrachteten ihn wie ein blendendes, unwider-
stehliches Naturereignis, mit dem sich nicht parlamentieren
läßt, prachtvoll anzuschauen, aber verheerend in seinen
Wirkungen.

Eines Tages sagte Talleyrand zu Napoleon: »Der gute
Geschmack ist Ihr persönlicher Feind; wenn Sie sich seiner
durch Kanonenschüsse entledigen könnten, so wäre er
längst beseitigt.« Ein wahres Wort, wahrer, als jener lak-
kierte Hofintrigant ahnen mochte. Natürlich war Napoleon geschmacklos. Ohne jeden Geschmack und Takt, ohne
alle Erziehung und Lebensart sprengte er die ganze rückständige, verfaulte, verkalkte Welt der Feudalitäten und
Diplomaten, der Salonschwätzer und Papierstrategen in
die Luft. Ein Riese ist kein geschmackvoller Anblick. Ein
Erdbeben, ein Lava und Dreck ausspeiender Vulkan ist
keine geschmackvolle Erscheinung. Keine Naturkatastro-
phe, kein Elementarereignis, keinerlei Überlebensgröße ist
»geschmackvoll«. Geschmackvoll ist der Durchschnitt, die
Konvention, die saubere Schablone, das Bekannte: Schon
dadurch, daß wir uns in irgendeinem Phänomen nicht auskennen, wirkt es auf uns verwirrend, irritierend, beunruhigend; es hat die Geschmacklosigkeit, uns auf die Nerven
zu gehen.

Wir brauchen nur irgendeinen beliebigen Ausschnitt aus

Napoleons Tätigkeit zu betrachten, zum Beispiel seine Kriegführung, um sogleich zu sehen, wie dieser bewußte und hartnäckige Bruch mit dem Herkommen bei ihm durch alles hindurchging. Dem Zeitalter, in das er eintrat, galt als der größte Feldherr der Herzog Karl Ferdinand von Braunschweig. Dieser sah in der Strategie nichts als ein möglichst vollkommenes Schachspiel. Er wollte im Grunde gar keinen Krieg, er wollte bloß eine Art »Zustand der drohenden Kriegsgefahr«. Dies war aber damals die allgemeine Auffassung der Fachkreise: Es komme im wesentlichen nur auf kunstvolle Manöver, auf Umgehen, Abschneiden, Plänkeln, auf allerlei geistreiche Kombinationen und geschickte Irreführungen an. Es fehlte durchaus nicht an Leuten, die den Braunschweiger für einen bedeutenderen Feldherrn hielten als Friedrich den Großen. Er war aber ein purer Theoretiker: ein respekteinflößender Stratege nur, solange nicht richtig geschossen und marschiert wurde. Es ist vielleicht nicht zuviel gesagt, wenn man behauptet, daß die ganze zwanzigjährige Revolutionsplage durch seine Schuld über Europa kam, denn lediglich ihm ist die Blamage von Valmy zu verdanken. Er sah immer und überall nur die Hindernisse, die Gefahren, die negativen Instanzen. Es zeigt sich an seinem Falle zweierlei: erstens der theoretische papierene Charakter des ganzen Zeitalters, der sich sogar auf die furchtbarste aller Wirklichkeiten, den Krieg, erstreckte, und zweitens die Wertlosigkeit und Impotenz des sogenannten Fachmannes, wie sie sich immer und immer wieder auf allen erdenklichen Gebieten uns vor die Augen drängt. Alle großen Feldherren, Napoleon an der Spitze, haben erklärt, daß der Krieg etwas sehr Einfaches sei, wie alle großen Künstler dies von der Kunst und alle großen Ärzte dies von der Medizin erklärt haben. Moltke behauptete sogar, die Strategie sei überhaupt gar keine Wissenschaft. Hingegen der Fachmann ist immer kompliziert. Die Revolutionsgenerale verstanden gar nichts von der Kriegführung, sie waren so dilettantisch, im Krieg eine Realität zu sehen, eine Sache des stürmischen Draufgehens, Vorrückens und Siegens. Sie waren so ungebildet, im Krieg einfach Krieg zu führen und zu glauben, daß es dabei auf die Überwältigung des Gegners ankomme und nicht auf eine theoretische Widerlegung seiner Aktionen.

Die Kriegführung der Revolutionsarmeen, die bereits unter Carnot, dem *»organisateur de la victoire«*, eine hohe Stufe erreichte, unterschied sich von den bisherigen durch viererlei: durch die *levée en masse,* die die ganze männliche Bevölkerung zu Soldaten machte (allerdings nur in der Theorie, denn noch unter Napoleon konnte man sich einen *remplaçant* kaufen), durch die neue Taktik, die statt der starren »Linien« von geringer Tiefe lange Kolonnen mit Stoßwirkung verwendete und das konzentrierte Massenfeuer durch die »zerstreute Fechtart« der Tirailleurs ersetzte, durch die rücksichtslose Expansion bis zum äußersten und durch die Verwandlung der Magazinsverpflegung in das Requisitionssystem. Hierzu fügte Napoleon die Einteilung der Heeresmacht in mehrere selbständige Armee-Einheiten: Korps und Divisionen, in denen sämtliche Truppengattungen und Kriegsmittel vertreten waren, die geniale Verwendung der Reserven, in der er Friedrich den Großen noch weit überflügelte, und die Ausnützung der »inneren Linie«, die darin bestand, daß er, bei numerischer Über-

legenheit des Gegners, mit seiner gesamten Armee innerhalb der getrennten feindlichen Heeresteile operierte, die er
nacheinander mit Übermacht angriff und schlug.

»Man muß in erster Linie durch die Beine seiner Soldaten siegen und erst in zweiter Linie durch ihre Bajonette.«
Das ist ebensoleicht einzusehen wie alle Wahrheiten und
war ebenso schwer in die menschlichen Köpfe zu bringen
wie alle Wahrheiten. Da der Krieg eine Art Duell oder
Faustkampf im großen ist, so gelten für ihn ganz ähnliche
Gesetze. Kein Mensch wird daran zweifeln wollen, daß bei
einem Handgemenge Raschheit und Kühnheit den Aus-
schlag geben, oder vielmehr: Wenn er daran zweifelt, so tut
er es auf Gefahr seiner gesunden Knochen. Und die übrigen
Grundprinzipien der neuen Kriegführung: Volksbewaff-
nung, Verproviantierung und unaufhaltsames Vordringen
im Feindesland und Kampf in aufgelösten Schwärmen waren ebenso einfach; es war, wenn auch in ganz anderem
Sinne, als Rousseau und die revolutionären Phrasenmacher
es gemeint hatten, die »Rückkehr zur Natur«. Es ist natürlich, daß im Augenblick einer wirklichen oder nur eingebil-
deten Gefahr jeder Mensch zur Waffe greift und sich zu verteidigen versucht, es ist natürlich, daß man von dem Boden
lebt, auf dem man sich gerade befindet, und sich auf ihm so
weit ausbreitet, als man nur irgend kann, und es ist natürlich, auf seinen Gegner loszugehen, wo und wie man ihn
trifft. Unnatürlich, schwerfällig und künstlich waren die alten Einrichtungen: das Werbesystem, die Magazinsverpflegung, die zögernde, rein demonstrative Kriegführung, die
Linearaktik. Natur ist aber immer siegreich, und deshalb
siegte die Revolution über Europa. Und dazu kam noch als

das völlig Neue, das Napoleon in die Welt gebracht hat, sein unerhörtes Tempo. Er hat, wie dies der Leiter des österreichischen Generalstabswerkes über den Krieg von 1866 einmal treffend ausdrückt, »mit der Zeit den Boden besiegt«. Oder wie er selber einmal sagte: »Ich habe die Österreicher durch Märsche zerstört.« Sein Leitsatz, den er auch seinen Unterfeldherren immer wieder einzuprägen suchte, war: »*Activité, activité! vitesse!*« Und dies erstreckte sich nicht auf seine Kriegführung allein, er teilte ganz Europa eine Beschleunigung mit, durch die es von Grund auf umgewandelt wurde. Er ist der Schöpfer des modernen Lebenstempos.

Man braucht Napoleon nur mit irgendeiner anderen Persönlichkeit der Revolution zu vergleichen, und sofort springt seine Unvergleichlichkeit in die Augen. Es gab zum Beispiel für Dumouriez einen Augenblick, wo es nur an ihm lag, der Diktator Frankreichs zu werden. Dies war nach der Schlacht von Neerwinden. Er konnte damals mit den Österreichern ein Abkommen treffen, die jakobinischen Mitglieder seiner Armee durch die ihm unbedingt ergebenen Linientruppen entwaffnen und gegen Paris ziehen, wo er von der überwältigenden Majorität einer durch Septembermorde und Pöbelterror erbitterten Bevölkerung als Befreier empfangen worden wäre. Er hatte diesen Plan längst erwogen, alle vorbereitenden Schritte getan, überall sondiert, mit Österreich und Paris Verhandlungen gepflogen, aber die Energie zum letzten entscheidenden Schritt fehlte ihm. Man sieht daran, daß zum praktischen Genie eben dreierlei gehört: die gegebene Sachlage überblicken, die notwendigen Maßnahmen erkennen und im richtigen Augenblick, der gewöhnlich nur ein einziger zu sein pflegt, nach-drücklich handeln. Nur dieses Dritte fehlte Dumouriez zu einer napoleonischen Karriere. Man kann aber ebensogut sagen, daß ihm damit alles fehlte. »Man tut nicht zweimal dasselbe in einem Jahrhundert«, hat Napoleon selber ge-sagt; aber eine Elementarkraft von der Fülle und Stärke Na-poleons schafft die Natur nicht zweimal in einem Jahrtau-send.

Und dennoch gibt es etwas in seinem Wirken und seinem Charakter, das uns davon zurückhält, ihm jene unbedingte Verehrung zu schenken, die wir anderen und selbst kleine-ren Helden so gern entgegenbringen. Woran liegt das? Was verhindert uns, in ihm eines jener großen Modelle zu er-blicken, nach denen wir unser eigenes Sein und Wollen ge-formt sehen möchten?

In seiner Charakteristik Napoleons, einem der glänzend-sten Kunstwerke des französischen Impressionismus, sagte Taine einleitend: »Napoleon gehört einem andern Zeit-alter an ... um ihn zu begreifen, gehen so gewiegte Ge-schichtskenner wie Stendhal und die Staël bis zu den klei-nen italienischen Tyrannen des vierzehnten und fünfzehn-ten Jahrhunderts zurück. Bonaparte stammt von den großen Italienern jener Zeit ab, den Männern der Tat, den militärischen Abenteurern, den usurpatorischen Gründern von Staaten auf Lebenszeit; er hat durch unmittelbare Ab-stammung ihr Blut, ihr inneres Wesen, ihre sittliche und geistige Beschaffenheit geerbt.« Zweifellos war Napoleon kein Mensch des achtzehnten Jahrhunderts, aber statt dem vierzehnten und fünfzehnten könnte man ihn ebensogut dem neunzehnten zurechnen oder, wenn man will, dem zwanzigsten. Vielleicht war er wirklich nur ein kolossaler Kondottiere; aber jedenfalls einer mit Vorkenntnissen in Chemie, Geographie und vor allem Psychologie, ein Mensch, der die in Frankreich unerhörte Fähigkeit besaß, mit Gegebenheiten zu rechnen.

Goethe hat gesagt, mit Napoleon sei der größte Verstand auf Erden erschienen, Sieyès sagte über ihn: »Er weiß alles, er will alles, er kann alles«, und er selbst sagte von sich: »Mein großes Talent besteht darin, daß ich in allem klarsehe. Auch meine eigentümliche Art von Beredsamkeit beruht darauf, daß ich das Wesentliche einer Frage von allen Seiten betrachte. Die Senkrechte ist kürzer als die Schräge!« und: »In meinem Kopfe sind die verschiedenen Affären fachweise geordnet wie in einem Schrank. Wenn ich eine unterbrechen will, so schließe ich ihr Schubfach und öffne das einer andern. Sie geraten nie durcheinander, sie verwirren mich nicht und ermüden mich nicht durch ihre Vielfältigkeit. Will ich schlafen, so schließe ich alle Schubfächer und bin sofort eingeschlummert.« In ganz ähnlichem Sinne vergleicht er ein andermal seinen Kopf mit einem Taubenschlag: »Um über irgend etwas zu verfügen, öffne ich das betreffende Flugloch, indem ich gleichzeitig alle übrigen schließe; wenn ich schlafen will, schließe ich sie alle.« Infolge dieser Fähigkeit genügten ihm drei bis ausnahmsweise sechs Stunden Schlaf; sonst arbeitete er ununterbrochen, »auch beim Essen, auch im Theater«, wie er selbst sagte; und wahrscheinlich arbeitete er auch im Schlaf. Hieraus, aus dieser seiner essentiellen Verschiedenheit von allen Franzosen, erklärt sich sein sofortiger und ungeheurer Erfolg. Er selber war sich über diesen Zusammenhang vollkommen im klaren. »Die Franzosen«, sagte er einmal zu Metternich, »sind Leute von Geist; der Geist läuft in den Straßen umher; aber dahinter steckt gar kein Charakter, kein Prinzip und kein Wille; sie laufen allem nach, sind zu lenken durch Eitelkeit und müssen wie Kinder immer nur ein Spielzeug haben.« (Fast wörtlich übereinstimmend sagte übrigens auch Goethe zu Eckermann: »Die Franzosen haben Verstand und Geist, aber kein Fundament und keine Pietät.«) Ganz ähnlich äußerte er sich ein andermal bereits im Jahre 1797: »Ihr Franzosen versteht nicht, etwas ernstlich zu wollen. Eure Eitelkeit muß stets in Atem gehalten werden. Woraus ist die Revolution hervorgegangen? Aus der Eitelkeit. Und woran wird sie scheitern? Ebenfalls an Eitelkeit« und noch kürzer und unmißverständlicher etwas später: »Lappalien spielen in Frankreich eine große Rolle. Vernunft spielt keine.« Er hat sein Volk realistisch denken und klar handeln gelehrt; er hat es gelehrt, Dinge zu erblicken statt Illusionen und Redensarten und an ihnen sich zielbewußt zu orientieren. Emerson hat wohl gewußt, warum er seinen Essay über ihn mit den Worten einleitete: »Wenn Napoleon Frankreich war, wenn Napoleon Europa war, so lag der Grund darin, daß die Leute, die er beherrschte, kleine Napoleons waren.« Aber man könnte auch umgekehrt sagen: Er wurde der Lenker seiner Zeit, weil es ihm gelang, aus allen damaligen Menschen kleine Napoleons zu machen.

Indes: Gerade darin, in dem Umstand, daß er ein so vollendeter Typ des neuen Menschen war, der berufen sein sollte, das ganze kommende Jahrhundert zu beherrschen, muß man den Haupteinwand gegen ihn erblicken. Er war vielleicht der vollkommenste Empiriker, der je gelebt hat:

Hierin bestand ebensowohl seine unvergleichliche Genialität wie seine katastrophale Schwäche. Denn er war eben ein so vollkommener Empiriker, daß er nichts anderes war. Er war kein moralisches und metaphysisches Phänomen, kein Ethiker und kein Ideologe. Dieser Mangel an Ideologie war sein Wurzeldefekt und hat seine Herrschaft zu einer vorübergehenden gemacht.

Und so wäre man fast versucht zu sagen: Dieser diamantharte tausendäugige Held war eine rührende Erscheinung. Alles wußte er, alles konnte er, alles hielt er in seiner gewaltigen Hand: nur nicht sich selber. Er war stärker als die ganze Welt; aber nicht stärker als seine eigenen Taten. Er vergaß, daß auch der größte Mensch, ja gerade der größte, nur für die Menschheit da ist. Seine Erfolge stiegen ihm zu Kopf wie irgendeinem gewöhnlichen Bankier, Minister oder Schauspieler. Und so wurde sein leuchtender Sonnenflug zur trüben Höllenfahrt.

Madame Staël sagte von ihm: »Er ist ein geschickter Schachspieler und das Menschengeschlecht sein Gegner, den er durchaus matt setzen will.« Er war aber durch sein dämonisches Temperament doch noch etwas mehr als ein Schachmeister, eher ein grandioser Regisseur, wie ihn die Welt vielleicht noch nie erblickt hatte. Schon die äußere Erscheinung, die er für gewöhnlich zur Schau trug, war ein unvergleichlicher Regieeinfall: der Herr Europas im zerdrückten Hut und abgetragenen Mantel des gemeinen Soldaten inmitten goldstrotzender Generale, ordenbesäter Würdenträger und brillantenstrahlender Frauennacken. Viele Episoden aus seinem Leben haben den Charakter superber Theaterszenen: zum Beispiel, wie er zu seinem

Bruder Lucian sagt, indem er seine Uhr zu Boden schleudert: »Da du auf nichts hören willst, werde ich dich zerschmettern wie diese Uhr« oder wenn er, nachdem auf ihn in der Oper mit einer Höllenmaschine ein Attentat versucht worden ist, den brillanten Aktschluß findet: »Die Lumpen haben mich in die Luft sprengen wollen... man bringe mir das Textbuch zur heutigen Oper.« Die traditionelle Legende, Talma habe ihm seine Posen einstudiert, entspricht so wenig den Tatsachen, daß vielmehr das Umgekehrte richtig ist: Talma erklärte, er habe aus Blick, Mienenspiel und Haltung des Kaisers die wertvollsten Lehren gezogen, und dieser sei geradezu sein Modell gewesen. Der Mann, dem dieses Werk gewidmet ist, der stärkste Theaterfeldherr der neueren Bühnengeschichte, ist unzählige Male mit ihm verglichen worden.

Vielleicht ist Napoleons Erfolg und Popularität zum Teil darauf zurückzuführen, daß er kein ganz großer Mensch war. Alle Genies sind von ihrer Umwelt nur zum Teil erkannt und anerkannt, in weniger kultivierten Zeitaltern geradezu verhöhnt oder vernichtet worden, was ganz in der Natur der Sache liegt. Um Plato, Dante, Beethoven, Dostojewski ganz zu verstehen, müßte man selber eine Art Negativdruck von Plato, Dante, Beethoven, Dostojewski sein, ein treues Lichtbild, das alle Strahlen, die von diesen Sonnen ausgingen, gewissenhaft aufzuzeichnen vermag. Dieser Mangel an Intensität kann nur extensiv ersetzt werden, durch reichliche und lange Aufnahme. Napoleon ist das einzige Genie, das sofort und ganz begriffen wurde, weil er durch eine Reihe ordinärer und durchschnittlicher Eigenschaften gewissermaßen einen Vulgärdialekt besaß, in den übersetzt und durch den vermittelt seine Sprache allen sogleich verständlich und vertraut wurde. Er war ein Lügner, ein Rowdy, ein Egoist; brutal, sinnlich, unverschämt; sein ganzes Auftreten hatte etwas Großartig-Gemeines, Parvenühaftes, wie ja auch seine Ehe mit der Habsburgertochter an einen Börsianer erinnert, der sich durch Einheirat in verkrachte Aristokratenkreise zu nobilitieren sucht. Er verletzte in Gesellschaft durch seinen ungehobelten Kasernenton, freute sich daran, boshafte Indiskretionen und niedrige Klatschereien in Umlauf zu bringen, erlaubte sich gegen Damen unziemliche Scherze und rühmte sich kommishaft seiner erotischen Erfolge, obgleich er eigentlich kein Glück bei den Frauen hatte, die den Emporkömmling bewundern, aber nicht lieben. Dieses trübe Medium hat aber seine Genialität nicht verdunkelt, sondern erst ganz deutlich gemacht, wie ja auch in zerstreutem Licht eine Person klarer gesehen wird als im vollsten Sonnenglanz. Es könnte eigentlich gar nicht bezweifelt werden, daß Napoleon das vollkommenste Genie war, das die Welt jemals erblickt hat, größer als Cäsar, größer als Shakespeare, größer als Goethe. Denn er besaß, wenn man die Stärke und den Umfang seiner Begabung betrachtet, so viel davon wie alle drei zusammen: Er war Cäsar an praktischem Umblick und Vorausblick, Shakespeare an schöpferischer Phantasie und Goethe an Kenntnis der menschlichen Natur ebenbürtig und dazu noch von einer Kraft, Gedachtes sogleich in Wirklichkeit umzusetzen, die keiner dieser drei in solchem Ausmaß besaß; es fehlte ihm nur eines, das jeder dieser drei besaß: Idealismus. Er glaubte nicht an die realsten Kräfte dieser Erde: Die menschlichen Ideale. Altruismus, Patriotismus, Religiosität waren für ihn zwar vorhandene Energien, die man benutzen und lenken müsse, aber sie standen ihm nicht höher im Werte als Kanonen, Dampfkraft und Geld. Er glaubte nicht daran, daß eine fixe Idee mehr ist und vermag als hunderttausend Bajonette. Er wußte nicht, daß Ideen, Ideale, Ideologien, Phantasmen, Illusionen, Begriffe auch physikalische und physiologische Energien sind, meßbare und wirksame Größen, sozusagen wägbare Imponderabilien; daß das Bewußtsein des Rechts, der Glaube an Höheres geradesogut eine Heizung des Organismus darstellt wie Fett, Eiweiß, Kognak und Kolanuß; und so war er eigentlich gar kein so vollständiger Empiriker, wie er und seine Anhänger glaubten: Er war, so paradox es klingen mag, in diesem Punkt ein weltfremder Doktrinär. Er hatte sein System von der Welt und der Menschheit, das, wenn man will, ein philosophisches war, aber wie so viele geistreiche und wohlgebaute Systeme nicht stimmte, sich neben dem Leben befand. Er blickte mit Spott und Verachtung auf die »Ideologen« und ahnte nicht, daß er selber einer war. Er brachte die ganze Welt durcheinander, jagte seine Menschenmassen von Schweden bis Ägypten und von Madrid bis Moskau und verschwand eines Tages ebenso plötzlich, wie er aufgetaucht war, verpuffte spurlos wie eine große Schießpulverexplosion, nichts als etwas ausgestandene Angst und einen brenzligen Geruch zurücklassend. Er mobilisierte Menschen und Naturkräfte, Wasser und Winde, alle Staaten, Städte und Völker Europas, bald für sich, bald gegen sich, und als er wegging, lag die Karte Europas wieder da wie vor zwanzig Jahren, ganz unerheblich verändert, und die Diplomaten stritten sich weiter um Gefälle, Kontingente und Hoheitsrechte. Napoleon war kein Träumer: Das ist der Haupteinwand gegen ihn; und daran ist er gescheitert. Er konnte nur für Jahre und Monate siegen. Denn er wußte nicht, daß auf die Dauer nur ein Träumer die Welt erobern kann.

Anhang

Biographische Zeittafel

1878 21.1. Geburt in Wien als zweiter Sohn des Ehepaares Fried-
      mann; bald darauf verläßt die Mutter die Familie
1887 28.11. Scheidung der Eltern
1889 15.12. Tod des Vaters Mori(t)z Friedmann. Die drei Kinder
      werden nun getrennt, Egon wird von einer Tante in Frankfurt
      aufgenommen
1894 22.2. Relegation vom Städtischen Gymnasium Frankfurt, da-
      nach im Internat Horn und in Baden bei Wien
1896 Am 7.7. in Baden nicht zum Abitur zugelassen, danach Hospi-
      tant an einem Wiener Gymnasium; anschließend mit Privatleh-
      rer in Heidelberg als Schüler und gleichzeitig als Philosophie-
      student
1897 12.7. Konversion vom jüdischen Glauben zum Augsburger
      Bekenntnis; anschließend vergeblicher Abiturversuch in Ber-
      lin, daraufhin Rückkehr nach Wien. Café Central wird nach
      dem Abriß des »Griensteidl« Literatentreffpunkt; so insbeson-
      dere für den Kreis um Peter Altenberg, dem sich Friedell bald
      anschließt
1898 11.10. Abitur in Wien nicht bestanden
1899 20.9. Abitur in Bad Hersfeld im vierten Anlauf bestanden; Stu-
      diumsbeginn in Wien
1900 Bezug der Wohnung in der Gentzgasse 7 (bis zum Lebens-
      ende); sein Kindermädchen wird seine Haushälterin
1902 Erste Theaterkritiken für Zeitungen
1904 18.11. im zweiten Anlauf promoviert, nachdem Dissertation
      Novalis als Philosoph gedruckt
1905 Beiträge für *Die Fackel*; erster Theaterauftritt
1906 Ab Anfang Januar beim neuen Cabaret *Nachtlicht* (Kabarett-
      auftritte bis 1919). Erster Artikel für die *Schaubühne* (später
      Weltbühne, Mitarbeit bis 1932); Herausgabe von *Emerson*

1907 Dramaturg am »Intimen Theater«; im Oktober Auftritte im Cabaret »Hölle«, anschließend bei der »Fledermaus«

1908 1.1. Uraufführung von *Goethe*. Ab Februar künstlerischer Leiter der »Fledermaus«. In den nächsten eineinhalb Jahren schreiben Friedell und Polgar weitere Kabarettstücke; das Duo hat auch in Berlin mit einer Nestroy-Bearbeitung Erfolg

1909 Im Mai wechselt die »Fledermaus« den Besitzer; Friedell tritt als Leiter ab und nur noch als Gast auf. Herausgabe *Hebbel;* erste Artikel für das *Neue Wiener Journal* (Mitarbeit bis 1938) und den *Merker* (bis 1921)

1910 Buchausgaben *Lichtenberg* und *Soldatenleben im Frieden*

1911 Friedell reüssiert erstmals mit Conferencen

1912 An Ostern erscheint *Ecce poeta;* 300. *Goethe*-Aufführung

1913 Gastspiel im Berliner »Linden-Kabarett«; im November erster Auftritt bei Max Reinhardt als Schauspieler, platonische Liebesaffäre mit Lina Loos

1914 Übersetzung von *Carlyles Heldenverehrung;* Herausgabe von *Andersen-Satiren*

1915 *Von Dante zu d'Annunzio* erscheint

1916 *Judastragödie* abgeschlossen. Am 6.4. wird das Pseudonym zum amtlichen Namen. Erstmals festes Mitglied eines Theaterensembles (bis 1919 bei A. Bernau, A. Rundt und H. Ziegler). Engagement im *Simplicissimus*

1917 Bis 1924 intensive Arbeit für Periodika. Seine Haushälterin stirbt, Nachfolgerin wird das 1904 eingestellte Dienstmädchen Hermine Schimann

1918 Friedell wird fast Direktor des »Volkstheaters«

1919 8.1. Tod von Peter Altenberg; ab Herbst setzt Friedell als Schauspieler aus und schreibt bis 1924 Theaterkritiken. Mitarbeit für acht Monate beim Wiener *Morgen* (bis zur Pleite), bei der *Berliner Zeitung am Mittag* (bis 1922) und bei der Berliner *Freien Deutschen Bühne* (später *Das blaue Heft,* bis 1928)

1920 *Die Judastragödie* erscheint als Buch; Beiträge für *Wiener Mittagszeitung* bis 1922

1921 *Das Jesusproblem* (entstanden 1919) erscheint. Erste Faschingszeitung mit A. Polgar (weitere vier bis 1925)

1922 Editionen: *Altenbergbuch. Das ist klassisch* (Nestroy-Worte) und die Aphorismensammlung *Steinbruch.* Rolle als Filmschauspieler; Verlust seines Hausbesitzes

1923 3.3. Premiere der *Judastragödie* am Burgtheater; ab 17.4. Mit-
     arbeit an der *Stunde* (bis 1924). Beteiligt an der legendären
     Molière-Aufführung in Reinhardts Salzburger Schloß Leo-
     poldskron
1924 Erste Auftritte an Reinhardtbühnen in Wien (Josefstädter Thea-
     ter) und Berlin (bis 1932), Übersetzung von *Macaulays Essays*
1925 Erster Band der *Neuzeit* bei Ullstein gedruckt, aber nicht aus-
     geliefert
1926 Erste Bearbeitung mit H. Saßmann: *Alles und Nichts*
1927 Im Mai erscheint bei Beck der Erste Band der *Kulturgeschichte
     der Neuzeit.* Bei Friedell leben mittlerweile vier Angehörige
     seiner Haushälterin
1928 Zweiter Band der *Neuzeit.* Friedells Mutter taucht wieder auf
     und strebt Alimentationsprozeß an, worauf er seine Haushäl-
     terin als Universalerbin einsetzt
1929 *Das letzte Gesicht* erscheint; Tod des Bruders; 9 Monate in Ber-
     lin dank En-suite-Erfolg eines Stücks von Shaw
1930 *Kleine Philosophie* als Auszug aus dem *Steinbruch.* Blinddarm-
     operation
1931 Dritter Band der *Neuzeit* erscheint; Erfolge in Berlin als Mer-
     kur in der von ihm überarbeiteten *Schönen Helena* und mit sei-
     ner Bearbeitung von *Hoffmanns Erzählungen.* Danach nur noch
     gelegentliche Bühnenauftritte
1932 Hausbau in Kufstein, wo er ab jetzt die Sommermonate ver-
     bringt
1933 Keine Auftritte und Veröffentlichungen mehr in Deutschland;
     Tod der von ihm unterstützten Mutter
1936 *Kulturgeschichte Ägyptens und des alten Orients* erscheint in
     der Schweiz. Letzter Theaterauftritt
1937 Diabetes manifestiert sich
1938 Letzter Auftritt im und als *Goethe:* Verbot der *Neuzeit* in
     Deutschland. Am 16.3. Sprung vor SA-Leuten in den Tod. Post-
     hum veröffentlicht werden die unvollendete *Kulturgeschichte
     Griechenlands* und *Die Reise mit der Zeitmaschine*

Über Egon Friedell

Humor ist eine Form der Religion. Nur wer über den Dingen steht, vermag sie zu belächeln.

Kaum ein Satz trifft die geistige Physiognomie Friedells deutlicher als dieser. Wer war Egon Friedell?

Die Frage ist nicht rhetorisch. Hilde Spiel nennt ihn eine Urnatur im blutleeren 20. Jahrhundert, einen ebenso liebenswürdigen wie bewundernswerten Anachronismus: »In Friedell stand noch einmal die berauschende Fiktion vom universalen Menschen vor uns auf.« Ein universaler Mensch erscheint unserem kategorisierenden, etikettierenden Zeitalter der Spezialisten und Fachgelehrten ganz unbegreiflich, unerklärlich, ja verdächtig. Ein Mensch, der sich nicht einordnen läßt, ist für ein heutiges Publikum gar nicht existent. Wir kommen gleichsam schon mit parzellierten Gehirnen auf die Welt. Das war nicht immer so und wird nicht immer so bleiben. Friedell war sich seiner Stellung in seiner Zeit durchaus bewußt. In einem im Nachlaß aufgefundenen Versuch, aus Sätzen Nietzsches und eigenen Zusätzen in einem neuen Zusammenhang ein Selbstbildnis zu entwerfen, heißt es bezeichnend: »Wie müßte ich mich mit denen verwechseln, für die heute schon Ohren wachsen? Erst das Übermorgen gehört mir.« – Dieses Übermorgen scheint nun heraufzudämmern.

Jene schillernde, vielgesichtige Gestalt aus der Zeit zwischen dem Fin de siècle und dem Untergang Österreichs 1938, elegant, raumfüllend, boshaft, aber selten wirklich verletzend, war einer der geistreichsten Menschen, die im 20. Jahrhundert gelebt haben. Er äußerte sich als Kabarettist, Conférencier, Schauspieler, Religionswissenschaftler, Dramatiker, Herausgeber, Historiker, Essayist, vor allem – was das Vorausgehende einschließt – als Philosoph. Dies alles aber war er eigentlich nur so nebenbei. Denn wenn den großen Bonvivant, der mehr trinken, mehr essen, ausdauernder lachen konnte als seine Freunde Peter Altenberg, Lina und Adolf Loos, Alfred Polgar und andere mit illustrem Namen, eine Lieblingsfurcht plagte, dann war es die, es könnte ihm etwas zu *Arbeit* ausarten. »Arbeit« war geradezu ein Schreckenswort in seinem Vokabular. Friedell, der unermüdlich Tätige, Besitzer einer vieltausendbändigen Bibliothek, die nicht Dekorationszwecken diente, vielmehr die Basis seines atemraubenden Wissens ausmachte, der die Öffentlichkeit brauchte als Korrektiv zu den Stunden konzentrierter Zurückgezogenheit, hatte immer Zeit. Er liebte es, zu den Dingen auf Distanz zu gehen.

Abstand nehmen von den Dingen aber heißt fast notwendig: sie unernst betrachten. Die Welt als Bühne und das Leben als dramatisches Problem erschien ihm als die einzige Möglichkeit, sich in dieser Welt zurechtzufinden und, was wichtiger ist, sie zu ertragen. Es ist die Weltsicht des Künstlers, des wahren Künstlers, was soviel heißt wie: des spielerischen Menschen.

Er war eine durch und durch kosmopolitische und dennoch zutiefst austriakische Gestalt, und er wußte, daß er im Grunde nur in *Wien* leben konnte. Gleichwohl widerte ihn die österreichische »Chimäre« lebenslang an. Sein Essay *Wien* endet mit der resignierenden Feststellung: »Wien ist eine schöne Stadt mit häßlichen Menschen. Die Poesie Wiens liegt in den Steinen und Bäumen. Die Menschen aber, die zwischen diesen Steinen und Bäumen herumgehen, sind von einer giftigen, entstellenden Krankheit erfaßt, die sich im Laufe der Jahrzehnte in sie eingefressen hat: sie heißt Mangel an *Idealismus.* An dieser lebensgefährlichsten aller Epidemien geht Wien langsam zugrunde. Niemand kann sie lokalisieren, denn sie ist überall. Niemand kann sie heilen, denn sie beruht auf der Zusammensetzung des Wiener Bluts. Es ist damit nicht so einfach wie mit den Blattern.«

Er selbst sah sich am ehesten in der Rolle des Dichters seiner eigenen Biographie, als einen, der das Ideal lebte, das er von sich entworfen hatte, der in der Gestaltung des Lebens zum Kunstwerk das Höchsterreichbare erblickte.

Indessen wird Friedells Polychromie für uns in dem Moment faßbar, als wir uns entschließen, in ihm ein Genie von der Art zu sehen, wie er selbst das Genie sah: vielseitig und vieldeutig, in dem, was es darstellt, auch das Gegenteil begreifend – im Kontrast zum Talent, das immer durch Eindeutigkeit exzelliert.

Geboren im Januar 1878 in Wien als zweites Kind des reichen Tuchfabrikanten Moriz Friedmann. Von Kriegsfolgen und Inflation enterbt, durch eigene Arbeit wieder zu Wohlstand gelangt. Reichtum, Armut und neugewonnene materielle Sicherheit übten auf seine Lebensführung keinen Einfluß. Mit Beginn seiner literarischen Tätigkeit änderte er den Namen Friedmann in Friedell, wodurch die Betonung auf die letzte Silbe verlegt wird. In seinem zwanzigsten Jahr trat er vom mosaischen Glauben zum protestantischen Bekenntnis über. Von der Mutter in zartem Alter verlassen, wurde der berühmt gewordene Sohn später, als bei ihm »Geld wie Heu« sich anhäufte, von einem Gericht zu Unterhaltszahlungen an sie verurteilt. Für Friedell ein bleibender Eindruck von irdischer Gerechtigkeit. Erst im vierten Anlauf – nach einer Odyssee durch die Gymnasien Österreichs und Deutschlands – gelang es ihm, die Matura zu bestehen. Für die Schule war er einfach zu gescheit. Das ist durchaus ernsthaft gemeint. Es gibt einen Grad an Intelligenz, der es einem Menschen unmöglich macht, in der Schule zu bestehen. Eben weil seine Denkensart anders ist, weil er sich bewußt oder unbewußt weigert, ihm wesensfremde Denkschemata aufzunehmen. Zudem war Friedell war ein scharfer Beobachter; weshalb die Schule mit ihren Zwängen und eingefahrenen Verhaltensweisen der Lehrer auf einen überlegenen Geist wie ihn immer höchst lächerlich wirken und zu dauerndem Widerspruch reizen mußte. »Die Schüler, mit denen der Lehrer unzufrieden ist, sind zu neun Zehnteln wirkliche Taugenichtse und Dummköpfe, aber das Talent der Klasse befindet sich bestimmt unter diesen und niemals unter den Braven.« In verhältnismäßig kurzer Zeit promovierte er an der Wiener Universität zum Dr. phil. mit einer Arbeit über Novalis, die, obwohl publiziert, damals keinerlei Beachtung fand. In diesem seinem Opus Eins legt Friedell erstmals seine Lehre vom magischen Idealismus dar, wie er sie aus den Fragmenten des Novalis gezogen hatte und die hinfort eine tragende Säule seiner Weltsicht bleiben sollte: »Unser Körper ist nichts als die gemeinschaftliche Zentralwirkung unserer Sinne. Haben wir Herrschaft über die Sinne, vermögen wir sie beliebig in Tätigkeit zu versetzen, so hängt es ja nur von uns ab, welchen Körper wir uns geben wollen. In dem Augenblick, als unser Denkorgan die Sinne in der Gewalt hat, können wir auch unsere Sinne nach Gefallen modifizieren und dirigieren [...]. Der Weg zur Verwirklichung des magischen Idealismus geht nach innen. Wenn wir die Gedanken nicht zu äußeren Dingen machen können, so sollen wir die äußeren Dinge zu Gedanken machen. Beide Operationen sind idealistisch, wer sie beide vollkommen in der Gewalt hat, ist der magische Idealist.«

Seine Karriere begann, das betonte er genüßlich, mit einem »Abstieg«: vom Doktor der Philosophie zum Mitarbeiter verschiedener Kabaretts, unter anderem des berühmten Kabaretts »Fledermaus«, dessen artistische Leitung er zeitweise innehatte. »Zur Erholung von dieser verantwortungsvollen Nachttätigkeit«, schrieb er darüber Ende 1937, »bei Tage mit essayistischen Arbeiten beschäftigt, erwarb ich den Titel eines ›lachenden Philosophen‹. Worauf mir nichts übrigblieb, als zu dessen Widerlegung eine *Judastragödie* zu schreiben, deren Uraufführung 1923 im Burgtheater [...] stattfand. Anders als viele meiner Kollegen wurde ich erst *aufgrund* meiner dramatischen Tätigkeit zum Theaterrezensent. Mein Mangel an Kritik brachte Max Reinhardt auf den Gedanken, mich unter die ›Schauspieler des Theaters in der Josefstadt‹ einzureihen. Als Darsteller neuzeitlicher Gestalten hatte ich Gelegenheit, umfangreiche Materialien zu meiner dreibändigen *Kulturgeschichte der Neuzeit* zu sammeln, von der bisher eine englische, amerikanische, schwedische, norwegische, dänische und finnische Ausgabe veranstaltet wurde und eine italienische vorbereitet wird, während Frankreich und Bulgarien bisher ein unbegreifliches Desinteressement gezeigt haben. Da einige Fachgelehrte mir die Kompetenz für die Erforschung der Neuzeit absprachen, ließ ich vor einem Jahr [...] meine *Kulturgeschichte des Altertums* erscheinen.«

Mit seiner *Kulturgeschichte* wurde er sozusagen über Nacht berühmt. Konzipiert nach künstlerisch-dramatischen Gesichtspunkten als »Großes Welttheater«, sollte sie nicht darüber hinwegtäuschen, daß es sich in Wahrheit um eine Philosophie handelt, die sich des Stoffes der Geschichte bedient. Nicht im Sinne der Explizierung eines Systems – das wäre ihm als etwas Abgelegtes, Petrifiziertes erschienen –, vielmehr im Sinne der Devise Lichtenbergs, daß Philosophie, wenn sie für den Menschen mehr bedeuten soll als lediglich Material zum Disputieren, nur *indirekt* gelehrt werden könne. Immanuel Kant hat die Fähigkeit unseres Verstandes entdeckt, selber herauszufinden, wo er aufhört: Friedell war überzeugt, daß mit Kants Vernunftkritik und der Auflösung des Kantischen »Ding an sich« in der romantischen Philosophie die Grenzen des menschlichen Erkenntnisvermögens ausgeleuchtet waren. In einer strikten Kehrtwendung in die Geschichtsphilosophie zog Friedell daraus seine Folgerung: »Die Geschichtswissenschaft ist die einzige Form, in der wir heute noch zu philosophieren vermögen, ein unerschöpflich reiches Laboratorium, in dem wir die [...] lohnendsten Experimente über die Natur des Menschen anstellen können.«

Kultur ist die Erscheinungsform im Menschen angelegter Vermögen. Reflexion darüber gibt Aufschluß über diese Vermögen, über die inneren Antriebe, die ihrer Äußerung zugrunde liegen. Allerdings: Diese aufzufinden setzt die schöpferische Gabe der »vision« voraus, jene Gabe, den Dingen auf den Grund zu sehen, die Friedell in so hohem Maße Thomas Carlyle zusprach und die er selbst in so ungewöhnlichem Maße besaß.

Nur insofern aber ist das Vergangene für uns wirkende Geschichte, als sie *uns* gegenwärtig ist. Vergangenheit gewinnt Realität kraft unserer Erinnerung. Friedell postuliert einen je nach Kulturkreis und Zeitalter differierenden historischen Bewußtseinshorizont. Der Phänomenalismus, der die Wurzelstruktur unseres Erkenntnisvermögens beschreibt, gilt auch für die Historie. Aus dieser Sicht ist Weltgeschichte nichts anderes als die Geschichte der Verschiedenartigkeit unserer Weltkonzeption.

Der gleichsam physiologische Schlüssel zu Friedells geschichtstheoretischem Denken findet sich in Johannes Müllers Lehre von den »spezifischen Sinnesenergien«, wonach die Qualität unserer Empfindungen nicht von der Unterschiedlichkeit der äußeren Reizeinwirkungen, sondern von der Unterschiedlichkeit unseres Aufnahmeapparates (unserer Sinnesrezeptoren) abhängig ist. Diese Erkenntnis überträgt Friedell auf die Geschichtsbetrachtung. »Die ›Wirklichkeit‹ ist immer und überall gleich – nämlich unbekannt. Sie affiziert aber stets andere Sinnesnerven, Netzhäute, Hirnlappen, Trommelfelle.«

Damit wird der Geschichtsverlauf wieder mehrdeutig, entzieht sich der Determiniertheit und Antizipierbarkeit, wie sie der Marxismus oder auch Oswald Spengler behaupten.

Friedells Methode fand, da so sehr auf seine geistige Persönlichkeit zugeschnitten, bis heute keine Schule. Konsequent bringt er, unbeeinflußt von jeglicher Zeittendenz, sein persönliches Urteil zur Geltung. Scheinbar Unvereinbares, strenge Syllogistik und intuitive Erkenntnis, systematisches und aphoristisches Denken finden ihre Synthese in seiner eminent künstlerischen Gestaltungskraft. So läßt sich denn in Paraphrasierung eines Friedellschen Aphorismus sagen: Kulturhistorik ist die Wissenschaft von den Apperzeptionsformen dessen, der sie betreibt.

Ordnen wir Friedell einer philosophischen Lehrmeinung im akademischen Sinne zu, so war er *Phänomenalist.* Denn all seine Aussagen fußen auf dem sicherlich unwiderlegbaren Satz, daß uns der ganze Komplex dessen, was wir Wirklichkeit nennen, »in einer Apperzeptionsform gegeben ist, die sich nur im menschlichen Bewußtsein vorfindet und nachweisen läßt [...], daß das, was wir die Welt und ihre Geschichte nennen, lediglich den Charakter eines Phänomens besitzt«. Lichtenberg, in dem Friedell einen Geistesverwandten erkannte, hat diesen Standpunkt präzise formuliert. In seiner Lichtenberg-Anthologie schreibt Friedell dazu folgendes: »Es liegt [...] in dieser besonderen Struktur seines Geistes, daß Lichtenberg imstande war, den Idealismus vollkommener zu Ende zu denken, als selbst Kant dies vermochte. ›Wir kennen nur allein die Existenz unserer Empfindungen, Vorstellungen und Gedanken. *Es denkt,* sollte man sagen, so wie man sagt *es blitzt.* Zu sagen *cogito,* ist schon zuviel, sobald man es durch *ich denke* übersetzt.‹ Hier ist der Phänomenalismus bis an seine äußerste Grenze gedacht.«

Kants kritische Teilung unseres Erkenntnisvermögens in theoretische und praktische Vernunft verdichtet sich bei Friedell zu dem schlagenden Aperçu: »Der Philosoph weiß, daß nichts ganz wichtig und ganz ernsthaft ist; daher kann er sich über alles hinwegsetzen und über alles lachen. – Aber ebensogut weiß er, daß nichts ganz unwichtig und ganz lächerlich ist: Daher nimmt er wieder eigentlich alles ernst und setzt sich über nichts hinweg.« Sein repräsentativstes Werk, die *Kulturgeschichte,* hat bis heute nichts an Aussagekraft, Hellsichtigkeit und stilistischer Bravour eingebüßt. Sie ist, wie alle seine Schriften, Bonmots und Anekdoten, selbst seine Zitate, imprägniert von seiner unverwechselbaren Persönlichkeit. Seinen Sätzen emaniert ein mächtiges Geisteselement, und all diese Vielgestaltigkeit seines Denkens und Handelns ruht auf der Basis einer tiefen bewußten Religiosität, die in allen Dingen nur Gott sucht und findet, in unendlichen Gestaltungen, aber als die einzige Realität.

Nun ist die prinzipiell panegyrische Kritik heute nicht sehr gefragt, und wer wollte auch leugnen, daß sich bei Friedell, wie bei jedem anderen Autor, Überspitztheiten, Idiosynkrasien, Animositäten und Irrtümer finden. Freilich erscheinen diese von seiner verbalen Brillanz zumeist verdeckt und entschärft. Seine aufschreckenden Definitionen und brisanten Formulierungen sind verwoben in eine Sprache von eleganter Leichtigkeit und Luzidität. Sie spiegelt in ihrer

Unmittelbarkeit präzise seinen Denkstil. Man kann ihm schwerlich widersprechen. Und im übrigen »deckt sich nämlich der Künstler in seinen Mängeln und Impotenzen mit allen übrigen Menschen: Hierüber zu reden ist also völlig uninteressant.«

Als der braune Antichrist seine Heimat Österreich »heim ins Reich« holte, sprach man auch Friedell, wie vielen anderen Menschen jüdischer Herkunft, die Lebensberechtigung im neugeschaffenen Arierparadies ab. Über seine allerletzte Zeit gibt es nur widersprüchliche Berichte. Sein lebenslang geübtes instinktiv-methodisches Verschleiern seiner Privatsphäre wirkte bis in seine letzten Tage. Exhibitionismus war ihm ein Greuel. Wie auch immer: Er muß sich in diesen Wochen der gänzlichen Aussichtslosigkeit seiner Existenz erdrückend bewußt geworden sein. Die angebotene Emigration lehnte er ab: »Was soll ich in einem anderen Land? Da bin ich doch nur ein Schnorrer und eine lächerliche Figur«, soll er gesagt haben. Er zog seine höchsteigene Konsequenz. Der Christ Friedell, der den Christengott als den Gott der unergründlichen und grundlosen Gnade begriff, schied, auf diese Gnade bauend, freiwillig aus einer Welt, die nicht mehr die seine war. Als in der Nacht des 16. März 1938, zwei Tage nach Hitlers triumphalem Einzug in Wien, zwei SA-Schergen in seiner Wohnung erschienen, ihn zu verhaften, da öffnete Friedell sein Fenster und stürzte sich in den Tod. – Zwei Monate nach seinem 60. Geburtstag, zu dem er folgende gedruckte Danksagung versandte:

An alle *Gratulanten.*

Tieferschüttert, daß Sie meinen bescheidenen 60. Geburtstag nicht vergessen haben, danke ich Ihnen von Herzen für Ihre mich so großmütig überschätzenden Zeilen. Von allen Glückwünschen hat mich der Ihrige am meisten gefreut...

Egon Friedell

Wie das Leben, nicht wie der Tod war, ist wesentlich, sagt Prentice Mulford. Also keine Tragödie? In Friedells Sinne wohl nicht. Ihm war das »Aenigma Christianissimum«, wie er es nennt, nicht, daß es den Bösen gut gehe, denn sie bezahlen ja schon damit, daß sie ohne Gott leben müssen, sondern daß es den *Guten* so oft gut gehe, daß sie zu der Gewißheit, gut und gottgefällig zu sein, auch noch einen äußeren Lohn empfangen. An einen verfügbaren, objektivierbaren Gott kann ein Christ, wie Friedell sich verstand, eigentlich nicht glauben. Denn was äußerer Verrechenbarkeit unterworfen ist, hat schon aufgehört, Gott anzugehören. »Glauben aber heißt sich auf die *unverdiente* Liebe Gottes in Christo verlassen. Der luziferische Lauf der Welt hat sich (seit dem Erscheinen Christi) *nicht* geändert. Daß aber Gott dennoch hienieden wirkt und webt, ist ebenso unbezweifelbar wie unerklärlich. Hier stehen wir, in dem tiefsten Sinne, der diesem Wort gegeben werden kann, im ›Unsichtbaren‹.« Friedell hatte erkannt, daß das Rätsel bereits die Lösung ist.

Im Jahre 1908 erschien in Siegfried Jacobsohns Wochenschrift *Die Schaubühne* ein Beitrag Friedells: *Hebbel als Denker.* Darin heißt es: »Denken ist eine Leidenschaft, das heißt: eine Lust und zugleich ein Schmerz. Denken ist höchster Selbstgenuß und höchste Selbstzerstörung: Im Denken bejaht sich die Menschheit aufs tiefste, denn sie erkennt sich als Stütze und Sinn der Weltentwicklung, und im Denken verneint sich die Menschheit aufs tiefste, denn sie erkennt sich in ihrer Widersprüchlichkeit und Unberechtigtkeit. Im Denken berechnet der Mensch seine Unberechenbarkeit, er ist in dem Maße Pessimist, als er Denker ist, und dennoch ist das Denken die sublimste, raffinierteste ›Verführung zum Leben‹. Darum ist das schöpferische, produktive Denken nicht eine Art *buen retiro*, in dem der Geist von Zeit zu Zeit Ruhe sucht und findet, sondern im Gegenteil ein Kampfplatz, auf dem die verwickeltsten und gefährlichsten Schlachten geschlagen werden. Denken ist ein Kampf, ein Kampf des Denkers mit seinen Objekten, die er durchleuchten will, und ein Kampf des Denkers mit sich selbst, mit seinen Problemen und Widersprüchen.«

Unter die Denker dieser Art, die einzigen, auf die es ankommt, die einzigen, die zählen, gehört Egon Friedell. – Und er trifft eine noch weiter gehende Charakterisierung: »Es gibt dramatische Denker, wie es dramatische Dichter gibt.« So ließe sich denn die eingangs gestellte Frage: Wer war Egon Friedell? dahingehend beantworten: Er war ein dramatischer Denker.

Wolfgang Lorenz

Personen- und Werkregister

678

685

Nachweis

Die biographische Zeittafel ist von Heribert Illig, sie erscheint mit freundlicher Genehmigung.

Über Egon Friedell von Wolfgang Lorenz erschien 1991 als Nachwort im Diogenes Taschenbuch *Egon Friedell, Steinbruch*, und erscheint mit freundlicher Genehmigung.

Das Personen- und Werkregister erstellte Cornelia Künne.

Die Nachweise der einzelnen Texte sind der zweibändigen, von Heribert Illig herausgegebenen Ausgabe der Essays von Egon Friedell entnommen, die unter den Titeln *Abschaffung des Genies* und *Ist die Erde bewohnt?* 1985 als Diogenes Taschenbücher, zuvor im Löcker Verlag, Wien, erschienen sind, und hier freundlicherweise übernommen werden können.

»Der Wiener Stadt- und Landesbibliothek gebührt Dank für die freundliche Unterstützung bei der Suche nach unbekannten Zeitungsartikeln. Frau Annemarie Kotab, Kufstein, hat diese Edition ermöglicht und mit Hinweisen sowie Rückgriff auf den Nachlaß Friedells unterstützt; dafür sei auch ihr herzlich Dank gesagt«, so Heribert Illig in der Ausgabe von 1985.

Die Seitenangaben der *Kulturgeschichte der Neuzeit* beziehen sich auf die einbändige Dünndruckausgabe des Verlags C.H. Beck, München 1989.

Der Titel *Vom Schaltwerk der Gedanken* ist eigentlich der Titel eines Buches von Carl Ludwig Schleich, das Egon Friedell 1917 in der Berliner *Schaubühne* besprach.

Rechtfertigung
Aus *Das Altertum war nicht antik und andere Bemerkungen*, herausgegeben von Walther Schneider, Prachner, Wien 1950.

I. *Abschaffung des Genies*

Vorurteile
Zuerst erschienen in *Die Fackel*, Wien, 11.12.1905 (VII, 190).
Die Gymnasialreform
Zuerst erschienen in *Neues Wiener Journal*, 23.3.1919, Übernahme
in die *Kulturgeschichte der Neuzeit*, S. 1360.
Der Zweck des Lebens
Zuerst erschienen in *Neues Wiener Journal*, 26.11.1916.
Praktische Lebenskunst
Zuerst erschienen in *Frankfurter Zeitung*, 5.6.1927.
Takt
Zuerst erschienen in *Neues Wiener Journal*, 10.12.1916.
Vom Schaltwerk der Gedanken
Zuerst erschienen in *Schaubühne*, Berlin, 17.5.1917 (XIII, 20). Der
Essay war aber bereits in dem Artikel *Moderne Metaphysik* der
Österreichischen Rundschau, Wien, vom 15.3.1917 enthalten.
Abschaffung des Genies
Zuerst erschienen in *Neues Wiener Journal*, 15.7.1917.
Zwei, die sich geärgert haben
Zuerst erschienen in *Neues Wiener Journal*, 20.2.1921.
Die entdeckte Frau
Zuerst erschienen in *Neues Wiener Journal*, 25.11.1917.
Über Dilettantismus
Zuerst erschienen in *Neues Wiener Journal*, 14.7.1918, Übernahme
in die *Kulturgeschichte der Neuzeit*, S. 49.

II. *Zur Psychopathologie des Schauspielers*

Warum ich nicht Theaterdirektor geworden bin
Zuerst erschienen in *Neues Wiener Journal*, 16.4.1922.
Wie ich interner Kritiker war
Zuerst erschienen in *Neues Wiener Journal*, 24.12.1922.

Zur Psychopathologie des Schauspielers
  Zuerst erschienen in drei Teilen in *Neues Wiener Journal*: *Zur Psychopathologie des Schauspielers*, 6.5.1923, Übernahme in die *Kulturgeschichte der Neuzeit*, S. 581; *Die Romantik des Theaters. Zur Psychopathologie des Schauspielers*, 13.5.1923; *Die theatralische Sendung. Zur Psychopathologie des Schauspielers*, 20.5.1923.
Das Publikum
  Zuerst erschienen in *Neues Wiener Journal*, 27.5.1923, Übernahme in die *Kulturgeschichte der Neuzeit*, S. 1420.
Angsttraum des Germanisten
  Zuerst erschienen in *Neues Wiener Journal*, 16.10.1921.
Der französische Schwank
  Zuerst erschienen in *Neues Wiener Journal*, 3.8.1919.
Herbstmanöver
  Zuerst erschienen in *Die Stunde*, Wien, 10.1.1924.
Prolog vor dem Film
  Zuerst erschienen in *Blätter des deutschen Theaters*, Berlin, September 1913 (II, 32).
William Shakespeare
  Auszug aus der *Kulturgeschichte der Neuzeit*, S. 399.
Wolfgang Amadeus Mozart
  Auszug aus der *Kulturgeschichte der Neuzeit*, S. 760.
Johann Nestroy
  Zuerst erschienen als Vorwort zum Nestroy-Zitatenband *Das ist klassisch*, Wiener Drucke, 1922, teilweise Übernahme in die *Kulturgeschichte der Neuzeit*.
Richard Wagner
  Auszug aus der *Kulturgeschichte der Neuzeit*, S. 1309.
Henrik Ibsen
  Auszug aus der *Kulturgeschichte der Neuzeit*, S. 1417.
Shaw als Erzieher
  Zuerst erschienen in *März*, München, August 1909 (16), Übernahme in die *Kulturgeschichte der Neuzeit*, S. 1460.
Carl Sternheim
  Zuerst erschienen in *Neues Wiener Journal*, 1.1.1921.

Der Dichter
> Zuerst erschienen in *Schaubühne,* Berlin, 12.5., 19.5., 26.5.1910
> (VI, 19, 20, 21), der Text wurde eingearbeitet in Friedells Buch *Ecce Poeta.*

Die Wertlosigkeit der menschlichen Phantasie
> Aus *Das Altertum war nicht antik und andere Bemerkungen,* herausgegeben von Walther Schneider, Prachner, Wien 1950.

Der Kritiker
> Zuerst erschienen in *Schaubühne,* Berlin, 9.3., 16.3., 23.3., 30.3.1911
> (VII / 10-13).

Der Haß des Künstlers
> Zuerst erschienen in *Schaubühne,* Berlin, 10.12.1908 (IV, 50), Übernahme in die *Kulturgeschichte der Neuzeit,* S. 81 und 1346.

Literaturpolizei
> Zuerst erschienen in *Neues Wiener Journal,* 17.2.1918.

Anna Karenina
> Zuerst erschienen in *Schaubühne,* Berlin, 13.2.1908 (IV, 7), Übernahme in die *Kulturgeschichte der Neuzeit,* S. 1344.

Das Bild des Dorian Gray
> Zuerst erschienen in *Neues Wiener Journal,* 14.1.1917. Übernahme in die *Kulturgeschichte der Neuzeit,* S. 1460.

Georg Christoph Lichtenberg
> Vorwort zum Buch *Lichtenberg. Ein verkleinertes Bild seines Gedankenlebens,* Robert Lutz, Stuttgart 1910. Teilweise Übernahme in die *Kulturgeschichte der Neuzeit,* S. 687.

Goethe und Schiller
> Auszug aus der *Kulturgeschichte der Neuzeit,* S. 875.

Jean-Jacques Rousseau
> Auszug aus der *Kulturgeschichte der Neuzeit,* S. 723.

Honoré de Balzac
> Auszug aus der *Kulturgeschichte der Neuzeit,* S. 1037.

Gustave Flaubert
> Auszug aus der *Kulturgeschichte der Neuzeit,* S. 1180.

Ralph Waldo Emerson
> Vorwort zum Buch *Emerson. Sein Charakter aus seinen Werken,* Robert Lutz, Stuttgart, 1906. Bearbeitet und übersetzt von Egon Friedell.

Wilhelm Busch
  Auszug aus der *Kulturgeschichte der Neuzeit*, S. 1322.
Peter Altenberg. Zu seinem fünfzigsten Geburtstag
  Zuerst erschienen in *Schaubühne*, Berlin, 11.3.1909 (V, 10).

IV. *Sokrates der Idiot*

Das Weltbild des Euripides
  Zuerst erschienen in *März*, München, 7.2., 14.2.1914.
Sokrates der Idiot
  Zuerst erschienen in *Neues Wiener Journal*, 2.2.1918.
Hat Christus gelebt?
  Zuerst erschienen in *Neues Wiener Journal*, 16.9.1917.
Geschichte und Religion
  Aus *Das Altertum war nicht antik und andere Bemerkungen*, her-
  ausgegeben von Walther Schneider, Prachner, Wien 1950.
Das Büchlein vom vollkommenen Leben
  Zuerst erschienen in *Neues Wiener Journal*, 25.2.1917, Übernahme
  in die *Kulturgeschichte der Neuzeit*, S. 164, in leicht veränderter Form.
Martin Luther
  Ausschnitt aus der *Kulturgeschichte der Neuzeit*, S. 275.
Michel de Montaigne
  Ausschnitt aus der *Kulturgeschichte der Neuzeit*, S. 369.
Voltaire
  Ausschnitt aus der *Kulturgeschichte der Neuzeit*, S. 634.
Arthur Schopenhauer
  Ausschnitt aus der *Kulturgeschichte der Neuzeit*, S. 1225.
Friedrich Nietzsche
  Ausschnitt aus der *Kulturgeschichte der Neuzeit*, S. 1402.

V. *Das Altertum war nicht antik*

Wissenschaft als Kunst
  Zuerst erschienen in *Neues Wiener Journal*, 10.2.1918.
Das Altertum war nicht antik
  Aus *Das Altertum war nicht antik und andere Bemerkungen*, her-
  ausgegeben von Walther Schneider, Prachner, Wien 1950.

Das Geheimnis Ägyptens
> Zuerst erschienen in *Neues Wiener Journal*, 29.6.1918, spurenweise Übernahme in die *Kulturgeschichte Ägyptens und des alten Orients*, S. 206.

Julius Cäsar
> Zuerst erschienen in *Schaubühne*, Berlin, 9.1.1908 (IV, 2).

Jacob Burckhardt. Zum hundertsten Geburtstag
> Zuerst erschienen in *Neues Wiener Journal*, 19.5.1918, Übernahme in die *Kulturgeschichte der Neuzeit*, S. 38.

Eine Frage
> Zuerst erschienen in *Neues Wiener Journal*, 1.1.1919, Übernahme in die *Kulturgeschichte der Neuzeit*, S. 711.

Die Betrachtungen eines Unpolitischen
> Zuerst erschienen in *Neues Wiener Journal*, 9.3.1919.

Die Diplomatie
> Zuerst erschienen in *Neues Wiener Journal*, 25.12.1919, Übernahme in die *Kulturgeschichte der Neuzeit*, S. 1479.

Maler der Renaissance
> Ausschnitt aus der *Kulturgeschichte der Neuzeit*, S. 215.

Barock
> Zuerst erschienen in *Neues Wiener Journal*, 27.10.1918, Übernahme in die *Kulturgeschichte der Neuzeit*, S. 553.

Ludwig XIV.
> Ausschnitt aus der *Kulturgeschichte der Neuzeit*, S. 502.

Friedrich der Große
> Ausschnitt aus der *Kulturgeschichte der Neuzeit*, S. 601.

Napoleon
> Ausschnitt aus der *Kulturgeschichte der Neuzeit*, S. 924.

Bitte beachten Sie auch
die folgenden Seiten

Egon Friedell
im Diogenes Verlag

»Ein brillanter und geistreicher Essayist, dessen Schriften sich durch die eigenwillige und gerade dadurch er-
frischende Sehweise des Autors auszeichnen.«
Neue Zürcher Zeitung

»An die Stelle des Einblicks in das Detail tritt bei Friedell der Überblick über das Ganze: er wird, befand
Karl Kraus ironisch, ›dem Herrn Shaw so gerecht
wie einem Schiller, und er versteht Busch so gut wie
Wedekind‹.« *Frankfurter Allgemeine Zeitung*

Die Rückkehr der Zeitmaschine
Phantastische Novelle

Vom Schaltwerk der Gedanken
Ausgewählte Essays zu Geschichte, Politik,
Philosophie, Religion, Theater und Literatur
Herausgegeben von Daniel Keel und Daniel Kampa

Kulturgeschichte
des Altertums und der Neuzeit
in zwei Bänden im Schuber

Band I:
Kulturgeschichte des Altertums
Kulturgeschichte Ägyptens und des Alten Orients
Kulturgeschichte Griechenlands
Leben und Legende der vorchristlichen Seele
Auch als Taschenbuch sowie als
Diogenes Hörbuch im MP3-Format erschienen,
gelesen von Achim Höppner

Band II:
Kulturgeschichte der Neuzeit
Die Krisis der Europäischen Seele
von der Schwarzen Pest bis zum Ersten Weltkrieg
Mit einem Nachwort von
Ulrich Weinzierl
Auch als Diogenes Hörbuch im MP3-Format erschienen,
gelesen von Achim Höppner

Das Egon Friedell Lesebuch
Herausgegeben von Heribert Illig

Walter Muschg
im Diogenes Verlag

»Walter Muschg sagt nicht: Jean Paul war ein Sprüh-
geist. Sondern er sprüht. Er sagt nicht: Kleist war zerrissen. Sondern er ist zerrissen und mitgerissen und
reißt mit. Er springt aus sich heraus, wagt sich bis zum
Menschen, der sich seines Herzens nicht schämt und
sich darstellt in seiner Ergriffenheit, in seiner Ver-
zücktheit und dessen Rede ein Kampf ist, ein augenblicklich in Worte gegossenes Erleben, ein Bekennen.
O wären es doch alle, welche diesen Titel tragen: Professoren, das heißt: Bekenner!« *Max Frisch*

»Walter Muschg war eine Ausnahme in seinem Fach.
Zur Literatur unterhielt er ein leidenschaftliches Verhältnis, das er jedoch seinem poetischen, moralischen
und politischen Urteilsvermögen unterstellte. Er scheute
sich nicht, seine Zu- und Abneigung gegenüber bestimmten Autoren der Vergangenheit mit solcher Entschiedenheit zu bekunden, als wären ihre Werke eben
jetzt erschienen.« *Süddeutsche Zeitung*

Die Zerstörung der deutschen Literatur
und andere Essays
Mit einem Nachwort von Julian Schütt

Tragische Literaturgeschichte
Mit einem Nachwort von Urs Widmer
und einer Vorbemerkung von Walter Muschg

Henri F. Ellenberger
Die Entdeckung des Unbewußten

Geschichte und Entwicklung der
dynamischen Psychiatrie von den Anfängen
bis zu Janet, Freud, Adler und Jung
Aus dem Amerikanischen von
Gudrun Theusner-Stampa

Die Entdeckung des Unbewußten ist das Resultat jahrzehntelanger Forschungsarbeit zur Geschichte der dynamischen Psychiatrie. Inspiriert von Gesprächen mit C. G. Jung, beschreibt Henri F. Ellenberger die Entwicklung, die von Heilmethoden wie dem Magnetismus oder dem Hypnotismus ausging und zu Pierre Janet, Sigmund Freud, Alfred Adler und C. G. Jung führte. Er faßt die einzelnen Lehrsysteme zusammen und zeichnet ein lebendiges Porträt der Gründerväter der dynamischen Psychiatrie. Dabei berücksichtigt er auch die sozioökonomischen, politischen und kulturellen Umstände, welche die Persönlichkeit der Forscher und ihre Lehren mitgeformt haben.

»Ellenberger hat eine der gründlichsten und faszinierendsten Studien zur Entstehung und Entwicklung der dynamischen Psychiatrie geschrieben. Es dürfte bis heute keine vergleichbare Studie geben, die so umfassend und gelehrt in die Vor- und Frühgeschichte der Psychoanalyse einführt. Man kann es wie ein Nachschlagewerk benutzen, aber genausogut wie einen überaus spannenden Roman lesen, der uns die Seelengeschichte der letzten 200 Jahre erzählt.«
Frankfurter Allgemeine Zeitung

»Der ›Ellenberger‹ ist der beste Fremdenführer durch das eigene Innere. Niemand führt so diskret, so eindringlich, so umfassend und so wohlinformiert durch die Katakomben der Tiefenpsychologie.«
Peter Sloterdijk

Luciano De Crescenzo
Geschichte der griechischen Philosophie

Die Vorsokratiker
Aus dem Italienischen von Linde Birk

»Jetzt gibt es Grund zum Aufatmen für alle, die sich Geschichte wieder einmal als fröhliche Wissenschaft wünschen. Während in Deutschland viele Seiten mit vielfältigen Fragen danach bedruckt wurden, ob der Historiker wieder erzählen dürfe – oder gar müsse –, hat der italienische Ingenieur und Autor Luciano De Crescenzo sich unbekümmert ans Erzählen gemacht. Seine *Geschichte der griechischen Philosophie* ist ein neuerlicher Beleg für das Verlagsmotto, daß Diogenes Bücher ›weniger langweilig‹ seien. Weniger langweilig als fast alles, was über die Geschichte nicht nur der antiken Philosophie geschrieben wurde, ist De Crescenzos Buch allemal.«
Deutsches Allgemeines Sonntagsblatt, Hamburg

»Philosophen wie du und ich – ein italienischer Ex-Manager hat die *Geschichte der griechischen Philosophie* so unterhaltsam aufbereitet, daß sie ein Bestseller wurde. Das Erfolgsrezept ist einfach: Er schreibt verständlich.« *Stern, Hamburg*

»Was philosophisches Denken sein kann, woher es entspringt und wie es weiterwirkte – das alles vereint De Crescenzo auf wenigen Seiten. Philosophie ist auch etwas Vergnügliches – diese längst verschüttete Einsicht ruft er uns wieder ins Gedächtnis.«
Die Furche, Wien

Von Sokrates bis Plotin
Deutsch von Linde Birk

»Eine solche Verbindung von Gescheitheit, nein: philosophischer Gabe mit Lustigkeit und Anmut ist ein-

malig. Wahrhaftig: mal ein Stück fröhlicher Wissenschaft. Bringen Sie mehr von ihm heraus!«
Günther Anders

»Als letzter Beweis dieser – übrigens von seiner riesi-
gen Lesergemeinde hochgeschätzten – Übersetzertä-
tigkeit liegt nun seine *Geschichte der Philosophie –
Von Sokrates bis Plotin* vor. Ein schwieriger Stoff ist
das allemal, vor allem ein weites Feld, reicht doch der
Bogen von Sokrates über Platon, Aristoteles, Epikur
und Zenon bis hin zu Plotin und den jeweiligen Nach-
folgern.
Nur durch einen klugen und klaren Blick auf das
Wesentliche konnte also De Crescenzo diese höchst
unterschiedlichen Schulen auf so engem Raum versammeln.« *Die Presse, Wien*

»Was nützt uns denn die ganze Philosophie mit ihren
wunderbaren Erklärungen, wenn keiner sie versteht
oder wenn er dabei aus lauter Langeweile einschläft!
Dem hat Luciano De Crescenzo wirkungsvoll vorge-
beugt.« *Norddeutscher Rundfunk, Hamburg*

»Klar, schnörkellos, mit Witz geschrieben.«
Neue Zürcher Zeitung

69-, 73-, 84, 97, 124-, 134, 151
156-, 370, 415- (Griechen)
459-, 509 ; 428
        541   II 452 Deutschmann
547, 557 (Plagiat). 568-, 580-
583- 1610, 619, 634-, 647